सहज योग

भाग एक

जो तुम खोज रहे हो वह अभी है और यहीं
और तुम भटक आए न जाने कहां–कहां

सरहपा–तिलोपा वाणी पर प्रश्नोत्तर सहित पुणे में हुई
सीरीज के अंतर्गत दी गईं बीस OSHO Talks में से
10 (01 G 10) OSHO Talks

ओशो

डायमंड बुक्स

OSHO

सरहपा–तिलोपा वाणी

सहज योग

भाग एक

जो तुम खोज रहे हो वह अभी है और यहीं
और तुम भटक आए न जाने कहां–कहां

ओशो

Sahaj Yog, Vol.-1

Published by : **Diamond Pocket Books Pvt. Ltd.**
X-30, Okhla Industrial Area, Phase-II,
New Delhi-110020
Phone : 40712200
Website.: www.diamondbook.in
E-mail : sales@dpb.in

The material in this book is a transcript of a series of original OSHO Talks 'Sahaj Yog, Vol.-1' given to a live audience. All of Osho's talks have been published in full as books, and are also available as original audio recordings. Audio recordings and the complete text archive can be found via the online OSHO Library at www.osho.com/library

प्रवेश से पूर्व

सिद्ध तुम्हें जगाने आते हैं, लेकिन तुम हिंदू हो जाते, मुसलमान हो जाते, ईसाई हो जाते, जैन हो जाते, बौद्ध हो जाते। जागते नहीं, तुम नींद में एक नयी करवट ले लेते, तुम नींद में एक नया स्वप्न देखने लगते हो! इसलिए सदियों-सदियों में जगाने वाले लोग रहे हैं, मगर तुम हो कि सोए ही रहे।

आगत उदबोधन की बेला
जागो, मन जागरण की बेला
जागो, नव प्रमोद की बेला
जागो, मन जागरण की बेला
जागो, मन बसंत की बेला
जागो, मन जागरण की बेला!

वसंत आया हुआ है। द्वार पर दस्तक दे रहा है। लेकिन तुम द्वार बंद किए बैठे हो।

जिस अपूर्व व्यक्ति के साथ हम आज यात्रा शुरू करते हैं, इस पृथ्वी पर हुए अत्यंत प्रभावशाली व्यक्तियों में वह एक है। चौरासी सिद्धों में जो प्रथम सिद्ध है, सरहपा उसके साथ हम अपनी यात्रा आज शुरू करते हैं।

सरहपा के तीन नाम हैं, कोई सरह की तरह उन्हें याद करता है, कोई सरहपाद की तरह, कोई सरहपा की तरह। ऐसा प्रतीत होता है सरहपा के गुरु ने उन्हें सरह पुकारा होगा, सरहपा के संगी-साथियों ने उन्हें सरहपा पुकारा होगा, सरहपा के शिष्यों ने उन्हें सरहपाद पुकारा होगा। मैंने चुना है कि उन्हें सरहपा पुकारूं, क्योंकि मैं जानता हूं तुम उनके संगी-साथी बन सकते हो। तुम उनके समसामयिक बन सकते हो। सिद्ध होना तुम्हारी क्षमता के भीतर है।

सिद्धों में और तुममें समय का फासला हो, स्वभाव का फासला नहीं है। स्वभाव से तो तुम अभी भी सिद्ध हो। सोए हो सही, जैसे बीज में सोया पड़ा है अंकुर; समय पाकर फूटेगा, पल्लव निकलेंगे। जैसे मां के गर्भ में बच्चा है, समय पाकर जन्मेगा। समय का ही फासला है। तुममें, सिद्धों और बुद्धों में, स्वभाव का जरा भी फासला नहीं है। तुम ठीक वैसे ही हो जैसे बुद्ध, जैसे महावीर, जैसे मोहम्मद, जैसे कृष्ण, जैसे सरहपा। यह तो पहला सूत्र है जो स्मरण रखना, क्योंकि सरहपा इसी की तुम्हें याद दिलाएंगे। और इस सूत्र की जिसे ठीक से प्रतीति हो जाए, इस सूत्र की अनुभूति हो जाये, इस सूत्र को जो हृदय में समा ले, सम्हाल ले, उसका नब्बे प्रतिशत काम पूरा हो गया।

सिद्ध होना नहीं है--सिद्ध तुम हो, ऐसा जानना है। सिर्फ जानना है, सिर्फ जागना है। वसंत आया ही हुआ है, द्वार पर दस्तकें दे रहा है। तुम पलक खोलो और सारा जगत अपरिसीम सौंदर्य से भरा हुआ है। तुम पलक खोलो, और उत्सव से तुम्हारा मिलन हो जाए! विषाद कटे, यह रात का अंधेरा कटे। यह रात का अंधेरा, बस तुम्हारी बंद आंख के कारण है।

सरहपा जन्म से ब्राह्मण थे, लेकिन जन्म से ही ब्राह्मण न रहे, अनुभव से भी ब्राह्मण हो गए। जन्म से तो बहुत लोग ब्राह्मण होते हैं, मगर जन्म के ब्राह्मणत्व का कोई भी मूल्य नहीं है, दो कौड़ी भी मूल्य नहीं है। ठीक से समझो तो जन्म से सभी शूद्र होते हैं। जन्म से कोई ब्राह्मण कैसे होगा? नाममात्र की बात है। ब्राह्मण तो अनुभव की बात है, बोध की बात है। ब्रह्म को जो जाने, सो ब्राह्मण। ब्रह्म को जो पहचाने, सो ब्राह्मण। तो जन्म से तो सभी शूद्र हैं। जो जाग जाए वही ब्राह्मण; जो सोया है वह शूद्र--ऐसी परिभाषा करना। जो जागा है वह ब्राह्मण।

सरहपा जन्म से ब्राह्मण थे, लेकिन जन्म से ही ब्राह्मण न रहे, अनुभव से भी ब्राह्मण हो गए। बड़े पंडित थे और यह विरल घटना है, कि पंडित और सिद्ध हो जाये। यह काम अति कठिन है। अज्ञानी सिद्ध हो जाए, यह उतना कठिन नहीं है; लेकिन पंडित सिद्ध हो जाये, यह बहुत कठिन है। कारण? अज्ञानी को इतना तो भाव होता ही है कि मैं अज्ञानी हूं, मुझे पता नहीं; इसलिए अकड़ नहीं होती, अहंकार नहीं होता। अज्ञान में एक निर्दोषता होती है। छोटे बच्चे का अज्ञान, दूर जंगल में बसे आदिवासी का अज्ञान--उसमें तुम्हें एक निर्दोष भाव मिलेगा; दंभ न मिलेगा जानने का। और दंभ जानने में सबसे बड़ी बाधा है। अहंकार भटकाता है, बहुत भटकाता है।

और सरहपा बड़े पंडित थे, नालंदा के आचार्य थे। नालंदा में तो प्रवेश भी होना बहुत कठिन बात थी। नालंदा में विद्यार्थी जो प्रवेश होते थे, उनको महीनों द्वार पर पड़े रहना पड़ता था। प्रवेश-परीक्षा ही जब तक पूरी न होती तब तक द्वार के भीतर प्रवेश नहीं मिलता था। नालंदा अदभुत विश्वविद्यालय था! दस हजार विद्यार्थी थे वहां और हजारों आचार्य थे और एक-एक आचार्य अनूठा था। जो नालंदा का आचार्य हो जाता, उसके पांडित्य की तो पताका फहर जाती थी सारे देश में।

सरहपा नालंदा के आचार्य थे; बड़ी उनकी कीर्ति थी, बड़ा उनका पांडित्य था! एक दिन सारे पांडित्य को लात मार दी। धन को छोड़ना आसान है, पद को छोड़ना आसान है, पांडित्य को छोड़ना बहुत कठिन है। क्योंकि धन तो बाहर है; चोर चुरा लेते हैं, सरकारें बदल जाएं, सिक्के न पुराने चलें, बैंक का दीवाला निकल जाए...। धन का क्या भरोसा है! धन तो बाहर की मान्यता पर निर्भर है। लेकिन ज्ञान तो भीतर है, न चोर चुरा सकते, न डाकू लूट सकते। तो ज्ञान पर पकड़ ज्यादा गहरी होती है। ज्ञान अपना मालूम होता है। इसे कोई छीन नहीं सकता। यह दूसरों पर निर्भर नहीं है। यह धन ज्यादा सुरक्षित मालूम होता है। फिर ज्ञान के साथ हमारा तादात्म्य हो जाता है, धन के साथ हमारा तादात्म्य कभी नहीं होता। तुम्हारे पास हजारों सिक्कों का ढेर लगा हो, तो भी तुम ऐसा नहीं कहते कि मैं यह सिक्कों का ढेर हूं। तुम जानते हो ये सिक्के मेरे पास हैं, कल मेरे पास नहीं थे, कल हो सकता है मेरे पास फिर न हों। तुम ज्यादा से ज्यादा सिक्कों की मालकियत कर सकते हो। वह मालकियत भी बड़ी संदिग्ध है। हजार-हजार परिस्थितियों पर निर्भर है।

लेकिन ज्ञान के साथ तादात्म्य हो जाता है। तुम जो जानते हो, वही हो जाते हो। वेद को जानने वाला अनुभव करने लगता है कि जैसे मैं वेद हो गया। कुरान जिसे कंठस्थ है उसे अनुभव होने लगता है कि जैसे मैं कुरान हो गया। ज्ञान मन के इतने गहरे में है कि आत्मा उसके साथ अभिभूत हो जाती है; इतना निकट है कि तादात्म्य हो जाता है। इसलिए दुनिया में लोग और सब आसानी से छोड़ देते हैं...।

-ओशो

अनुक्रम

१

जागो मन, जागरण की बेला

मन्तः मंते स्सन्ति ण होइ।
पड़िल भित्ति कि उट्ठिअ होइ।।१।।

तरुफल दरिसणे णउ अगघाइ।
वेज्ज देक्खि किं रोग पसाइ।।२।।

जाव ण अप्पा जाणिज्जइ ताव ण सिस्स करेइ।
अंधं अंध कढ़ाव तिम वेण वि कूव पड़ेइ।।३।।

बह्मणेहि म जाणन्त भेउ।
एवइ पढ़िअउ एच्चउ वेउ।।
मट्टी पाणी कुस लइ पढ़न्त।
घरहि वइसी अग्गि हुणन्त।।
कज्जे विरहइ हुअवह होमें।
अक्खि डहाविअ कडुएं धुम्में।।४।।

जइ नग्गा विअ होइ मुत्ति ता सुणइ सिआलह।
लोम पारणें अत्थि सिद्धि ता जुवइ णिअम्वह।।५।।

पिच्छी गहणे दिट्ठि मोक्खा ता मोरह चमरह।
उंछें भोअणें होइ जान ता करिह तुरंगह।।६।।

जागो, मन जागरण की बेला!
अलस उनींदे नैन उघारो,
सतत तरंगित ज्योति निहारो!
आगत की आरती उतारो,
गत पीड़ामय, दुखद बिसारो!
यत्किंचित नव ज्योति समेटो,
दुख-प्रसंग अध्याय समेटो,
जीवनमय नव कण-कण तोलो,
आशामय नव प्रकरण खोलो।
आगत उदबोधन की बेला;
जागो, मन जागरण की बेला।

बहुरंगी कुसुमावलि कुसुमित,
मादक मारुत-उर्मि तरंगित,
रश्मि-राशि हिल्लोल तरंगित!
वसुधा-अंचल लास तरंगित!
कल-कूजन निर्बाध तरंगित,
नाना सौरभ मदिर तरंगित,
राशि-राशि छवि लास तरंगित,
राशि-राशि नव मोद तरंगित,
जागो, नव प्रमोद की बेला।
जागो, मन जागरण की बेला।

शीत विगत, नव मधु-ऋतु आई,
वन, उपवन, नव सुषमा छाई,
विटप, वेलि कुसुमावलि आई,
पल्लव-पल्लव छवि मुस्काई!
व्योम वितान नील छवि छाई,
मदिर सुरभि चल अनिल समाई,
कण-कण व्याप्त अनंग लुनाई,
प्रकृति नवोढ़ा बन मुस्काई!
जागो, मन बसंत की बेला।
जागो, मन जागरण की बेला!

और जब जाग जाओ, तभी सुबह है और जब तक सोए रहो, तब तक रात है। जागे को सदा सुबह है, सोए को सदा रात है। रात्रि बाहर नहीं और न प्रभात बाहर है। सूरज तुम्हारे भीतर उगना है; तभी होगी वास्तविक सुबह। बाहर के सूरज उगते हैं, डूबते हैं; भीतर का सूरज उगा तो फिर डूबता नहीं।

जागो, मन जागरण की बेला! और जागरण की बेला हमेशा है। ऐसा कोई क्षण नहीं जब तुम जाग न सको। ऐसा कोई पल नहीं जब तुम पलक न खोल सको। आंख बंद किए हो, यह तुम्हारा निर्णय है। आंख खोलना चाहो, तो इसी क्षण क्रांति घट सकती है। और समस्त सिद्धों ने, समस्त बुद्धों ने बार-बार यही पुकारा है, बार-बार यही कहा है, कि चाहो तो अभी जाग जाओ। ये स्वप्न तुम्हारे निर्मित हैं। ये चिंताएं तुमने ही फैला रखी हैं। यह नरक तुमने ही बसा रखा है। तुम्हारे अतिरिक्त कोई और जिम्मेवार नहीं है। कोई दूसरा तुम्हें जगा भी न सकेगा। कोई लाख उपाय करे, तुमने निर्णय किया हो न जागने का तो सब उपाय व्यर्थ चले जाएंगे।

जैसे कभी तुम आंख बंद किए बैठे हो, सूरज आ भी जाए, तुम्हारी आंख पर भी सूरज की किरणें बरसने लगें, तुम्हारी पलकों को पार करके भी किरणें तुम्हारी आंख तक पहुंचने लगें, धीमी-धीमी रोशनी भी होने लगे तो भी तुम आंख न खोलो तो सूरज क्या करेगा? ऐसे ही सदगुरु आते हैं और जाते हैं। उनकी मौजूदगी में तुम्हारी बंद पलकों में से भी थोड़ी सी किरणें प्रवेश कर जाती हैं, मगर तुम आंख खोलते नहीं। तुम उन थोड़ी सी किरणों के आसपास भी स्वप्नों के नये जाल गूंथ लेते हो, शब्दों और सिद्धांतों के नये जाल गूंथ लेते हो।

सिद्ध तुम्हें जगाने आते हैं, लेकिन तुम हिंदू हो जाते, मुसलमान हो जाते, ईसाई हो जाते, जैन हो जाते, बौद्ध हो जाते। जागते नहीं, तुम नींद में एक नई करवट ले लेते, तुम नींद में एक नया स्वप्न देखने लगते हो! इसलिए सदियों-सदियों में जगाने वाले लोग रहे हैं, मगर तुम हो कि सोए ही रहे।

आगत उदबोधन की बेला
जागो, मन जागरण की बेला
जागो, नव प्रमोद की बेला
जागो, मन जागरण की बेला
जागो, मन बसंत की बेला
जागो, मन जागरण की बेला!

वसंत आया हुआ है। द्वार पर दस्तक दे रहा है। लेकिन तुम द्वार बंद किए बैठे हो।

जिस अपूर्व व्यक्ति के साथ हम आज यात्रा शुरू करते हैं, इस पृथ्वी पर हुए अत्यंत प्रभावशाली व्यक्तियों में वह एक है। चौरासी सिद्धों में जो प्रथम सिद्ध है, सरहपा उसके साथ हम अपनी यात्रा आज शुरू करते हैं।

सरहपा के तीन नाम हैं, कोई सरह की तरह उन्हें याद करता है, कोई सरहपाद की तरह, कोई सरहपा की तरह। ऐसा प्रतीत होता है सरहपा के गुरु ने उन्हें सरह पुकारा होगा, सरहपा के संगी-साथियों ने उन्हें सरहपा पुकारा होगा, सरहपा के शिष्यों ने उन्हें सरहपाद पुकारा होगा। मैंने चुना है कि उन्हें सरहपा पुकारूं, क्योंकि मैं जानता हूं तुम उनके संगी-साथी बन सकते हो। तुम उनके समसामयिक बन सकते हो। सिद्ध होना तुम्हारी क्षमता के भीतर है।

सिद्धों में और तुममें समय का फासला हो, स्वभाव का फासला नहीं है। स्वभाव से तो तुम अभी भी सिद्ध हो। सोए हो सही, जैसे बीज में सोया पड़ा है अंकुर; समय पाकर फूटेगा, पल्लव निकलेंगे। जैसे मां के गर्भ में बच्चा है, समय पाकर जन्मेगा। समय का ही फासला है। तुममें, सिद्धों और बुद्धों में, स्वभाव का जरा भी फासला नहीं है। तुम ठीक वैसे ही हो जैसे बुद्ध, जैसे महावीर, जैसे मोहम्मद, जैसे कृष्ण, जैसे सरहपा। यह तो पहला सूत्र है जो स्मरण रखना, क्योंकि सरहपा इसी की तुम्हें याद दिलाएंगे। और इस सूत्र की जिसे ठीक से प्रतीति हो जाए, इस सूत्र की अनुभूति हो जाए, इस सूत्र को जो हृदय में समा ले, सम्हाल ले, उसका नब्बे प्रतिशत काम पूरा हो गया।

सिद्ध होना नहीं है--सिद्ध तुम हो, ऐसा जानना है। सिर्फ जानना है, सिर्फ जागना है। वसंत आया ही हुआ है, द्वार पर दस्तकें दे रहा है। तुम पलक खोलो और सारा जगत अपरिसीम सौंदर्य से भरा हुआ है। तुम पलक खोलो, और उत्सव से तुम्हारा मिलन हो जाए! विषाद कटे, यह रात का अंधेरा कटे। यह रात का अंधेरा, बस तुम्हारी बंद आंख के कारण है।

सरहपा जन्म से ब्राह्मण थे, लेकिन जन्म से ही ब्राह्मण न रहे, अनुभव से भी ब्राह्मण हो गए। जन्म से तो बहुत लोग ब्राह्मण होते हैं, मगर जन्म के ब्राह्मणत्व का कोई भी मूल्य नहीं है, दो कौड़ी भी मूल्य नहीं है। ठीक से समझो तो जन्म से सभी शूद्र होते हैं। जन्म से कोई ब्राह्मण कैसे होगा? नाममात्र की बात है। ब्राह्मण तो अनुभव की बात है, बोध की बात है। ब्रह्म को जो जाने, सो ब्राह्मण। ब्रह्म को जो पहचाने, सो ब्राह्मण। तो जन्म से तो सभी शूद्र हैं। जो जाग जाए वही ब्राह्मण; जो सोया है वह शूद्र--ऐसी परिभाषा करना। जो जागा है वह ब्राह्मण।

सरहपा जन्म से ब्राह्मण थे, लेकिन जन्म से ही ब्राह्मण न रहे, अनुभव से भी ब्राह्मण हो गए। बड़े पंडित थे और यह विरल घटना है, कि पंडित और सिद्ध हो जाए। यह काम अति कठिन है। अज्ञानी सिद्ध हो जाए, यह उतना कठिन नहीं है; लेकिन पंडित सिद्ध हो जाए, यह बहुत कठिन है। कारण? अज्ञानी को इतना तो भाव होता ही है कि मैं अज्ञानी हूं, मुझे पता नहीं; इसलिए अकड़ नहीं होती, अहंकार नहीं होता। अज्ञान में एक निर्दोषता होती है। छोटे बच्चे का अज्ञान, दूर जंगल में बसे आदिवासी का अज्ञान--उसमें तुम्हें एक निर्दोष भाव मिलेगा; दंभ न मिलेगा जानने का। और दंभ जानने में सबसे बड़ी बाधा है। अहंकार भटकाता है, बहुत भटकाता है।

और सरहपा बड़े पंडित थे, नालंदा के आचार्य थे। नालंदा में तो प्रवेश भी होना बहुत कठिन बात थी। नालंदा में विद्यार्थी जो प्रवेश होते थे, उनको महीनों द्वार पर पड़े रहना पड़ता था। प्रवेश-परीक्षा ही जब तक पूरी न होती तब तक द्वार के भीतर प्रवेश नहीं मिलता था। नालंदा अदभुत विश्वविद्यालय था! दस हजार विद्यार्थी थे वहां और हजारों आचार्य थे और एक-एक आचार्य अनूठा था। जो नालंदा का आचार्य हो जाता, उसके पांडित्य की तो पताका फहर जाती थी सारे देश में।

सरहपा नालंदा के आचार्य थे; बड़ी उनकी कीर्ति थी, बड़ा उनका पांडित्य था! एक दिन सारे पांडित्य को लात मार दी। धन को छोड़ना आसान है, पद को छोड़ना आसान है, पांडित्य को छोड़ना बहुत कठिन है। क्योंकि धन तो बाहर है; चोर चुरा लेते हैं, सरकारें बदल जाएं, सिक्के न पुराने चलें, बैंक का दीवाला निकल जाए...। धन का क्या भरोसा है! धन तो बाहर की मान्यता पर निर्भर है। लेकिन ज्ञान तो भीतर है, न चोर चुरा सकते, न डाकू लूट सकते। तो ज्ञान पर पकड़ ज्यादा गहरी होती है। ज्ञान अपना मालूम होता है। इसे कोई छीन नहीं सकता। यह दूसरों पर निर्भर नहीं है। यह धन ज्यादा सुरक्षित मालूम होता है। फिर ज्ञान के साथ हमारा तादात्म्य हो जाता है, धन के साथ हमारा तादात्म्य कभी नहीं होता। तुम्हारे पास हजारों सिक्कों का ढेर लगा हो, तो भी तुम ऐसा नहीं कहते कि मैं यह सिक्कों का ढेर हूं। तुम जानते हो ये सिक्के मेरे पास हैं, कल मेरे पास नहीं थे, कल हो सकता है मेरे पास फिर न हों। तुम ज्यादा से ज्यादा सिक्कों की मालकियत कर सकते हो। वह मालकियत भी बड़ी संदिग्ध है। हजार-हजार परिस्थितियों पर निर्भर है।

लेकिन ज्ञान के साथ तादात्म्य हो जाता है। तुम जो जानते हो, वही हो जाते हो। वेद को जानने वाला अनुभव करने लगता है कि जैसे मैं वेद हो गया। कुरान जिसे

कंठस्थ है उसे अनुभव होने लगता है कि जैसे मैं कुरान हो गया। ज्ञान मन के इतने गहरे में है कि आत्मा उसके साथ अभिभूत हो जाती है; इतना निकट है कि तादात्म्य हो जाता है। इसलिए दुनिया में लोग और सब आसानी से छोड़ देते हैं...।

मेरे एक परिचित, सब छोड़ कर जंगल चले गए। जंगल से मैं गुजरता था, किसी यात्रा पर था, तो मैंने, जो मित्र मुझे अपनी गाड़ी से ले जा रहे थे, उनसे कहा कि एक पांच-सात मील का चक्कर होगा, लेकिन मेरे एक पुराने परिचित हैं, वे सब छोड़-छाड़ चुके हैं--धन, पद-प्रतिष्ठा, वे इस जंगल में हैं, उनसे मिलते चलें। उन्हें मिलने मैं गया। उन्होंने सब छोड़ दिया था, लेकिन सब छोड़ कर भी वे जैन थे सो जैन ही थे!

मैंने उनसे पूछा: तुम सब छोड़ आए--समाज छोड़ दिया, घर छोड़ दिया, पत्नी-बच्चे छोड़ दिए, धन छोड़ दिया--लेकिन जिस समाज ने तुम्हें यह जैन होने की भ्रांति दी थी, उस समाज को तो छोड़ आए, मगर भ्रांति को तुम लिए बैठे हो! अभी भी तुम जैन हो!

उनको एकदम से समझ में न आया कि यह कैसे छोड़ा जा सकता है!

जैन होना क्या है? ज्ञान की एक खास राशि। हिंदू होना क्या है? ज्ञान की एक दूसरी राशि। ईसाई होना क्या है? ज्ञान की तीसरी राशि। जिसने बाइबिल से अपना ज्ञान चुना है वह ईसाई है और जिसने गीता से अपना ज्ञान चुना है वह हिंदू है। सब छोड़ कर आदमी चला जाता है। तुम देखते हो, संन्यासी हैं, सब छोड़ देते हैं मगर फिर भी हिंदू हैं सो हिंदू हैं, ज्ञान नहीं छूटता। और जब तक ज्ञान न छूटे, तब तक जानना कुछ भी नहीं छूटा। समाज मत छोड़ो, चलेगा। घर-द्वार मत छोड़ो, चलेगा। मगर ज्ञान छोड़ दो; क्योंकि ज्ञान के कारण तुम्हें भ्रांति हो रही है कि मुझे मालूम है, जब कि तुम्हें मालूम नहीं है। मालूम तुम्हें तभी हो सकता है जब तुम पहले यह अंगीकार कर लो कि मुझे मालूम नहीं है। ज्ञान की यात्रा ही अज्ञान के बोध से शुरू होती है।

अदभुत व्यक्ति रहे होंगे सरहपा! एक दिन पांडित्य को लात मार दी। अज्ञानी हो गए। सब छोड़-छाड़ दिया। शास्त्र, जानकारी, उपाधियां--सब छोड़ दिया। एक फक्कड़ फकीर हो गए। अज्ञानी की तरह घूमने लगे। मुझे कुछ मालूम नहीं है, ऐसी घोषणा करने लगे। और जो आदमी ऐसी घोषणा करे कि मुझे कुछ मालूम नहीं है, मालूम होने के करीब उसके दिन आ गए, समय आ गया; क्योंकि अहंकार गिर गया, अब रुकावट कहां रही! अहंकार की दीवाल ही तोड़े थी।

खयाल करना, जानने के लिए छोटे बच्चे जैसा सरल हो जाना जरूरी है। जानने के लिए फिर आंखों में वही आश्चर्य चाहिए जो छोटे बच्चों की आंखों में होता है--और वही निर्मलता, वही निर्दोष भाव! वही छोटी से छोटी चीज को देख कर अवाक हो जाना! वृक्ष से आता हुआ धूप का एक टुकड़ा--और बच्चा आश्चर्य-विमुग्ध हो जाता है। जैसे सोने की ढेरी मिल गई हो!...कि हवाओं का गुजरना वृक्षों से और वृक्षों का नाच, वृक्षों से टकरा कर होता हुआ नाद--और छोटा बच्चा नाच उठता है, मग्न हो जाता है! फूल खिल जाएं, कि तितलियां उड़ने लगें, कि कोयल पुकार ले--और छोटे बच्चे का सारा प्राण रसविमुग्ध हो जाता है।

लेकिन तुम गुजर जाते हो ऐसे, जैसे कुछ भी नहीं हो रहा। वृक्षों से छनती हुई धूप, उस धूप में छाया हुआ रहस्य तुम्हें आंदोलित नहीं करता। न नाचते हुए वृक्ष तुम्हें प्रभावित करते हैं, न आकाश के तारे तुम्हें छूते हैं। तुम अस्पर्शित गुजर जाते हो। तुमने चारों तरफ ज्ञान की इतनी राशियां इकट्ठी कर ली हैं, इतनी पर्तें इकट्ठी कर ली हैं कि तुम्हारी जानकारी के कारण तुम्हारा आश्चर्य का भाव मर गया है। और आश्चर्य के भाव से ही कोई परमात्मा को अनुभव कर सकता है। आश्चर्यविमुग्ध जो है वही प्रार्थना में रत है। आश्चर्य प्रार्थना की शुरुआत है। और तुम्हारा ज्ञान आश्चर्य को मार डालता है, आश्चर्य की गर्दन घोंट देता है।

सरहपा को यह अनुभव हुआ होगा कि यह जो मैंने शास्त्रों से सीख लिया है, मेरा नहीं है, उधार है, बासा है। इसका कोई मूल्य नहीं है। मैंने तो जाना नहीं, किसी और ने जाना है। किसी और के जानने से क्या होगा? किसी और ने रोशनी देखी, इससे मैंने तो रोशनी नहीं देख ली। और किसी और ने भोजन किया तो मुझे पोषण न मिला। और कोई और चला तो मेरी मंजिल तो आई नहीं। मैं चलूं तो मेरी मंजिल आए। मैं देखूं तो मुझे दर्शन हो। और मैं जल पीऊं तो मेरी प्यास बुझे। एक दिन यह बात समझ में आ गई होगी।

यह बहुत बिरली घटना है। पंडित को यह बात समझ में नहीं आती। आए तो भी पंडित समझना नहीं चाहता। क्योंकि इसका मतलब हुआ कि वह इतने दिन तक, वर्षों तक जो पांडित्य इकट्ठा किया था, उसे छोड़ना होगा। तो वे सारे वर्ष व्यर्थ गए! तो वे सारी चेष्टाएं, वह रात देर-देर तक जाग कर शास्त्रों के साथ सिर फोड़ना, शब्दों का संग्रह, और उन शब्दों और शास्त्रों के कारण मिली प्रतिष्ठा, अहंकार पर चढ़ी हुई पुष्पमालाएं, वे सब व्यर्थ गईं! तो इतने दिन मूढ़ता में बीते! इतनी हिम्मत कम होती है।

जैसे-जैसे व्यक्ति प्रसिद्ध होने लगता है वैसे-वैसे मुश्किल होने लगती है।

मैंने सुना है कि एक कवि का सम्मान किया जा रहा था--उसका साठवां वर्ष मनाया जा रहा था। बड़ी फूलमालाएं चढ़ाई गई थीं, बड़े प्रशस्ति में गीत पढ़े गए थे। लेकिन कवि था कि कुछ उदास बैठा था। किसी संगी-साथी ने पूछा कि आज उदास होने का दिन नहीं, आज इतने उदास क्यों हो? तो उस कवि ने कहा: सच बात यह है, यह सारा स्वागत-समारोह, ये फूलमालाएं, ये प्रशस्तियां, मुझे याद दिला रही हैं कि मैं कभी कवि होना ही नहीं चाहता था। मैंने कभी चाहा नहीं था कवि होना। यह तो मजबूरी में, पैसे कमाने के लिए मैंने कविताएं लिखनी शुरू की थीं। मुझे इनमें कभी रस भी नहीं आया।

तो उस मित्र ने पूछा कि फिर तुम साठ वर्ष तक राह क्या देखते रहे? छोड़ क्यों न दिया कविताएं बनाना?

उन्होंने कहा: कैसे छोड़ता? धीरे-धीरे मैं प्रसिद्ध हो गया। जब तक छोड़ने की नौबत आती, जब तक इतना पैसा मेरे पास हुआ कि मैं छोड़ सकता था, तब तक मैं प्रसिद्ध हो गया था, तब तक लोग मुझे महाकवि समझने लगे थे। फिर कैसे छोड़ता?

जब तुम्हारे अहंकार की तृप्ति होने लगे, तब छोड़ना बहुत मुश्किल हो जाता है, अति कठिन हो जाता है। फिर तुम्हारा मन भी न लगता हो तो भी आदमी बोझ को ढो लेता है--थोड़े दिन की बात और है, मौत तो आती ही होगी। अब साठ वर्ष तो हो ही गए और दस-पांच वर्ष खींच लो। अब इतनी प्रसिद्धि मिल गई है, अब इस प्रसिद्धि को क्यों गंवाना! अक्सर ऐसा हो जाता है कि प्रसिद्धि के लिए लोग अपनी आत्माएं खो देते हैं, अपने जीवन की सारी संभावनाएं खो देते हैं।

इसलिए मैं कहता हूं: पंडित को ज्ञान कठिन बात है।

सरहपा बड़े हिम्मत के आदमी रहे होंगे। उनके शब्दों से भी मालूम पड़ता है कि बड़े जानदार व्यक्ति थे। सदियां बीत गईं, लेकिन उनके शब्दों में ऐसी अंगार है अभी भी, कि अभी भी तुम्हें तिलमिला देंगे। पांडित्य छोड़ा, नालंदा छोड़ा--और उस समय का एक बहुत फक्कड़ों का संप्रदाय था, वज्रयान, उसमें सम्मिलित हो गए। यह जमात ऐसी ही थी जैसी मेरी जमात है। इसमें जिनको तुम समादृत कहो, प्रतिष्ठित कहो, ऐसे लोग सम्मिलित नहीं होते थे। इसमें तो तुम उन्हीं को देख पा सकते थे, जिनको बगावती कहो, क्रांतिकारी कहो--जो लात मार दें सारी प्रतिष्ठा पर, समाज के सम्मान पर।

वज्रयान बड़े हिम्मतवर लोगों का समूह था। वज्रयान की मूल धारणा है कि जो है उसे ऐसे जाना जा सकता है, जैसे बिजली की कौंध होती है। एक क्षण में सब दिखाई पड़ जाता है। सत्य को जानने के लिए कोई क्रमिक आरोहण की जरूरत नहीं है, क्योंकि सत्य दूर नहीं है कि उस तक पहुंचने में समय लगे। सत्य तो यहीं मौजूद है; बिजली कौंध जाए, जैसे बिजली कौंध जाए, ऐसा अभी मिल सकता है, इसी क्षण मिल सकता है। साहस चाहिए। त्वरा चाहिए। तो जैसे कोई तलवार से एक ही झटके में गर्दन काट दे, ऐसे एक ही झटके में सिद्धावस्था प्राप्त हो सकती है। यही मैं भी तुमसे कह रहा हूं: क्रमिक उपलब्धि की बात कि धीरे-धीरे मिलेगा, कि जन्म-जन्म श्रम करेंगे तब मिलेगा, भ्रांत है। इसलिए भ्रांत है कि मौलिक रूप से मन यही चाहता है कि कल पर टाला जा सके। और क्रमिक विकास की धारणा में कल पर टालने की सुविधा है। कल मिलेगा, परसों मिलेगा, अगले जन्म में मिलेगा; आज तो नहीं मिलने वाला है। इसलिए आज तो तुम जो कर रहे हो करो, जैसे हो रहो, कल की फिकर करो।

वज्रयान कहता है: अभी मिल सकता है, यहीं, इसी क्षण! या तो इसी क्षण या कभी नहीं। या तो अभी या कभी नहीं। और जब भी मिलेगा तब अभी ही मिलेगा। क्योंकि अभी के अतिरिक्त और कोई समय नहीं है। आज के अतिरिक्त कोई दिन नहीं। कल कभी आया है? जिस कल पर तुम टाले चले जाते हो, वह तुम्हारे टालने का उपाय है, और कुछ भी नहीं। तुम्हारी बेईमानी का एक ढंग है समय। समय तुम्हारी ईजाद है। फूल अभी खिल रहे हैं, वृक्ष अभी बढ़ रहे हैं, पक्षी अभी गीत गा रहे हैं, सूरज अभी निकला है--और तुम...तुम कल खिलोगे! और तुम कल गीत गाओगे! तुम कल उगोगे! कल कभी आता है? फूलों ने नहीं टाला कल पर, वृक्षों ने नहीं टाला कल पर, पक्षियों ने नहीं टाला कल पर, आदमी ने कल पर टाला है।

सिवाय आदमी के और कोई भविष्य में नहीं जी रहा है। सिर्फ इसीलिए आदमी भर परेशान है, और कोई परेशान नहीं है। वृक्ष अशांत नहीं हैं। तुम वृक्षों को मनोवैज्ञानिकों के पास जाते नहीं देखते हो। और न पशु-पक्षी अशांत हैं।

तुमने कभी किसी पशु-पक्षी के चेहरे पर तनाव की, बेचैनी की रेखाएं देखीं? कभी कोई पशु-पक्षी जंगल में स्वाभाविक अवस्था में तुमने पागल होते सुना? हां कभी-कभी सर्कस के जानवर पागल हो जाते हैं, अजायबघर के जानवर पागल हो जाते हैं--वह आदमियों के कारण। उनका जुम्मा आदमियों पर है। अब कोई जानवर सर्कस में रहने को थोड़े ही बना है, कि अजायबघर में रहने को बना है।

ऐसा समझो कि पशुओं की दुनिया हो और उसमें अजायबघर हों जिनमें आदमी बंद हों, उनकी क्या हालत होगी? और पशु देखने आएं...हाथी चले आएं, घोड़े चले आएं, गधे चले आएं देखने आदमी को अजायबघर में, और आदमी घूम रहा है कटघरे में। जैसे आदमी पागल हो जाए, ऐसे तुम्हारे अजायबघरों में तुम्हारे जानवर कभी-कभी पागल हो जाते हैं। तुम्हारे कारण। लेकिन प्रकृति में पागलपन घटता ही नहीं। प्रकृति पागलपन को जानती नहीं। क्यों? अशांति ही नहीं है तो विक्षिप्तता कैसे होगी? अशांति नहीं है, क्योंकि समय ही नहीं है, तो अशांत कोई कैसे होगा?

इसे थोड़ा समझ लेना, तो ये सूत्र समझ में आने आसान हो जाएंगे।

अशांत होने के लिए समय चाहिए। अशांत होने के लिए अतीत का भाव चाहिए, भविष्य का भाव चाहिए। अतीत की याददाश्त चाहिए अशांत होने के लिए। वह जो दस साल पहले किसी ने गाली दी थी, वह अभी भी चुभनी चाहिए। गाली भी गई, देने वाले भी गए, समय भी गया, मगर तुम भीतर चुभाए बैठे हो। तुम उसे पकड़े बैठे हो। तुम उसे ढो रहे हो। वर्षों पहले की याददाश्तें तुम्हारे चित्त पर बोझिल होनी चाहिए तो तुम अशांत हो सकते हो। और भविष्य की कल्पना होनी चाहिए कि कल ऐसा करेंगे, परसों ऐसा करेंगे। योजनाएं, कल्पनाएं भविष्य की और स्मृतियां अतीत की--इन दोनों के बीच में ही पिस कर तुम पागल होओगे। इन दो चक्की के पाट के बीच जो फंस जाता है वह बच नहीं पाता।

और मजा यह है कि दोनों ही चक्की के पाट झूठे हैं। अतीत जा चुका, अब नहीं है और भविष्य अभी आया नहीं। सच्चा तो सिर्फ वर्तमान है। सच्चा तो यह क्षण है। नगद तो केवल यह क्षण है। इस क्षण में कैसी अशांति? जरा सोचो, गुनो! इस क्षण में कैसी अशांति? मत आने दो अतीत को, मत आने दो भविष्य को, फिर इस क्षण में तुम अशांति खोज सकोगे? चेष्टा भी करोगे तो अशांत न हो सकोगे। वर्तमान अशांति जानता ही नहीं।

अब यह बड़ा मजा है कि आदमी भविष्य की कल्पना करके अशांति खड़ी करता है और फिर भविष्य में ही शांत होने की योजना भी बनाता है। उससे अशांति और कई गुनी हो जाती है। और भविष्य को हम फैलाए चले जाते हैं। इस जन्म में ही हमारे भविष्य का विस्तार नहीं है, हम अगले जन्मों में भी फैलाते हैं। हमारी वासनाएं इतनी हैं कि इस जन्म में भी पूरी नहीं होती उनकी कल्पना, अगले जन्म में होगी। और-और जन्म, और-और जन्म...आगे फैलाए चले जाते हैं। सारा बोझ तुम्हारी छाती पर पड़ता है। तुम टूट जाते हो। इसी बोझ के नीचे दबा हुआ आदमी अशांत होता है।

वज्रयान कहता है: वर्तमान में जीओ। इस क्षण के अतिरिक्त और कुछ भी सत्य नहीं है। और जिस दिन तुम इस क्षण में जीओगे, सहज हो जाओगे। वज्रयान सहज योग है।

वज्रयान क्यों नाम पड़ा: वज्र की भांति चोट करता है, और एक ही चोट में फैसला कर देता है।

सरहपा पालवंशीय राजा धर्मपाल के समकालिक थे। धर्मपाल का समय ईस्वी. ७६८-८०९ माना जाता है। पूर्वी प्रदेश के किसी राज्ञी नगरी के निवासी थे। इस नगरी का अब कोई पता नहीं चलता। कभी महानगरी रही होगी, अब तो खंडहर भी नहीं मिलते। ऐसी ही हमारी नगरियां भी खो जाएंगी। ऐसे ही जहां बस्तियां हैं, मरघट बन जाते हैं; जहां मरघट हैं वहां बस्तियां बन जाती हैं।

हड़प्पा की खुदाई में सात पर्तें मिलीं, कि हड़प्पा सात बार बसा और सात बार उजड़ा। एक-एक नगर के नीचे न-मालूम कितने नगर दबे पड़े होंगे। तुम जहां बैठे हो, वैज्ञानिक हिसाब लगा कर कहते हैं कि एक-एक आदमी के नीचे कम-से-कम दस-दस आदमियों की लाश गड़ी है। इतने आदमी इस जमीन पर हो चुके हैं। और मर चुके हैं कि सारी जमीन मरघट हो गई है। अब तुम मरघट जाने से मत डरा करो। तुम जहां हो मरघट पर ही हो। मरघट के अलावा अब कोई जगह बची नहीं है। सब तरफ कब्रें-ही-कब्रें हैं। और एक-एक जगह न मालूम कितनी बार भवन बने, मंदिर उठे! और कितनी बार भवन गिरे, मंदिर गिरे! धूल में मिल गए। मगर आदमी बड़ा अदभुत है! वह इसी तरह के विचारों में पड़ा रहता है।

मैं मांडवगढ़ एक मित्र के साथ था। मांडवगढ़ कभी सात लाख लोगों की आबादी का नगर था। प्रमाण भी हैं कि सात लाख लोग रहे होंगे। खंडहर बताते हैं। इतने खंडहर हैं कि किसी जमाने की बड़ी महानगरी रही होगी। मांडवगढ़ उसका नाम था तब। इतनी बड़ी मस्जिदें हैं कि जिनमें दस-दस हजार लोग एक साथ नमाज पढ़ सकें। अब तो खंडहर ही हैं। इतनी-इतनी बड़ी धर्मशालाएं हैं कि जिनमें दस-दस हजार लोग एक साथ ठहर सकें। इतनी बड़ी-बड़ी घुड़सालें हैं जिनमें हजारों घोड़े एक साथ रुक सकें, हजारों ऊंट एक साथ रुक सकें। किसी जमाने में जब ऊंटों से ही सारी यात्रा होती थी, मांडवगढ़ बड़ी प्रसिद्ध नगरी थी।

अब मांडवगढ़ नहीं बचा। अब उसका नाम है: मांडू। अब वहां केवल तीन सौ पांच आदमी रहते हैं। कुल आबादी! जिस होटल में मैं ठहरा था, बस वही एक होटल

यात्रियों के लिए है। जिन मित्र के साथ ठहरा था, वह मित्र विचार कर रहे थे। इंदौर में उन्हें एक भवन बनाना है, कैसे बनाना है। वह सब ले आए थे नक्शे, मुझे दिखा रहे थे कि मैं चुन दूं, कि किस तरह का। स्थिति मुझे बड़ी विडंबना की मालूम पड़ी। मैंने उनसे कहा: जरा बाहर चलो। उन्होंने कहा: बाहर क्या होगा? मैंने कहा: जरा देखो, यह मांडू जो कभी मांडवगढ़ था, यहां बड़े महल थे। सब गिर गए! सब मिट्टी में पड़े हैं। और तुम इतनी उत्सुकता से महल बनाने के लिए आतुर हो! चौबीस घंटे तुम्हें एक ही धुन सवार है कि ऐसा महल बने कि इंदौर में कोई दूसरा महल न हो। सब गिर जाएंगे। लोगों का पता नहीं चलता, लोगों की बनाई हुई चीजों का पता नहीं चलता। मगर इन पर ही हम सब-कुछ लगा देते हैं। और जो वास्तविक धन है उसकी तलाश ही नहीं हो पाती।

'राज्ञी' नगरी की बड़ी खोज की गई है, लेकिन कहीं पता भी नहीं चलता कि यह नगरी कभी थी भी। निशान भी नहीं मिलते, सबूत भी नहीं रह गए हैं। ऐसे ही सब खो जाता है। नहीं जागोगे, नहीं सम्हलोगे तो ऐसा ही कुछ व्यर्थ करते रहोगे, जिसके मिट्टी में निशान भी नहीं छूटेंगे।

जागो! जागरण की यही बेला है। सरहपा जैसे जागे वैसे ही तुम भी जागो।

सरहपा का स्वर क्रांति का स्वर है। समस्त जानने वालों का स्वर क्रांति का ही स्वर रहा है। जहां क्रांति न हो, समझना ज्ञान नहीं है। ज्ञान अग्नि की भांति है--प्रज्वलित अग्नि की भांति! और जो ज्ञान से गुजरेगा वह अग्नि में जल कर कुंदन हो जाता है। और बिना जले कोई भी कुंदन नहीं होता। बिना आग से गुजरे, बिना अग्नि-परीक्षा दिए कोई भी शुद्ध नहीं होता है।

लेकिन लोगों को धर्म के साथ क्रांति के जोड़ने की बात ठीक नहीं लगती। धर्म के साथ तो लोग शांति को जोड़ते हैं, क्रांति को नहीं जोड़ते। धर्म के साथ तो लोग सांत्वना को जोड़ते हैं, सत्य को नहीं जोड़ते। धर्म के साथ संप्रदाय को जोड़ते हैं, साधना को नहीं जोड़ते। धर्म संप्रदाय नहीं है, साधना है। धर्म सांत्वना नहीं है, सत्य है। धर्म शांति नहीं है, क्रांति है। यद्यपि क्रांति से अपूर्व शांति मिलती है, लेकिन वह गौण है। वह लक्ष्य नहीं है।

और कोई भी व्यक्ति जो दकियानूसी है, धार्मिक नहीं होता, न हो सकता है। जो परंपराग्रस्त है, धार्मिक नहीं होता। धर्म की कोई परंपरा नहीं होती। क्रांति की कहीं कोई परंपरा होती है?

धर्म लीक पर नहीं चलता--अपनी पगडंडी खोजता है, अपना मार्ग बनाता है। लीक पर तो भेड़ें चलती हैं, भीड़ में तो भेड़ें चलती हैं। भेड़चाल कभी किसी व्यक्ति

को आत्मवान नहीं बनाती। निजता की घोषणा चाहिए, रूढ़ियों से मुक्ति चाहिए। अंधविश्वासों से बाहर आने का साहस चाहिए। और ध्यान रखना, अंधविश्वासों में बड़ी सुरक्षा है! झंझट नहीं है। रूढ़ि को मानने में बड़ी सुविधा है, क्योंकि और सभी भी उसी को मानते हैं। सांत्वना मिलती है। जब सभी लोग किसी बात को मानते हैं तो खोजने की झंझट नहीं रह जाती। मुफ्त हमने भी मान लिया। जिस भीड़ में संयोग से पड़ गए, हिंदुओं की तो हिंदू और मुसलमानों की तो मुसलमान...जिस भीड़ में संयोग से पड़ गए वही हो गए। और संयोग की ही बात है कि तुम किस भीड़ में पड़ गए हो।

लेकिन सत्य इतना सस्ता नहीं है। सत्य तो केवल उनको मिलता है जो खोजते हैं। और खोजने वाला कभी भी भेड़चाल से नहीं चल सकता। खोजने वाले को तो अकेले चलना होगा। एकला चलो रे! उसे तो अभियान पर निकलना होगा। उसे तो बहुत सी मान्यताओं के विपरीत जाना होगा। उसे तो बहुत सी अंधी धारणाओं का खंडन करना होगा।

और तुम सरहपा के वचनों में इसी तरह का अदभुत खंडन पाओगे। लेकिन खंडन लक्ष्य नहीं है। खंडन का इरादा इतना ही है, ताकि गलत का खंडन हो जाए और सही शेष रह जाए। क्रांतिवादी नकारात्मक होता है। उसके स्वर में चोट होती है तलवार की। वह तोड़ने को आतुर होता है। वह तब तक तोड़ता ही जाता है जब तक ऐसी कोई चीज न आ जाए जो तोड़ी ही नहीं जा सकती। नेति-नेति उसकी व्यवस्था होती है। वह कहता है: यह भी नहीं, यह भी नहीं। तुम ऐसा स्वर पाओगे सरहपा में कि वह कहेंगे: यह भी नहीं, यह भी नहीं, यह भी नहीं! घबड़ा मत जाना। उनके निषेध से बेचैन मत हो जाना।

नकार तो केवल विधायक को खोजने की विधि है। विधायक तो तभी मिलता है जब हम सब निषेध कर चुके और अब निषेध करने को न बचा, तब जो शेष रह जाता है उस शेष को जानना मुक्ति है, निर्वाण है।

आरजी हदबंदियां हैं, देस क्या परदेश क्या?
मैं हूं इन्सां वुसअते-कोनैन है मेरा वतन।

जो सत्य को खोजने निकलते हैं न उनका कोई देश है, न उनका कोई परदेस है। न कोई अपना है, न कोई पराया है। आरजी हदबंदियां हैं, देस क्या परदेश क्या? उनके लिए तो सारी हदें, सारी सीमाएं कृत्रिम हैं, आरजी हैं।

आरजी हदबंदियां हैं, देस क्या परदेश क्या?
मैं हूं इन्सां वुसअते-कोनैन है मेरा वतन।

इनकी घोषणा तो यही है कि सारा विश्व हमारा है। यह विश्व की विशालता हमारा देश है, हमारी मातृभूमि है। इससे छोटे पर वे राजी नहीं हैं। सारा आकाश अपना है। छोटे-छोटे आंगनों का उनका आग्रह नहीं। जो आंगनों में बंधे हैं वे अंधे रह जाते हैं।

आकाश की तरफ आंखें उठाओ। हिंदू होने से नहीं चलेगा, जैन होने से नहीं चलेगा, मुसलमान होने से नहीं चलेगा। यह सारे विश्व की विशालता तुम्हारी अपनी होनी चाहिए। यह सारा आकाश मेरा है और मैं इस आकाश का हूं, ऐसा हृदय होगा तो पा सकोगे। नहीं तो आरजी हदबंदियां हैं...सब कृत्रिम हदें हैं। आदमी के द्वारा खींची गई रेखाएं हैं, उन्हीं में बंधे रह जाओगे।

इसी रफ्तारे आवारा से भटकेगा यहां कब तक?

अमीरे-कारवां बन जा, गुबारे-कारवां कब तक?

और कब तक तुम भीड़ की धूल बने रहोगे? गुबारे कारवां कब तक...कब तक यात्री-दल के पैरों की धूल ही खाते रहोगे? इसी रफ्तारे-आवारा से भटकेगा यहां कब तक? कितने जन्मों से तो भटक रहे हो! इस भीड़ के हिस्से, उस भीड़ के हिस्से! इस भीड़ की धूल खाई उस भीड़ की धूल खाई! तुम यात्री-दल के पीछे पैरों से बंधे ही घिसटते रहोगे?

इसी रफ्तारे-आवारा से भटकेगा यहां कब तक?

अमीरे-कारवां बन जा, गुबारे-कारवां कब तक?

अब तो यात्री-दल की धूल रहने की जरूरत नहीं है। अब तो अपने यात्री-दल के खुद ही मालिक बन जाओ। अमीरे-कारवां बन जा! अब तो अपने जीवन को अपने हाथ में ले लो। अब तो उत्तरदायित्व स्वीकार करो। किसी और पर यह उत्तरदायित्व मत डालो। किसी मंदिर, किसी मस्जिद, किसी गुरुद्वारे पर ईश्वर की तलाश को मत छोड़ दो। किन्हीं पंडित-पुरोहितों पर मत छोड़ दो ईश्वर की पूजा को। अब तो तुम्हारा हृदय ही संलग्न हो।

सरहपा के सूत्र--

मन्तः मन्ते स्सन्ति ण होइ।

मंत्र-जाप करने से शांति मिलने को नहीं।...चोट शुरू हुई! क्रांति का पहला सूत्र: मंत्र-जाप करने से शांति मिलने को नहीं है। मंत्र-जाप करने से निद्रा मिलती है, शांति नहीं; मूर्च्छा आती है, शांति नहीं। मंत्र-जाप का उपयोग लोरी की तरह है जैसे मां अपने बच्चे को कहती है--सो जा बेटा, राजा बेटा; सो जा बेटा, राजा बेटा! बार-बार

दोहराए जाती है: राजा बेटा, राजा बेटा, राजा बेटा! एक ही शब्द को बार-बार सुनने से ऊब पैदा होती है। स्वभावतः ऊब से ऊबाइयां शुरू हो जाती हैं। और बेटा भाग नहीं सकता, राजा बेटा, भाग कर जाए कहां? मां बैठी है उसे पकड़े और कहती है--सो जा, राजा बेटा सो जा! उसे भागने का और कोई उपाय नहीं मिलता तो वह नींद में ही डुबकी मार जाता है। वही भागने का उपाय बचता है। और यह एक ही शब्द, एक ही लय में दोहराया गया, नींद लाने वाला हो जाता है।

तुम बैठे राम-राम, राम-राम, राम-राम जपते हो। एक ही शब्द दोहराओगे, तंद्रा आएगी। एक ही शब्द दोहराओगे, उस शब्द की पुनरुक्ति से सम्मोहित हो जाओगे। सम्मोहन से थोड़ा सुख मिलेगा, अच्छी नींद ले लोगे; लेकिन इससे कुछ सत्य मिलने वाला नहीं है और न शांति मिलने वाली है। शांति तो तब मिलेगी जब तुम अशांति के कारण छोड़ दोगे।

एक राजनेता मेरे पास आते थे, कि मन बड़ा अशांत है, कोई मंत्र दे दें। मैंने कहा कि मन अशांत है, उसके कारण छोड़ोगे नहीं। मन अशांत है, क्योंकि तुम्हें मुख्यमंत्री बनना है।

उन्होंने कहा: बात तो आप ठीक ही कह रहे हैं। आज दस साल से कोशिश में लगा हूं लेकिन बस मंत्री पर ही अटक गया हूं। मेरे से पीछे आने वाले लोग, जो न जेल गए कभी, न जिन्होंने कोई त्याग-तपश्चर्या की, वे भी मुख्यमंत्री हो गए। मैं अपनी सादगी की वजह से अटका हुआ हूं। इसलिए चित्त मेरा बड़ा अशांत रहता है। नींद तो आती ही नहीं मुझे।

अब मैंने उनसे कहा कि दो बातें हैं। अगर तुम किसी ईमानदार आदमी के पास जाओगे तो वह कहेगा कि जिस चीज से चित्त अशांत होता है, वे कारण छोड़ दो। अगर तुम किसी बेईमान के पास जाओगे तो वह तुम्हें कह देगा कि यह लो मंत्र, इसको दोहराओ, इससे सब शांति हो जाएगी। अगर तुम बीमार हो तो मंत्र दोहराने से धोखा ही पैदा होगा, बीमारी मिटेगी नहीं। बीमारी के मूल कारण मिटाने होंगे।

मैंने उनसे कहा: तुम्हारा राजनैतिक चित्त, तुम्हारी महत्वाकांक्षा, तुम्हारी अशांति का कारण है। महत्वाकांक्षी अशांत होगा ही। महत्वाकांक्षी शांत हो कैसे सकता है? और अगर महत्वाकांक्षी शांत हो जाएगा तो फिर गैर-महत्वाकांक्षी को क्या मिलेगा इस जगत में? फिर तो सभी महत्वाकांक्षी को मिल गया। पद भी उसको मिल गए, प्रतिष्ठा भी उसको मिल गई, धन भी उसको मिल गया, और मोक्ष भी उसको मिल गया। फिर

गैर-महत्वाकांक्षी को क्या बचेगा? कुछ उसको भी बचने दो। बाहर का तुम सम्हाल लो, गैर-महत्वाकांक्षी को कम से कम भीतर का तो बचने दो।

लेकिन वे बोले कि यह तो मैं कर नहीं सकता कि अभी छोड़ दूं। छोड़ना है एक दिन जरूर, क्योंकि देख लिया सब।

मैंने कहा: अभी देखा नहीं। अगर तुमने देख लिया तो तुम यह कभी न कहोगे कि छोड़ना है एक दिन जरूर। तुम अभी छोड़ दोगे! अगर देख लिया सब, तो फिर अब और क्या देखना है? छोड़ ही दो। शांति अपने से घटित हो जाएगी। कांटे की सेज बिछा कर लेटे हो, कहते हो शांति मिलती नहीं, कांटे चुभ रहे हैं, मंत्र दो कोई। मैं तुमसे कहता हूं: इस सेज पर मत लेटो। ये कांटे तुम्हें तकलीफ दे रहे हैं, छोड़ो। तुम कहते हो: छोड़ना है एक दिन, जरूर छोड़ेंगे, देख लिया सब। मगर यह सब बहाना है।

पश्चिम के देशों में मंत्रों का प्रभाव बढ़ रहा है--सिर्फ एक कारण से, क्योंकि पश्चिम ने बहुत अशांति इकट्ठी कर ली है। महत्वाकांक्षा के कारण बहुत अशांति इकट्ठी हो गई है। अब मंत्र चाहिए। मंत्र सिर्फ धोखे हैं।

मन्तः मन्ते स्सन्ति ण होइ।

पड़िल भित्ति कि उट्ठिअ होइ।।

मंत्रों से शांति मिलने को नहीं। दीवाल जो गिर चुकी, अब उठेगी नहीं। मंत्र दोहराने से यह गिरी दीवाल उठेगी नहीं। मंत्र दोहराने से हो सकता है तुम थोड़ी देर सपना देख लो कि दीवाल उठ गई। मगर जब आंख खोलोगे तभी दीवाल को गिरा हुआ पाओगे। मंत्र तुम्हें थोड़ी-बहुत देर के लिए धोखा दे दें...मंत्र एक तरह का नशा है।

तुम चौंकोगे यह बात जान कर कि मंत्र नशा है। लेकिन मनोवैज्ञानिक से भी पूछो तो मनोवैज्ञानिक भी कहेगा कि मंत्र नशा है। एक ही शब्द की, संगीतपूर्ण शब्द की पुनरुक्ति से बार-बार रासायनिक परिर्वतन होते हैं तुम्हारे भीतर। उन रासायनिक परिवर्तनों का वही अर्थ होता है जो तुम बाहर से नशा कर लो...। नशे में और मंत्र में कोई बुनियादी भेद नहीं है। एक आदमी ने भांग पी ली और मस्त हो रहा है। उसकी मस्ती भी झूठी है। तुम जानते हो, उसकी मस्ती-झूठी है। घड़ी भर बाद टूट जाएगी। और एक आदमी वर्षों तक राम-राम, राम-राम, कोई भी मंत्र, राम से कुछ लेना-देना नहीं है; कोई भी मंत्र जपता बैठा रहा है, बैठा रहा है, पुनरुक्ति से बार-बार उसके पूरे मस्तिष्क का स्नायु-जाल एक ही झंकार खाते-खाते एक रासायनिक रूपांतरण से गुजर जाता है। वह अपने ही भीतर नशे पैदा करने लगता है। शब्दों में नशा है।

तुम जानते हो कि युद्ध पर जाते हुए सैनिक एक खास तरह के बाजे बजाते हैं, एक खास तरह के गीत गाते हैं और नशे से भर जाते हैं। उनकी बाहुओं में खून दौड़ जाता है। छाती जोर से धड़कने लगती है। मरने-मारने की आकांक्षा पैदा हो जाती है।

आधुनिक संगीत है, फिल्मी संगीत है, उसको सुनते ही तुम्हारे भीतर कामवासना प्रज्वलित होने लगती है। प्राचीन शास्त्रीय संगीत है; उसे सुनते ही तुम्हारे भीतर अगर कामवासना चल भी रही हो तो शांत हो जाती है, सो जाती है।

संगीत का रासायनिक परिणाम होता है तुम्हारी देह पर। शब्दों की चोट अर्थ रखती है। एक शब्द तुम्हें उतावला कर देता है, बेचैन कर देता है। दूसरा शब्द मल्हम कर जाता है, सांत्वना दे जाता है।

शब्द ध्वनि है। ध्वनि का खास तरह का संघात रासायनिक परिवर्तन पैदा करता है। अब तो वैज्ञानिक कहते हैं कि वृक्षों के पास खास तरह का संगीत बजाया जाए तो वे जल्दी बढ़ते हैं; और एक दूसरे तरह का संगीत बजाया जाए तो उनकी बाढ़ रुक जाती है। फूलों के पास खास तरह का संगीत बजाया जाए तो वे बड़े खिलते हैं, बड़े हो जाते हैं।

गायों के पास संगीत बजाया जा रहा है अमरीका में अब, क्योंकि संगीत के प्रभाव में गाएं ज्यादा दूध दे देती हैं। तुम आदमियों को ही नहीं, गायों को भी धोखा देने लगे। गाय को पता नहीं कि यह तरकीब है। संगीत उसके भीतर रासायनिक परिवर्तन ले आता है, कि उसके स्तनों में ज्यादा दूध आ जाता है।

मंत्र से शांति होने वाली नहीं है। क्यों? क्योंकि अशांति का कारण मंत्र नहीं है। एक आदमी धन के पीछे दीवाना है, यह उसकी अशांति है। जब तक वह यह न समझ लेगा कि मेरे धन के पीछे दौड़ने में मेरी अशांति है और जब तक कारण को न छोड़ देगा तब तक शांत नहीं हो सकेगा। मंत्र इत्यादि देने वाले उसे केवल प्रलोभन दे रहे हैं। थोड़े दिन का धोखा खा जाएगा, फिर धोखे टूट जाएंगे। यह दीवाल जो गिर चुकी है तुम्हारे चित्त की, यह मंत्रों से उठने वाली नहीं है, कुछ और करना होगा।

शोरे-हस्ती अभी जरा ठहरे।
सुन रहा हूं जमीर की आवाज।।

वह जो तुम्हारे भीतर चिल्ल-पों चल रही है महत्वाकांक्षाओं की, पद-प्रतिष्ठा की-- यह हो जाऊं, वह हो जाऊं; यह कर लूं, वह कर लूं; नाम छोड़ जाऊं दुनिया में! वह जो चिल्ल-पों चल रही है तुम्हारे भीतर, जिंदगी का शोरगुल चल रहा है...।

शोरे-हस्ती अभी जरा ठहरे।

सुन रहा हूं जमीर की आवाज।।

यह शोर अगर रुक जाए, यह चिल्ल-पों जिंदगी की अगर रुक जाए तो तुम्हारे भीतर जमीर की आवाज, अंतरात्मा की आवाज सुनाई पड़े। वही आवाज शांति है। कोई मंत्र से मिलने वाली नहीं है। मंत्र से तो शायद मिलती भी हो, तो मिलेगी नहीं। और आदमी बड़ा बेईमान है। दूसरों को धोखा देता है, अपने को धोखा देता है, और अंततः परमात्मा तक को धोखा देने की कोशिश करता है।

जैसे वह जमीर की जो आवाज है, अंतरात्मा की जो आवाज है, जब सुनाई पड़ेगी तो ऐसा ही मालूम होगा जैसे ओंकार का नाद हो रहा है। ओंकार का ही नाद होगा, मगर तुम करने वाले नहीं होओगे नाद, तुम सिर्फ जानने वाले होओगे--साक्षी। तुम्हारे भीतर नाद उठता हुआ होगा। तुम कर्ता नहीं होओगे, केवल साक्षी।

आदमी ने धोखा देना शुरू कर दिया है। वह बैठ कर ओम-ओम-ओम का नाद करता है। सोचता है इस तरह ओम-ओम करते-करते एक दिन वह भीतर के ओंकार को पा जाएगा। नहीं; इस शोरगुल के कारण अगर मिलता भी होगा तो नहीं मिलेगा। अगर तुम्हें ओंकार का नाद सुनना हो कभी तो भूल कर भी ओम का पाठ मत करना, नहीं तो तुम धोखा खड़ा कर लोगे। तुम जो ओम का पाठ कर रहे हो, वह तुम्हारे मन का ही खेल है।

फिर करना क्या है? सरहपा क्या कहते हैं? मैं क्या कहता हूं? सारे मंत्र छोड़ो। सारे शब्द छोड़ो। मौन हो रहो। बस मौन ही असली मंत्र है। मौन का अर्थ है--वहां कोई मंत्र नहीं है अब। न ओम है, न राम है, न अल्लाह है, न नमोकार है, न गायत्री है; कोई मंत्र नहीं है। तुम चुप होकर बैठे हो। एक सन्नाटा है। जैसे तुम हो ही नहीं। एक शून्य बैठा है...। उसी शून्य में आविर्भाव होता है ओंकार का। उसी शून्य में तुम्हारे भीतर अनाहत का नाद सुना जाता है। उसी शून्य में वीणा बजती है तुम्हारी आत्मा की।

शोरे-हस्ती अभी जरा ठहरे।

सुन रहा हूं जमीर की आवाज।।

बस, यह चिल्ल-पों तुम्हारी रुक जाए। मगर चिल्ल-पों तो तुम रोकते नहीं हो, चिल्ल-पों को और धार्मिक ढंग देते हो। कोई है, फिल्मी गाना गा रहा है; यह भी चिल्ल-पों है। और कोई हैं कि भगवान की स्तुति करने लगे हैं; यह भी चिल्ल-पों है। यह धार्मिक ढंग की होगी, बस इससे ज्यादा कुछ फर्क नहीं है! कोई राम-राम जपे

कि कोकाकोला कोकाकोला करे, कुछ फर्क नहीं है, जरा भी फर्क नहीं है। ऊपर से फर्क दिखाई पड़ रहा है क्योंकि राम-राम को हमने मान लिया कि यह धार्मिक शब्द है। और कोकाकोला? यह अधार्मिक शब्द है! कोकाकोला में क्या अधर्म है? जिन वर्णमालाओं से राम बना है, उन्हीं वर्णमाला से कोकाकोला बना है। जरा भी भेद नहीं है। सिर्फ तुम्हारी धारणा है, सिर्फ तुम्हारी मान्यता है।

सारा शोरगुल रुक जाना चाहिए, तब वह दीवाल उठेगी जो कभी गिरती नहीं है।

बंदगी ने हजार रुख बदले।
जो खुदा था वही खुदा है हनूज।।

प्रार्थनाएं तो बदलती रहीं, मंत्र भी बदलते रहे, पूजा-आराधन भी बदलते रहे, मंदिर-मस्जिद बदलते रहे, रंग-ढंग बदलते रहे--लेकिन जो परमात्मा था वह तो वही का वही है।

बंदगी ने हजार रुख बदले।
जो खुदा था वही खुदा है हनूज।।

परमात्मा तो वही का वही है आज भी। फिर तुम अरबी में प्रार्थना करो कि संस्कृत में। परमात्मा तो वही का वही है। और परमात्मा को न अरबी आती है और न संस्कृत। परमात्मा को तो एक ही भाषा आती है--उस भाषा का नाम मौन है। उस भाषा का नाम चुप्पी है। चुप हो रहो। जैसे ही तुम चुप हुए, न तुम हिंदू रहे न मुसलमान। तुमने यह खयाल किया? चुप्पी की कोई हद नहीं होती, चुप्पी बेहद होती है। अगर तुम बिलकुल मौन बैठ गए घड़ी भर को, तो उस घड़ी में तुम जैन हो, बौद्ध हो, पारसी हो, सिक्ख हो, क्या हो? उस शून्य की घड़ी में तुम कोई भी नहीं हो। क्योंकि उसमें न तो गुरुग्रंथ बोलेगा, न रामायण बोलेगी, न धम्मपद बोलेगा। उस चुप्पी में तो बोल ही गया, भाषा ही गई, तो भाषा के बने सारे सिद्धांत भी गए, सारे शास्त्र भी गए! फिर उस चुप्पी में कौन होगा? उस चुप्पी में सिर्फ तुम्हारा शुद्ध अस्तित्व है। वही परमात्मा है।

मौन से उससे जुड़ना है। मंत्रों से कोई कभी उससे न जुड़ा है न जुड़ सकता है।

मगर ऐसी बातें खतरनाक मालूम होती हैं! अभी भी खतरनाक मालूम होती हैं तो सरहपा ने जब कहीं, तब तो बड़ी खतरनाक मालूम पड़ी होंगी।

अक्ल के भटके हुओं को राह दिखलाते हुए।
हमने काटी जिंदगी दीवाना कहलाते हुए।।

जिन्होंने भी जाना है और ईमानदारी से तुम्हें वही कह देना चाहा है जो सत्य है, वे दीवाने ही समझे गए हैं, उन्हें लोग पागल ही समझते रहे हैं। सदियां बीत जाती हैं, तब भी लोग उन्हें समझ नहीं पाते।

एक ही काम करने जैसा है: चित्त की आपाधापी छोड़ देनी है। चित्त में इतनी आपाधापी क्यों है? क्योंकि बड़ी आकांक्षाएं हैं। आकांक्षाओं के कारण शोरगुल है। शोरगुल के कारण अशांति है। अशांति को कैसे ठीक करें, तुम चले पूछने। किसी ने तुम्हें एक मंत्र और पकड़ा दिया, तो तुम्हारे शोरगुल में थोड़ा और संबंध जोड़ दिया, और थोड़ा शोरगुल जोड़ दिया।

है हुसले-आरजू का राज तर्के-आरजू।
मैंने दुनिया छोड़ दी तो मिल गई दुनिया मुझे।।

इस जगत में आकांक्षाओं की पूर्ति का एक ही उपाय है: आकांक्षाओं का त्याग। यह उल्टा दिखने वाला सूत्र खूब समझ लेना: है हुसले-आरजू का राज तर्के-आरजू। अगर कभी तृप्ति चाहिए हो तो एक ही उपाय है कि सारी आकांक्षाओं को गिर जाने दो। मैंने दुनिया छोड़ दी तो मिल गई दुनिया मुझे! जो नहीं कुछ पाना चाहता उसे सब मिल जाता है। जो विजय नहीं पाना चाहता उसे विजय मिल जाती है। शांति पाने की आकांक्षा भी मत लेकर चलो, अन्यथा अटकन हो जाएगी, अड़चन हो जाएगी। क्योंकि आकांक्षा तो आकांक्षा है, फिर धन पाने की हो कि शांति पाने की हो।

तरुफल दरिसणे णउ अगघाइ।
वेज्ज देक्खि किं रोग पसाइ।।

वृक्ष में लगा हुआ फल देखना, उसकी गंध लेना नहीं है--सरहपा कहते हैं--वैद्य को देखने मात्र से क्या रोग दूर हो जाता है?

सुनते हो, ये वचन कितने समसामयिक मालूम होते हैं! जैसे अभी किसी ने कहे हों!

सत्य की यही खूबी है कि सत्य कभी पुराना नहीं पड़ता। सत्य सदा नया बना रहता है। सत्य की गुणवत्ता ऐसी है कि उसमें हमेशा धार होती है।

'वृक्ष में लगा हुआ फल देखना, उसकी गंध लेना नहीं है।' दूर से फल देख लिया वृक्ष में लगा हुआ, इससे न तो तुम्हें गंध मिलेगी; स्वाद की तो बात ही छोड़ दो, गंध भी न मिलेगी, स्वाद तो कैसे मिलेगा? न गंध मिली न स्वाद मिला, तो पोषण क्या

खाक मिलेगा? और लोग धर्म के साथ ऐसा ही कर रहे हैं। निकट नहीं आते। फलों को दूर से देख रहे हैं। सच तो यह है, फलों को भी नहीं देख रहे हैं, फलों की तस्वीर को देख रहे हैं। क्योंकि तुम जब गीता पढ़ते हो तब तुम्हें कृष्ण थोड़े ही दिखाई पड़ते हैं--कृष्ण की तस्वीर...।

कृष्ण को देखना हो तो गीता से रास्ता नहीं मिलेगा--किसी सदगुरु का हाथ पकड़ना होगा, जहां कृष्ण अभी मौजूद हों, जहां बुद्ध अभी बोलते हों। किन्हीं ऐसी आंखों में झांकना पड़ेगा, जिनमें तुम्हें बुद्धत्व की गहराई मिल जाए। यह फल को देखना होगा। सरहपा तो कहते हैं: इससे भी कुछ होने वाला नहीं। फल को देखने से भी, ध्यान रखना, गंध नहीं मिलेगी, स्वाद नहीं मिलेगा। लेकिन फल को देखने से एक बात हो जाएगी--कि फल हो सकता है, इसका भरोसा आ जाएगा, इसकी श्रद्धा आ जाएगी।

और जो किसी एक की आंखों में जलता हुआ दीया तुमने देखा है, वह तुम्हारे भीतर एक नई यात्रा का प्रारंभ हो जाएगा, कि ऐसा दीया मेरे भीतर भी जले, कैसे जले, कब जले, क्या करूं? कैसे यह दीया जला है, इसकी मुमुक्षा पैदा हो जाएगी। लेकिन खयाल रखना, बुद्ध को मिल गया इसलिए तुम बुद्ध के पास बैठे रहोगे तो तुम्हें मिल जाएगा, ऐसा मत सोच लेना।

'वृक्ष में लगा हुआ फल देखना उसकी गंध लेना नहीं है। और वैद्य को देखने मात्र से क्या रोग दूर हो जाएगा?' वैद्य जो कहता है वह करना पड़ेगा। वैद्य को देखने मात्र से रोग दूर नहीं होता। तो गुरु को देख लिया, इससे ही कुछ होने वाला नहीं है।

बुद्ध ने तो कहा ही है कि मैं वैद्य हूं। ठीक यही शब्द कहे हैं कि मैं वैद्य हूं। मेरे पास आ जाने से कुछ हल न होगा, जब तक कि मैं जो तुम्हें उपचार देता हूं तुम उससे गुजरो न। मैं तुमसे जो कहता हूं वह करो।

बुद्ध के पास एक युवक आया, दार्शनिक था। उसने बुद्ध से प्रश्न पूछे। बुद्ध ने प्रश्न शांति से सुने और कहा: एक काम कर। दो साल रुक जा। दो साल चुप बैठ। फिर पूछ लेना। फिर तुझे उत्तर दे दूंगा।

उस युवक ने कहा: दो साल चुप बैठूं, फिर आप उत्तर देंगे! उत्तर मालूम हों तो अभी क्यों नहीं दे देते?

बुद्ध ने कहा: मुझे उत्तर मालूम हैं, लेकिन अभी तू ले न सकेगा, अभी तेरी पात्रता नहीं है, तू ग्रहण न कर सकेगा। मैं तो अमृत डाल दूं, मगर तेरा पात्र उलटा है, अमृत व्यर्थ जाएगा। तू दो साल पात्र को सीधा कर। तू दो साल चुप बैठ।

ऐसी बात सुन कर बुद्ध की एक दूसरा बुद्ध का भिक्षु वृक्ष के पास ही बैठा था, हंसने लगा। उस युवक ने उस भिक्षु को पूछा: आप क्यों हंसते हैं? उस भिक्षु ने कहा कि मत धोखे में पड़ना, पूछना हो तो अभी पूछ लो, क्योंकि यही मेरे साथ गुजरी थी। मुझे भी कहा कि दो साल चुप बैठ जाओ, मैं दो साल चुप बैठ गया। अब मेरे भीतर प्रश्न ही नहीं उठते। दो साल चुप्पी में ऐसा मजा आ गया है कि किसको लेना पड़ा है किसको देना पड़ा है प्रश्नों से! वे प्रश्न ही गिर गए। पूछना हो तो अभी पूछ लेना। मैं अपने अनुभव से कह रहा हूं।

लेकिन बुद्ध ने कहा कि मैं उत्तर नहीं देता; मैं औषधि देता हूं। मैं उत्तर नहीं देता; उपचार देता हूं। मैं वैद्य हूं, दार्शनिक नहीं हूं। यह मेरा उपचार है: दो साल चुप बैठो। यह औषधि है। फिर दो साल तुम जब औषधि का उपयोग कर चुके होओगे, परिपुष्ट हो चुके होओगे, फिर पूछ लेना।

और यही हुआ, दो साल वह युवक--उसका नाम था मौलुंकपुत्त--चुप बैठा। और दो साल जब पूरे हो गए तो उसने तो नहीं पूछा, लेकिन बुद्ध ने उससे कहा कि दो साल पूरे हो गए मौलुंकपुत्त, कुछ समय का होश है? दो साल पूरे हो गए, अब तू पूछ ले।

मौलुंकपुत्त हंसने लगा। उसने कहा: औषधि काम कर गई। जो मिलना था मिल गया। जो जानना था जान लिया। आपकी कृपा अपरिसीम है। अगर मैं जिद करता प्रश्न पाने की, प्रश्नों के उत्तर पाने की, तो चूक जाता। मैंने जिद न की और आपकी औषधि ले ली, उत्तर मिल गए।

औषधि के ही प्रयोग में स्वास्थ्य उपलब्ध हो जाता है। वही उत्तर है।

'जब तक अपने आप को नहीं जान लिया, तब तक किसी को शिष्य नहीं करना चाहिए।'

जाव ण अप्पा जाणिज्जइ ताव ण सिस्स करेइ।

और जब तक तुम खुद न जान लो तब तक भूलकर किसी को जतलाना मत, किसी को बतलाना मत। क्योंकि तुम जो भी बतलाओगे वह गलत होगा। तुम जो भी बतलाओगे, हो सकता है पांडित्यपूर्ण हो, मगर प्रज्ञापूर्ण नहीं होगा।

जाव ण अप्पा जाणिज्जइ ताव ण सिस्स करेइ।

अन्धं अन्ध कढ़ाव तिम वेण वि कूव पड़ेइ।।

ऐसी भूल कर भी कोशिश मत करना, जब तक तुम न जान लो, किसी को जतलाना मत, बतलाना मत, क्योंकि यह तो वैसी भूल हो जाएगी जैसे एक अंधा दूसरे अंधे को साथ ले चला और दोनों ही कुएं में गिर पड़े। इस वचन का जन्म सरहपा के साथ हुआ कि एक अंधा दूसरे अंधे को ले चला।

अन्धं अन्ध कढ़ाव तिम वेण वि कूव पड़ेइ।

फिर तो संतों में करीब-करीब सबने यह दोहराया है। कबीर ने कहा है: अंधा अंधा ठेलिया, दोनों कूप पड़ंत! यह सरहपा की ही प्रतीक-शैली है, कि अंधा अंधे को ले चला और दोनों कुएं में गिर गए। मगर इस दुनिया में बहुत से अंधे अंधों को ले चल रहे हैं। तुम इसकी फिकर ही नहीं करते कि जिसके पीछे तुम चल रहे हो उसको दिखाई भी पड़ता है! तुम इसकी चिंता ही नहीं कर रहे हो। चलते चले जाते हो। एक लंबी कतार है अंधों की--आगे भी तुम्हारे, पीछे भी तुम्हारे; तुम कतार के मध्य में हो। तुम अंधों की शृंखला में एक कड़ी मात्र हो। तुमने न कभी पूछा, न तुमने कभी सोचा, न तलाशा, न जिज्ञासा की--कि जिनके पीछ मैं चल रहा हूं, उन्हें पता है? उन्होंने जाना है?

विवेकानंद तलाश करते थे--गुरु की तलाश करते थे। और जिसे भी जानना हो उसे गुरु की तलाश ही करनी होगी। उस तलाश में वे बहुत लोगों के पास गए। रवींद्रनाथ के दादा के पास भी गए। उनकी बड़ी ख्याति थी। महर्षि देवेंद्रनाथ! महर्षि की तरह ख्याति थी। वे एक बजरे पर रहते थे। विवेकानंद आधी रात नदी में कूदे, तैर कर बजरे पर पहुंचे; सारा बजरा हिल गया। विवेकानंद चढ़े, जाकर दरवाजे को धक्का दिया। देवेंद्रनाथ रात अपने ध्यान में बैठे थे। इस पागल से युवक को देख कर बड़े हैरान हुए। कहा: किसलिए आए हो युवक? क्या चाहते हो? यह कोई समय है आने का? विवेकानंद ने कहा कि समय और असमय का सवाल नहीं है। मैं यह जानना चाहता हूं: ईश्वर है?

यह बेवक्त आधी रात का समय, यह कोई पूछने की बात है! ऐसे कोई पूछने आता है! पूछा न ताछा, द्वार ठेल कर अंदर घुस आया युवक, पानी से भीगा हुआ, कपड़े पहने हुए तर-बतर।

एक क्षण देवेंद्रनाथ झिझक गए। उनका झिझकना था कि विवेकानंद वापस कूद गए। उन्होंने कहा भी कि वापस कैसे चले? तुम्हारे प्रश्न का उत्तर तो लेते जाओ। लेकिन विवेकानंद ने कहा: आपकी झिझक ने सब कह दिया। अभी आपको ही पता नहीं।

और यह बात सच थी। देवेंद्रनाथ ने लिखा है कि घाव कर गई मेरे हृदय में। यह बात सच थी। मुझे भी अभी पता नहीं था, हालांकि मैं उत्तर देने को तत्पर था।

फिर यही विवेकानंद रामकृष्ण के पास गया और रामकृष्ण से भी यही पूछा: ईश्वर है? फर्क देखना, कितना फर्क है महर्षि देवेंद्रनाथ के उत्तर में और रामकृष्ण के उत्तर में। पूछा: ईश्वर है? रामकृष्ण ने एकदम गर्दन पकड़ ली विवेकानंद की और कहा कि जानना है, अभी जानना है, इसी समय जानेगा? यह विवेकानंद सोचकर न आए थे कि कोई ऐसा करेगा! कोई ईश्वर को जनाने के लिए ऐसी गर्दन पकड़ ले एकदम से और कहे कि अभी जानना है? इसी वक्त? तैयारी है?... खुद झिझक गए। कहां झिझका दिया था देवेंद्रनाथ को, अब झिझक गए खुद! और रामकृष्ण कहने लगे: ईश्वर को पूछने चला है, तो सोचकर नहीं आया कि जानना है कि नहीं? और इसके पहले कि विवेकानंद कुछ कहें, रामकृष्ण तो दीवाने आदमी थे, पागल थे, पैर लगा दिया विवेकानंद की छाती से और विवेकानंद बेहोश हो गए। तीन घंटे बाद जब होश में आए तो जो आदमी बेहोश हुआ था वह तो मिट गया था, दूसरा ही आदमी वापस आया था। चरण पकड़ लिए रामकृष्ण के और कहा कि मैं तो झिझक रहा था, मैं तो उत्तर न दे सका, लेकिन आपने उत्तर दे दिया।

सदगुरु की तलाश! लेकिन पंडित सदगुरुओं के जैसे ही वचन बोलते हैं, उससे सावधान रहना। खोटे सिक्के बाजार में बहुत हैं। और खयाल रखना, खोटे सिक्कों की एक खूबी होती है, तुम अर्थशास्त्रियों से पूछ सकते हो। अर्थशास्त्री कहते हैं, खोटे सिक्के की एक खूबी होती है कि अगर तुम्हारी जेब में खोटा सिक्का पड़ा हो और असली सिक्का पड़ा हो तो पहले तुम खोटे को चलाते हो। खोटे सिक्के की खूबी होती है कि वह चलने को आतुर होता है। अक्सर ऐसा होगा। तुम्हारी जेब में अगर दस का एक नकली नोट पड़ा है और एक असली, तो तुम पहले नकली चलाओगे न! जब तक नकली चल जाए, अच्छा। और जिसके पास भी नकली पहुंचेगा, वह भी पहले नकली ही चलाएगा। तो नकली सिक्के चलन में हो जाते हैं, असली सिक्के रुक जाते हैं। नकली सिक्के चलने के लिए आतुर होते हैं।

इस जगत में पंडित, मौलवी, पुरोहित खूब चलते हैं। सस्ते भी होते हैं, सुविधापूर्ण भी होते हैं, सांप्रदायिक भी होते हैं, भीड़ के अंग होते हैं, परंपरा के समर्थक होते हैं, रूढ़ि-अंधविश्वासों के हिमायती होते हैं, तुम्हारी जिंदगी में कोई क्रांति लाने की झंझट भी खड़ी नहीं करते, सिर्फ सांत्वना देते हैं; घाव हो तो एक फूल रख देते हैं घाव पर

कि फूल दिखाई पड़े, घाव दिखाई पड़ना बंद हो जाए। इलाज तो नहीं करते। इलाज तो कैसे करेंगे? इलाज तो अपने घावों का भी अभी नहीं किया है।

ब्रह्मणेहि म जाणन्त भेउ।
एवइ पढिअउ एच्चउ वेउ।।
मट्टी पाणी कुस लइ पढ़न्त।
घरहि वइसी अग्गि हुणन्त।।
कज्जे विरहइ हुअवह होमें।
अक्खि डहाविअ कडुएं धुम्में।।

'ब्राह्मण भेद नहीं जानते।' पंडितों से सावधान रहना। उन्हें कुछ पता नहीं है। शास्त्रों का पता है, शब्दों का पता है, सत्य की कोई अनुभूति नहीं है। ज्ञान होगा उनके पास, ध्यान नहीं है। और जहां ध्यान नहीं, वहां ज्ञान कहां? ज्ञान का धोखा होगा।

'वे चारों वेद पढ़ते हैं।' यह सच है। सरहपा कहते हैं: ब्राह्मण भेद नहीं जानते। वे चारों वेद पढ़ते हैं, वे चारों वेद जानते हैं; मगर अभी उनके अंतरवेद का जन्म नहीं हुआ, पांचवां वेद अभी नहीं जन्मा है। और पांचवां ही असली है।

एक ईसाई मिशनरी मुझे मिलने आए। बात होती थी। मैंने उनसे पूछा कि आपने फिफ्थ गॉसपिल पढ़ी? उन्होंने कहा: फिफ्थ गॉसपिल! क्योंकि ईसाइयों की तो चार ही धर्म-किताबें हैं। मैंने पूछा: पांचवीं धर्म-किताब पढ़ी? उन्होंने कहा: पांचवीं धर्म-किताब! सुनी ही नहीं, पढ़ेंगे कहां से? चार ही तो धर्म-किताबें हैं। जैसे हिंदुओं के चार वेद हैं, ऐसे ईसाइयों की चार गॉसपिल हैं, चार सु-समाचार।

तो मैंने उनसे कहा कि वे चार बेकार हैं; जब तक पांचवीं न पढ़ोगे उन चारों को समझ भी न सकोगे। उन्होंने कहा: पांचवीं लेकिन सुनी ही नहीं। मैंने कहा: पांचवीं सुनने की बात ही नहीं है और पढ़ने की बात भी नहीं है, पांचवीं तुम्हारे भीतर है और जब तक भीतर से जन्म न हो...।

'वेद' शब्द आया है विद से। विद का अर्थ होता है जानना, ज्ञान। जब तक विद पैदा न हो, तब तक वेद से तुम्हारा कोई परिचय न हो सकेगा। तुम रट लो तोतों की तरह, तोते भी दोहरा सकते हैं। अब तो यंत्र हैं, यंत्र दोहरा देंगे--तुमसे ज्यादा अच्छे ढंग से दोहरा देंगे।

स्मृति ज्ञान नहीं है स्मरण रहे। ज्ञान अनुभव का नाम है।

'ब्राह्मण भेद नहीं जानते, वे चारों वेद पढ़ते हैं। वे हाथ में मिट्टी, कुश और जल

लेकर मंत्र पढ़ते हैं और घर बैठे आग में घी डालते रहते हैं। होम करने से मोक्ष मिले न मिले, कडुआ धुआं लगने से आंखों को पीड़ा अवश्य होती है।' बस इतना ही होता है, कुछ और मिलता नहीं, आंखों को व्यर्थ पीड़ा देते हैं। कोई वेद को पढ़-पढ़कर आंखें खराब कर लेता है, कोई आग में धुआं पैदा कर-करके, घी डाल-डाल कर। मगर हम इन्हीं के पीछे चलते रहते हैं, जिनकी खुद की आंखें अभी ठीक नहीं हैं, जिनकी खुद की आंखें कडुवे धुएं से भरी हैं। हम अंधों के पीछे चलते रहते हैं। और मजा ऐसा है कि हमें अंधों के पीछे चलना सुगम मालूम पड़ता है। उसका भी कारण है, क्योंकि हम भी अंधे हैं, वे भी अंधे हैं; हम दोनों के बीच तालमेल हो जाता है। आंख वाले के पीछे चलने में हमें बड़ी अड़चन होती है, क्योंकि तालमेल नहीं होता। आंख वाला हम से समझौता कर ही नहीं सकता; करना हो तो हम ही को समझौता करना पड़े। यह तो पक्की बात है। अगर आंख वाले के साथ अंधा चलेगा तो आंख वाला अंधे से समझौता नहीं कर सकता। अंधा कहेगा कि यहां से चलें, यहां दरवाजा मालूम होता है। आंख वाला कहेगा, तू चुप बकवास बंद कर, तुझे क्या पता दरवाजे का? दरवाजा मुझे दिखाई पड़ रहा है। तू जहां बता रहा है वहां दीवाल है। सिर फोड़ेगा।

आंख वाला अंधे से समझौता नहीं कर सकता। सरहपा ने किसी से समझौता नहीं किया--न बुद्ध ने, न क्राइस्ट ने, न मोहम्मद ने। आंख वाला कैसे समझौता करे? यह मत समझना कि आंख वाला जिद्दी होता है। आंख वाला आंख वाला है, यह उसकी मुश्किल है। उसे दिखाई पड़ रहा है। लेकिन अंधों को इससे नाराजगी होती है। अंधे कहते हैं: कम से कम फिफ्टी-फिफ्टी। तुम हमारी आधी मानो, आधी हम तुम्हारी मानें, कुछ तो हमारी मानो, कि हम बिलकुल ही बेकार? कुछ हमारे अहंकार को थोड़ी तृप्ति तो दो। चलो, चार बातें हम तुम्हारी मान लेते हैं, चार तुम हमारी मान लो।

पंडित मानने को राजी है। पंडित झुकने को राजी है। तुम जो कहो, पंडित वैसा करने को राजी है, क्योंकि पंडित तुम पर निर्भर है। पंडित तुम्हारे सहारे जीता है। तुम कहो कि घंटी ऐसी बजाओ तो वैसी बजा देगा।

मेरे सामने एक ज्योतिषी रहते थे एक गांव में। जिसकी गांव में कोई भी कुंडली न मिला सके विवाह इत्यादि के समय, वे उसकी मिला देते थे। मैंने उनसे पूछा कि आप गजब के ज्योतिषी मालूम होते हैं, क्योंकि मैं देखता हूं आपके पास सिर्फ ऐसे ही मरीज आते हैं जिनका कहीं इलाज नहीं, जिनकी कोई कुंडली मिला नहीं सकता; सब ब्राह्मण कह देते हैं कि भाई इनकी कुंडली नहीं मिलती, यह विवाह नहीं हो सकेगा।

उन्होंने मुझसे कहा: अब आप से क्या छिपाना, जो फीस चुकाने को राजी है, हमें क्या लेना-देना कुंडली से, हम मिला ही देते हैं। फीस चुकाने को राजी होना चाहिए। फीस हमारी ज्यादा है। जहां दूसरे एक रुपये में मिला देते हैं वहां हम पांच में मिलाते हैं, मगर हम ऐसी मिला देते हैं जिनको कोई दुनिया में न मिला सके। मिलाना अपने हाथ में है फीस चुकनी चाहिए। हमें लेना-देना क्या है?

और फिर वे कहने लगे कि जिनकी कुंडली मिल-मिल कर भी विवाह होता है, वे भी कहां मिल पाते हैं? तो झंझट में पड़ने से सार भी क्या है? कितनी तो कुंडली मिल-मिल कर विवाह होते हैं, दुनिया में सभी विवाह, कम से कम इस देश में तो कुंडली मिल कर ही होते हैं, मगर कौन मिल पाता है! पति-पत्नी में ऐसी कलह चल रही है, इससे सारी कुंडलियां गलत सिद्ध हो चुकी हैं, फिर भी तुम्हें दिखाई नहीं पड़ता! पति-पत्नी में सिवाय कलह के कुछ भी नहीं हो रहा है। चाहे कुंडली कितनी ही मिली हो, मिलन कहां है!

तो मैंने कहा: यह बात तो मुझे भी पसंद पड़ी। तो फिर हर्ज ही क्या है, पांच रुपये अपने को भी मिल गए, इस बेचारे की भी झंझट मिटी। इसकी भी कुंडली मिल गई, हमारा भी फायदा है, इसका भी फायदा है--फायदा ही फायदा है, नुकसान कुछ मालूम होता नहीं।

वह जो पंडित है, पुरोहित है, वह तुमसे समझौता करेगा। वह भी अंधा है। और यही अड़चन है।

मैं तुमसे समझौता नहीं कर सकता। एकतरफा सौदा करना होगा। समझौता करना हो तो तुम्हीं को करना होगा। मैं तो जैसा जी रहा हूं वैसा ही जीऊंगा, रत्ती भर भेद नहीं कर सकता। लेकिन शिष्य चाहता है कि गुरु कुछ हमारी भी मान कर चले। बड़ी तरकीब से चाहता है कि हम जैसा कहें वैसा उठे, वैसा बैठे।

मेरे पास लोग आ जाते हैं। वे कहते हैं: आपको यह बात नहीं कहनी चाहिए थी। मैंने कहा: तुम मुझे बताने वाले कौन, कि क्या मुझे कहना चाहिए क्या मुझे नहीं कहना चाहिए।

नहीं, वे कहते हैं कि इसका समाज में बुरा परिणाम होगा, लोग आपके विरोध में हो जाएंगे, कि कोई आपके दुश्मन हो जाएंगे।

अगर सत्य बोलना हो तो न मालूम कितने लोगों को दुश्मन बनाना ही होगा। अगर किसी को दुश्मन न बनाना हो तो फिर झूठ पर राजी रहना चाहिए, तो कोई दुश्मन नहीं

होगा। झूठ बड़ा मीठा मालूम होता है। है जहर लेकिन शक्कर चढ़ा हुआ है; बड़ा मीठा मालूम होता है। सत्य बड़ा कड़वा मालूम होता है।

इसलिए अंधे अंधों के पीछे चलना आसान पाते हैं; क्योंकि उनसे तुम्हारा तालमेल होता है। तुम कहते हो आपको ऐसे उठना चाहिए, मुंह पर पट्टी बांधनी चाहिए--तो वे मुंह पर पट्टी बांधते हैं। आपको एक ही बार भोजन करना चाहिए, त्यागी को, तो वे एक ही बार भोजन करते हैं, चाहे एक ही बार इतना भोजन कर लेते हैं कि दिन भर परेशान रहते हैं।...कि आपको रात पानी नहीं पीना चाहिए, तो वे इतना पानी पी लेते हैं शाम को कि रात भर के लिए निपटारा हो जाए। जो तुम कहते हो, उससे उन्हें समझौता करना पड़ता है। और तब तुम उन्हें गुरु मानते हो। तब उनके पैर छूते हो तुम। यह बड़ा पारस्परिक लेन-देन चल रहा है। सूक्ष्म रूप से वे तुम्हारे पैर छू रहे हैं, और स्थूल रूप से तुम उनके पैर छू रहे हो।

यहां शिष्य ही गुरु के पीछे नहीं चल रहे हैं, यहां गुरु भी शिष्यों के पीछे चल रहे हैं। यहां हर नेता अपने अनुयायियों के पीछे चल रहा है। अनुयायियों के पीछे चलना ही पड़ता है नेता को। नेता देखता रहता है अनुयायी किस तरफ जा रहा है, उचककर उसके आगे हो जाता है, जिस तरफ जा रहा हो। अनुयायी अगर कहने लगे समाजवाद, तो नेता समाजवाद की जय बोलने लगता है। अगर अनुयायी कहने लगे साम्यवाद तो नेता साम्यवाद की जय बोलने लगता है। उसे मतलब नहीं है; उसे मतलब सिर्फ एक बात से है कि तुम जो बोलो, मैं उसे ज्यादा जोर से बोलूंगा। मैं तुम्हारे आगे हूं। बस इतना भर पक्का रहे कि मैं तुमसे आगे हूं।

मुल्ला नसरुद्दीन एक दिन बजार से अपने गधे पर बैठा जा रहा है, तेजी से! किसी ने पूछा कि नसरुद्दीन, बड़ी तेजी से जा रहे हो, कहां जा रहे हो? उसने कहा: भई गधे से ही पूछ लो, क्योंकि यह गधा बड़ा जिद्दी है और बीच बजार में भद्द करवा देता है। अगर मैं इसको बाएं ले जाऊं तो नहीं जाएगा और जहां इसने बजार देखा, लोग देखे, फिर तो यह बड़ी अकड़ में आ जाता है, बड़े तैश में आ जाता है। तो पहले जब नया-नया लिया था, तब तो मैं यह भूल कर लेता था कि इसको जहां ले जाना है वहां ले जाने की कोशिश करता था। उसमें गांव में हंसी होती, बजार में लोग कहते कि अरे मुल्ला, तुम्हारा गधा और तुम्हारी नहीं मानता! और जितनी मेरी भद्द होती उतना यह अकड़ता जाता। अब मैंने एक तरकीब सीख ली है: जैसे ही बाजार आया कि मैं इसे छोड़ देता हूं लगाम को, चलो बेटा, जिस तरफ जाओ वहीं मुझे जाना है। अब देखें कि कैसे तुम

बगावत करते हो! इसीसे पूछ लो कहां जा रहा है। गांव के बाहर जाकर फिर मैं इसको रास्ते पर लगाऊंगा, मगर अभी तो मुझे इसके साथ ही जाना पड़ेगा। यह भीड़-भाड़ देख कर बड़ा उत्सुक हो जाता है रौब जमाने में!

नेतागण अनुयायियों के पीछे चलते हैं। आगे झंडा लिए दिखाई पड़ते हैं, लेकिन उनकी नजर पीछे लगी रहती है कि जनता किस तरफ जा रही है, पूरब कि पश्चिम? होशियार नेता उसी को कहा जाता है, जो समय रहते रास्ता बदल ले। उन्हीं को तो आया-राम गया-राम...। समय रहते देख ले कि अब आदमी कहां जा रहे हैं। देखा बाबू जगजीवनराम को, आया-राम गया-राम...देख लिया कि जनता कहां जा रही है, जल्दी से उचककर आगे हो जाओ अगर अपना नेतृत्व बचाना है।

अंधे अंधों से समझौता करेंगे, आंख वाले समझौता नहीं कर सकते। और इसलिए आंख वाले के पीछे केवल वे ही साहसी लोग चल सकते हैं, जिन्होंने तय किया है कि पूरा समर्पण करेंगे, कोई अपेक्षा न रखेंगे।

जइ नग्गा विअ होइ मुत्ति ता सुणइ सिआलह।
लोम पारणें अत्थि सिद्धि ता जुवइ णिअम्बह।।

'यदि नग्न हो जाने से मुक्ति मिलती हो तो सियार, कुत्तों को पहले ही मुक्त हो जाना चाहिए।' यह जैन मुनियों के लिए कहा होगा कि अगर नग्न रहने से मुक्ति मिलती हो तो सियार, कुत्तों को पहले ही मुक्त हो जाना चाहिए। 'और केवल केश-लुंचन से मुक्ति मिलती हो तो नितंबों को मुक्ति मिलनी चाहिए, जिनका लोमोत्पाटन होता रहता है।'

नितंबों पर तो केश नहीं जम पाते, क्योंकि नितंब घिसटते रहते हैं जमीन में, फिर उठे, फिर बैठे, घिसटते ही रहे तो नितंब पर कभी भी केश नहीं जम पाते, तो नितंबों की तो मुक्ति हो जानी चाहिए।

देखते हो ये वचन! ये आग्नेय वचन, अंगार-भरे वचन! केश-लुंचन से मुक्ति नहीं होगी। जैन मुनि केश उखाड़ते हैं, लोचते हैं। तुम्हारे पास जो एक गाली है नंगा-लुच्चा, वह सबसे पहले महावीर के लिए प्रयोग किया गया शब्द है। क्योंकि वे नग्न रहते थे और केश लोंचते थे। 'लुच्चा!' धीरे-धीरे कब गाली बन गई, कहना मुश्किल है।

शब्दों की भी बड़ी यात्राएं होती हैं। कभी अच्छे शब्दों के भी बुरे दिन आ जाते हैं। कभी बुरे शब्दों के भी अच्छे दिन आ जाते हैं। कभी घूरों के भी दिन फिरते हैं। तो कभी जो गालियां होती हैं, सम्मान-सूचक हो जाती हैं। और कभी जो सम्मान-सूचक शब्द होते हैं, गालियां हो जाते हैं। सबसे पहले महावीर के लिए उपयोग किया गया होगा

नंगा-लुच्चा। तब इसमें गाली नहीं थी। तब तो सिर्फ यह तथ्य था कि वे नग्न रहते थे और बाल लोंचते थे। फिर जल्दी ही यह गाली हो गई। फिर इसके अर्थ बदलते चले गए! अब तो लोग भूल ही गए कि यह कभी जैन दिगंबर मुनियों के लिए प्रयोग किया गया शब्द था। अब तो नंगा-लुच्चा हम उसको कहते हैं, जिसके पास कुछ नहीं है और दूसरे का छीनने को, लोंचने को तैयार है। अपना तो कुछ है नहीं, दूसरे का लोंचने के लिए उत्सुक है। उसको हम नंगा-लुच्चा कहते हैं। अब बात बदल गई।

'बुद्धू' शब्द पहले बुद्ध के साथ जुड़ा था। तब तो उनको हम बुद्धू कहते थे, जो छोड़ दिए सब और जाकर बैठ गए विश्राम में--पर्वतों में, वृक्षों के तले, मौन में शांति में! बुद्धू हो गए! बौद्ध हो गए! फिर यह धीरे-धीरे गाली हो गई। गाली का मतलब यह हो गया कि इन्हें कुछ भी अक्ल नहीं है। संसार का कुछ इनको आता नहीं है, बुद्धू है। संसार को छोड़ने वाले को पहले हमने बुद्धू कहा था, फिर धीरे-धीरे जो संसार में हैं, लेकिन जिनसे संसार सम्हलता नहीं, जिन्हें कोई भी लूट ले, खसोट ले, जिन्हें कोई भी धोखा दे दे, बेइमानी कर दे, कोई उनकी जेब काट ले, कोई उनका सामान ले जाए, उनको कुछ अकल नहीं है। संसार नहीं सम्हाल पाते तो उनका नाम बुद्धू हो गया।

अच्छे शब्दों के दिन फिर गए, बुरे हो गए। कभी-कभी बुरे शब्दों के भी दिन फिरते हैं। जैसे गणेश जी! सबसे पहले रूप बड़ा विकृत था। उनकी पूजा सबसे पहले इसलिए शुरू हुई कि वे विघ्नकारी देवता थे। अगर उनकी पूजा न करो तो वे विघ्न करते थे खड़ा। जैसे शादी-विवाह हो रहा है, अगर तुमने उनकी पूजा न की तो वे उपद्रव म चाएंगे। अब जो उपद्रव करे उसकी तो पहले पूजा करनी ही पड़ती है--उपद्रव से सुरक्षा के लिए। तो सबसे पहले रूप गणेश का था उपद्रवी का, झंझटी का, अराजक का, विघ्नकारी का; फिर धीरे-धीरे वे मंगल के देवता हो गए। अब तो कोई भी मंगल कार्य उनके बिना शुरू नहीं होता। श्रीगणेश का अर्थ ही होता है: मंगल शुरुआत। विघ्नकारी देवता मंगल का देवता हो गया! दिन बदल गए। धीरे-धीरे पूजा लोगों ने इतनी की--करनी ही पड़ी, क्योंकि जो आदमी उपद्रव करे उसको मना-बुझाकर रखना अच्छा--धीरे-धीरे लोग भूल ही गए कि विघ्नकारी की पूजा कर रहे हैं। यह बात जुड़ गई कि सबसे पहले पूजा गणेश की होती है। इसलिए वे मंगल के देवता हो गए।

यदि नग्न होने से मुक्ति मिलती हो तो फिर जानवर सभी मुक्त हो जाएं। और अगर बाल लोंचने से मुक्ति मिलती हो तो नितंब मुक्त ही होने चाहिए। यह मजाक कर रहे हैं सरहपा। वे कह रहे हैं: इतनी छोटी बातों से मोक्ष का कोई संबंध नहीं है। इतनी ओछी

बातों से मोक्ष का कोई संबंध नहीं है।

पिच्छी गहणे दिट्ठि मोक्ख ता मोरह चमरह।

उंछें भोअणें होइ जान ता करिह तुरंगह।।

'यदि पिच्छी ग्रहण करने से मुक्ति मिलती हो तो मोर को पहले ही मुक्त हो जाना चाहिए।' मुनि मोर की बनी हुई पिच्छियां रखते हैं। अगर पिच्छी रखने से मोक्ष मिलता हो तो मोर तो पिच्छियों के साथ ही पैदा होते हैं, पिच्छियों के साथ ही मरते हैं, उनका तो मोक्ष कभी का हो जाना चाहिए।

'यदि उच्छ भोजन से मुक्ति मिलती हो तो हाथी-घोड़े मुक्ति के पहले अधिकारी हैं।' उच्छ भोजन का अर्थ होता है: दाने जो गिर जाते हैं खेतों में, उनको चुन-चुनकर जो भोजन करता है। ऐसे लोग रहे। बड़े दार्शनिक कणाद का नाम लिया जा सकता है। उनका नाम ही कणाद पड़ गया, क्योंकि वे कण-कण बीनकर खाते थे। खेतों में जो पड़ जाते हैं दाने, गिर जाते हैं दाने, वही बीनकर खाते थे। सरहपा कह रहे हैं कि अगर ऐसा होता तो पक्षी भी दाने बीनकर खाते हैं, पशु भी दाने बीनकर खाते हैं, इनका मोक्ष हो जाता।

प्रयोजन इतना है सिर्फ कि ये औपचारिकताएं हैं, इनको नियम मत समझो। ये क्रियाकांड हैं, इनको धर्म का प्राण मत समझो। धर्म का प्राण कुछ और है।

सुलगना और जीना, यह कोई जीने में जीना है।

लगा दे आग अपने दिल में दीवाने धुआं कब तक?

ये सब धुआं ही धुआं की बातें हैं। धर्म तो आग है। ये औपचारिक बातें तो सिर्फ धुआं हैं। हां, आग से धुआं उठता है, लेकिन तुम धुएं को ले जाओ अपने घर में तो यह मत समझना कि आग आ जाएगी। इस बात को खयाल में रखना। आग हो तो धुआं उठता है, लेकिन धुआं होने से आग पैदा नहीं हो जाती है।

महावीर ज्ञान को उपलब्ध हुए, नग्न हो गए। ज्ञान की अग्नि से नग्न होने का धुआं उठा, लेकिन नग्न होने से तुम ज्ञानी न हो जाओगे। इस बात को खयाल में रखना। महावीर को ज्ञान उपलब्ध होने के बाद ऐसी निर्दोषता आ गई जैसे छोटे बच्चों में होती है वस्त्र गिर गए। छोड़े नहीं, गिर गए। त्यागे नहीं, छूट गए। कुछ छिपाने को न रहा। देह का भाव जाता रहा। फिर कौन स्त्री, फिर कौन पुरुष? लाज-शंका सब जाती रही। सरल हो गए। जैसे छोटा बच्चा नग्न खड़ा होता है, उसे पता भी नहीं होता कि वह नग्न है, ऐसे महावीर हो गए। मगर ज्ञान पहले घटा। यह ज्ञान के साथ सहज ही आई छाया

है। अब तुम उल्टा कर रहे हो। तुम कह रहे हो हम नग्न खड़े हो जाएं इससे ज्ञान घट जाएगा, तो तुम धुआं ला रहे हो घर में और सोच रहे हो आग आ जाएगी! ले आओ धुआं, मोहल्ले भर का सारा धुआं निमंत्रित कर लो, तो भी आग पैदा नहीं हो पाएगी। धुएं के अंबार लग जाएं तो भी आग पैदा नहीं होगी।

मूल कारण पहले आना चाहिए, फिर उपपत्तियां अपने आप आ जाती हैं। ये सारे जीवन-व्यवहार परिणाम हैं। जिनको ज्ञान उत्पन्न हो गया, वे अहिंसक हो गए। अहिंसक होने से किसी भी जीव की हिंसा न हो, इसकी उन्होंने चेष्टा की। तो जैन मुनि अपने साथ पिच्छी रखता है। पिच्छी का अर्थ है कि जहां भी बैठेगा, वहां पहले पिच्छी से साफ कर लेगा। मोर के पंख से बनाई गई कि चींटी भी मरेगी नहीं, हटाए जाने पर भी मरेगी नहीं। मोर के पंख से और कोमल क्या मिल सकेगा? उन दिनों तो कम से कम नहीं ही मिल सकता था, तो जो कोमलतम था उसकी पिच्छी बना ली है। उसको साथ लेकर चलता है कि कहीं बैठूंगा, खड़ा होऊंगा, तो साफ कर लूंगा। कोई कीड़ा कोई चींटी भी न मर जाए, इतनी हिंसा भी न हो।

अगर भीतर ध्यान पैदा हुआ तो बाहर प्रेम पैदा होता है। फिर ठीक है पिच्छी लेकर चलो। लेकिन कोई सोचता हो कि शानदार पिच्छी बनवा ली, सबसे बढ़िया से बढ़िया मोर के पंखों से बनवा ली, चले लेकर, अब बस मोक्ष तय है--इतना आसान नहीं है। बात को समझ लेना।

सरहपा यह नहीं कह रहे हैं कि ऐसा मत करो। सरहपा यह नहीं कह रहे हैं कि वेद मत पढ़ो। सरहपा यह नहीं कह रहे हैं कि नग्न मत रहो। सरहपा यही कह रहे हैं कि पहले भीतर की घटना घटने दो, फिर बाहर की घटनाएं अपने आप घट जाती हैं, वे परिणाम हैं। नहीं तो तुम व्यर्थ की औपचारिकताओं में, क्रियाकांडों में ही अपना जीवन नष्ट कर दोगे।

वोह दैर-ओ-कलीसा हो, या काबा-ओ-बुतखाना।
कुछ पर्दे हैं, कुछ धोके, कुछ शोब्दा-गाहें हैं।

फिर तुम चाहे मंदिर जाओ, चाहे मस्जिद, चाहे गिरजा, वहां फिर कुछ औपचारिकताएं हैं, क्रियाकांड हैं।

कुछ पर्दे हैं, कुछ धोके, कुछ शोब्दा-गाहें हैं।

फिर वहां तुम व्यर्थ के जाल में ही उलझ रहोगे। जागना है जिसे, उसे मंदिर-मस्जिद और उनसे पैदा होने वाली औपचारिकताएं सब छोड़ देनी होंगी।

खड़े हैं दुराहे पै दैरो-हरम के।

तेरी जुस्तजू में सफर करने वाले।

जिन्हें तेरी तलाश है वे न तो मंदिर जाते न मस्जिद; वे दोनों के दुराहे पर खड़े हैं। जहां से मंदिर और मस्जिद अलग होते हैं, वहीं रुक जाते हैं। क्योंकि जहां मंदिर-मस्जिद अलग हुए वहां गलती हुई, झूठ हुआ। जहां मंदिर और मस्जिद एक हैं, वहां सत्य है। जहां मंदिर-मस्जिद अलग हैं वहीं गलती है। जहां हिंदू-मुसलमान एक हैं वहां सत्य है। और जहां हिंदू-मुसलमान अलग-अलग हैं, वहां सत्य के खोजी को कोई जगह न रही। खड़े हैं दुराहे पै दैरो-हरम के! मंदिर और मस्जिद जहां से अलग होते हैं उसी दुराहे से सत्य का खोजी परमात्मा की तलाश में निकल जाता है। तेरी जुस्तजू में सफर करने वाले!

सत्य तो मिल सकता है, काश! हम व्यर्थ की औपचारिकताएं छोड़ दें।

अगर मैं नाकामे-दीद मर जाऊं अपने कूचे में ढूंढ लेना।

वहीं कहीं खाको-खूं में गलतां मेरी तमन्ना पड़ी मिलेगी।

ब-होश-हवास ऐ मुसाफिर-राहे जिंदगी! यह वोह रास्ता है

जहां तुझे रहबरी की सूरत में जा-बजा रहजनी मिलेगी।

धर्म के रास्ते पर जो तुम्हें मार्ग-दर्शक मिलें, जरा सावधान होकर चुनना, क्योंकि यह वह रास्ता है--जहां तुझे रहबरी की सूरत में जा-बजा रहजनी मिलेगी! यहां मार्ग-दर्शन देने के नाम पर लुटेरे खड़े हैं। यहां मंदिर-मस्जिद के नाम पर शोषण चल रहा है। यहां सच्चे के नाम पर झूठ ने बड़े आयोजन कर लिए हैं। झूठे सिक्के बाजार में गतिमान हैं।

बहुत होशपूर्वक जीओगे, सोच-सोच कर कदम रखोगे, तो ही शायद सदगुरु से मिलना हो पाए। और तो ही शायद औपचारिकताओं और क्रियाकांड में जिंदगी समाप्त न हो। पांचवां वेद जो पढ़ा दे, ग्यारहवीं दिशा में जो लगा दे...दस दिशाएं बाहर हैं, ग्यारहवीं दिशा भीतर है...जो तुम्हें तुम्हारे मूल उत्स से मिला दे, उसके साथ अपने को जोड़ लेना। और फिर भी सरहपा कहते हैं: उसके साथ जुड़ जाने से ही कुछ न होगा।

मेरे पास कुछ लोग आ जाते हैं। एक मित्र हमेशा आते हैं। वे आकर पैर छूकर कहते हैं कि बस आशीर्वाद दे दें, बस आपका आशीर्वाद मिल गया कि सब हो गया। मैंने उनसे कहा कि आशीर्वाद तुम कम से कम आठ-दस साल से ले रहे हो, अभी तक कुछ हुआ नहीं? उन्होंने कहा कि नहीं-नहीं, सब हो ही जाएगा जब आपका आशीर्वाद

है। मैंने कहा: दस साल हो गए, मेरा आशीर्वाद दस साल से दे रहा हूं, क्या तुम्हें शक है कि आशीर्वाद नहीं दे रहा हूं? मगर कुछ होता दिखाई नहीं पड़ रहा है। औषधि कब लोगे? आशीर्वाद ही लेते रहोगे!

औषधि लेने की तैयारी नहीं है। आशीर्वाद मुफ्त मिल जाता है। औषधि में तो फिर पथ्य भी होगा, औषधि कड़वी भी हो सकती है। कड़वी ही होगी! और औषधि के साथ फिर नियम होगा, अनुशासन होगा। नहीं, वे कहते हैं कि आपका आशीर्वाद काफी है, और क्या करना है मुझे? जब आप मिल गए तो सब मिल गया!

सरहपा कहते हैं: इतने से कुछ भी न होगा। 'वृक्ष में लगा हुआ फल देखना, उसकी गंध लेना नहीं है। वैद्य देखने मात्र से क्या रोग दूर हो जाता है?'

सदगुरु भी मिल जाए तो फिर उसकी औषधि अंगीकार करना। वह जो मार्ग दिखाये उस पर चलना। वह जो उपचार दे उसे अपना जीवन बनाना, तो एक दिन तुम्हारे भीतर प्रकाश होगा। तो एक दिन मेघ घिरेंगे आनंद के, समाधि के! तुम पर वर्षा होगी अमृत की।

बरसो, बरसो घन पावस के!
उमड़ो, गरजो, बरसो
रिम-झिम, नर्तन-रत पायल सम
झिम-झिम
पोषण-रस-पूरित
जल बरसो
बरसो अमृत सम
जल बरसो!
बरसो, बरसो घन पावस के!

खेतों में
अन्नांकुर फूटें
सुषमा हरीतिमा
बन फूटे,
हर ओर

खुले मैदानों में
हरियाली की
चादर फैले!
सिंचित, पुलकित,
उत्साहित हो,
धरती अपनी
वैभव उगले!
बरसो, बरसो घन पावस के!

पीड़ाएं सोएं,
शांति जगे,
प्रति पीड़ित जीव
उल्लसित हो,
मानव–मन
हुलसे,
रस बरसे
अंतर के
कोने–कोने में!
जल–गीत छिड़े,
जीवन विहंसे
वसुधा के
कोने–कोने में
बरसो, बरसो घन पावस के!

उमड़ो, गरजो, बरसो
रिम–झिम
नर्तन–रत पायल सम
झिम–झिम!
पोषण–रस–पूरित

जल बरसो,
बरसो अमृत सम
जल बरसो!
बरसो, बरसो घन पावस के!

घिर सकते हैं मेघ। घिरे ही हैं! तुम्हारी ठीक-ठीक पुकार उठ जाए, तुम्हारे भीतर प्रार्थना जग जाए, तुम्हारे भीतर सम्यक साधना की यात्रा शुरू हो जाए--तो अमृत बरसे। नहाओ तुम शाश्वत में! जानो तुम उसे, जिसे बिना जाने जीवन व्यर्थ है। और जिसे जानते ही जीवन में परम तृप्ति, परितोष उत्पन्न होता है।

सरहपा के सूत्र साफ-सुथरे हैं। पहले वे निषेध करेंगे। जो-जो औपचारिक है, गौण है, बाह्य है, उसका खंडन करेंगे; फिर उस नेति-नेति के बाद जो सीधा सा सूत्र है वज्रयान का, सहज-योग, वह तुम्हें देंगे। सरल सी प्रक्रिया है सहज-योग की, अत्यंत सरल! सब कर सकें, ऐसी। छोटे से छोटा बच्चा कर सके, ऐसी। उस प्रक्रिया को ही मैं ध्यान कह रहा हूं।

यह अपूर्व क्रांति तुम्हारे जीवन में घट सकती है, कोई रुकावट नहीं है सिवाय तुम्हारे। तुम्हारे सिवाय न कोई तुम्हारा मित्र है, न कोई तुम्हारा शत्रु है। आंखें बंद किए पड़े रहो तो तुम शत्रु हो अपने, आंख खोल लो तो तुम्हीं मित्र हो।

जागो! वसंत ऋतु द्वार पर दस्तक दे रही है। फूटो! टूटने दो इस बीज को। तुम जो होने को हो वह होकर ही जाना है। कल पर मत टालो। जिसने कल पर टाला, सदा के लिए टाला। अभी या कभी नहीं! यही वज्रयान का उदघोष है।

आज इतना ही।

२

ओंकार: मूल और गंतव्य

प्रश्न–सार

- आपने कहा धर्म साधना है, क्रियाकांड नहीं। लेकिन जिन्हें सरहपा क्रियाकांड कहेंगे, उनमें से अनेक, जैसे भजन–कीर्तन, अपने आश्रम में और अन्यत्र भी, साधना के अंग बने हैं। कृपापूर्वक हमें समझाएं।
- क्या उपासना का कोई भी मूल्य नहीं है और यदि मूल्य है तो फिर विरोध क्यों?
- सत्य ही कहता हूं, सत्य ही सुनता हूं। इस सत्यपन की आदत से सभी रिश्तेदार व मित्र साथ छोड़ गए हैं। सांसारिक होने के कारण अकेलापन बहुत परेशान करता है। काम ईमानदारी से करने और ईमानदारी से ही जीवन व्यतीत करने में शांति तो मिल रही है, लेकिन बच्चों के लिए ईमानदारी का पैसा कमाने में रात–दिन काम करता रहता हूं और साधना नहीं कर पाता। कृपया मार्ग दिखाएं।
- ओंकार का आपने विरोध किया, इससे मन को ठेस पहुंची। कृपया समझावें कि ऋषि–मुनियों ने सदा ओंकार का समर्थन क्यों किया है?

पहला प्रश्नः

ओशो, आपने कहा धर्म साधना है, क्रियाकांड नहीं। लेकिन जिन्हें सरहपा क्रियाकांड कहेंगे, उनमें से अनेक, जैसे भजन-कीर्तन, अपने आश्रम में और अन्यत्र भी, साधना के अंग बने हैं। कृपापूर्वक हमें समझाएं।

आनंद मैत्रेय! जले दीये और बुझे दीये में जरा सा ही भेद होता है। और आंख हो तो ही भेद दिखाई पड़ सकता है, आंख न हो तो बुझा दीया जला दीया दोनों एक जैसे हैं। दीया तो दीया है; हाथ में लेकर वजन तौलोगे तो जले दीये में वजन ज्यादा नहीं होगा--उतना ही होगा जितना बुझे दीये में। ज्योति का कोई वजन थोड़े ही होता है। लेकिन फिर भी जले दीये में, बुझे दीये में जमीन-आसमान का फर्क है। पर आंख वाले को ही फर्क है।

तो ऐसा कीर्तन भी हो सकता है, जो जला दीया हो और ऐसा कीर्तन भी, जो बुझा दीया हो। ऐसी प्रार्थना हो सकती है जो ज्योतिर्मय हो और ऐसी प्रार्थना, जो बिलकुल बुझी-बुझी राख। हिंदू-घर में कोई पैदा हुआ है और बचपन से सिखाया गया है कि रोज रात सोते समय राम का स्मरण करके सोना, तो सोता है, रोज राम का स्मरण कर लेता है, आदत बन गई, यंत्रवत पुनरुक्ति करता है। इस पुनरुक्ति का विरोध है। यह क्रियाकांड हुआ, क्योंकि इसमें हृदय नहीं है। और फिर बाल्या भील ने राम को पुकारा, बेपढ़ा-लिखा आदमी था, ठीक से याद भी न रख सका कि राम ही पुकारना है, पुकारते-पुकारते मरा-मरा पुकारने लगा--और मरा-मरा पुकारते-पुकारते ही उपलब्ध हो गया! बाल्या भील ऋषि बाल्मीक हो गया।

तुम राम ही पुकार रहे हो, तो भी काम न पड़ेगा और बाल्या ने मरा-मरा पुकारा तो भी काम पड़ गया। उस मरा-मरा पुकारने में भी अंतर का भाव था, प्राणों का संयोग था, आत्मा की पुकार थी। जहां आत्मा की पुकार जुड़ जाती है वहां क्रियाकांड तिरोहित हो जाता है। वहां जीवित धर्म का जन्म होता है। मीरा ने भी गाए गीत और शायद लता मंगेशकर भी मीरा के भजन गाती है और यह भी हो सकता है कि मीरा से भी ज्यादा ढंग से गाए, क्योंकि मीरा कोई गायिका तो न थी। अभी लता मंगेशकर को कोल्हापुर विश्वविद्यालय ने पी एच. डी. की उपाधि दी, मीरा को कोई देता? जहर दिया था लोगों ने। कोई पी एच. डी. की उपाधि मीरा को देता? दूसरों की तो बात छोड़

दो, अपनों ने, परिवार के लोगों ने, मीरा को मार डालने के सब उपाय किए थे। पिटारी में बंद रख कर सांप भेजा, कि प्याली में भर कर जहर भेजा। हो सकता है लता मीरा से भी बेहतर गाये। गीत की कला अलग बात, लेकिन मीरा के टूटे-फूटे शब्दों में भी जो होगा वह बड़े से बड़े गायक के सुंदरतम सुव्यवस्थित गीत में नहीं हो सकता। दीया मीरा का चाहे टूटा-फूटा रहा हो, मगर उसमें ज्योति थी। दीया चाहे कुरूप रहा हो, मिट्टी का रहा हो, पर उसमें ज्योति थी। और तुम्हारा दीया चाहे सोने का हो और हीरे-जवाहरात मढ़ा हो और लाखों के उसके दाम हों, लेकिन अगर ज्योति नहीं है तो किस काम का है? इस भेद को स्मरण रखोगे तो सरहपा या मुझे समझने में तुम्हें आसानी होगी।

निश्चित ही यहां भी लोग नाच रहे हैं, गीत गा रहे हैं। और और मंदिरों में भी गीत गा रहे हैं, नाच रहे हैं। पर भेद है, बड़ा भेद है! यहां कोई हिंदू होने की वजह से नहीं नाच रहा, न कोई मुसलमान होने की वजह से गीत गा रहा है, न कोई ईसाई होने की वजह से। यहां तो वे लोग इकट्ठे हुए हैं जिन्हें सत्य की तलाश है; जिन्हें सत्य की तलाश नहीं है वे तो जन्म से ही जो धर्म मिलता है उसी से तृप्त हो जाते हैं। जन्म से कहीं धर्म मिला है? जन्म से तो केवल धारणाएं मिलती हैं, धर्म नहीं। जन्म से तो विश्वास मिलते हैं, श्रद्धाएं नहीं। जन्म से तो सिद्धांत मिलते हैं, सत्य नहीं; शास्त्र मिलते हैं, स्वानुभूति नहीं। जन्म से तो बंधी-बंधाई, पिटी-पिटाई लकीरें मिलती हैं; जीवन का उदघोष, अमृत की खोज जन्म से कैसे मिलेगी?

जन्म से कोई धार्मिक नहीं होता; ईसाई होता है, जैन होता है, मुसलमान होता है, हिंदू होता है; धार्मिक नहीं होता। धर्म की खोज तो व्यक्ति की निजता की खोज है। प्रत्येक व्यक्ति को इस अभियान पर निकलना होता है। यहां तो वे लोग इकट्ठे हुए हैं जिन्हें धर्म की खोज है; जो सच में ही परमात्मा को जानना चाहते हैं, चाहे कोई भी कीमत चुकानी पड़े।

मेरे साथ होना कीमत चुकाने की शुरुआत हो गई। तुमने मुझसे नाता जोड़ा कि तुम मुश्किल में पड़े, कि तुम्हें हजार झंझटें होंगी। मेरे साथ संबंध जोड़ने से तुम्हें सुविधा तो एक भी न मिलेगी, असुविधाएं बहुत मिलेंगी। क्योंकि मुझसे संबंध जोड़कर तुम किसी संप्रदाय के हिस्से नहीं बन रहे हो। मुझसे संबंध जोड़कर तुम तो दीवानगी सीख रहे हो, दीवानों की जमात के अंग बन रहे हो। तुम अड़चनों में पड़ोगे।

सरहपा से जिन्होंने संबंध जोड़ा वे भी पड़े और जीसस से जिन्होंने संबंध जोड़ा वे भी पड़े। हां, आज जो जीसस से संबंध जोड़े हैं उनको कोई अड़चन नहीं है; उनका

जीसस से कोई संबंध नहीं है। अब जन्मगत है ईसाइयत। अब बौद्ध होना जन्म से हो जाता है।

जरा उन लोगों की सोचो, हिंदुओं की जमात में जो पैदा हुए थे, वेद और उपनिषद और गीता को दोहराते जो पैदा हुए थे, जिन्हें दूध के साथ वेद पिलाया गया था--वे लोग जब बुद्ध के साथ चल पड़े थे तो अड़चनें हुई थीं, क्योंकि बुद्ध जैसे व्यक्ति सदा ही मृत धर्मों के विरोधी होते हैं। धर्म के पक्षपाती जो हैं उन्हें मृत धर्म के विरोधी होना ही पड़ेगा। जीवन के जो पक्षपाती हैं वे लाश की पूजा करने के पक्षपाती नहीं हो सकते। वे तो कहेंगे कि यह सड़ी हुई लाश है; इसे जाओ और जला दो चिता पर! वही बुद्ध ने कहा था, कि तुम्हारे शास्त्र, तुम्हारे वेद किसी काम के नहीं हैं। लेकिन जो थोड़े से हिम्मतवर लोग उनके साथ हो लिए थे, तुम जानते हो उनकी अड़चनें? अब जो आदमी बौद्ध घर में पैदा होकर बौद्ध हो जाता है, क्या तुम सोचते हो इसकी उपलब्धि वही होगी जो उन पहले लोगों की थी जो बुद्ध के साथ चले थे। इसको तो कोई कीमत ही नहीं चुकानी पड़ रही। यह तो मुफ्त बौद्ध हो गया है। और मुफ्त कहीं कोई बौद्ध हो सकता है, या जैन हो सकता है, या हिंदू हो सकता है?

धर्म का संबंध जन्म से नहीं है--स्वयं की खोज से है। खोज महंगा सौदा है। यहां जो लोग इकट्ठे हुए हैं वे खोजी हैं। अगर वे यहां नाच रहे हैं तो यह नाचना औपचारिकता नहीं है। क्योंकि यहां कोई उनको नाचने के लिए किसी तरह की न सुरक्षा दे रहा है, न सुविधा दे रहा है, न आश्वासन दे रहा है। मैंने तुमसे कहा नहीं है कि नाचोगे तो स्वर्ग मिलेगा। मैंने तुमसे कहा नहीं है कि ध्यान करोगे तो मोक्ष जाओगे। मैं तो तुमसे यह कह रहा हूं कि नाचने में स्वर्ग है, ध्यान में मोक्ष है। फल नहीं है मोक्ष।

जहां ध्यान का फल मोक्ष होता है वहां ध्यान क्रियाकांड हो जाता है। तब तुम कर लेते हो किसी तरह, क्योंकि लक्ष्य तो फल पर लगा है, मन तो फल पर लगा है। अब चूंकि ध्यान के बिना मोक्ष नहीं मिलेगा, इसलिए ध्यान भी कर लेते हैं, लेकिन यह ध्यान बेमन से हो रहा है। अगर बिना ध्यान के मिल सके तो क्या तुम ध्यान करोगे? तुम्हें मेहनत करनी पड़ती है धन कमाने के लिए तो तुम मेहनत करते हो। मगर मेहनत करने में कोई रस थोड़े ही है। अगर कम मेहनत करने से इतना ही धन मिलता हो फिर भी तुम इतनी ही मेहनत करोगे? और अगर बिना मेहनत करने से धन मिलता हो, फिर क्या तुम मेहनत करोगे? मेहनत में तुम्हें कोई रस नहीं है। अगर फल मिल जाए बिना श्रम के तो कौन श्रम करेगा? लेकिन जिसे श्रम में आनंद है, वह कहेगा: फल मिले या

न मिले, श्रम मैं करूंगा। जो सुबह-सुबह घूमने गया है, तुम उससे यह नहीं पूछ सकते कि तुम किसलिए घूमने जा रहे हो, तुम्हें क्या मिलेगा? वह कहेगा: घूमना आनंद है। उसका घूमना क्रियाकांड नहीं है। उसका साधन और साध्य एक है।

इसे तुम परिभाषा समझो, जब साधन और साध्य एक होता है तो क्रियाकांड नहीं होता। जब साधन और साध्य अलग-अलग हो जाते हैं तो साधन क्रियाकांड हो जाता है। फलाकांक्षा-रहित तुम कुछ भी कर सको, वही धर्म है। नाच सको मस्त होकर, नाचने में ही आनंद हो, नाचने के पार नजर ही न हो, नाचने के पार कुछ आकांक्षा ही न हो, नाचना समग्र हो जाए, तुम्हारे पूरे प्राण को डुबा ले, तुम्हारी श्वास-श्वास में रम जाए, तुम्हारे रोएं-रोएं में बैठ जाए--बस, इस नृत्य में मीरा का आविर्भाव हो जाएगा। इस गीत में सूरदास के पद समा जाएंगे। इस चुपचाप बैठ जाने में बुद्धत्व की अपने आप गरिमा, महिमा आ जाएगी।

बुद्ध बैठे वृक्ष के नीचे और उन्हें ज्ञान उत्पन्न हुआ। तुम भी वृक्ष के नीचे बैठते हो कि ज्ञान उत्पन्न हो जाए। तुम्हारा वृक्ष के नीचे बैठना क्रियाकांड है। तुम बैठो जन्मों-जन्मों तक, तुम अपना भी समय खराब कर रहे हो। तुम वृक्ष को भी परेशान कर रहे हो। वृक्ष भी तुमसे ऊबेगा और तुम बीच-बीच में आंख खोल-खोल कर देख लोगे अभी तक ज्ञान मिला नहीं, बुद्धत्व आया नहीं?

बुद्धत्व उस क्षण का नाम है जिस क्षण में तुम समग्रीभूत रूप से डूब जाते हो, फिर वह नृत्य हो, मौन हो, गीत हो, गान हो, संगीत हो, कुछ भेद नहीं पड़ता। मौलिक बात एक ही है: जिस क्षण में तुम पूरे लीन हो जाते हो, तल्लीन हो जाते हो, तन्मय हो जाते हो, रसमय हो जाते हो, तुम्हारे भीतर कुछ भी नहीं बचता, सब डूब जाता है, उस डुबकी का नाम धर्म है।

तुमने पूछा: आपने कहा धर्म साधना है, क्रियाकांड नहीं। निश्चय ही साधना और क्रियाकांड ऊपर से एक जैसे दिखाई पड़ते हैं; भेद इतना ही है कि साधना में आत्मा होती है, क्रियाकांड में आत्मा नहीं होती। जिंदा आदमी और मरा हुआ आदमी दोनों पास-पास लेटे हों, एक से दिखाई पड़ते हैं; और जिंदा आदमी ने अगर थोड़ा योग इत्यादि की साधना की हो और श्वास रोक कर पड़ जाए तो शायद चिकित्सक भी भेद न कर पाएं कि मुर्दा कौन है और जिंदा कौन है? लेकिन फिर भी जिंदा जिंदा है और मुर्दा मुर्दा है। भेद कहां है? ऊपर से तो एक जैसे लगते हैं अगर तस्वीर लोगे तो

दोनों की तस्वीर एक जैसी आ जाएगी और तस्वीर में भेद करना मुश्किल हो जाएगा, कि कौन जिंदा है कौन मुर्दा है।

शास्त्र तस्वीर हैं, इसलिए शास्त्रों से भेद करना मुश्किल हो जाता है कि कौन जिंदा है कौन मुर्दा है। लेकिन अगर तुम जाकर टटोलोगे तो छोटी सी बात बता देगी कि कौन जिंदा है कौन मुर्दा है।

यूनान में एक बड़ा चित्रकार हुआ। उसकी मौत आई। कहानी बड़ी प्रीतिकर है। उसने अपनी ही ग्यारह मूर्तियां बना लीं और उनमें छुपकर खड़ा हो गया। इतना बड़ा कलाकार था वह, इतना बड़ा मूर्तिकार था कि लोग कहते थे: अगर मूर्ति मूल के पास खड़ी कर दी जाए तो दूर से बताना मुश्किल है कि कौन मूल है और कौन मूर्ति है। अपनी ही उसने ग्यारह मूर्तियां बना लीं, खड़ा हो गया। मौत भीतर आई, मौत भी चौंकी। एक को ले जाना था, वहां बारह एक जैसे लोग थे। किसको ले जाए, किसको न ले जाए? सब एक जैसे थे। रत्ती-भर भी भेद नहीं था। मौत वापस लौट गई। उसने परमात्मा को पूछा कि क्या करूं, वहां बारह लोग हैं? परमात्मा खूब हंसा। उसने कहा: आखिर तू मौत है, मौत ही रही। इतनी छोटी सी बात तू पहचान न पाई?

लेकिन मौत है तो जीवन को कैसे पहचाने? परमात्मा ने कहा: छोटी सी तरकीब है, यह ले, यह जाकर ये शब्द, ये वचन बोल देना बीच भवन में और जो असली है बाहर निकल आएगा।

मौत वापस लौटी। जैसा परमात्मा ने कहा था उसने वैसा ही किया। एक-एक मूर्ति के पास गई, गौर से देखा और सारी मूर्तियों को देखने के बाद बोली: और तो सब ठीक है, एक भूल रह गई। वह जो चित्रकार था, एकदम से बोला: कौन-सी भूल? मौत ने कहा: बाहर आ जाओ। यही परमात्मा ने मुझे सूत्र दिया था कि इतना बोल देना। और जो जिंदा है वह बोल ही देगा कि कौन सी भूल। यही भूल कि तुम अपने को नहीं भूल सकते हो। बाहर आ जाओ।

जिंदा और मुर्दा आदमी अगर बिलकुल भी एक जैसे मालूम होते हों, तो भी एक जैसे नहीं हैं। ऐसा ही साधना और क्रियाकांड का भेद है। क्रियाकांड साधना की लाश है, जिसमें से प्राण उड़ चुके। पिंजड़ा पड़ा रह गया, पक्षी जा चुका। हंसा उड़ गया। कभी हंसा था। कभी प्यारा पक्षी पिंजड़े में था, तब सुबह सूरज ऊगता था, गीत भी फूटता था पिंजड़े से। पिंजड़ा नहीं गाता था गीत, याद रखना; पिंजड़ा क्या खाक गीत गाएगा! मगर पक्षी था भीतर जो गीत गाता था। हवाएं आती थीं तो पंख भी फड़फड़ाता

था। अब पिंजड़ा ही रह गया। अब सूरज अभी भी ऊगता है और हवाएं अब भी आती हैं, लेकिन न कोई पंख फड़फड़ाता है, न कोई गीत गाता है। पिंजड़ा अब भी है, पर पिंजड़े से क्या होगा।

साधना है जीवंत घटना और क्रियाकांड है उसी साधना की पड़ी रह गई लाश। दोनों एक जैसे मालूम होते हैं, इसलिए दो तरह की भ्रांतियां हो सकती हैं। पहली भ्रांति, कि दोनों एक जैसे मालूम होते हैं इसलिए लोग क्रियाकांड करते रहते हैं, कि यह भी तो साधना ही है। आखिर मीरा भी तो नाची थी! पद घुंघरू बांध मीरा नाची रे! तो तुमने भी पद घुंघरू बांध लिए और तुम भी नाचे। मगर मीरा का प्राण कहां है? हंसा कहां है? वह भाव कहां है? वह भक्ति कहां है? घूंघर तो बांध लिए, घूंघर तो बाजार में मिल जाते हैं। नाच भी सीख लिया; वह भी कोई कठिन नहीं। मगर मीरा की आत्मा कहां से लाओगे? और जब तक मीरा की आत्मा नहीं है तब तक कितना ही ता ता थेई थेई करो, ता ता थेई थेई ही रहेगा। पिंजड़ा पड़ा है। सूरज ऊग गया, गीत नहीं फूटेगा। गीत नहीं फूटेगा, नहीं फूट सकता है। गीत गाओगे, बस कंठ से निकलेगा, हृदय से न आएगा।

तो एक तो भूल यह होती है कि लोग समझते हैं क्रियाकांड साधना है; फिर दूसरी भूल यह हो सकती है, सरहपा या मेरे जैसे लोग जब क्रियाकांड का विरोध करते हैं तो तुम समझ लो कि साधना का विरोध हो रहा है। यह उसी भूल का दूसरा पहलू है, उसी सिक्के का दूसरा पहलू है। या तो लोग समझते हैं कि क्रियाकांड साधना है। अगर विरोध करो क्रियाकांड का तो समझते हैं कि साधना का विरोध हो रहा है। सरहपा क्यों साधना का विरोध करेंगे? क्रियाकांड का विरोध कर रहे हैं।

सोच-सोच पग रखना। सरहपा जैसे लोगों के साथ चलना हो तो बहुत सोच-सोच पग रखना। यह खडग की धार है।

ले ही लिया असीरों ने दीवानगी से काम
जिंदां में सर को फोड़ के, रोजन बना दिया।

दीवाने थे, फिकर न की, सिर मार-मार कर कारागृह की दीवालों में सेंध बना ली। सिर मार-मार कर सेंध बना ली।

ले ही लिया असीरों ने दीवानगी से काम
जिंदां में सर को फोड़ के, रोजन बना दिया।

साधना तो दीवानों की बात है। यहां तो सिर मार-मारकर दीवालें तोड़ ली जाती हैं।

एक लफ्जे हू, सदा करने के सौ अंदाज़ हैं।

नालए-नाकूस है गोया अजाने-बरहमन।।

सूफियों का वचन है: एक लफ्जे हू...! हू सूफियों का मंत्र है। जैसे ओम, ऐसा हू। हू का अर्थ होता है: वह, तत। हू का अर्थ होता है परमात्मा का नाम, परमात्मा के नाम की एक पुकार। हू, अल्ला-हू का आखिरी हिस्सा है। एक लफ्जे हू, सदा करने के सौ अंदाज़ हैं! शब्द तो एक ही है, ध्वनि तो एक ही है हू, लेकिन उसे पुकारने के सौ अंदाज़ हो सकते हैं। हर पुकारने वाले पर अंदाज़ निर्भर करेगा। पुकारने-पुकारने वाले का अंदाज होगा, क्योंकि पुकारने-पुकारने वाले की आत्मा उस हू के पीछे खड़ी होगी।

एक लफ्जे हू, सदा करने के सौ अंदाज़ हैं।

नालए-नाकूस है गोया अजाने-बरहमन।।

और वह जो पुजारी शंख बजा रहा है, उसमें और मस्जिद में उठती अजान में जरा भी भेद नहीं है। वह जो मंदिर में शंख बज रहा है, अगर उसमें आत्मा हो और जो मस्जिद में अजान उठ रही है अगर उसमें आत्मा हो, तो ये एक ही पुकार के दो अलग अंदाज हैं, एक ही पुकार की दो अलग तर्जें हैं, दो शैलियां हैं। पुजारी का ढंग है अजान पढ़ने का मंदिर में घंटियां बजाना। मस्जिद में घंटियों की जगह अजान हो रही है। वह भी उसी की पुकार है असली बात एक है खयाल में रखने जैसी, कि जिससे पुकार उठी है, उसने सच पुकारा है या तोतों की तरह केवल पुनरुक्ति कर रहा है? आवाज उससे ही आई है, उसकी ही है, अपनी है? अपने प्राणों का संग-साथ है, सहयोग है? और अगर वह न हो तो फिर सब फिजूल है। फिर तुम बाजार से प्लास्टिक के फूल खरीद ला सकते हो। खिड़की में सजा ले सकते हो, पड़ोसियों को शायद धोखा भी हो जाएगा।

मुल्ला नसरुद्दीन रोज अपनी खिड़की में लगाये हुए फूलों में पानी डालता। पड़ोसी देखते कि लाता है फव्वारा, उंड़ेलता है फव्वारा, लेकिन कभी पानी किसी ने फव्वारे से गिरते देखा नहीं। आखिर एक पड़ोसी से न रहा गया, न रहा गया। उसने कहा: क्षमा करें, आपने उत्सुकता जगा दी है। सोचता हूं मैं क्यों दखलन्दाजी दूं, मगर पूछना जरूरी हो गया, क्योंकि अब मैं इसके बिना जाने सो भी नहीं सकता। यह बार-बार मुझे खयाल आता है कि मामला क्या है, आप डालते तो जरूर हैं रोज पानी, लेकिन पानी मैं गिरते नहीं देखता!

मुल्ला ने कहा: पानी गिराने की जरूरत ही नहीं है, ये फूल ही कौन सच्चे हैं?

ये फूल प्लास्टिक के हैं।

तो उस पड़ोसी ने कहा: अब तुमने मुझे और मुश्किल में डाल दिया। अगर फूल प्लास्टिक के हैं और पानी डालते नहीं तो नाहक फव्वारे से डालने का ढौंग क्यों करते हो?

उसने कहा: ताकि पड़ोस के लोग जानें कि फूल सच्चे हैं; नहीं तो पानी न डालो और फूल लगे ही रहें, लगे ही रहें, लगे ही रहें, तो आज नहीं कल शक हो जाएगा कि फूल प्लास्टिक के हैं। इसलिए पानी डालने की कोई जरूरत नहीं, सिर्फ डालने का बहाना करना पड़ता है।

ऐसी ही तुम्हारी प्रार्थना है: न फूल सच्चे हैं, न पानी सच्चा है, न तुम पानी डाल रहे हो। पड़ोसियों को धोखा दे रहे हो--पड़ोस में खबर बनी रहे कि तुम धार्मिक हो।

उस जाने-बहारां ने जब से मुंह फेर लिया है गुलशन से।

शाखों ने लचकना छोड़ दिया, गुंचे भी चटखना भूल गए।

जब तक तुम्हारे भीतर उस प्रीतम के प्रेम का बसंत है तब तक सब ठीक है; तब तक तुम जो करो वही ठीक है; जैसे करो वही ठीक है। तुम जैसे उठो वही उपासना है और तुम जैसे बैठो वही साधना है। जब तक उस प्यारे का बसंत तुम्हारे भीतर छाया है...उस जाने-बहारां ने जब से मुंह फेर लिया है गुलशन से...लेकिन जिस क्षण से तुम्हारा परमात्मा की स्मृति में कोई रंग नहीं रहा, रस नहीं रहा, तुम्हारी जड़ें नहीं रहीं, शाखों ने लचकना छोड़ दिया, गुंचे भी चटखना भूल गए! फिर उस दिन से न तो शाखें लचकेंगी, न तो शाखें नाचेंगी और न गुंचे चटखेंगे और न फूल खिलेंगे। फिर तुम कागज की तस्वीरें लेकर बैठे रह सकते हो। फिर उन तस्वीरों की तुम करते रहो पूजा। तुम समय ही गंवा रहे हो।

क्रियाकांड का विरोध है। साधना का कोई विरोध नहीं है। अब लोग हैं जो संस्कृत में पूजा कर रहे हैं, और संस्कृत उन्हें आती नहीं। उसका अर्थ भी उन्हें पता नहीं है। लोग हैं, अरबी में नमाज पढ़ रहे हैं, उन्हें अरबी आती नहीं; उसका अर्थ भी उन्हें पता नहीं। जिसका अर्थ भी पता नहीं उसमें तुम्हारी आत्मा का क्या जोड़ होगा?

समझ में कुछ नहीं आता,
पढ़े जाऊं तो क्या हासिल?
नमाजों का है कुछ मतलब तो
परदेशी ज़बां क्यों हो?

तुम दूसरों की जबान बोल रहे हो। तुम उधार वचन बोल रहे हो। इसलिए सब क्रियाकांड हो गया है।

मैं तुम्हें फिर याद दिला दूं: यहां हम जरूर नाच रहे हैं, मगर यह नाच न हिंदू का है न मुसलमान का न ईसाई का। यह नाचने वालों का नाच है। इस नाचने का कोई लक्ष्य नहीं है। यह नाचना अपने में ही अपना लक्ष्य है। हम आनंद से नाच रहे हैं; यह हमारा उत्सव है। यह हमारी पूजा नहीं है, यह हमारी प्रार्थना नहीं है; यह हमारा धन्यवाद है। इतना दिया है अस्तित्व ने, क्या हम उसे धन्यवाद देने के लिए नाचें भी न? और जब तुम्हारे अनुग्रह से कोई बात उठती है तब उसका रूप ही और होता है, रंग और होता है, उसका गौरव और, गरिमा और। तब दीया जलता है। मगर अंधे हाथों में जले दीये बुझे दीये में कोई भेद नहीं होता।

झेन कथा है। एक फकीर अपने मित्र के घर से वापस लौटता था। रात देर हो गई थी। मित्र ने कहा: रुको, मैं लालटेन जला दूं, तुम साथ लालटेन ले जाओ। वह फकीर हंसने लगा। उसने कहा कि तुम मुझे जानते हो, मैं अंधा हूं, मुझे दिन और रात में ही कोई फर्क नहीं। लालटेन भी ले जाकर क्या होगा? मुझे तो अंधेरा ही अंधेरा है। लालटेन भी ले जाऊंगा तो मुझे क्या लाभ?

लेकिन वह फकीर भी बड़ा तार्किक था। उसने कहा कि सुनो, वह तो मुझे मालूम है कि तुम अंधे हो, जीवन-भर से तुम्हें जानता हूं; लेकिन हाथ में लालटेन रहेगी, रात बड़ी अंधेरी है, वर्षा की रात है, आकाश में बादल घिरे हैं, अमावस है। हाथ में लालटेन रहेगी तो कोई दूसरा तुमसे न टकराएगा। कम से कम इतना बचाव हो जाएगा। तुम्हें तो कोई फर्क न पड़ेगा, लेकिन दूसरा तुमसे न टकराएगा, इतना भी क्या कम है? आधी सुरक्षा हो जाएगी।

यह तर्क ऐसा था कि अंधे को मान ही लेना पड़ा। लेकर लालटेन चला।

कोई पचास कदम ही गया होगा कि कोई आकर टकरा गया। अंधा तो बड़ा हैरान हुआ। अंधे ने कहा कि भाई क्या तुम भी अंधे हो? इस गांव में तो मैं अकेला अंधा हूं, तुम कहां से आ गए? कोई परदेसी मालूम होते हो। तुम्हें मेरे हाथ की लालटेन नहीं दिखाई पड़ती?

वह दूसरा आदमी हंसने लगा। उसने कहा कि क्षमा करें, मैं अंधा नहीं हूं, लेकिन आपके हाथ की लालटेन बुझ गई है, इसका आपको पता नहीं है।

अब अंधा लालटेन भी ले जाए तो भी क्या होगा? रास्ते में बुझ जाएगी तो उसे पता भी न चलेगा। अंधों के हाथ में साधनाएं पड़ कर क्रियाकांड हो जाती हैं--बुझी लालटेनें हो जाती हैं। आंख वालों के हाथ में बुझी लालटेन पड़ जाए तो वे जल्दी ही उसमें ज्योति जगा देते हैं।

ऐसी जन्मों-जन्मों, सदियों-सदियों की बुझी लालटेनों में ज्योति जलाने की यहां कोशिश की जा रही है। यहां हम सारी विधियों को पुनरुज्जीवित कर रहे हैं। ऐसा कोई स्थल पृथ्वी पर नहीं है, जहां झेन साधना चल रही है, सूफी साधना चल रही है; जहां बौद्ध साधना चल रही है; जहां भक्तों का, ज्ञानियों का, योगियों का जो कुछ दान है जगत को, उस सबको पुनरुज्जीवित किया जा रहा है। बुझी हुई लालटेनें हैं तुम्हारे हाथ में, कोशिश कर रहे हैं कि उनमें ज्योति जल जाए। हम क्रियाकांडों को साधना बनाने में लगे हैं। और तुमने सारी साधनाओं को क्रियाकांड बना लिया है।

दूसरा प्रश्न:

ओशो, क्या उपासना का कोई भी मूल्य नहीं है और यदि मूल्य है तो फिर विरोध क्यों?

किसने कहा उपासना का मूल्य नहीं है। हां, तुम जिसे उपासना समझते हो उसका कोई मूल्य नहीं है। मगर वह उपासना ही नहीं है। उपासना शब्द को ही समझो जरा। इसका अर्थ होता है: पास में आसन मारकर बैठ जाना, उप+आसन।

तुमने जरा इसके अर्थ पर भी गौर किया, कितना प्यारा अर्थ है! किसके पास आसन मारकर बैठ जाना? सदगुरु मिल जाए, जिसके भीतर ज्योति जगी हो, उसके पास आसन मारकर बैठ जाने का नाम उपासना है।

ये तीनों शब्द एक अर्थ रखते हैं--उपासना, उपवास, उपनिषद। तुम चौंकोगे, क्योंकि तुमने तो इनके बड़े अलग अर्थ कर रखे हैं। उपासना का अर्थ होता है: पास बैठना।

उपवास का अर्थ भी होता है: पास वास करना। वह उपासना से भी थोड़ा और आगे बढ़ना है। क्योंकि पास बैठे, कभी-कभी नहीं बैठे। कभी मिल गए सत्संग में फिर चले गए दुनिया में। उपवास का अर्थ होता है: बैठे सो बैठे, वास ही करने लगे। बैठे सो फिर उठे नहीं।

और उपनिषद का अर्थ होता है: पास बैठ कर जो मिल जाए। वह जो संक्रमण होता है। वह और आगे की बात है। क्योंकि तुम बैठ ही गए, इतने से कुछ नहीं होता। जब धीरे-धीरे तुम्हारा चित्त बिलकुल शून्य हो जाएगा, बैठे-बैठे जब तुम मिट जाओगे, तब उपनिषद घटित होता है। उपनषिद का अर्थ होता है गुरु से शिष्य की शून्यता में जब ज्योति का प्रवेश होता है। उसका नाम उपनिषद।

उपासना...किसने कहा कि इसका कोई मूल्य नहीं है? न तो सरहपा ने कहा न मैं कहता हूं। कोई भी जानने वाला कैसे कहेगा? लेकिन फिर भी सरहपा ने कहा है और मैं भी कहता हूं कि तुम जिसे उपासना मानते हो, वह दौ कौड़ी की है।

तुम्हारी उपासना बिलकुल झूठी है, औपचारिक है; थोथी है। मूल्य है उपासना का, और क्या मूल्य है?

इसलिए उपासना कि तू न कहीं भूल जाए!
ज्ञान कर्म से विरक्त;
व्यर्थ ज्ञान कर्म-त्यक्त!
ज्ञान-कर्म-बंध में
उपासना सबल सशक्त!
जीवन-संग्राम में पैर कहीं डगमगाये!
इसलिए उपासना कि तू न कहीं भूल जाए!

लक्ष्य ज्ञान का सुदूर;
प्रगति-शील पुरुष शूर
बढ़ता है, किन्तु, हृदय
होता जब चूर-चूर!
मात्र एक स्मरण शेष मुक्ति का चरम उपाय!
इसलिए उपासना कि तू न कहीं भूल जाए!

ज्ञान हो न कर्म-हीन,
कर्म हो न खिन्न, दीन;
हो न जाए ज्ञान का
प्रकाश कहीं मलिन-क्षीण!
नित्य, चिन्नवीन रहे, अमर ज्योति जगमगाये!
इसलिए उपासना कि तू न कहीं भूल जाए!

जिसे स्मरण हो आया हो परमात्मा का उसके पास बैठने का एक ही अर्थ है: इसलिए उपासना कि तू न कहीं भूल जाए! और अगर भूल गए हो तो याद आए।

इसलिए उपासना कि तू न कहीं भूल जाए!

जीवन संग्राम में पैर कहीं डगमगाये!

जिनके पैर डगमगाने बंद हो गए हैं, थोड़ा उनके साथ चलो, तो तुम्हारे भी पैर थिर होने लगें।

मात्र एक स्मरण शेष मुक्ति का चरम उपाय!

इसलिए उपासना कि तू न कहीं भूल जाए!

याद दिलाती रहे कोई परिस्थिति, कोई वातावरण, कोई ऊर्जा-क्षेत्र तुम्हें बार-बार तीर की तरह चुभता रहे, स्मरण दिलाता रहे--

मात्र एक स्मरण शेष मुक्ति का चरम उपाय!

इसलिए उपासना कि तू न कहीं भूल जाए!

नित्य, चिन्नवीन रहे, अमर ज्योति जगमगाये!

इसलिए उपासना कि तू न कहीं भूल जाए!

और हम भूले खड़े हैं। हम बुरी तरह भूल गए हैं। हमें याद ही नहीं रहा कि हम कौन हैं, किसलिए हैं, कहां से हैं, किस ओर जा रहे हैं? हमसे ज्यादा मूर्च्छित और क्या है इस अस्तित्व में? हम बिलकुल ही मूर्च्छित हैं। तुम्हें चौराहे पर कोई आदमी मिल जाए और तुम उससे पूछो: कौन हो आप? और वह कंधे हिलाकर रह जाए और कहे कि मुझे कुछ पता नहीं है। तो क्या समझोगे? समझोगे कि पागल है, या मजाक कर रहा है, या नशे में है? और पूछो कि कहां से आते हो, वह फिर कंधे बिचकाकर रह जाए, कहे कि मुझे कुछ पता नहीं है। और पूछो कहां जाते हो, वह फिर कंधे बिचकाए और कहे कि मुझे कुछ पता नहीं है। तो तुम डरोगे उस आदमी से। तुम जल्दी से हट जाना चाहोगे; यह आदमी खतरनाक मालूम होता है, पता नहीं पागल ही हो! जिसे यह भी पता नहीं है, कहां से आता है, कहां जाता है, कौन है!

लेकिन यही तो तुम्हारी जीवन के चौराहे पर दशा है। कहां से आते हो? कौन हो? कहां जा रहे हो? क्या है प्रयोजन तुम्हारे होने का? नहीं, फुरसत ही कहां है इस सब बात को सोचने की?

उपासना का अर्थ है: जहां किसी के पास बैठ कर किसी की सन्निधि में इन बातों पर विचार हो, इन बातों पर चिंतन हो, इन बातों पर ध्यान हो। ये जीवन के मौलिक

प्रश्न जहां तीर की तरह तुम्हारे प्राणों में छिद जाएं!

इसलिए उपासना कि तू न कहीं भूल जाए!

पूछा तुमने: 'क्या उपासना का कोई भी मूल्य नहीं है।'

मूल्य है; लेकिन तुम जिसे उपासना समझते हो उसका कोई भी मूल्य नहीं है। तुम्हारी क्या है उपासना? गए मंदिर में, जल्दी से घंटी बजा दी, सिर पटक दिया पत्थर की मूर्ति के सामने, भागे! यह तो तुम कितनी बार कर चुके, क्या हुआ? पत्थरों की पूजा करते-करते अक्सर तुम पत्थर हो गए। स्वाभाविक है। जिसकी पूजा करोगे वैसे ही हो जाओगे। जरा पूज्य को सोचकर चुनना, क्योंकि पूज्य का अर्थ होता है, वह निर्धारक होगा। कोई पीपल के झाड़ की पूजा कर रहा है, इसको उपासना कहता है! किसी ने पत्थर की मूर्ति बना ली, उसकी उपासना कर रहा है। कोई शास्त्रों की उपासना कर रहा है! कोई कुछ कोई कुछ...!

जीवंत ज्योति खोजो! कहीं कोई बुद्ध मिल जाए, उसे खोजो। कहीं कोई सरहपा मिल जाए, उसे खोजो। कहीं जहां जागरण हुआ हो, जहां सुबह हो गई हो, उससे संबंध जोड़ो, सेतु बनाओ। उस तरह के संबंध का नाम शिष्यत्व है। और संबंध जुड़ जाए प्रकाश के किसी पुंज से तो उपासना।

और तुम पूछते हो: यदि मूल्य है तो फिर विरोध क्यों?

विरोध तो है ही नहीं। विरोध तो गलत सिक्कों का है। और गलत सिक्के बिलकुल सही सिक्कों जैसे मालूम होते हैं; इसलिए विरोध करना ही होगा, बार-बार करना होगा। क्योंकि गलत और सही सिक्के की पहचान कैसे होगी?

ऊपर उठो, ऊपर उठो!
क्योंकि तुम इन्सान हो;
परमात्मा की जान हो!
तुम गगन से और भी!
ऊपर उठो, ऊपर उठो!

वृत्ति पाशव छोड़ दो;
वेग को तुम मोड़ दो!
हे मनुज के वंश-धर,
ऊपर उठो, ऊपर उठो!

तुम चढ़ो दिग्मरु पर
तुम बढ़ो, हो अग्रसर!
धूम्र-वर्षा-मेघ से
ऊपर उठो, ऊपर उठो!

इसलिए विरोध है, क्योंकि तुम जहां पड़े हो वह तुम्हारी नियति नहीं है। मंदिरों में पूजा से कुछ भी न होगा। यह सारा अस्तित्व मंदिर हो जाए, तब तक रुकना नहीं है। जब तक कण-कण चिन्मय न हो जाए, तब तक रुकना नहीं है। इतना बड़ा मंदिर है, यह आकाश का चंदोवा है, यह तारों से भरा आकाश है। इतना सुंदर विश्व; इतना अपूर्व, तुम्हें दिखाई नहीं पड़ता; तुम चले अपने मंदिर अपनी मस्जिद की तरफ। यह परमात्मा का मंदिर और मस्जिद और गिरजा और गुरुद्वारा, इसे कब देखोगे? आदमी की ईंटों से बने मंदिर-मस्जिदों को पूजते रहोगे, आदमी के द्वारा निर्मित पत्थरों के सामने सिर पटकते रहोगे? ऊपर उठो, ऊपर उठो!

इसलिए उपासना, कि तुम्हें कोई याद दिलाता रहे। ऊपर उठने में कठिनाई तो है, क्योंकि पंख खोलने पड़ेंगे, जो तुमने न मालूम कितने जन्मों से नहीं खोले। और अनंत आकाश का विस्तार भयभीत करता है, कंपाता है, डराता है। तुम घोंसलों में छिपने के आदी हो गए हो। इसलिए तुम सस्ती बातों से राजी हो जाते हो। बना लिए मिट्टी के गणेश जी, कर ली पूजा, निपटारा हो गया। और अगर कोई कहे कि यह तुम क्या कर रहे हो, तो तुम्हें चोट लगती है, तुम्हारे अहंकार को चोट लग जाती है।

अभी कुछ दिन पहले मैंने कहा कि मोहम्मद ने सारी मूर्तियों का विरोध किया है और ठीक किया है, क्योंकि उस परम की कोई मूर्ति नहीं बन सकती। उस परम को किसी रूप में नहीं समाया जा सकता। लेकिन फिर मुसलमान हैं कि काबा के पत्थर की पूजा कर रहे हैं। यह तो मोहम्मद की खिलाफत हो गई। यह तो मोहम्मद से दुश्मनी हो गई। मैं मोहम्मद के पक्ष में हूं, इसलिए मैंने यह कहा। लेकिन मुसलमान इकट्ठे हो गए जामा मस्जिद में कि मैंने मुहम्मद का विरोध किया है, मैं काबा के पत्थर के खिलाफ बोला हूं। मैंने मोहम्मद का विरोध नहीं किया है। मैं मोहम्मद का पक्षधर हूं, इसलिए काबा के पत्थर की मैंने बात उठाई। अब इससे क्या फर्क पड़ता है कि तुम एक गढ़े हुए पत्थर को पूजते हो कि अनगढ़े पत्थर को पूजते हो, बात तो पत्थर को पूजने की है। लेकिन मुसलमान नाराज हो जाते हैं, तब बड़ी हैरानी होती है। तब इतनी हैरानी होती है

कि मोहम्मद को मानने वाले इसलिए नाराज हो गए कि मैंने काबा के पत्थर का विरोध किया है। तो तुम खाक समझे हो मोहम्मद को! तुम कभी समझ सकोगे?

मगर यही दशा औरों की भी है--यही जैनों की, यही बौद्धों की, यही हिंदुओं की, यही ईसाइयों की। यह बड़े आश्चर्य की दुनिया है। यहां जाग्रत पुरुष जो कह जाते हैं उनके पीछे चलने वाले ठीक उससे उलटा करते हैं, ठीक उलटा! और फिर भी मानते हैं कि वे अनुयायी हैं। और अगर कोई उन्हें चेताए तो दुश्मन मालूम होता है।

अब मुसलमानों ने सारी प्रादेशिक सरकार को और केंद्रीय सरकार को मेरे खिलाफ पत्र लिखे हैं कि मैंने उनकी धार्मिक भावना को चोट पहुंचा दी, कि मैंने उनके जज्बात को चोट पहुंचा दी, कि मेरे बोलने पर रोक लगाई जाए। अगर इस तरह के लोगों को मोहम्मद से मिलना हो जाए तो ये मोहम्मद के खिलाफ भी इसी तरह का शोरगुल मचाएंगे, क्योंकि मैंने जो कहा वह वही है जो मोहम्मद ने कहा।

लेकिन ऐसा ही अंधापन है आदमियों का।

उपासना का विरोध नहीं किया जा रहा है यहां। लेकिन कई बार तुम्हें लगेगा कि विरोध किया जा रहा है। जब भी तुम्हें ऐसा लगे कि विरोध किया जा रहा है तब तुम समझना कि तुम जिसे उपासना समझते हो उसका विरोध किया जा रहा है। एक और भी उपासना है बुद्धों की, उसका तो कैसे विरोध किया जा सकता है? और विरोध इसीलिए किया जा रहा है कि तुम्हें सच्ची उपासना उपलब्ध हो सके।

तीसरा प्रश्न:

ओशो, सत्य ही कहता हूं, सत्य ही सुनता हूं। इस सत्यपन की आदत से सभी रिश्तेदार व मित्र साथ छोड़ गए हैं। सांसारिक होने के कारण अकेलापन बहुत परेशान करता है। काम ईमानदारी से करने और ईम नदारी से ही जीवन व्यतीत करने में शांति तो मिल रही है, लेकिन बच्चों के लिए ईमानदारी का पैसा कमाने में रात-दिन काम करता रहता हूं और साधना नहीं कर पाता। कृपया मार्ग दिखाएं।

रोशन! कहीं बुनियाद में चूक हो रही है। कहीं बड़ी गहरी भूल हो रही है। तुम कहते हो: सत्य ही कहता हूं, सत्य ही सुनता हूं। तुमने किसी न किसी अनजान क्षण में इस सत्य के पीछे अपने अहंकार को जोड़ लिया है। बस वहीं भूल हो गई है। इसलिए

परेशानी हो रही है, नहीं तो परेशानी न होती। यह सत्य कहना तुम्हारा आनंद नहीं है, तुम्हारी अस्मिता है। और भेद बड़ा है। दोनों में भेद काफी बड़ा है। ठीक से समझ लोगे, इसी क्षण उपद्रव बंद हो जाएगा।

सत्य कहना अगर तुम्हारा आनंद है, तो यह प्रश्न नहीं उठेगा। तुम इतना आनंद उठा रहे हो तो उस आनंद के लिए कुछ चुकाओगे नहीं? तो ठीक है, नाते-रिश्तेदार छोड़ दिए, ठीक है। असली नातेदार, असली रिश्तेदार तो मिल गया--सत्य--परमात्मा से साथ बन रहा है। अगर ये साधारण नाते-रिश्तेदार साथ छोड़ रहे हैं, छोड़ने दो। इनसे तो साथ छूट ही जाने वाला है। ये तो सब मतलब के साथी हैं। इससे हर्ज क्या है? झंझट ही मिटी। थोड़ा उपद्रव कम हुआ। तुम्हारे जीवन में और शांति होगी और चैन होगा। इनके होने से क्या होना था?

नहीं; लेकिन तुम्हारे भीतर आकांक्षा यह रही होगा कि मैं सत्य ही कहता हूं और सत्य ही सुनता हूं, तो सारे नाते-रिश्तेदार मेरा सम्मान करें। कहीं छिपी हुई आकांक्षा रही होगी कि इससे मेरी प्रतिष्ठा बढ़नी चाहिए, यह उलटी घट रही है? तुम्हारे अहंकार की पूजा नहीं हुई।

और ध्यान रखना, नाते-रिश्तेदारों ने तय नहीं किया है कि उन्हें सत्य ही कहना है और सत्य ही सुनना है। उनको उनके ढंग से जीने दो। उन पर कृपा करो। यह तुम्हारा निर्णय है। और निश्चित ही उन्हें अड़चन होती होगी, क्योंकि वे झूठ में जी रहे हैं। और उन्हें झूठ में जीना है तो उसका हक है उन्हें। पूरा हक है। उन्हें पूरी स्वतंत्रता है। जैसे तुम्हें स्वतंत्रता है सत्य में जीने की, उन्हें स्वतंत्रता है झूठ में जीने की।

और निश्चित ही जो लोग झूठ में जी रहे हैं, वे सत्य में जीने वाले आदमी के साथ तालमेल नहीं पाएंगे। हमेशा झंझट खड़ी होगी। हमेशा अड़चन आ जाएगी। वे तुमसे बचेंगे, क्योंकि तुम वही कह दोगे, जैसा है। तुम नंगा सत्य कह दोगे। तुम उसे कपड़े भी न ओढ़ाओगे। तुम थोड़ा उसे मीठा भी न करोगे। कड़वा सत्य वैसा का वैसा कह दोगे। और अगर कहीं सत्य के पीछे अहंकार छिपा है, तो तुम कड़वे को और कड़वा कर दोगे। तुम नंगे को और नंगा कर दोगे। तुम्हारा मजा उसमें होगा।

तो नाते-रिश्तेदार तो छोड़ ही देंगे। इसमें अड़चन क्या है? इसमें तुम्हें परेशानी क्या है? सत्य का जिसे साथ मिल गया है उसे कोई और साथ चाहिए नहीं। पर्याप्त है उतना संगी-साथी। उतना सत्संग बहुत है। लेकिन नहीं; तुम्हारे मन में कहीं आकांक्षा है कि नातेदार रिश्तेदार छोड़ें न। इसलिए तुम अकेलापन अनुभव कर रहे हो। नहीं तो जिसने

सत्य से संबंध जोड़ा है, वह कभी अकेलापन अनुभव नहीं करता है। सत्य से साथ जिसका जुड़ गया है, वह तो कभी भी अकेला नहीं होता, हो ही नहीं सकता अकेला। और सब तरह के लोग अकेले हो जाएं। किसी ने रेडियो से साथ जोड़ा है, किसी दिन रेडियो बिगड़ जाता है तो अकेला हो जाता है। किसी ने पत्नी से साथ जोड़ा है, पत्नी किसी दिन नाराज हो गई और नहीं बोलती, अकेला हो गया। किसी ने बेटे से साथ जोड़ा है, बेटा बड़ा हो गया, अपने काम-धाम पर लगा, अपनी दुनिया उसने अलग बसा ली, जा बसा दूर, अकेला हो गया। किसी से तुमने प्रेम किया, वह मर गया। किसी से तुमने प्रेम किया, लेकिन उसका किसी और से प्रेम हो गया। यह सब तो उजड़ जानेवाली बस्तियां हैं। यह तो बरबाद हो जाने वाली आबादियां हैं।

लेकिन सत्य से जिसने संबंध जोड़ा उसने तो परमात्मा से संबंध जोड़ लिया। अब इससे तो छूटने का कोई उपाय नहीं है। अब तो तुम जहां रहोगे वहीं सत्य साथ होगा, सत्संग जारी रहेगा। अब तो तुम अकेले कैसे हो सकते हो?

लेकिन रोशन, तुम्हें अकेलापन मालूम हो रहा है, उसका मतलब साफ है। तुमने सत्य को आचरण की तरह ओढ़ लिया है। तुमने एक जिद बना ली है। तुमने अपने अहंकार का आभूषण बना लिया है सत्य को। तुम कहते हो: मैं कोई साधारण आदमी नहीं हूं, सत्यवादी हूं! सत्य ही बोलूंगा, चाहे सब छोड़ कर चले जाएं। लेकिन तब अकेलापन अनुभव होगा।

सत्य कोई जिद नहीं होनी चाहिए। सत्य सरल होना चाहिए। सत्य कोई आग्रह नहीं होना चाहिए। सत्य स्वानुभूत होना चाहिए, स्वस्फूर्त होना चाहिए। सत्य ध्यान की छाया होनी चाहिए। वहीं भूल हो गई। तुमने ध्यान तो किया नहीं और तुम सत्य का आचरण थोपने की कोशिश किए। जब भी कोई आचरण को ऊपर से थोपता है, इसी तरह की झंझटें शुरू हो जाती हैं। और रोशन, तुम आदमी भले हो, तुम्हारी आंख में मैंने झांक कर देखा है। दो दिन पहले ही रोशन ने संन्यास लिया है, तो आदमी भले हो। मगर गलत धारणाओं में जीए हो। आदमी प्यारे हो, लेकिन तुम्हारी अब तक सोचने की प्रक्रिया भ्रांत रही है। तुमने सत्यवादी होने की चेष्टा की है। लेकिन चेष्टा से जो सत्य लाया जाता है, वह कभी जीवंत नहीं होता। तुम सरल नहीं हो। तुम सत्य को हंसकर अंगीकार नहीं कर रहे हो। तुम बड़े गंभीर हो। तुमने सत्य पर दांव लगा दिया है। तुम कुछ सिद्ध करने में लगे हो दुनिया के सामने, कि मैं सत्यवादी हूं। क्या रखा है सिद्ध करने में? या तो दुनिया के सामने या परमात्मा के सामने, सिद्ध करने में क्या रखा है।

तुम जीवन को थोड़ा लीला समझो। तुमने थोड़ी गंभीरता से जीवन ले लिया है। अति गंभीरता से ले लिया है। वहीं चूक हो गई। थोड़ा हंसो। थोड़ा मुस्कुराओ, थोड़ा जिंदगी को सरलता से लो। तब तुम्हारे मन में वे लोग जो झूठ हैं उनके प्रति भी सदभाव होगा। तब तुम अकारण ही उनका झूठ उघाड़ने को राजी न हो जाओगे। जहां तक बनेगा, तुम किसी का झूठ उघाड़ोगे नहीं, क्योंकि तुम्हें क्या प्रयोजन है? प्रत्येक व्यक्ति को अपने ढंग से जीने का अधिकार है, स्वतंत्रता है। यह परमात्मा प्रदत्त स्वतंत्रता है। जब परमात्मा ने हक दिया है लोगों को कि चाहें सच्चे हों चाहे झूठे हों, तो तुम उनका हक मत छीनो। तुम कौन हो।

अगर कोई व्यक्ति सत्यवादिता को एक जिद न बना ले, तो सौ में से निन्यानबे मौके पर जब झूठ देखेगा दूसरे में, तो चुप रह जाएगा, उपेक्षा कर जाएगा; मुझे क्या लेना-देना है? तुम हर एक आंख वाले आदमी को पकड़-पकड़ कर तो नहीं कहते फिरते हो कि तुम कनवे हो। क्या जरूरत है, क्या प्रयोजन है? तुम हर कुरूप आदमी को तो पकड़ कर नहीं कहते कि तुम कुरूप हो, देखो दर्पण में अपना चेहरा तुम बिलकुल कुरूप हो! क्या प्रयोजन है? तुम कौन निर्णायक हो? और अगर तुम हर आदमी का चेहरा उसको दर्पण में दिखलाओगे, फिर अगर नाते-रिश्तेदार नाराज हो जाएं तो फिर दुखी क्यों हो रहे हो? तुम्हीं ने उनको नाराज किया है। तुम उलटी आकांक्षा करते थे। तुम चाहते थे, उनको मैं नग्न भी कर दूं, उनके सत्य भी उघाड़ दूं, उनके झूठ भी उघाड़ दूं और फिर वे आएं और मेरा सम्मान करें और कहें कि आपकी बड़ी कृपा है कि आपने हम पर बड़ा अनुग्रह किया। वे बदला लेंगे। वे तुम्हें सब तरह से नुकसान पहुंचाएंगे। फिर उनकी भीड़ है।

मगर तुम्हें इतनी गंभीरता से लेने की कोई जरूरत नहीं है। वे जानें, उनका परमात्मा जाने। वे उत्तरदायी होंगे परमात्मा के सामने। तुम्हारे सामने वे उत्तरदायी नहीं हैं। और कहीं भीतर गहरे में लोग तुम्हारे पास आएं, तुम्हारा सम्मान करें, तुम्हें स्वीकार करें, समादर करें--यह आकांक्षा बनी है। शायद सत्य ही बोलूं सत्य ही सुनूं! इसके पीछे भी कहीं यही भाव तो नहीं था कि सत्यवादी हरिशचंद्र हो जाऊंगा तो लोग सम्मान देंगे?

ऐसा समझाया गया है लोगों को। बच्चों को कहा जाता है घरों में, पाठशालाओं में, स्कूलों में, कॉलेजों में कि तुम सत्य बोलोगे तो तुम्हें सम्मान मिलेगा। यह तो बच्चे समझदार होते हैं तो वे समझ जाते हैं बहुत जल्दी कि ये बातें कहने की हैं, मगर सीधे-सादे भोले बच्चे फंस जाते हैं। तुम भोले-भाले आदमी हो। तुम फंस गए। यह तो बच्चे

समझ जाते हैं। सब समझदार बच्चे समझ जाते हैं कि ये बातें कहने की हैं कि सत्य बोलोगे तो सम्मान मिलेगा, क्योंकि जो यह बता रहा है वह खुद ही झूठ बोलता है!

एक बाप बेटे से कह रहा है कि सत्य बोलना चाहिए और दरवाजे पर भिखारी दस्तक देता है और बाप बेटे से कहता है: कह दो कि पिता जी घर पर नहीं हैं। तो बेटा देख लेता है कि मामला क्या है? अभी ये पिता कह रहे थे कि सत्य बोलो, सत्य धर्म है; और ये कह रहे हैं भिखारी को कि कह दो कि पिताजी घर पर नहीं हैं। और बेटा जाता है बाहर और कह देता है कि पिताजी कहते हैं कि पिताजी घर पर नहीं हैं। बाप बड़े नाराज हो गए कि तू कैसा नासमझ है, यह कोई कहने की बात है?

हालांकि वह सिर्फ सत्य ही बोल रहा है, वैसा का वैसा जैसा कहा गया है। जल्दी ही बच्चे समझ लेते हैं कि सत्य बोलो, ऐसे सिद्धांत दूसरों को समझाने के लिए हैं। इन सिद्धांतों का आचरण मत करना। जीवन धोखा है। बोलो कुछ, करो कुछ।

सच तो यह है कि सत्य बोलना चाहिए, ऐसा सबको समझाओ, तभी तो तुम्हारा झूठ काम आएगा; नहीं तो तुम्हारा झूठ कैसे काम आएगा? मेरी बात समझे? अगर सभी लोग झूठ बोलते हों और सभी लोग मानते हों कि झूठ बोलना परम धर्म है, तो झूठ बेकार हो जाएगा। समझो कि यहां पांच सौ आदमी बैठे हुए हैं और सभी ने यह तय कर लिया है कि झूठ ही बोलेंगे और तुम सबको पता है कि झूठ यहां धर्म है। अब बड़ी मुश्किल हो जाएगी। तुम किसी से पूछते हो कितना बजा है, वह कहता है नौ बजे हैं। तुम जानते हो कि वह झूठ बोल रहा है। तुम किसी से बोले कि यह रास्ता कहां जाता है? वह कहता है, नदी की तरफ जाता है। तुम समझ लो कि पक्का है कि नदी की तरफ नहीं जाएगा यह रास्ता और कहीं ही जाएगा। यहां झूठ बोलना धर्म है। अगर यहां पाच सौ आदमियों ने तय कर लिया कि जेब काटेंगे, सबने तय कर लिया है, जेब कटनी मुश्किल हो जाएगी। असंभव ही हो जाएगी!

मुल्ला नसरुद्दीन पर अदालत में मुकदमा था कि उसने गांव के सबसे सीधे-साधु आदमी को लूट लिया। मजिस्ट्रेट ने कहा कि नसरुद्दीन थोड़ी तो शर्म खाते। तुम्हें गांव में कोई और लूटने को न मिला, यह सीधा-सादा आदमी, यह जो गांव का सबसे सीधा-सादा आदमी है, यह एक नमूना है सतयुग का, इसको तुमने लूटा?

नसरुद्दीन ने कहा: मालिक, आप भी क्या बात कर रहे हैं! इसको मैं न लूटूं तो किसको लूटूं? यह ही भर लुट सकता है इस गांव में, बाकी तो सब पहुंचे हुए लोग हैं। मेरी भी मजबूरी समझो। मैं और किसको लूटूं? और तो मुझे ही लूट लेंगे। यह एक ही

बचा मेरे लिए तो। यह तो मेरे धन्यभाग कि एक सतयुगी भी है, नहीं तो मेरा तो किसी पर उपाय ही न चलेगा।

लोग समझाते हैं दूसरों को कि सच बोलो, ईमानदारी से रहो। ये उपाय हैं, ताकि अगर तुम्हें बेईमानी करनी हो तो तुम कर सको। जितने लोग इन बातों को मान लेंगे उतने ही लोगों के साथ बेईमानी होगी। लेकिन कुछ भोले-भाले लोग इन बातों को मान लेते हैं। वे जीने लगते हैं इस आशा में कि अब मैं सच बोल रहा हूं, सम्मान मिलेगा। सच बोलोगे, जगह-जगह अपमान मिलेगा; नहीं तो सुकरात को लोग जहर पिलाते रोशन? वह सच बोलने की झंझट में पड़ गया, तो जहर पिलाया। लेकिन सुकरात का सत्य ऊपर से थोपा हुआ सत्य नहीं था। इसलिए वह दुखी नहीं था। जहर पीया उसने आनंद से, मस्त भाव से। उसने शिकायत नहीं की। उसने यह नहीं कहा कि यह क्या बात है? किताबों में लिखा है कि जो सत्य बोलेगा, उसको सम्मान मिलेगा, मुझको जहर मिल रहा है! उसने आनंद से जहर पीया।

अदालत ने सुकरात को कहा था कि अगर तुम यह वचन दे दो अदालत को कि तुम यह जो सत्य बोलने का उपद्रव मचाए हुए हो, यह बंद कर दोगे, तो हम तुम्हें छोड़ सकते हैं, अगर तुम आश्वासन दे दो। सुकरात ने कहा कि नहीं, फिर मैं जी कर ही क्या करूंगा? सत्य बोलना ही तो मेरा आनंद है। इससे तो मौत बेहतर है। लेकिन सत्य बोलना छोड़ कर मैं जी कर क्या करूंगा?

यह बड़ी और बात हो गई। यह बड़ी भिन्न बात हो गई। सत्य से कुछ पाना नहीं है। सत्य बोलना ही आनंद है। लेकिन रोशन, कहीं तुम्हारे मन में सत्य बोलकर कुछ पाने की आकांक्षा है--पुण्य, सम्मान, सत्कार। यहां या परलोक में। और तुम्हारे भीतर वह सब पाने की भी आकांक्षा है जो कि झूठ बोलने वाले को सरलता से मिल रहा है। तो तुम कहते हो: काम में लगा रहता हूं, क्योंकि सचाई और ईमानदारी से काम करना है तो बहुत काम करना पड़ता है। इसलिए सारा समय तो काम में चला जाता है। रात-दिन बच्चों की सेवा में लगा हूं। साधना नहीं कर पाता।

अगर तुम्हारे हृदय से यह बात उठी होती तो यही साधना थी, और क्या साधना चाहिए? साधना में और क्या करोगे? सत्य की साधना कर रहे; ईमानदारी की साधना कर रहे; और क्या साधना होगी?

नहीं, लेकिन तुम चाहते हो कि और कोई साधना। मगर क्या करें, मजबूरी है, सचाई और ईमानदारी के कारण समय ही नहीं मिलता, बामुश्किल बच्चों के लिए रोटी

जुटा पाते हैं। तुम उसमें आनंद नहीं ले रहे हो। तुम चाहते हो जैसे झूठ बोलने वाले मजा कर रहे हैं, समय है उनके पास, दिन भर पत्थर नहीं तोड़ रहे हैं, जरा सी चालबाजियां कर लेते हैं, तस्करी कर लेते हैं, राजनीति कर लेते हैं थोड़ी सी और मजा करते हैं और हिमालय की सैर को जाते हैं। और तीर्थयात्रा भी करते हैं, पुण्य भी करते हैं, मंदिर भी बनवाते हैं।

देखते हो न, बिड़ला ने कितने मंदिर बनवाए! ये मंदिर तो बन गए, लेकिन बिड़ला जो भी सामान बना कर छोड़ गए हैं, सब कचरा है। उनकी एंबेसेडर कार देखते हो? मैंने सुना है, जब बिड़ला मरे और स्वर्ग के दरवाजे पर पहुंचे, तो और भी कई लोग मरे थे। इतनी बड़ी दुनिया है! इसमें कोई पादरी भी मरा है, कोई साधु भी मरा है, कोई संत भी मरा, कई लोग मरे थे। लेकिन सबसे पहले बिड़ला के लिए दरवाजा खोला। देवदूतों ने खूब बैंड-बाजे बजाए। लाल मखमली चादर बिछाई। संत इत्यादि तो बड़े नाराज हो गए। पंडित-पुजारी तो बड़े नाराज हो गए कि जिंदगी भर हम प्रार्थना-पूजा में लगे रहे! पूछा उन्होंने देवदूतों से कि मामला क्या है? हम जीवन भर तपश्चर्या, व्रत, नियम, उपवास सब किए और ये जुगल किशोर बिड़ला को सबसे पहले क्यों जाने दिया जा रहा है?

तो उन्होंने कहा: तुम्हें मालूम नहीं है। इस आदमी ने एक ऐसी गाड़ी बनाई है कि जो भी उसमें बैठते हैं वे राम-राम करते रहते हैं। इसने इतने लोगों को राम-राम करवाया है। इसकी गाड़ी ऐसी है कि उसमें सब चीजें बजती हैं, सिर्फ हॉर्न को छोड़ कर। इसलिए इतना सम्मान किया जा रहा है।

मगर मंदिर उन्होंने खूब बनवाए! हॉर्न बजे कि न बजे, मंदिर बज रहे हैं। मंदिर जगह-जगह बनवा दिए।

अब रोशन, तुम सोचते हो कि तुम मंदिर बनवाओ कि पुण्य करो कि हरिद्वार जाओ कि सत्संग करो, मुश्किल में पड़ोगे। तुम भी चाहते हो कि ऐसा कर सकते। तुम्हारे मन में कहीं यह बात उठती होगी कि सच बोलता, सचाई से जीता, ईमानदारी से जीता। न हरिद्वार जा पाता, न कुंभ का मेला कर पाता, न काशी-करवट लेने का मौका दिखता है कि जाकर काशी में देह को छोड़ देंगे और स्वर्ग चले जाएंगे। होना तो नहीं था ऐसा। यह तो बड़ा अन्याय हो रहा है। अगर तुम्हारे मन में ऐसी आकांक्षाएं हैं तो वे ही आकांक्षाएं बता रही हैं कि तुम भी चाहते थे कि जैसे झूठे लोग जी रहे हैं, जीते। रस तुम्हारा उसी में था। मगर सरलतावश तुमने यह सत्य का आवरण ओढ़ लिया है।

तुमने एक अपने भीतर द्वंद्व पैदा कर लिया है।

खबर नहीं है क्या वजहे-पारसाईए शेख?
गुनाह हो न सका या गुनाह कर न सके?

इन दोनों बातों का भेद समझ लेना: गुनाह हो न सका या गुनाह कर न सके?

तुम झूठ बोल न सके या झूठ बोलने की संभावना ही न थी? तुम्हारे भीतर जो सत्य उठ रहा है, सम्हाल-सम्हाल कर उठाया या कि यही तुम्हारी नियति थी?

यही नीति और धर्म का भेद है। नीति ऊपर से थोपी जाती है, पाखंड होती है। धर्म भीतर से आता है, सहजस्फूर्त होता है, तुम्हारी अंतरधारा होती है।

तुम मेरे पास आ गए हो, अब कृपा करके इन नैतिक धारणाओं को छोड़ो। अब तुम धार्मिक होना सीखो और धार्मिक होने का अर्थ है: न तो सत्य से कोई धार्मिक होता है, न ईमानदारी से कोई धार्मिक होता है। धार्मिक तो केवल व्यक्ति ध्यान से होता है। और मजा ऐसा है कि जब ध्यान तुम्हारे भीतर सघन होगा तो सत्य और ईमानदारी और पुण्य सब अपने आप पीछे से चले आते हैं। तुम एक साध लो ध्यान, और शेष सब सध जाएगा।

अब रही ध्यान साधने की बात। सवाल फिर उठेगा रोशन कि ध्यान साधें कब? ध्यान साधें कहां? फुर्सत कहां है? वह ईमानदारी और सत्य और बच्चों के लिए धन कमाना, और उसीमें तो समय बीता जा रहा है।

नहीं, ध्यान वहीं सध जाएगा। तुम जो कर रहे हो उसे ही ध्यानपूर्वक करो, शांत करो, मौन करो, तनावरहित होकर करो। तुम जो भी कर रहे हो, उसे ही ध्यान में रूपांतरित किया जा सकता है। प्रत्येक कृत्य ध्यान हो सकता है। बस ध्यान का एक ही अर्थ होता है: शांत भाव से, मौन भाव से जो भी कर रहे हो करो। बुहारी लगाओ कि रोटी बनाओ कि कपड़े साफ करो। रोशन प्रेस चलाते हैं, तो प्रेस चलाओ। कोई हर्जा नहीं, मगर जो भी करो उसको अब ऐसे करो जैसे यही प्रार्थना है, यही पूजा है, यही ध्यान है। परमात्मा ने तुम्हें यही करने को दिया है, तुम इसी को पूरे मन से, समग्रता से करो।

कबीर कपड़ा ही बुनते रहे, कपड़ा बुनते-बुनते पा गए। गोरा कुम्हार मिट्टी के घड़े ही पकाता रहा, घड़े पकाते-पकाते पा गया। रैदास चमार जूते बनाता रहा, जूते बनाते-बनाते पा गया। तो कुछ अड़चन नहीं है। तुम जहां हो उस कृत्य को परमात्मा को समर्पित कर दो। और अब किसी नैतिक कारण से नहीं, बल्कि ध्यान के आधार से

जीओ। और फिर थोड़ा याद रखो, कभी थोड़ी भूल-चूक हो जाए तो इतना शोरगुल न मचाओ। जीवन को एक नाटक समझो।

अब एक डॉक्टर है, मरीज को कैंसर हुआ है, उदाहरण के लिए तुमसे कह रहा हूं: अगर वह मरीज को बता दे कि तुझे कैंसर हुआ है तो वह जो तीन महीने में मर रहा था, तीन दिन में मर जाएगा। डॉक्टर सच बोले कि झूठ? अच्छा हुआ कि रोशन डॉक्टर नहीं हैं। न मालूम कितने मरीजों को मार डालते! सच बोले कि झूठ? अगर सच बोलता है तो यह मरीज जितने दिन जिंदा रह सकता है उतने दिन भी जिंदा नहीं रहेगा। और वह भी बड़ी बात नहीं कि तीन महीने जीया कि छह महीने जीया, वह कोई बड़ी बात नहीं, मरना तो है ही; मगर जितने दिन जीएगा, अगर इसे पता चल गया कि कैंसर है तो नरक में जीएगा उतने दिन। उस सबका जुम्मा किस पर होगा? सत्यवादी डॉक्टर पर। ये राजा हरिशचंद्र! इन पर जुम्मा होगा उसका। नहीं, डॉक्टर कहता है: कोई फिकर न करो, सब ठीक हो जाएगा, कोई खास मामला नहीं है, सर्दी-जुकाम है। और कभी-कभी ऐसा हो जाता है कि यह सर्दी-जुकाम कहना ही ठीक होने का आधार बन जाता है। कभी-कभी ऐसा हो जाता है कि यह आदमी निश्चिंत हो गया, कि अरे सर्दी-जुकाम है। और हो सकता है इसके कैंसर के पीछे तनाव और अशांति ही कारण रही हो। इसको कहीं भीतर शक रहा हो कि कैंसर तो नहीं है? आज-कल सभी को शक होता है। जरा ही कुछ हुआ कि कैंसर का शक होता है। हो सकता है उसी शक और तनाव और परेशानी के कारण इसको कैंसर पैदा हुआ हो। अगर चिकित्सक ने मुस्करा कर कह दिया कि कुछ मामला ही नहीं है, सर्दी-जुकाम है, कुछ दिन में ठीक हो जाएगा। दवा तो चिकित्सक करेगा कैंसर की, वह दवा तो जारी रहेगी; मगर इस आदमी के चित्त से तनाव का बोझ उठ गया। क्या तुम सोचते हो परमात्मा के सामने इस डॉक्टर पर झूठ बोलने का इल्जाम लगेगा? तो फिर तुम समझे नहीं। तो फिर तुम जीवन का राज नहीं समझे।

जिंदगी कुछ गणित जैसी साफ-सुथरी नहीं है। जिंदगी काव्य जैसी है। उसे एकदम जोर से पकड़ोगे तो मुश्किल में पड़ जाओगे, हाथ में जो भी आएगा, कंकड़-पत्थर आएंगे, जीवन के असली राज छूट जाएंगे। जिंदगी को इतनी ज्यादा जिद से न पकड़ो। झूठ एकदम सदा ही बुरा नहीं होता। कुछ तो बड़े प्यारे झूठ होते हैं।

अब सुबह किसी ने तुमसे पूछा कि कहिए कैसे हैं, उसका कोई मतलब यह नहीं है कि अब आप अपनी पूरी कथा बतलाइए, कि बिठाल कर उसको झाड़ के नीचे, कि

सुनो, क्योंकि तुमने पूछा, तब तो हम सत्य ही बोलेंगे। उसने तो बेचारे ने सिर्फ सुबह शिष्टाचारवश कहा था, कहिए कैसे हैं? वह इतना ही सुनना चाहता था कि आप जल्दी से कहिए कि सब ठीक है तो जाए; उसे भी हजार काम हैं। अब मगर आप सत्यवादी हैं; आप कहते हैं कि हम कैसे कह दें कि सब ठीक है। सब ठीक है ही कहां? ठीक कुछ भी नहीं है। रुको! अब तुमने पूछा है तो बताना ही पड़ेगा। और तुमने खुद ही पूछा है तो उत्तर तो सत्य देना पड़ेगा।

जिंदगी को ऐसी जिद से न पकड़ो। जरा जिंदगी को हलके-फुलके लो। लीला है। यही तो अर्थ है लीला शब्द का। इस देश ने बड़ा प्यारा शब्द खोजा है: लीला! इसे थोड़ा खेल की तरह लो। इतने ज्यादा अभिनय को सचाई मत मान लो।

और फिर कुछ थोड़ी-बहुत भूलें जरूर करो। तुम कहोगे, मैं भी क्या समझा रहा हूं! मगर मैं ऐसी बातें समझाता हूं। कुछ थोड़ी-बहुत भूलें करो। उससे आदमी में थोड़ी आदमियत रहती है। उससे आदमी में थोड़ी भलमनसाहत...! जो बिलकुल ठीक ही ठीक करने की जिद कर लेते हैं, उनके साथ घड़ी दो घड़ी रहना भी बड़ी घबड़ाहट की बात हो जाती है।

इसीलिए तुम्हारे रिश्तेदार संगी-साथी सब छोड़ गए। वह तो अच्छा हुआ कि तुम भारत में हो, इसलिए पत्नी ने तुम्हें अभी नहीं छोड़ा, बच्चों ने तुम्हें अभी नहीं छोड़ा, नहीं तो वे कभी का छोड़ दिए होते। क्योंकि संतों के साथ रहना बड़ा कठिन काम है। इसीलिए तो लोग संतों के जल्दी से पैर छूते हैं, कहते हैं: महाराज, अब जाते हैं। चौबीस घंटे अगर तुम किसी असली संत के साथ रह जाओ, आत्महत्या कर लोगे। क्योंकि हर चीज गलत है। तुम्हें वह उठने नहीं देगा, बैठने नहीं देगा, हिलने नहीं देगा, श्वास नहीं लेने देगा। तुम जो करोगे वही गलत है। उसकी निंदा से भरी आंखें तुम्हें कीड़ा-मकोड़ा बना देंगी। फिर कुछ परमात्मा पर भी तो छोड़ो।

खुदा की रहमत को पारसा अब, अजाबे-दोजख समझ रहे हैं।
उन्हें गुमां तक न था कि जन्नत गुनाहगारों को भी मिलेगी।।

रोशन, तुम्हारे साधु-संत जब पहुंचेंगे वहां और देखेंगे कि पापी भी स्वर्ग पहुंच गए हैं, तो उन्हें बड़ी हैरानी होगी। उन्हें तो गुमां तक न था...उन्हें गुमां तक न था कि जन्नत गुनाहगारों को भी मिलेगी! मगर उस परमात्मा की अनुकंपा अपार है! उसकी अनुकंपा के लिए थोड़ा-बहुत अवसर दो। इसलिए मैं कहता हूं कि थोड़ी-बहुत भूल-चूक करो, चलेगा।

उसकी रहमत को नाज हो जिस पर।

तुझसे ऐसी असर ख़ता ही न हुई।।

कवि ने कहा है कि मैं कैसा अभागा हूं कि ऐसी कोई बड़ी खता न कर सका कि परमात्मा को भी अपनी करुणा करने में मजा आता, कोई ऐसी खता न कर सका।

उसकी रहमत को नाज हो जिस पर।

तुझसे ऐसी असर ख़ता न हुई।।

पछताओगे बहुत रोशन, जब परमात्मा सामने देखेगा तुम्हारे और रोएगा कि तुमने कुछ खता ही न की रोशन, कुछ मुझे मौका देते क्षमा करने का! अब मैं क्या करूं?

इसलिए कहता हूं: थोड़ी-बहुत भूलें चलेंगी। छोटी-मोटी भूलों का बहुत शोरगुल न मचाओ। अपने को इतनी गंभीरता से न लो।

अब मेरे पास लोग आ जाते हैं, वे कहते हैं कि धूम्रपान नहीं छूटता, और वह तो छूटना ही चाहिए!

इतनी भी क्या तुमने गंभीरता बना रखी है? अब कभी कर ही लिया धुआं बाहर-भीतर, तो ऐसी क्या अड़चन हुई जा रही है? वैसे ही अब हवा में इतना धुआं है, कारों से निकल रहा है, इंजिनों से निकल रहा है, फैक्ट्रियों से निकल रहा है। अब तो हवा में इतना धुआं है कि सभी धूम्रपान कर रहे हैं, अब कहां तुम...किस जमाने की बातें तुम कर रहे हो?

अभी न्यूयार्क का निरीक्षण हुआ है। न्यूयार्क का वैज्ञानिकों ने परीक्षण किया तो हैरान हुए। न्यूयार्क की हवा में इतना जहर है, जितने जहर में आदमी जिंदा रहना ही नहीं चाहिए। मगर आदमी जिंदा है! आदमी भी खूब है! अब पता ही नहीं था, अभी तक तो जिंदा रहे आए, अब शायद मरें। अब शायद सोचें कि यह बात ठीक नहीं है, यह नियम के अनुकूल नहीं हो रहा। अभी तक पता ही नहीं था। आदमी के मरने के लिए जितना जहर हवा में चाहिए, उससे कई गुना ज्यादा जहर हवा में है। खासकर न्यूयार्क, लास एंजेल्स, बंबई, कलकत्ता जैसे नगरों में। मगर आदमी जीए जा रहा है।

इसलिए मैं कहता हूं: जीवन को इतनी गंभीरता से न लो। थोड़ा-बहुत तुमने धुआं पी लिया, क्या बना-बिगाड़ लोगे किसी का? मगर कुछ लोग छोटी-छोटी बातों को गंभीरता से लेते हैं। उसका कारण क्या है? उसका कारण यह नहीं है कि वे धार्मिक हैं। उसका कुल कारण इतना है कि उनके अहंकार को बाधा पड़ रही है। लोग कह देते हैं कि अरे आप, और धूम्रपान करते हैं। आप और धूम्रपान! बस अहंकार को चोट लगी।

ये अहंकार की वजह से ही सारे प्रश्न उठ जाते हैं, अन्यथा जिंदगी सरल होनी चाहिए।

अब कोई आ जाता है, वह कहता है कि चाय नहीं छूटती। पागल हो गए हो? अगर मेरी मानो तो मैं तुमसे कहता हूं कि परमात्मा भी चाय पीता है। न मानो, तुम्हारी मर्जी। और जब तुम पहली दफा परमात्मा को मिलोगे तो वह कहेगा कि चाय पीएंगे कि काफी? फिर तुम मुश्किल में पड़ोगे, कि अब क्या करें! तुम्हारे अहंकारों को चोटें लग रही हैं, बस।

सारे बौद्ध भिक्षु सारी दुनिया में चाय पीते हैं, कोई अड़चन नहीं है। असल में चाय की ईजाद ही बोधिधर्म ने की--एक बौद्ध भिक्षु ने की। छोटे-मोटे भिक्षु ने नहीं, बुद्ध की हैसियत के भिक्षु ने की! इसलिए तो कहता हूं कि परमात्मा चाय पीता होगा, नहीं तो बोधिधर्म पहुंच गए, उनने सिखा दी होगी। बोधिधर्म बड़ी हिम्मत का आदमी था। और बोधिधर्म ने अपने शिष्यों को कहा कि चाय जरूर पीओ, क्योंकि यह ध्यान में सहयोगी है, क्योंकि जब तुम चाय पी लेते हो तो नींद नहीं आती। और ध्यान में नींद सबसे बड़ी बाधा है। नहीं तो अक्सर ध्यान करने बैठे हैं। आंख बंद की कि झपकी खानी शुरू हुई। चाय पीकर बैठे तो जरा झपकी नहीं आती। तो बौद्ध आश्रमों में चाय तो ध्यान का अंग रही है।

अब ये मानने की बातें हैं! अब कोई और बोधिधर्म किसी दिन आ जाए और कहे कि धूम्रपान करने से ध्यान में सुविधा होती है, क्योंकि धूम्रपान से भी वही होता है, निकोटिन जो चाय में है, वही धूम्रपान में है, दोनों से आदमी का जागरण बढ़ता है। अभी प्रतीक्षा है किसी बोधिधर्म के आने की। जरूर आएगा कोई न कोई बोधिधर्म।

जीवन को सरलता से लो। यह बोधिधर्म मुझे प्यारा लगता है। इतना जिंदगी को उलझाओ मत। ऐसी हर छोटी-छोटे बात के उपद्रव खड़े न करो, अन्यथा इसी में सड़ जाओगे, इसी में परेशान हो जाओगे।

जिंदगी एक उत्सव है। इस उत्सव में बहुत शिकायतें न उठाओ। और ऐसे जबरदस्ती दबा-दबा कर बैठने जाओगे तो यह फिर-फिर उभरेगा।

तशद्दुद को तशद्दुद से दबा लें, यह तो मुमकिन है।
मगर शोले को शोले से बुझाया जा नहीं सकता।।
हिंसा को हिंसा से दबा लें, क्रोध को क्रोध से दबा लें, यह तो मुमकिन है।
तशद्दुद को तशद्दुद से दबा लें, यह तो मुमकिन है।
मगर शोले को शोले से बुझाया जा नहीं सकता।।

तुम दबा-दबा कर बैठ गए हो। हल्के हो जाओ। सरल हो जाओ। और फिर ध्यान से भी एक सत्य उठेगा, लेकिन उस सत्य का स्वाद और, गंध और। उस सत्य में कहीं आग्रह नहीं होता। उस सत्य में किसी पर आरोपित होने की चेष्टा नहीं होती। उस सत्य में डुंडी पीटने का भाव नहीं होता। मैं सत्यपूर्वक ही जीऊंगा, ऐसी कोई जिद नहीं होती, हठाग्रह नहीं होता। परिस्थिति, समय, जो अनुकूल होगा वैसा करूंगा। बोधपूर्वक जीऊंगा, बस इतना पर्याप्त है। अगर कभी झूठ भी बोलना पड़ेगा तो बोधपूर्वक बोलूंगा, क्योंकि कभी झूठ बोलना भी धर्म हो सकता है। और कभी सच बोलना अधर्म हो सकता है।

एक आदमी को फांसी लगने जा रही है, अगर तुम सच बोल दो। और अगर झूठ बोल दो, उसकी फांसी बच जाए। और फांसी का कारण कुछ क्षुद्र भी हो सकता है, बिलकुल क्षुद्र हो सकता है।

अब तुम झूठ बोलोगे कि सच? और फिर यह आदमी अगर मार भी डाला जाए तो भी इसने जो कृत्य किया है वह कृत्य तो हो ही चुका।

इंग्लैंड का एक सम्राट अपने वजीर को फ्रांस भेज रहा था, लेकिन फ्रांस में जो सम्राट था बड़ा झक्की था। उस वजीर ने कहा: मालिक, आप मुझे भेज तो रहे हैं, लेकिन वह आदमी बड़ा झक्की है और मैंने खबर सुनी है कि उसने कहा है कि वह आए वजीर, उसकी गर्दन उतरवा दूंगा। मेरी गर्दन उतर जाएगी मालिक!

सम्राट ने कहा: तू फिकर मत कर, अगर तेरी गर्दन उसने उतारी तो उसके सौ आदमियों की गर्दन मैं उतरवा दूंगा। तू बिलकुल फिकर मत कर।

पर उसने कहा: वह तो मैं समझ गया कि आप सौ की उतरवा देंगे, मगर मेरी उससे जुड़ेगी नहीं। मेरी उतरी सो उतर ही गई। अब उसमें सौ की उतरे कि हजार की, उससे मेरी नहीं जुड़ेगी। और सौ की उतर जाएगी। मेरे पत्नी-बच्चे रोएंगे, और सौ के रोएंगे। इससे क्या हल होगा?

फांसी जब एक आदमी को लगती है तो समाज सिर्फ मूढ़तापूर्ण बदला ले रहा है, और कुछ भी नहीं। मूढ़तापूर्ण बदला! इसने कोई कसूर किया है, जरूर किया है; मगर अब वही कसूर इसके साथ समाज करे, इससे क्या हल है? फिर इसने कसूर किया है तो इसका इलाज होना चाहिए। फांसी से क्या होगा?

अब तो मनोवैज्ञानिक कहते हैं कि दुनिया में जितने भी अपराधी हैं, सभी म नोवैज्ञानिक रूप से रुग्ण हैं। उनकी चिकित्सा होनी चाहिए। उनको कोड़े मारो, उनके

हाथ काट दो, कि उनकी गर्दन काट दो--यह तो मूढ़तापूर्ण है। और व्यक्ति मूढ़ताएं करते हैं, तो हम क्षमा करते और जब पूरा समाज मूढ़ता करता है, न्याय का बड़ा धोखा और टट्टी खड़ी करके न्याय की, और बड़ी अदालतें और बड़े मजिस्ट्रेट और बड़े ढंग से जब वही काम करता है, जो उसने बेढंगे ढंग से किया है, तो हम कहते हैं: बिलकुल ठीक हो रहा है, सब सुंदर हो रहा है, होना ही चाहिए। जब एक आदमी किसी को मार डालता है तो पाप है और जब पूरा समाज मिल कर किसी को मारता है तो पुण्य है! यह कैसी दुनिया है।

यहां अगर अदालत में रोशन किसी आदमी की फांसी लगती हो और तुम्हारे झूठ बोलने से बचता हो तो मैं तुमसे कहता हूं: झूठ बोल देना। इतनी गंभीरता से न लो। होशपूर्वक करो, जो भी कर रहे हो, बस। और होश बड़ी बात है। लेकिन तुम सत्य की जिद में पड़ गए हो, इससे तुम अड़चन में हो। और तुम्हारी अड़चन न मिटेगी। जब तक तुम यह जिद न छोड़ दो।

और अपने काम को साधना समझो। जो भी करो उसे प्रभु को समर्पित करो। उसे प्रभु के चरणों में सेवा के लिए ही कर रहे हो, ऐसा मान कर करो। बच्चे भी तुम्हारे तो नहीं, परमात्मा के हैं।

आखिरी प्रश्न:

ओशो, ओंकार का आपने विरोध किया, इससे मन को ठेस पहुंची। कृपया समझावें कि ऋषि-मुनियों ने सदा ओंकार का समर्थन क्यों किया है?

किसने ओंकार का विरोध किया? मैंने? तुम होते यहां हो, मगर होते नहीं। सुनते मुझे हो, मगर गुनते अपनी हो।

मैंने कहा ओम-ओम जपने से कुछ भी न होगा और तुम समझ गए ओंकार का विरोध! मैंने इसीलिए कहा कि ओम-ओम जपना मत, क्योंकि ओम-ओम जो जपेगा उसके भीतर ओंकार कभी पैदा न होगा। मैं तो ओंकार का पक्षपाती हूं, इसलिए कहा।

अब यह बड़ी मुश्किल है। न मुसलमान मुझे समझेंगे न हिंदू मुझे समझेंगे। मैं म ोहम्मद का पक्षपाती हूं, इसलिए काबा का विरोध किया। और मैं ओंकार का पक्षपाती हूं, इसलिए ओम के जाप का विरोध किया। मगर कब तुम समझोगे? समझोगे या नहीं

समझोगे? जब तुम ओम-ओम जपते हो तो तुम अपने ऊपर से चित्त से थोप रहे हो ओम-ओम, तुम्हें पता नहीं है कि तुम्हारे भीतर ओंकार की सतत धारा बह रही है। उसे सुनना है, जपना नहीं है। ओंकार सुना जाएगा, जपा नहीं जाता। तुम शांत हो जाओ, मौन हो जाओ, बिलकुल चुप हो जाओ, सन्नाटा पैदा करो। उतना काम तुम्हारा है। चित्त का शोरगुल बंद करो और अचानक तुम पाओगे एक घड़ी, जब सारा शोरगुल जा चुका है और चित्त के मार्ग पर कोई यात्री नहीं, कोई विचार नहीं, कोई कल्पना नहीं, कोई वासना नहीं। जब चित्त निर्विचार है, अचानक तुम्हारे भीतर के अंतर्तम से ओंकार उठेगा। वह अनाहत नाद है। तुम्हारे करने का सवाल नहीं है।

ऐसा ही समझो कि ये चिड़ियां हैं, ये टीवी-टुट्टुट, टीवी-टुट्टुट चिड़ियाएं कर रही हैं। चुप होकर सुनो, सुनाई पड़ा। मगर तुम क्या कर रहे हो, तुम झाड़ के नीचे बैठे हो और कह रहे हो टीवी-टुट, टीवी-टुट, टीवी-टुट, टीवी-टुट...कैसे सुनोगे? सुनोगे कब? खाक सुनोगे! और मैंने तुमसे कहा यह टीवी-टुट मत करो, तो आप आ गए कि ओंकार का विरोध हो गया! तुम्हारे भीतर नाद हो रहा है, तुम सुनो। बस चुप हो जाओ। चुप्पी एकमात्र साधना है। मौन एकमात्र उपाय है। उस मौन में संगीत बहेगा।

बज रहा है शंख, प्रति-ध्वनि से भरा संसार!
दिश-विदिश में गूंजता है एक वह ओंकार!
एक वह झंकार अविरल हो रही सब ओर!
छू रही जिसकी तरंगें सूर्य-शशि का छोर!
बज रहा है एक ही वह, कौन जाने, तार?
और सातों स्वर सुरीले कर रहे गुंजार!
राग-रागिनियां विविध ये, रंग-रूप अपार!
सब उसी का गीत गाते, कर रहे शृंगार!
मेघ का गर्जन, प्रपातों का अजस्र निनाद
कोकिला की कूक, वीणा का मधुर सम्वाद!
एक ही वह शब्द अव्यय, एक ही उल्लास!
व्याप्त है जिससे जगत, पाताल से आकाश!
ध्वनि-प्रतिध्वनि, विश्व औ, प्रतिबिंब का जो ध्यान,
आत्म-साक्षात्कार ही देगा तुझे वह ज्ञान!

शब्द के पीछे कहां तू जाएगा, किस ओर?
शब्द का उदगम पकड़ तू, शब्द का धर छोर!
बज रहा है शंख, युग से हो रहा घननाद!
व्याप्त है चारों दिशाओं में अमर आह्लाद!
बज रहा है शंख, प्रति-ध्वनि से भरा संसार!
दिश-विदिश में गूंजता है एक वह ओंकार!

ओंकार गूंज ही रहा है। ओंकार इस जगत की विषय-वस्तु है। यह जगत बना ही ओंकार से है। यह सारा जगत ओंकार का नाद ही है। तुम चुप हो जाओ। तो जिन्होंने तुम्हें सिखाया है कि बैठ कर और माला हाथ में लेकर और फेरते रहो गुरिये और करते रहो और ओम ओम ओम वे तुम्हें झूठा सिक्का दे रहे हैं। और अगर यह सिक्का तुम्हें पकड़ गया और अगर इसकी तुम्हारे भीतर आदत बन गई, तो इसी के पीछे छिपा ओंकार है, वह तुम्हें कभी अनुभव में न आ पाएगा।

शब्द को नहीं पकड़ना है; जहां से शब्द पैदा होता है, उस स्रोत में उतरना है।

शब्द के पीछे कहां तू जाएगा, किस ओर?
शब्द का उदगम पकड़ तू, शब्द का धर छोर!

कहां से तुम्हारे भीतर से शब्द पैदा हो रहे हैं, उस स्रोत की तरफ चलो, उस मूल उदगम की तरफ चलो। तुम्हारे चैतन्य की धारा कहां से आ रही है, उस स्रोत को पकड़ो। गंगोत्री में उतरो। और वहीं तुम्हें सब मिल जाएगा जिसकी तलाश है--आनंद और सौंदर्य और सत्य, या सबका इकट्ठा नाम परमात्मा।

जो जहां से चला, उसका वहीं चार विराम।
पुण्यफल उद्यान, निश्रेयस, अमर आराम;
जो जहां से चला, उसका वहीं चार विराम।

ज्योति की ऊर्जा-तरंगों में प्रवाहित प्राण;
ज्योति में ही एक दिन होंगे समाहित प्राण;
प्रामाणिक दिक्काल, रवि-नक्षत्र ज्योतिर्धाम।
जो जहां से चला, उसका वहीं चार विराम।

परिधि का हर बिन्दु होगा केन्द्रगत, विश्वास;
केन्द्र सविता हो कि कविता या कि शिव कैलाश;
रूप अंत स्वरूपगत, हर नाम अंत अनाम।
जो जहां से चला, उसका वहीं चार विराम।

चाक मिट्टी प्रजापति या सुदृढ़ इंगित-यष्टि;
व्यक्तियों में जो विभाजित भासमान समष्टि;
सृष्टि लय हो कर कहेगी--शून्य ब्रह्म प्रणाम।
जो जहां से चला, उसका वहीं चार विराम।

सृष्टि के संगीत का सम, शून्य है स्वर-स्रोत;
शून्य में कैवल्य रस-साकल्य ओत-प्रोत;
शून्य केवल कृष्ण; सब में रम रहे, वह राम।
जो जहां से चला, उसका वहीं चार विराम।

राम सब में हैं, सभी के प्रति समर्पण भाव;
कृष्ण सब में हैं, परस्पर क्यों न हो अपनाव?
क्यों न सब गतिचक्र में यति बन, करें विश्राम?
जो जहां से चला, उसका वहीं चार विराम।

मिलें यति-गति, खिले अंतर्लय, वलय आनंद;
चतुष्पद हों, चतुर्भुज हों, चतुर्मुख हों छंद;
गीत हो जीवन, नियत श्रुति मूर्छना स्वर ग्राम।
जो जहां से चला, उसका वहीं चार विराम।

जहां से हम चले हैं वहीं हमें पहुंच जाना है। जो हमारा मूल है वही हमारा गन्तव्य है। ओंकार मूल है, ओंकार गन्तव्य है। मगर मैं तुम्हें उन मंत्रों में उलझने को न कहूंगा, जो तुमने ही बना लिए हैं। मैं तुम्हें शब्दों में उलझने को न कहूंगा। निशब्द में जाना है, शून्य में जाना है।

सृष्टि के संगीत का सम, शून्य है स्वर-स्रोत;
शून्य में कैवल्य, रस-साकल्य ओत-प्रोत;
शून्य केवल कृष्ण, सब में रम रहे, वह राम।
जो जहां से चला, उसका वहीं चार विराम।

तुम पूछते हो: 'ओंकार का आपने विरोध किया, इससे मन को ठेस पहुंची।'

ठेस पहुंची तो अच्छा हुआ। उतना तो अच्छा हुआ, क्योंकि मन को तो मिटाना है; ठेस पहुंच-पहुंच कर ही मिटेगा। मन को तो चोट करनी है।

मगर मैंने ओंकार का विरोध नहीं किया। हां, तुम्हारे मन में ओम के प्रति आसक्ति रही होगी। तुम शायद जप करते रहे होओगे ओम का, इसलिए तुम्हें ठेस पहुंची, तुम्हें चोट पहुंची।

पूछते हो: 'कृपया समझावें ऋषि-मुनियों ने सदा ओंकार का समर्थन क्यों किया है?'

वही तो मैं कर रहा हूं। ऋषि-मुनियों को क्यों बीच में लाना? मैं खुद ही वही कर रहा हूं। लेकिन तुम्हारी धारणाओं को जब भी जरा सी चोट पहुंचती है, तुम तिलमिला जाते हो। तुम मिटने को राजी ही नहीं हो और बिना मिटे कुछ भी न होगा। और मैं अगर तुम्हें न मिटाऊं तो फिर मेरा कोई प्रयोजन नहीं। मेरा अर्थ ही यही है, मेरे साथ तुम्हारे होने का अर्थ ही यही है कि मैं तुम्हें मिटाऊं, कि मैं तुम्हें बिलकुल शून्य कर दूं, कि मैं तुम्हारे कागज को फिर कोरा कर दूं। उस कोरे कागज में ही उतरता है परमात्मा--उस शून्यता में ही संगीत सुना जाता है--अनंत का, अनादि का।

मन को लगे चोट, मन को लगे ठेस, तो समझना कि कुछ सार्थक बात हुई। मन को ठेस लगे तो भाग मत खड़े होना। मन की सुरक्षा मत करने लगना। मन ही तो तुम्हारा शत्रु है। उससे ही तो तुम्हें छुड़ाना है। उन्मन करना है तुम्हें। और जिस दिन तुम उन्मन हो जाओगे, उस दिन तुमने सब पा लिया।

आज इतना ही।

३

देह गेह ईश्वर का

प्रश्न–सार

- अब इस देह में ज्यादा रहने का मन नहीं होता है, इससे विदा लेने का मन है। लेकिन आपके लिए जी पीछे खींचता है। मैं बता नहीं सकती कुछ भी। मुझे कुछ भी लिखने को नहीं आता है। क्या कहूं?
- आप राजनीति पर वक्तव्य देते हैं, तो फिर आपको राजनीतिज्ञ क्यों न माना जाए?
- सिद्ध सरहपा ने कहा कि जब तक स्वयं को न जान लो तब तक किसी को शिष्य न करना। इस पर कुछ और कहें।
- आपने कहा है जीवन को लीला समझो। कैसे? और यदि जीवन माया मात्र है, तो इस जीवन की आवश्यकता क्या है?
- आप हजारों लोगों को संन्यास क्यों दे रहे हो?

पहला प्रश्न:

ओशो, अब इस देह में ज्यादा रहने का मन नहीं होता है, इससे विदा लेने का मन है। लेकिन आपके लिए जी पीछे खींचता है। मैं बता नहीं सकती कुछ भी। मुझे कुछ भी लिखने को नहीं आता है। ओशो, क्या कहूं?

आनंद भारती! देह तो मंदिर है। और जो देवता के पक्ष में है वह देवता के गृह के

विपक्ष में नहीं हो सकता। परमात्मा ने आवास किया है इस देह में। इस देह को सन्मानो, स्वीकारो और इस देह के लिए परमात्मा के प्रति अनुग्रह अनुभव करो।

लेकिन मैं जानता हूं कहां से यह विचार, देह को छोड़ने का, उठता है बार-बार। सदियों-सदियों से तुम्हें देह की दुश्मनी सिखाई गई है। सदियों-सदियों से एक ही संस्कार दिया गया है कि शरीर शत्रु है, शरीर को नष्ट करना है, शरीर को छोड़ना है; शरीर में फिर न आना पड़े, ऐसा उपाय करना है। शरीर को इतनी गालियां दी गई हैं कि स्वभावतः यह संस्कार खून, हड्डी, मांस-मज्जा में मिल गया है। जब कि सचाई बिलकुल उलटी है: मन को छोड़ना है, तन को नहीं छोड़ना है। मन मनुष्य-निर्मित है; तन तो परमात्मा की भेंट है। शरीर न तो हिंदू होता न मुसलमान होता; शरीर न तो कम्यूनिस्ट होता न फेसिस्ट होता। शरीर तो बस शरीर है। शरीर तो बड़ी शुद्ध दशा है। उपद्रव तो मन का है। कहीं हिंदू है मन, कहीं मुसलमान है मन; कहीं इस शास्त्र को मानता है, कहीं उस शास्त्र को और सदा लड़ने को तत्पर है। और अशांति मन के कारण है, तन के कारण नहीं। सारा उपद्रव मन के कारण है और मन तुम्हें तोड़े डाल रहा है, पीसे डाल रहा है खंड-खंडों में। एक खंड खींचता पूरब, एक खींचता पश्चिम। इस मन को छोड़ो।

लेकिन मन को तो न छोड़ोगे, तन को छोड़ने की तैयारी है! मरना है तो मन में मरो। मन समाज का दिया हुआ है। मन मां-बाप ने दिया, परिवार ने, समाज ने, स्कूल ने, विश्वविद्यालय ने। मन उधार है। तन तो परमात्मा से सीधा जुड़ा है; मन के जुड़ने का कोई उपाय नहीं है क्योंकि मन कृत्रिम है। मन तो ऐसे है जैसे प्लास्टिक के फूल। तन तो ऐसे है जैसे वृक्ष खड़े हैं अपनी जड़ों को फैलाए भूमि में। तन तो अब भी परमात्मा से जुड़ा है; एक क्षण को भी जोड़ टूटेगा कि श्वास अवरुद्ध हो जाएगी, कि हृदय की धड़कन बंद हो जाएगी।

परमात्मा तो तुम्हारे तन के द्वार से ही तुम्हारे भीतर आ रहा है, मन के द्वार से नहीं। मन के द्वार से तो परमात्मा के आने का कोई उपाय ही नहीं, झूठे द्वार से सत्य आए भी तो कैसे आए? सत्य तो सच्चे द्वार से ही आता है। जब तपी दुपहरी में, प्यास से थके-मांदे, एक घूंट ठंडा जल पीते हो, तब जो तृप्ति तुम्हारे भीतर होगी, वह तृप्ति उसी परमात्मा की है; या कि थके-मांदे, ठंडी जलधार के नीचे बैठ कर स्नान कर लेते हो, तो जो देह पर ताजगी फैल जाती है वह उसी परमात्मा की है। जब नाचते हो और रोआं-रोआं पुलकित हो जाता है, तो कौन पुलक उठा है तुम्हारे भीतर? वही परमात्मा!

आकाश से पड़ती धूप के नीचे, कि चांद-तारों के नीचे, कि वृक्षों के पास बैठ कर, जो ताजगी की लहरों पर लहरें आती हैं, जो जीवन नये-नये रंगों और रूपों में तुम्हें घेर लेता है, वह तन के माध्यम से हो रहा है।

आंख के माध्यम से तुमने परमात्मा को देखा है, तब उसे सौंदर्य कहा है; और कान के माध्यम से जब तुमने परमात्मा को देखा है, तो उसे संगीत कहा है। न होगा कान, खो जाएगा संगीत; न होगी आंख, खो जाएगा रूप, खो जाएगा सौंदर्य। इतने अपूर्व अनुभव को इतने जल्दी खो देने की आकांक्षा क्यों है? यह आकांक्षा आत्मघाती है; लेकिन धर्म की आड़ में छिप जाती है तो हम आत्मघात को आत्मघात नहीं समझते, हम उसे साधना समझने लगते हैं।

यह जान कर तुम्हें आश्चर्य होगा कि जैसे ही कोई समाज अधार्मिक हो जाता है वहां आत्महत्याओं की संख्या बढ़ जाती है। इस तथ्य के कारण इस देश के बहुत से पंडित-पुरोहित, साधु-महात्मा इस तरह की घोषणाएं करते रहते हैं कि देखो, जो-जो देश अधार्मिक हो गए हैं वहां आत्मघात बढ़ गया है। लेकिन उन्हें पता नहीं कि असली कारण क्या है। असली कारण यही है कि आत्मघात तो यहां भी चल रहा है, लेकिन यहां धर्म की आड़ में चल रहा है। जिन देशों में धर्म की आड़ टूट गई है वहां आत्मघात सीधा चलता है। किसी को मरना है तो वह जहर खा लेता है, कि गोली मार लेता है। यहां किसी को मरना है तो उपवास करता है, लेकिन उपवास से कोई जल्दी नहीं मरता, वर्षों लग जाएंगे, मरते-मरते वर्षों लग जाएंगे। आदमी बिना भोजन के तीन महीने जी सकता है, इकट्ठा नब्बे दिन तक आदमी बिना भोजन के जी सकता है। उपवास करते रहोगे कि आठ दिन का, दस दिन का, पंद्रह दिन का, फिर कुछ दिन उपवास, फिर भोजन, फिर उपवास--जीते रहोगे। और तुम चकित होओगे यह बात जान कर कि मनोवैज्ञानिकों ने बहुत से प्रयोगों से यह सिद्ध किया है कि भोजन अगर कम लिया जाए तो आदमी ज्यादा जी जाता है। चूहों पर प्रयोग किए गए हैं: अगर उन्हें पूरा भोजन दिया जाए तो वे जल्दी मर जाते हैं; अगर और ज्यादा भोजन दिया जाए तो और जल्दी मर जाते हैं। उनकी जरूरत से आधा भोजन दिया जाए तो दुगुना जीते हैं। क्यों? किस कारण ऐसा होता होगा? कम भोजन दिया जाए तो देह पर भोजन को पचाने का जोर कम पड़ता है। भोजन से शक्ति तो मिलती ही है, लेकिन भोजन से शक्ति पाने में शरीर को शक्ति गंवानी भी पड़ती है--उसे पचाने में। अगर न्यून भोजन दिया जाए, इतना भोजन दिया जाए जिससे शरीर चलता रहे और पचाने का बोझ न पड़े, तो आदमी लंबा

जी सकता है। इसलिए उपवास करने वाले लोग लंबे जी जाते हैं। मगर उनकी आकांक्षा मरने की थी। कोई धूप में खड़ा है, जब कि छाया में बैठने का तन आग्रह करता था। कोई प्यासा बैठा है, जब कि तन कहता था जल चाहिए। और कोई कांटों पर लेटा है।

शरीर को तुम सता रहे हो। शरीर को सताने के पीछे छिपी हुई आत्मघात की आकांक्षा है।

सिग्मंड फ्रायड ने मनुष्य के जीवन में दो महत वृत्तियां स्वीकार की हैं। एक को उसने कहा है जीवेषणा, कि आदमी जीना चाहता है, कि आदमी आनंद से जीना चाहता है, कि आदमी खूब जीना चाहता है, जी भर कर जीना चाहता है। यह आकांक्षा पैंतीस वर्ष की उम्र तक प्रगाढ़ होती है। अगर सत्तर वर्ष को हम आदमी की औसत उम्र मान लें तो पैंतीस वर्ष की उम्र में पहाड़ का आखिरी शिखर आ गया, ऊंचाई आ गई; फिर ढलान होगी। रेखा पहुंच गई ग्राफ की ऊंचाई पर अब इसके बाद उतार शुरू होगा। पैंतीस साल की उम्र तक जीवेषणा, जिसको फ्रायड ने इरोस कहा है, वह प्रगाढ़ होती है। फिर पैंतीस साल के बाद मृत्यु की आकांक्षा, जिसे उसने थानाटोस कहा है, वह प्रगाढ़ होने लगती है। फिर आदमी मरने की आकांक्षा करने लगता है। फिर थकने लगता है, टूटने लगता है।

इसीलिए जो देश जवान होते हैं वे जीवन की आकांक्षा से भरे होते हैं और जो देश पुराने हो जाते हैं, जराजीर्ण हो जाते हैं, वे मरने की आकांक्षा से भरे होते हैं। यह देश काफी पुराना है। इस देश जैसा कोई दूसरा देश दुनिया में नहीं है। यह देश काफी पुराना हो गया है। इसके भीतर रोएं-रोएं में मरने का भाव बैठ गया है। इसलिए जब भी हम किसी को इस तरह के काम करते देखते हैं जो मृत्यु के अनुकूल हैं, हम सम्मान देते हैं। हम उसे तपश्चर्या कहते हैं। हमारे मन से जीवन का उल्लास जा चुका है।

फिर से तुम वेदों को उठा कर देखो। पांच हजार साल पहले लिखे गए वेद कुछ और कहते हैं। तब जीवन का उल्लास था। तब ऋषि आकांक्षा करते थे: 'हे प्रभु, हमारे ऊपर बरसो, कि हम कम से कम सौ वर्ष जीएं, शतायु हों!' तब यह देश जवान रहा होगा। तब इस देश की धमनियों में जीवन का रक्त बहता रहा होगा। वेदों के ऋषि कहते हैं: 'धन मिले, धान्य मिले, हमारी फसलें उगें, हमारी गौवों के स्तनों में दूध बढ़े!' तुम जरा सोचते हो, ऋषि और ऐसी प्रार्थना करें! लेकिन ये प्रार्थनाएं बड़ी प्रीतिकर हैं, बड़ी सूचक हैं। ये यह कह रही हैं कि अभी देश जवान है; अभी लोग बूढ़े नहीं हो गए हैं; अभी लोग जीने की आतुरता से भरे हैं; अभी जीवन को उत्सव बनाना है।

फिर धीरे-धीरे, धीरे-धीरे जैसे-जैसे तुम पुराने होते गए वैसे-वैसे जीवन की आकांक्षा तिरोहित होती गई। अब तो धार्मिक आदमी हम उसको कहते हैं जो आते से कहता है कि आवागमन से छुटकारा कैसे हो! अब तो हम धार्मिक आदमी उसको कहते हैं जो जीना नहीं चाहता; जो कहता है: मैं मरूं, कि मुझे मरना है। इतनी हिम्मत भी नहीं कि तत्क्षण मर जाए। वैसी हिम्मत भी जवानों में होती है। आखिर तत्क्षण मरने की हिम्मत के लिए भी तो थोड़ा बल चाहिए, वह बल भी खो गया है। एक तरह की नपुंसकता है, एक तरह की निर्बलता है। मरना है, मगर मरना भी ऐसे है कि अपने आप हो जाए। अगर दो कदम चल कर मरना पड़े तो दो कदम भी कौन उठाए!

इस हताशा को देखो। इस हताशा से जागो। यह कोई ढंग नहीं है। इस तरह कोई परमात्मा का मंदिर निर्मित न होगा।

पूछा है तूने आनंद भारती: 'अब इस देह में ज्यादा रहने का मन नहीं होता।'

मन की मानेगी?

पूछा है: 'इससे विदा लेने का मन है।'

मन की मानेगी? और मैं समझा रहा हूं रोज-रोज नित-नित एक ही बात, कि मन को जाने दो। तन भी प्यारा है, आत्मा भी प्यारी है। अगर कुछ कुरूप है तो दोनों के बीच में खड़ा हुआ मन है। विचारों का जाल जंजाल है। तन कोई पाप नहीं करवाता। सारे पाप मन के हैं।

जरा सोचो, तुम्हारे भीतर सत्य दो चीजें हैं। एक देह सत्य है, क्योंकि देह प्रकृति है। देह विज्ञान का सत्य है। और एक तुम्हारे भीतर आत्मा है सत्य, क्योंकि आत्मा परमात्मा है। आत्मा धर्म का सत्य है। इन दोनों के बीच में खड़ा तुम्हारा मन है, जो सत्य नहीं है--जो केवल विचारों का ऊहापोह है; जो केवल सपनों का जाल है; जो केवल संस्कारों की ही राशि है। और यह झूठा मन तुम्हारे भीतर के दो सत्यों को तोड़ रहा है, जुड़ने नहीं देता। आत्मा को देह से नहीं जुड़ने देता।

इस मन को जाने दो! इसके जाते ही तुम चकित हो जाओगे। इसके जाते ही इस जगत का सबसे बड़ा चमत्कार घटता है। क्या है वह चमत्कार? वह चमत्कार है कि तब तुम अचानक देखते हो कि आत्मा और देह दो नहीं हैं। दो जब तक मालूम होते थे, जब तक कि मन था, तब तक मालूम होते थे। मन के कारण दो मालूम पड़ते थे। मन के बीच में एक रेखा खींच दी थी।

मन ऐसा ही है जैसे राजनीति के द्वारा खींची गई पृथ्वी पर रेखाएं हैं--यह हिंदुस्तान

यह पाकिस्तान। नक्शों पर खींची रेखाएं हैं। कहीं पृथ्वी टूटती नहीं। पृथ्वी अखंड है। पृथ्वी एक है। लेकिन राजनीति रेखाएं खींच देती है। ऐसे ही मन ने रेखा खींच दी है--यह रहा तन, यह रही आत्मा।

जरा मन को जाने दो! कभी शांत और मौन बैठ कर देखना जब मन न हो, मन की तरंगें न हों, मन का व्यापार न चलता हो, तब जरा देखना कि तुम दो हो या एक? तुम पाओगे तुम एक हो। तुम पाओगे कि देह तुम्हारी आत्मा का प्रकट रूप है और आत्मा तुम्हारी देह का अप्रकट रूप। तुम पाओगे देह तुम्हारी आत्मा की स्थूल अभिव्यक्ति है। और आत्मा तुम्हारी देह के भीतर छिपा सार है।

देह फूल है, आत्मा सुगंध है।

देह शब्द है, आत्मा शब्द में प्रकट अर्थ है।

देह वीणा है, आत्मा वीणा में छेड़ी गई झंकार है।

नहीं भेद है जरा, दोनों एक हैं। परमात्मा और प्रकृति भिन्न नहीं हैं, संयुक्त हैं।

यह परमात्मा की देह है विश्व और इसका विस्तार। और सूक्ष्म में छोटे पैमाने पर वही तुम्हारे भीतर घटा है। मनुष्य प्रतिछवि है सारे विराट की, ब्रह्मांड की। ब्रह्मांड पिंड में प्रकट हुआ है। तुम्हारे भीतर वह सब-कुछ है जो इस विराट विस्तार में है--छोटे पैमाने पर है।

आत्मा को जानने के लिए देह को छोड़ना नहीं है। आत्मा को जानने के लिए देह को जानना है, क्योंकि आत्मा देह का ही छिपा हुआ रूप है। आत्मा देह का ही राज है, रहस्य है। हां, मन को जाने दो भारती, मन को विदा करो।

आत्मा का गेह देह, देह को संवारो!
मंदिर के लिए पर न देव को बिसारो!

इतना भर खयाल रहे कि मंदिर के लिए देवता न बिसर जाए। इसका यह अर्थ नहीं कि मंदिर को बिसार दो। मंदिर को साफ करो, सुथरा करो, सजाओ, बंदनवार लगाओ, दीये जलाओ। मंदिर प्यारा है। देवता का विस्मरण न हो। देवता के कारण ही प्यारा है। वह जो मंदिर के गर्भगृह में देवता विराजमान है उसको न भूलना। लेकिन यह मंदिर उस देवता का शत्रु नहीं है, उसकी सुरक्षा है।

आत्मा का गेह देह, देह को संवारो!
मंदिर के लिए पर न देव को बिसारो!

पूजा का दीप हृदय; स्नेह डाल, बालो!
देव के पुजापे को तुम स्वयं न खा लो!
पुष्प दीप अक्षत धर, आरती उतारो!

देह गेह ईश्वर का, धरा देह पावन;
नागरिक पुजारी हैं, नगर-ग्राम आसन;
आसन पर कौन? अरे, कोटि नयन वारो!

मत्सर मद मोह द्रोह प्रतिक्रिया त्यागो!
आत्मा के मंदिर में सोओ मत, जागो!
सूर्य उगा, क्षितिज खुला, जीत कर न हारो!

मन को जाने दो--मन तुम्हें सुला रहा है। मन एक नींद है। मन को जाने दो क्योंकि मन ही है--मत्सर, मद, मोह, द्रोह।

मत्सर मद मोह द्रोह प्रतिक्रिया त्यागो!
आत्मा के मंदिर में सोओ मत, जागो!
सूर्य उगा, क्षितिज खुला, जीत कर न हारो!
आत्मा का गेह देह, देह को संवारो!
मंदिर के लिए पर न देव को बिसारो!

यही तो मैं सिखा रहा हूं। मेरी देशना यही है, क्योंकि प्रकृति और परमात्मा एक है, कि स्थूल और सूक्ष्म विपरीत नहीं। जैसे दिन और रात जुड़े हैं और सर्दी और ग्रीष्म जुड़े हैं; जैसे स्त्री और पुरुष जुड़े हैं; जैसे ऋण और धन जुड़े हैं; जैसे निषेध और विधेय जुड़े हैं; जैसे जन्म और मृत्यु जुड़े हैं--ऐसे ही परमात्मा और प्रकृति जुड़े हैं, देह और आत्मा जुड़ी है। मेरी शिक्षा आत्मघात की नहीं है, मेरी शिक्षा आत्म-उत्सव की है।

जीओ, जी भर जीओ!
अमर-जीवन-कामना में अमृत ही मत पीओ!
जीओ, जी भर जीओ!

यदि अमृत जग में कहीं, तो है न वह सुर-तरु चरण में;
स्वेद में है, रक्त में है, अश्रु में, जीवन-मरण में;
पंचरंगी प्राण जल की क्षण-चपल मछलियो!
जीओ, जी भर जीओ!

मीन का क्या हित करेगा अमृत? उसका सत्व पानी!
अनुभवों के मध्य जीवन, अनुभवी ही तत्व-ज्ञानी!
तीर-वासी मुनि बनो मत, लहर चिर-तरूणियों!
जीओ, जी भर जीओ!

डरो मत सुख-दुख भंवर से, लगाओ चूबक अतल में!
डूब कर उबरो, उबर कर डूब जाओ पुनः जल में;
सप्त सप्तक धर, मुहुर्मुहु सांस लो, मुरलियो!
जीओ, जी भर जीओ!

अतल हो या सुतल, सुंदर सकल संकेतस्थली है;
देह धर आत्मा किसी अभिसार के पथ चली है;
ठठक कर मत अटक जाओ वेणु, सुन हरनियो!
जीओ, जी भर जीओ!

दान ले यदि शीश का वह वेणु का वादक, अहेरी,
नाद-लुब्धा मुग्ध-नयना, दान में करना न देरी;
मरणध्रुव धन्वतरी है, रुधिर की धमनियो!
जीओ, जी भर जीओ!

आर जीवन, पार जीवन, मरण मणिमय देहली है,
दीप अनुभव का, शिखा में लौ लगाए बेकली है;
वरो मत निर्वाण, ज्वाला बन जले बिन, दीयो!
जीओ, जी भर जीओ!

जल लो, जी लो, ज्योतिर्मय हो लो! जल्दी क्या है? प्रभु जिस दिन पाएगा कि अब देह की कोई जरूरत न रही, हटा लेगा देह भी। पर उस पर छोड़ो। यह तुम्हारी मन की आकांक्षा न हो। न तो मांगना कि ज्यादा जीऊं, न मांगना कि कम जीऊं। मांगना ही मत। जो हो उसे अंगीकार करना। जो हो उसे स्वीकार करना। जब जीवन दे तो जीवन और जब जीवन न दे तो निर्वाण। लेकिन तुम अपनी अपेक्षा आकांक्षा को आरोपित न करो।

और अंतिम बात, जो तुम्हें शायद और भी चौंकाये: जिस दिन तुम मांगना बंद कर दो उसी दिन फिर इस पृथ्वी पर लौटने की जरूरत नहीं रह जाती। मगर अभी मांग जारी है। एक नई मांग है कि अब देह नहीं चाहिए, कि अब देह से छूटना है। यह नई मांग हो गई। यह निर्वाण की मांग हो गई। यह मोक्ष की मांग हो गई। और जब तक मांग है, मोक्ष कहां? जब तक मांग है तब तक आवागमन से मुक्ति कहां है? मांग ही तो लाती है। मांग वासना है।

भिखारियों का कोई मोक्ष नहीं होता। सम्राट बनो। और सम्राट बनने का ढंग है: जीओ, जी भर जीओ! परमात्मा ने जीवन दिया है, धन्यवाद से जीओ। और जिस दिन ले ले उस दिन धन्यवाद से दे देना वापस। दिया उसने, लिया उसने। तुम बीच में न आना। इस भावदशा को मैं संन्यास कहता हूं: तुम बीच में न आना।

जो है उसे वैसा ही स्वीकार कर लेना संन्यास है। और जिसमें ऐसी परम स्वीकृति फलित होती है उसका मोक्ष हो ही गया, जीते-जी हो गया। वह जीवन-मुक्त है।

दूसरा प्रश्नः

ओशो, आप राजनीति पर वक्तव्य देते हैं, तो फिर आपको राजनीतिज्ञ क्यों न माना जाए?

केशवराम! संगीत पर वक्तव्य देने से कोई संगीतज्ञ नहीं हो जाता, न काव्य पर वक्तव्य देने से कोई कवि हो जाता है। राजनीति पर वक्तव्य देने से मैं राजनीतिज्ञ कैसे हो जाऊंगा? काश, ऐसा होता होता तो मोरारजी देसाई धर्म पर वक्तव्य देते हैं, अब तक धार्मिक हो गए होते! वक्तव्य देने से न कोई कवि होता, न कोई धार्मिक होता, न कोई राजनीतिज्ञ होता है। कवि होना हो तो कृत्य और संगीतज्ञ होना हो तो कृत्य और राजनीतिज्ञ होना हो तो कृत्य और धार्मिक होना हो तो कृत्य...। कृत्य निर्धारक है।

मैं राजनीतिज्ञ नहीं हूं। लेकिन धार्मिक व्यक्ति को राजनीति पर वक्तव्य देने का उतना ही अधिकार है जितना राजनीतिज्ञों को धर्म पर वक्तव्य देने का अधिकार है। जब अंधे भी आंख वालों के संबंध में वक्तव्य दे सकते हों, तो आंख वालों को तो कुछ अधिकार है अंधों के संबंध में वक्तव्य देने का, या नहीं? राजनीतिज्ञ को संकोच करना चाहिए धर्म पर वक्तव्य देने में। उसे पता क्या, उसे अनुभव क्या? धर्म उसके लिए बहुत दूर की बात है। धर्म उसकी चिंतना और चेतना से विपरीत बात है। न उसने ध्यान किया है, न उसने अंतस की शांति जानी है। जीता है महत्वाकांक्षा में--महत्वाकांक्षा के तनाव और चिंता में। फिर भी तुम उसके धर्म पर दिए गए वक्तव्यों पर कोई एतराज नहीं उठाते हो!

मैं राजनीति पर वक्तव्य दे सकता हूं। पहाड़ की चोटी पर खड़े होकर घाटियों के संबंध में वक्तव्य दिया जा सकता है। सच तो यह है कि पहाड़ की चोटियों से ही घाटियां ठीक से दिखाई पड़ती हैं। कहते हैं न--विहंगम दृष्टि...जब पक्षी उड़ता आकाश में तो उसे जमीन ठीक-ठीक दिखाई पड़ती है। जो जमीन पर ही घसिट रहे हैं, उन्हें जमीन दिखाई नहीं पड़ती। उन्हें जमीन ही नहीं दिखाई पड़ती, तो उन्हें चोटियां शिखर की तो कैसे दिखाई पड़ेंगी? लेकिन जो शिखर पर खड़ा हो, उसे घाटियां दिखाई पड़ती हैं; घाटियों का अंधेरा दिखाई पड़ता है; घाटियों में भटकते हुए लोग दिखाई पड़ते हैं। और अगर शिखर से कोई पुकारे घाटियों के लोगों को, तो तुम्हें ऐतराज होता है?

अगर मुझे दिखाई पड़ता हो अपने शिखर पर खड़े होकर कि अंधे लोगों की एक जमात, एक ऐसी दिशा में बढ़ रही है जहां जाकर खड्ड में गिरेगी, तो क्या तुम सोचते हो मैं चुप देखता रहूं, आवाज भी न दूं? और अगर आवाज दूं, तुम्हें संदेह होता है कि कहीं मैं भी तो राजनीतिज्ञ नहीं हूं! चिकित्सक तुम्हें तुम्हारी बीमारी के संबंध में जगाता है, इससे बीमार नहीं हो जाता; तुम्हारी बीमारी का निदान करता है। इससे क्या तुम यह समझोगे कि वह भी बीमार हो गया?

राजनीति में मेरा कोई रस नहीं है। होने का कोई उपाय भी नहीं है। राजनीति पैदा होती है महत्वाकांक्षा से। मेरी कोई महत्वाकांक्षा नहीं है। भगवत्ता को जान लेने के बाद और क्या महत्वाकांक्षा हो सकती है? भगवत्ता को पहचान लेने के बाद अब और इसके ऊपर कौन पद हो सकता है? जिस दिन तुम जान लोगे अपने भीतर छिपे भगवान को, उसी क्षण तुम्हारी भी सारी महत्वाकांक्षाएं गिर जाएंगी।

सच तो यह है, महत्वाकांक्षा वस्तुतः भगवत्ता की ही तलाश है--गलत दिशा में, मगर है तलाश भगवत्ता की। एक आदमी धन की दौड़ में लगा है, अगर तुम मुझसे पूछो तो मैं कहूंगा कि धन की दौड़ में भी उसी परम धन की खोज चल रही है--गलत ढंग से चल रही है, मगर उसी परम धन की खोज चल रही है। आदमी को निर्धनता काटती है। गरीबी घाव बन जाती है...। चाहता है किसी तरह गरीबी के घाव भर ले, यह घाव भर ले। किसी तरह मिटा दे यह दीनता। यह दीनता शोभती नहीं, भाती नहीं। चित्त रमता नहीं। एक दुख स्वप्न मालूम होता है--कैसे इसके बाहर आ जाऊं? धन इकट्ठा करता है इस आशा में कि शायद धन हो जाएगा तो दीनता, भीतर की दरिद्रता मिट जाएगी। लेकिन बाहर का धन भीतर की दरिद्रता को मिटाये भी तो कैसे मिटाये? धन बाहर है, दरिद्रता भीतर है; दोनों का तालमेल होता नहीं। मगर आकांक्षा सही थी, दिशा गलत थी। धन पाने के बाद एक न एक दिन, एक न एक दिन यह समझ में आ ही जाएगा कि चूक हो गई, धन भी भीतर खोजना था। अगर भीतर दरिद्रता थी तो भीतर का धन ही उसे भर सकता था।

और ऐसी ही पद की खोज है। तुम बाहर पद खोज रहे हो, वह भी भीतर के छिपे परम पद की खोज है। तुम कुछ भी हो जाओ, राष्ट्रपति हो जाओ, प्रधानमंत्री हो जाओ, यह हो जाओ, वह हो जाओ, तुम्हारी दीनता न मिटेगी। तुम्हारी पद-हीनता न मिटेगी। बड़े से बड़े पद पर बैठ कर भी तुम पाओगे, तुम वैसे के वैसे खाली, वैसे के वैसे सूने, वैसे के वैसे रिक्त--वही के वही। सिंहासन पर बैठ जाने से तुम्हारे भीतर थोड़े ही संपदा बरस जाएगी। एक भिखारी को सिंहासन पर बिठाल दो, इससे क्या होगा? भिखारी भिखारी है। हां, सिंहासन पर बैठ कर थोड़ा अकड़ लेगा, थोड़ा शोरगुल मचा लेगा, थोड़ा मंच पर रौब बांध देगा; मगर भीतर तो जानेगा कि मैं भिखारी हूं। क्या फर्क पड़ेगा? पद की तलाश भी एक दिन उस जगह ले आती है, जहां पता चलता है कि तलाश तो ठीक थी, मगर दिशा गलत थी। पद खोजना था भीतर, क्योंकि पद-हीनता भीतर मालूम हो रही थी।

मेरे लेखे कुछ भी तुम खोजो तुम परमात्मा को ही खोज रहे हो जाने-अनजाने।

जो जान कर खोजने लगा, निश्चित ही उसके कदम फिर राजनीति में नहीं पड़ सकते। उसके कदम फिर कैसे पड़ सकते हैं बाहर की खोज में? जिसे मिलना ही शुरू हो गया, उसकी यात्रा बदल गई। और जिसे मिल ही गया हो उसका तो कहना ही क्या?

मेरा कोई रस राजनीति में नहीं है। पर इसका यह अर्थ नहीं है कि अगर मैं देखूं कि देश गड्ढे में गिर रहा हो, तो चुपचाप खड़ा रहूं। इतनी क्रूरता भी मुझमें नहीं है। इतनी क्रूरता धार्मिक व्यक्ति में हो ही नहीं सकती; होनी भी नहीं चाहिए। इतनी उपेक्षा भी नहीं होनी चाहिए। साधारण आदमी भी अगर किसी को देखेगा कि जा रहा है यह गिरने, चट्टान के नीचे गिरेगा तो सदा के लिए समाप्त हो जाएगा--वह भी दौड़ कर आवाज देगा कि रुक जाओ, उस तरफ मत बढ़ो। मानो न मानो तुम्हारी मर्जी। तुम्हें गिरना ही हो तो तुम गिरोगे। तुम्हें गिरने में रस लगा हो तो तुम गिरोगे। मगर एक बात तय रहेगी कि मुझसे यह न कह सकोगे कि मैंने पुकार न दी थी।

तुम कहते हो: 'आप राजनीति पर वक्तव्य देते हैं तो फिर आप को राजनीतिज्ञ क्यों न मान लिया जाए?'

राजनीतिज्ञ होने के लिए वक्तव्य देना आवश्यक भी नहीं होता। मौन होकर भी आदमी राजनीतिज्ञ हो सकता है। विनोबा भावे को देखते न, वक्तव्य तो देते नहीं, मौन हैं, मगर फिर भी राजनीति चलती है।

कुछ महीनों पहले इंदिरा और इंदिरा के कुछ साथी विनोबा भावे के आश्रम में इकट्ठे हुए और उनसे आशीर्वाद प्राप्त किया, वक्तव्य दिया कि उन्होंने आशीर्वाद दिया है। फिर दो दिन बाद विनोबा ने सोचा-विचारा होगा कि ये आशीर्वाद महंगा पड़ सकता है। राजनीतिज्ञ तो सोच-सोच कर कदम रखता है। राजनीतिज्ञ मेरे जैसा थोड़े ही बोलता है कि फिर हो जो हो! कोई राजनीतिज्ञ इस तरह मोरारजी से बात कर सकता है जैसे मैं करता हूं? राजनीतिज्ञ हजार गणित बिठा कर बात करता है। मेरा कोई गणित नहीं है। मुझे कुछ लेना-देना नहीं है। न मुझे कुछ पाना है, न कुछ मेरे पास है जिसे कोई छीन सकता है। और जो मेरे पास है उसे कोई छीन नहीं सकता। और जो मेरे पास है उससे ज्यादा इस जगत में कुछ है नहीं पाने को, इसलिए क्या हिसाब-किताब?

दो दिन बाद विनोबा ने देखा कि हिसाब-किताब में गड़बड़ होगी, नुकसान होगा--बदल गए! अखबारों में वक्तव्य दे दिया कि मैंने आशीर्वाद नहीं दिया है। जब इंदिरा प्रधानमंत्री थी और विनोबा के आश्रम में जाती थी, तो विनोबा उन्हें आमंत्रित करते थे। विनोबा के संदेशवाहक जाकर उन्हें दिल्ली निमंत्रण देते थे। और विनोबा द्वार पर उनका स्वागत करने आते थे। लेने भी, भेजने भी, द्वार तक विदा करने आते थे। फिर जब इंदिरा प्रधानमंत्री न रही, तो संदेश भेजना तो दूर कि आओ; इंदिरा जब आई, अपने से आई तो विनोबा फिर द्वार पर लेने नहीं आए और न विदा करने आए।

और विनोबा नहीं आए सो तो ठीक ही है, आश्रमवासी भी द्वार पर स्वागत करने नहीं आए! इसे मैं राजनीति कहता हूं!

इंदिरा प्रधानमंत्री थी, मैंने कभी उसकी प्रशंसा नहीं की। ये कहीं राजनीति के ढंग हैं? और अब जब कि इंदिरा की प्रशंसा करने वाला इस देश में कोई भी नहीं है, मैं प्रशंसा कर रहा हूं। ये कोई राजनीति के ढंग हैं? यह तो अंधों को भी समझ में आ जाए कि ये राजनीति के ढंग नहीं हैं। यह तो बिलकुल उलटी राजनीति हो गई; ऐसे कहीं राजनीति चलती है!

फिर अभी इंदिरा जीती, तो विनोबा मौन हैं; जब उनको खबर दी गई कि इंदिरा जीत गई, तो खुशी में उन्होंने ताली बजाई। अखबारों में खबर छप गई कि विनोबा ने खुशी में ताली बजाई, मस्त हो गए!

फिर दो दिन बाद वक्तव्य, कि वह मैंने ताली इंदिरा की जीत के कारण नहीं बजाई थी, वह तो उस क्षण संयोगवशात मैं मौज़ में था।

उसी क्षण मौज में थे, क्षण भर पहले नहीं, क्षण भर बाद नहीं!

एकदम खूब संयोग बैठा कि उसी क्षण मस्ती आई ताली बजाने की! दो दिन बाद फिर हिसाब-किताब बिठाया होगा कि यह ताली बजाना महंगा पड़ सकता है।

राजनीति हमेशा हिसाब-किताब है, गणित है, चालबाजी है चालाकी है। मैं तुमसे कहता हूं: मैं राजनीति पर वक्तव्य देकर भी राजनीतिज्ञ नहीं हूं और विनोबा चुप रहकर, मौन रह कर, बिना वक्तव्य दिए भी राजनीतिज्ञ हैं। राजनीति जीवन की एक शैली है, वक्तव्य और गैर-वक्तव्य से कुछ भी नहीं होता। अगर मुझ में थोड़ी भी राजनीति होती तो यह कोई समय था कि मोरारजी का मैं विरोध करूं और इंदिरा का समर्थन करूं? चौंकी तो इंदिरा भी। मोरारजी ही नहीं चौंके, इंदिरा भी चौंकी। इंदिरा ने कहा भी अपने किसी साथी को, वह मुझे खबर देकर गए। उन्होंने कहा कि यह आश्चर्य की बात है कि आज तो इस देश में मेरा हाथ पकड़ने वाला कोई भी नहीं; उन्होंने क्यों वक्तव्य दिया मेरे समर्थन में?

मोरारजी आज मेरे दो संन्यासियों को दिल्ली में मिल रहे हैं। शर्त उन्होंने रखी है कि मिलना बिलकुल ही एकांत में होगा। और यह भी शर्त रखी है कि मिलने में जो भी बातचीत होगी, उस संबंध में अखबारों में कोई चर्चा नहीं होनी चाहिए। यह शर्तों के साथ मिलना हो रहा है। मोरारजी भी हैरान हैं, क्योंकि क्यों मैं उनके विरोध में बोल रहा हूं!...क्योंकि ये मेरे वक्तव्य अत्यंत गैर-राजनीतिपूर्ण हैं।

मैं वही कहता हूं जो मुझे ठीक लगता है, उसमें कोई प्रयोजन नहीं है। उसमें कोई फलाकांक्षा नहीं है। उसमें क्या परिणाम होगा, इसका कोई हिसाब नहीं है। लेकिन जब मुझे जो लगता है, वैसा मैं कहूंगा और वैसा मैं कहता रहूंगा। अगर मैं वैसा न कहूं तो कौन और कह सकेगा? सनद तो रहेगी कि मैंने कहा था। जब भी मैं देखूंगा कुछ गलत हो रहा है, तो जरूर कहूंगा।

अब यह जरूरी थोड़े ही है कि तुम मुझे गलत-सलत भोजन परोस दो और मैं कहूं कि यह कड़वा है, और तुम मुझसे कहो कि आप पाकशास्त्री हैं, जो आप इसको कड़वा कह रहे हैं? अब भोजन को कड़वा कहने के लिए मेरे लिए पाकशास्त्री होना जरूरी भी नहीं है। अगर यह शर्त हो कि पाकशास्त्री हुए बिना कोई भोजन पर वक्तव्य नहीं दे सकता, तब तो बड़ी मुसीबत हो जाए। तब तो फिर कोई जहर भी परोस दे तो खाना पड़े! क्योंकि तुम कोई पाकशास्त्री तो नहीं हो, जो तुम वक्तव्य दो!

मैं कोई राजनीतिज्ञ नहीं हूं, लेकिन जन्मों-जन्मों में, लंबी यात्रा में राजनीति के सब खेल देखे हैं। शिखर पर आज आ गया हूं, लेकिन जन्मों-जन्मों तक तो घाटियों में मुझे भी वैसे ही अंधेरे में टटोलना पड़ा है जैसे तुम टटोल रहे हो। ये चोटें मैंने भी खाई हैं। इन गड्ढों में मैं भी गिरा हूं। ये सब परिचित गड्ढे हैं। इसलिए जब भी जो मैं कह रहा हूं वह ऐसा नहीं है कि बिलकुल ही अपरिचित बातों के संबंध में कुछ कह रहा हूं।

कहावत है: हर संत का अतीत होता है और हर पापी का भविष्य।

मैंने संसार का सब जाना है, जैसा तुम जान रहे हो। इसलिए संसार की किसी भी स्थिति और घटना के संबंध में मैं वक्तव्य देने का हकदार हूं। और हक मेरा और बढ़ गया, क्योंकि मैंने कुछ और भी जाना है जो तुम नहीं जान रहे हो। और उस कुछ और के जानने से ही परिप्रेक्ष्य बड़ा हो जाता है, दृष्टि विहंगम हो जाती है। दूर की चीजें दिखाई पड़ने लगती हैं जो तुम्हें नहीं दिखाई पड़तीं।

जैसे कोई आदमी जमीन पर खड़ा है और कोई आदमी वृक्ष पर बैठा है। एक बैलगाड़ी रास्ते पर आ रही है। जमीन पर जो आदमी खड़ा है उसे अभी दिखाई नहीं पड़ती कि बैलगाड़ी आ रही है। अभी दूर है। लेकिन वृक्ष पर जो बैठा है उसे दिखाई पड़ती है कि बैलगाड़ी आ रही है। जमीन पर खड़े आदमी के लिए बैलगाड़ी अभी भविष्य है, अंधकार में है; वृक्ष पर बैठे आदमी के लिए वर्तमान है, अंधकार में नहीं है, प्रकाश में है।

जितनी ऊंचाई तुम्हारी चेतना की बढ़ेगी, उतनी ही चीजें जो औरों के लिए भविष्य में हैं, तुम्हारे लिए वर्तमान हो जाएंगी। उतनी ही चीजें जो औरों के लिए अतीत हो गई हैं, वे भी तुम्हारे लिए वर्तमान में होंगी। इसी बात की अंतिम तर्कसरणी...जैन कहते हैं कि महावीर त्रिकालज्ञ हैं। उसका अर्थ कुछ और नहीं है--उसका इतना ही अर्थ है कि ऊंचाई इतनी बढ़ गई है कि अब अतीत भी वर्तमान है, भविष्य भी वर्तमान है--अब सिर्फ एक ही काल बचा, वर्तमान; अब तीन काल नहीं बचे। लेकिन मूढ़ताएं तो ऐसी होती हैं कि लोग उसमें भी जिद में पड़ गए हैं, लोग समझते हैं कि महावीर को हर विस्तार का पता है, कि दो हजार साल बाद चूहड़मल-फूहड़मल बंबई में एक होटल खोलेंगे, इसका भी पता है। यह कोई मतलब नहीं है। मतलब केवल इतना है कि जैसे-जैसे चित्त की ऊंचाई बढ़ती है, वैसे ही वैसे उस ऊंचाई के कारण सारा विस्तार वर्तमान में समा जाता है। उसमें कोई चूहड़मल-फूहड़मल की दुकान नहीं होती।

मैं जिस जगह से देख रहा हूं, वहां से मैं राजनीति जो कर रही है इस देश में और इस देश को जिस गड्ढे में ले जा रही है, वह भी दिखाई पड़ रहा है। या तो चुप रहूं... चुप रहूं, क्योंकि अगर बोलूंगा तो मेरे काम को परेशानी होगी, मेरे काम को हानि होगी। लेकिन तब मैं तुमसे कहता हूं: मेरा चुप रहना राजनीति होगी। तुम जरा समझने की फिकर करना।

यहां मेरे एक संन्यासी हैं। जर्मन सम्राट के पोते हैं। ग्रीक की महारानी कल बंबई से गुजरती थीं, तो उसने उन्हें बुलाया था। वह उनकी मौसी है। ग्रीक की महारानी उनकी मौसी है, इंग्लैंड की महारानी उनकी मौसी है। यूरोप के करीब-करीब सारे राजघरों में उनके कुछ न कुछ संबंध हैं। महारानी ने उनको कहा कि मैंने तुम्हें यहां सावधान करने को बुलाया है कि यह आश्रम जल्दी ही सरकार बंद कर देगी। क्योंकि मुझे विश्वस्त सूत्र से पता चला है कि सरकार खिलाफ होती जा रही है। तुम्हें अगर कभी अड़चन आए, तुम्हें जरूरत हो, तो मैं सदा तुम्हारी सहायता को तत्पर हूं। तुम मेरे पास चले आना।

फिर महारानी का भोजन था यूनान के दूतावास में, तो वहां भी विमलकीर्ति, मेरा संन्यासी, वहां रानी उनको साथ ले गई। राजदूत ने भी यही कहा कि तुम्हारे आश्रम पर खतरे के बादल हैं।

ये खतरे के बादल मेरे वक्तव्यों के कारण हैं। अगर मुझ में थोड़ी भी राजनीति होती तो मैं चुप रहता; या जो सत्ता में हैं, उनकी झूठी प्रशंसा करता। क्योंकि उनकी प्रशंसा से हजार काम हो सकते हैं। लेकिन उनकी प्रशंसा से देश का जो भी दुर्भाग्य हो

उससे मुझे क्या लेना-देना है! अगर मैं राजनीतिज्ञ होता, राजनीति मेरे चित्त में होती, तो मुझे अपना प्रयोजन होता। उनसे मैं हजार काम ले सकता था। लेकिन मुझे किसी से कोई काम नहीं लेना है। परमात्मा मुझसे जो काम करवा ले, करवा ले, उसकी मर्जी। और कभी-कभी वह मुझसे राजनीति पर वक्तव्य भी दिलवा लेता है तो मैं क्या करूं?

तीसरा प्रश्न:

ओशो, सिद्ध सरहपा ने कहा कि जब तक स्वयं को न जान लो तब तक किसी को शिष्य न करना। इस पर कुछ और कहें।

यह तो बात बिलकुल सीधी-साफ है, और कुछ कहने की जरूरत नहीं है। जो तुमने न जाना हो उसे किसी को मत जतलाना, क्योंकि तुम जतलाओगे वह गलत ही होगा, अनुमान होगा, उधार होगा, बासा होगा। तुम्हारी स्वयं की अनुभूति अगर नहीं है तो उसमें प्राण कैसे होंगे? ज्ञान तो होगा मगर निष्प्राण होगा; शास्त्रीय होगा, स्वानुभूत न होगा। और इसी तरह के लोगों ने मनुष्य को भटका दिया है। इसलिए सरहपा ठीक कहते हैं।

इस दुनिया में इतना अधर्म न हो जितना है, अगर तथाकथित धार्मिक लोग उन बातों को कहना बंद कर दें जो उनके अनुभव पर आधारित नहीं हैं। अगर सारे धार्मिक लोग एक बात की कसम ले लें कि हम उतना ही कहेंगे जितना जाना है, इस दुनिया में बड़ी अपूर्व क्रांति घट जाए। झूठ के आधार पर परमात्मा का आगमन नहीं हो सकता है। और जो तुमने नहीं जाना है वह झूठ है। और तुम ऐसे रंग गए हो पक गए हो झूठ में कि तुम्हें याद भी नहीं आती कि तुम झूठ बोल रहे हो। जब कोई तुमसे पूछता है, ईश्वर है? और तुम कहते हो--हां, ईश्वर है! तब तुम्हें खयाल आता है कि तुमने जाना? तुमने पहचाना? तुम्हारा अनुभव है? तुमने स्वाद लिया? नहीं, ये प्रश्न ही नहीं उठते। ये प्रश्न ही तुमने काट कर फेंक दिए हैं। तुम इतने बचपन से इस बात को मानते रहे हो, यह जहर तुम्हें घुटी में घोट कर पिलाया गया है, कि अब तुम्हें याद ही नहीं आती कि तुम्हें पता नहीं है ईश्वर का, कि तुम एक झूठ बोल रहे हो, कि तुम बेईमान हो, कि तुम पाखंडी हो। नहीं, यह कोई बात खयाल में नहीं आती। जब कोई तुमसे पूछता है, ईश्वर है? तुम बड़ी सरलता से कहते मालूम पड़ते हो कि हां, है--अगर भारत में पैदा हुए, अगर किसी धार्मिक देश में पैदा हुए। अगर रूस में पैदा हुए तो उतनी ही झूठ को तुम उतनी ही सरलता से बोल देते हो कि नहीं, ईश्वर नहीं है। क्योंकि वही सिखाया गया है।

रूस के स्कूलों में समझाया जा रहा है, ईश्वर नहीं है; तुम्हारे स्कूलों में समझाया जा रहा है ईश्वर है। दोनों बातें उधार हैं। दोनों दूसरे तुम्हें समझा रहे हैं। और जो तुम्हें समझा रहे हैं उन्हें भी पता नहीं है। ऐसे कैसे धर्म की तलाश होगी? और फिर तुम्हारी बात मान कर जो चल पड़ता है वह गड्ढे में गिरेगा। इसलिए सरहपा कहते हैं कि यह तो ऐसा ही है कि जैसे अंधे अंधों को रास्ते बताएं, फिर दोनों अगर कुएं में गिर पड़ें तो आश्चर्य कैसा? यह तो बड़ी सीधी-सादी बात है, पर बड़ी महत्वपूर्ण।

मैं तुमसे कहना चाहता हूं कि जब भी तुम बोलो तो बहुत सावधानी से बोलना, क्योंकि बोलते तुम करीब-करीब ग्रामोफोन रिकॉर्ड की भांति हो, उसमें सावधानी होती ही नहीं, सावधानी की जरूरत ही नहीं होती; सब रटा हुआ है, बोल देते हो।

एक पादरी तोते खरीदने गया था एक दुकान पर, उसका तोता मर गया था। उसने कहा: कोई शानदार तोता चाहिए, दाम की कोई फिकर न करो। बहुत तोते देखे लेकिन उसे पसंद नहीं आया, फिर एक तोता उसे दिखाई पड़ा--अमेज़ान के जंगल से लाया गया तोता था, बड़ा जानदार तोता था, बड़ा शानदार तोता था। ऐसा तोता उसने कभी देखा नहीं था, उसने कहा कि यह...। पर दुकानदार ने कहा कि इसे मैं बेचना नहीं चाहता। यह बड़ा अनूठा तोता है।

क्या इसका अनूठापन है, पादरी ने पूछा। दुकानदार ने कहा: देखते हैं आप, इसके बाएं पैर में एक छोटा सा धागा बंधा है, जरा सा इसका धागा खींच दो, किसी को पता भी नहीं चलेगा, यह तत्क्षण बाइबिल के वचन दोहराता है। और इसके दाएं पैर में भी धागा बंधा है, देखते हो, पतला धागा, किसी को दिखाई भी नहीं पड़ेगा, तुम चुपचाप इसको खींच दोगे, बस इसको इशारा मिल जाएगा, यह तत्क्षण ईसाइयों की जो प्रार्थना है वह दोहरा देता है।

पादरी ने कहा: और अगर दोनों धागे एक साथ खींच दो? तोता बोला: अरे बुद्धू! तो मैं चारों खाने चित्त नीचे गिर पडूंगा।

तोतों में भी इतनी अकल है, इतनी अकल आदमियों में भी नहीं रही है अब। तोता भी इतना जानता है। दोहरा देगा बाइबिल के वचन और दोहरा देगा प्रार्थना--मगर वह दोहराना है, उस दोहराने का कोई मूल्य नहीं है। इसी तरह तुम दोहरा रहे हो, मगर तोता भी इतना बुद्धू नहीं था जितने लोग बुद्धू हो गए हैं। जब पादरी ने कहा कि अगर दोनों धागे एक साथ खींचें तो क्या होगा, तो तोता भी चौंका, उसने कहा: हद हो गई, अरे बुद्धू! चारों खाने चित गिर पडूंगा।

तुम जब कोई बात कहो, क्षण भर रुक जाना, पुनर्विचार कर लेना। तुम्हारे अनुभव से आती है, तो ही कहना। और उतनी ही कहना जितनी अनुभव से आती हो, एक रत्ती ज्यादा नहीं। एक इंच आगे मत बढ़ना अपने अनुभव से। यह जगत रोशन हो जाए अगर लोग उतनी ही बात कहें जितनी उनके अनुभव की है। इस जगत में सचाई का तूफान आ जाए।

यह दुनिया झूठ में दबी जा रही है। और बड़े से बड़े झूठ वे हैं जिनको तुमने सच मान लिया है। मैं यह नहीं कह रहा कि ईश्वर नहीं है, मैं यह कह रहा हूं कि तुम जब तक न जान लो, कुछ मत कहना। कहना: मुझे पता नहीं है कि ईश्वर है या नहीं। मुझे पता होगा कभी तो जरूर निवेदन करूंगा, अभी मैं भी तलाश में हूं। मुझे कुछ पता नहीं, मैं अज्ञानी हूं।

जरा सोचो, ऐसा कहते ही तुम कैसे निर्भार हो जाओगे, कैसे हलके! और ऐसा कहते ही तुमने दूसरे आदमी को एक दिशा दे दी--ईमानदारी की, अन्वेषण की, खोज की, तलाश की। तुमने दूसरे आदमी में भी एक ज्योति जला दी; यह ज्योति ज्यादा मूल्यवान है उस झूठी बात से जो तुमने उससे कह दी होती कि हां, ईश्वर है, मैं मानता हूं। और तुम हजार तर्क देते, वे सब तर्क भी बासे होते; उन तर्कों का कोई मूल्य नहीं है।

आज तक ईश्वर के पक्ष में कोई तर्क दिया नहीं जा सका है, न विपक्ष में दिया जा सका है। ईश्वर तर्क की बात ही नहीं है; न तो सिद्ध किया जा सकता है तर्क से, न असिद्ध किया जा सकता है तर्क से। ईश्वर तो अनुभव है। और न ईश्वर हिंदू है, न मुसलमान, न ईसाई; न कुरान में है, न बाइबिल में, न वेद में। ईश्वर तो तुम्हारे स्वानुभव में है। और तुम्हारे अतिरिक्त कोई उसका गवाह नहीं हो सकता, तुम उसके साक्षी बनो।

सरहपा ठीक कहते हैं।

पीछे करना अध्ययन, बंधु, तुम औरों का;
हो सावधान, पहले अपना अध्ययन करो!
पीछे दिखलाना आंखें औरों को, पहले--
अपने प्रति तो तुम बंद न अपने नयन करो!
हो सावधान, पहले अपना अध्ययन करो!

जीते-जीते थक गया, जब कि जीने वाला,
तज कर्म, सजा कर मंच, बन गया अभिनेता!

वह कोई और न था, तुम ही कच्चे साधक,
जिसने अपने को समझ लिया जीवन-जेता!
मन नहीं, वचन के शूर, रूप धरने वाले;
तुम उतर मंच से, भार मौन का वहन करो!
हो सावधान, पहले अपना अध्ययन करो!

अभिमान तुम्हारा व्यर्थ--कि तुम साधक, विनम्र!
तुम निरभिमान होने का मत अभिमान करो!
कह दिया किसी ने यदि, तुम हो ज्ञानी-ध्यानी;
यह बात मान कर, मत उसका अपमान करो!
यश फूलों का परयंक नहीं, अंगारा है;
तुम शयन करो इस पर, आपे का दहन करो!
हो सावधान, पहले अपना अध्ययन करो!

उपदेश, सुभाषित शब्दों के घड़िया-जड़िया--
जाने क्या क्या तुम समझ बैठते अपने को!
मत समझो जग को मूर्ख, बनो मत मूर्खराज;
समझो न सिद्धि तुम, अपना अहम पनपने को!
तुम बात उड़ाओ नहीं, चुराओ नहीं आंख;
कच्चे घट हो, जी भर कर ज्वाला सहन करो!
हो सावधान, पहले अपना अध्ययन करो!

अभी कच्चे घड़े हो, अभी पको। कच्चे घट हो, जी भरकर ज्वाला सहन करो! अभी तो तुम्हारे भीतर व्यर्थ की बकवास है। तुम उतर मंच से, भार मौन का वहन करो! अभी तो तुम्हारे भीतर बड़ा अहंकार है, वही अहंकार तो तुम्हें सुझाव देता है कि मार्ग-दर्शन करो लोगों का; लोगों को चलाओ, रास्ता बताओ, ज्ञान दो!

तुम शयन करो इस पर, आपे का दहन करो!
यश फूलों का परयंक नहीं, अंगारा है;
तुम शयन करो इस पर, आपे का दहन करो!
अभी खुद की आंखें बंद, तुम दूसरों की खोलने चले!

अपने प्रति तो तुम बंद न अपने नयन करो!
पीछे दिखलाना आंखें औरों को, पहले--
अपने प्रति तो तुम बंद न अपने नयन करो!
पीछे करना अध्ययन, बंधु तुम औरों का;
हो सावधान, पहले अपना अध्ययन करो!

पहले तो स्वयं को पढ़ो, फिर पढ़ाना। पहले जागो, फिर जगाना। पहले आंख खोलो, आंख पाओ, फिर तुम्हें चेष्टा न करनी पड़ेगी। जिन्हें तलाश है वे खुद ही तुम्हें ढूंढते चले आएंगे। वे सदा चले आते हैं। तुम्हारा दीया जले तो दूर अंधकार में भटकते हुए लोग उस धीमी सी दीये की ज्योति को देख चल पड़ेंगे, तुम्हारी तलाश शुरू हो जाएगी। जिन्होंने जाना है उनसे लोग पूछने चले आए; उन्हें जा जाकर किसी को कहना भी नहीं पड़ता है, कहने की कोई आवश्यकता नहीं रह जाती।

सरहपा ठीक कहते हैं। उनकी बात को गांठ बांध लो।

चौथा प्रश्नः

ओशो, आपने कहा है जीवन को लीला समझो। कैसे? और यदि जीवन माया मात्र है, तो इस जीवन की आवश्यकता क्या है?

जीवन को लीला समझो, इस बात को कहने का यह अर्थ नहीं है कि जीवन लीला नहीं है और तुम्हें लीला समझना है। जीवन लीला है, तुम समझो चाहे न समझो। जीवन का लीला होना तुम्हारे समझने पर निर्भर नहीं है। जीवन का लीला स्वभाव है। यह सत्य है: तुम समझ लो तो तुम्हारे जीवन में सत्य से मिलने वाली शांति का आविर्भाव होगा; तुम न समझो तो असत्य से मिलने वाली अशांति का विस्तार होगा। तुम समझ लो तो संगीत पैदा हो जाएगा क्योंकि तुम्हारा तालमेल बैठ जाएगा विराट से; तुम न समझो तो तुम तालमेल के बाहर पड़े रहोगे, तुम्हारा छंद विराट के छंद के साथ न बैठेगा। वही दुख है।

दुख क्या है? विराट के छंद से पृथक-पृथक रहना; अपनी ढाई चावल की खिचड़ी अलग पकाना, दुख है। जिस दिन तुम इस विराट उत्सव में सम्मिलत हो जाते हो, इस विराट संगीत में एक अंग बन जाते हो, बस उसी दिन सुख है, उसी दिन शांति है, उसी दिन आनंद है।

जीवन लीला है, इसका क्या अर्थ? जीवन गंभीर नहीं है। परमात्मा गंभीर कैसे हो सकता है! गंभीरता तो उदासी है। उदासी तो रुग्णता है, उदासी तो विषाद है। उदासी तो उनमें होती है जिनकी अपेक्षाएं हैं और फिर अपेक्षाएं पूरी नहीं होतीं तो उदासी होती है। परमात्मा की कोई अपेक्षा नहीं है, इसलिए उदासी कैसी? परमात्मा विषाद को कैसे उत्पन्न होगा? परमात्मा तो सदा ही आनंदमग्न है।

यह जगत परमात्मा ने प्रयोजन से नहीं बनाया है, क्योंकि प्रयोजन तो उसका होता है जिसको कुछ पाना हो, आकांक्षा हो। परमात्मा तो वह है जिसके पास सब है, कुछ पाने को नहीं है, कुछ और ज्यादा हो नहीं सकता। फिर उसने जगत को क्यों बनाया है? इसलिए इस देश के मनीषियों ने ठीक बात कही, दुनिया के किसी और मनीषी ने इस गहन बात को नहीं पकड़ पाया है। सारी दुनिया में लोग यही कहते रहे कि परमात्मा ने जगत को रचा है, बनाया है, सृष्टि की है; इसके पीछे कोई प्रयोजन है, कोई महत प्रयोजन है। और यह बात आदमी के मन को जमती भी है, क्योंकि हम सब प्रयोजन से जीते हैं।

तुम एक दुकान खोलते हो तो कोई लीला थोड़े ही है। तुम एक दुकान खोलते हो, धन कमाना है। तुम शादी करते हो तो कोई लीला थोड़े ही है। तुम गंभीरता से शादी करते हो; घर बसाना है, बच्चे पीछे छोड़ जाना है। नहीं तो कौन करेगा श्राद्ध, और कौन तुम्हारी खोपड़ी तोड़ेगा मरघट पर, हालांकि बच्चे ऐसे हैं कि जिंदा में ही तोड़ देते हैं। पुराने जमाने में मरने तक रुकते थे, अब वे एकदम जल्दी में हैं। हर चीज जल्दी में हो रही है।

तुम प्रयोजन से जीते हो, तो तुमने परमात्मा को भी अपने हिसाब ही से सोच लिया है कि वह भी प्रयोजन से जी रहा होगा। जरूर कोई लक्ष्य होगा, शायद हमको पता नहीं है, मगर लक्ष्य तो होगा ही होगा। लेकिन परमात्मा का कोई लक्ष्य नहीं हो सकता। वह तो वहीं है जहां होना है। वह तो पहुंचा ही हुआ है। कोई मंजिल तो नहीं है, मंजिल पर ही है।

परमात्मा इस जगत को किसी प्रयोजन से नहीं रचता। फिर क्यों? हमारे सामने सवाल उठता है: फिर क्यों? ऊर्जा है। छोटे बच्चों को देखा? एक बच्चा बैठा है, कुछ नहीं तो बैठे-बैठे ही डोल रहा है, करवट बदलता है। तुम उससे कहते हो: शांत बैठो! वह शांत बैठे कैसे? ऊर्जा है, शक्ति का प्रवाह है, शक्ति ऊपर से बह रही है। बाढ़ आई

है शक्ति की, वह चुप कैसे बैठे? बच्चे नाच रहे हैं, कूद रहे हैं, दौड़ रहे हैं; तुम उनसे पूछो--प्रयोजन? तो वे चौंकेंगे कि यह भी कोई बात हुई? नाचना काफी है, प्रयोजन क्या? या फिर तुम कवियों से पूछो कि तुमने जो गीत गाये--प्रयोजन? अगर किसीने प्रयोजन से गीत गाया हो तो वह कवि ही नहीं है। वह कहे कि इसलिए गीत गाया कि राजा की स्तुति करनी थी, तो वह कवि ही नहीं है, तुकबंद है। उसके गीतों का कोई मूल्य नहीं है।

रवींद्रनाथ जैसे कवि से पूछो तो वह कहेंगे, ऊर्जा का सहज आविर्भाव है। मेरे वश में न था, गाना ही पड़ा, प्रयोजन कुछ भी नहीं। गीत जैसे अपने से फूटा है! जैसे वृक्षों से फूल फूटे हैं, और पक्षियों के कंठ से सुबह गान निकले हैं, और रात आकाश तारों से भर गई है--प्रयोजन क्या है?

पाबलो पिकासो चित्र बना रहा था, कोई आदमी आकर खड़ा हो गया, गौर से देखता रहा, फिर उसने पूछा--इस चित्र के बनाने का प्रयोजन क्या है? पिकासो ने अपने सिर पर हाथ मार लिया। उसने कहा: तुम पहाड़ों से नहीं पूछते, तुम वृक्षों से नहीं पूछते, तुम चांद-तारों से नहीं पूछते, मेरे क्यों पीछे पड़े हो? यह जो पास में गुलाब का फूल खिल रहा है, इससे पूछो कि प्रयोजन क्या है? और अगर गुलाब का फूल खिल सकता है निष्प्रयोजन, तो क्या इतना हक मुझे नहीं है कि निष्प्रयोजन मैं रंग फैलाऊं कैनवस पर, चित्र बनाऊं निष्प्रयोजन?

संगीतज्ञ जब अपनी परम गहराई में उतरता है तो संगीत का कोई लक्ष्य नहीं होता, संगीत अपने में ही अपना लक्ष्य होता है। कला--कला के लिए। लीला का वही अर्थ है।

परमात्मा दुकानदार नहीं है, कलाकार है--लीला का इतना ही अर्थ है। परमात्मा गणित से नहीं जी रहा है, काव्य से जी रहा है--इतना ही लीला का अर्थ है। लीला का अर्थ है, यह खेल है। परमात्मा के पास इतनी ऊर्जा है कि करे क्या, तो फूल बनाता है, पक्षी बनाता है, लोग बनाता है। और देखो कैसा रंग-बिरंगा जगत! अदभुत जगत है। यह ऊर्जा की बाढ़ है।

पश्चिम के बड़े रहस्यवादी कवि ब्लेक ने कहा है: इनर्जी इज डिलाइट, ऊर्जा आनंद है। यह वक्तव्य उपनिषद के वक्तव्यों जैसा वक्तव्य है--उसी कीमत का, उसी मूल्य का। जहां ऊर्जा है वहां ऊर्जा बहेगी और आनंद प्रकट होगा। वहां नृत्य होगा, गीत गाये जाएंगे, फूल खिलेंगे। और ऊर्जा अजस्र है, अनंत है, इसलिए खेल जारी रहेगा।

तो मैंने जब तुमसे कहा कि जीवन को लीला समझो, तो मैंने यह नहीं कहा कि तुम समझोगे तो जीवन लीला होगा; मैंने इतना ही कहा है कि जीवन तो लीला है ही, तुम समझोगे तो तुम्हें सदबुद्धि आएगी। तुम्हारे नहीं समझने से जीवन में कुछ फर्क नहीं पड़ता, लेकिन तुममें फर्क पड़ता है। ठीक-ठीक समझोगे तो जोड़ बैठ जाएगा, तरंग बैठ जाएगी। तुम्हारे तार परमात्मा के तार के साथ कंपने लगेंगे। और अगर तुमने ठीक-ठीक न समझा, तुम कुछ का कुछ और समझते रहे तो तुम्हारे तार अलग-थलग चलते रहेंगे। उसका नाच चलता रहेगा, तुम अलग अकेले पड़ जाओगे।

धार्मिक व्यक्ति मैं उसको कहता हूं जिसने परमात्मा का लीलामय रूप समझा और उस लीलामय रूप में अपने को सम्मिलत कर दिया। अधार्मिक व्यक्ति मैं उसको कहता हूं जो प्रयोजन से जी रहा है। समझ लेना जरा मेरी व्याख्या को, क्योंकि अगर मेरी व्याख्या ठीक से समझ में आई तो तुम्हारे तथाकथित धार्मिक कहे जाने वाले निन्यानबे प्रतिशत लोग मेरी व्याख्या के हिसाब से अधार्मिक हो जाएंगे और बहुत से लोग जिन्हें तुमने कभी भी धार्मिक की तरह नहीं सोचा वे धार्मिक हो जाएंगे।

मैं दोहरा दूं मेरी परिभाषा: धार्मिक वह है जो परमात्मा की लीला के साथ संयुक्त हो गया है; जिसने अपने जीवन को भी लीला बना लिया, जिसे अब न कहीं जाना है, न कुछ होना है, न कुछ पाना है--स्वर्ग भी नहीं, बैकुंठ भी नहीं, मोक्ष भी नहीं, कुछ नहीं पाना है। यह क्षण पर्याप्त है। यह क्षण पूरा-पूरा मन को भर रहा है, प्राणों को भर रहा है। आह्लाद है यहां और अभी। इसी आह्लाद में बाढ़ आई है तो कभी नाच पैदा हुआ, तो कभी गीत पैदा हुआ। वे ही नाच, वे ही गीत प्रार्थनाएं हैं।

धार्मिक व्यक्ति वह है जिसने जगत का लीलामय रूप समझा और उसके साथ एक हो गया। तब बहुत से कवि, जिनको तुम कभी धार्मिक नहीं समझते, मेरे हिसाब से धार्मिक हो जाएंगे। बहुत से नर्तक, बहुत से संगीतज्ञ, बहुत से चित्रकार...मेरे हिसाब से सारे कलाकार परमात्मा के ज्यादा निकट हैं, बजाए तुम्हारे तथाकथित तपस्वियों के, तुम्हारे तथाकथित मुनियों के, साधुओं के। क्योंकि तुम्हारे साधु प्रयोजन से चल रहे हैं। पूछो किसी साधु से कि उपवास क्यों कर रहे हो? तो वह कहता है: मोक्ष जाना है। यह दुकान ही है। यह नया फैलाव हुआ सौदे का। पूछो किसी साधु से कि तुम सिर के बल क्यों खड़े हो? वह कहता है: बैकुंठ जाना है, कि परमात्मा को प्रसन्न कर रहा हूं। परमात्मा पागल है कि तुम सिर के बल खड़े होओगे तो प्रसन्न होता है! अगर परमात्मा

को सिर के बल ही खड़ा करना था तो तुम्हें सिर के बल ही खड़ा किया होता; इतनी बड़ी भूल तो न करता कि तुम्हें पैरों के बल खड़ा करता। अगर परमात्मा को उपवास में इतना ही रस था तो तुम्हें पेट ही क्यों दिया था? तुम्हारे पेट में पहले ही पत्थर भर दिए होते; न लगती भूख, न होता उपद्रव। अगर परमात्मा को तुम्हें उदास ही देखना था, तो हंसी की क्षमता क्यों दी थी? तो तुम्हारे ओंठों पर मुस्कुराहट आने का उपाय क्यों रचा था? अगर परमात्मा तुम्हें उदास ही जानना चाहता था तो तुम्हें उदास ही बनाया होता, तुम्हें उदासी में ही रंगा होता। तुम्हें मुर्दा ही पैदा किया होता। तुम्हें जिंदगी न दी होती और जिंदगी के सारे रंग न दिए होते और जिंदगी का इतना बड़ा इंद्रधनुष न फैलाया होता। न होते वृक्ष हरे, न खिलते फूल, न पक्षी गीत गाते।

लेकिन परमात्मा ने तुम्हें आनंद के लिए तत्पर किया है और तुम प्रयोजन के कारण परेशान हो। तुम कहते हो: हर चीज में प्रयोजन होना चाहिए। माला भी फेरते हो तो आनंद से नहीं; नजर लगाये बैठे हो कि कितनी बार...एक हजार बार माला फिर जाए तो फिर परमात्मा प्रसन्न होगा!

एक घर में मैं मेहमान था। उन सज्जन ने सारा घर भर रखा है। किताबें ही किताबें, किताबें ही किताबें। वह राम-राम लिखते रहते हैं। बस उनका पूरा काम सुबह से शाम तक किताबें खराब करना...राम-राम, राम-राम। वह मुझसे कहने लगे: आप देखते हैं, इतना मैंने राम लिख डाला, करोड़ों राम लिख डाले हैं! इसका मेरा क्या फल होगा, आप मुझे कहिये।

मैंने कहा: फल! अगर कहीं नरक है तो पड़ोगे नरक में। उन्होंने कहा: नरक में! आप मजाक करते हैं?

मैंने कहा: इतनी किताबें खराब कीं, बच्चों के काम आ जातीं, स्कूल में बंटवा देते। बच्चों में राम देख लेते, उनको किताबें दे देते, राम के काम आ जातीं किताबें। तुमने व्यर्थ ही खराब कर दीं। और अगर तुम्हें लिखने की ही धुन थी कि बिना लिखे रुक ही नहीं सकते थे तो कम से कम स्लेट-पट्टी पर लिखते रहते और मिटाते रहते। किताबें क्यों खराब कीं?

वह कहने लगे: आप पहले आदमी हैं जो इस तरह की बात कर रहे हैं। यहां तो मेरे घर में जो आता है वही कहता है: 'आहा! आप भी धन्यभागी हैं।' आपने संदेह पैदा कर दिया। जो भी आता है वह कहता है कि आप तो पुण्य-लोक जाएंगे, इतना राम लिख डाला!

मैंने उनसे कहा कि एक आदमी मरा, जिंदगी भर राम-राम ही करता रहा था। और धीरे भी नहीं करता था, जोर से करता था। जोर से ही नहीं करता था, लाउड-स्पीकर लगा कर करता था कि मोहल्ले भर के लोगों को भी मुफ्त ही पुण्य मिलता रहे। ऐसे कई लोग हैं जो मुफ्त पुण्य देते हैं मोहल्ले वालों को; चाहे उनको सोना हो मगर वे कहते हैं राम-राम...! वे कहते हैं अखंड कीर्तन हो रहा है। अखंड कीरंतन को वे अखंड कीर्तन कहते हैं।

वह आदमी मरा। संयोग की बात, उसके सामने ही एक और आदमी रहता था, जो बिलकुल नास्तिक था, वह भी मरा। एक ही दिन मरे। धार्मिक ने तो समझा कि बेचारा जाएगा नरक यह, मैं जाऊंगा स्वर्ग। और जब देवदूत लेने आए और उसको ले चले नरक की तरफ तो उसने कहा: ठहरो भाई, तुमसे कुछ भूल हो रही है। नरक उसको ले जाओ, जिसने कभी राम का नाम न लिया। मैं तो राम-राम ही जपता रहा।

उन्होंने कहा: हमसे कुछ भूल नहीं हो रही। यह कोई भारतीय सरकार का दफ्तर नहीं है कि भूल हो जाए। यह कोई सरकारी काम नहीं है, ईश्वरीय काम है, यहां भूल-चूक होती ही नहीं। तुमको नरक भेजा है, उसको स्वर्ग।

उसको स्वर्ग! उसने कहा: निश्चित भूल है। पहले मुझे परमात्मा से मिलना है।

खैर दोनों परमात्मा के सामने मौजूद किए गए। नास्तिक की आंखों से तो आंसू बह रहे थे। वह तो भरोसा ही नहीं कर सकता था कि मुझे और स्वर्ग! और आस्तिक की आंखों से आग बरस रही थी कि मुझे और नरक? और उसने जाते से ही कहा कि सुनते हैं, जिंदगी बिता दी चिल्ला-चिल्ला कर। अकेला ही नहीं चिल्लाया, मोहल्ले भर पर आवाज लगाई, लाउड-स्पीकर लगवाया, खर्चा भी किया, अखंड कीर्तन करता रहा--और इसका यह फल! मुझे नरक क्यों भेजा जा रहा है?

परमात्मा ने कहा: इसीलिए कि तुमने जिंदगी भर मुझे भी नहीं सोने दिया, अब तू स्वर्ग में रहेगा और लाउड-स्पीकर लगाएगा, झंझट खड़ी होगी। यहां देवी-देवताओं को सोने दे भैया। तू नरक जा। वहां लगाना लाउड-स्पीकर। वहां तुझे जो करना हो करना।

'और इस नास्तिक को यहां क्यों बुलाया जा रहा है?'

उसने कहा: इससे मैं इसीलिए प्रसन्न हूं, तेरे कारण। तूने मुझे इतना सताया है कि मैं इस पर खुश हो गया कि इसने एक भी दफे मेरा नाम नहीं लिया, एक भी दफे परेशान नहीं किया तेरे कारण मैं इस पर खुश हो गया हूं।

तुम जब भी किसी काम में लगे हो, अगर उसमें परिणाम की आकांक्षा है तो वह काम सांसारिक हो गया, दुकानदारी हो गई, व्यवसाय हो गया।

मैं तुमसे कहता हूं: संसार लीला है। इसलिए मैं अपने संन्यासी को गंभीर होने को नहीं कह रहा हूं। उससे कह रहा हूं: जीवन को मौज से लो हलके-हलके, नाचते-नाचते, मुस्कुराते-मुस्कुराते। यही तुम्हारी प्रार्थना है, यही तुम्हारी उपासना है।

और तुम पूछते हो: 'और यदि जीवन माया मात्र है तो इस जीवन की आवश्यकता ही क्या है?'

ठीक है, तर्क और गणित वाले विचार में ऐसा प्रश्न उठेगा ही। या तो होना चाहिए गंभीर मामला, तब तुम राजी हो। कोई महत प्रयोजन होना चाहिए। अगर कोई प्रयोजन नहीं है, तब सवाल उठता है: तो फिर इसकी जरूरत ही क्या है?

उत्सव की तुम्हें कोई जरूरत ही दिखाई नहीं पड़ती! सहज आनंद की तुम्हें कोई अर्थवत्ता ही नहीं मालूम होती। कभी सुबह घूमने गए हो? और अगर कोई पूछ ले कि इसका प्रयोजन क्या है, क्यों जा रहे हो घूमने, कहां जा रहे हो? और तुम कहो कि सिर्फ घूमने जा रहे हैं, इसमें कहां जाने का क्या सवाल है, सिर्फ घूमने निकले हैं! और वह कहे, तो फिर निकले ही क्यों, उत्तर चाहिए! अगर या तो दफ्तर जा रहे हो, ठीक; दुकान जा रहे हो, ठीक; कारखाने जा रहे हो ठीक; पत्नी बीमार है, दवा लेने जा रहे हो, ठीक; कि नोन तेल लकड़ी के लिए जा रहे हो, ठीक--घूमने, तफरी के लिए! तुमने कोई लखनऊ समझ रखी है? यह पूना है, पुण्य की नगरी है, कहां जा रहे हो? यह कोई लखनऊ तो नहीं! तो फिर तुम्हें बहाने खोजने पड़ते हैं। तुम कहते हो कि स्वास्थ्य के लिए, कि मैं प्राकृतिक चिकित्सा में विश्वास करता हूं, कि मेरा तीर्थ है उरली कांचन, सेहत बनाने के लिए जा रहा हूं।

तब दूसरा आदमी राजी हो जाता है कि तब फिर ठीक है, तो जाओ। मगर काश तुम कहो कि बस घूमने के लिए घूम रहा हूं! यह सुबह, यह ताजी हवा, ये पक्षी, यह सूरज का उगना, यह फिर प्रभात, यह फिर एक सुबह का आगमन...पर्याप्त है! ऐसे ही मजे में निकल पड़ा हूं! ऐसी मस्ती में! तो दूसरा आदमी पूछेगा: फिर निकले ही क्यों?

हमने जिंदगी को ऐसा गणित में कस लिया है कि गणित के बाहर हम कुछ भी नहीं होने देते! कुछ भी नहीं! हर चीज गणित के शिकंजे में कस गई है।

तो तुम्हारा प्रश्न स्वाभाविक है कि फिर माया क्यों? अगर मानते ही नहीं हो कि माया क्यों, तुम्हें उत्तर चाहिए ही चाहिए, तो यह रहा उत्तर--

दिखती पहले धूप रूप की,
दिखती फिर मटमैली काया!
दुहरी झलक दिखा कर अपनी
मोह-मुक्त कर देती माया!

देखा एक सुंदर स्त्री को, पड़ गए मोह में, प्रेम में। फिर एक दिन पाया कि वृद्ध हो गई, झुर्रियां पड़ गईं चेहरे पर, अब बड़ी विरक्ति होने लगी। पहले देखा दूर सुहावना दृश्य, फिर पास गए कुछ भी न पाया। दूर से देखा इंद्रधनुष; पास गए, मुट्ठी में कुछ भी न आया।

दिखती पहले धूप रूप की,
दिखती फिर मटमैली काया!
दुहरी झलक दिखा कर अपनी
मोह-मुक्त कर देती माया!

असंभाव्य भावी की आशा;
पूर्ति चरम शाश्वत अपूर्ति की;
ललक कलक में झलक दिखाती
अनासक्त आसक्तिमूर्ति की!
अंत सत्य को सुगम बनाती
हरि की अगम अछूती छाया!

मन में हरि, रसना पर षड्रस,
अधर-धरे मुसकान सुहानी;
हरि तक उसे नचाती लाती,
हरि की जिसने बात न मानी!
शकुन दिखा, हर अंधतनय को
हरि-माया ने खेल खिलाया!

संज्ञाहत हो या अनात्मरत,
आत्ममुग्ध या आत्मप्रवंचक;
पहुंचाया है हर झूठे को

माया ने झूठे के घर तक;
लग्न लगा कर, मोहमग्न को
मृगजल-जलनिधि पार कराया!

अपनी समझ, जिसे हर कोई
करता रहता मेरी-तेरी
वह अनेक जन-मन-विलासिनी
एक मात्र श्रीहरि की चेरी!
मैंने इस सहस्त्ररूपा को
राममयी, कह, शीश झुकाया!

अगर तुम कहते हो प्रयोजन चाहिए ही चाहिए...अगर मानो मेरी बात तो मत पूछो प्रयोजन, सब लीला है...मगर चित्त मानता ही न हो, गणित ने ऐसा शिकंजा कसा हो, तो फिर ऐसा समझो कि माया तुम्हें जगाने का एक उपाय है। माया तुम्हें चेताने का एक उपाय है।

दिखती पहले धूप रूप की,
दिखती फिर मटमैली काया!
दुहरी झलक दिखाकर अपनी
मोहमुक्त कर देती माया!

शायद हरि तक तुम सीधे जा भी नहीं सकते। पहले पड़ोगे किसी सुंदर स्त्री के प्रेम में, सुंदर पुरुष के प्रेम में। लेकिन जल्दी ही सौंदर्य तिरोहित हो जाता है। हाथ रिक्त, खाली रह जाते हैं।

ऐसे बार-बार चूक-चूक करके, भूल-भूल करके, एक दिन तुम्हें याद आती है कि अब उसी को प्रेम करें जो शाश्वत है; अब उसी को चाहें, जिसे चाह लेने से सब चाहें मिट जाती हैं; अब उसी को पा लें जिसे पा लेने से फिर कुछ और पाने को शेष नहीं रह जाता।

हरि तक उसे नचाती लाती,
हरि की जिसने बात न मानी!

तुम सीधे-सीधे न मानो तो माया तुम्हें मना देती है। भटको, टूटो, रोगग्रस्त होओ, हजार पीड़ाओं से भरो, सड़ो--सीधे नहीं मानते तो भटक-भटक कर मानो, जागो!

लगन लगा कर मोहमग्न को
मृगजल-जलनिधि पार कराया!
मैंने इस सहस्ररूपा को
राममयी कह, शीश झुकाया!

लेकिन जो जानते हैं वे माया को भी नमस्कार करेंगे, यह भी उसी का खेल है। मैं तुमसे कहता हूं: माया को छोड़ना मत, यह भी उसी की छाया है। परमात्मा प्रिय है, उसकी छाया भी प्रिय है। इसलिए मैंने अपने संन्यासी को कहा: त्याग नहीं, संसार से पलायन नहीं। इसी छाया को अगर ठीक से समझ लोगे तो इसी छाया के माध्यम से तुम उसे समझ लोगे जिसकी यह छाया है।

पर फिर भी मैं तुमसे कहता हूं: हलके-हलके! गुरु-गंभीर न हो जाना। सदियों से गुरु-गंभीर धर्म ने मनुष्य की बड़ी हत्या की है। सारे मंदिर उदास हो गए; मस्जिदें, मंदिर, चर्च मरघटों जैसे हो गए।

त्यागी मत बनना। भोग में कहीं छिपा है भगवान, उसे वहीं तलाश करना। जब तुम भोजन करो तो कहीं स्वाद में उसे तलाश करना।

इसलिए तो अदभुत वचन कह सके उपनिषद: अन्नं ब्रह्म। यह कोई छोटे-मोटे लोगों ने नहीं कहा, छोटे-मोटे लोग तो अस्वाद सिखाते हैं। उपनिषद कह सके: अन्नम् ब्रह्म! अन्न ब्रह्म है। सब सौंदर्य उसकी ही झलक है; जैसे चांद आकाश में निकला और झील में उसकी झलक पड़ी। जब कोई स्त्री या कोई पुरुष तुम्हें सुंदर मालूम पड़ता है तब झील में तुमने चांद देखा। सूफी फकीर जुन्नैद जब भी किसी सुंदर स्त्री को देखता था, भाव-विभोर होकर उसकी आंख से आंसू बहने लग जाते। रास्तों पर खड़ा हो जाता था। अनेक बार उसके शिष्यों ने कहा: अच्छा नहीं मालूम होता, आप जैसा प्रसिद्ध पुरुष, आपके सैकड़ों शिष्य आप किसी सुंदर स्त्री को देख कर एकदम ठिठक कर खड़े हो जाते हैं!

जुन्नैद ने कहा: सुंदर स्त्री उसकी झलक है। उसकी आंख से आंसू बहने लगते थे, कृतकृत्य हो जाता था।

जुन्नैद मुझे जमता है। सुंदर स्त्री में भी उसकी झलक है, सुंदर पुरुष में भी उसकी झलक है। झलक मात्र ही है, इसलिए जल्दी ही खो जाएगी। चांद बना झील में, एक कंकड़ गिर जाएगा कि उपद्रव हो जाएगा, एक कंकड़ गिर जाएगा कि सब चांद खो जाएगा, सब झील में हलचल मच जाएगी।

देर नहीं है यहां, सब क्षणभंगुर है; मगर छाया तो उसी की है। माना कि झील में बना चांद जरा से कंकड़ के गिरने से खो जाता है, मगर इससे भी क्या यह सिद्ध तो नहीं होता कि जो चांद झील में बन रहा है वह असली चांद की छवि नहीं है। झील में देखो चांद को और फिर तलाश में निकल जाओ असली चांद की। झील में देखो चांद को, फिर आकाश में खोजने लगो। संसार में देखो परमात्मा को, फिर आकाश में खोजने लगो। मगर संसार को छोड़ कर भागने की कोई भी जरूरत नहीं है, झील को त्यागने की कोई भी जरूरत नहीं है। झील को जिसने त्याग दिया वह शायद आकाश की तरफ आंख भी न उठा पाये, कौन उसे याद दिलाएगा? कौन उसे बताएगा कि आकाश में चांद निकला है? उसकी आंखें जमीन में गड़ी रहेंगी, और जमीन में प्रतिबिंब नहीं बनते, झील में प्रतिबिंब बनते हैं।

इसलिए मैं तुमसे कहता हूं: राग की, रंग की, इस अपूर्व माया को छोड़ कर मत भागना। भगोड़े मत बनना, जगोड़े बनो। जागो।

आखिरी सवाल:

आप हजारों लोगों को संन्यास क्यों दे रहे हो?

संन्यास का अर्थ जानते हो? संन्यास का अर्थ है--मेरा अर्थ--जीवन को जीने की कला। जीवन को सम्यक रूपेण जीना। लोग जीना भूल गए हैं, इसलिए हजारों लोगों को संन्यास दे रहा हूं।

लोग भूल ही गए हैं कि जीना कैसे। और जिन्होंने भुलाने में सहयोग दिया है उन्हें अब तक संन्यासी समझा जाता रहा है। इसलिए संन्यास नाम मैंने चुना, ताकि प्रायश्चित हो जाए। प्रायश्चित के निमित्त। मैं कुछ और नाम भी चुन सकता था, मैं कोई और वस्त्र भी चुन सकता था, लेकिन मैंने संन्यास ही नाम चुना और मैंने गैरिक वस्त्र ही चुने, क्योंकि गैरिक वस्त्रों पर और संन्यास पर बड़ी कालिख लग गई है। इनके कारण ही बहुत से लोग जीवन का छंद भूल बैठे हैं, भगोड़े बन गए हैं। इसी सीढ़ी से भागे हैं, इसी सीढ़ी से वापस लाना है। और संन्यास के नाम पर जो कालिख लगी है उसको मिटा देना है। संन्यास को अब नाचता हुआ, आनंदमग्न रूप देना है। संन्यास को एक नया संस्कार देना है, एक नई संस्कृति देनी है।

अब जिसे मैं संन्यास कह रहा हूं उसका पुराने संन्यास से कुछ भी लेना-देना नहीं

है, वह उसके ठीक विपरीत है। इसलिए अगर पुराने संन्यासी मुझसे नाराज हों तो तुम आश्चर्य न करना, स्वाभाविक है। उन्होंने तो कभी सोचा ही नहीं है कि ऐसा भी संन्यास हो सकता है। संन्यास, जो संसार में पैर जमाकर खड़ा हो; संन्यास, जो घर, परिवार, प्रियजनों के विपरीत न हो। संन्यास के नाम पर कितने घर उजड़े हैं, तुम्हें पता है? लुटेरों ने इतने घर नहीं उजाड़े, हत्यारों ने इतनी स्त्रियों को विधवा नहीं किया है, दुष्टों ने इतनी माताओं को रोता नहीं छोड़ा है--जितना संन्यासियों ने। मगर अच्छे नाम के पीछे कुछ भी चले, छिप जाता है, नाम भर अच्छा हो। तो तुम रो भी नहीं सकते। कोई संन्यासी हो गया घर-द्वार छोड़ कर, अब पत्नी रो भी नहीं सकती। देखते हो, कैसी तुमने गर्दन कस दी है लोगों की! पत्नी को लोग समझाएंगे: तू धन्यभागी है, कि तुझे ऐसा पति मिला जो संन्यासी हो गया! अब यह पत्नी आटा पीसेगी, कि चक्की चलायेगी, रोती रहेगी; मगर यह अपने आंसुओं को वाणी न दे सकेगी। यह किसी से कह भी न सकेगी और पतिदेव कभी अगर नगर में आएंगे, संन्यस्त हो गए हैं अब, तो उनके चरण छुएगी और ऊपर-ऊपर मानेगी कि धन्यभागी हूं मैं और भीतर जानेगी अभागी। इसके बच्चे अनाथ हो गए। और कौन जाने कितनी स्त्रियां वेश्याएं न हो गई होंगी और कितने बच्चे भिखमंगे न हो गए होंगे, कितने बच्चे गैर-पढ़े-लिखे न रह गए होंगे, कितने बच्चों को दवा न मिली होगी और मर न गए होंगे! कितने मां-बाप बुढ़ापे में असहाय न हो गए होंगे, उनके हाथ की लकड़ी न छूट गई होगी।

तुम जरा देखो तो, अगर संन्यास के नाम पर हुआ जो अब तक का भगोड़ापन है, हजारों साल का, उसका हिसाब लगाया जाए तो हिटलर और तैमूरलंग और चंगीज खां और नादिरशाह और महमूद गजनवी, इन सबने जो भी अत्याचार ढाये, सबके इकट्ठे भी जोड़ लो तो उनका कुल जोड़ संन्यास के द्वारा हुए अत्याचारों के मुकाबले कुछ भी नहीं है।

मगर बात अच्छी है। झंडा संन्यास का है, उसके पीछे सब छिप जाता है, सब खून छिप जाते हैं।

मैं इस सारी कहानी को नया ढंग देना चाहता हूं। संन्यास को मैं पहली बार पृथ्वी के प्रेम में संलग्न करना चाहता हूं, क्योंकि मेरे लिए पृथ्वी और परमात्मा में भेद नहीं है, अभेद है। यह एक महत क्रांति है, जो घट रही है। पृथ्वी का संगीत खो गया है, आनंद खो गया है। जीवन की रसधार छिन्न-भिन्न हो गई है। तुम्हें ऐसी बातें सिखाई गई हैं

जिनके कारण तुम ठीक से जी ही नहीं सकते। तुम्हें जीवन–विरोध सिखाया गया है, जीवन–निषेध सिखाया गया है। तुम्हें आत्मघाती वृत्तियों की निरंतर उपदेशना दी गई है। तुम नाच भूल गए हो। तुम गीत भूल गए हो। वीणा पड़ी है तुम्हारे हृदय की और तुम तार नहीं छेड़ते। संन्यास एक नई झंकार को जन्म देना है।

क्यों कस रहे हो तार को?
क्या जन्म देना है नई झंकार को?
कहीं पर कुछ शिथिल करते
और कर कसते कहीं;
नियति के कर कौन चालित
कर रहा, यदि तुम नहीं?
नियति धरती रही किसके हेतु
साज–सिंगार को?
क्यों कस रहे हो तार को?
क्या जन्म देना है नई झंकार को?

अवनि की तूंबी बनी है,
गगन के परदे लगे;
प्राण का है तार, जिसमें
नित्य नूतन स्वर जगे;
लिए बैठी गोद में यों
नियति सृष्टि–सितार को!
क्यों कस रहे हो तार को?
क्या जन्म देना है नई झंकार को?

विलंबित बेकल अंगुलियां
खोजती झंकार को;
नाद के हे सिंधु, अब तो

बिंदु की बौछार हो!
मिला दो स्वर्लोक में अब
सार और असार को!
क्यों कस रहे हो तार को!
क्या जन्म देना है नई झंकार को?

हां, निश्चय ही, जन्म देना है नई झंकार को। संन्यास तुम्हारे तारों का कसना है।

मिला दो स्वर्लोक में अब
सार और असार को!

पृथ्वी और परमात्मा को, देह और आत्मा को, सार और असार को मिला देना है। एक ही संगीत का अंग बना देना है। स्थूल वीणा पर सूक्ष्म संगीत उठता है, विरोध नहीं है। दोनों में तालमेल है। दोनों में एक का ही विस्तार है।

अवनि की तूंबी बनी है,
गगन के परदे लगे;
प्राण का है तार, जिसमें
नित्य नूतन स्वर जगे;
लिए बैठी गोद में यों
नियति सृष्टि-सितार को!
क्यों कस रहे हो तार को?
क्या जन्म देना है नई झंकार को?

प्रकृति लिए बैठी है सितार को अपनी गोदी में और तुम भूल गए बजाना। तुम्हें याद ही न रही। तुम्हारा तारों से संबंध ही छूट गया। तुम्हारी अंगुलियों की कला जाती रही। तुम्हारे पास पैर हैं, पैरों में छिपी नाच की क्षमता है, उसे जगाना है।

संन्यास इस जगत को फिर से एक उत्सव बनाने की कला है। इसलिए हजारों-हजारों को संन्यास दूंगा। रंग देना है सारी पृथ्वी को बसंत के इस रंग से। गैरिक रंग बसंत का रंग है। मधुमास लाना है पृथ्वी पर, इसलिए संन्यास दे रहा हूं।

पर याद रखना, भूलकर भी मेरे संन्यास को पुराने संन्यास से एक मत समझ लेना। यह बात ही और है। यह आयाम ही और है। मगर प्रवेश करोगे तो ही स्वाद पा सकोगे। अब तुमने पूछा है तो जरूर तुम्हारे मन में भी संन्यास लेने की कहीं न कहीं छिपी हुई कोई कामना होगी, नहीं तो पूछते ही क्यों? कहीं सुगबुगाता होगा कोई बीज टूटने को। कहीं आतुर हो गई होगी कोई बात। कोई तार तुम्हारे भीतर भी झनझना उठा होगा।

और जानने का एक ही उपाय है: होना। संन्यास कोई ऐसी बात नहीं कि तुम बाहर-बाहर दर्शक की तरह खड़े होकर देखते रहो, पूछते रहो, हजारों लोगों को संन्यास मैं क्यों दे रहा हूं? जरा यह भी तो पूछो कि हजारों लोग संन्यास क्यों ले रहे हैं! जरूर हजारों लोगों के हृदय में कुछ बज उठा होगा। मैंने उनके तार कहीं छू दिए हैं।

आओ तुम भी पास! तुम भी वीणा लिए बैठे हो! तुम्हारे भी तार कसें। तुमसे भी संगीत जन्मे। तुमसे भी नाद का जन्म हो। ओंकार प्रतीक्षा कर रहा है तुमसे भी बहने को। आओ बहाएं ओंकार को, जगाएं ओंकार को, ताकि तुम्हारी नियति पूरी हो सके।

वही व्यक्ति सम्यक रूपेण जीता है जो परमात्मा को जान लेता है और वही सम्यकरूपेण मरता है जो परमात्मा को जान कर मरता है।

आज इतना ही।

४

सहज-योग और क्षण-बोध

प्रश्न-सार

- सिद्ध सरहपा का सहज-योग और झेन का क्षण-बोध क्या अन्य हैं या अनन्य? और क्या सहज-योग समर्पण का ही दूसरा नाम नहीं है?
- उस दिन भारत के प्रसंग में आपने कहा कि इस देश की बुनियादी समस्या उसके अंधविश्वास हैं और यह कि यह देश समय से डेढ़ हजार वर्ष पीछे है। क्या बताने की कृपा करेंगे कि विश्वास और अंधविश्वास की परख क्या है, और क्या आज के विश्वास कल अंधविश्वास नहीं हो जाएंगे? क्या यह भी बताने की अनुकंपा करेंगे कि कोई व्यक्ति या जनसमूह समसामयिक होने के लिए, आधुनिक रहने के लिए क्या करे?
- आप क्यों इस मतांधों के देश में श्रम कर रहे हैं? परंपराग्रस्त, और रूढ़िवादी लोग आपको न समझे हैं, न समझेंगे। मैं स्वयं तो इस देश के अंधविश्वासों से इतना ऊब गया हूं कि सोचता हूं कि कहीं परदेश में जा बसूं। आपका क्या आदेश है?

पहला प्रश्न:
ओशो, सिद्ध सरहपा का सहज-योग और झेन का क्षण-बोध क्या अन्य हैं या अनन्य? और क्या सहज-योग समर्पण का ही दूसरा नाम नहीं है?

नरेन्द्र! जैसे एक बीज से वृक्ष पैदा हो अनेक शाखाओं वाला और उस पर अनंत फूल लगें, ऐसे ही एक बुद्ध के बीज से बड़ा बोधि-वृक्ष पैदा होता है--बहुत शाखाएं, बहुत पत्ते, बहुत फूल, बहुत फल!

गौतम बुद्ध के जीवन में जो महाक्रांति घटी उसकी किरणें सभी दिशाओं में फैलीं। झेन भी उसी बोधिवृक्ष पर लगा हुआ एक फूल है और सरहपा का सहज-योग भी। सरहपा बुद्ध का उतना ही ऋणी है जितना बोधिधर्म। बुद्ध के एक शिष्य से झेन की उत्पत्ति हुई; दूसरे शिष्य से, सरहपा से, सहज-योग की। पर दोनों में उस एक ही वीणावादक के स्वर गूंज रहे हैं। ऊपर-ऊपर भेद होगा, भीतर-भीतर अभेद है। एक ही राग गाया है, वाद्य अलग हो सकते हैं। किसी ने वही राग मुरली पर गाया है, और किसी ने वही राग वीणा पर छेड़ा है। वाद्य भिन्न हैं, होंगे ही। बोधिधर्म के पास एक तरह का व्यक्तित्व है, जिससे झेन का जन्म हुआ; सरहपा के पास दूसरे तरह का व्यक्तित्व है, जिससे सिद्धों के सहज-योग का जन्म हुआ।

जैसे चांद निकले, झीलों में भी उसका प्रतिबिंब बने, नदियों में भी, सागरों में भी, तालों-तलैयों में भी। एक ही चांद का प्रतिबिंब है, लेकिन प्रत्येक ताल-तलैया के जल का अपना रंग है। किसी का मटमैला है, किसी का स्वच्छ है, किसी का नीला है, किसी का स्फटिक मणि की भांति है, तो उतने भेद पड़ जाएंगे, पर वे भेद मौलिक नहीं हैं।

झेन का क्षण-बोध और सरहपा का सहज-योग एक ही प्रक्रिया के दो प्रयोग हैं। दोनों को ठीक से समझ लोगे तो अभेद दिखाई पड़ जाएगा। और सच तो यह है, अगर ठीक से समझोगे तो अभेद ही अभेद है। फिर बुद्ध के दो शिष्यों में ही नहीं, बुद्ध और महावीर में भी अभेद है; यद्यपि वे अलग-अलग परंपराओं के दीये हैं, मगर दीये कितने ही अलग कुम्हारों के बनाए हुए हों उनकी ज्योति तो एक ही होगी। और गहराई से समझोगे तो फिर बुद्ध, महावीर, मूसा, मोहम्मद, जरथुस्त्र, लाओत्सु इनमें भी अभेद पाओगे क्योंकि मिट्टी किसी देश की हो, दीये को बनाने वाले कारीगर अलग हों, तेल भिन्न-भिन्न भरे हों, बातियों का ढंग अलग-अलग हो मगर ज्योति तो एक ही होगी!

अंधेरे को तोड़ना उसका गुणधर्म होगा।

जैसे ही तुम्हारी गहराई बढ़ेगी वैसे-वैसे अभेद दिखाई पड़ेगा। भेद तो उथलेपन का लक्षण है। जब तक तुम्हें भेद दिखाई पड़े तब तक समझना कि अभी समझ नहीं आई, जब एक ही स्वर गूंजता हुआ मालूम होने लगे, एक ही ओंकार, फिर चाहे बुद्ध

हों, चाहे महावीर, चाहे जरथुस्त्र, जरा भी भेद न दिखाई पड़े--शब्द भिन्न, ढंग भिन्न, लेकिन भीतर का नाद एक--तभी जानना समझ का जन्म हुआ। उस समझ को प्रज्ञा कहते हैं। वह समझ शास्त्रों से नहीं आती। शास्त्रों से आती होती तो दुनिया में धर्म इतने झगड़े खड़े न करते, इतने उपद्रव न होते। वह समझ भीतर शून्य-भाव हो तो आती है। वह समझ शून्य-भाव का ही स्वाद है, सुगंध है। ध्यान की गहराई में वह समझ पैदा होती है।

झेन कहता है: क्षण-क्षण जीओ। इस क्षण में बीते हुए क्षणों की कोई छाया न पड़े। इस क्षण पर आने वाले क्षणों की भी छाया न पड़े, क्योंकि बीता हुआ क्षण अगर छाया मारेगा तो इस क्षण को बासा कर देगा। फिर तुम ताजे न जी सकोगे। फिर तुम्हारी जिंदगी में ऊब हो जाएगी। फिर पुनरुक्ति होगी। फिर तुम युवा न रहोगे; तुम समय के पहले वृद्ध हो जाओगे। फिर तुम किसी अर्थ में जिंदा न रहोगे; जिंदा दिखाई पड़ोगे, मगर मुर्दा होओगे, क्योंकि अतीत मुर्दा का नाम है। जो जा चुका और अब नहीं है, उसका बोझ तुम्हारे ऊपर नहीं होना चाहिए। जो क्षण बीत गया सो बीत गया। उसे बीत ही जाने दो। उसकी धूल इकट्ठी मत करो, नहीं तो चित्त का दर्पण धूल से भर गया तो फिर जो मौजूद है उसकी प्रतिछवि न बना सकेगा। और फिर तुम जो भी करोगे वह प्रतिक्रिया होगी। वह अतीत से आच्छादित होगी। फिर तुम जो भी करोगे उसमें चूक होगी, क्योंकि वह वर्तमान का उत्तर नहीं होगा उसमें। पूछा कुछ जाएगा, कहोगे कुछ। परिस्थिति कुछ होगी, प्रत्युत्तर कुछ होगा, क्योंकि प्रत्युत्तर आएगा अतीत से। वे परिस्थितियां जा चुकी हैं। अब तो हर क्षण नई परिस्थिति है।

जैसे दर्पण के सामने से कोई गुजरा और दर्पण उसकी तस्वीर पकड़ ले, आदमी तो गया लेकिन तस्वीर पकड़ गई, फिर कोई और गुजरा उसकी भी तस्वीर पकड़ ले। ऐसे तस्वीर पकड़ता जाए--तो जल्दी ही वह घड़ी आ जाएगी कि दर्पण इतना तस्वीरों से भर जाएगा कि फिर नई तस्वीरें न बन सकेंगी और बनेंगी भी तो विकृत हो जाएंगी। दर्पण की खूबी यही है: दर्पण झेन है। इसलिए झेन फकीरों ने दर्पण का खूब उदाहरण लिया है। वह उनका खास प्रतीक है। जो आया, दर्पण झलका देता है; जो गया, गया, दर्पण फिर खाली। फिर खाली का खाली। ताकि फिर जो सामने आएगा, उसे पूरा झलका सके। ऐसे दर्पण की भांति जीने का नाम झेन है। और स्वभावतः जो इस तरह जीएगा उसकी जिंदगी में बोझ नहीं होगा और चिंता भी नहीं। स्मृति का बोझ नहीं, भविष्य की चिंताएं नहीं। उसका क्षण बड़ा शुद्ध होगा। उसके क्षण में बड़ी सुगंध होगी।

उसका क्षण ऐसे होगा जैसे इन वृक्षों का क्षण--हरा-भरा! उसका प्रतिपल अपूर्व निर्दोषिता से भरा होगा। उसकी जिंदगी में एक सुवास होगी। उसी सुवास का नाम संन्यास है। और ऐसी अवस्था का नाम ध्यान है। उस व्यक्ति को ध्यान करने बैठना नहीं पड़ेगा--वह ध्यान में ही उठेगा, ध्यान में ही बैठेगा, ध्यान में ही चलेगा, ध्यान में बोलेगा, ध्यान में चुप होगा, ध्यान में सोएगा, ध्यान ही होगा उसका बिछौना और ध्यान ही होगी उसकी ओढ़नी। ध्यान ही होगा उसका छप्पर। ध्यान ही होगा उसका भोजन। ध्यान ही उसकी जीवनचर्या होगी। ऐसा समाधिस्थ पुरुष बुद्धत्व को उपलब्ध हो जाता है।

सरहपा का सहज-योग भी इसी बात को कहने का दूसरा ढंग है। सहज-योग का अर्थ होता है--कृत्रिम न होओ, स्वाभाविक रहो। अपने ऊपर आदर्श मत ओढ़ो, आदर्श पाखंड लाते हैं। आदर्शों के कारण विकृति पैदा होती है, क्योंकि कुछ तुम होते हो, कुछ तुम होने की चेष्टा करते हो, तनाव पैदा हो जाता है। फिर तुम जो हो वह दब जाता है, उसमें जो तुम होना चाहते हो। इसी का नाम पाखंड है।

सरहपा कहता है: तुम जैसे हो वैसे ही जीयो। जरा सोचो, जरा इस पर ध्यान करो। तुम जैसे हो वैसे ही जीयो, जो परिणाम हो। धोखा न दो। अपने को अन्य मत बतलाओ। अगर झूठ बोलते हो तो कह दो कि मैं झूठा हूं और भाई मेरे, मुझसे सावधान रहना, मैं झूठ बोलता हूं। झूठ ही मेरी चर्या है। इसलिए कोई मेरा भरोसा न करे। कोई भरोसा करे तो उसकी जोखिम, वह जाने। मैं झूठ बोलता हूं।

जरा सोचते हो, ऐसा जो आदमी कह सके क्या वह सच्चा नहीं हो गया? इस कहने में ही सच्चा हो गया। इससे बड़ी और सचाई क्या होगी कि चोर आकर तुमसे कह जाए कि रात जरा सावधान रहना, कि मेरी नजर तुम्हारी तिजोड़ी पर लगी है, कि मैं आदमी चोर हूं, कि मैं आदमी भला नहीं हूं, कि मैं लाख दोस्ती बनाऊं तुम सचेत रहना। ऐसा चोर चोर है? ऐसा चोर साधु हो गया!

इस चोर ने अपनी स्वाभाविकता को उदघोषित कर दिया। इस चोर ने अपनी निजता को प्रकट कर दिया। अब यह असाधु कैसे हो सकता है? इसका पाखंड न रहा।

फिर एक आदमी है, जो दावा तो सच बोलने का करता है और आड़ में झूठ बोलता है। जिनको भी झूठ बोलना है उन्हें सच बोलने का दावा करना होता है, नहीं तो उनका झूठ मानेगा कौन? इसलिए झूठ बोलने वाला बार-बार दोहराता है कि मैं सच कह रहा हूं, मैं बिलकुल सच कह रहा हूं, मैं कसम खाकर कहता हूं कि सच कह रहा हूं। जब भी कोई आदमी बहुत कसम खाने लगे कि मैं सच कह रहा हूं तो सावधान हो जाना, क्योंकि यह झूठे का लक्षण है।

ईसाइयों का एक छोटा सा समूह है, क्वेकर। वे अदालत में कसम नहीं खाते। उन पर कई मुकदमे चले हैं, सजाएं काटीं उन्होंने, लेकिन अदालत में वे कसम नहीं खाते। अदालत में कसम खानी पड़ती है कि मैं शास्त्र को सामने रखकर या परमात्मा को साक्षी रख कर कसम खाता हूं कि झूठ न बोलूंगा। क्वेकर कहते हैं कि जो झूठ बोल सकता है वह ऐसी कसम भी खा सकता है, फिर भी झूठ बोलेगा। झूठ बोलने वाले को झूठी कसम खाने में अड़चन क्या है? बात तो ठीक कहते हैं कि जब झूठ ही बोलता है कोई तो उसकी कसम पर कैसे भरोसा करते हो? वह कसम भी झूठ खा लेगा। और वे यह भी कहते हैं चूंकि हम झूठ नहीं बोलते, इसलिए हम यह कसम कैसे खाएं कि हम झूठ नहीं बोलेंगे। यह तो कसम खाने में हमने मान ही लिया कि हम झूठ बोलते थे, कि हम झूठ बोलते हैं, कि हम झूठ बोल सकते हैं और हम कसम खा रहे हैं कि झूठ नहीं बोलेंगे।

क्वेकर कसम नहीं खाते। यह बात प्रीतिकर है। कोई सच्चा आदमी कसम क्यों खाये? कसम का तो मतलब ही यह हो गया कि बिना कसम खाये जो बोलते हैं वह झूठ है। और फिर जो झूठ ही बोलता है उसे कसमों से क्या भेद पड़ेगा? याद रखना, जो आदमी बार-बार कहे कि मैं कसम खाता हूं, कि राम जी की दुहाई, कि गीता छू ले, कि बाइबिल पर हाथ रख दे, उससे तो सावधान ही हो जाना। सच्चा आदमी कसम क्यों खाएगा? सच्चा आदमी सच बोलता है; इसकी दुहाई नहीं देनी होती; इसको पुनरुक्त नहीं करना होता। लेकिन झूठे को खुद ही शक होता है। झूठे को भीतर लगा रहता है कि कौन मानेगा मेरी, चलो कुरान का सहारा ले लूं, कि बाइबिल का, कि गीता का, कि चलो राम को बीच में ले आऊं, कि कृष्ण को बीच में ले आऊं, अल्लाह को बीच में ले आऊं; शायद उनकी आड़ में काम बन जाए। बहुत कसमें खाकर वह आदमी अपने झूठ को चलाने का उपाय बना रहा है, झूठ के लिए रास्ता बना रहा है। कसम खाना कोई अच्छा लक्षण नहीं है। कसम झूठे का लक्षण है।

जो आदमी जैसा है वैसा ही अपने को घोषित कर दे, रत्ती-भर इंच-भर अन्यथा न करे, इसका नाम है सहज-योग। तुम थोड़ा ध्यान करो इस बात पर। इस आदमी के जीवन में कोई जटिलता न रह जाएगी। जटिलता का कोई कारण ही न रहा। झूठ जटिलता पैदा करवाता है। और झूठ से मेरा मतलब बोलने वाले झूठ से ही नहीं है, लोग झूठ जीते भी हैं। लोग मुखौटे लगाये हुए हैं। मुखौटे के पीछे कुछ और है। मुंह में राम, बगल में छुरी है। मुखौटा बड़ा प्यारा लगा लेते हैं। मुखौटे तो बाजार में मिलते हैं। तुम जो चाहो वह मुखौटा लगा लो, असली चेहरा पीछे छिप जाता है। जो बड़े

कूटनीतिज्ञ होते हैं, उनको देखा, वे दिन में भी रात में भी काला चश्मा चढ़ाये रखते हैं, ताकि उनकी असली आंख दिखाई न पड़े। काला चश्मा रात में भी कोई आदमी चढ़ाये हो, सावधान हो जाना, क्योंकि काला चश्मा चढ़ाने वाला आदमी बेईमान है। वह यह खबर दे रहा है कि वह अपनी असली आंख तुम्हें नहीं दिखाना चाहता। और आंखें अक्सर कह देती हैं जो जबान नहीं कह पाती। तो वह आंख को ओट में किए हुए है। बेईमान आदमी आंख में आंख डाल कर नहीं देखता, यहां-वहां देखता है। उसे डर लगता है कि आंख कहीं कह ही न दे। आंख कह देती है।

अब तो वैज्ञानिकों ने ऐसे उपाय खोजे हैं कि तुम चकित हो जाओगे। जैसे एक आदमी कहता है कि मुझे स्त्रियों में कोई रस नहीं है, मैं तो ब्रह्मचारी हूं, मुझे स्त्रियों में कोई भाव ही नहीं उठता। अब वैज्ञानिकों ने उपाय खोजे हैं। एक दस तस्वीरें उसे पकड़ा देते हैं, उनमें एक तस्वीर कार की है, एक मकान की है, एक नदी की है, पहाड़ की है; फिर एक तस्वीर आती है नग्न स्त्री की और पूरे वक्त उस आदमी की आंख यंत्र से जांची जा रही है। यंत्र उसकी आंख की तस्वीरें ले रहा है जैसे ही नग्न स्त्री पर आंख आती है, आंख के सामने नग्न स्त्री की तस्वीर आती है, उस आंदमी की आंखें एकदम फैल जाती हैं; जो कहता है कि मुझे कोई रस नहीं है, उसकी पुतलियां बड़ी हो जाती हैं। तुमने देखा न, जब तुम धूप में जाते हो पुतलियां छोटी हो जाती हैं, और जब तुम छाया में आते हो पुतलियां बड़ी हो जाती हैं। तुम आईने में देख सकते हो। धूप में से आकर एकदम आईने के सामने खड़े हो जाओ, तुम पाओगे तुम्हारी पुतली बड़ी छोटी है, फिर धीरे-धीरे बड़ी होगी, फिर बड़ी होगी। जैसे अंधेरा बढ़ेगा वैसे बड़ी होगी। मतलब यह है कि जब रोशनी ज्यादा होती है, तो पुतली छोटी हो जाती हैं; क्योंकि उतनी रोशनी भीतर लेना उचित नहीं है, घातक है। और जब अंधेरा होता है तो पुतली बड़ी हो जाती है, क्योंकि अंधेरा काफी है, पुतली बड़ी होगी तो तुम देख पाओगे। जैसे कैमरे से कोई तस्वीर उतारता है, अंधेरे में उतारता है तो लैंस को ज्यादा देर खुली रखता है; रोशनी में उतारता है तो कम देर।

जब नग्न स्त्री की तस्वीर तुम्हारे सामने आती है तुम देखने को इतने उत्सुक हो जाते हो कि अनजाने में तुम्हारी पुतली बड़ी हो जाती है। तुम चाहते हो कि पूरा का पूरा हड़प जाओ। अब लाख तुम कहते रहो कि तुम ब्रह्मचारी हो, मगर आंख बता देगी कि तुम हो या नहीं। तुम्हारे कहने से कुछ भी न होगा। इस छोटी सी कसौटी पर तुम्हारे कितने साधु और कितने ब्रह्मचारी उतर पाएंगे और मजा ऐसा है कि इस आंख

पर तुम्हारा कोई बस नहीं है। पुतली तुम्हारे नियंत्रण में नहीं है कि तुम जब चाहो बड़ा कर लो जब चाहो छोटा कर लो। इसलिए धोखा नहीं दे सकते। जबान तुम्हारे नियंत्रण में है, तुम कह सकते हो मैं ब्रह्मचारी हूं लेकिन पुतली पर तुम्हारा कोई बस नहीं है। पुतली तुम्हारी इच्छा की सीमा के बाहर है। तुम जब चाहो तब छोटी जब चाहो बड़ी, ऐसा नहीं कर सकते। वह तो तुम्हारे भावावेग से चलती है। और भावावेग उठा कि तत्क्षण पुतली बड़ी हो जाएगी।

इसलिए तो तुम स्त्रियों को घूर-घूर कर देखते हो। हमारा शब्द 'लुच्चा' बहुत अच्छा है। 'लुच्चा' का मतलब होता है घूर-घूर कर देखने वाला। लुच्चा शब्द बनता है लोचन से, आंख से। आलोचक शब्द भी उसी से बनता है। वह भी घूर-घूर कर देखता है, इसलिए उसको आलोचक कहते हैं। लुच्चा भी घूर-घूरकर देखता है इसलिए उसको लुच्चा कहते हैं। लेकिन घूर-घूर कर देखने...तुम चाहो तो बचा भी सकते हो, तुम अपनी गर्दन मोड़ लो, सुंदर स्त्री पास से जा रही है, तुम गर्दन मोड़ लो, मगर गर्दन मोड़ने से कुछ न होगा, पुतली तो कह जाएगी, पुतली तो बता जाएगी। पुतली तो खबर दे देगी।

बेईमान आदमी आंख से आंख नहीं मिलाता, इधर-उधर देखता है, नीचे-ऊपर देखता है, कहीं-कहीं देखता है। बात करता है कहीं, देखता कहीं है। और जो बड़े बेईमान हैं, राजनीतिज्ञ हैं, कूटनीतिज्ञ हैं, वे काला चश्मा चढ़ा लेते हैं कि झंझट ही न रही। वे तो तुम्हारी आंख देखते रहेंगे और तुम्हें उनकी आंख देखने का उपाय न रहा, तो पता न चल सकेगा कि उनकी असलियत क्या है। वे जो कहेंगे उसी पर भरोसा करना होगा।

सहज-योग का अर्थ होता है: मत करो जटिल। मत बनो झूठ। क्योंकि तुम जितने झूठ हो जाओगे उतने ही दुखी हो जाओगे। झूठ दुख लाता है, क्योंकि झूठ के कारण तुम्हारा संबंध सत्य से छूटने लगता है, टूटने लगता है। यह अस्तित्व सत्य है। इसके साथ सत्य हो जाओ तो तुम्हारा संगीत जुड़ जाए, तो तुम्हारी सरगम बैठ जाए। तुम इसके साथ सत्य हो जाओ तो ही तुम्हारा छंद बैठेगा और तुम्हारे जीवन में नृत्य होगा, उत्सव होगा। इसके साथ तुम सत्य हो जाओ तो इसके साथ लीन हो जाओगे। और उसी लीनता में समाधि है। और अगर तुम झूठ रहे तो तुम अलग-थलग रहोगे।

अस्तित्व का झूठ से कोई मिलन नहीं हो सकता, क्योंकि झूठ है ही नहीं। जो है ही नहीं, उससे उसका कैसे मिलन हो जो है? दोनों में कोई तालमेल नहीं हो सकता।

है का मिलन है से होगा। नहीं है का मिलन नहीं है से होगा। इसलिए जो आदमी एक झूठ बोलता है, उसे फिर हजार झूठ बोलने पड़ते हैं। अब एक झूठ को बचाने के लिए दूसरा झूठ बोलो, क्योंकि झूठ से सिर्फ झूठ ही बच सकता है। झूठ ही झूठ की सुरक्षा कर सकता है। फिर दूसरे झूठ के लिए और दस झूठ बोलो और बोलते चले जाओ। कभी तुमने खयाल किया, एक झूठ बोलकर तुम कितनी मुश्किल में पड़ गए हो! फिर चौबीस घंटे खयाल रखना पड़ता है कि वह एक झूठ बोले हैं उसको बचाए रखना है, कहीं भूल-चूक से निकल न जाए। और निकल ही जाएगा। कितना बचाओगे? कब तक बचाओगे? दिन में न निकलेगा तो रात निकल जाएगा।

मुल्ला नसरुद्दीन एक रात नींद में एकदम बोलने लगा: कमला! कमला! पत्नी एकदम चौंक कर बैठ गई। पत्नियां तो दिन और रात होश में रहती हैं। उसने सुना, कमला! संदेह तो उसे हो ही रहा था। संदेह तो पत्नियों को रहता ही है; उसके होने की कोई जरूरत ही नहीं होती।...तो अब इस चुड़ैल का नाम भी पता चल गया--कमला! उसी वक्त हिला कर मुल्ला को उठाया, बोली: यह कमला कौन है? मुल्ला भी सजग हो गया। पति भी सजग रहते हैं। जैसे स्त्रियां संदेह से भरी रहती हैं, ऐसे पति सजग रहते हैं। और जिसकी स्त्री जितने ज्यादा संदेह से भरी रहती है, वह पति उतना ही ज्यादा सजग रहता है, नींद तक में होश रखता है। समझ गया कि भूल हो गई।

उसने कहा कि यह कमला कोई नहीं है, घुड़-दौड़ होने वाली है, उसमें एक घोड़ी का नाम है।

खैर किसी तरह बात रफा-दफा हो गई, दोनों सो गए। लेकिन इतनी आसानी से कोई पत्नी राजी तो होती नहीं कि इतने जल्दी भरोसा कर ले। दूसरे दिन मुल्ला जब दफ्तर से वापस लौटा तो उसने कहा कि उस घोड़ी का फोन आया था, मुल्ला को पसीना छूट गया, पकड़े गए! फोन वगैरह आया नहीं था। लेकिन इतना कहने में ही पकड़े गए।

झूठ बोलोगे, ज्यादा देर नहीं चल पाएगा। चल ही नहीं सकता। झूठ के पैर नहीं होते। झूठ को चलना भी पड़ता है तो सच के पैर उधार लेने पड़ते हैं। और सच के पैर और झूठ की देह, इन दोनों के कारण तुम्हारे जीवन में एक द्वंद्व पैदा हो जाता है। और एक झूठ नहीं हजार झूठ हैं, इसलिए हजार द्वंद्व पैदा हो जाते हैं। इन्हीं द्वंद्वों में ग्रस्त व्यक्ति नरक में जीता है।

सहज-योग का अर्थ होता है: छोड़ो ये द्वंद्व, छोड़ो ये जाल। तुम जैसे हो वैसे अपने को स्वीकार कर लो। मत दिखाओ वैसा, जैसे कि तुम नहीं हो। जाने दो सब पाखंड।

अगर कोई व्यक्ति अपनी संपूर्ण नग्नता में अपने को स्वीकार कर ले तो क्या हो? क्रांति घट जाती है। उस स्वीकार के साथ ही झेन की प्रक्रिया घट जाती है।

झेन कहता है: अतीत की मत सोचो, लेकिन जो आदमी नग्न रूप से अपने स्वभाव को स्वीकार करता है वह अतीत की सोचेगा ही नहीं। अतीत का लेना-देना क्या है? जो गया सो गया। जो गया सो झूठ हो गया। और जिस आदमी को अपनी सहजता स्वीकार है और जिसे अपनी सहजता से कोई विरोध नहीं है, वह भविष्य की योजनाएं नहीं बनाता कि कल ऐसा हो जाऊं, परसों वैसा हो जाऊं। वह तो जैसा है वैसा ही आनंदित होता है। उसका भविष्य भी खो जाता है।

सहज-योग का अर्थ होता है: तुम जैसे हो, तुम्हें अंगीकार है। परमात्मा ने तुम्हें जैसा बनाया है इसमें तुम रत्ती-भर हेर-फेर नहीं करना चाहते हो। तुम परमात्मा से अपने को ज्यादा बुद्धिमान सिद्ध नहीं करना चाहते हो। परमात्मा ने तुम्हें जैसा बनाया है उसने तुम्हें जैसा रंगा, वही तुम्हारा रंग है, वही तुम्हारा ढंग है; तुम उससे अन्यथा होने की न आकांक्षा करते हो न सपना देखते हो।

सहज-योग परमात्मा के प्रति अनुग्रह का बोध है, कि तूने जैसा मुझे बनाया ठीक ही बनाया होगा और यहीं से तुम्हें दूसरी बात भी समझ में आ जाएगी।

पूछा है: 'क्या सहज-योग समर्पण का ही दूसरा नाम नहीं है?'

निश्चय ही नरेन्द्र, सहज-योग समर्पण का ही दूसरा नाम है। जिस आदमी ने अपनी सहजता को अंगीकार किया, उसने अपने को परमात्मा को समर्पित कर दिया। समर्पित करेगा तो ही सहज हो सकेगा। असहज होना पड़ता है, क्योंकि हम अपने ही पैरों पर खड़े होने की कोशिश कर रहे हैं। जब वही हमें लिए जा रहा है, जहां उसकी मर्जी, जैसी उसकी मर्जी तो फिर क्या चिंता रही, क्या बोझ रहा? फिर रख दिया उतार कर बोझ। फिर बह चले धार में। जब अपनी कोई इच्छा नहीं रह जाती तो प्रार्थना होती है।

नहीं अपने किसी मकसद से खाली कोई भी सजदा।
खुदा के नाम से करता है इन्सां बन्दगी अपनी।।

तुम्हारी तो सब प्रार्थनाएं झूठी हैं। नाम तो तुम ईश्वर का लेते हो लेकिन बंदगी तुम अपनी ही करते हो क्योंकि मांग तो तुम अपनी ही सामने रखते हो। तुम्हारी मांग महत्वपूर्ण है। परमात्मा का तुम उपयोग करना चाहते हो, शोषण करना चाहते हो, मंदिर में, मस्जिद में, गुरुद्वारे में, जाकर तुमने जो प्रार्थना की है, अगर उस प्रार्थना में

तुमने कुछ भी मांगा है, कुछ भी--मोक्ष मांगा, धन मांगा, पद मांगा, कुछ भी मांगा--तो तुमने परमात्मा को नंबर दो कर दिया। तुम्हारी मांग परमात्मा से बड़ी हो गई। तुम परमात्मा का शोषण करने गए हो। तुम्हारी प्रार्थना प्रार्थना नहीं है, चालबाजी है, बेईमानी है, कूटनीति हैं। नहीं अपने किसी मकसद से खाली कोई भी सजदा! और अगर लोगों की प्रार्थनाएं देखो, उनके सजदे देखो तो तुम पाओगे सब स्वार्थ से भरे हैं।

खुदा के नाम से करता है इन्सां बन्दगी अपनी।

ईश्वर का नाम लेता है, चरण परमात्मा के छूता है, लेकिन अगर गौर से देखो तो अपने ही चरण छू रहा है। सिर परमात्मा को झुकाता है, लेकिन मतलब है तो सिर अपने को ही झुका रहा है। सच तो यह है, परमात्मा का सिर अपने चरणों में झुकाना चाहता है। कहता है: मैं जैसा कहूं वैसा करो। मेरी मर्जी से भिन्न न हो। मेरी मर्जी तुझसे ऊपर, तो यह परमात्मा का सिर अपने चरणों में झुका लेना हुआ। और इसको तुम प्रार्थना कहते हो? इसको तुम सजदा कहते हो? इसको तुम नमाज कहते हो?

बशर के दिल में न पड़ता जो आरजू का दाग।

खुदा गवाह कि अनमोल यह नगीं होता।।

बस एक ही कमी है आदमी के हीरे होने में, नहीं तो एक नगीना होता--एक बहुमूल्य नगीना होता! जरा सी चूक पड़ गई है, दाग पड़ गया है।

देखते हो, हीरे में जरा सा दाग हो, कीमत गिर जाती है। छोटा सा हीरा भी बेदाग हो तो बड़े हीरे से कीमती होता है, जो दाग वाला है। दाग क्या पड़ गया आदमी में, कि हीरा न रहा। बशर के दिल में न पड़ता जो आरजू का दाग!...आदमी के दिल में अगर आकांक्षा का, इच्छा का, वासना का दाग न पड़ता।...खुदा गवाह कि अनमोल यह नगीं होता! फिर बस तुम्हारे मूल्य की कोई सीमा नहीं आंकी जा सकती।

सहज-योग का अर्थ है: नहीं कुछ मांगेंगे, चुपचाप जीएंगे। जो मिलेगा उसमें तृप्त, संतुष्ट। जो नहीं मिलेगा, जानेंगे कि उसके न मिलने में ही हमारा हित होगा। ऐसा है सहज-योग का भाव-जगत! मिलेगा तो मानेंगे, परमात्मा की इच्छा है तो जरूर हमारा हित होगा; नहीं मिलेगा तो भी मानेंगे परमात्मा की इच्छा है तो न मिलने में ही हमारा हित होगा। फूल मिलेगा तो स्वीकार, कांटा मिलेगा तो स्वीकार। स्वीकृति में भेद न पड़ेगा। सफलता हो कि असफलता, सम्मान हो कि अपमान, लेकिन भीतर की प्रार्थना और भीतर का अनुग्रह भाव सतत एक-सा बहता रहेगा। इस प्रवाह का नाम है सहज-योग।

क्या-क्या दुआएं मांगते हैं सब मगर असर।
अपनी यही दुआ है, कोई मुद्दआ न हो।।

एक ही प्रार्थना करने जैसी है कि हे प्रभु, ऐसी प्रार्थना करनी आ जाए जिसमें कोई आकांक्षा न हो।

क्या-क्या दुआएं मांगते हैं सब मगर असर।
अपनी यही दुआ है, कोई मुद्दआ न हो।।

बस ऐसी दुआ करनी आ जाए, ऐसी प्रार्थना करनी आ जाए जिसमें कोई अभीप्सा नहीं है, आकांक्षा नहीं है।

सहज-योग समर्पण है--समग्र समर्पण।

जीवन के मेरे प्रिय,
अंधकार हर लो!
नेत्रों के सम्मुख जो
अंतहीन फैला है,
कुहरे-सा तिमिर-वर्ण
अंबर मटमैला है!
हे असीम, बाहों से
मुझको तुम भर लो!
आओ तुम किरणों के
रथ पर चढ़ उज्जवल;
दिशि-दिशि में छलका दो
अरुणा प्रभा कोमल!
विहगों के कंठ मधुर
मेरे तुम स्वर लो!
जीवन के मेरे प्रिय,
अंधकार हर लो!

सहज भाव से परमात्मा को पुकारना। बिना किसी क्षुद्र आकांक्षा से भरे, चुपचाप जीवन में बहे जाना। तैरना नहीं, संघर्ष नहीं करना, नदी जहां ले जाए उसी तरफ चले चलना, क्योंकि सभी नदियां अंततः सागर पहुंच जाती हैं। अगर कोई चुपचाप बहता

चले तो परमात्मा मिलना सुनिश्चित है। परमात्मा मिला ही हुआ है, तुम बहो कि अभी अनुभव में आ जाए। तुम जरा विश्राम करो, मगर तुम बड़े जद्दो-जहद में लगे हो। तुम बड़ी दौड़-धूप कर रहे हो, आपाधापी में पड़े हो। तुम्हारी आपाधापी और दौड़-धूप के कारण जो तुम्हारे भीतर बैठा है वह दिखाई भी नहीं पड़ता। तुम इतने उलझे हो, इतने व्यस्त हो कि उसे देखो ही कैसे जो मौजूद ही है!

परमात्मा तुम्हारा स्वभाव है। इसलिए परमात्मा को पाना नहीं है। पाने की दौड़ छोड़ कर जरा बैठो और परमात्मा का अनुभव शुरू हो जाता है।

उड़ चल अब दूर कहीं, हंसावर प्राणों के!
अगम गगन दूर नहीं, हंसावर प्राणों के।

मिट्टी ने गोद खिला-खिला तुझे बड़ा किया,
दिया दिशा-ज्ञान और पांवों पर खड़ा किया,
शाश्वत मत नीड़ बना, यायावर प्राणों के!
धरती का सदय हृदय अंतरिक्ष-वासी है,
जिसका तू अंश, धरा उसकी ही दासी है!
मिट्टी की माया तज, मायावर प्राणों के!

सम्मुख गन्तव्य-धाम, गति से तू मुंह न मोड़!
उड़ता चल अम्बर में, धरती पर छांह छोड़!
छाया की बांह न गह, छायाधर प्राणों के!

हम शाश्वत नीड़ बनाने में लग जाते हैं, वहीं भूल हो जाती है। जीवन प्रवाह है। शाश्वत मत नीड़ बना, यायावर प्राणों के! जीवन एक सरित-प्रवाह है और हम जगह-जगह पकड़ लेते हैं, जोर से पकड़ लेते हैं, आसक्त हो जाते हैं। नीड़ बनाने में लग जाते हैं--शाश्वत नीड़! जैसे यहां सदा रहना है!

सहज-योग कहता है: यहां कुछ भी सदा रहने को नहीं; सभी बहा जा रहा है, प्रवाहमान है। सब क्षणभंगुर है। पकड़ो मत, जीयो। और जो चला जाए उसे जाने दो, ताकि जो नया आ रहा है उसके लिए तुम्हारा हृदय खाली हो, खुला हो। बीते कलों का हिसाब मत रखो और आने वाले कलों की चिंता मत करो। आज जो आया है, इसे

नाचो, इसे गाओ, इसे गुनगुनाओ। और इसी गीत में प्रार्थना पूरी हो जाती है। इसी गीत में समर्पण पूरा हो जाता है। इसी गीत में सिद्धों का सहज-योग सध गया, झेन फकीरों का क्षण-बोध सध गया। ये एक ही घटना के दो पहलू हैं।

दूसरा प्रश्न:

> **ओशो, उस दिन भारत के प्रसंग में आपने कहा कि इस देश की बुनियादी समस्या उसके अंधविश्वास हैं और यह कि यह देश समय से डेढ़ हजार वर्ष पीछे है। क्या बताने की कृपा करेंगे कि विश्वास और अंधविश्वास की परख क्या है, और क्या आज के विश्वास कल अंधविश्वास नहीं हो जाएंगे? क्या यह भी बताने की अनुकंपा करेंगे कि कोई व्यक्ति या जनसमूह समसामयिक होने के लिए, आधुनिक रहने के लिए क्या करे?**

आनंद मैत्रेय! जैसे प्रत्येक व्यक्ति जन्मता है और मरता है, उसी तरह प्रत्येक विश्वास एक दिन अंधविश्वास बन जाता है। अंधविश्वास विश्वास की लाश है, जिसमें से प्राणों का हंसा उड़ गया।

तुमने अपनी मां को कितना प्रेम किया था, फिर एक दिन मां चल बसी, अब उसकी लाश थोड़े ही रखे बैठे रहोगे। लाश रखोगे तो जीना मुश्किल हो जाएगा। सारा घर बदबू से भर जाएगा। और ऐसी लाशें इकट्ठी करते गए, एक दिन पिता चल बसेंगे, ऐसी लाशें इकट्ठी करते गए तो घर में जीना असंभव हो जाएगा। मुर्दे इतने हो जाएंगे कि जिंदा रहेंगे कहां, जिंदा रहेंगे कैसे? इसलिए मां बड़ी प्यारी थी, लेकिन जब चल बसी तो तुम फिर देर नहीं करते अरथी बांधने में। और तुम अगर देर करो भी तो मोहल्ले वाले जल्दी से बांधने लगते हैं। आखिर उनको भी तो जीना है। तुम रोने-धोने में लगे हो, मोहल्ले के लोग जल्दी से बांस, लकड़ी इकट्ठा करने लगते हैं; क्योंकि उनके घर जब कोई मरता है, तब तुम बांस लकड़ी इकट्ठा कर देते हो, यह पारस्परिक लेन-देन है। देर नहीं लगती, कोई मरा कि लाश उठी। पल-पल घर में लाश रखना कठिन हो जाता है।

और ऐसा नहीं कि तुम्हें मां से प्रेम न था; खूब था प्रेम, छाती पीट कर रो रहे हो, मगर फिर भी रोते रहोगे और ले चले हंडिया लटका कर। रोते रहोगे और चढ़ा दोगे जाकर अरथी पर। रोते रहोगे और आग लगा दोगे। यह करना ही होगा।

ऐसी ही अवस्था विश्वास और अंधविश्वास की है। विश्वास--जीवंत जब होता है सत्य। और जब सत्य के भीतर से प्राण तो उड़ जाते हैं, सिर्फ क्रियाकांड रह जाता है, मगर तुम उसी क्रियाकांड को ढोते रहते हो--तब अंधविश्वास। आंख वाला विश्वास तो जीवंत होता है, अंधा विश्वास मुर्दा होता है। जैसे किसी ने बुद्ध को देखा, उस अपूर्व ज्योति को, और कोई झुक गया चरणों में! यह विश्वास। झुकने की न तो योजना बनाई थी; न झुकने का कोई इरादा लेकर आए थे, लेकिन झुक गए, झुक जाना पड़ा। ज्योति ऐसी थी, प्रभा ऐसी थी! रुक न सके। पता ही न चला कब झुक गए। यह तो एक जीवंत घटना है। और इसमें रस है और इसमें गहरे अभिप्राय हैं। इसमें भाव की धड़कन है। इसमें श्वास चल रही है। जब कोई बुद्ध को देख कर, उन आंखों में झांक कर, उन चरणों की महिमा में सिर रख दिया है--अपने अनुभव से, अपनी प्रतीति से, अपने साक्षात से--तब बात और है। फिर यह आदमी तो जा चुका, बुद्ध भी जा चुके, लेकिन इसके बच्चे बुद्ध की प्रतिमा के सामने झुकते हैं, क्योंकि बाप झुका था बुद्ध के सामने, फिर बच्चों के बच्चे भी झुकते रहेंगे, झुकते रहेंगे। हजारों वर्ष बीत जाते हैं। अब बुद्ध की प्रतिमा रखी है और लोग सिर झुका रहे हैं। भीतर झुकने का कोई भाव नहीं है। हो भी क्या, पत्थर के सामने कोई झुकने का भाव होता है? न पत्थर में कोई महिमा है, न पत्थर में कोई प्राण है। वह तो बुद्ध की महिमा थी, वह तो बुद्ध का अवतरण था, जिसके सामने तुम्हारा कोई पुरखा झुका था। मगर तुम क्यों झुक रहे हो? तुम कहते हो कि हमारे बापदादे झुकते रहे, हम भी झुकेंगे। तो झुकते रहो। मगर तुम्हारा झुकना अंधविश्वास है।

अब समझने की बात यह है कि हर अंधविश्वास की शुरुआत में विश्वास होता है। नहीं तो पैदा ही कैसे होगा? कोई नानक की मस्ती से मस्त हो गया। सुना नानक का गीत, डोल गया, नाच गया मन, बहार छा गई, बसंत आ गया--उस बसंत में झुक जाना ही पड़ा। नानक जैसा फूल खिले और कोई झुके न, अभागा है, अंधा है; पत्थर है उसके भीतर, हृदय नहीं; निष्प्राण है। नानक जैसा फूल खिले और तुम्हारी नासापुटों में श्वास सुगंध से न भर जाए, यह संभव कैसे है? यह संभव तभी हो सकता है जब तुम्हारे पास कोई संवेदनशीलता ही न हो। अगर थोड़ी भी संवेदनशीलता है, थोड़ा भी मनुष्य तुम्हारे भीतर जाग्रत है, जीवित है, तो झुकोगे ही। लेकिन फिर सदियां बीत गईं, अब नानक नहीं हैं, नानक की मूर्ति भी नहीं है, लेकिन कोई गुरुग्रंथ के सामने झुक रहा है।

मैं एक पंजाबी घर में मेहमान था। सुबह-सुबह उठ कर स्नान करने जा रहा था तो बीच के कमरे से जिससे मुझे गुजरना पड़ा, वहां देख कर मैं हैरान हुआ: गुरुग्रंथ के लिए उन्होंने बड़ा एक सिंहासन बनाया हुआ था। नानक को हृदय के सिंहासन पर बैठाया था, वह तो समझ में आता है, मगर अब किताब को सिंहासन पर बिठा दिया है। वहां तक भी बात ठीक थी कि चलो तुम्हारा आदर है; चौंका मैं इसलिए कि उसी सिंहासन के पास एक लोटे में जल भरा रखा है--चांदी का लोटा--और दतौन भी रखी है। मैंने पूछा कि यह क्या है, यह किसलिए रखी है? तो उन्होंने कहा: गुरुग्रंथ साहब के लिए दतौन। अब हद हो गई। तुमने नानक के लिए जाकर लोटे में दतौन का पानी ले गए होते, चांदी का सोने का लोटा ले गए होते, समझ में आती बात; अब किताब के लिए दतौन रख रहे हो! तुम होश में हो कि तुम पागल हो गए हो? मगर इसी तरह होता है।

मैंने सुना, एक आदमी मरा। उसकी आदत थी कि भोजन के बाद रोज उठ कर अपने दांत साफ करता था एक लकड़ी के टुकड़े से। उसके बच्चे छोटे-छोटे थे। बाप मर गया, मां पहले ही मर गई थी, बच्चों को कुछ और ज्यादा याद न था, लेकिन एक बात बराबर उन्हें याद थी कि आले में चौके के बाहर ही एक लकड़ी का टुकड़ा रखा रहता था और पिता रोज भोजन के बाद उस टुकड़े के साथ कुछ करता था; क्या करता था पता नहीं, लेकिन जरूर कोई बात राज की रही होगी। तो उन्होंने लकड़ी का टुकड़ा रखा। अब जब बाप की याद में रखना है तो साधारण लकड़ी का टुकड़ा क्या रखना, उन्होंने चंदन की लकड़ी का टुकड़ा रखा। और जब रख ही रहे हैं तो छोटा-मोटा क्या रखना, उन्होंने चंदन की बड़ी लकड़ी का एक टुकड़ा रखा, सब नक्काशी करवा कर। अब उसका कोई भी संबंध न रहा दांत के साफ करने से। उससे दांत साफ हो भी नहीं सकते। दांत से कुछ लेना-देना भी न रहा। फिर बच्चे बड़े हुए, उन्होंने नया मकान बनवाया। धन कमाया। अब नये मकान में उन्होंने सोचा कि आले में रखा है, यह याददाश्त है अपने पुरखों की, तो क्यों न एक छोटा सा मंदिर बना लें। बात जंची सभी को और अब धन भी पास में था, तो उन्होंने एक संगमरमर का छोटा सा मंदिर ही बना लिया। उन्होंने कहा, अब आले में क्या रखना। बापदादे गरीब थे, तो ठीक...। अब मंदिर बन गया संगमरमर का बड़ा मंदिर, अब उसमें एक छोटे से लकड़ी के टुकड़े को क्या रखना, तो उन्होंने एक बड़ा खंभा, पूरा झाड़ का झाड़ ले आए होंगे, कटवा कर चंदन का, उस पर खूब नक्काशी करवा कर उसको लगा दिया है। मैंने सुना है कि अब उसकी पूजा चलती है, घंटा बजता है और पुजारी आता है, फूल चढ़ाये जाते हैं। अब किसी को याद ही नहीं है कि कहां से शुरुआत हो गई थी बात की।

जो भी इस जगत में तुम्हें अंधविश्वास दिखाई पड़ रहे हैं, उनका प्रारंभ तो जरूर कभी विश्वास से ही हुआ था। कहीं न कहीं चाहे कितनी ही बात खो गई हो, चाहे आज खोजना भी संभव न रह जाए, चाहे आज हमारे पास उपाय भी न रह गए हों कि हम पर्त दर पर्त इतिहास में उतर कर उनकी खोज कर सकें, लेकिन कहीं न कहीं प्रारंभ में कोई न कोई छोटी न मोटी बात रही होगी। जिसमें कुछ सत्य था और जिसको किसी ने साक्षात्कार किया था। लेकिन फिर पीछे सभी चीजें अंधविश्वास हो जाती हैं।

विश्वास का अर्थ होता है: जो तुम्हारे अनुभव से घटित हो।

अब मेरे पास लोग आते हैं। कोई मां ने संन्यास ले लिया, वह अपने बेटे को ले आती है कि इसको भी संन्यास दें। बेटा भाग रहा है, वह उसको पकड़ रही है कि इसको संन्यास दें। बेटा बैठ नहीं रहा है, बेटा उठ-उठ जा रहा है, वह उसको जबरदस्ती बैठा रही है कि इसको संन्यास दें। उसकी गर्दन पकड़ कर उसका सिर मेरे चरणों में लगा रही है। वह इनकार किए जा रहा है, वह सिर अलग कर रहा है। अब यह कोई संन्यास होगा? अब इसको मैं मना करूं तो दुखी होती है। इसको मैं कहूं कि नहीं, तो दुखी होती है। और मैं जानता हूं उसकी भी अड़चन, क्योंकि वह कहती है यह घर में बेटा माला मांगता है। यह कहता है हम भी गेरुआ वस्त्र पहनेंगे, हम भी माला पहनेंगे तो मेरी झंझट खड़ी कर रखी है। मगर इस मां ने तो होशपूर्वक, बोधपूर्वक संन्यास लिया है, इस बेटे पर जबरदस्ती थोपा जा रहा है। यह यहीं के यहीं विश्वास और अंधविश्वास दोनों हुए जा रहे हैं। यह कल मां विदा हो जाएगी और यह बेटा संन्यासी रह जाएगा। यह संन्यासी बिलकुल थोथा होगा, इसका कोई मूल्य नहीं होगा, कोई अर्थ नहीं होगा। मगर इसको जिद रहेगी, अकड़ रहेगी कि हमारी मां संन्यासी थी, अब मां से कोई गद्दारी थोड़े ही करेंगे। तो पहनेंगे कपड़ा और अगर ज्यादा ही दिल हो जाएगा दूसरे कपड़े पहनने का तो ऊपर-ऊपर गेरुआ पहन लेंगे, भीतर-भीतर जो अपनी मौज के हैं वे पहन लेंगे। भीतर मखमली और रेशमी कपड़े पहन लेंगे और ऊपर गेरुआ डाले रखेंगे। या दिन में गेरुआ पहन लिया करेंगे, जब लोग देखें-दाखें और रात अपने घर में मौज से जो अपने को पहनना है वह पहनेंगे। अब यह माला झूठी हो जाएगी। अब इस माला में से लकड़ी के दाने विदा हो जाएंगे, सोने-चांदी के दाने आ जाएंगे। अब यह माला नये-नये अर्थ लेने लगेगी। यह एक आभूषण हो जाएगी।

तुमने पूछा है: उस दिन भारत के प्रसंग में आपने कहा 'कि इस देश की बुनियादी समस्या उसके अंधविश्वास हैं। इस देश की ही नहीं सारी दुनिया की बुनियादी समस्या

अंधविश्वास हैं। इस देश की थोड़ी ज्यादा। ज्यादा क्यों? क्योंकि इस देश में ऐसे बहुत पुरुष हुए जिनके आस-पास विश्वास जगा। इसलिए इस देश के पास अंधविश्वास भी ज्यादा हैं। बुद्ध यहां हुए, महावीर यहां हुए, कृष्ण यहां हुए, अपूर्व पुरुष यहां हुए--सरहपा और गोरख और कबीर और नानक और दादू और रैदास और फरीद...! एक जागते हुए दीयों की परंपरा है। यह देश तो एक दीवाली मनाता रहा है। यहां दीयों पर दीये जलते चले गए हैं। जहां इतने दीये जले वहां स्वभावतः बहुत से बुझे दीयों की पूजा भी होगी; दीये जब जलेंगे तो एक दिन बुझेंगे। और इतनी हिम्मत हम नहीं जुटा पाते कि जब दीया बुझ जाए तो उसका निर्वाण कर दें, उसको चले जाएं और सागर में बहा दें और नमस्कार कर लें। इतनी हिम्मत हम नहीं जुटा पाते, कोई भी नहीं जुटा पाता। मोह लग जाते हैं, आसक्तियां बंध जाती हैं। भय भी पकड़ जाते हैं।।

अब यहां पूना में ही एक सज्जन हैं, पढ़े-लिखे आदमी हैं, बड़े ठेकेदार हैं, धनपति हैं। उनकी पत्नी यहां मुझे सुनने आती है। वह सुनने नहीं देना चाहते। उनको डर है कि कहीं पत्नी संन्यासिनी न हो जाए। तो उनकी पत्नी ने मुझे बताया कि वे इतने आप पर नाराज हैं कि आपकी किताब नहीं पढ़ने देते। तो मुझे किताब भी चोरी से पढ़नी पड़ती है। अगर कभी उनके हाथ में किताब पकड़ जाए तो उसको फेंक देते हैं घर के बाहर। और उनकी पत्नी फिर हंसने लगी और बोली कि मजा यह है कि जब मैं नहीं देखती तो जाकर किताब को उठा कर उसको नमस्कार करके फिर वापस रख देते हैं। अब घबड़ाहट भी लगती होगी कि फेंक तो दी, मगर कहीं कोई पाप इत्यादि न हो जाए। तो जब पत्नी नहीं देखती, तब उसको नमस्कार कर लेते हैं।

आदमी ऐसा अजीब है! तो कोई मोह से पकड़े हुए है, कोई भय से पकड़े हुए है कि अब छोड़ने से कोई नुकसान न हो जाए। इतने दिन पकड़े रहे हैं, अब छोड़ने से कोई हानि न हो जाए तो कर ही लो पूजा क्या बिगड़ता है, पांच मिनट रोज सुबह घंटी बजा कर थोड़ा पानी छिड़क कर झंझट मिटा ली। पांच ही मिनट गए, कोई ज्यादा गया भी नहीं, हो न हो कभी भगवान हो ही, बाद में मरने के मुलाकात हो, तो कहने को तो रहेगा कि देखो रोज पूजा करता था! और नहीं हुआ तो क्या बिगड़ गया, ऐसे ही समय बीत रहा है, पांच मिनट और गए।

इस देश में चूंकि विश्वास घट सके, ऐसे बहुत लोग पैदा हुए, इसलिए अंधविश्वास भी खूब घटा। हर सौभाग्य के पीछे उसके दुर्भाग्य की छाया होती है। अमीर आदमी ही गरीब हो सकता है। गरीब आदमी गरीब नहीं हो सकता। गरीब आदमी को गरीबी का

पता ही नहीं होता। अमीर जब गरीब होता है तब उसे गरीबी का पता चलता है। उसके पास तुलना का उपाय होता है। जिन्होंने सुख जाना है उन्हें दुख का पता चलता है। जो दुख में ही जीए हैं, उन्हें दुख का पता नहीं चलता।

यह बात जान कर तुम हैरान होओगे कि दुनिया में गरीबों ने कोई क्रांति नहीं की है। भला कार्ल मार्क्स और उनके अनुयायी कुछ भी कहते रहें, दुनिया में गरीबों ने कोई क्रांति नहीं की। गरीब कभी क्रांति नहीं करेंगे, गरीब क्रांति कर ही नहीं सकते, क्योंकि गरीबों को सुख का कोई आभास ही नहीं होता, आशा भी नहीं होती। अमीर तो क्रांति करेंगे क्यों, क्योंकि उनके पास तो सब है, क्रांति से तो उनको नुकसान होगा। उनके पास तो सुख के सब साधन हैं। इसलिए अमीर कभी क्रांति नहीं कर सकते, एक बात तय हो गई। गरीब कभी क्रांति नहीं कर सकते, क्योंकि सुख का कोई आभास नहीं। फिर क्रांति कौन करता है? क्रांति करते हैं मध्यवर्गीय लोग, दोनों के बीच में जो हैं; जिन्होंने थोड़ा दुख भी जाना है और सुख की भी थोड़ी सी प्रतीति है।

मध्य वर्ग क्रांतिकारी वर्ग है। इसलिए सब उपद्रव मध्य वर्ग से पैदा होते हैं खुद मार्क्स, एंजल्स, लेनिन, स्टैलिन, सब मध्यवर्गीय लोग हैं। इस देश में भी, अन्य देशों में भी, जो भी क्रांति की बातें उठती हैं वे मध्यवर्गीयों से उठती हैं। इस देश में तुम जानते हो कि आजादी का आंदोलन किनने चलाया--वकीलों ने चलाया। कांग्रेस सिर्फ वकीलों की संस्था थी शुरुआत में। वकीलों ने क्यों चलाया? वकीलों को क्या आजादी से लेना-देना? इस देश में सब तरह के लोग थे, किसी को चिंता नहीं थी, वकीलों को क्यों थी? वकीलों को थोड़ा रस आ गया अंग्रेजों के साथ रहने का--पद का, प्रतिष्ठा का, अदालतों का। तुम जान कर यह हैरान होओगे कि जिन लोगों ने इस देश में क्रांति की वे सभी लोग पश्चिम में शिक्षित होकर आए थे--मध्य वर्गीय लोग थे। पश्चिम में देख कर आए थे, स्वतंत्रता का थोड़ा सुख लेकर आए थे।

इस देश में क्रांति न होती अगर मैकाले न हुआ होता। लोग कहते हैं कि मैकाले ने इस देश को गुलाम बनाया और मैं तुमसे कहना चाहता हूं कि मैकाले ही इस देश की आजादी का पिता है। अगर अंग्रेजों ने कोशिश न की होती शिक्षा देने की इस देश के लोगों को, यहां कभी क्रांति न होती। क्योंकि क्रांति आई शिक्षित लोगों से, अशिक्षित लोगों से नहीं, पंडित-पुरोहितों से नहीं, वेद के, उपनिषदों के ज्ञाताओं से नहीं--जो लोग पश्चिम से शिक्षा लेकर लौटे, जो वहां का थोड़ा रस लेकर लौटे।

सुभाष ने लिखा है कि जब मैं पहली दफा यूरोप पहुंचा और एक अंग्रेज चमार ने मेरे जूतों पर पॉलिश किया तो मेरे आनंद का ठिकाना न रहा। अब जिसने अपने जूतों पर अंग्रेज को पॉलिश करते देखा हो, वह वापस आकर इस देश में अंग्रेज के जूतों पर पालिश करे, यह संभव नहीं। अब मुश्किल खड़ी हुई।

मैकाले इस देश की आजादी का पिता है। उसी ने उपद्रव खड़ा करवाया। अगर मैकाले इस देश के लोगों को अंग्रेजी शिक्षा न देता, पढ़ने देता उन्हें संस्कृत मजे से और पाठशालाओं में रटने देता उनको गायत्री, कोई हर्जा होने वाला नहीं था। वे अपना जनेऊ लटकाए, अपनी घंटियां बजाते हुए शांति से अपने भजन-कीर्तन में लगे रहते। उसने लोगों को पश्चिम में जो स्वतंत्रता फली है उसका स्वाद दिलवा दिया। एक दफा स्वाद मिल गया, फिर अड़चन हो गई।

अभी तुम देखते हो, ईरान में क्या हो रहा है? ईरान के सम्राट को जो परेशानी झेलनी पड़ रही है वह उसके खुद ही के कारण। ईरान अकेला मुसलमान देश है जहां शिक्षा का ठीक से व्यापक विस्तार हुआ है और ईरान के शहंशाह ने शिक्षा पर बड़ा जोर दिया। ईरान समृद्ध है, शिक्षित है--सारे मुसलमान देशों में! और यही नुकसान की बात हो गई। अब वे ही शिक्षित लोग और समृद्ध लोग अब चुप नहीं रहना चाहते; अब वे कहते हैं, हमें हक भी दो, अब हमें प्रजातंत्र चाहिए; अब हम राज्य करें, इसका भी हमें मौका दो। और कोई मुसलमान देश में उपद्रव नहीं हो रहा है, क्योंकि लोग इतने गरीब हैं, इतने अशिक्षित हैं, मान ही नहीं सकते, सोच ही नहीं सकते कि हमें और राज्य की सत्ता मिल सकेगी, असंभव! असंभव को कौन चाहता है? जब संभव दिखाई पड़ने लगती है कोई बात, जब हाथ के करीब दिखाई पड़ने लगती है कि थोड़ी मेहनत करूं तो मिल सकती है, तब उपद्रव शुरू होता है।

इस देश में शूद्र हजारों साल से परेशान हैं, कोई बगावत नहीं उठी। उठ नहीं सकती थी। अंबेदकर जैसे व्यक्ति में बगावत उठी, क्योंकि शिक्षा का मौका अंग्रेजों से मिला।

यह जीवन का एक तथ्य है समझने जैसा कि न तो गरीब बगावत करते हैं न अमीर बगावत करते हैं--बगावत मध्य-वर्गीय लोग करते हैं। सारी क्रांतियां मध्यवर्गीय लोगों से पैदा होती हैं। विचार की, अर्थ की, समाज की--सारी क्रांतियां! थोड़ा अनुभव होना चाहिए। इस देश को विश्वास का अनुभव है, बहुत अनुभव है। विश्वास की छाया और विश्वास की शांति इस देश ने जानी है। इसको पता है कि बुद्धत्व जैसी घटना भी घटती है। इसकी प्रतीति इसको है। इसलिए अगर बुद्ध न हों तो चलो बुद्ध की

प्रतिमा ही सही, मगर किसी न किसी चीज को यह पकड़ लेता है।

दूसरे मुल्कों में इतना अंधविश्वास नहीं है, क्योंकि विश्वास के इतने मौके ही नहीं। अमरीका में अंधविश्वास नहीं है, क्योंकि अमरीका ने न तो कभी कोई बुद्ध जाना न कोई महावीर जाना न कोई कृष्ण जाना। अमरीका इस अर्थ में गैर-अंधविश्वासी है। और असंभव है तब तक अंधविश्वास पैदा होना, जब तक कि विश्वास पैदा न हो जाए। सुख हो तो दुख का बोध होता है। धन हो तो गरीबी का बोध पैदा होता है। विश्वास का अनुभव हो तो अविश्वास की छाया निर्मित होती है। फिर अविश्वास से डर पैदा हो तो आदमी अंधविश्वास को पकड़ कर किसी तरह बैठा रहना चाहता है।

समझो कि तुम्हारे घर में अंधेरा है और तुमने दीये की रोशनी देखी है, अब तुम अंधेरे से राजी नहीं हो सकते। और दीया बुझ गया और अंधेरे से तुम राजी नहीं हो सकते। तुम जानते हो कि रोशनी होती है, रोशनी थी, रोशनी फिर हो सकती है। लेकिन अब रोशनी नहीं है और अंधेरा ही अंधेरा है। अब तुम एक ही काम कर सकते हो, कम से कम तुम उस दीये को तो पकड़ कर बैठे रह सकते हो, जिसमें रोशनी घटी थी। इस आशा में कि शायद फिर घटे। तो दीये को ही पकड़े रहो। तुम दीये की ही पूजा करने लगोगे उसी याददाश्त में--रोशनी की याददाश्त में। फिर तुम्हारे बच्चे भी दीये की पूजा करेंगे। क्योंकि बच्चों को यह खयाल होता है कि जो मां-बाप करते हैं, वह अगर हम न करें तो गद्दारी हो गई। तुम बच्चों को सिखाते भी यही हो कि हम जो करते हैं वही तुम भी करना, नहीं तो गद्दारी हो जाएगी। फिर दीये की पूजा शुरू हो जाती है।

अब यह बड़े मजे की बात है कि रोशनी से दीये की पूजा शुरू हुई, लेकिन अब जब कि दीये की पूजा शुरू हो गई तो अब रोशनी कभी पैदा न हो सकेगी; क्योंकि दीये की पूजा करके आदमी निपट जाता है, रोशनी की तलाश ही नहीं करता। सोचता है, दीये की पूजा काफी है।

तो विश्वास से अंधविश्वास पैदा होते हैं। और एक बार अंधविश्वास पैदा हो जाएं तो फिर विश्वास पैदा होना बहुत मुश्किल हो जाता है।

इसलिए मैं तुमसे कहता हूं कि अंधविश्वास तोड़ो ताकि फिर विश्वास की धारा बह सके, फिर तुम श्रद्धा के वास्तविक सत्व को खोज सको।

'उस दिन भारत के प्रसंग में आपने कहा कि इस देश की बुनियादी समस्या उसके अंधविश्वास हैं और यह कि यह देश समय से डेढ़ हजार वर्ष पीछे है। क्या बताने की कृपा करेंगे कि विश्वास और अंधविश्वास की परख क्या है?'

जीवंत हो तो विश्वास, मृत हो तो अंधविश्वास। तुम्हारा अपना हो तो विश्वास; उधार हो, बासा हो, माता-पिता का हो, पूर्वजों का हो, पुरखों का हो, तो अधंविश्वास।

'और क्या आज के विश्वास कल अंधविश्वास नहीं हो जाएंगे?'

निश्चित हो जाएंगे। मैत्रेय के पूछने का प्रयोजन यह है कि जब आज के विश्वास कल के अंधविश्वास हो जाएंगे तो हम विश्वास ही क्यों पैदा करें? आज के बच्चे कल बूढ़े नहीं हो जाएंगे? तो बच्चे पैदा करना बंद कर दो। और जो आज जन्मा है कल मरेगा या नहीं? तो क्या जन्म की प्रक्रिया को नष्ट कर दें? और जो फूल सुबह खिला है, सांझ कुम्हलाएगा या नहीं? गिरेगा या नहीं धूल में फिर वापस? तो इस कारण क्या सुबह खिले फूल का आनंद छोड़ दें? जो सूरज उगा है, सांझ डूबेगा या नहीं? और जो देह अभी स्वस्थ है, कल रुग्ण होगी या नहीं? इस कारण क्या स्वास्थ्य को छोड़ दोगे? क्या सुबह के सूरज को विदा कर दोगे? दीया जला है, इसलिए फूंक कर बुझा दोगे कि क्या फायदा?

प्रश्न पूछने का अर्थ यह है कि अगर सभी आज के विश्वास कल अंधविश्वास हो जाएंगे तो फिर सार ही क्या? नहीं, फिर भी सार है। जब तक विश्वास हैं तब तक उनसे तुम्हें रोशनी मिलेगी और जो उस रोशनी में चल लेंगे, वे पहुंच जाएंगे। कल जरूर वे अंधविश्वास हो जाएंगे, इसलिए यह चेतावनी देते जाना चाहिए बार-बार कि जब कोई विश्वास अंधविश्वास हो जाए तो उसकी अरथी उठा लेना। रोना-धोना, लेकिन हंडी लेकर, और चल पड़ना अरथी को: राम-राम सत्य है! मरघट पर जाकर अंधविश्वास को जला आना। थोड़ी पीड़ा भी होगी, लेकिन अंधविश्वास को सम्हाल कर मत रखना।

सदगुरु के दो काम हैं: एक तो तुम्हें श्रद्धा दे, तुम्हारे जीवन में अनुभव का मार्ग बताए; और दूसरा, तुम्हें सचेत करे कि जब श्रद्धा मर जाए और उसकी जगह केवल अंधी श्रद्धा रह जाए तो उसे विदा कर देना, जाकर नदी में डुबा आना, कि मरघट पर जला आना। अपने बच्चों को अंधी श्रद्धा मत दे जाना। इतना जरूर उनको याद दिला जाना कि श्रद्धा जैसी कोई चीज होती है, हमने जानी थी; बुद्ध जैसे लोग होते हैं, हमने जाने थे--तुम भी खोजना। अपने बुद्ध की प्रतिमा उन्हें मत पकड़ा जाना, लेकिन अपने बुद्ध का अनुभव जरूर उन्हें सुना जाना। उसकी कथा उन्हें जरूर बता जाना। उसका गीत जरूर उनके कान में गुनगुना जाना, ताकि उनके भीतर गूंज होती रहे; एक न एक दिन कभी वे भी तलाश पर निकलें। लेकिन अपना गुरु उन्हें मत पकड़ा जाना; उसमें

गलती हो जाती है, वहीं गलती हो जाती है। तुम्हारा मोह यह होता है कि मेरा गुरु मेरे बेटे का भी गुरु होना चाहिए। क्यों?

मैं हूं, तुम्हारे लिए जिंदा हूं, तुम मेरे लिए जिंदा हो। इन दोनों जिंदगियों के बीच में कुछ घटेगा। जब मैं कल जा चुका होऊंगा, तुम्हारे बच्चों और मेरे बीच कैसे कुछ घटेगा? हां, इतना जरूर तुम अपने बच्चों को बता जाना कि इस तरह की घटना घटती है, खोजना; हमें मिल गया था, तुम्हें भी मिल जाएगा। कोई न कोई मिल जाएगा-- कोई जाग्रत पुरुष; तुम उसके चरणों में झुकना। मगर तुम मेरी तस्वीर या मेरी मूर्ति अपने बच्चों को मत पकड़ा जाना। क्योंकि मैं तुम्हारे लिए मूर्ति नहीं हूं, मैं तुम्हारे लिए एक जिंदा अनुभव हूं। तुम्हारे बच्चों के लिए मैं एक मुर्दा मूर्ति रहूंगा। वे मेरी पूजा कर देंगे, पानी डाल कर स्नान करवा देंगे, दतौन रख देंगे, मगर मूर्ति के लिए इनका कोई अर्थ नहीं होगा। यह सब व्यर्थ होगा। और चूंकि वे इस मूर्ति में उलझे रहेंगे, इसलिए कोई जिंदा गुरु उनके द्वार से भी गुजरेगा तो वे देखेंगे नहीं। वे कहेंगे: हमें जरूरत ही नहीं, हमारे गुरु तो हैं, हम तो उनकी पूजा करते हैं, हम तो उनको मानते हैं।

अब एक महिला अभी यहां आई। उसका रस मुझमें जगा है, नहीं तो दूर अमरीका से आती न। वृद्ध महिला है। लेकिन एक बड़ी अड़चन आ गई। अड़चन यह है कि वह कहती है कि बचपन से ही मैं मानती रही हूं कि जीसस मेरे गुरु हैं, अब दो गुरु कैसे बनाऊं? मैंने उसको कहा कि अगर जीसस तेरे गुरु हैं तो तू यहां आई ही क्यों? अगर जीसस के गुरु होने से काम पूरा हो गया तो काम पूरा हो गया। अगर जीसस के गुरु होने से काम पूरा नहीं हुआ तो जीसस तेरे गुरु कैसे? बात खत्म कर!...जीसस रहे होंगे तेरे बापदादों के गुरु। यह पुश्तैनी तुझे हक मिल गया।

यह कोई धन ऐसा थोड़े ही है कि वसीयत में मिल जाए। बाहर का धन वसीयत में मिलता है, भीतर का धन वसीयत में नहीं मिलता। और बाहर के धन और भीतर के धन के ढंग ही अलग होते हैं। तुम्हारे बाप मरेंगे तो उनकी तिजोड़ी पर तुम हकदार हो जाओगे। लेकिन तुम्हारे बाप मरेंगे तो उनके आनंद-अनुभूति के, उनके समाधि के, उनके ध्यान के तुम हकदार नहीं हो जाओगे। भीतर का धन ऐसे नहीं दिया जाता कि उसकी वसीयत कर दी कि मरते वक्त जैसे वसीयत लिख गए कि मेरा सारा धन मेरे बेटे का और मेरी समाधि भी, और मेरा ध्यान भी इसीका। कि मेरे चार बेटे हैं तो चारों समाधि को बांट लेना।

ध्यान या समाधि बांटी नहीं जाती, न दी जाती न ली जाती।

तो अब यह महिला आई दूर से, मगर चूक जाएगी। अब उसको एक अड़चन आ रही है। उसके पति भी आए हैं, पति संन्यस्त हो रहे हैं, अब और अड़चन खड़ी हो गई।

उसने मुझे कल फिर पत्र लिखा कि एक और अड़चन आ गई। मैं तो अड़चन में थी ही कि क्या करूं क्या न करूं, अब पति संन्यस्त हो रहे हैं, तो कहीं ऐसा तो नहीं हो जाएगा कि पति के गुरु एक, मेरे गुरु दो, तो हम दोनों में भेद हो जाए और हम एक-दूसरे के विपरीत पड़ जाएं?

अगर जीसस से तुम्हारे जीवन में शांति आ गई तो बात समाप्त हो गई। तुम्हारे पति के जीवन में मुझसे शांति आएगी तो विरोध कैसे पड़ जाएगा? दो शांतियां सदा एक हो जाती हैं। दो अशांतियों में विरोध हो सकता है। मगर पत्नी को कोई शांति इत्यादि आई नहीं है, नहीं तो यहां तक आती क्यों?

'जीसस' सिर्फ एक कोरा शब्द है, जिसका कोई मूल्य नहीं है। जीसस को तुम्हारा अनुभव क्या है? तुमने जीसस को जाना कहां? जीसस की आंख में तुमने आंख कहां डाली? जीसस का हाथ तुमने कहां पकड़ा? पकड़ना भी चाहोगे तो कैसे पकड़ोगे?

जीसस और तुम्हारे बीच दो हजार साल का फासला हो गया। इन दो हजार सालों में हजारों पोप और पादरी तुम्हारे और जीसस के बीच में खड़े हो गए हैं। बड़ी दीवाल है। चीन की दीवाल भी इतनी बड़ी दीवाल नहीं! अब इस दीवाल को खोदते-खोदते-खोदते तुम असली जीसस की तलाश करोगे, मर जाओगे, पहुंच न पाओगे। फिर उन दो हजार सालों में जीसस पर इतनी टीका, इतनी टिप्पणी थोप दी गई है कि यह पता लगाना कि जीसस का खुद का वचन क्या है, करीब-करीब असंभव बात है। जीसस हुए भी या नहीं, इसका भी पूरा-पूरा निर्णय लेना असंभव है। तो फिर कृष्ण की तो क्या कहो, और मुश्किल हो गई, और फासला है।

सदगुरु तो समसामयिक ही हो सकता है। जो अभी देह में हो, वही, तुम देह में हो तो तुमसे संबंध जोड़ सकता है।

नहीं मैत्रेय! चूंकि विश्वास अंधविश्वास हो जाएंगे, इस डर से विश्वास छोड़े नहीं जा सकते। तुम तो जी लो विश्वास से। तुम तो श्रद्धा का आनंद ले लो। तुम तो मस्त हो लो; पीछे आने वाले उनकी वे जानें। इतना भर कर जाना कि उनके लिए अड़ंगे खड़े मत कर जाना। उनको अपने आग्रह में मत बांध जाना, अपना पक्षपात मत दे जाना। उनको दे जाना स्वतंत्र खोज की आकांक्षा, अभीप्सा। उनको बता जाना: हमने खोजा था और हमने पा लिया था कोई, जिसके पास बैठ कर हमने स्वर्ग का संवाद सुना!

जिसके पास बैठ कर हमने स्वर्ग का संगीत सुना। जिसके साथ चल कर हमने दो कदम परमात्मा की रोशनी अनुभव की, हमने ध्यान जाना; हमें समाधि के थोड़े से फूल झड़े; तुम भी खोजना।

यह जगत परमात्मा से भरा है और इस जगत में परमात्मा बहुत-बहुत रूपों में प्रकट होता रहता है। जब तुम पुराने रूपों से बहुत आग्रहपूर्ण हो जाते हो तो नये रूप देखने मुश्किल हो जाते हैं। तब अड़चन खड़ी हो जाती है।

अब मेरे पास अगर कोई मुसलमान आ जाता है तो मुसलमान मौलवी कहता है उससे, कि मुसलमान होकर तुम वहां जा रहे हो! यहां कमी क्या है? अपनी कुरान में तो सब लिखा है। कोई हिंदू आना चाहता है तो हिंदू पुरोहित रोकता है कि वहां जाने की क्या जरूरत है? ये वे ही लोग हैं जो पहले भी रोक रहे थे। जब महावीर जिंदा थे, तो भी ये रोक रहे थे। ये वे ही लोग हैं, जब मोहम्मद जिंदा थे तब भी रोक रहे थे। ये जिंदगी के दुश्मन हैं, ये मौत के पक्षपाती हैं, ये मुर्दों के पूजक हैं।

तुमसे मैं जरूर यह कहना चाहता हूं कि अपने बच्चों को तुम जिज्ञासा दे जाना, मुमुक्षा दे जाना, खोज की आतुरता दे जाना। प्यास दे जाना, मगर कोई बंधे हुए सिद्धांत मत पकड़ा जाना। तो तुम्हारा जो विश्वास था, तुम्हारे बच्चों के लिए कभी अंधविश्वास न होगा। तुम पर निर्भर है। अपना विश्वास किसी पर मत थोपना। अपने बच्चों को प्रेम दो, अपने विश्वास नहीं। अपने बच्चों को प्रेम दो, अपने सिद्धांत नहीं। अपने बच्चों को सत्य की अभीप्सा दो, मगर सत्य के शास्त्र नहीं। तो जगत में धीरे-धीरे विश्वास पैदा हो और अंधविश्वास के पैदा होने की जरूरत न रह जाए।

मगर फिर भी यह कोई सौ प्रतिशत बचाने की व्यवस्था नहीं है, क्योंकि कुछ हैं जो विश्वास में पड़ना ही नहीं चाहते; जो अंधविश्वास को ही पकड़ना चाहते हैं, उनको नहीं रोका जा सकता है। उनका न्यस्त स्वार्थ अंधविश्वास में है।

अंधविश्वास की कुछ खूबियां हैं, वह भी समझ लो। क्यों लोग उनको पकड़ते हैं? एकदम पागल नहीं हैं लोग। लोग भी बड़े होशियार हैं, लोग बड़े चालबाज हैं। लोग बड़े गणित से काम चलाते हैं। वे अंधविश्वास को पकड़ते हैं तो उसके पीछे उनका तर्क है। तर्क क्या है? एक तो यह कि अंधविश्वास में कभी कोई झंझट नहीं होती। अंधविश्वास में बदलना नहीं पड़ता स्वयं को। अंधविश्वास तुम्हें जैसा है वैसा ही रहने देता है; तुम्हारे जीवन को जरा भी नहीं छूता, जरा चोट नहीं करता। जीवंत विश्वास तुम्हारे जीवन को बदलेगा, वह आग है। उसमें से गुजरोगे तो जलोगे। हालांकि जलोगे

तो ही निखरोगे, मगर जलन के क्षण तो कठिन होते हैं, पीड़ा के होते हैं। अंधविश्वास राख है। अच्छा शब्द कहो तो विभूति। खूब मलो, शरीर पर लगा कर बैठे रहो, कुछ फर्क नहीं पड़ता। कभी अंगारे थे।

मुझसे एक सज्जन मिले। कहने लगे कि आप ऐसा चमत्कार क्यों नहीं दिखाते जैसा सत्य साईंबाबा दिखाते हैं, विभूति? मैंने कहा कि मैं अंगार पैदा करता हूं, विभूति वगैरह तो अपने आप पैदा हो जाएगी, जब अंगार बुझ जाएंगे तो विभूति पैदा हो जाएगी। अंगार खाने हों तो मेरे पास आओ। अंगार चबाने हों तो मेरे पास आओ। विभूति वगैरह में क्या रखा है? वह तो राख अपने आप पैदा हो जाती है। हर अंगारा आखिर में राख होकर पड़ा रह जाएगा। फिर बांट लेना विभूति, लगा लेना सिर पर और चख लेना विभूति। मगर विभूति से कुछ भी न होगा। अंगार! अंगार चाहिए।

जीवित गुरु के पास होना आग के पास होना है। अंधविश्वास में एक सुविधा है। अंधविश्वास एक खिलौना है। मजे से खेलो, कोई खतरा नहीं है। अंधविश्वास आग नहीं है, कागज पर बनी हुई आग की तस्वीर है। छाती से लगाओ, सिर पर रखो, कुछ हर्जा नहीं होने वाला, तुम जल नहीं जाओगे। विश्वास अग्नि है, अग्नि की तस्वीर नहीं। छुओगे कि बदलाहट शुरू होगी।

तो जो बदलना ही चाहते हैं, जो जीवन को दांव पर लगाने को ही तत्पर हैं, जो कहते हैं, जिंदगी में रोशनी चाहिए, मरने के पहले अमृत को जानना है--ऐसा जिनके मन में भाव है, वे ही लोग विश्वास से जुड़ेंगे। मगर सौ में निन्यानबे प्रतिशत लोग इतनी झंझट में नहीं पड़ना चाहते। वे कहते हैं: जिंदगी सब ठीक चल रही है, हम मजे में हैं। मगर थोड़ा सा संदेह कभी-कभी किन्हीं-किन्हीं क्षणों में मन को पकड़ लेता है कि मरना तो होगा एक दिन और ईश्वर के सामने खड़े होंगे और वह पूछेगा कि कहो, कुछ किया था? तो बड़ी मुश्किल होगी, क्योंकि अपना इतिहास तो बस इतना ही है कि इस होटल से उस होटल में गए; इस क्लब से उस क्लब में गए; इस फिल्म से उस फिल्म में गए; इस स्त्री को छोड़ा उस स्त्री को पकड़ा! यही अपनी कथा है। ईश्वर के सामने कहने में बड़ी लज्जा आएगी, क्योंकि एक क्लब से दूसरे क्लब जाते बीच में किसी मंदिर में थोड़ा सिर झुका लें तो ठीक रहेगा, कम से कम कहने को तो कुछ रहेगा कि जब एक क्लब से दूसरे क्लब जा रहे थे, बीच में हनुमान जी का मंदिर पड़ा था तो हमने सिर झुकाया था; कि जब एक स्त्री को छोड़ कर दूसरी स्त्री से विवाह किया था तो हम मंदिर

में गए थे, हमने फूल चढ़ाए थे, नारियल भी चढ़ाया था। और जब हमने एक धंधे को छोड़ कर दूसरा धंधा किया था तो हमने तुम्हारी याद रखी थी। कुछ कहने को रहेगा।

मन में आदमी के संदेह पैदा होते हैं, क्योंकि मौत तो है! कैसे झुठलाओ, मौत तो है! और कहीं मौत के बाद बचे फिर, पक्का नहीं हो पाता मौत के बाद क्या है, बचेंगे कि नहीं? अगर बिलकुल पक्का हो जाए कि नहीं बचेंगे तो तुम अंधविश्वास भी छोड़ दो। विश्वास तो पकड़ने का सवाल ही नहीं उठता फिर, फिर अंधविश्वास भी छोड़ दो। अगर यह निर्णायक रूप से सिद्ध हो जाए कि मौत के साथ सब समाप्त हो जाता है तो फिर तुम हनुमान जी की मूर्ति पर सिर न झुकाओ। फिर क्या प्रयोजन रहा? फिर क्यों नारियल खराब करो। क्या अर्थ? इतना समय और थोड़ा धन कमाओ। इतना समय और थोड़ा रेडियो सुनो। इतना समय और थोड़ा अखबार पढ़ो। इतना समय कुछ और कर लो। समय क्यों खराब करो? मगर तय हो नहीं पाता कि मौत के बाद क्या है! न इस तरफ तय होता न उस तरफ। न तो यही तय हो पाता कि बचेंगे। अगर यह बिलकुल पक्का हो जाए कि बचेंगे, तो विश्वास पकड़ लो। तो तुम किसी सदगुरु की तलाश करो। न यह पक्का होता कि नहीं बचेंगे। अगर यह हो जाए तो अंधविश्वास भी छोड़ दो। इस दुविधा में कि पता नहीं बचेंगे कि नहीं बचेंगे, तुम तरकीब खोजते हो। तुम कहते हो कि थोड़ा-बहुत कुछ करते रहो, थोड़ा-बहुत कुछ करते रहना ठीक है।

मेरे एक मित्र हैं, कृष्णमूर्ति को तीस साल से सुनते हैं, मुझे भी सुनते हैं। न ईश्वर को मानते, न मंत्र को, न पूजा न प्रार्थना को, कुछ नहीं। एक दिन उनके बेटे ने मुझे आकर खबर दी कि उनको हार्ट अटैक हो गया है और आप आ जाएं, शायद घड़ी दो घड़ी के मेहमान हैं। आपके आने से ठीक होगा। उनको बड़ी राहत मिलेगी।

तो मैं गया। मैं गया तो मैं बहुत चौंका। चुपचाप उनके कमरे में प्रविष्ट हुआ। क्योंकि उनकी हालत खराब थी, वे आंखें बंद किए राम-राम जप रहे! राम-राम, मुझे भरोसा ही नहीं आया! मैंने उन्हें हिलाया। मैं भूल ही गया उनको हृदय का दौरा पड़ा है। मैंने कहा: जाने दो हृदय के दौरे को भाड़ में, यह तुम क्या कर रहे हो? राम-राम! तीस साल कृष्णमूर्ति को सुना, दस साल से मुझे भी सुनते हो...राम-राम!

उन्होंने कहा कि अब आप यह बात रहने दो, अभी मत उठाओ! अभी यह मरने का मामला है। कौन जाने हो ही! अब अभी यह सिद्धांत, दार्शनिक सिद्धांत न छेड़ो। अभी तो मुझे राम-राम कर ही लेने दो। अगर हुआ तो कम से कम कहने को तो रहेगा कि आखिरी वक्त में याद कर लिया था।

ऐसा आदमी हिसाब से चल रहा है, कुशलता से चल रहा है, इंतजाम कर के चल रहा है।

मुल्ला नसरुद्दीन एक दिन छाता लेकर बाजार की तरफ जा रहा था। बीच में पानी आ गया। तो उसके साथी ने कहा कि, नसरुद्दीन, छाता खोल क्यों नहीं लेते? उसने कहा कि छाता खोलने से कोई सार नहीं, छाता टूटा हुआ है और छेद ही छेद हैं। तो उसने कहा: तो फिर इसको बड़े मियां साथ क्यों लिए फिर रहे हो? तो मुल्ला नसरुद्दीन ने कहा: मैंने सोचा कौन जाने पानी गिरने ही लगे!

ऐसी हालत है अंधविश्वासी की: छाता है। काम का नहीं है, कोई हर्जा नहीं, मगर छाता जैसा तो दिखाई पड़ता ही है कम से कम! कौन जाने पानी गिरने ही लगे, तो साथ तो रख ही लो छाता। एक आत्मविश्वास तो बना रहेगा कि छाता पास है, हालांकि काम नहीं पड़ने वाला छाता, अगर पानी गिरेगा तो छेद ही छेद हैं, टूटा-फूटा है।

मगर ऐसी आदमी की अवस्था है। तुम जरा अपनी भी जांच करना। तुम श्रद्धा से मंदिर गए हो? तुम अपने अहोभाव से मंदिर गए हो? तुम कभी झुके हो मस्ती में, मदमस्त होकर? नहीं, वही छेदों वाला छाता है--कौन जाने हो ईश्वर तो चलो झुक ही लो! मगर तुम्हारा झुकना झूठा है। छेद वाला छाता है, काम नहीं पड़ेगा। तुम किसको धोखा दे रहे हो?

तो मैं यह नहीं कह रहा हूं कि सौ प्रतिशत गारंटी है कि तुम अपने बच्चों को अंधविश्वास नहीं दे जाओगे तो वे अंधविश्वास नहीं अपने खुद पैदा कर लेंगे। सौ में निन्यानबे बच्चे तो पैदा करेंगे। तुम नहीं दोगे तो वे खुद ही पैदा कर लेंगे। तुम न पकड़ाओगे तो खुद ही पकड़ लेंगे। क्योंकि अंधविश्वास में एक तरह की सुरक्षा है, कम से कम सुरक्षा की भ्रांति तो है। और अंधविश्वास में एक तरह की बचाव की सुविधा है: न तो बदलना पड़ता है, न जलना पड़ता है और फिर भी धार्मिक होने का मजा आ जाता है। इसीलिए तो लोग मंदिर चले जाते हैं, मस्जिद चले जाते हैं, गुरुद्वारा चले जाते हैं, चर्च चले जाते हैं, रविवार को हो आए चर्च। पुरुष जाकर रविवार को मिलजुल लेते हैं, गपशप कर लेते हैं चर्च में। चर्च से किसी को लेना-देना नहीं। स्त्रियां अपना गहना, साड़ी इत्यादि दिखला आती हैं; उनको भी कोई चर्च से मतलब नहीं है।

मैं जैन मंदिर में एक दफा बोलने गया। मैं तो देख कर हैरान हुआ कि सारी स्त्रियां खूब गहने पहने बैठी हुई हैं, सबने साड़ियां पहन रखी हैं। कोई किसी की साड़ी का पोत देख रही है, कोई किसी का गहना देख रही है। मैंने कहा: मुझे तुम किसलिए ले आए

हो यहां? न मेरे पास साड़ी है, न मेरे पास गहना है। किसको पोत दिखाऊं, किसका पोत देखूं? यहां तो मामला ही कुछ और चल रहा है! तो जो मुझे ले गए थे, उन्होंने कहा कि अब आप तो जानते ही हैं मंदिर ही एकमात्र जगह है जैन स्त्रियों के लिए, जहां वे अपनी साड़ी और अपने गहने पहनकर आएं, और तो कहीं कोई जगह नहीं है। अभी इतनी पढ़ी-लिखी भी नहीं कि रोटरी क्लब चली जाएं कि लायंस क्लब चली जाएं, इतनी आधुनिक भी नहीं हैं। यह मंदिर ही इनका रोटरी क्लब, यह मंदिर ही इनका लायंस क्लब, जो भी समझो यही है। यहीं इन्हें सब नाच नाचना है। और कहीं जाने की जगह भी नहीं है। यहीं इनका मिलन होता है। तो सारा गांव, सारे गांव की स्त्रियां यहीं इकट्ठी होकर अपनी साड़ी, अपना गहना दिखला लेती हैं। और साड़ी-गहने का मजा ही यह है कि वह दूसरे को दिखलाई पड़ना चाहिए, नहीं तो उससे मजा ही क्या? तुम्हारी तिजोड़ी में बंद रहे, उससे सार क्या है?

तुमने उस स्त्री की कहानी सुनी है न, जिसने चूड़ियां खरीदी थीं नई और महीने भर चटकाती फिरी, बजाती फिरी, मगर किसी ने न पूछा, तो उसने अपने घर में आग लगा ली। और जब छाती पीट-पीट कर खूब हाथ हिला-हिला कर चिल्लाने लगी कि बरबाद हो गई, बरबाद हो गई, तब एक स्त्री ने उससे पूछा कि बाई और तो सब ठीक है, बरबाद तो तू हो गई, मगर चूड़ी कब खरीदीं? तो उसने कहा कि अरी नासमझ, अगर पहले ही पूछी होती तो घर में आग क्यों लगती?

आदमी के चाहे घर में आग लग जाए, कोई फिकर नहीं, मगर चार लोगों को पता तो चल जाए कि मेरे पास भी कुछ है। और तो कुछ है भी नहीं भीतर का, बाहर ही बाहर का है।

मंदिर-मस्जिद में लोग इकट्ठे हो जाते हैं, उनके प्रयोजन और ही हैं। परमात्मा उनका प्रयोजन नहीं है। जो उन्हें वहां उपदेश दे रहे हैं उनका प्रयोजन कुछ और है, परमात्मा उनका भी प्रयोजन नहीं है। धर्मों के पीछे राजनीति चलती है, गहन राजनीति चलती है। धर्मों के समूह राजनीति के अड्डे हैं। मगर अंधविश्वास आदमी को चाहिए, क्योंकि सभी लोग इतने हिम्मतवर नहीं हैं, साहसी नहीं हैं।

अगर तुम चाहते हो एक दुनिया, जहां अंधविश्वास न हों, तो साहस पैदा करना होगा। ऐसा अदम्य साहस कि या तो हम पकड़ेंगे सत्य को, फिर चाहे कितनी ही आग बरसे, कोई फिकर नहीं; और अगर हमें सत्य नहीं पकड़ना है तो सत्य के नाम पर हम झूठे सत्य न पकड़ेंगे। या तो हम आस्तिक होंगे तो ऐसे आस्तिक, जिन्होंने परमात्मा को जाना; या फिर हम नास्तिक ही रहेंगे। मगर ईमानदार नास्तिक रहेंगे।

मेरी यही देशना है: या तो बनो असली आस्तिक या कम से कम असली नास्तिक तो रहो। इन दोनों के बीच में अंधविश्वासी है--न असली आस्तिक न असली नास्तिक। है तो नास्तिक, आस्तिकता की चादर ओढ़े हुए है, राम-राम की चदरिया ओढ़े है, और भीतर बैठा नास्तिक। भीतर शक है, बाहर से विश्वास ओढ़ा हुआ है। यह अंधविश्वास की स्थिति है।

और तुमने पूछा: 'क्या यह भी बताने की अनुकंपा करेंगे कि कोई व्यक्ति या जन-समूह समसामयिक होने के लिए, आधुनिक रहने के लिए क्या करे?' एक ही बात: जो जा चुका जा चुका। जो है है और जो अभी नहीं है अभी नहीं है। तो है से संबंध जोड़ो। सब अर्थों में है से संबंध जोड़ो। तुम वह भोजन तो नहीं करते जो तीन हजार साल पहले दुनिया में था, या कि करते हो? उस संबंध में तुम बिलकुल समसामयिक हो। तुम भोजन वही करते हो जो आज उपलब्ध है। कपड़े तुम वे तो नहीं पहनते जो तुम्हारे पुरखे पहनते थे। उस संबंध में तुम बिलकुल समसामयिक हो। तुम टेरेलिन पहनते हो, टेरिकाट पहनते हो। और अब मोरारजी देसाई कोशिश कर रहे हैं कि खादी भी असली न रह जाए, खादी भी नकली हो जाए। उसमें भी अस्सी प्रतिशत कृत्रिम सिंथेटिक धागे मिला दिए जाएं। अब तो खादी भी आधुनिक होने की कोशिश कर रही है! कपड़े तुम आधुनिक पहनते हो, भोजन तुम आधुनिक करते हो, श्वास तुम आधुनिक लेते हो--लेकिन धर्म के मामले में भर तुम आधुनिक नहीं हो! क्योंकि धर्म में तुम्हारा कोई रस नहीं है, नहीं तो तुम उसमें भी आधुनिक होओगे। न तो बुद्ध के समय के तुम कपड़े पहनते हो, न बुद्ध के समय का भोजन करते हो; लेकिन बुद्ध के समय की पूजा क्यों कर रहे हो? पूजा में तुम्हें रस ही नहीं है। तुम कहते हो: कोई भी हुई चलेगी, क्या लेना-देना है!

जिस बात में तुम्हें रस है, उसमें तो तुम अत्याधुनिक होने की कोशिश करते हो। एक साल बीत जाती है तो नई साल की कार का माडल खरीदते हो। नहीं खरीद पाते तो दिल में बेचैन होते हो। अगर कोई उपाय ही नहीं होता तो कम से कम कार की प्लेट नई लगा लेते हो। एंबेसेडर तो पुरानी है, मगर लगा लिया एंबेसेडर मार्क थ्री। कम से कम इतना ही धोखा, क्योंकि बाकी एंबेसेडर तो एक ही जैसी है, एंबेसडर तो कभी दूसरी जैसी होने वाली है नहीं, वह तो वैसी ही वैसी रहने वाली है। मगर मार्क थ्री तो बाजार में मिल जाता है, वह तो लगा लिया। खुद को ही धोखा दे रहे हो, दूसरों को धोखा दे रहे हो।

मुल्ला नसरुद्दीन के साथ एक दिन मैं उसकी गाड़ी में उसके घर गया। गर्मी के दिन, भयंकर आग बरस रही और वह खिड़कियां न खोले। मैंने कहा: मुल्ला तू पागल है, तू पसीने से तरबतर है, मैं पसीने से तरबतर...! उसने कहा: चाहे जान चली जाए, मगर इज्जत का सवाल है। मैंने कहा: इसमें इज्जत का सवाल है? खिड़की क्यों नहीं खोलता? उसने कहा: लोग क्या समझेंगे कि गाड़ी एअरकंडीशन नहीं है।

जान चली जाए, उसने कहा, उसकी कोई फिकर नहीं है; मगर गाड़ी एअरकंडीशंड है, यह मोहल्ले वालों को पता होना ही चाहिए। पसीना पसीना है, गाड़ी से उतरते से ही गिर पड़ा बिस्तर पर, चारों खाने चित, आधा घंटे में सम्हल पाया। मैंने कहा कि मुल्ला ऐसी एअरकंडीशन से क्या फायदा? उसने कहा: कुछ भी हो जाए, मगर इज्जत तो आदमी को बचानी ही होती है। तुम गाड़ी के संबंध में आधुनिक हो, मकान के संबंध में आधुनिक हो, कपड़ों के संबंध में आधुनिक हो--सब बातों में आधुनिक हो--सिर्फ धर्म के संबंध में पूछते हो कि आधुनिक कैसे हों! शायद तुम होना ही नहीं चाहते आधुनिक। नहीं तो जब तुम सब चीजों में आधुनिक हो जाते हो, तो धर्म के संबंध में क्या अड़चन है। अगर तुम कार का नया मॉडल पसंद करते हो, अगर तुम में थोड़ी भी बुद्धि होगी तो तुम धर्म का भी नये से नया संस्करण पसंद करोगे, स्वभावतः।

मोरार जी देसाई ने अहमदाबाद में कहा: मेरे संन्यासी उन्हें मिले तो उन्होंने कहा कि मैं इस बात से मैं बहुत नाराज हूं कि आप अपने गुरु की तुलना महावीर से क्यों करते हैं? उनकी तुलना महावीर से नहीं की जा सकती। उन मित्रों ने मुझे आकर कहा। मैंने कहा: इस बात में मैं मोरारजी देसाई से सहमत हूं। तुम क्यों मेरी तुलना महावीर से करते हो? मेरी तुलना महावीर से नहीं की जा सकती, क्योंकि महावीर ढाई हजार साल पुराना मॉडल है। कुछ मेरी इज्जत की भी तो फिकर करो! यह तो ऐसे ही हुआ कि मर्सिडीज बैंज अठहत्तर का मॉडल और तुम फोर्ड का नंबर ऐट टी मॉडल...। तुम कुछ मेरी इज्जत की भी फिकर करो। ढाई हजार साल बीच में गुजर गए हैं, ढाई हजार साल का लाभ मैंने लिया है। उस ढाई हजार साल का महावीर को कुछ भी पता नहीं। तुम महावीर को क्यों बीच में लाते हो?

मैंने कहा: अब दुबारा मोरारजी देसाई को मिलो तो कह देना कि हमारे गुरु बहुत नाराज हुए! उन्होंने भी यही कहा कि यह बात बिलकुल गलत है, कभी भूल कर ऐसा नहीं करना चाहिए।

तुम अगर हर चीज में अत्याधुनिक हो तो धर्म के संबंध में क्यों नहीं? धर्म के संबंध

में तुम प्राचीन को क्यों मूल्य देते हो? सच तुम धार्मिक होना नहीं चाहते। ये तुम्हारे बहाने हैं। ये टालने की तरकीबें हैं। ये उपाय हैं तुम्हारे। कृष्ण के जमाने के रथ में तो नहीं चलते हो? जीसस तो गधे पर चलते थे, तुम तो गधे पर नहीं चलते हो। अब ईसाई होकर और कार में चलना शोभा नहीं देता। जब ईसा मसीह खुद ही गधे पर चलते थे तो तुम ईसाई होकर कार में चल रहे हो! उस संबंध में तुमने बदल ली है बात।

लेकिन ठीक उसी तरह और सारी चीजें भी गतिमान हैं। परमात्मा रोज नये फूल खिलाता है। परमात्मा रोज मसीहा भी पैदा करता है। परमात्मा रोज नये तीर्थंकर भी पैदा करता है। परमात्मा रोज नये पैगंबर भी भेजता है। परमात्मा थक नहीं गया है। मगर तुम पुरानों को पकड़ कर बैठ जाते हो। पुरानों को पकड़ने में सुविधा है; कुछ करना नहीं पड़ता। धोखा भी हो गया कि धार्मिक हैं और कुछ करना भी नहीं पड़ता। कभी-कभी पूजा कर ली, कभी-कभी फूल चढ़ा दिए, झंझट मिटा ली। निश्चिंत हो रहे। नये को पकड़ोगे तो मुसीबत आएगी।

मेरे साथ चलोगे तो मुसीबत आएगी। महावीर के साथ चलने से अब क्या मुसीबत है? कोई मुसीबत नहीं है। लेकिन मेरे साथ इंच-इंच मुसीबत होगी। और वही मुसीबत है, जो रूपांतरण करती है।

आखिरी प्रश्न:

ओशो, आप क्यों इस मतांधों के देश में श्रम कर रहे हैं? परंपराग्रस्त, और रूढ़िवादी लोग आपको न समझे हैं, न समझेंगे। मैं स्वयं तो इस देश के अंधविश्वासों से इतना ऊब गया हूं कि सोचता हूं कि कहीं परदेश में जा बसूं। आपका क्या आदेश है?

लोग सब जगह एक जैसे हैं। लोगों में कुछ खास भेद नहीं है। यहां एक तरह के अंधविश्वास हैं, वहां दूसरी तरह के अंधविश्वास हैं। कोई बुनियादी अंतर नहीं है, थोड़ा-बहुत मात्रा का अंतर होगा।

क्या तुम सोचते हो कि मैं अमरीका चला जाऊं तो मेरी बात ज्यादा सुगमता से समझी जा सकेगी। नहीं! जैसे यहां हिंदुओं को विरोध है, मुसलमानों को विरोध है, जैनों को विरोध हैं--वहां ईसाइयों को विरोध होगा, कैथलिकों को विरोध होगा, प्रोटेस्टेंटों को विरोध होगा।

तुम जान कर चकित होओगे कि मैं तो बाहर गया ही नहीं कभी, लेकिन प्रोटेस्टेंट चर्च ने अपने जासूस यहां भेजे हैं, क्योंकि जर्मनी से बहुत से युवक आकर संन्यस्त हो गए हैं। प्रोटेस्टेंट चर्च को इससे बहुत हानि हो रही है। मैं उनके लोगों को बिगाड़ रहा हूं। मेरा काम ही बिगाड़ना है! अब जर्मनी के चर्च को चिंता पैदा हुई है। उन्होंने जासूस भेजे हैं यहां कि यहां के संबंध में सारी बातें किसी भी तरह गलत-सलत प्रचारित की जाएं जर्मनी में। जर्मनी मैं कभी गया नहीं हूं, लेकिन जितनी मेरी चर्चा इस समय जर्मनी में है उतनी भारत में नहीं है। शायद ही कोई अखबार हो जर्मनी का जो मेरी चर्चा से नहीं भरा है। इस दो महीने में ऐसा लगता है कि कोई सामूहिक षड्यंत्र है; सारे अखबार, सारे पत्र-पत्रिकाएं...। क्योंकि जर्मनी से बड़ी संख्या युवकों की आई है।

और स्वाभाविक है कि जर्मनी से युवकों की बड़ी संख्या आए। जर्मन कौम में थोड़ी हिम्मत है, थोड़ा बल है। यह अकारण नहीं है, आकस्मिक नहीं है उनका आना। थोड़ा बल है। जर्मन सरकार परेशान है; उसने भी जासूस भेजे हैं कि यहां जांच-पड़ताल की जाए, कि मामला क्या है! मैं जरूर लोगों को सम्मोहित कर रहा हूं क्योंकि जो यहां आता है, फिर लौटता ही नहीं!

तुम सोचते हो मैं जर्मनी जाऊं तो मुझे चैन मिलेगा? मुश्किल होगी, यही इसी तरह की मुश्किल होगी। कोई भेद न पड़ेगा। सच तो यह है, हिंदू-जाति कितनी ही मतांध हो, पर हिंदू-जाति से ज्यादा उदार जाति इस दुनिया में और कोई भी नहीं है। इसे स्वीकार करना ही होगा। कितनी ही मतांध हो, कितनी ही अंधविश्वासी हो, लेकिन हिंदू-जाति से ज्यादा उदार कोई जाति दुनिया में नहीं है।

यहूदी जीसस को बर्दाश्त न कर सके, सूली पर लटका दिया। यूनानी सुकरात को बर्दाश्त न कर सके, जहर पिला दिया। और मुसलमान तो जाहिर ही हैं कि अत्यंत मतांध हैं; उन्होंने मंसूर को मार डाला, और फकीरों को मारा। भारत अकेला देश है जहां हमने बुद्धों पर, महावीरों पर थोड़ी-बहुत झंझटें कीं, पत्थर फेंक दिए, गाली-गलौज दे दी, नाराज रहे हम उन पर, मगर हमने कोई सूली नहीं लगा दी, हमने कोई गोली नहीं मार दी। हमने उन्हें भी धीरे-धीरे स्वीकार कर लिया, आत्मसात कर लिया।

जो मैं कह रहा हूं, वह किसी भी देश में मुसीबत लाएगा और इस देश से ज्यादा मुसीबत लाएगा।

तुम कहते हो कि आप क्यों परंपराग्रस्त, रूढ़िवादी लोगों के साथ परेशान हो रहे हैं? मैं परेशान नहीं हो रहा, मैं पूरा मजा ले रहा हूं! परेशान तो रूढ़िवादी और

परंपरावादी हो रहे हैं। मैं क्यों परेशान होने लगा! चिंता तो उन्हें हो रही है। बेचैन तो वे हैं। कुछ जाएगा तो उनका जाएगा, मेरा क्या जाना है? मुझसे झंझट लेकर उनके ही कुछ आदमी वे खो सकते हैं। मेरे पास तो कुछ खोने को नहीं है। मेरी कोई हानि होने का कारण नहीं है। और मैं अगर परेशान होऊं किसी बात से तो मैं करना ही बंद कर दूं, क्योंकि परेशानी में मुझे कुछ रस नहीं है।

तो जो भी मैं कर रहा हूं, मैं उसे आनंद से कर रहा हूं। और जो भी हो रहा है उसे आनंद से देख रहा हूं।

लेकिन तुम्हारी तकलीफ मैं समझता हूं। तुम्हें हैरानी होती होगी: क्यों इतना श्रम करूं? और तुम इतने अंधविश्वासों से ऊब गए हो, तुम कहते हो कि मैं परदेश ही चला जाऊं। कुछ भेद न पड़ेगा। परदेश में तुम इसी तरह के लोग पाओगे।

ग़म नहीं तो लज्ज़ते-शादी नहीं।
बे असीरी लुत्फे-आजादी नहीं।।

और जहां दुख नहीं है वहां सुख नहीं होता। और जहां कारागृह नहीं है वहां स्वतंत्रता का अनुभव भी नहीं होता। सब द्वंद्व साथ-साथ चलते हैं। अंधेरे के साथ-साथ रोशनी और जन्म के साथ-साथ मृत्यु, सब द्वंद्व साथ-साथ चलते हैं। मतांधता तो रहेगी दुनिया में, फिर भी हमें दीये जलाने हैं--मतांधता में ही दीये जलाने हैं। अब कोई सिर पीट कर बैठ जाए कि अंधेरा बहुत है, क्या रोशनी करने से फायदा? मजा ही यही है कि अंधेरा है और रोशनी करनी है। अंधेरा है तभी तो रोशनी करने का मजा है। और इतना अंधेरा कभी भी न था जितना आज है। इसलिए जितना मजा आज रोशनी करने का है, इतना मजा भी कभी नहीं था।

बुद्ध के शिष्य यह आनंद नहीं ले सकते थे जो तुम ले सकते हो, क्योंकि इतना अंधेरा न था। आज अंधेरा बहुत है। मशालें जलानी हैं! अंधेरे के कारण मशालें जलाना थोड़े ही बंद कर देंगे। अंधेरे के कारण मशालें और जलाएंगे। अंधेरे की जिद है तो रोशनी की भी अपनी जिद होगी।

मौजों की सयासत से मायूस न हो फानी।
गिरदाब की हर तह में साहिल नज़र आता है।।
लहरों के वेग से उदास न हो जाओ।
मौजों की सयासत से मायूस न हो फ़ानी।
गिरदाब की हर तह में साहिल नज़र आता है।।

भंवर की गहराई में जरा देखोगे तो हर भंवर की गहराई में किनारा दिखाई पड़ेगा। देखने का ढंग आना चाहिए। देखने का ढंग बदलो। स्थान बदलने से कुछ भी न होगा। यहां से छोड़ कर कहीं और चले जाओगे, क्या होगा? थोड़े-बहुत भेद से इसी तरह के लोग, इसी तरह के अंधविश्वास हैं।

कदम बढ़ाओ खिज़ा नसीबों! वोह मंज़िलें मुन्तज़िर हैं अपनी।

जहां पहुंचकर निगाहो-दिल को, बहार की ताज़गी मिलेगी।।

उस आदमे-नौ की आमद-आमद, है जिसके इदराक की दमक से।

समाज को बांकापन मिलेगा, हयात को दिलकशी मिलेगी।।

थोड़ी हिम्मत बढ़ाओ।

कदम बढ़ाओ खिजा नसीबों!

आज माना कि पतझड़ है और कहीं फूल दिखाई नहीं पड़ते, मगर थोड़े कदम बढ़ाओ।

कदम बढ़ाओ खिजां नसीबों! वोह मंज़िलें मुन्तज़िर हैं अपनी।

बहार की मंजिलें राह देख रही हैं। बसंत प्रतीक्षा कर रहा है।

जहां पहुंच कर निगाहो-दिल को, बहार की ताजगी मिलेगी।

दिल और आंख दोनों ही तृप्त हो जाएंगे। थोड़ा बढ़ो। थोड़े कदम बढ़ाओ।

उस आदमे-नौ की आमद-आमद,...

एक नये आदमी को लाना है इस पृथ्वी पर। नया आदमी आने की तैयारी में है। तुम जरा स्थल तैयार करो, बगीचे को तैयार करो, भूमि को तैयार करो। सींचो, खाद डालो!

उस आदमे-नौ की आमद-आमद,..

नया आदमी बस आने-आने को है। किस घड़ी आ जाएगा, कहना मुश्किल है।

उस आदमे-नौ की आमद-आमद, है जिसके इदराक की दमक से।

जिसके बोध की दमक भी काफी है, जिसके आने की भनक भी काफी है, जिसके पैरों की जरा सी आवाज भी काफी मधुर है।

समाज को बांकापन मिलेगा, हयात को दिलकशी मिलेगी।

जिंदगी मस्त हो सकती है। समाज फिर एक बांकेपन से, एक रंगीनी से भर सकता है। इंद्रधनुष फिर पैदा हो सकते हैं।

उदास न हो जाओ, भाग कर कहां जाओगे? और भाग कर जहां भी जाओगे इसी तरह के लोग पाओगे। भाग कर पाओगे कि जिन लोगों को छोड़ आए हो, वे ही लोग बेहतर थे।

तेरी ग़रीबी का क्या मदावा कि तू है अहसास का सताया।
रहा अगर तेरा जहन मुफलिस तो हर जगह मुफलिसी मिलेगी।।
खला-ए-ज़हनी को अपने पुर कर, नहीं तो जीना भी होगा दूभर।
यह ज़ेबे-फितरत रही जो खाली तो सारी दुनिया तही मिलेगी।।
वतन को तू छोड़ दे मगर, क्या, गमे-वतन तुझको छोड़ देगा?
वोह साज़ की हो, कि मतरुबा की हर इक सदा दुखभरी मिलेगी।।
वहां जो अहले वतन मिलेंगे तो वोह भी तसवीरे-गम मिलेंगे।
अदा-अदा गमज़दा मिलेगी, नज़र-नज़र शबनमी मिलेगी।।
यहां का जब तज़करा छिड़ेगा, तो उन फिज़ाओं में दम घुटेगा।
बुझी-बुझी होगी शमअ दिल की, धुआं-धुआं ज़िंदगी मिलेगी।।
न कर मुझे मौत के हवाले, वतन से ऐ दूर जानेवाले।
यहां तड़पती हैं आज लाशें, यहीं पे कल ज़िंदगी मिलेगी।
यह ज़र्द पत्ते सिमट-सिमटकर समेट ही लेंगे अपने बिस्तर।
चमन सलामत, बहार इक दिन तवाफ करती हुई मिलेगी।।
नया ज़माना, नया सबेरा, नई-नई रोशनी मिलेगी।
यह रात जब ले चुकेगी हिचकी, हयात इक दूसरी मिलेगी।।

यह रात टूटने को है। यह रात एक हिचकी पर टूट जाएगी। यह ज़र्द पत्ते सिमट-सिमट कर समेट ही लेंगे अपने बिस्तर। ये सूखे पत्ते चले जाएंगे अपने आप। ये सूखे पत्ते खाद बन जाएंगे बहार के लिए, बसंत के लिए।

यह ज़र्द पत्ते सिमट-सिमट कर समेट ही लेंगे अपने बिस्तर।
चमन सलामत, बहार इक दिन तवाफ करती हुई मिलेगी।।

जल्दी ही तुम पाओगे: बसंत आ गया, बहार परिक्रमा कर रही है! सब तुम पर निर्भर है। भागने से कुछ न होगा, जागने से कुछ हो सकता है।

नया ज़माना, नया सबेरा, नई-नई रोशनी मिलेगी।
यह रात जब ले चुकेगी हिचकी, हयात इक दूसरी मिलेगी।।

आज इतना ही।

५

जगत--एक रूपक

प्रश्न-सार

- परमात्मा की परिभाषा क्या है?
- जीसस, सुकरात और मंसूर जैसे साक्षात प्रेमावतारों के शरीर को जिस घृणापूर्ण ढंग से सूली, जहर और कत्ल दी गई--उससे क्या यह सिद्ध नहीं होता कि अस्तित्व बिलकुल तटस्थ है?
- क्या जीवन सच ही बस एक नाटक है? बात जंचती भी है और जंचती भी नहीं। ऐसा क्यों?
- प्रार्थना-शास्त्र का सार समझाइए!

पहला प्रश्न:
ओशो, परमात्मा की परिभाषा क्या है?

परमात्मा की परिभाषा? परमात्मा और परिभाषा? परमात्मा तो उसी का नाम है जिसकी कोई परिभाषा नहीं है। परमात्मा अर्थात अपरिभाष्य।

इसलिए परमात्मा की परिभाषा पूछोगे, उलझन में पड़ोगे। जो भी परिभाषा बनाओगे वही गलत होगी। और कोई परिभाषा पकड़ ली तो परमात्मा को जानने से सदा के लिए वंचित रह जाओगे।

परमात्मा समग्रता का नाम है। और सब चीजों की परिभाषा हो सकती है समग्रता के संदर्भ में, पर समग्रता की परिभाषा किसके संदर्भ में होगी?

जैसे हम कह सकते हैं कि तुम च्वांगत्सु के छप्पर के नीचे बैठे हो, च्वांगत्सु का छप्पर वृक्षों की छाया में है, वृक्ष चांद-तारों की छाया में हैं, चांद-तारे आकाश के नीचे हैं, फिर आकाश। फिर आकाश के ऊपर कुछ भी नहीं। सब आकाश में है तो आकाश किस में होगा? यह तो बात बनेगी ही नहीं। जब सब आकाश में है तो अब आकाश किसी में नहीं हो सकता। इसलिए आकाश तो होगा, लेकिन किसी में नहीं होगा।

ऐसे ही परमात्मा है। परमात्मा का अर्थ है, जिसमें सब है; जिसमें बाहर का आकाश भी है और भीतर का आकाश भी है, जिसमें पदार्थ भी है और चैतन्य भी; जिसमें जीवन भी है और मृत्यु भी--दिन और रात, सुख और दुख, पतझड़ और बसंत, जिसमें सब समाहित है। परमात्मा सारे अस्तित्व का संदर्भ है, उसकी पृष्ठभूमि है। इसलिए स्वयं परमात्मा की कोई परिभाषा नहीं हो सकती।

ऐसा नहीं है कि परिभाषा न की गई हों; आदमी ने परिभाषाएं की हैं, लेकिन सब परिभाषाएं गलत हैं। हो ही नहीं सकती परिभाषा, तो ठीक होने का कोई उपाय ही नहीं है। परमात्मा को जाना जा सकता है, अनुभव किया जा सकता है, जीया जा सकता है, उसका स्वाद लिया जा सकता है; लेकिन परिभाषा? परिभाषा, मत पूछो। और अगर तुमने तय किया कि पहले परिभाषा करेंगे, फिर यात्रा करेंगे, तो न तो परिभाषा होगी, न कभी यात्रा होगी।

परिभाषा तो छोटी-छोटी चीजों की हो सकती है। शब्दों की सामर्थ्य कितनी है? शब्द में कुछ भी कहोगे, सीमित हो जाएगा; जैसे ही कहोगे वैसे ही सीमित हो जाए गा।

सत्य, इसीलिए कहते ही असत्य हो जाता है। बोले कि सत्य की विराटता गई। लाओत्सु जीवन भर चुप रहा, नहीं बोला। हजार बार पूछा गया सत्य के संबंध में, चुप रहा। और सब चीजों के संबंध में बोलता था, लेकिन सत्य के संबंध में चुप रह जाता था। और अंत में जब बहुत उस पर आग्रह डाला गया, जोर डाला गया कि जीवन से विदा लेते क्षण कुछ तो सूचना दे जाओ, तुमने जो जाना था, तुमने जो पहचाना था, उसकी--तो उसने जो पहला ही वचन लिखा वह था: सत्य बोला कि झूठ हो जाता है। कोई बोला गया सत्य सत्य नहीं होता। कारण? सत्य का अनुभव तो होता है निशब्द में, शून्य में, और जब तुम बोलते हो तो शून्य को समाना पड़ता है छोटे-छोटे शब्दों में।

एक पिता अपने छोटे बच्चे को समझा रहा था--महान नेपोलियन का प्रसिद्ध वचन कि इस जगत में कुछ भी असंभव नहीं है। वह छोटा बच्चा खिलखिला कर हंसने लगा। उसने कहा: गलत! बाप ने कहा कि तू कहता है गलत! नेपोलियन ने कहा है कि इस जगत में कुछ भी असंभव नहीं है। उस लड़के ने कहा कि मैं अभी करके बता सकता हूं एक चीज, जो बिलकुल असंभव है, क्योंकि मैं कई दफे करके देख चुका हूं। वह भागा, स्नानगृह से उठा लाया टुथपेस्ट। टुथपेस्ट को पिचका कर उसने बाहर निकाल दिया और पिता से कहा कि इसको भीतर करके दिखा दो, सिद्ध हो जाएगा कि नेपोलियन ठीक कहता है कि गलत कहता है।

अब टुथपेस्ट बाहर निकल आया, इसको भीतर कैसे करोगे? छोटे बच्चे ने ठीक किया। छोटे बच्चे की सामर्थ्य...समझ के अनुसार बिलकुल ठीक उत्तर दिया, नेपोलियन को गलत कर दिया!

इस जगत में बहुत कुछ है जो असंभव है। और सच तो यह है: वही पाने योग्य है जो असंभव है। विरोधाभास मालूम होगा। परमात्मा को कहना असंभव है, इसलिए परमात्मा पाने योग्य है। कहा जा सकता होता, किताबों में लिख दिया गया होता, स्कूलों में पढ़ा दिया गया होता, लोगों ने कंठस्थ कर लिया होता। फिर बात बड़ी आसान हो गई होती, बड़ी सस्ती हो गई होती, दो कौड़ी की हो गई होती। न आज तक कोई कह सका है परमात्मा को न कभी कोई कह सकेगा; इसलिए अनुभव सदा ही कुंआरा है। जब भी तुम जानोगे, उधार नहीं होगा। तुम ही जानोगे। और जानते ही तुम गूंगे हो जाओगे। और सब बोल सकोगे, बस परमात्मा के संबंध में एकदम चुप्पी साध जाओगे।

शब्द तो बड़े छोटे-छोटे हैं। अगर कहो परमात्मा प्रकाश है, तो फिर अंधेरे का क्या होगा? ऐसा कहा है शास्त्रों में कि परमात्मा प्रकाश है। चलो मान लें इसे परिभाषा, फिर अंधेरे का क्या होगा? फिर अंधेरा कहां जाएगा? अंधेरा भी है, प्रकाश से कहीं ज्यादा है। प्रकाश तो कभी होता है कभी नहीं भी होता; अंधेरा सदा है, शाश्वत है। अंधेरे को कहां रखोगे? अगर कहा परमात्मा प्रकाश है, तो अंधेरा बाहर पड़ गया। अगर कहा परमात्मा अंधेरा है, तो प्रकाश बाहर पड़ गया। अगर कहो परमात्मा अंधेरा प्रकाश दोनों है, तो विरोधाभास होता है। दोनों एक साथ हो नहीं सकता। एक ही कमरे में अंधेरा और प्रकाश करके दिखाओ। प्रकाश करोगे, अंधेरा खो जाएगा; अंधेरा बचाओगे, प्रकाश न कर सकोगे। तो दोनों साथ कैसे होंगे? तब एक असंभव बात हो गई। तो यह भी नहीं कह सकते कि दोनों है।

फिर चौथा उपाय यह है कि कहो कि दोनों नहीं है--न प्रकाश है न अंधेरा है। वह भी बात ठीक नहीं, क्योंकि फिर प्रकाश का उदभव कहां से होगा? फिर अंधेरे का आविर्भाव कहां से होगा? सब उसी से उमगता है, सब उसी में वापस लीन हो जाता है।

नहीं, शब्द उसे नहीं कह पाएंगे। और परिभाषाएं तो शब्दों से बनती हैं। और न ही मूर्तियां उसे कह पाएंगी, क्योंकि मूर्तियां भी आखिर मनुष्य गढ़ता है। न चित्र उसे कह पाएंगे, न संगीत उसे कह पाएगा, न काव्य। यहां तक कि तुम अगर चुप हो जाओगे तो तुम्हारी चुप्पी भी उसे न कह पाएगी, क्योंकि चुप्पी भी एक इशारा है। सभी इशारे छोटे हैं। उसे मौन से भी नहीं कहा जा सकता, मुखरता से कहने की तो बात ही अलग है, क्योंकि मौन भी सीमित कर देता है। अगर तुम कहो कि मौन से तो कहा जा सकता है। पूछा कि परमात्मा है, और जिससे पूछा वह चुप रह गया। अगर परमात्मा मौन है तो फिर शब्दों का जन्म कहां से है? फिर शब्द कहां से आते हैं? उसे शब्द कहो तो फिर मौन भी तो है, मौन कहां से आता है?

जैसे ही तुमने परिभाषा की वैसे ही उलझन बढ़ी, घटेगी नहीं। तुमने तो पूछा है घटाने को कि परिभाषा साफ हो जाए तो यात्रा सुगम हो। लेकिन परिभाषा साफ होगी नहीं, और उलझती जाएगी; जितना सुलझाओगे उतनी उलझती जाएगी। और परिभाषा में बहुत उलझ गए तो दर्शनशास्त्र में डूबे रह जाओगे। धर्म से तुम्हारा कभी संबंध न हो पाएगा। फिर तुम व्यर्थ शब्दों की खाल निकालते रहोगे, बाल की खाल निकालते रहोगे, तर्कजाल में गिर जाओगे। और तर्कों के जंगल विराट हैं, उनका कोई अंत नहीं। जो उनमें प्रवेश करता है, बहुत मुश्किल हो जाता है उसका निकलना। पांडित्य में जो भटक गया उसका लौटना बहुत मुश्किल हो जाता है, बहुत दूभर हो जाता है। अज्ञानी पहुंच जाते हैं, पंडित नहीं पहुंच पाते।

सौ-सौ सांचे बना रहा तू,
किसी एक में मैं आ जाऊं!

यह तो ज्यों त्रिकोण के मुख में
वर्गाकार दंड को रखना!
यह तो जैसे कनक-कसौटी पर
हीरे का मोल परखना!

यह तो कठिन असंभव-सा है,
जैसे गूंगे को पंचम स्वर!
मानो, कोई चला मापने
वामन अपने पद से अंबर!

तेरे ये सांचे सब सीमित,
मैं असीम किस भांति समाऊं?

सांचा तो सीमित ही होगा। सांचा तो असीम नहीं हो सकता, नहीं तो फिर सांचा कैसे होगा?

तेरे ये सांचे सब सीमित,
मैं असीम किस भांति समाऊं?

और आदमी ने कितने सांचे बनाए...जैनों ने, बौद्धों ने, ईसाइयों ने, मुसलमानों ने, हिंदुओं ने, पारसियों ने कितने सांचे नहीं ढाले! ये सारी दुनिया के धर्म हैं क्या? परमात्मा को प्रकट करने के लिए की गई चेष्टाएं; परमात्मा की परिभाषा बनाने के उपाय।

सौ-सौ सांचे बना रहा तू,
किसी एक में मैं आ जाऊं!

लेकिन कोई सांचा उसे पकड़ नहीं पाया। इसका यह अर्थ नहीं है कि कोई उसे नहीं पकड़ पाया। जिसने सब सांचे तोड़ दिए वह उसे पकड़ पाया। जिसने सब शास्त्र छोड़ दिए वह उसे पकड़ पाया। जिसने सारे संप्रदायों की सीमाओं का उल्लंघन कर दिया वह उसे पकड़ पाया।

यह तो ज्यों त्रिकोण के मुख में
वर्गाकार दंड को रखना

ऐसा ही असंभव काम कर रहे हो तुम: त्रिकोण के मुख में वर्गाकार दंड को रखना।

यह तो जैसे कनक-कसौटी पर
हीरे का मोल परखना!

सच है कि सोने को कसा जा सकता है पत्थर पर, मगर अगर हीरे को कसोगे तो पागल हो जाओगे। हीरे को कैसे कसोगे सोने की कसौटी पर?

शब्द बने हैं जगत की अभिव्यक्ति के लिए। शब्द बने हैं सामाजिक आदान-प्रदान के लिए। शब्द बने हैं दो मनुष्यों के बीच संवाद हो सके, इसलिए। यह शब्दों की सीमा है। शब्द मनुष्य और परमात्मा के बीच संवाद हो सके, इसलिए नहीं बने। मनुष्य और परमात्मा के बीच कोई भाषा नहीं है।

लेकिन दावेदारों का तो क्या कहना। दावेदारों की मूढ़ता का तो क्या कहना! कोई घोषणा करता है कि संस्कृत देव-भाषा है। देव-भाषा! फिर कोई कहता है कि नहीं, अरबी उसकी असली भाषा है, नहीं तो कुरान अरबी में बोलता वह? फिर कोई कहता है: नहीं, अरेमैक...क्योंकि जीसस अरेमैक बोले। फिर कोई कहता है हिब्रू, क्योंकि मोज़ेज़ हिब्रू में बोले। जरूर मोज़िज हिब्रू में बोले और कृष्ण संस्कृत में बोले और बुद्ध पाली में और महावीर प्राकृत में; मगर परमात्मा की कोई भी ये भाषाएं नहीं हैं। परमात्मा और मनुष्य के बीच भाषा का संबंध ही नहीं बनता। परमात्मा और मनुष्य के बीच संबंध ही तब बनता है जब सब भाषा गिर जाती है। मुखरता तो मुखरता, मौन भी गिर जाता है। न मौन रह जाता न मुखरता रह जाती है। ऐसा सन्नाटा कि यह भी बोध नहीं रह जाता कि मैं चुप हूं। जब तक तुम्हें यह बोध है कि मैं चुप हूं तब तक जानना शब्द अभी मौजूद हैं, छिपे हैं। यह बोध भी तो शब्द में ही होगा न, जब तुम सोचोगे कि मैं चुप हूं! तुम कैसे सोचोगे कि मैं चुप हूं? तुम कैसे जानोगे अपने भीतर कि मैं चुप हूं, जब तुम भीतर भी जानोगे कि मैं चुप हूं तुमने शब्द बना लिए। चुप्पी भी शब्द बन गई। तुमने कहा मैं मौन हूं, मौन भी शब्द हो गया। तो मुखरता भी खो जाए और मौन की भी याद न रह जाए, ऐसी विस्मृति हो, ऐसी गहन विस्मृति हो, ऐसा नशा छा जाए, ऐसी मादकता हो, ऐसी मस्ती हो, ऐसे पी बैठो अस्तित्व के रस को--तब जाना जाता है। लेकिन संस्कृत कोई उसकी भाषा नहीं है और न अरबी और न हिब्रू। कोई भाषा उसकी भाषा नहीं है।

दूसरे महायुद्ध में जर्मन हार गए। एक हारा हुआ सेनापति एक अंग्रेज सेनापति से बात कर रहा था कि हम हार कैसे गए? हमारी ताकत तुमसे कम न थी, ज्यादा थी। हमारे सैनिक तुमसे कमजोर न थे, ज्यादा शक्तिशाली थे। हम हार कैसे गए? तुम क्या कारण पाते हो हमारे हारने का?

अंग्रेज सेनापति हंसा। उसने कहा: कारण यह है कि हम हर युद्ध के पहले परमात्मा से प्रार्थना करते थे। परमात्मा से की गई प्रार्थना का परिणाम है कि हम जीते और तुम हारे।

जर्मन सेनापति ने कहा: यह तो हद को गई, प्रार्थना तो हम भी करते थे! हर युद्ध के पहले। प्रार्थना कारण नहीं हो सकती, क्योंकि हमने कभी प्रार्थना में कोई चूक नहीं की।

अंग्रेज ने कहा: लेकिन तुम किस भाषा में प्रार्थना करते थे?

जर्मन ने कहा: निश्चित, जर्मन में।

अंग्रेज बोला: बस, बात साफ हो गई। परमात्मा को जर्मन आती है? परमात्मा अंग्रेजी बोलता है। वहीं तुम्हारी चूक है।

दुनिया में तीन हजार भाषाएं हैं। हर भाषा का दावेदार सोचता है यही परमात्मा की भाषा है। होनी ही चाहिए; जो मेरी भाषा है वह परमात्मा की भाषा होनी चाहिए। आदमी का अहंकार ऐसा है कि उसकी भाषा परमात्मा की भाषा, उसका रंग परमात्मा का रंग, उसकी ऊंचाई परमात्मा की ऊंचाई, उसका चेहरा परमात्मा का चेहरा। चीनी जब परमात्मा बनाते हैं तो नाक चपटी होती है उसकी। स्वभावतः चीनी और उसकी लंबी नाक बनाएं, कोई अपना अपमान करेंगे? और जब नीग्रो उसकी प्रतिमा बनाता है तो उसके ओंठ बड़े मोटे होते हैं। अब नीग्रो और पतले ओंठ बनाए...! और नीग्रो जब उसकी प्रतिमा बनाता है तो बाल घुंघराले होते हैं। स्वाभाविक।

हम अपनी प्रतिमा में परमात्मा को गढ़ लेते हैं। हम अपनी ही छाया में परमात्मा को गढ़ लेते हैं। हमारी भाषा उसकी भाषा। हमारा जीवन उसका जीवन। हमारी जीवन की शैली उसके जीवन की शैली। हमारा आचरण उसका आचरण। हमारा शास्त्र उसके द्वारा दिया गया शास्त्र। ये सब अहंकार के ही उपाय हैं। अहंकार पीछे के रास्ते से अपने को भर रहा है।

ये धार्मिक आदमी के लक्षण नहीं हैं। न तो हमारा चेहरा उसका चेहरा है, न हमारी भाषा उसकी भाषा है, न हमारा रंग उसका रंग है। उसका कोई रंग नहीं है और सब रंग उसके हैं। उसकी कोई भाषा नहीं और सब भाषाएं उसकी हैं। वह कभी नहीं बोला और जो भी आज तक बोला गया है, वही बोला।

इतना विरोधाभास तुम्हें एक साथ समझने की क्षमता हो तो ही तुम यात्रा कर पाओगे। परिभाषा तो विरोधाभास से बचने का उपाय है। परिभाषा का अर्थ होता है: साफ-सुथरी व्याख्या हो जाए तो हम चल सकें; दिशा का निर्देश हो जाए तो हम चल सकें।

सौ-सौ सांचे बना रहा तू,
किसी एक में मैं आ जाऊं!
यह तो ज्यों त्रिकोण के मुख में
वर्गाकार दंड को रखना!
यह तो जैसे कनक-कसौटी पर
हीरे का मोल परखना!
यह तो कठिन असंभव-सा है
जैसे गूंगे को पंचम स्वर!
मानो, कोई चला मापने
वामन अपने पद से अंबर!
तेरे ये सांचे सब सीमित,
मैं असीम किस भांति समाऊं!

नहीं, परमात्मा किसी परिभाषा में कभी समाया नहीं--अनुभव में जरूर आया है। अनुभव में खूब-खूब आया है! अनुभव में बाढ़ की भांति आया है। परिभाषा न मांगो, अनुभव मांगो! शब्द न मांगो, साक्षात मांगो। सिद्धांत न मांगो, शास्त्र न मांगो, स्वानुभूति मांगो।

लोक-लोक के द्वार खोल दो,
मैं कर सकूं तुम्हारा दर्शन!
तुम बैठे थे अंतर्तम में
जाने, कब से अंतर्वासी!
मैं तुमको पहचान न पाया;
तुम भी तो प्रभु, रहे उदासी!
कहां किसे मैं ढूंढ रहा था?
किसके लिए विकल था अब तक?
दो बूंदें उमड़ी आंखों में;
नत हो गया आप ही मस्तक!
पूछो मत, पूछो मत, मेरा

सुख क्या है? कैसा आनंद?
ईर्ष्या करो, तपो आजीवन;
समझो, मैं कितना स्वच्छंद!
आंसू से भीगी इच्छाएं
थीं, बन गईं यज्ञ की ईंधन!

जैसे बिजली पकड़ ली गई;
चमकी और हुई हो निश्चल!
जैसे पारावार प्रलय का,
राशि-राशि जल ही जल केवल!
यह अबाध उल्लास ज्योति का,
महा-हर्ष का झंझानिल है!
अग्नि-स्फुल्लिंग, छंद-गानों से
मुखरित जब हो रहा निखिल है!
सूर्य, चंद्र, नक्षत्र और ये
तारक-ग्रह जैसे अचपल हों!
जैसे दिवा-स्वप्न टूटा हो!
और नये ही दिग्मंडल हो,
अवलोकन करने दो मुझको
क्षण भर करो रहस्योदघाटन!

जिस दिन तुमको देखा, कोई
वस्तु देखने की न रही है;
कोई काम न कोई तृष्णा,
अपनी ही सम्पूर्ण मही है!
अहे अनिर्वच, क्या बतलाऊं?
कैसा रूप तुम्हारा है यह!
दिव, नीहार, धूम, विद्युत, या
तरल अग्नि का पारा है यह!

दिग्दिगन्त के रंध्र खोल दो;
लहराने दो ज्योति-समीरण!
लोक-लोक के द्वार खोल दो,
मैं कर सकूं तुम्हारा दर्शन!

प्रार्थना करो, परिभाषा न खोजो। पुकारो, परिभाषाएं न बनाओ। जागो, खोजो। दूर नहीं है परमात्मा।

तुम बैठे थे अंतर्तम में
जाने, कब से अंतर्वासी!

भीतर ही बैठा है तुम्हारे। जिसकी तुम परिभाषा खोज रहे हो वह तुम्हारे भीतर बैठा है। जिसकी तुम परिभाषा खोज रहे हो वह परिभाषा खोजने वाले में छिपा है। लौटो, आंखें पलटाओ।

कहां किसे मैं ढूंढ रहा था?
किसके लिए विकल था अब तक?

जिस दिन जानोगे उस दिन चौंकोगे, किसे खोजते थे? व्यर्थ ही खोजते थे, व्यर्थ ही विकल थे। उसे तो कभी खोया ही न था, क्षण भर को उससे नाता न टूटा था।

दो बूंदें उमड़ी आंखों में;
नत हो गया आप ही मस्तक!

प्रार्थना पूरी हो जाती है--बस दो बूंदें आंखों में उमड़ आएं। मस्तिष्क परिभाषा मांगता है; हृदय प्रेम। मस्तिष्क शब्द गढ़ता है रूखे-सूखे; हृदय गीले भाव जगाता है, आंसुओं से भरे। और मनुष्य के पास उसकी पूजा, अर्चना के लिए और कुछ भी नहीं है, सिवाय आंसुओं के। मत तोड़ो फूल वृक्षों से, उन फूलों को तुम पत्थर की मूर्तियों पर चढ़ाते रहोगे, समय गवांते रहोगे। आने दो फूल तुम्हारी आंखों में, तुम्हारे आंखों के फूल झरने दो। वे आंसू ही, वे गीले आंसू ही तुम्हें उससे जोड़ पाएंगे। परिभाषा तो न हो सकेगी, लेकिन एक दिन उल्लास का अनुभव होगा, उत्सव होगा।

यह अबाध उल्लास ज्योति का,
महा-हर्ष का झंझानिल है!
अग्नि-स्फुल्लिंग, छंद-गानों से
मुखरित जग हो रहा निखिल है!

अगर तुम शांत होकर, मौन होकर उसे पुकारोगे, तुम्हारी आंखों में आर्द्रता होगी प्रार्थना की, तो तुम पाओगे एक विराट उत्सव चल रहा है। इसी उत्सव का दूसरा नाम है परमात्मा।

अहे अनिर्वच, क्या बतलाऊं?
कैसा रूप तुम्हारा है यह!

उस अनिर्वचनीय का रूप कोई बतला नहीं सका, कोई बतला नहीं सका! जाना है अनेकों ने और ऐसे लोगों ने जाना है कि जो बड़े धनी थे शब्दों के। जिनकी कुशलता बड़ी थी अभिव्यक्ति की, वे भी चुप रह गए, वे भी गूंगे हो गए।

अहे अनिर्वच, क्या बतलाऊं?
कैसा रूप तुम्हारा है यह!
दिव, नीहार, धूम, विद्युत या
तरल अग्नि का पारा है यह!
दिग्दिगंत के रंध्र खोल दो;
लहराने दो ज्योति-समीरण!
लोक-लोक के द्वार खोल दो,
मैं कर सकूं तुम्हारा दर्शन!

दर्शन मांगो, दृष्टि मांगो, परिभाषाएं नहीं। मैं तुम्हें यहां परिभाषा देने को नहीं हूं। परिभाषा चाहिए, पंडितों के पास जाओ, वहां परिभाषाएं ही परिभाषाएं हैं। अनुभव मांगो यहां, दर्शन मांगो यहां, प्रतीति मांगो।

मैं तुम्हें नगद चीज देना चाहता हूं, उधार चीजें क्यों मांगते हो? मेरी परिभाषा किस काम पड़ेगी तुम्हारे? एक सूचना हो जाएगी, स्मृति में टंगी रह जाएगी। तुम्हारे जीवन का रूपांतरण ऐसे नहीं होगा। आग मांगो, कि जल जाओ उसमें, कि नये का जन्म हो, कि पुराने की मृत्यु।

दूसरा प्रश्नः

ओशो, जीसस, सुकरात और मंसूर जैसे साक्षात प्रेमावतारों के शरीर को जिस घृणापूर्ण ढंग से सूली, जहर और कत्ल दी गई--उससे क्या यह सिद्ध नहीं होता कि अस्तित्व बिलकुल तटस्थ है?

अमृत सिद्धार्थ! अस्तित्व तटस्थ भी है और अत्यंत प्रीतिपूर्ण भी। तुम्हें विरोधाभासों को समझने की क्षमता जगानी ही होगी। और यह भी खयाल रख लेना कि अस्तित्व इसीलिए तटस्थ है क्योंकि प्रीतिपूर्ण है। और तब तुम्हें मुश्किल हो जाएगी, क्योंकि तुम सोचते हो: जो तटस्थ है वह प्रीतिपूर्ण कैसे होगा? अगर अस्तित्व प्रीतिपूर्ण है तो जीसस को बचा लेता? बचाना ही था। वही तो जीसस के विरोधी मांग कर रहे थे। वे कहते थे कि तुम अगर ईश्वर के बेटे हो तो देख लेते हैं, परीक्षा हुई जाती है। अगर तुम्हारा ईश्वर से नाता है, संबंध है, जैसा तुम कहते हो, दावा करते हो, तो चलो निर्णय हो जाएगा, सूली पर निर्णय हो जाएगा। अगर उतर आता एक हाथ आकाश से और बरस जाते फ ूल और सूली सिंहासन बन जाती...यही तो दुश्मन मांग रहे थे। वे कहते थे: ये प्रमाण दे दो। सूली लग गई, न फूल बरसे, न सूली सिंहासन बनी, न कोई आकाश से दिव्य हाथ आया, न कोई चमत्कार हुआ, न पहाड़ हिले, न सूरज अस्त हुआ, कुछ भी न हुआ, कुछ भी न हुआ। जैसे किसी साधारण आदमी को सूली दे दी हो, ऐसे ही जीसस को भी सूली लग गई और सब समाप्त हो गया। स्वाभाविक है कि लगे कि अस्तित्व बिलकुल तटस्थ है, अस्तित्व को कुछ लेना-देना नहीं।

लेकिन थोड़े गहरे चलो। अस्तित्व तटस्थ है, क्योंकि प्रेमपूर्ण हैं। ऐसा मैं क्यों कहता हूं? अगर अस्तित्व प्रेमपूर्ण है, तो ही तुम्हारे जीवन में स्वतंत्रता हो सकती है। मगर स्वतंत्रता के लिए अस्तित्व का तटस्थ होना भी जरूरी है, नहीं तो स्वतंत्रता नष्ट हो जाएगी। अगर अस्तित्व हर कदम पर बाधाएं डालने लगे तो जीवन कारागृह हो जाएगा। जीवन कारागृह नहीं है। परमात्मा ने तुम्हें पूरी स्वतंत्रता दी है, तुम जो होना चाहो, उसकी स्वतंत्रता दी है--पापी या पुण्यात्मा, अच्छे या बुरे, तुम जो होना चाहो। एडोल्फ हिटलर से लेकर गौतम बुद्ध तक तुम जो होना चाहो, परमात्मा ने तुम्हें पूरी स्वतंत्रता दी है।

यह मनुष्य की गरिमा है, यह गौरव है। और यह परमात्मा की अनुकंपा है, अपार अनुकंपा है कि मनुष्य स्वतंत्र है। यह स्वतंत्रता दी ही इसलिए है कि अस्तित्व प्रीतिपूर्ण है। प्रेम ही तो स्वतंत्रता देता है और जो प्रेम स्वतंत्रता न दे सके, छोटा प्रेम है। परमात्मा का प्रेम बड़ा है, इतना बड़ा है कि तुम उसके विपरीत भी चले जाओ तो भी स्वतंत्रता है। इस प्रेम के बड़प्पन को समझो। इस प्रेम की विशालता को समझो।

तुम तो छोटे-छोटे प्रेम जानते हो। तुम तो ऐसे प्रेम जानते हो जो कि प्रेम नहीं हैं। पति जरा देर से आया सांझ घर कि पत्नी को संदेह है। इसको तुम प्रेम कहते हो? पत्नी

पड़ोसी से हंस कर बात कर रही थी कि पति संदिग्ध हो गया। इसको तुम प्रेम कहते हो? स्वतंत्रता इसमें नाममात्र को नहीं है। प्रेम के नाम पर दूसरे के गले में फांसी लगानी है। प्रेम के नाम पर कब्जा है, मालकियत है। प्रेम के नाम पर राजनीति है।

परमात्मा का प्रेम ऐसा प्रेम नहीं है कि जरा रात देर से लौटे कि परमात्मा खड़ा है सामने कि कहां रहे कि जरा सी भूल-चूक की, कि खड़ा हो गया सामने कि तुमने ऐसा क्यों किया? परमात्मा का प्रेम विराट है, पहली बात। और उसी विराट प्रेम के कारण परमात्मा तटस्थ मालूम होता है। गलत हुआ होता अगर परमात्मा ने जीसस पर फूल बरसा दिए होते और सूली सिंहासन बन गई होती, गलत हुआ होता। क्योंकि फिर मनुष्य की स्वतंत्रता न रह जाती। फिर मनुष्य को अपने जीवन को अपने ढंग से जीने का अधिकार न रह जाता।

तुम जरा सोचो, अगर ऐसा हुआ होता तो दुनिया से सारे धर्म खो गए होते, सिर्फ ईसाइयत बचती। फिर बुद्धों का क्या होता, महावीरों का क्या होता, जरथुस्त्रों का क्या होता? फिर ये जो इतने विभिन्न धर्मों के फूल हैं और इतना वैविध्य है जगत में, यह सब खो गया होता--एक उदास ईसाइयत होती।

नहीं, परमात्मा ने बाधा नहीं दी। लोग जो कर रहे थे करने दिया। और इस तरह जीसस को भी एक अवसर दिया। जीसस के मन में भी इसी तरह का भाव था, एक क्षण को जीसस भी डगमगा गए थे। सूली जब लगी और हाथ पर जब खीले ठोंके गए तो जीसस ने भी आकाश की तरफ पुकार कर कहा था: हे प्रभु, यह तू क्या दिखला रहा है? कहीं भीतर अचेतन में छुपी एक कामना रही होगी कि समय जब पड़ेगा तो परमात्मा काम आएगा। मानवीय कामना है, कौन नहीं करेगा! समझ में आती है कि जब समय पड़ेगा तो परमात्मा काम आएगा। लेकिन मैं परमात्मा से काम लूं अपने हिसाब से, इसमें अहंकार भी है; और परमात्मा मेरी अपेक्षा पूरी करे, मेरे ढंग से व्यवहार करे इसमें परमात्मा पर आरोपण भी है। इसमें उसकी ही मर्जी अंतिम है, ऐसा भाव नहीं है। क्षण भर को जीसस के मन भी संदेह कंप गया, एक लहर दौड़ गई और जीसस ने कहा: हे प्रभु, तू मुझे क्या दिखला रहा है?

देखते हो, शिकायत हो गई!

पर जीसस बड़े संवेदनशील व्यक्ति थे, तत्क्षण समझ गए, एक क्षण में बात समझ में आ गई। वह जो लहर उठ गई थी जरा सी संदेह की, पकड़ लिया उसे। समझ ली अपनी भूल, झुक गया सिर। और जीसस ने दूसरे जो शब्द कहे तत्क्षण, वे थे: हे

प्रभु, तेरी जो मर्जी हो वही पूरी हो। मेरी मर्जी पर ध्यान न देना। मैं क्या जानूं कि क्या ठीक है? मेरी मर्जी का मूल्य क्या? तू जानता है क्या ठीक है। तू जो करे वही ठीक! मैं नतमस्तक हूं!

यह समर्पण। यह असली चमत्कार है। अगर परमात्मा ने फूल बरसा दिए होते, जीसस जीसस ही रह जाते, क्राइस्ट न हो पाते।

अब तुम समझो थोड़ा। अगर फूल बरस गए होते तो जीसस का अहंकार भर गया होता, जीसस ने कहा होता कि लो देख लो अब, अब देख लो सब, सारे विरोधी, कि कौन सच्चा है! अब यह कसौटी हो गई। जीसस का अहंकार प्रबल हो गया होता और वहीं भूल हो गई होती। जीसस खो गए होते, भटक गए होते।

पापियों से भी बड़ा अहंकार पुण्य का होता है। और इतना बड़ा पुण्य कि परमात्मा उतरे आकाश से बचाने अपने प्यारे को, तो अकड़ कैसी न हो गई होती! उस अकड़ में परमात्मा से संबंध ही जीसस का सदा के लिए टूट गया होता। लेकिन चमत्कार हुआ। परमात्मा ने कुछ भी न किया; इस न करने में चमत्कार है। मगर इसे देखने के लिए बड़ी गहरी आंख चाहिए, सिद्धार्थ। ऊपर-ऊपर से तो ऐसा ही दिखा कि परमात्मा ने बड़ी उदासी रखी, बिलकुल तटस्थ रहा; जीसस मरे कि नहीं, कोई जैसे मतलब ही नहीं था। जरा भी बीच में आया नहीं। मगर और गहरे देखो। आया। बिना बीच में आए बीच में आया, जिसको लाओत्सु ने कहा है: वह बिना किए करना। बिना कृत्य के करना। कृत्य कुछ भी न किया और क्रांति घटी। जीसस को एक अवसर दिया कि तू अपनी आखिरी अपेक्षाएं भी छोड़ दे। तू आग्रह छोड़ दे। शिकायत का रेशा भी न रह जाए।

यह अवसर दिया जीसस को। यही असली घटना थी। यही महोत्सव है, जो जीसस के भीतर घटा। वे झुक गए। उस झुकने में जीसस क्राइस्ट हो गए, बुद्ध हो गए। उसी झुकने में वह महापर्व आ गया, समर्पित हो गए। बूंद सागर में गिर गई और सागर हो गई।

फिर यह भी खयाल रखो कि तुम्हें जो मृत्यु मालूम पड़ती है वह परमात्मा के लिए मृत्यु नहीं है। तुम्हें लगती है अड़चन कि जीसस, सुकरात और मंसूर जैसे प्रेमावतारों को सूली दी गई, जहर पिलाया गया, हाथ-पैर काटे गए, गर्दनें काटी गईं, परमात्मा कैसे देखता रहा? यह तुम्हारा देखना और परमात्मा का देखना, तुम सोचते हो एक जैसा होगा? यह ऐसा ही है कि बच्चे ने अपने खिलौने की गर्दन तोड़ दी, बाप बैठा देखता रहा, कुछ भी न बोला। दूसरे बच्चे कहेंगे: यह बाप कैसा है! गर्दन तोड़ी गई

और बाप बैठा देखता रहा! अब बाप जानता है कि खिलौना है और बच्चा आज नहीं कल गर्दन तोड़ेगा ही। खिलौने टूटने के लिए ही होते हैं। लेकिन छोटे बच्चे को तो खिलौना खिलौना नहीं है; उसे तो बड़ा जीवित मालूम होता है। छोटे बच्चे तो अपने खिलौनों को रात बिस्तर पर भी ले जाते हैं, उनको नहलाते भी हैं, उनको खिलाने की भी कोशिश करते हैं, घुमाने भी ले जाते हैं, उनसे बातचीत भी करते हैं। खिलौना गिर जाए तो उठा कर उसको पुचकारते हैं, समझाते भी हैं कि मत रो। छोटा बच्चा तो अपने खिलौनों को जीवित मानता है। हमारी भी बुद्धि उतनी ही है।

तुम जब जीसस को सूली लगते देखते हो, तब तुम सोचते हो जीसस को सूली लग रही है! जीसस को तो सिंहासन ही मिल रहा है। देह गिर रही है। देह तो मिट्टी की है, खिलौना है। परमात्मा की तरफ से देखने पर देह तो गिरेगी ही, आज नहीं कल। देह को कब तक बचाया जा सकता है? देह तो मरणधर्मा है। और अगर ऐसा समझो, तो फिर जीसस से बेहतर मरने का ढंग और क्या होगा? फिर सुकरात से बेहतर मरने का ढंग और क्या होगा? प्यारा ढंग चुना। मृत्यु भी बड़ी महत्वपूर्ण हो गई, क्योंकि जीसस की मृत्यु से ही जीसस का प्रभाव पड़ा जगत पर, जीसस की छाया पड़ी जगत पर। जीसस की मृत्यु ने ही मनुष्य को जीसस के प्रति आकर्षित किया।

सुकरात के जहर ने ही तो सुकरात के नाम को आज तक जिंदा रखा है। ऐसे भी मरता, खाट पर मरता, बीमारी से मरता, मरता तो ही; लेकिन जहर देकर मारा गया, यह बात मनुष्य की छाती पर खुद गई अमिट अक्षरों में, जो कभी मिट न सकेगी। सुकरात को अब भुलाया न जा सकेगा। सुकरात सदा-सदा याद रहेगा। शायद इससे सुंदर और मृत्यु हो भी नहीं सकती थी। सुकरात को कहा गया था...अदालत ने कहा था कि हम तुम्हें क्षमा कर सकते हैं; तुम जिसको सत्य कहते हो वह बोलना बंद कर दो तो हम तुम्हें क्षमा कर सकते हैं। लेकिन वायदा करना होगा कि तुम चुप रहोगे, अब यह सत्य की बातचीत बंद कर दोगे।

सुकरात ने कहा: बिना सत्य बोले जीने से सत्य बोलकर मरना बेहतर है। मृत्यु भी सत्य के काम आ जाएगी। मृत्यु भी सत्य की सेविका हो जाएगी। तुम जहर दो। तुम मुझे मारो। जीकर क्या करूंगा? अगर सत्य की उदघोषणा न कर सकूं, अगर सोयों को जगा न सकूं, अगर गड्ढे में गिरते को रोक न सकूं, अगर बीमार का उपचार न कर सकूं, तो जीकर क्या करूंगा? मुझे तो जीकर जो जानना था वह जान लिया, अब बांटने के लिए जी रहा हूं। अगर बांटना ही नहीं हो सकता तो यह फूल अभी गिर जाए। अगर सुगंध बांटनी ही नहीं है, तो इस फूल को बचाने से प्रयोजन भी क्या है?

नहीं; सुकरात ने कहा था: सत्य बोलने का धंधा मैं बंद नहीं कर सकता, परिणाम कुछ भी हो।

तुम्हें लगता है सिद्धार्थ कि इस तरह से सूली लगी जीसस को, ईश्वर के प्यारे बेटे को; सुकरात को, सत्य के इतने बड़े प्रेमी को; मंसूर को, इतने बड़े ब्रह्मज्ञानी को! इस तरह से! तुम्हें अड़चन लगती है, क्योंकि तुम्हें अभी पता नहीं कि इस मरणधर्मा देह में अमृत छिपा है।

मंसूर को जरा भी अड़चन न थी। मंसूर, जब सूली लगी, तो आकाश की तरफ देख कर खिलखिला कर हंसा था। भीड़ इकट्ठी थी। भीड़ में से किसी ने पूछा कि मंसूर, यह हंसने का वक्त है? तुम होश में हो? पागल तो नहीं हो गए हो? किसलिए हंस रहे हो?

मंसूर ने कहा: मैं इसलिए हंस रहा हूं कि यह भी खूब रही! तुम सोच रहे हो, मुझे मार रहे हो। तुम मुझे मारोगे क्या, तुम मुझे छू भी नहीं सकते। तुम्हारे अस्त्र मुझे छू भी नहीं सकते। तुम मुझे मारोगे क्या? और जिसे तुम मार रहे हो, उसे तो मैं खुद ही छोड़ चुका था। वह मैं हूं, ऐसी तो धारणा मैंने कब की त्याग दी थी। मैं देह तो हूं ही नहीं। जिस दिन मैंने, देह नहीं हूं, ऐसा जाना, उसी दिन तो यह उदघोष उठा मेरे भीतर: अनलहक, कि मैं परमात्मा हूं! जिस अपराध के लिए तुम मुझे मार रहे हो...।

अपराध क्या था मंसूर का? यही कि उसने घोषणा कर दी कि मैं ईश्वर हूं। यही अपराध था मुसलमानों की नजर में कि कोई अपने को ईश्वर घोषित कर दे, यह कुफ्र हो गया! इस अपराध के लिए तुम मुझे मार रहे हो, मंसूर ने कहा कि मैंने कहा कि मैं ईश्वर हूं; मगर तुम्हें पता है कि यह अपराध मैं इसीलिए कर सका कि मुझे पता चल गया कि मैं देह नहीं हूं। जिस दिन जाना देह नहीं हूं, उसी दिन जाना अमृत हूं।

फिर किसी ने पूछा कि आकाश की तरफ देख कर क्यों हंस रहे हो? तो उसने कहा कि मैं इसलिए आकाश की तरफ देख कर हंस रहा हूं कि कह रहा हूं परमात्मा से कि तू किसी भी रूप में आ, मैं तुझे पहचान लूंगा। आज तू मौत के रूप में आया है, मुझे धोखा न दे सकेगा। मैं तुझे हर रूप में जानता हूं। मौत भी तू है।

उस परम दशा में जीवन और मृत्यु में कोई भी भेद नहीं है, कांटे और फूल में कोई भी भेद नहीं है। जो जानते हैं, उनकी भावदशा कुछ और होती है।

सितम-पर-सितम कर रहे हैं वोह मुझ पर।
मुझे शायद अपना समझने लगे हैं।।

जो नहीं जानते वे कुछ और सोचते हैं।
मुहब्बत नाम है ला हासिल औ न तमामी का।
मुहब्बत है तो दिल को फारिगे सूदो जियां कर ले।।

अपूर्व वचन है:
मुहब्बत नाम है ला हासिल औ न तमामी का।

प्रेम है अपूर्णता और असफलता का नाम। तुमने कभी सोचा भी न होगा, कि प्रेम अपूर्णता और असफलता का नाम है! प्रेम है: असफलता में भी सफलता जानना, अपूर्णता में भी पूर्णता जानना, मृत्यु में भी जीवन जानना। प्रेम है: हार में भी जीत जानना। प्रेम हार का नाम है। जीत तो परिणाम है।

मुहब्बत नाम है ला हासिल औ न तमामी का।
मुहब्बत है तो दिल को फारिगे सूदो जियां कर ले।।

और अगर सच में तुम्हें प्रेम है तो अपने मन को लाभ–हानि के विचार से मुक्त कर लो। हानि–लाभ का भाव बना रहा तो कभी प्रेम न कर सकोगे। फिर मृत्यु में भी हानि नहीं है और जीवन में भी लाभ नहीं है। फिर असफलता में हानि नहीं है, सफलता में लाभ नहीं है। फिर फूलों की सेज पर मरे कि कांटों की सेज पर, भेद नहीं है। उस अभेद दशा का नाम प्रेम है। और प्रेम ही प्रार्थना है। प्रेम की दुनिया दीवानों की दुनिया है। ये मंसूर, ये सुकरात, ये जीसस, इस जगत के बड़े से बड़े दीवाने हैं, बड़े से बड़े प्रेमी हैं। इनको समझने के लिए तुम्हें प्रेम के थोड़े पाठ सीखने पड़ेंगे।

ज़रा खुलकर पुकार ए सूर! मज्जूबाने–उल्फ़त को।
यह दीवाने कहीं बैठे न रह जाएं बयाबां में।।

कयामत का दिन जब आएगा...इस्लाम की धारणा है कि जब आखिरी कयामत का दिन आएगा तो एक देवपुरुष उतरेगा और जोर से तुरही बजाएगा, क्योंकि सब जो मुर्दे कब्रों में लेटे हैं वे उठ जाएं। एक तरह की सूचना मुर्दों को कि जाग जाओ। तुरही बड़ी भयंकर होगी, उसका तुमुल नाद होगा, दिल को दहला देने वाली होगी, नरसिंहा का नाद होगा।

जरा खुलकर पुकार ऐ सूर! मज्जूबाने–उल्फत को।

कवि कह रहा है कि जरा खुल कर बजा नरसिंहे को, क्योंकि बाकी लोग तो उठ जाएंगे, लेकिन यहां कुछ दीवाने भी सो रहे हैं, यहां कुछ प्रेमी भी सो रहे हैं...।

यह दीवाने कहीं बैठे न रह जाएं बयाबां में।

...यहां ऐसे भी प्रेमी पड़े हैं कि जिनको फिकर ही नहीं है, न जीवन की न मृत्यु की, न संसार की न कयामत की। जरा जोर से बजा तुरही को, नहीं तो यहां कुछ ऐसे लोग हैं, मंसूर जैसे कि वे मजे से लेटे ही रहेंगे। उन्हें पता ही न चलेगा कि कब तेरी तुरही बजी और कब तेरी तुरही समाप्त हो गई। उन्हें प्रलय का भी पता न चलेगा। सृष्टि का अंत आ गया, यह तुमुल-घोष होगा और वे अपनी मस्ती में पड़े रहेंगे, यहां ऐसे दीवाने भी हैं।

ज़रा खुलकर पुकार ऐ सूर! मज्जूबाने-उल्फत को।

यह दीवाने कहीं बैठे न रह जाएं बयाबां में।।

कहीं ऐसा न हो कि प्रलय आए और गुजर जाए और इनको पता ही न चले। मौत का क्या जीसस को पता चला होगा? मौत का क्या मंसूर को पता चला होगा? आई और गुजर गई। यही चमत्कार है।

अस्तित्व अत्यंत प्रेमपूर्ण है और इसलिए अत्यंत तटस्थ है। यह प्रीतिपूर्ण तटस्थता है। यह तटस्थता उपेक्षा की नहीं है। यह तटस्थता प्रीति की है। अस्तित्व इतना प्रेम करता है कि कैसे तुम्हारे जीवन में बाधा डाले, कैसे अड़चन डाले? इसीलिए परमात्मा की उपस्थिति बिलकुल अनुपस्थिति जैसी है।

तुम थोड़ा सोचो, परमात्मा जगह-जगह उपस्थित हो, जैसा कि पंडित-पुरोहित तुम्हें समझाते हैं, कि वह सब तरफ से देख रहा है, तुम कुछ भी करो, कहीं भी जाओ, उसकी आंख तुम पर गड़ी हुई है, वह देख रहा है। वे तुमको डरवा रहे हैं, वे तुम्हें घबड़ा रहे हैं, वे तुम्हारे भीतर भय बैठा रहे हैं--कि परमात्मा देख रहा है, देखो, सम्हल कर करना कोई काम करते हो तो।

मैंने सुना है कि एक ईसाई संन्यासिन बाथरूम में भी कपड़े नहीं उतारती थी। पूछा किसी ने, क्यों? तो उसने कहा कि कहा नहीं है शास्त्रों में कि परमात्मा हर जगह देख रहा है।...तो वह तो बाथरूम में भी देख ही रहा होगा। मगर उस मूर्ख को कोई कहे कि जो बाथरूम में देख रहा होगा वह तो कपड़े के भीतर भी देख ही रहा होगा, वह तो हड्डी-मांस-मज्जा के भीतर भी देख ही रहा होगा। पंडित-पुरोहितों ने तुम्हें खूब डरवाया है कि परमात्मा तुम पर आंखें गड़ाये है; जरा सावधान, ऐसा मत करना, वैसा मत करना।

लेकिन परमात्मा का प्रेम इतना विराट है, उसी विराट प्रेम के कारण वह उपस्थित है, मगर अनुपस्थित हो गया है। कहीं उसकी उपस्थिति बाधा न बन जाए, क्योंकि वह मौजूद हो तो कहीं ऐसा न हो कि तुम कुछ काम न कर सको जो तुम करना चाहते थे। अब परमात्मा सामने बैठा हो और तुम्हें धूम्रपान करना है, अब मुश्किल खड़ी हो जाएगी, अब अड़चन हो जाएगी। कैसे धूम्रपान करो? ऐसे तो कोई दूसरा आदमी भी बैठा होता है तो एकदम से धूम्रपान करने में अड़चन होती है। उस अड़चन को तो सुलझाने का उपाय है कि तुम पहले उसको पेश करते हो आप सिगरेट पीएं। वह कहे नहीं हां या कुछ, इसके बाद फिर तुम पीना शुरू करते हो। अब परमात्मा को सिगरेट उपस्थित करो, यह भी बात जमती नहीं।

मैं एक दफा यात्रा में था। पटना से लौटता था। मेरे डिब्बे में एक सज्जन और थे। अच्छे भले आदमी, डॉक्टर थे बंबई के। अब उन्हें शराब पीनी थी। अब वे बड़ी जरा हैरानी में थे। रंग-ढंग से मैं साधु-संतों जैसा मालूम पड़ रहा था, तो उनको और जरा अड़चन थी। मैंने उन्हें जरा अड़चन में देखा। मैंने कहा: तुम फिकर न करो। तुम ऐसा मानो कि मैं हूं ही नहीं। उन्होंने कहा: आपका मतलब? मैंने कहा: मैं तुम्हें कुछ अड़चन में देखता हूं। तुम कहो तो मैं दूसरे डब्बे में चला जाऊं।

नहीं-नहीं--उन्होंने कहा--कैसे आप...आप बैठें, कहीं जाने की जरूरत नहीं। फिर थोड़ी देर बाद उन्होंने कहा कि आप ठीक ही कह रहे हैं। असल में मुझे शराब पीने की आदत है और बिना पीए यह चौबीस घंटे का सफर मैं न कर सकूंगा। आप पीएंगे?

मैंने कहा कि मैं तो नहीं पीऊंगा, लेकिन आप मजे से पीएं, मुझे कोई अड़चन नहीं है। फिर भी उन्हें थोड़ी सी दुविधा बनी रही। सज्जन-चित्त आदमी थे। उन्होंने सिगरेट निकाली। कहा: आप सिगरेट पीएंगे? मैंने कहा कि सिगरेट मैं पीता नहीं। तो उन्होंने पान का बटुआ निकाला कि आप कम से कम पान लें। मैंने कहा: मैं पान भी नहीं खाता। तो उन्होंने जो बात कही, वह मुझे भूली नहीं। उन्होंने कहा: तो फिर आपसे मित्रता बनाने का कोई उपाय नहीं? तो मैंने कहा: फिर मैं तीनों पी लूंगा। अगर मित्रता का मामला हो तो शराब भी पीऊंगा, सिगरेट भी पीऊंगा, और पान भी खा लूंगा। अगर मित्रता का मामला हो! मगर इनकी कोई जरूरत नहीं, मित्रता है ही। मैं भर दूंगा तुम्हारी प्याली शराब से, और क्या करूं? मैं तुम्हारी सिगरेट जला दूंगा, और क्या करूं? मैं तुम्हारा पान तुम्हारे मुंह दे दूंगा, और क्या करूं? मित्रता इतने से ही हो जाए तो ठीक है और नहीं होती हो तो मैं तीनों लेने को भी तैयार हूं।

परमात्मा तुम्हारे सामने बैठा हो तो बड़ी मुश्किल हो जाएगी, क्या करोगे? नहीं, उसने खूब उपाय खोजा है कि बिलकुल तिरोहित हो गया है। चारों तरफ वही है। उसी ने तुम्हें घेर रखा है--भीतर भी वही, बाहर भी वही, लेकिन बिलकुल अनुपस्थिति है। यह उसके प्रेम का प्रतीक है। तुम्हारे जीवन में बाधा न हो। तुम्हें पूरी स्वतंत्रता मिलनी चाहिए। परमात्मा की अनुपस्थिति तुम्हारी स्वतंत्रता की आधारशिला है। वह जगह-जगह खड़ा मिल जाए, तुम्हारे जीवन से सारा गौरव, सारी गरिमा तिरोहित हो जाएगी। फिर तुम साधु भी हुए तो झूठे होओगे। नहीं, अभी तुम्हें असाधु भी होना हो तो परमात्मा कहता है: हो लो, तुम्हारा हक है। और असाधु होकर असाधु की पीड़ा पाकर जब तुम साधु होओगे तो असली साधुता पैदा होती है--असली साधुता भय से पैदा नहीं होती--असाधुता के कष्ट, नरक से पैदा होती है।

परमात्मा तटस्थ है, क्योंकि प्रेमपूर्ण है। और परमात्मा प्रेमपूर्ण है क्योंकि तटस्थ है।

परमात्मा के संबंध में सदा याद रखो। बार-बार तुम्हें याद दिलाता हूं कि वहां विरोधाभास समाप्त हो जाते हैं, वहां तटस्थता और प्रेम में विरोध नहीं रह जाता। भरपूर है उसकी तटस्थता प्रेम से, आपूर है। और उसका प्रेम बिलकुल तटस्थ है। फिर तुम्हारी दृष्टि से जो मृत्यु है उसकी दृष्टि से मृत्यु नहीं है।

कौन कहता है कि मौत अंजाम होना चाहिए।
जिंदगी का जिंदगी पैगाम होना चाहिए।।

जिंदगी कहीं मौत पर समाप्त हो सकती है? कैसे? यह उलटा हो कैसे जाएगा? जिंदगी मौत बन सकती है? असंभव है। जिंदगी तो और बड़ी जिंदगी बनती है। जिंदगी तो जिंदगी ही बन सकती है। आम के वृक्ष में आम के फल लगते हैं, नीम के वृक्ष में नीम के फल लगते हैं। जीवन के वृक्ष में मृत्यु के फल लग कैसे सकते हैं? और अगर तुम्हें दिखाई पड़ते हों कि मृत्यु के फल लग रहे हैं, तो तुम्हारे देखने में कहीं भूल-चूक होगी।

मृत्यु सिर्फ परिधान का बदलना है, अपने वस्त्रों का बदलना है। वस्त्र जराजीर्ण हो जाते हैं तो आदमी बदल लेता है, लेकिन वस्त्रों की बदलाहट मृत्यु नहीं है।

कौन कहता है कि मौत अंजाम होना चाहिए।
मौत परिणाम नहीं है जीवन का।
कौन कहता है कि मौत अंजाम होना चाहिए।
जिंदगी का जिंदगी पैगाम होना चाहिए।

है भी। जिंदगी और बड़ी जिंदगी में प्रवेश करती जाती है। जिंदगी और बड़ी जिंदगी होती चली जाती है। तुम देह में सीमित नहीं हो। तुम देह में आवास कर रहे हो, मगर तुम देह ही नहीं हो। घड़ा टूट गया, इससे घड़े का जल थोड़े ही टूट जाता है। घड़े का जल मुक्त हो जाता है। बंधा था, अब मुक्त हो गया।

ऐसे ही जीसस का घड़ा टूट गया सूली पर। लोगों ने घड़ा फोड़ा और समझे कि जीसस को मार लिया। इतना आसान नहीं है। जीसस के साथ दो चोरों को भी सूली लगी थी, बीच में जीसस, एक तरफ चोर, दूसरी तरफ चोर। अपमान के लिए जीसस के, कि तुम्हें हम चोरों से ज्यादा नहीं गिनते। चोरों के साथ सूली दी गई थी। जीसस को तो पता है कि भीतर शाश्वत विराजमान है। उनके बाएं एक चोर है, दाएं एक चोर है; उनको पता नहीं। वे जरूर मर रहे हैं। वे जरूर पीड़ित हो रहे हैं। वे जरूर हैरान हो रहे हैं। उनका कष्ट असीम है। लेकिन उन दो चोरों में भी भेद है। एक चोर न तो जानता है कि आत्मा है, न मानता है कि आत्मा है। दूसरा चोर जीसस को देखता है, उनके चेहरे पर गुलाब के फूल जैसी लालिमा देखता है। मृत्यु के क्षण में भी! उनकी आंखों में गहरी शांति देखता है। उनके चारों तरफ प्रेम की आभा देखता है।

जीसस के अंतिम वचन थे परमात्मा से कि हे प्रभु, इन सबको माफ कर देना, जो लोग मुझे सूली दे रहे हैं, क्योंकि इन्हें पता नहीं कि ये क्या कर रहे हैं!

एक चोर जो कि आत्मा को मानता भी नहीं, जानता भी नहीं, वह तो हंस रहा है, वह तो जीसस की मजाक उड़ा रहा है। उसने तो जीसस से मरने के पहले कहा कि हम तो खैर चोर हैं, सो ठीक, सूली लग रही है, आपका क्या? आप तो बड़े संत, आप तो दावेदार थे कि आप ईश्वर के बेटे हो, इकलौते बेटे हो। आपका क्या हुआ? मर रहा है खुद लेकिन फिर भी अपना व्यंग्य किए जा रहा है। जीसस की मजाक उड़ा रहा है। वह यह कह रहा है कि ठीक हम को लग रही है सूली, वह तो हम चोर हैं, लगनी चाहिए, तुम्हें क्यों लग रही है? एक अर्थ में वह प्रसन्न है कि जीसस को भी लग रही है, क्योंकि तब बुरा और भला सब बराबर हो जाता है। मौत में न कोई पुण्य का भेद है न पाप का भेद है। झंझट सब खत्म हो जाती है। आगे कुछ भी नहीं है। यह जीसस तक मर रहा है। उसके भीतर जो अपने जीवन के प्रति पश्चात्ताप होगा, वह भी इस कारण नहीं हो रहा है कि जब जीसस की भी यह गति हो रही है तो अच्छा करके भी क्या कर लिया? हमने ही बुरा किया तो कौन बुरा किया? फल तो बराबर हुआ जा रहा है, दोनों की मौत घट रही है।

मगर दूसरा चोर जीसस की शांति को देखा, पहचाना। उसने जीसस से कहा कि हे प्रभु, मैंने तो नहीं जानी आत्मा और मैंने तो नहीं जाना परमात्मा, न कभी प्रार्थना की, चूक ही गया; मगर यही क्या मेरा कम धन्यभाग कि आपकी छाया में मर रहा हूं! यही मेरा महापुण्य है!

जीसस ने उसकी आंखों में देखा और कहा: तू घबड़ा मत, तू बचा लिया गया है। क्या मतलब है जीसस का कि तू बचा लिया गया है? इस भाव में ही बचाव हो गया है। सारे पाप धुल गए इस भाव में ही।

सदगुरु के पास क्षण भर भी बैठ जाना स्नान है। गंगा में बैठने से शायद पाप न भी धुलें, क्योंकि गंगा आखिर जल ही है--बाहरी जल है; धूल-धवांस धुल जाए शरीर की, आत्मा की तो कैसे धुलेगी? लेकिन ऐसी गंगाएं भी हैं जहां आत्मा की धूल-धवांस भी धुल जाती है। जीसस ने कहा: तू फिकर मत कर, तू बचा लिया गया है। मरने के आखिरी क्षण उस चोर ने कहा कि प्रभु, फिर कब दर्शन होंगे? जीसस ने कहा: आज ही! शरीर को गिर जाने दे। दर्शन तो हो ही गए और दर्शन तो जारी रहेंगे। आज ही दर्शन होंगे। गिरने दे शरीर को। संबंध जुड़ गया। दर्शन जारी रहेगा।

दोनों चोर...लेकिन एक अंधा और एक आंख वाला। एक मर कर फिर पैदा होगा। फिर चोर हो जाएगा; लेकिन दूसरे ने खूब सम्हाला, खूब कुशलता से सम्हाला। आखिर-आखिर गिरते-गिरते सम्हल गया, फिसलते-फिसलते सम्हल गया। सारी जिंदगी के पाप धुल गए। तुम्हारी तरफ से मत सोचो--जीसस, मंसूर, सुकरात की तरफ से सोचो।

गम एक इम्तहान था इन्सान के लिए।
जो लोग अहले-जौक थे, वोह मुसकरा दिए।।

जो पारखी हैं वे तो जिंदगी में जब दुख आता है तो मुस्कराते हैं, क्योंकि हर दुख परीक्षा है और हर दुख कसौटी है। और हर दुख निखारता है और हर दुख तपश्चर्या है। और हर दुख से गुजर कर तुम्हारे जीवन का कुंदन रोज-रोज शुद्ध होता जाता है। और जो व्यक्ति जीवन के परम दुख से गुजरा...फांसी परम दुख है, एक क्षण में सारे जीवन की पीड़ा इकट्ठी हो गई...उससे जो गुजरा, उस गुजरने में, उस पार होने में, उसने आखिरी परीक्षा उत्तीर्ण कर ली।

तुम्हारी तरफ से देखने पर लगता है कि परमात्मा कुछ भी न बोला, चुप रहा, तटस्थ है। परमात्मा को जो करना था उसने किया। जो करने योग्य था किया। यह परीक्षा

थी। यह परीक्षा जरूरी थी। जीसस, मंसूर, सुकरात इस परीक्षा से उत्तीर्ण हो गए-- पताकाएं फहराते परमात्मा में लीन हो गए होंगे! दुख जब आए तो ऐसे ही सोचना कि दुख निखारता है, कि दुख मांजता है, कि दुख से मंज-मंज कर ही वह घड़ी आती है जब सोने में सुगंध पैदा होती है।

तीसरा प्रश्न:

ओशो, क्या जीवन सच ही बस एक नाटक है? बात जंचती भी है और जंचती भी नहीं। ऐसा क्यों?

जीवन तब तक नाटक नहीं है जब तक तुम जागे नहीं। तुम तो ऐसे सोये हो कि नाटक तक को जीवन समझ लेते हो तो तुम क्या खाक जीवन को नाटक समझोगे?

देखा है सिनेमा-गृह में? जानते हो भलीभांति कि परदे पर कुछ भी नहीं है, धूप-छाया का खेल है, मगर आंखों में आंसू आ जाते हैं। कोई दुखांत दृश्य आ गया कि तुम जार-जार रोने लगते हो। और तुम जानते हो, फिर भी भूल गए। नाटक को जीवन समझ लिया! खैर फिल्म को जाने दो, फिल्म में तो कुछ न कुछ तस्वीरें दिखाई पड़ती हैं, भ्रांति हो जाती है; लोग उपन्यास पढ़ते हैं और कोई दुखांत दृश्य आ गया और आंखें गीली हो जाती हैं। और जानते हैं कि कागज पर स्याही के धब्बों के सिवाय कुछ भी नहीं है। मगर फिर भी भूल हो जाती है।

कभी भूत-प्रेत की कहानी पढ़ते-पढ़ते रात को डर नहीं लगा है? कहानी पढ़ रहे हो, जानते हो कहानी है, मगर जरा पत्ता खड़क गया बाहर, कि एक खरगोश भाग गया बगीचे में, कि बिल्ली ने छलांग लगा दी चौके में, कि छाती धक हो जाती है। अपना ही लंगोट जो तुमने सूखने डाल दिया है रस्सी पर, वही लगता है कि कोई आदमी हाथ फैलाए खड़ा है। भलीभांति पता है अपना ही लंगोट है, रोज इसी लंगोट को बांध कर जय हनुमानजी कर के व्यायाम करते हैं। अपना ही लंगोट है--मगर अब हनुमानजी भी काम नहीं आते। घबड़ाहट में पढ़ने लगे हनुमान-चालीसा, कि पता नहीं कौन खड़ा है हाथ फैलाए! किताब जो पढ़ रहे थे, उसका भूत-प्रेत, उसकी कथा, पकड़ ली मन को, डर गए। अब पेशाब लगी है, लेकिन स्नानगृह तक जा नहीं सकते, उतना रास्ता तय करने में घबड़ाहट मालूम होती है।

तुम तो नाटक को जीवन समझ लेते हो! तो मैं समझा: तुम कहते हो, क्या जीवन सच ही मात्र एक नाटक है? जागोगे तो ही समझ पाओगे। सोए रहे तो नाटक भी सच है, जीवन का तो कहना ही क्या! जीवन तो इतना बड़ा नाटक है--सत्तर साल, अस्सी साल चलता है। सतत चलता है! मंच बड़ी है; पूरी पृथ्वी उसकी मंच है। और सारा जगत अभिनय कर रहा है। दर्शक भी अभिनेता हैं; अभिनेता भी दर्शक हैं। मंच ही मंच है।

कैसे समझ पाओगे? सोए-सोए न समझ पाओगे। ये तो जाग्रत व्यक्तियों के वक्तव्य हैं कि जगत नाटक है। तुम कहते हो: बात जंचती भी और जंचती भी नहीं। जंचती इसलिए कि सत्य है, तो सत्य की जब चोट पड़ती है तो समझ में भी आता है कि बात तो ठीक है। और फिर जंचती भी नहीं क्योंकि नींद गहरी है। और जगत को नाटक मान लेने में तुम्हारे बहुत से न्यस्त स्वार्थ टूटेंगे। तुम एक स्त्री के प्रेम में हो, दीवाने हो, स्त्री मिलनी ही चाहिए, नहीं तो जीवन बेकार गया! अब तुमसे कोई कहता है: जगत नाटक है! तुम कैसे मानो? क्योंकि जगत नाटक तो वह स्त्री भी नाटक, प्रेम भी नाटक सब बेकार हो गया। तुम कहोगे: अभी रुको, मानेंगे बाद में। पहले ये स्त्री तो मिल जाए!

कोई कहता है: जगत नाटक है। तुम्हें एक महल बनाना है। तुम कहते हो: जरा रुको, महल तो बन जाने दो! नाटक ही सही, मगर महल तो बन जाने दो। फिर मान लेंगे। अभी मान लेंगे तो महल का बनना असंभव हो जाएगा।...क्योंकि जिसने जगत को नाटक मान लिया उसकी वह जो आपाधापी थी वह जो महत्वाकांक्षा का ज्वर था, दौड़ थी, वह सब क्षीण हो जाएगी। वह जो दीवानापन था--धन इकट्ठा करने का, पद पर पहुंच जाने का, वह सब शिथिल हो जाएगा। तुम कहते हो: इस चुनाव में तो लड़ लेने दो! एक बार तो कम से कम राज्य का मंत्री हो जाऊं, न सही केंद्र का, राज्य का ही सही, एक दफा तो हो जाऊं, फिर मान लूंगा नाटक! अभी सपना प्रीतिकर देखने की इच्छा हो रही है। अभी मत कहो कि सपना है!

इसलिए लोग कहते हैं: जब मौत करीब आएगी तब मान लेंगे कि जगत माया है, नाटक है। बूढ़े अक्सर इस तरह की बातें करने लगते हैं--नाटक, माया, लीला। मगर यही जिंदगी भर उपद्रव करते रहे और अभी भी इन्हें मौका मिल जाए तो उपद्रव से चूकें नहीं।

मुल्ला नसरुद्दीन चला जा रहा था रास्ते से। नुमाइश भरी थी। भीड़-भाड़ थी। पहने चूड़ीदार पाजामा और अचकन और गांधीवादी टोपी और बिलकुल पहुंचा हुआ भगत मालूम हो रहा था। एक सुंदर सी स्त्री दिखाई पड़ गई। अब बूढ़ा हो गया है और कहता

है: जगत इत्यादि सब माया है! मगर जब एक सुंदर स्त्री दिखाई पड़ जाए तो ऐसे सिद्धांतों की बातों में कौन पड़ता है! एक धक्का दे लेने का मन हो ही गया। मन ही तो है, धक्का दे दिया। उस स्त्री ने भी चौंक कर देखा। उम्र होगी कम से कम उसके पिता के बराबर--मुल्ला नसरुद्दीन की। कहा कि शर्म नहीं आती, बाल सफेद हो गए!

मुल्ला नसरुद्दीन ने कहा कि बाई, बाल तो सफेद हो गए, मगर दिल अभी भी काला है। और धक्का बालों ने थोड़े ही मारा है, धक्का तो दिल ने मारा है।

दिल जब तक काला है--काला अर्थात सोया है, गहन अंधकार में--तब तक तुम कुछ भी करो, जगत को तुम नाटक न मान सकोगे। बात जंचती है, क्योंकि बात में सत्य है। सत्य में हमेशा एक आकर्षण होता है। सत्य का एक सम्मोहन होता है। सत्य को सुनते ही बात जंच ही जाती है। क्योंकि क्या करोगे? सत्य सत्य है, उसका आघात पड़ता है। प्राण गवाही देते हैं। मगर बीच में तुम्हारा वासनाओं का बड़ा जाल है। वह जाल तुम्हें उलझाता हुआ कहता है: होगा यह सत्य, लेकिन अभी समय नहीं आया--ये तो संन्यास की बातें हैं। यह तो बाद में, जब आदमी मरने लगता है तब।

गिरी यवनिका रंगमंच पर, क्या अवशेष रहा?
श्याम यवनिका पर विधि का अलिखित अभिलेख रहा!
नहीं रह गए सूत्रधार, नट-नटी और प्रेक्षक;
मैं भव को अनुभव की आंखों से बस देख रहा!

पार्श्वभूमि में दिखने वाले जंगल-महल गए!
हुए अदृश्य दृश्य वे, जिनसे दिल थे दहल गए!
नट ने भेस उतार दिया, सिंगार नटी ने भी;
हुआ गया-आया, जिससे दस दर्शक बहल गए;

चली गई घर नटी, अलग हो सूत्रधार तक से;
जमुहाई ले रहा विदूषक, थक निज बक-झक से;
रंगमंच का राजा अब बन, जन सामान्य खड़ा;
रहा पसीना पोंछ विकट प्रतिनायक मस्तक से!
नाटक की माया-सी दुनिया आनी-जानी है!
यह जीवन रूपक है, जीवन रूपकहानी है!

जब यह बात कही जाती है, समझ में आती है। न समझना चाहो तो भी समझ में आती है। सत्य का अपना बल है। तुम लाख चाहो कि दो और दो पांच हों, लेकिन जब दो और दो चार हैं, ऐसा कहा जाता है तो सत्य का अपना बल है। बात एकदम समझ में आती है। दो और दो पांच हो भी कैसे सकते हैं? दो और दो चार ही हो सकते हैं। लेकिन तुम्हारे मन में अभी गणित फैला है, कि हो जाए कोई चमत्कार कि दो और दो पांच हो जाएं।

तुम देखते हो, कैसी-कैसी कल्पनाएं तुम्हारे मन में चलती हैं कि रास्ते के किनारे चलते-चलते धन से भरी थैली मिल जाए! तुम जानते हो मिलती-करती नहीं, यह तो कई दफे सोच चुके हो। मगर मिल जाए, कौन जाने मिल ही जाए!

मन सपनों को मान लेने के लिए आतुर है। सत्य की भनकार मन की इस आतुरता के पार भी पहुंच जाती है, इसलिए बात जंचती भी है और नहीं जंचती है। यह तुम्हारे मन के विपरीत है, तुम्हारी आत्मा के अनुकूल है। इसलिए एक तुम्हारा अंतर्मन तो कहता है ठीक और तुम्हारे मन के जंजाल कहते हैं: नहीं-नहीं ऐसा कैसे हो सकता है--जगत और नाटक! इतने लोग क्या पागल हैं? इतने लोग दौड़े चले जा रहे हैं तो क्या सब नासमझ हैं? जहां इतने लोग जा रहे हैं तो ठीक ही होगा, कुछ पाने को ही होगा।

लोग तो भीड़ को देख कर चलते हैं, जिस तरफ भीड़ जा रही है। धन की तरफ जा रही है तो धन की तरफ। पद की तरफ जा रही है तो पद की तरफ। जिस तरफ भीड़ जाती है, लोग चल पड़ते हैं। लोग अपने चलने से थोड़े ही चलते हैं--भीड़ चलाती है। तुम अपने वश से थोड़े ही जी रहे हो। लोगों ने तुम्हारे जीवन में आकांक्षाएं और वासनाएं दे दी हैं। कोई पड़ोस में कार खरीद लाया, कल तक तुम्हें कार खरीदने का खयाल ही न था, अब यह पड़ोसी कार ले आया, अब अड़चन हुई।

मुल्ला नसरुद्दीन की पत्नी ने एक दिन उससे कहा कि अब हमें यह मोहल्ला बदलना पड़ेगा, क्योंकि पड़ोस के दो लोग और अच्छे मोहल्लों में चले गए हैं, उन्होंने ज्यादा कीमती मकान किराए पर ले लिए हैं। उनकी स्त्रियां मिल जाती हैं रास्ते पर तो बड़ी दयनीयता मालूम होती है।

तो मुल्ला की पत्नी ने कहा: हमें भी बदलना पड़ेगा। अभी मुल्ला की हैसियत बदलने की थी भी नहीं। मगर एक दिन वह बड़ा उत्साह से भरा हुआ आनंद-मस्त घर आया और उसने कहा: मस्त रहो, खुश हो जाओ! पत्नी ने कहा: क्या, कहीं कोई मकान खोज लिया? उसने कहा: मकान नहीं खोजा। इस मकान के मालिक ने किराया दुगना

कर दिया। अब हम भी दुगना किराया चुकाएंगे। अब तुम कोई फिकर न करो। अब कोई अपमान अनुभव न करो।

कोई कार खरीद ले तो तुम्हें कार खरीदनी है। कोई बड़ा मकान बना ले, तुम्हें बड़ा मकान बनाना है। कोई कुछ कर ले तो तुम्हें भी करना है। तुम बस जी रहे हो दूसरों को देख देखकर। दूसरे तुम्हें तुम्हारा जीवन दे रहे हैं। तुम्हारा जीवन उधार है, अनुकरण है। तुम कार्बनकॉपी हो।

और जब कभी तुम सुनोगे कि जीवन नाटक है, तो समझ में तो आएगा, क्योंकि नाटक ही तो तुम कर रहे हो। जब तुम्हें हंसना नहीं था, तुम हंसे। और जब तुम्हें रोना नहीं था तब तुम रोये। और तुम्हें पता है कि नाटक किया। और जिस मालिक को तुम चाहते हो कि गर्दन उतार दें इसकी, उसके सामने पूंछ हिलाते हो। जानते हो कि नाटक है। और तुम तुम्हारे सामने जो पूंछ हिलाता है उसको भी तुम जानते हो कि मौका मिल जाए तो यह गर्दन काटेगा। अभी पूंछ हिला रहा है, वक्त की बात है, वक्त-वक्त की बात है। तुम जानते हो कि सब नाटक चल रहा है। पत्नी से तुम कहते हो: तुझसे मुझे बड़ा प्रेम है। और तुम्हें पता है कि तुम क्या कह रहे हो! प्रेम नाममात्र को नहीं है। प्रेम शब्द तुम्हारे ओठों पर बिलकुल झूठा है। तुमने कभी किसी को प्रेम नहीं किया। तुमने अपने को ही प्रेम नहीं किया, तुम किसी को क्या प्रेम करोगे? लेकिन कहना पड़ रहा है। कहना जरूरी है। जिंदगी में सुगमता आती है। तुम अपने बच्चों से कह रहे हो कि हम तुम्हारे लिए मर रहे हैं। कौन मरता है? बच्चे मर जाते हैं, कोई मां-बाप आत्महत्या नहीं कर लेते हैं! हालांकि तुम कहे जा रहे हो कि हम तुम्हारे लिए मर रहे हैं। और ऐसा भी नहीं है कि प्रमाण तुम्हारे पास नहीं हैं। तुम मेहनत कर रहे हो, मजदूरी कर रहे हो, दुकान चला रहे हो और तुम कहते हो: और किसके लिए, बच्चों के लिए! तो क्या तुम सोचते हो कि जिनके बच्चे नहीं हैं वे दुकानें नहीं चला रहे हैं, कुछ कम दुकानें चला रहे हैं। जिनके बच्चे नहीं हैं वे कहते हैं: हमारे बच्चे नहीं हैं, दुकानें न चलाएं तो करें क्या? हमें अपने लिए कमाना होगा, कल बुढ़ापा आएगा, कोई बच्चे तो हैं नहीं जो हमारी फिकर करेंगे।

अब देखते हो मजा! जिनके बच्चे हैं वे कहते हैं अब हम रुकें कैसे! हमें कमाना पड़ेगा, बच्चे जो हैं! बच्चों के लिए कुछ तो इंतजाम कर दें! जिनके बच्चे नहीं हैं वे कहते हैं कि हम न कमाएं तो क्या करें, कल बुढ़ापा आएगा, बीमारी आएगी, बच्चे तो हैं नहीं कि फिकर करेंगे! धन होगा, बैंक में बैलेंस होगा तो जिंदगी चलेगी, नहीं तो मुश्किल हो जाएगी।

मेरे पास लोग आते हैं जो कहते हैं कि हम बच्चों से परेशान हैं। जिंदगी नष्ट हो गई। और लोग आ जाते हैं, रोते हैं कि बच्चे नहीं हैं, जिंदगी नष्ट हुई जा रही है। आदमी बड़ा अजीब मालूम होता है। बच्चे हों तो जिंदगी नष्ट हो रही है, बच्चे न हों तो जिंदगी नष्ट हो रही है! तुम देखोगे कब कि यह सब नाटक तुम फैलाये चले जाते हो? बहाने कुछ भी हों, मगर नाटक एक ही है। किसी तरह अपने को व्यस्त रखना है। उलझाये रखना है। किसी तरह अपने को अपना पता न चले, ऐसी मूर्च्छा बनाए रखनी है। फिर नशा चाहे बच्चों का हो, चाहे पद का हो, चाहे धन का हो, कोई न कोई नशा चाहिए।

नाटक कहने का अर्थ है कि तुम जिस तरह जी रहे हो, यह सत्य-जीवन नहीं है। तुम्हारे चेहरे पर मुखौटे हैं। तुम्हारे असली चेहरों का दूसरों को तो क्या खाक पता चलेगा, तुम्हें भी पता नहीं है। जब कोई झेन फकीरों के पास जाता है तो वे फकीर कहते हैं: एक बात खोज लो तो सब मिल जाएगा--अपना असली चेहरा खोज लो। और असली चेहरा जरा मुश्किल मामला है।

मैंने सुना है, एक हिप्पी एक नाई की दुकान पर बाल बनवा रहा था। कोई आधा घंटा बाल बनाने के बाद नाई ने कहा कि भाई, क्या कभी तुम जल-सेना में नौकरी करते थे? उसने कहा: अरे, तुम्हें कैसे पता चला? उसने कहा: नहीं, तीन परतें बालों की काटने के बाद, यह जल-सेना की टोपी...टोपी मिली है। इससे मैंने सोचा कि शायद जल-सेना में काम करते रहे होगे।

तुम्हारे अगर चेहरे उघाड़े जाएंगे तो तुम बड़ी हैरानी में पड़ोगे--कौन सी टोपी मिलेगी, कौन से चेहरे मिलेंगे, क्या-क्या चीजें मिलेंगी बीच में। न मालूम कितना खोदना पड़ेगा, तब तुम्हें कहीं असली चेहरा मिलेगा।

ध्यान की प्रक्रिया असली चेहरे की तलाश है। पर मुखौटों पर मुखौटे...और ऐसे कस गए हैं, ऐसे चुस्ती से कस गए हैं कि तुम्हारे शरीर के हिस्से हो गए हैं। उन्हें छीलने में भी पीड़ा होगी। प्याज जैसे कोई छीलता है, ऐसे छीलना पड़ता है नाटक को। और जब सब छिलके निकल जाते हैं तब तुम्हारे हाथ में शून्य रह जाता है। वही तुम्हारा असली चेहरा है। तब तुम नाटक के पार हुए। शून्य में प्रविष्ट हुए कि नाटक के पार हुए, कि परदा गिरा, कि अब न तुम राम हो न रावण। अब तुम कोई भी नहीं हो। अब तुम शून्य हो गए। अब विश्राम की घड़ी आई। इसको ही मोक्ष कहा है।

मोक्ष का अर्थ है: जीवन की सारी प्रवंचनाओं से जाग जाना; देख लेना सारी प्रवंचनाएं कि कहां-कहां धोखा कर रहा हूं। जरा पहचानना शुरू करो, कब-कब तुम

मुखौटे ओढ़ते हो। जरा पहचानना शुरू करो। और तुम चकित होओगे कि चौबीस घंटे अकेले में भी बैठे होते हो तब भी तुम विश्राम में नहीं होते।

एक आदमी ने मुल्ला नसरुद्दीन के द्वार पर दस्तक दी। उसकी पत्नी भी उसके साथ थी। मुल्ला ने दरवाजा धीरे से खोला, जरा सा खोला। बाहर खड़ा मित्र भी हैरान हुआ। मित्र से ज्यादा हैरान तो उसकी पत्नी हुई, क्योंकि मुल्ला बिलकुल नंगा था। हैरानी की बात इतनी ही नहीं थी कि नंगा था, क्योंकि अपना-अपना घर है, कोई नंगा रहना चाहे क्या अड़चन! एक टोप भी लगाये हुए था। अब नंगा और टोप लगाये, यह और एक हैरानी की बात थी। पत्नी से न रहा गया। पत्नी ने कहा: और तो सब ठीक है, आपका घर है, आपको जैसे रहना हो रहें; मगर यह टोप?

मुल्ला ने कहा: अब यह न पूछो। इसके पीछे भी राज है। उसने कहा: आप बता ही दो, नहीं तो यह जिज्ञासा हमें खाये जाएगी, रात भर सो भी न सकेंगे। मुल्ला ने कहा: नंगा इसलिए हूं कि इस समय घर मुझे मिलने कोई आता ही नहीं।

तो फिर टोप क्यों लगाए हो?

तो उसने कहा: कभी भूल-चूक से कोई आ ही जाए, इसलिए।

आदमी ऐसे-ऐसे इंतजाम करके रखा है। अकेले में बैठे हैं, कोई आता भी नहीं तो नंगे बैठे हैं। मगर शायद कोई आ ही जाए तो टोप तो लगाये रखो!

मुल्ला नसरुद्दीन से उसका एक मित्र कह रहा था कि कुछ लोगों से मैं बहुत परेशान हूं: आ जाते हैं और बहुत बोर करते हैं। पड़ोसी हैं, उनसे छुटकारा भी नहीं होता। शिष्टाचारवश उनको सुनना भी पड़ता है। और ऐसा बोर करते हैं! और वही-वही बातें सुना चुके हैं बहुत बार। तुम्हें मैंने कभी किसी से परेशान नहीं होते देखा, राज क्या है?

मुल्ला ने कहा: इसका एक राज है। मैं हमेशा अपनी टेबल के पास एक छड़ी और अपनी टोपी रखता हूं। छड़ी और टोपी से क्या होगा? उस आदमी ने पूछा। रखे रहो छड़ी और टोपी, जिसको सताना है वह सताएगा।

उसने कहा: इतना आसान नहीं है। जैसे ही मैं किसी आदमी को आते देखता हूं, जल्दी से टोपी लगा कर छड़ी उठा लेता हूं।

उस आदमी ने पूछा: मैं फिर भी नहीं समझा, इससे होगा क्या? टोपी लगा कर छड़ी भी उठा लोगे...!

उसने कहा: तुम समझे नहीं, बात सीधी-साफ है, इसके पीछे गणित है, इसके पीछे चाल है, इसके पीछे कूटनीति है। वह आदमी पूछता है: कहीं जा रहे हैं, कहीं से

आ रहे हैं? कोई छड़ी और टोपी लगाये बैठा है या खड़ा है, तो कहीं से आ रहे हैं कहीं से जा रहे हैं। तो मुल्ला कहता है: अगर देखता हूं कि आदमी काम का है, तो कहता हूं बाहर से आ रहा हूं: बैठिये, विराजिए। और देखा कि आदमी बेकाम है; बोर करेगा तो कहता हूं: बाहर जा रहा हूं, नमस्कार!

तुम जरा सावधान रहना, कोई आदमी छड़ी रखे हो, टोपी लगाये हो तो पक्का मत समझ लेना कि वह आ रहा है कि जा रहा है। वह हो सकता है कि सिर्फ एक मुखौटा बनाए हुए है। वह तुमसे बचने की कोशिश कर रहा है।

हम एकांत में भी चेहरे बनाए रखते हैं। नाटक का इतना ही अर्थ है। और संसार नाटक है, यह तो तुम तभी जान पाओगे जब तुम समझ पाओगे कि तुम नाटकीय हो। और इस नाटक के कारण हमारा स्वभाव विकृत हो गया, हम विभाव में जी रहे हैं। कुछ थे कुछ हो गए। कुछ होना था, कुछ होकर समाप्त हुए जा रहे हैं।

प्याला पी रहा सुरा, प्यासा पीने वाला
प्याला पी रहा सुरा, प्यासा पीने वाला!
ढाली क्यों प्राणों की तन में तुमने हाला?
कंचन की चौकी पर बैठे ही रहे देव;
रिस-रिस कर, रीत गई मानस की मधुशाला!

प्यासे हैं मनोभाव, मरणोन्मुख हैं अभाव;
जीना क्यों संभव हो, रिसते यदि रहे घाव!
पूछ रहे मुझसे यों मेरे प्रभु अंतर्मय,
कैसे विपरीत हुआ मुझसे मेरा स्वभाव?
कहां हो गई है गांठ?
पूछ रहे मुझसे यों मेरे प्रभु, अंतर्मय,--
कैसे विपरीत हुआ मुझसे मेरा स्वभाव?

परमात्मा तुम्हारा स्वभाव है, तुम्हारा सत्य, तुम्हारी प्रामाणिकता है। मगर कैसे सब खो गया? तुम नाटक में पड़ गए। तुम नाटकीय हो गए। तुम अभिनय करने लगे। तुम भूल ही गए तुम क्या हो। और तुम कुछ का कुछ दिखाने लगे। और हर आदमी कुछ का कुछ दिखा रहा है।

तुम अपने में ही पहचानो। तुम दूसरों की फिकर में मत पड़ जाना कि दूसरे क्या कर रहे हैं और क्या नहीं कर रहे हैं। तुम अपने में ही पहचानो। तुम अपने को ही जांचते रहो और तुम्हें जिंदगी की सारी नाटकीयता समझ में आ जाएगी, सारा प्रपंच समझ में आ जाएगा और तुम अपना नाटक छोड़ दो। बस तुम्हारे नाटक का गिर जाना ही संन्यास है। वही असली संन्यास है।

संन्यास का अर्थ है: रह लिए नाटकीय बहुत, अब सरलता से जीएंगे, सहजता से जीएंगे। जैसे हैं वैसे ही जीएंगे, अन्यथा न दिखाएंगे। हो जो परिणाम सो हो, अपनी प्रामाणिकता न खोएंगे, किसी कीमत पर न खोएंगे। हर मूल्य चुकाएंगे, मगर स्वभाव के विपरीत न जाएंगे।

और तुम चकित होओगे, शुरू-शुरू में अड़चन होगी, जरूर अड़चन होगी, क्योंकि तुमसे जिनके भी संबंध थे अब तक तुम्हारे नाटकीय रूपों से थे। जब तुम अपना नाटक छोड़ोगे तो सब संबंध अस्त-व्यस्त हो जाएंगे। तुम्हारे जो निकट प्रियजन हैं परिजन हैं वे सभी नाराज हो जाएंगे क्योंकि उनसे तुमने अब तक झूठे मुखौटे ओढ़ कर नाते बनाए थे। किसी स्त्री से तुमने कहा था कि तेरे अतिरिक्त मुझे कोई सुंदर नहीं दिखाई पड़ता, बस तू ही है, तू ही मेरी नूरजहां, तू ही मेरी मुमताज महल, तू ही सब-कुछ है! अब अगर तुमने नाटक छोड़े तो यह बात भी जाएगी। और जाते ही अड़चन शुरू होगी। क्योंकि उस स्त्री ने सारा नाता इसी आधार पर बनाया था। सत्य आएगा तो असत्य के जो तुमने ताश के घर बनाए हैं, एक ही झोंके में गिरने लगेंगे। अब तुम यह न कह सकोगे, क्योंकि तुम जानते हो, तुम्हें और स्त्रियों में भी सौंदर्य दिखाई पड़ता है। कहते नहीं थे, छिपाते थे। दिखाई नहीं पड़ता था, ऐसा नहीं है। जिस आदमी को एक स्त्री में सौंदर्य दिखाई पड़ता है उसे और स्त्रियों में भी सौंदर्य दिखाई पड़ेगा, क्योंकि सौंदर्य किसी एक पर समाप्त कैसे होगा? सौंदर्य का बोध एक पर समाप्त कैसे होगा? हां, जिसे अब कोई स्त्री-पुरुष ही नहीं दिखाई पड़ता, उसकी बात अलग लेकिन उसको फिर एक में भी मुमताज और एक में भी नूरजहां नहीं दिखाई पड़ेगी।

तुमने अगर अपना जीवन अब तक नाटकीय ढंग से बनाया था और ऐसे ही बनाया था, तो आज अचानक तुम सच्चे होने लगोगे तो सब तरफ से अड़चन आएगी, सब तरफ से परेशानी आएगी। यह परेशानी झेलनी पड़ेगी। इस परेशानी को मैं तपश्चर्या कहता हूं। तपश्चर्या का अर्थ धूप में खड़े होना, शीत में खड़े होना नहीं है। वह तो झूठी तपश्चर्या है। असली तपश्चर्या है अपने अब तक के बनाए गए नाटकीय मुखौटों

को अलग करना और फिर जो परिणाम होने वाले हैं उनको झेलना। कष्ट होंगे, मगर हर कष्ट तुम्हारी चेतना की गहराई को बढ़ा जाएगा। और हर पीड़ा तुम्हारे जीवन को नई ऊंचाइयां दे जाएगी। और हर आग तुम्हें निखारेगी। और जल्दी ही तुम पाओगे कि नाटक कर-कर के जीवन गंवाया था, अब नाटक छोड़ कर जीवन पाया है।

आखिरी प्रश्न:

ओशो, प्रार्थना-शास्त्र का सार समझाइए!

प्रार्थना का कोई शास्त्र नहीं है। शास्त्र तो बुद्धि के होते हैं, हृदय का कोई शास्त्र नहीं होता। प्रार्थना भाव है, विचार नहीं है।

तो प्रार्थना के आंसू हो सकते हैं, प्रार्थना की मुस्कुराहट हो सकती है, प्रार्थना का नृत्य हो सकता है, प्रार्थना की तन्मयता हो सकती है, लेकिन प्रार्थना का कोई शास्त्र नहीं हो सकता। और अगर कोई प्रार्थना का शास्त्र बनाएगा तो वह बुनियाद से ही गलत होगा।

प्रार्थना तो प्रेम की सुवास है, इसका शास्त्र कैसे बनेगा?

तो पहली तो बात: प्रार्थना का कोई शास्त्र न है, न कभी होगा। प्रार्थना हो सकती है। और प्रार्थना उन्हीं के जीवन में होती है जिनका शास्त्रों से छुटकारा हो जाता है। जब तक शास्त्र तुम्हारी छाती पर बैठे हैं तब तक प्रार्थना का अंकुर नहीं निकल सकेगा, प्रार्थना का बीज नहीं टूटेगा। शास्त्रों ने ही तो सुखा डाला है तुम्हें। सिद्धांतों ने ही तो तुम्हें मरुस्थल बना दिया है--ऐसे मरुस्थल कि कहीं मरूद्यान भी दिखाई नहीं पड़ता। सब रूखा-सूखा हो गया है।

प्रार्थना तो आर्द्रता है, गीलापन है, रसमयता है। प्रार्थना का छंद होता है, शास्त्र नहीं होता। प्रार्थना की गीत-भंगिमा होती है, प्रार्थना की मुद्रा होती है। प्रार्थना की एक अंतस-दशा होती है, लेकिन उस अंतस-दशा को समझाने वाले कोई सिद्धांत नहीं हैं। प्रार्थना सिद्धांतों की पकड़ के बाहर है, सिद्धांतों के चमीटे में जो पकड़ में आ जाए उसे प्रार्थना मत समझना। फिर प्रार्थना न हिंदू होती, न ईसाई, न मुसलमान--प्रार्थना तो हार्दिक होती है।

जीवन की अंधियारी रात हो उजारी!

धरती पर धरो चरण तिमिर-तोम-हारी परमव्योमचारी!

चरण धरो, दीपंकर, जाए कट तिमिर-पाश!
दिशि-दिशि में चरण-धूलि छाए बन कर प्रकाश!
आओ, नक्षत्र-पुरुष, गगन-वन-विहारी--
धरा क्यों बिसारी?

आओ तुम, दीपों को निरावण करे निशा!
चरणों में स्वर्णहास बिखरा दे दिशा-दिशा!
पाकर आलोक, मर्त्यलोक हो सुखारी--
नयन हों पुजारी!

जीवन की अंधियारी रात हो उजारी!
धरती पर धरो चरण तिमिर-तोम-हारी परमव्योमचारी!

प्रार्थना तो पुकार है। प्रार्थना तो विरह की पुकार है। वह जो अदृश्य है उससे प्रार्थना है कि दृश्य हो जाओ। वह जो अचिंतनीय है उससे प्रार्थना है: मेरे चिंतन पर छाया डालो। वह जो दूर है, उसे पास बुलाने का आग्रह है।

प्रार्थना विरह है। प्रार्थना रुदन है। प्रार्थना पुकार है। प्रार्थना शास्त्र तो कतई नहीं है। प्रार्थना आस्था है--विचार नहीं, संदेह नहीं।

मेरा मन मंत्र-लुब्ध
गहन-गुहा-द्वार बंद!
दूर कहीं मंत्र-दीप
जलता है मंद-मंद!

दीपक से दूर नयन,
नयनों की मंद दृष्टि!
जैसा मैं क्षुद्र, दिखी
वैसी ही ज्योति-सृष्टि!
चितवन भयभीत, इसे
अभय करो चिदानंद!

मेरे हित बंद सही
तुमको तो खुले द्वार!
तम-भ्रम को, मंत्रेश्वर,
हर लो कर कर-प्रसार!
अंधे को तुम न दिखो,
तुम को दिख रहा अंध!

मेरी अक्षमता के--
कारण तो हैं अनेक;
परिणति है प्रबल, और
दुर्बल मेरा विवेक!
अवगुन-गुन-जाल जटिल;
काटो, तो कटें फंद!

कारण से कर्म कठिन,
कर्मों का नहीं अंत!
सीमा मेरी असीम,
करुणा प्रभु की अनंत!
करुणामय शब्द-ब्रह्म,
मेरा अज्ञान--छंद!

मन को दो ज्योति-बोध;
देखूं मैं प्रणत-भाल--
पद-ताल साष्टांग प्रणत
उपकृत उदंड काल,
पद-रज को शीश धरे
अनुनय-नत दिग्गयंद।

प्रार्थना तो पुकार है कि मैं असहाय, मुझे सहारा दो! मेरे किए कुछ न हो सकेगा, तुम कुछ करो! प्रार्थना तो ऐसे है जैसे छोटा बच्चा रोए, भूखा बच्चा रोए। उठ भी नहीं

सकता झूले से, इतना छोटा। इतना असहाय कि मां को खोज भी नहीं सकता। जानता भी नहीं कि मां कहां होगी, रोता है। बस वही रोना प्रार्थना है। ऐसे ही तो मनुष्य है-- असहाय। इतना छोटा कि कहां खोजे उस विराट को, किस दिशा में जाए? न उसका पता है न ठिकाना है। लेकिन रो तो सकते हैं हम।

दीपक से दूर नयन,
नयनों की मंद दृष्टि!

इतना तो कह सकते हैं कि तुम इतने दूर हो, दीया इतने दूर है, प्रकाश इतना दूर है, कि मेरी आंखों को कुछ दिखाई नहीं पड़ता है सिवाय अंधेरे के।

दीपक से दूर नयन,
नयनों की मंद दृष्टि!

अभाग्य पर अभाग्य। एक तो दीया दूर, फिर आंखों की दृष्टि मेरी बहुत छोटी है। थोड़ी सी दूर तक ही तो आदमी देख सकता है। चार कदम ही तो देख सकता है। देखने की क्षमता कितनी?

जैसा मैं क्षुद्र, दिखी
वैसी ही ज्योति-सृष्टि!

और मैं ही छोटा हूं, इसलिए जो भी मैंने देखा वह भी छोटा है। मेरी आंखें ही छोटी हैं। तुम विराट हो। तुम्हें देखने के लिए विराट आंख चाहिए। वैसी मेरे पास आंख नहीं है।

चितवन भयभीत, इसे
अभय करो चिदानंद!

और मैं कप रहा हूं और मैं डर रहा हूं।

चितवन भयभीत, इसे
अभय करो चिदानंद!
मेरे हित बंद सही,
तुमको तो खुले द्वार!
सुनते हो? समझो इसे--
मेरे हित बंद सही,
तुमको तो खुले द्वार!

मैं न आ सकूं, छोटा बच्चा न जा सके, मां तो आ सकती है! मैं न आ सकूं, तुम तो आ सकते हो! मेरे हित सब द्वार बंद हैं, समझ लो; मगर तुम्हारे लिए तो कोई द्वार बंद नहीं हैं।

मेरे हित बंद सही,
तुमको तो खुले द्वार!
तम-भ्रम को, मंत्रेश्वर,
हर लो कर कर-प्रसार!
अंधे को तुम न दिखो,
तुमको दिख रहा अंध!

मैं अंधा हूं। मुझे तुम नहीं दिखाई पड़ रहे। लेकिन तुम तो आंख ही आंख हो, मैं तो तुम्हें दिख रहा हूं। मैं तुम्हें न खोज पाऊं, लेकिन तुम मुझे खोज लो। तुम्हें क्या अड़चन है?

प्रार्थना इस बात का निवेदन है कि मैं तो नहीं खोज पा रहा हूं, तुम तो खोज सकते हो!

अंधे को तुम न दिखो,
तुमको दिख रहा अंध!

परमात्मा तुम्हें तब तक नहीं खोज सकता जब तक कि तुम निवेदन न करो। तुम्हारी स्वतंत्रता में बाधा नहीं डालेगा। इसलिए तुम निवेदन करो तो उसकी तरफ से हाथ आने शुरू हो जाते हैं।तुम्हारे निवेदन की ही कमी है।

मेरी अक्षमता के--
कारण तो हैं अनेक;
परिणति है प्रबल, और
दुर्बल मेरा विवेक!
अवगुन-गुन-जाल जटिल;
काटो, तो कटें फंद।

प्रार्थना का इतना ही सार है कि मेरे किए कुछ भी न हो सका। मेरे किए उलझन बढ़ी, जाल बढ़ा। मेरे किए तो जो सुलझा था वह भी उलझ गया। अब तुम सुलझाओ। मैं समर्पण करता हूं।

परिणति है प्रबल; और
दुर्बल मेरा विवेक!
मेरी अक्षमता के--
कारण तो हैं अनेक;
अवगुन-गुन-जाल जटिल;
काटो, तो कटें फंद।

तुम काटो तो कट जाएं। और निश्चित कट जाते हैं, पुकारे भर कोई। भरपूर मन पुकारे। परिपूर्ण मन पुकारे। समग्रता से उठे आह, पहुंच जाती है उस तक। और उस तक एक बार भी तुम्हारा निवेदन पहुंच जाए तो रात टूटे, सुबह हो, तो आ जाए भोर।

भोर हो जाएगी, रात ढल जाएगी,
मुस्करा दो कि दुनिया बदल जाएगी!
आंख खोलो कि प्राची अरुण हो सके,
भैरवी की लहर भी तरुण हो सके!
स्नेह की ओस ठंडी हवा में सिहर
कामना के कमल के नयन धो सके!
मैं बटोही निशा का भ्रमाया हुआ,
मैं बटोही तिमिर का सताया हुआ!
दृष्टि-धनु पर किरण-शर चढ़ा छोड़ दो,
राह मेरी अंधेरी उजल जाएगी!
भोर हो जाएगी, रात ढल जाएगी!
मुस्करा दो कि दुनिया बदल जाएगी!

भावना के कुसुम मुस्कराने लगें,
प्यार की बेलियां लहलहाने लगें,
रूप की ज्वाल से गुदगुदा दो तनिक,
लालसा के मधुप गुनगुनाने लगें!
जिंदगी के विटप को प्रभा दो नई,
सांस के पल्लवों को हवा दो नई!

काल के व्योम में चहचहाती हुई
कल्पना कोकिला-सी निकल जाएगी!
भोर हो जाएगी, रात ढल जाएगी,
मुस्करा दो कि दुनिया बदल जाएगी!

ज्योति के शर चलाओ तिमिर-तोम में,
रूप के रवि! चढ़ो काल के व्योम में!
चेतना बन पलो सृष्टि के प्राण में,
चिर पुलक बन जगो देह में, रोम में!
तुम हंसो, प्राण मेरे करें आरती,
वंदना में उमड़ती रहे भारती;
हूं नयन-अंजली में लिए अश्रुजल;
देव! क्या अंजली यह विफल जाएगी!
भोर हो जाएगी, रात ढल जाएगी,
मुस्करा दो कि दुनिया बदल जाएगी।

अपनी अंजली में आंसू भर कर पुकारो।

प्रार्थना एक कला है, शास्त्र नहीं। प्रार्थना प्रेम की कला का ही नाम है; प्रेम की कला की पराकाष्ठा है। दो हिस्से हैं प्रार्थना के--पहला, कि मैं असहाय हूं, कि मैं अंधा हूं, कि मेरे लिए द्वार बंद हैं, कि मेरी सीमा है, कि मैं क्षुद्र हूं, कि मेरे भटकाव के अनंत-अनंत कारण हैं, कि अनंत-अनंत कर्मों का जाल रुकावट है; दूसरा कि तुम आओ, कि तुम आ सकते हो। द्वार मेरे लिए बंद हैं, तुम्हारे लिए बंद नहीं। कि मैं भटक गया हूं, कि मैं बहुत दूर निकल गया हूं तुमसे, लेकिन तुम मुझसे दूर नहीं निकल गए हो। तुम्हारे बिना तो मैं जी ही कैसे सकूंगा? तुम्हीं तो मेरी श्वासों की श्वास हो, मेरे प्राणों के प्राण हो! मेरी पहचान भूल गई, मेरी प्रत्यभिज्ञा खो गई, तुम मेरे सामने भी खड़े हो जाओगे तो मैं पहचान न सकूंगा। मेरी विस्मृति गहरी है। मगर तुम्हारा स्मरण तो अपार है। तुम याद करो। मैं इतना ही कर सकता हूं कि रोऊं।

ज्योति के शर चलाओ तिमिर-तोम में,
रूप के रवि! चढ़ो काल के व्योम में!
चेतना बन पलो सृष्टि के प्राण में,
चिर पुलक बन जगो देह में, रोम में!
तुम हंसो, प्राण मेरे करें आरती,
वंदना में उमड़ती रहे भारती;
हूं नयन-अंजली में लिए अश्रु-जल;
देव! क्या अंजली यह विफल जाएगी!
भोर हो जाएगी, रात ढल जाएगी,
मुस्करा दो कि दुनिया बदल जाएगी!

आज इतना ही।

६

सहज-योग का आधार: साक्षी

आई ण अंत ण मज्झ णउ णउ भव णउ णि ब्वाण।
एहु सो परम महासुह णउ परणउ अप्पाण।।७।।

घोरान्धारें चंदमणि जिम उज्जोअ करेइ।
परम महासुह एक्कु खणे दुरि आसेस हरेइ।।८।।

जब्बे मण अत्थमण जाइ तणु तुट्टइ बंधण।
तब्बे समरस सहजे वज्जइ णउ सुछ ण बम्हण।।९।।

चीअ थिर करि धरहु रे नाइ। आन उपाये पार ण जाइ।
नौवा ही नौका टानअ गुणे। मेलि मेलि सहजे जाउण आणे।।१०।।

मोक्ख कि लब्भइ ज्झाण पविट्ठो। किन्तह दीवें किन्तह णिवेज्जं।
किन्तह किज्जइ मन्तह सेब्बं।
किन्तह तित्थ तपोवण जाइ। मोक्ख कि लब्भइ पाणी न्हाइ।।११।।

परऊ आर ण कीअऊ अत्थि ण दीअऊ दाण।
एहु संसारे कवण फलु वरूच्छडुहु अप्पाण।।१२।।

सुने हुए गीतों से मनहर मधुर अनसुना गीत,
आंखों-देखे से सुंदर अनदेखा मन का मीत!
जिसके मन में जितना कम अनदेखे का अनुराग,
उसके प्राणों में उतनी ही क्षीण हो चुकी आग!

तन से मन की शक्ति अधिक है, प्रबल देह से प्राण;
पृथ्वी से आकाश बड़ा है, जाने से अनजान!
जिसके प्राणों में जितना कम अनजाना आकाश,
उसका उतना ही कम सार्थक पृथ्वी पर आवास!

अगम कंदरा-क्रोड़ जल रहा जहां दीप निर्धूम;
सार्थक हैं वे नयन, सकें जो दीप-शिखा को चूम!
हैं प्रकाश के प्रति जो लोचन जितने स्नेह-विहीन,
हैं उतने ही दीन-हीन वह खंडित मुकुर मलीन!

वह पंचतल्ला पोत सदा धारावाहिक अविराम;
अगम शिखर से अगम सिंधु तक बहना इसका काम!
तिरता जाता पोत, प्राण का पाल बना आकाश;
दृग से जितना दूर नियामक, मन से उतना पास!

धर्म की खोज अज्ञात की खोज है; जो अब तक नहीं जाना, उसकी खोज है; जिसे अब तक नहीं पहचाना, उसकी खोज है। जिससे अब तक मिलन नहीं हुआ उससे मिलने की अभीप्सा का नाम धर्म है। जो जान लिया, वह संसार है; जो अभी नहीं जाना, वही परमात्मा है।

और परमात्मा अज्ञात ही नहीं है, अज्ञेय भी है। जान-जान कर भी जानने को शेष रह जाता है, ऐसा है। जितना उसमें कोई डूबता है उतनी ही गहराइयों के और द्वार खुल जाते हैं।

सुने हुए गीतों से मनहर मधुर अनसुना गीत,
आंखों-देखे से सुंदर अनदेखा मन का मीत!

जगत वह है जो आंख से दिखाई पड़ जाता है और परमात्मा वह जो आंख से दिखाई नहीं पड़ता और उसे देखना हो तो आंख बंद करनी पड़ती है। संसार को देखना हो तो आंख खोलने की जरूरत है, परमात्मा को देखना हो तो आंख बंद करने की जरूरत है।

धर्म की सारी कला आंख बंद करने की कला है। और आंख बंद करके ही वह दिखाई पड़ता है, क्योंकि वह तुम्हारे अंतर्तम में विराजमान है।

जिसके मन में जितना कम अनदेखे का अनुराग,
उसके प्राणों में उतनी ही क्षीण हो चुकी आग!

वह जीवित ही नहीं है, जिसको अनजान ने नहीं पुकारा, और जिसके प्राणों में अभीप्सा नहीं है--अज्ञेय के शिखरों को लांघ जाने की, अज्ञात सागरों में नाव छोड़ने की। जिसके मन में कोई आकांक्षा नहीं है, जो तट पर छोटे से घर बसा कर बस गया है--सुरक्षा के घर, सुविधा के घर--और जिसने यात्रा छोड़ दी है सत्य के पथ की--वह आदमी जीवित ही नहीं है, या नाममात्र को जीवित है। उसके भीतर आग नहीं है; वह बुझी राख है। धार्मिक व्यक्ति प्रज्वलित हो उठता है, उसके भीतर एक आग है। और आग रोज सघन होती चली जाती है, त्वरा रोज बढ़ती चली जाती है। फिर उसके भीतर ऐसी लपट उठती है जो निर्धूम होती है।

धुआं कब उठता है? जब लकड़ी गीली होती है तब धुआं उठता है। जब लकड़ी बिलकुल सूखी होती है तो धुआं नहीं उठता। धुआं आग से नहीं उठता, जैसा आमतौर से लोग सोचते हैं, धुआं लकड़ी में छिपे पानी के कारण उठता है; गीलेपन के कारण उठता है, आग के कारण नहीं। जितनी तुममें आग होगी, उतना ही तुम्हारे जीवन में धुआं कम होगा। लेकिन अभी तो धुआं ही धुआं है, आग तो कहीं दिखाई नहीं पड़ती। वासना ने तुम्हें बहुत गीला कर दिया है; ध्यान तुम्हें सुखा दे।

'तपश्चर्या' शब्द प्यारा है। विकृत हो गया--गलत लोगों के हाथ में पड़ कर विकृत हो गया, अन्यथा शब्द बड़ा प्यारा है। तप का अर्थ होता है: सूखना, सुखाना। तपश्चर्या का अर्थ होता है: तुम्हारे भीतर का सारा गीलापन विदा हो जाए, तुम बिलकुल सूखी लकड़ी हो जाओ। फिर जो आग प्रज्वलित होगी, निर्धूम होगी। फिर तुम्हारी आंखें साफ होंगी। और वह जो दूर से दूर वह भी दिखाई पड़ेगा। और वह जो छिपा से छिपा है उसके चेहरे से भी घूंघट हट जाएंगे।

तन से मन की शक्ति अधिक है, प्रबल देह से प्राण;
पृथ्वी से आकाश बड़ा है, जाने से अनजान!
जिसके प्राणों में जितना कम अनजाना आकाश,
उसका उतना ही कम सार्थक पृथ्वी पर आवास!

व्यर्थ रहोगे पृथ्वी पर, अगर आकाश से अपरिचित रहे। अगर जाने में ही घूमते रहे तो कोल्हू के बैल हो। जाने में घूमना तो वर्तुलाकार घूमना है। अनजान की यात्रा ही, प्रतिपल अनजान की यात्रा ही, तुम्हें उसके निकट लायेगी--जो शाश्वत है। और तुम्हारे जीवन की ऊब चली जाएगी।

लोगों को देखते हो, कितने ऊबे हुए हैं! बोझ ढो रहे हैं पहाड़ों का छाती पर जैसे। न आंखों में चमक है जीवन की, न हृदय में धड़क है जीवन की, न कोई गीत उठता है, न कोई आनंद का पता चलता है। जी रहे हैं, क्या करें मजबूरी है। जी रहे हैं क्योंकि अभी मौत नहीं आई है। जी रहे हैं, मौत की प्रतीक्षा कर रहे हैं। यह जीना राख जैसा जीना है। और अगर तुम्हारी जीभ पर राख का स्वाद फैल गया है तो कुछ आश्चर्य नहीं, क्योंकि यह जीना जीना ही नहीं है, यह जीने का धोखा है। जब तक आकाश तुम्हें पुकारे न...।

पृथ्वी में तुम गड़ाओ अपनी जड़ें, मगर उठाओ अपनी शाखाओं को आकाश में। रहो--जो जान लिया गया--उसमें, लेकिन खोजते रहो अनजान को। यही मेरा अर्थ है, जब मैं कहता हूं कि संन्यस्त भी रहो और गृहस्थ भी। गृहस्थ का अर्थ होता है: पृथ्वी। संन्यस्त का अर्थ होता है: आकाश। और जैसे पृथ्वी और आकाश साथ-साथ हैं, ऐसे ही तुम्हारे भीतर भी दोनों बातें साथ-साथ घट रही हैं, तुम जानो या न जानो। देह तुम्हारी पृथ्वी का हिस्सा है, देह की जड़ें पृथ्वी में हैं। और तुम्हारी आत्मा आकाश का हिस्सा है। तुम्हारे भीतर अपूर्व मिलन हो रहा है। तुम क्षितिज हो, जहां आकाश और पृथ्वी मिल रहे हैं। लेकिन तुम आकाश को भूल ही गए हो, बस तुम पृथ्वी ही पृथ्वी हो गए हो--मिट्टी ही मिट्टी, मृण्मय ही मृण्मय; चिन्मय का तुम्हें पता ही नहीं रहा।

अगम कंदरा-क्रोड़ जल रहा जहां दीप निर्धूम;
सार्थक हैं वे नयन, सकें जो दीप-शिखा को चूम!

प्रकाश को चूमना है। प्रकाश को आलिंगन करना है। उस आलिंगन से ही अर्थ पैदा होगा और काव्य जन्मेगा और तुम्हारे पैरों में घूंघर बंधेंगे। पद घुंघरू बांध मीरा

नाची रे! तुम भी नाच सकोगे। नाचना ही चाहिए। बिना नाचे गए तो व्यर्थ आए व्यर्थ गए। अवसर चूक गया।

अगम कंदरा-क्रोड़, जल रहा जहां दीप निर्धूम!

और दूर नहीं है वह अगम कंदरा! तुम्हारे ही हृदय की गुफा का नाम है। और वहां दीया जल रहा है--बिन बाती बिन तेल! वहां कोई धुआं नहीं है, ज्योति ही ज्योति है।

सार्थक हैं वे नयन, सकें जो दीप-शिखा को चूम!
हैं प्रकाश के प्रति जो लोचन जितने स्नेह-विहीन,
हैं उतने ही दीन-हीन वह खंडित मुकुर मलीन!

तुम्हारी आंखें अगर चमक खो दी हैं तो इसीलिए कि तुमने प्रकाश का प्रेम ही नहीं जगाया है। तुम्हारे भीतर प्रकाश का संस्पर्श ही नहीं हो रहा है। अंधेरे में रहोगे, अंधेरे ही अंधेरे में रहोगे, तो आंखें अंधी हो जाएंगी। ऐसे ही तो लोगों की आंखें हो गई हैं। जिनको सिर्फ पदार्थ दिखाई पड़ता है और परमात्मा नहीं, उनको आंख वाला नहीं कहा जा सकता। पदार्थ तो कैमरे की आंख को भी दिखाई पड़ जाता है, उसमें कुछ खूबी नहीं है। उसकी तस्वीर तो कैमरा भी उतार लेता है। वह तो कैमरे की आंख भी समर्थ है। तुम्हारी आंख में और कैमरे की आंख में कुछ तो फर्क हो। और एक ही फर्क अर्थपूर्ण है, गरिमापूर्ण है: तुम उसे देखने लगो जो पदार्थ में छिपा है, जो पदार्थ की ओट में छिपा है। नहीं तो आंखें तुम्हारी उदास ही रहेंगी; हृदय तुम्हारे टूटे ही रहेंगे; वीणा के तार तुम्हारे कभी सम्हलेंगे न; तुम्हारे भीतर अनाहद का नाद कभी उठेगा नहीं।

और सब तुम्हारे भीतर मौजूद है। तुम बीज हो परमात्मा के। मगर अभी बीज हो, संभावना हो। संभावनाओं को सत्य करना है। अभी तो एक स्वप्न हो, अभी सत्य नहीं है।

जो विटप के मूल में है,
डाल के फल-फूल में है,
कहो, लघु-आकार वह क्या चीज है?
--बीज है!

खेलता है खेल लुक-छिप कर,
अवनि के रेणु-कण से,

सीखता आरोह या अवरोह
नभ के वेणु-स्वन से!
रूप लघु, छाया बड़ी है,
विटप की काया खड़ी है।
किंतु छायाधार वह क्या चीज है?
--बीज है!

वास्तविक अतिशय विशद है,
सूक्ष्म सुपना!
बीज लघु जितना, बड़ा
वटवृक्ष उतना!
भूमिगत तम से निडर है,
दिख रहा विद्रुम-शिखर है,
मौन अक्षर-सार वह क्या चीज है?
--बीज है!

बीज से कुछ सीखो, क्योंकि तुम भी बीज हो। और तुम इस पृथ्वी पर सर्वाधिक बहुमूल्य बीज हो, क्योंकि तुमसे ही परमात्मा का फूल खिल सकता है। वह स्वर्ण-कमल तुम्हारी झील में ही खिलेगा। तुम पर एक बड़ा दायित्व है। तुम अगर बिना परमात्मा को जाने मर गए तो तुमने अपना दायित्व पूरा न किया। तुम बीज की तरह ही मर गए; टूटे नहीं, अंकुरित न हुए; फूले नहीं, फले नहीं। और परितोष, संतोष उसी को मिलता है--जो फूला, जो फला।

देखा है, फूल और फलों से जब वृक्ष लद जाता है, तो उसके आसपास कैसी परितोष की छाया होती है, कैसे आनंद का भाव होता है, परितृप्ति!

आदमी बांझ ही मर जाएगा? अधिक आदमी बांझ ही मर जाते हैं। जो होने को हुए थे बिना हुए मर जाते हैं। बीज से कुछ सीखो। बीज वृक्ष हो सकता है, लेकिन अगर ठीक भूमि न खोजे तो नहीं हो पाएगा। कंकड़-पत्थर जैसा ही रह जाएगा, मुर्दा। और भूमि खोजनी पड़ती है और भूमि में अपने को गला देना पड़ता है, मिटा देना पड़ता है। बीज जब मरता है तब वृक्ष होता है।

खोजो कोई स्थल--जहां तुम मर सको, मिट सको। खोजो कोई भूमि--जहां तुम अपने को समर्पित कर सको। जहां तुम झुक जाओ और अहंकार गल जाए, वहीं तुम्हारे भीतर से अंकुरण होगा--और वह अंकुरण सच्चा जीवन है! उस अंकुरण से तुम द्विज बनोगे, तुम्हारा दुबारा जन्म होगा। उसके पहले तुम द्विज नहीं हो, कोई भी द्विज नहीं पैदा होता। पहला जन्म मां-बाप से होता है, दूसरा जन्म स्वयं को स्वयं से ही देना होता है।

धरती पर भी जड़ जमती है,
जड़ हो यदि आकाश में!
बसती है आकाश-वासिनी
प्राणवायु हर श्वास में!
तन का जीवन शत वसंत
प्राणों की आयु अनंत है!
यहां क्षितिज की परिधि, परिधि के पार
अपार दिगन्त है!
खुलते रहते मृण्मय बंधन--
बंधने चिन्मय पाश में!
किसने बीज बो दिया जाने
अंतरिक्ष के क्रोड़ में?
नित नव शस्य उग रहे निशि-दिन
धरती के नौतोड़ में!
कट जाते हैं जन्म-जन्म
अनदेखे के विश्वास में!
धरती की मुसकान क्षणिक है,
धरती के आंसू अविरल,
प्रतिबिंबित मानस-नयनों में
आकुल अंतर, विश्व विकल!
जो न जीया है वही जीया है
धरती के इतिहास में!

प्यारा वचन है!--

जो न जीया है, वही जीया है

धरती के इतिहास में!

तुम जिसे जीवन कहते हो वह जीवन बिलकुल व्यर्थ है। उस तरह जीने वाले तो जीए ही नहीं।

जो न जीया है, वही जीया है,

धरती के इतिहास में!

धन की दौड़ में, पद की दौड़ में, प्रतिष्ठा की दौड़ में, तुमने जीवन समझा है? ऐसे जो लोग जीए, जीए ही नहीं। जानने वालों से पूछो, जागों से पूछो। वे कहेंगे: ऐसे जो जीए वे जीए ही नहीं। फिर कौन जीया? जो बाहर के प्रति मरा और भीतर के प्रति जगा, वही जीया। जो परिधि पर नहीं जीया, केंद्र पर जीया--वही जीया।

जो अंतरात्मा में जीया वही जीया। जो अंतरात्मा में जीता है फिर बाहर तो ऐसे हो जाता है जैसे जल में कमल! नहीं कि बाहर नहीं जीता--उठता है, बैठता है, चलता है, फिरता है, सब करता है जो करना है; लेकिन अब न कोई आसक्ति है, न कोई आग्रह है, न कोई पकड़ है। अब अस्पर्शित जीता है। अब बाहर की कोई धूल उसके दर्पण को गंदा नहीं कर पाती। ज्यों की त्यों धरि दीन्हीं चदरिया, खूब जतन से ओढ़ी रे चदरिया! जीता है, लेकिन चादर मैली नहीं हो पाती। ज्यों की त्यों धर देता है।

यह तुम्हारी संभावना है। इस संभावना को पूरा करो। इस चुनौती को अंगीकार करो। मंदिर-मस्जिद जाने से तुम धार्मिक न हो जाओगे। इस चुनौती को स्वीकार करोगे तो धार्मिक होओगे।

सरहपा के सूत्र अति प्यारे सूत्र हैं; एक-एक शब्द को खूब गहनता से हृदय में उतारना।

आइ ण अंत ण मज्झ णउ णउ भव णउ णि ब्वाण।

एहु सो परम महासुख णउ पर णउ अप्पाण।।

'सहज शून्यावस्था का, समाधि का न तो आदि है न अंत है और न मध्य। न वहां जन्म है न निर्वाण। यह अलौकिक महासुख है। न इसमें पराए का भान रहता है, न अपना।'

समाधि है स्वर्ण-फूल। जब तक तुम समाधि न जान लो तब तक प्रयास रुके न। जब तक तुम समाधि न जान लो तब तक जीवन को दांव पर लगाये जाना, तब तक

चले चलना है, तब तक नाव खेनी है--समाधि के तट तक नाव ले चलनी है। समाधि को बिना जाने जो गया, उसका आना-जाना व्यर्थ ही हुआ। उसने नाहक ही कष्ट झेले। उसने नाहक ही अनंत-अनंत रास्तों की धूल खाई, मंजिल पर पहुंचा ही नहीं।

समस्याओं में ही जीएगा जो, समाधि को नहीं जानेगा। समाधि का अर्थ होता है: परम समाधान।

सरहपा समाधि को कहते हैं: सहज शून्य अवस्था। सहज का अर्थ होता है: तुम्हारे ही भीतर उमगी, तुम्हारे स्वभाव से ही निःसृत। असहज का अर्थ होता है: ऊपर से थोपी गई। तुम्हारा जो व्यक्तित्व है अभी, ऊपर से थोपा गया, असहज है। यह तुम्हारे ही भीतर से नहीं आया है, यह समाज ने तुम्हें ओढ़ा दिया है। कोई हिंदू-घर में पैदा हो गया तो हिंदू है; मां-बाप ने एक आवरण ओढ़ा दिया। हिंदू-घर में पैदा हो गया तो वेद पढ़ता है, गीता पूजता है। और यही बच्चा जैन-घर में पैदा होता तो इसे कभी फिकर न आती गीता की और वेद की और यह कभी हिंदू-मंदिर न जाता। यह जैन-मंदिर गया होता। इसने महावीर को पूजा होता। इसके मां-बाप ने इसे दूसरे कपड़े ओढ़ा दिए होते।

तुम जो हो अभी, उधार हो, नगद नहीं। कृत्रिम हो। दूसरों ने तुम पर कुछ रंग दिया है; अभी तुमने अपना रंग जाना नहीं। तुम्हारे चेहरे पर दूसरों ने मुखौटे लगा दिए हैं और आईनों के सामने खड़े होकर उन्हीं मुखौटों को देख कर तुम समझते हो यह तुम्हारा चेहरा है। यह तुम्हारा चेहरा नहीं है। तुम्हारा चेहरा और परमात्मा का चेहरा भिन्न ही नहीं है। तुम्हारा चेहरा वही है जो तुम जन्म के साथ लेकर आए थे--न जिसका कोई नाम था; न जिसका कोई रूप था; न जो हिंदू था, न मुसलमान न ईसाई न बौद्ध; जो न शूद्र था न ब्राह्मण--जो बस था! शुद्ध होना! वह सहज है।

वह रूप या वह अरूप अब भी तुम्हारे भीतर मौजूद है। कितने ही कपड़े पहना दिए गए हों, तुम्हारा स्वभाव अब भी उन कपड़ों के भीतर मौजूद है। तुम अपनी नग्नता में अब भी अगर जाग जाओ तो उसे जान लो जो तुम्हारी निजता है। मगर तुमने तादात्म्य कर लिया है। तुमने वस्त्रों को जोर से पकड़ लिया है। तुम कहते हो यही वस्त्र मैं हूं! और वहीं भूल हो गई है, वहीं चूक हो गई है।

तुमने अपने नाम को समझ लिया कि यह मैं हूं। नाम लेकर आए थे? कोई तो नाम लेकर आता नहीं है। तुमने अपनी भाषा को समझ लिया कि यह मैं हूं। भाषा लेकर आए थे? कोई भाषा तो लेकर आता नहीं। न कोई धर्म लेकर आता है, न कोई देश लेकर आता है। ये सब बातें सिखा दी गई हैं। ये तुम्हें तोतों की तरह रटा दी गई हैं। तुम

तोते बन गए हो। और बड़े अकड़ रहे हो, क्योंकि तुम्हें वेद याद हैं, क्योंकि तुम्हें कुरान कंठस्थ है। तुम्हारी अकड़ तो देखो! और तुम्हें जरा भी होश नहीं है कि तुम जब आए थे, न कुरान थी तुम्हारे पास, न वेद थे तुम्हारे पास। तुम थे--एक कोरे कागज थे तुम! और जब तुम कोरे कागज थे तब तुम परमात्मा से जुड़े थे। जब से तुम्हारा कागज गूद दिया गया है तब से तुम समाज से जुड़ गए हो। तब से तुम अपने से टूट गए हो और भीड़ से जुड़ गए हो। तब से तुम भीड़ के हिस्से हो गए हो, तुम्हारी आत्मा खो गई है।

सहज का अर्थ होता है, जो तुम्हारा स्वभाव है; जो तुम्हें दूसरे से नहीं सीखना है, जो तुम्हें अपने भीतर तलाशना है; जिसका अन्वेषण भीतर ही करना है। उतरते जाओ पर्त-पर्त, छीलते जाओ अपनी पर्तों को, उस जगह तुम्हें पहुंचना है जहां 'साक्षी' मिल जाए। इस शब्द को समझ लो तो तुम्हें सहज-योग की आधारशिला समझ में आ जाएगी।

तुम्हारे भीतर दो चीजें घट रही हैं। एक तो साक्षी है, जो सिर्फ देखता है, सिर्फ द्रष्टा है; द्रष्टा से भिन्न कभी कुछ भी नहीं है। और दूसरी तुम्हारी देह है, तुम्हारा मन है, तुम्हारे संस्कार हैं, तुम्हारे विचार हैं। ये सब तुम्हारे साक्षी के सामने से गुजरते हैं। मगर तुम इन्हें सिर्फ देखते नहीं, इनके साथ अपना राग-रंग बना लेते हो, इनके साथ आसक्ति निर्मित कर लेते हो। एक उदास बदली तुम्हारे चित्त पर से गुजरी, जैसे आकाश में से एक बदली गुजरती है। आकाश से गुजरती हुई बदली को देख कर तुम यह तो नहीं कहते हो कि मैं बदली हूं! अगर ऐसा कहोगे तो लोग तुम्हें पागल समझेंगे। मगर यही तुम कर रहे हो एक गहरे अर्थ में--यही पागलपन! तो जानने वालों की नजरों में तो तुम पागल ही हो। तुम्हारे चित्त पर एक उदासी की बदली गुजरी, अभी क्षण पहले तो धूप थी, कोई बादल न था, क्षण पहले तो तुम मुस्करा रहे थे, बड़े आनंदित थे। फिर पड़ोसी ने कुछ कह दिया। दो शब्दों की भनंकार--और तुम्हारे भीतर एक उदास बदली घिर गई! या किसी ने तुम्हें ऐसी नजर से देख लिया था जो तुम्हें भाया नहीं। या जो आदमी तुम्हें रोज नमस्कार करता था उसने नमस्कार न की आज। तुम्हारे चित्त पर एक छाया पड़ गई--एक उदास बदली घिर गई। अभी-अभी सूरज उगा था। अभी-अभी धूप थी, अब अंधेरा हो गया। अब तुम बोले कि मैं उदास हूं।

तुम भूल कर रहे हो। तुम यह उदास बदली नहीं हो। ना ही तुम धूप थे, न तुम छाया हो। पहले भूल की थी कि मैं धूप हूं कि मैं प्रसन्न हूं, कि मैं आनंदित हूं, कि मैं आनंद हूं--और अब कि मैं दुख हूं! फिर घड़ी बीतेगी और क्रोध आ जाएगा और घड़ी बीतेगी और प्रेम आ जाएगा।

और चौबीस घंटे तुम्हारे चित्त की राह पर बहुत सी चीजें गुजरती हैं। यह तो बड़ा आवागमन है चित्त का! यह तो राह है जो चलती ही रहती है, दिन-रात चलती रहती है! इसमें हरेक यात्री के साथ तुम जुड़ जाते हो: और तुम्हें याद भी नहीं आता कि तुम सबसे भिन्न हो। दुख-सुख आते हैं चले जाते हैं। तुम न तो आते न जाते। न तुम्हारा कोई आना है न जाना है। दुख-सुख मेहमान बनते हैं क्षण भर को, टिक जाते हैं तुम्हारे भीतर थोड़ी देर को, फिर विदा हो जाते हैं। तुम मालिक हो। तुम आतिथेय हो, ये तो सब अतिथि हैं--आते-जाते रहते हैं। तुम इनमें से किसी के साथ भी अपने को एक न करो। एक किया, तादात्म्य किया, भ्रांति हो गई।

बस चित्त की भावदशाओं के साथ तादात्म्य का हो जाना ही संसार है। और चित्त की भावदशाओं के साथ तादात्म्य का टूट जाना साक्षी का जन्म है। वही समाधि है।

तुम सिर्फ देखो। दुख आए तो देखो--और जानते रहो कि मैं देखने वाला हूं, मैं दुख नहीं हूं। और तुम बहुत चौंकोगे। इस छोटे से प्रयोग को उतारो जीवन में। यह कुंजी है। इससे अमृत के द्वार खुल जाते हैं। दुख आए, देखते रहो। जागे रहना, क्योंकि पुरानी आदत हो गई है, जन्मों-जन्मों की आदत हो गई है जल्दी से दुखी हो जाने की। कहना कि मैं देखने वाला हूं, कि मैं तो सिर्फ दर्पण हूं, कि दुख की छाया बन रही है ठीक। इससे दर्पण दुखी नहीं होता। छाया गई, दर्पण फिर खाली हो जाता है। तुम दर्पण मात्र, द्रष्टा मात्र, साक्षी मात्र। और फिर देखना, अचानक हैरान हो जाओगे: दुख की बदली है और तुम दुखी नहीं हो! दुख की बदली वहां है, तुम यहां हो; दोनों के बीच अनंत आकाश है! दोनों के बीच अनंत फासला है, जो कभी भरा नहीं जा सकता, कभी जोड़ा नहीं जा सकता। उदासी होगी और तुम उदास न होओगे, तुम सिर्फ निरीक्षण करोगे।

फिर खुशी भी आएगी, अब खुश मत हो जाना। क्योंकि दुख को तो देखने की आदमी चेष्टा कर लेता है, क्योंकि दुखी तो कोई होना नहीं चाहता; लेकिन सुख...सुख को तो जल्दी से आलिंगन कर लेता है, सुख को तो जल्दी से ओढ़ लेता है। सुख के साथ भी यही करना। वह भी बादल है। वह भी आया-गया मेहमान है। ऐसे हर मेहमान के पीछे चलने लगोगे तो जिंदगी टूट जाएगी--टूट ही गई है। आए सुख, देखते रहना।

अगर तुम सुख और दुख दोनों को देख सको तो तुम्हारे भीतर जो अवस्था पैदा होगी, उस अवस्था का नाम सहज है, साक्षी है, समाधि है। पहले तो क्षण भर को बनेगी यह बात, मगर क्षण भर को बनी तो बन गई। पहले तो क्षण भर को झलक मिलेगी साक्षी की, मगर उतनी झलक ही काफी है। स्वाद एक बार आ जाए, बस तुम चकित

हो जाओगे कि कितना अपूर्व रस बहता है उस क्षण में! कैसी अमृत की धार बरस जाती है! न दुख न सुख--उस अवस्था को सरहपा ने महासुख कहा है। न दुख न सुख! खयाल रखना, महासुख शब्द से धोखे में मत पड़ जाना। शब्द का कोई उपयोग तो करना ही पड़ेगा। कोई उस अवस्था को आनंद कहता है, मगर उसमें भी वही भूल हो जाती है, क्योंकि तुम समझते हो आनंद यानी सुख ही सुख की महा राशि। सरहपा ने महासुख कहा है, इससे भूल में मत पड़ जाना। तुम्हारे सुख से महासुख का कोई संबंध नहीं है। महासुख तब अनुभव होता है जब सुख और दुख दोनों विदा हो जाते हैं।

बुद्ध का शब्द ज्यादा उचित है। बुद्ध शांति शब्द का उपयोग करते हैं--परम शांति! सब शून्य हो जाता है। एक निर्विकार दशा। कुछ उठता नहीं कुछ गिरता नहीं, कुछ आता नहीं कुछ जाता नहीं। एक सन्नाटा! एक अपूर्व शांति! मगर महासुख उसमें है। इसलिए सरहपा ठीक कहता है। सहज शून्य अवस्था का...! और इस अवस्था को तुम जान लो तो तुम्हें पता चलेगा: न तो इसका कोई आदि है न अंत, न तो यह कभी शुरू होती और न कभी इसका कोई अंत होता। और स्वभावतः जिसका आदि न हो अंत न हो, उसका मध्य भी नहीं होता। यह शाश्वत है। यह सनातन है। यही है सनातन धर्म। हिंदू धर्म सनातन धर्म नहीं है--यही है सनातन धर्म! यह सहज, शून्य, समाधि! वहां न जन्म है न निर्वाण। वहां न कभी कोई जन्मता है न कोई मरता है। वहां समय ही नहीं है--कैसा जन्म कैसी मृत्यु! यह अलौकिक महासुख है।

यह अलौकिक है, पहली बात। इस लोक में तुमने जितने सुख जाने हैं उनसे इसका कोई भी संबंध नहीं है। इस लोक में जाने गए सुख और इस महासुख में कोई मात्रा का संबंध नहीं है--गुण-भेद है। यह कुछ और ही ढंग का सुख है। इस सुख को कहने के लिए कोई शब्द नहीं है, इसलिए किन्हीं न किन्हीं शब्दों का उपयोग करना पड़ता है। लौकिक शब्दों का ही उपयोग करना पड़ता है। लेकिन शर्त लगा कर--अलौकिक महासुख! 'अलौकिक' की शर्त लगा दी, ताकि तुम भूल न जाओ।

तुमने जो सुख जाने हैं वे ऐन्द्रिक हैं। एक सुख जाना है स्वाद का। एक सुख जाना है नाद का। एक सुख जाना है रूप का। तुमने जो सुख जाने हैं वे इंद्रियों के सुख हैं। वे बाहर से आए हैं। सुबह हुई, सुंदर सूरज निकला और तुम्हारी आंखें विमुग्ध हो गईं और तुम्हारे भीतर बड़ा सुख आया। मगर यह बाहर से आया है। यह सहज नहीं है। यह तुम्हारे भीतर नहीं जन्मा है। यह पराया है, विजातीय है। भोजन किया, स्वाद की प्रतीति हुई, सुख मिला यह भी बाहर से आया है।

वह महासुख बाहर से नहीं आता--भीतर ही आविर्भूत होता है। उसकी स्फुरणा भीतर ही होती है। वह नाद भीतर बजता है: वह स्वाद भीतर उठता है। वह रूप भीतर सघन होता है। इंद्रियों से नहीं आता--अतीन्द्रिय है, अलौकिक है, और महा है। उसका कोई पारावार नहीं है। उसकी बाढ़ आती है। ऐसा रत्ती-रत्ती, टुकड़े-टुकड़े नहीं आता। आता है तो जैसे पूरा आकाश टूट पड़ता है। न इसमें पराए का भान रहता है, न अपना। और वहां सब मिट जाता है--न कोई तू न कोई मैं। सब विदा हो जाते हैं। वहां कौन तू कौन मैं।

मैं-तू का सारा खेल तो बाहर-बाहर है। बाहर तुम अलग हो, मैं अलग हूं। भीतर हम सब एक हैं। हम सभी एक हैं, ऐसा नहीं--वृक्ष और पशु और पक्षी भी वहां एक हैं। और ऐसा ही नहीं कि हम जो समसामयिक हैं, एक हैं--जो हमसे पहले हुए हैं वे और जो हमसे बाद में होंगे वे, सभी वहां एक हैं। एक ही है वहां। वहां एक ही सागर है। उसीकी सब तरंगें हैं। उसमें तरंगें उठती हैं गिरती हैं। पहले जो उठी थीं तरंगें, वे भी उसी सागर में उठी थीं; अब जो उठ रही हैं वे भी उसी में उठ रही हैं; आगे जो उठेंगी वे भी उसी में उठेंगी। और सागर एक है। उस महासुख के सागर को जिसने जान लिया वही विमुक्त है।

तो खयाल रखना: महासुख ऐसी अवस्था है जहां सुख नहीं दुख नहीं, क्योंकि सुख भी एक उत्तेजना है और दुख भी एक उत्तेजना है। वहां कोई उत्तेजना नहीं है।

न जाने किसलिए दोनों का साथ लाजिम था
खुशी भी हो गई रुख़सत जहां मलाल गया

जिस दिन तुम्हारा दुख जाएगा, तुमने जो सुख जाना है वह भी चला जाएगा।

न जाने किसलिए दोनों का साथ लाजिम था
खुशी भी हो गई रुख़सत जहां मलाल गया

लेकिन तभी महासुख जन्मता है। तब तुम एक ऐसे अपूर्व अनुभव को उपलब्ध होते हो, जिसकी तुम्हें सदा से तलाश थी। ठीक-ठीक पता नहीं था तो भी तलाश उसी की थी। हम खोज उसी को रहे हैं। हम चाहे जान कर न खोज रहे हों, मगर हम खोज उसी को रहे हैं, क्योंकि हमने कभी किसी क्षण में उसे जाना है। मां के गर्भ में बच्चा उसका रस लेता है, स्वभाव में होता है; जैसे ही पैदा हुआ कि विभाव शुरू हुआ। हमने उसे सिखाना-पढ़ाना शुरू किया। हमने उस पर आरोपण शुरू किए। नौ महीने डूबा था एक सुख में।

अब छोटा बच्चा जो मां के पेट में था, उसकी इंद्रियां तो उसे कुछ भी नहीं दे रही थीं--न तो उसकी आंखें खुली थीं कि रूप देखता, न भोजन कर रहा था कि स्वाद देखता। उसकी सारी इंद्रियां सोई थीं, सारी इंद्रियां बंद थीं। एक कली की भांति था, पंखुड़ियां बंद थीं। मगर पंखुड़ियों के भीतर सुवास तो थी! भीतर ही भीतर वह रस बह रहा था। भीतर ही भीतर आनंद की धारा थी। जन्मा--और हमने उसे सिखाना शुरू किया और हमने उसे कुछ का कुछ बनाना शुरू किया। हमने उसके कोरे कागज पर लिखाई शुरू की।

और हमारी भी मजबूरी है, लिखाई करनी पड़ेगी। मैं यह नहीं कह रहा हूं कि लिखाई मत करो। लिखाई कुछ न कुछ तो करनी पड़ेगी। भाषा सिखानी पड़ेगी, नहीं तो बोलेगा कैसे? और भाषा सीख लेगा तो मौन खो जाएगा। और भाषा तो सिखानी ही पड़ेगी--आवश्यक बुराई है, बचा नहीं जा सकता, नहीं तो गूंगा रह जाएगा। जिंदगी का काम कैसे चलेगा? कमाएगा कैसे? दो रोटी-रोजी तो कमानी ही पड़ेगी। कुछ तो करना पड़ेगा। लोगों से बोलेगा कैसे? तो भाषा तो सिखानी ही पड़ेगी। लेकिन भाषा जैसे ही भर जाएगी वैसे ही भीतर का जो शून्य था वह खो जाएगा। यह सौदा महंगा है, मगर करना पड़ता है। और करना ही पड़ेगा।

इतना ही ध्यान अगर मां-बाप, समाज और परिवार रख सकें कि जब भाषा सिखाई जा रही हो तब एक कोने में उसे शून्य को बचाना भी सिखाया जा सके तो काम हो जाए। भाषा भी सिखाई जाए और उसको याददाश्त भी बनाए रखी जाए कि तू अपने भीतर के शून्य को बिलकुल मत भूल जाना, चौबीस घंटे में कम से कम घंटे भर को तू फिर शून्य हो जाना, तेईस घंटे भाषा एक घंटे शून्य हो जाना...और बच्चे जितनी जल्दी शून्य को सीख लेते हैं, कोई दूसरा नहीं सीख सकता, क्योंकि वे तो हैं ही शून्य में। भाषा सिखाने में अड़चन हो रही है। अभी शून्य तो हैं ही, अगर हम थोड़ा सा शून्य बचा सकें बच्चे का तो हम उसका जितना हित करेंगे उतना हमारी पूरी शिक्षा से भी नहीं होने वाला है।

और फिर ऐसी चीजें तो हम न सिखाएं जिन्हें बिना सिखाए चल सकता है। जैसे मैंने कहा भाषा तो सिखानी पड़ेगी, लेकिन हिंदू होना थोड़े ही सिखाना जरूरी है, मुसलमान होना थोड़े ही सिखाना जरूरी है। यह तो बिलकुल व्यर्थ की सिखावन हैं। हां, उसे परमात्मा की खोज जरूर हम सिखाएं और उससे कहें कि तू परमात्मा को खोजना। यह जो दिखाई पड़ रहा है इतने पर ही सब समाप्त नहीं हो जाता है; अनदिखाई

पड़ने वाला भी कुछ है; अनजान भी कुछ है--तुम खोजना उसे। और अगर मां-बाप सच में अपने बच्चे को प्रेम करते हों तो कभी उसे मस्जिद भी ले जाएंगे कभी गुरुद्वारा भी, कभी गिरजा भी कभी मंदिर भी, क्योंकि पता नहीं तेरा मिलना उससे कहां जो जाए! तू सब जगह खोजना। सारे द्वार उसके हैं। संकोच मत करना। और जिद मत करना कि हम तो मंदिर में ही खोजेंगे कि मस्जिद में ही खोजेंगे।

अगर मां-बाप सच में बच्चों को प्रेम करते हों तो वे सारे मंदिरों के द्वार उसके लिए खुले रखेंगे। वे उससे कहेंगे: तू वेद भी पढ़ना, कुरान भी थोड़ी पढ़ना, गीता भी पढ़ना, धम्मपद भी। पता नहीं कहां किस कोने से वह किरण उतरे! पता नहीं तेरा तालमेल किस ढंग से उससे बैठ जाए! गुरुद्वारे में बैठे कि गिरजे में, कौन जाने! नानक की वाणी सुन कर बैठे कि कबीर की, कौन जाने! मोहम्मद के वचन सुन कर बैठे कि महावीर के, कौन जाने! हिंदू मत बनाना, मुसलमान मत बनाना। हां, धर्म की अभीप्सा देना और धर्म भी थोपना मत। यह मत कहना कि ईश्वर है, क्योंकि तब तुम आस्तिकता, थोपने लगे उसके ऊपर। इतना ही कहना कि कुछ अज्ञात है खोजना और जब खोजकर मिल जाए तो ही श्रद्धा करना, उसके पहले श्रद्धा भी मत करना।

बच्चे को ऐसा बल देना--खोज का बल, साहस, अभियान--कि बिना माने मत रुकना; लेकिन मानना तभी जब जान लो। उधार मानना मत कर लेना। फर्क समझ रहे हो? सिद्धांत मत देना, खोज देना। खोज की अभीप्सा देना। शास्त्र मत देना, प्यास देना। और तब एक दूसरे ढंग की दुनिया बन सकती है--अगर बच्चों के हृदय खुले रखे जाएं और हम उन पर जबरदस्ती धर्मों का आरोपण न करें और जबरदस्ती धार्मिक बातें उन्हें न सिखा दें, बल्कि उनका हाथ पकड़ कर चलना सिखाएं और फिर उनका हाथ छोड़ दें और उनसे कहें कि अब तुम अपने पैरों पर चलने लगे, अब तुम खोजो। अब तुम्हें कहीं कोई सदगुरु मिल जाए तो झुक जाना। फिर वह हिंदू हो कि मुसलमान कि ईसाई, फिकर मत करना। काला हो कि गोरा, फिकर मत करना। स्त्री हो कि पुरुष, फिकर मत करना। अगर तुम्हें कभी कहीं कोई परमात्मा का प्यारा मिल जाए तो समझ लेना कि यही भूमि है, इसी में बीज को गिरा देना है, इसी में समाप्त हो जाना है, इसी में नया जन्म लेना है।

तलाश तो उसीकी चल रही है क्योंकि हमने उसे जन्म के पहले जाना था। और फिर हम उससे छूट गए हैं, छिटक गए हैं।

हुजूमे-रंजो-अलम में भी है खुशी की तलाश
मैं कर रहा हूं अंधेरे में रोशनी की तलाश

कितना ही दुख हो, दुख की अधिकता में भी हम सुख की ही तलाश कर रहे हैं--उसी महासुख की।

हुजूमे-रंजो-अलम में भी है खुशी की तलाश
मैं कर रहा हूं अंधेरे में रोशनी की तलाश

खोज तो उसी की ही चल रही है। जो जान कर खोज करेंगे, जल्दी खोज लेंगे। जो ऐसे ही बिना जाने खोज करते रहेंगे, शायद जन्मों-जन्मों तक भटकते रहें और खोज न हो पाए। खोज को सचेतन बना लेना ही दीक्षा है। खोज के प्रति जागरूक हो जाना ही, सम्यकरूपेण खोज के प्रति होश से भर जाना ही संन्यास है।

'वह शून्य अवस्था ऐसी है कि न उसका आदि न अंत न मध्य। न जन्म है वहां न निर्वाण।'

सिंधु के उस पार जाने की लहर को क्या पड़ी है?
लहर है हर लहर जल की, लहर छोटी या बड़ी है!

जीव ब्रह्मानंद रस का कोष अंतर में छिपाए!
क्यों न अंतर्पुरुष सबका मगन-मन सहगान गाए!
कंठ घट का मुक्त, हर क्षण गीत की नूतन कड़ी है!

यहां का जीवन वहां के लिए पूर्वाभ्यास करता,
रंग के मिस ही सही, पर जीव नित-नव रास धरता!
बीतती है जो घड़ी, लाती निकट रस की घड़ी है!

ज्ञान से सह रहा है दुख, मान कर सुख को अनश्वर!
दिव्य की आराधना में कर दिए चैतन्य प्रस्तर!
इधर लौ, तो उधर लगती पुष्प-वर्षा की झड़ी है!

जीव नित आनंद-मंदिर में सतत आराधना-रत!
देव-प्रतिमा की मधुर मुसकान करती दिव्य स्वागत!
सिद्धि मंदिर द्वार पर कब से सधी पहरे पर खड़ी है!

कब से परमात्मा हमारी राह देख रहा है! दूर नहीं है बात, हमारा स्वभाव उसे अपने भीतर लिए हुए है! सिंधु के उस पार जाने की लहर को क्या पड़ी है? लहर को कहीं जाना नहीं है--इस पार या उस पार। लहर है हर लहर जल की, लहर छोटी या बड़ी है! हर लहर में सागर मौजूद है, इसे पहचानना, इसकी प्रत्यभिज्ञा करनी है।

जीव ब्रह्मानंद-रस का कोष अंतर में छिपाए!

क्यों न अंतर्पुरुष सबका मगन-मन सहगान गाए!

कंठ घट का मुक्त, हर क्षण गीत की नूतन कड़ी है!

सिंधु के उस पार जाने की लहर को क्या पड़ी है?

लहर है हर लहर जल की, लहर छोटी या बड़ी है!

इससे कुछ भेद नहीं पड़ता कि लहर छोटी है कि बड़ी, सारी लहरों के भीतर एक ही सागर लहरा रहा है। कहीं जाना नहीं है, ब्रह्मानंद तुम्हारे भीतर मौजूद है। जरा मुड़ो भीतर। और जरा तुम मुड़ो कि क्रांति घट जाए।

इधर लौ तो उधर लगती पुष्प-वर्षा की झड़ी है।

तुम्हारी लौ भर लग जाए भीतर की तरफ कि बरसने लगते हैं पुष्प।

बीतती है जो घड़ी, लाती निकट रस की घड़ी है!

फिर तो घड़ी-घड़ी रस का घट करीब आने लगता है।

सिद्धि मंदिर-द्वार कब से सधी पहरे पर खड़ी है!

जरा देखो भीतर! तुम जिसे खोज रहे हो वह वहां मौजूद है--और कब से मौजूद है! अनंतकाल से मौजूद है! तुम्हारे भीतर है वह जिसकी खोज कर रहे हो। इसलिए सरहपा कहते हैं सहज-योग। नहीं है बाहर, भीतर है। नहीं पाना है भविष्य में, अभी उपलब्ध है।

फजूल पांव थकाने से फायदा क्या है?

अगर है शौके-बयाबां तो घर में पैदा कर।

लोग नाहक दौड़-धूप कर रहे हैं--कोई चला काबा, कोई चला काशी, कोई चला कैलाश। लोग नाहक दौड़-धूप कर रहे हैं।

फजूल पांव थकाने से फायदा क्या है?

अगर है शौके-बयाबां तो घर में पैदा कर।

अगर जरा भी हिम्मत है, सच में अभीप्सा है, रस है, लगाव है, प्रेम है परमात्मा से--तो तुम्हारे भीतर ही शून्य को पैदा कर लो। और सब हो जाएगा--काबा भी, काशी भी, कैलाश भी, सब वहां घटित हो जाएंगे।

वहां न जन्म है न निर्वाण। वहां महासुख है अलौकिक। न वहां पराया है कोई न अपना; न कोई मैं न तू।

होश किसी का भी न रख, जलवागहे-नियाज़ में।

बल्कि खुदा को भूल जा सज्दा-ए-बेनियाज़ में।।

वहां अपने-पराए का तो होश अलग, परमात्मा तक का होश छूट जाता है। किसको खयाल रह जाता है, ऐसा शून्य घटता है! इसीलिए सरहपा 'ईश्वर' शब्द का उपयोग नहीं कर रहे हैं, क्योंकि उस परम अवस्था में इतना भी भेद कहां रहता है--कौन भक्त, कौन भगवान!

होश किसी का भी न रख, जलवागहे-नियाज़ में।

प्रेम के मंदिर में छोड़ो होश मैं का तू का।

बल्कि खुदा को भूल जा सज्दा-ए-बेनियाज़ में।

प्रेम की तल्लीनता में तो भक्त भगवान हो जाता है, भगवान भक्त हो जाता है। प्रेम की तल्लीनता में न तो कोई पुजारी है, न कोई पूज्य है। वहां तो शून्य है। वहां तो शून्य का नाद बजता है। वहां तो शून्य का संगीत है: न कोई बजाने वाला, न कोई वाद्य। इसलिए अलौकिक घड़ी है।

घोरान्धारे चंदमणि जिम उज्जोअ करेइ।

परम महासुह एक्कु खणे दुरि आसेस हरेइ।।

'जैसे घोर अंधकार में चंद्रमणि उजेला कर देती है, इसी तरह यह अपूर्व महासुख एक क्षण में ही संपूर्ण दुश्चरित्रों का नाश कर देता है।'

इस वचन को खयाल में लेना, क्योंकि तुम्हारे पंडित-पुरोहित तुम्हें कुछ और ही समझा रहे हैं। वे समझा रहे हैं कि जन्मों-जन्मों के कर्म हैं उनको जन्म-जन्म लगेंगे कटने में, जल्दी होने वाला नहीं है कुछ। लेकिन सरहपा कहते हैं: एक क्षण में घटना घट जाती है, एक पल में! जैसे अंधेरा हजारों साल से घिरा हो तो क्या तुम सोचते हो दीया जलाओगे तो अंधेरा मिटेगा नहीं? वह कहेगा कि मैं हजारों साल पुराना अंधेरा हूं, मैं इतने जल्दी नहीं मिट सकता? हजारों साल तक दीये जलाओ तब मिटूंगा? दीया जला कि अंधेरा गया! अंधेरे को कहने का समय भी कहां बचता है! फिर हजार साल पुराना हो कि करोड़ साल पुराना हो, इससे कोई फर्क नहीं पड़ता। अंधेरे के पुरानेपन का कोई अर्थ ही नहीं होता। अंधेरे की कोई पर्त-दर-पर्त थोड़े ही जमती है कि अब करोड़ों साल का अंधेरा है तो बहुत गहन हो गया है। क्षण भर का अंधेरा कि अनंतकाल का अंधेरा, प्रकाश के सामने बराबर है।

ऐसी ही वह क्रांति की घड़ी है। जिसके भीतर सहज का प्रकाश हो जाता है, शून्य का अनुभव, उसके सारे कर्म एक क्षण में कट जाते हैं। हमने किए, यह बात ही गलत है। हमने सपना देखा करने का। जैसे रात तुमने सपने देखे, चोर हो गए, चोरी की, हत्या की; या साधु हो गए और बड़ी तपश्चर्या की--और सुबह जब जागे तो हंसे, न तो तुम चोर हुए थे न तुम साधु हुए थे। तुम कुछ हो ही नहीं सकते, तुम सिर्फ साक्षी हो। तुम्हारे सारे कर्म भ्रांतियां हैं। तुम्हारे सारे कर्म नाटक हैं, इससे ज्यादा नहीं; अभिनय हैं। फिर चाहे राम बन जाओ रामलीला में और चाहे रावण बन जाओ, कुछ भेद नहीं पड़ता। नाटक ही है, अभिनय ही है। परदे के पीछे न रावण रावण है, न राम राम है। परदे के बाहर दर्शकों के सामने रामलीला चल रही है। इसलिए तो उसको लीला कहते हैं।

लीला का मतलब कि बस खेल है। ज्यादा मूल्य मत देना। ज्यादा अर्थ मत दे देना। बस खेल है। फिर सपना साधु का हो कि सपना असाधु का, सपना सपना है। जिस दिन जाग जाओगे उसी दिन अंत हो जाएगा। जब जागे तभी अंत हो गया सारे सपनों का।

मैं कर्ता हूं, वह स्वप्न का भाव है; मैं साक्षी हूं, यही जागरण की अवस्था है।

सरहपा कहते हैं: जैसे घोर अंधकार में चंद्रमणि उजेला कर देती है, इसी तरह यह अपूर्व महासुख एक क्षण में ही संपूर्ण दुश्चरित्रों का नाश कर देता है। अगर दुश्चरित्र सचमुच हुए होते तो फिर एक क्षण में नष्ट नहीं हो सकते थे। फिर तो समय लगता। अगर घाव सच में हों तो भरने में समय लगेगा। लेकिन घाव अगर भ्रांति ही हो तो जिस दिन भ्रांति मिट गई, उसी क्षण भर गया। अगर सांप सच ही रास्ते पर हो तो भगाने में समय लगेगा, मारने में समय लगेगा, लेकिन अगर रस्सी ही हो और सांप प्रतीत हुआ हो अंधेरे में, तो दीये के जलते ही समाप्त हो गया। था ही नहीं, इसीलिए समाप्त हो गया क्षण भर में। जो नहीं था, वही क्षण भर में समाप्त हो सकता है। जो था, वह क्षण भर में समाप्त नहीं हो जाएगा। जितने समय था, उतना ही लंबा समय लगेगा उसे समाप्त करने में। असली बीमारी हो तो इलाज करवाना पड़ेगा; नकली बीमारी हो तो किसी बाबा की विभूति से ठीक हो जाएगी। बीमारी नकली है, नकली इलाज काम कर जाएगा।

एक पागल आदमी को मेरे पास लाया गया एक बार। उसका पागलपन कोई बहुत बड़ा नहीं था, छोटा था, मगर मुश्किल में तो डाल ही दिया था उसको। उसको यह भ्रांति हो गई थी कि एक मक्खी उसके भीतर घुस गई है। वह मुंह खोल कर सोता है तो एक मक्खी भीतर चली गई। और वह भिन-भिन भिन-भिन उसके भीतर घूमती रहती है। कभी सिर में, कभी पेट में, कभी हाथ में, कभी पैर में। और कुछ पागलपन नहीं

था उसको, बाकी सब काम करता सब करता। मगर यह एक झंझट थी उसको काम करते-करते ही बीच में ही पेट पकड़ कर बैठ जाए कि पेट में, कि सिर पकड़ कर बैठ जाए कि सिर में, अभी सिर में आ गई।

उसको डॉक्टरों के पास ले जाया गया। उन्होंने सब तरह से उसकी परीक्षा की कि कहीं ऐसे कोई मक्खी घुसती है और ऐसे मक्खी घुस भी जाए तो मर जाएगी, ऐसे कहां घूमती रहेगी? ऐसे कोई स्थान थोड़े ही हैं कि सिर से चली गई पेट में और पेट से चली गई...कोई ऐसी सुरंगें थोड़े ही हैं। मगर वह माने ही न। वह कहे कि हम आपकी मानें कि अपने अनुभव को मानें? भन-भन करती है, आवाज साफ मालूम होती है। चलती-फिरती मालूम होती है, सरकती मालूम होती है।

उन्होंने कहा: यह सब तुम्हें वहम है। मगर वहम कहने से कोई वहम मिटता है? उसकी पत्नी थक गई, परेशान हो गई। मेरे पास...किसी ने कहा कि उनके पास ले चलो। मैंने कहा: यह भी बड़ी झंझट है। ऐसा मामला मेरे सामने अभी आया नहीं कोई, मगर कोशिश करते हैं। मैंने उस आदमी को कहा कि कहां है इस समय? तो उसने कहा: मेरे सिर में। तो मैंने उसके सिर में हाथ लगाया। और मैंने कहा कि भन-भन तो मुझे भी सुनाई पड़ती है। वह एकदम खुश हो गया। उसने मेरे पैर छुए। उसने कहा कि आप एक पहले आदमी हैं जिसमें थोड़ी बुद्धि है। नाहक फीस...।

अपनी पत्नी से कहा: सुन! उन डॉक्टरों को फीस देती फिरी, वैद्यों को फीस देती फिरी, समय खराब करती रही।...मैं तेरे से कह रहा था कि मक्खी है। अब सुन!

पत्नी तो बहुत डरी जब मैंने...मैंने पत्नी को इशारा किया कि तू फिकर मत कर। वह बहुत डरी कि मैंने और अब एक मुसीबत बढ़ा दी। अब यह कहेगा कि अब तो बिलकुल पक्का ही हो गया। मैंने उससे कहा कि तू चुप रह, मुझे काम करने दे। लेकिन मेरी दोस्ती बन गई उस पागल से। और पागलों से पहले दोस्ती बनानी जरूरी होती है। तुम देखते न, संन्यास देता हूं! इलाज के पहले दोस्ती बना लेनी जरूरी होती है।

मैंने उसको कहा कि तू बिस्तर पर लेट, जरा मक्खी को घूमने दे सब तरफ, मैं देखूं कहां है, कहां किस तरफ से निकाली जाए। आंख बंद कर दी उसकी। उसकी आंखों पर एक टावल उढ़ा दिया और मैंने कहा कि तू शांति से लेटकर देखता रह कि कहां है और जब भी मैं पूछूं तो बताना कि यहां है, इस वक्त यहां है, इस वक्त यहां है, इस वक्त यहां है। वह बड़ा खुश हुआ। पहली दफा किसी ने उसको स्वीकार किया। उसका चित्त शांत हुआ। मैं भागा घर में कि कहीं से एक मक्खी पकडूं, क्योंकि जब तक उसके

सामने मक्खी न पकड़ी जाए तब तक वह मानेगा नहीं, मानने वाला आदमी नहीं है। मैं बामुश्किल एक मक्खी पकड़ पाया। मक्खी को एक बोतल में बंद करके उसके पास बैठा। उससे पूछा अब कहां है, अब कहां है, अब कहां है। जब उसने कहा कि बिलकुल इस वक्त गले के पास है। मैंने कहा कि तू अपना मुंह खोल और जोर से हवा को बाहर फेंक। उसने बड़े जोर से हवा को बाहर फेंका। और मैंने कहा, पकड़ी गई। उसकी आंख से परदा उठाया, कहा कि देख यह मक्खी है। उसने कहा: यह बोतल मुझे दो। अब मैं उन सब नालायकों को जाकर दिखाऊंगा! जिंदा मक्खी है! चलेगी नहीं तो क्या होगा?

मगर उसकी भीतर की मक्खी खत्म हो गई! वह सब डॉक्टरों को दिखाने गया। डॉक्टरों ने भी कहा कि अब हम क्या करें यह! उनको भी पता नहीं कि राज क्या है, सिर्फ उसकी पत्नी जानती है। मैंने उसकी पत्नी को कहा कि कभी भूल कर मत बताना कि जो किया है मैंने, क्योंकि जिस दिन भी तूने बताया उसी दिन यह वापस इसकी मक्खी भीतर आ जाएगी। सो वह भी चुप है, वह भी कुछ बोलती नहीं। पति कितना ही डींग मारता है, वह चुपचाप रहती है कि ठीक है। उसे पता है राज कि न कोई मक्खी थी, न कोई मक्खी कभी निकाली गई--एक भ्रांति थी।

भ्रांतियां क्षण में टूट जाती हैं। तुमने कोई संसार किया थोड़े ही है--सिर्फ सोचा है। इसलिए तो मैं नहीं कहता कि तुम जाकर जंगल चले जाओ, घर-द्वार छोड़ दो। यह तो सपना बदलना होगा। इधर बाजार का सपना देखते थे, वहां जाकर गुफा का सपना देखने लगोगे; इससे भेद कहां पड़ेगा? चोर को सपने में समझा-बुझा कर साधु करवा दिया, वह मुनि हो गए; मगर इससे क्या होगा, सपने वहीं के वहीं हैं! पहले चोर थे, अब मुनि हो गए। साक्षी न पहले थे, न साक्षी अब हैं। तुम भेद को समझ लो ठीक से। साक्षी जो हुआ उसने ही राह पकड़ी परमात्मा की। और साक्षी होने के लिए जंगल जाना जरूरी थोड़े ही है। साक्षी तो कहीं भी हो सकते हो। साक्षी ही होना है तो जंगल के हुए कि बाजार के हुए; साक्षी ही होना है तो झोपड़े के हुए कि महल के हुए; साक्षी ही होना है--तो इससे क्या भेद पड़ता है किसके हुए? आग्रह क्या कि महल हो कि झोपड़ा हो? महल हो तो महल चलेगा और झोपड़ा हो तो झोपड़ा चलेगा। काम ही अलग हो गया।

लेकिन तुम्हारे साधु-संत तुम्हें समझा रहे हैं महल छोड़ो, झोपड़े में रहो; जैसे झोपड़ा सच है और महल झूठा है! वे समझा रहे हैं कि दो दफे भोजन न करो, एक दफ भोजन करो; जैसे दो दफे भोजन करना सपना है और एक दफे भोजन करना सत्य है!

वे कह रहे हैं पत्नी छोड़ो, बच्चे छोड़ो। हां, शिष्य-शिष्याएं इकट्ठी करो चलेगा; जैसे कि पत्नी-बच्चे सपना हैं और शिष्य-शिष्याएं सपना नहीं हैं! और मजा यह है कि यही शिष्य-शिष्याएं किसी के पति-पत्नी हैं। यह बड़ा मजा है कि किसी का पत्नी होना सपना है और किसी की शिष्या हो जाना सपना नहीं है!

सब संबंध सपने हैं तो फिर जहां हो वहीं जाग जाओ, फिर भाग-दौड़ क्या करनी! कहीं आना-जाना क्या करना!

जंगल की तलाश न करो, साक्षी की तलाश करो, शून्य की तलाश करो। और वह तुम्हारे भीतर है; उसके लिए हिमालय नहीं जाना है।

यह न उम्मीदी यह बे यकीनी, यकीनो-उम्मीद की झलक हैं।
इन्हीं अंधेरों को पार करके यकीनी की रोशनी मिलेगी।।
हज़ार हो राख कल्बे-सागर, मगर इसी राख में है जौहर।
तलाश जब अहले-दिल करेंगे, शरर की दुनिया दबी मिलेगी।।

इसी राख के भीतर अंगारा दबा पड़ा है। न-उम्मीद न हो जाओ, उदास न हो जाओ, हताश न हो जाओ।

यह न उम्मीदी यह बे यकीनी, यकीनो-उम्मीद की झलक हैं।

इसी उदासी के भीतर सब पड़ा है। तुम्हारे भीतर सब पड़ा है। इन्हीं सपनों के भीतर सब पड़ा है। सपनों में दबा सत्य पड़ा है। इन्हीं अंधेरों को पार करके यकीन की रोशनी मिलेगी। इसी अंधेपन को तोड़ दोगे तो आस्था की आंखें मिल जाएंगी।

हज़ार हो राख कल्बे-सागर मगर इसी राख में है जौहर।
तलाश जब अहले-दिल करेंगे, शरर की दुनिया दबी मिलेगी।

कितनी ही राख हो, फिकर न करो; इसी राख में कहीं दबा हुआ अंगारा है। जरा तलाश करोगे, मिल जाएगा। अंधकार घना है, अंधकार तोड़ना है। मगर अंधकार सिर्फ एक ही ढंग से तोड़ा जा सकता है कि भीतर की ज्योति से हमारा संबंध हो जाए। बाहर के अंधकार को बाहर की रोशनी से तोड़ा जा सकता है। लेकिन अंधकार तुम्हारे भीतर छा गया। भीतर के अंधकार को भीतर की रोशनी से ही तोड़ा जा सकता है।

चिराग़े-हुस्न जलाओ बहुत अंधेरा है।
नकाब रुख़ से हटाओ बड़ा अंधेरा है।

अंधेरा बड़ा है। तुम अपने चेहरे से अगर नकाब उठा लो तो रोशनी हो जाए। अंधेरा बहुत घना है, लेकिन अगर प्रेम का दीया जल जाए तो रोशनी हो जाए।

चिराग़े-हुस्न जलाओ, बहुत अंधेरा है।

तुम्हारे भीतर जो सौंदर्य छिपा है, उसको जरा प्रकट होने दो। वही है चंद्रमणि। तुम्हारे भीतर जो प्रेम दबा पड़ा है--वही है अंगारा! और तुम अपने को ओढ़े-ढांके बैठे हो, हटाओ इसे!

जिसे ख़िरद की ज़बां में शराब कहते हैं।

वह रोशनी-सी पिलाओ, बड़ा अंधेरा है।

मस्ती पीनी है। उस मस्ती के पीने का नाम ही भजन है, कीर्तन है, ध्यान है। लेकिन अगर बिना मस्ती के हो तो सब क्रियाकांड है। और सरहपा क्रियाकांड के बहुत विरोधी हैं; जैसे कि सभी जानने वाले विरोधी रहे हैं, रहेंगे! जैसे किसी को तुम गले से लगाओ, गले से लगाने के लिए कोई प्रेम का होना जरूरी नहीं है। अभिनेता भी एक-दूसरे को गले से लगाते हैं मंच पर। तुम भी लगा लेते हो। तो आलिंगन क्रियाकांड हो गया अगर भीतर प्रेम नहीं है। और अगर भीतर प्रेम हो और फिर तुम किसी को गले से लगाओ तो बात कुछ और हो गई। अब तुम हड्डियों से हड्डियां ही नहीं लगा रहे हो, अब आत्मा से आत्मा भी निकट आ रही है। मगर ऊपर से देखने पर तो दोनों एक जैसे मालूम पड़ते हैं। चाहे कोई बिना प्रेम के गले लग रहा हो और चाहे कोई प्रेम से गले लग रहा हो, बाहर के दर्शक को तो दोनों एक से मालूम होते हैं। तस्वीर उतारोगे, दोनों की तस्वीर एक सी आएगी, तस्वीर में कुछ भेद न पड़ेगा।

यही एक अड़चन है। मीरा भी नाची और जिस पुजारी को तुम सौ रुपये महीने पर रख लेते हो, वह भी आकर तुम्हारे मंदिर में नाच जाता है। मीरा ने भी आरती उतारी, मगर उस आरती में आत्मा के दीये जलते थे। और तुम्हारा पुजारी जिसे तुमने नौकर रख लिया है, वह भी आरती उतारता है। अगर तुम देख रहे हो तो जरा देर तक उतारता है; तुम अगर न देख रहे होओ तो जल्दी से फूंक-फांककर भागता है, क्योंकि और दूसरे के घर भी उसको उतारनी है। अभी और मंदिर पड़े हैं।

नौकरों से कहीं प्रार्थनाएं हुई हैं! और तुम खुद भी इसी तरह प्रार्थना करते हो। जिस दिन मतलब होता है उस दिन देखो, किस तरह पुकारते हो परमात्मा को! जिस दिन मतलब नहीं होता उस दिन जल्दी निपटा देते हो।

एक छोटे से बच्चे से कोई पूछ रहा था कि तू रात प्रार्थना करके सोता है? वह बोला कि हां। और सुबह भी प्रार्थना करके उठता है? उसने कहा कि नहीं। तो उसने पूछा: यह कैसे? तेरी मां ने तुझे रात ही प्रार्थना करनी सिखाई है, सुबह नहीं? मां ने तो,

उसने कहा, दोनों दफे सिखाई है, लेकिन रात मुझे डर लगता है सो मैं प्रार्थना करता हूं; सुबह मुझे किसी का डर नहीं लगता, तो क्यों प्रार्थना करूं?

छोटा बच्चा जो कहा रहा है वही बड़ों के भीतर भी छिपा है। ये बड़ी उम्र के बच्चे हैं, कुछ भेद नहीं है। जब जरूरत होती है तो मंदिर चले आते हैं। मुसीबत होती है तो हनुमान जी के मंदिर पहुंच गए--कि नारियल चढ़ाऊंगा, कि ऐसा करूंगा, कि वैसा करूंगा। और पक्का मत समझना कि इनकी मुसीबत हल हो जाए तो ये याद ही रखेंगे।

मैंने सुना है कि मुल्ला नसरुद्दीन लौट रहा था यात्रा से, हज करके लौट रहा था। जहाज डूबने लगा, पानी का जहाज...पुराने जमाने की कहानी। बड़ी मुश्किल हो गई, ऐसा तूफान कि सारे लोग बस आखिरी नमाज करने बैठ गए। मुल्ला ने भी आखिरी नमाज की। अब सब जा ही रहा था तो उसने कहा कि हे प्रभु, अगर बचा ले तो सब दे दूंगा, मैंने वह जो नौ लाख की अटारी बनवाई है वह भी दे दूंगा।

और लोग भी चौंके सुन कर, क्योंकि वह नौ लाख की अटारी तो मुल्ला दीवाना था उसके पीछे। वह दे देगा उसको, दान कर देगा, यह किसी को भरोसा न आया, लेकिन अब ऐसे कठिन क्षण में परमात्मा को भी लालच-लोभ देना पड़ता है। कोई खुशामद यहीं थोड़ी चलती है, लोग सोचते हैं वहां भी चलती है। कोई रिश्वत यहीं थोड़े ही चलती है, लोग सोचते हैं वहां भी चलती है तो उसने सारा दांव लगा दिया। उसने कहा कि नौ लाख की अटारी देखते हो, जिंदगी लगा दी इसको बनाने में, दान कर दूंगा, गरीबों में बांट दूंगा! संयोग की बात, नाव बच गई। अब मुल्ला परेशान हुआ। लोग भी कहने लगे के मुल्ला सबने सुन लिया है और हज करके आ रहे हो, कुछ खयाल करना। अब मुल्ला बड़ी मुश्किल में है। मन में तो होने लगा कि नाव डूब ही जाती तो अच्छा था। यह कहां की झंझट मोल ले ली! मगर कहा कि ठीक एक दफे किनारे पर पहुंच जाएं फिर देखेंगे। किनारे पर पहुंच कर वह टाला-टूल करने लगा कि अब करेंगे, तब करेंगे। खोज-बीन में रहा कि कोई तरकीब निकाल लें। आखिर सारे गांव ने इकट्ठे होकर कहा कि भाई यह बात ज्यादती की है। गांव को भी ईर्ष्या तो हो ही रही थी, वह नौ लाख की अटारी देख कर सभी की छाती जली जा रही थी। ऐसा मौका कोई छोड़ना भी नहीं चाहता था कि अब इसकी ठीक से लानत-मलामत करो...या तो दान करो इसको या स्वीकार करो कि तुम अपराधी हो। परमात्मा को कह कर और मुकर रहे हो। मगर मुल्ला भी एक होशियार! उसने कहा कि दान करेंगे। कल सुबह अटारी नीलाम करते हैं और जो पैसा आएगा गरीबों में बांट देंगे।

दूसरे दिन अटारी नीलाम हुई, मगर एक बड़ी हैरानी हुई, सारे गांव के लोग इकट्ठे हो गए देखने इसको। दूर-दूर से लोग खरीदने वाले आए। मुल्ला ने कहा कि यह रही अटारी! और अटारी के सामने बांध दी एक बिल्ली। लोगों ने पूछा: यह बिल्ली किसलिए? उसने कहा कि ये दोनों साथ ही बिकेंगे। बिल्ली के दाम नौ लाख रुपया और अटारी का दाम एक रुपया। लोगों ने कहा: हद कर रहे हो, बिल्ली के दाम नौ लाख रुपया! नौ लाख की अटारी है, तुमसे भूल हो रही है। उसने कहा: भूल मुझसे कुछ नहीं हो रही; जो मैं कह रहा हूं वह यह है। दोनों साथ जिसको खरीदने हों खरीद ले; नौ लाख की बिल्ली है, एक रुपये की अटारी। लोगों ने सोचा: हमें क्या मतलब कि बिल्ली में दाम लगे कि अटारी में, नौ लाख की अटारी मिलती है और एक रुपये की बिल्ली चलेगी। लोगों ने तो यह सोचा कि हमें क्या लेना-देना है खरीददारों ने खरीद ली। मगर गांव बड़ा हैरान था कि यह मामला क्या है! जब सब खरीद लिए, नौ लाख तो मुल्ला ने अपनी जेब में रखे और एक रुपया दान कर दिया।

देखते हो चालबाजियां, आदमी की बेईमानियां! परमात्मा को भी मौका आ जाए तो धोखा देने में वह छोड़ेगा नहीं। परमात्मा भी रह गया होगा सिर पीट कर। उसने भी सोचा होगा: वाह! वाह बड़े मियां! हमने भी न सोचा था कि ऐसी तरकीब निकाल पाओगे।

एक छोटे बच्चे को उसकी मां ने दो चवन्नियां दीं और कहा कि एक तो हनुमान जी के मंदिर में चढ़ा देना और एक तू रख लेना। वह चला, दो चवन्नियां उछालता हुआ बड़ी मस्ती में। एक चवन्नी गिरी जमीन पर सरकी और नाली में चली गई।

बच्चे ने कहा कि हनुमान जी, अपनी तुम सम्हालो। अब मैं तो नाली में कहां जाऊं, लेकिन आप तो सर्वव्यापी हैं, अंतर्यामी हैं, सर्वशक्तिमान हैं, सर्वव्यापक हैं। जाओ तुम अपनी सम्हालो, मैं अपनी सम्हालता हूं।

आदमी दुख में हो, परेशानी में हो, तो परमात्मा को याद कर लेता है, मगर उसमें भी चालबाजी उसकी कायम रहती है।

अंधेरा बहुत है, क्रियाकांड से नहीं मिटेगा, जीवंत मस्ती चाहिए।

जिसे ख़िरद की ज़बां में शराब कहते हैं,
वह रोशनी-सी पिलाओ बड़ा अंधेरा है।

इन शब्दों से वही रोशनी पियो। ये मस्तों के वचन हैं। यह दीवानों की वाणी है।

जब्बे मण अत्थमण जाइ तणु तुट्टइ बन्धण।

तब्बे समरस सहजे वज्जइ णउ सुछ ण बम्हण।।

'जिस क्षण यह मन अस्त या विलीन हो जाता है उस क्षण सारे बंधन टूट जाते हैं। उस समरस सहज अवस्था में कुछ भी भेद नहीं रहता--न शूद्र का न ब्राह्मण का।'

जहां मन अस्त हो जाता है या विलीन हो जाता है वहीं समाधि है।

मन क्या है? जो तुम्हें दूसरों ने दिया है, उसका जोड़ मन है। जो तुम हो, वह समाधि है। तुम्हारी समाधि दूसरों के द्वारा दिए गए कचरे में दब गई है। इस मन को विदा करो। जो भी तुम सोचते हो, मन है। जो भी तुम विचारते हो, मन है। लेकिन वह जो मन का भी साक्षी है, न तो सोचता न विचारता--वह तो सिर्फ देखता है। एक विचार उठा तुम्हारे भीतर, एक विचार उठा, अच्छा या बुरा कैसा भी हो, एक विचार उठा--तुम देखते हो उस विचार को उठते, उसको रूप लेते, उसको बनते, सघन होते, उसको जाते, विदा होते। वह देखने वाला तुम हो। और वह जो विचार है वह तो बाहर से आ रहा है।

तुम जान कर हैरान होओगे कि तुम जब किताब पढ़ते हो तभी विचार बाहर से आता है ऐसा नहीं; और जब कोई तुम्हारे मन में कोई विचार डाल जाता है तब विचार बाहर से आता है ऐसा नहीं--विचार बड़े परोक्ष मार्गों से भी आते हैं। कभी-कभी तुम बैठे होते हो शांत और अचानक उदासी घेर लेती है। कोई कारण नहीं दिखाई पड़ता। हो सकता है कोई उदास आदमी पास से गुजर गया, उसकी उदासी की तरंग तुम में प्रवेश कर गई। मन बहुत संवेदनशील है। वह प्रत्येक चीज को पकड़ रहा है। कभी तुम्हें ऐसा होता है कि किसी आदमी के पास जाते हो और जाते से ही प्रसन्न हो जाते हो; न उसने कुछ कहा, न कुछ बोला। किसी के पास जाकर अच्छा लगता है, बस उसके पास अच्छा लगता है और किसी का मिलना ही घबड़ाहट पैदा कर देता है। उनके दर्शन ही पर्याप्त होते हैं कि तुम्हारा दिन भर खराब हो जाए। तुम जानते हो इस तरह के लोगों को कि उनसे मिलना हो जाए तो घंटे दो घंटे के लिए चित्त खिन्न हो जाता है। न उन्होंने तुम्हें गाली दी, न तुम्हारा अपमान किया, न कुछ बुरा किया, न कोई बुरी बात कही--बस मिल गए! रास्ते पर नमस्कार हो गई उनसे और कुछ हो जाता है।

प्रत्येक व्यक्ति प्रतिक्षण अपने विचारों को ब्राडकास्ट कर रहा है। जब तक रेडियो नहीं था तब तक तुम्हें खयाल भी नहीं था कि तुम्हारे पास से विचारों की तरंगें गुजर रही हैं। अभी गुजर रही हैं। अभी रेडियो लगा दो यहां, तो अभी पता चल जाए कि दिल्ली के

पागल दिल्ली में क्या कर रहे हैं! मगर रेडियो न लगाओ तो कुछ पता नहीं चलता। रेडियो पकड़ता है जो मौजूद है उसको। वे तरंगें गुजर ही रही हैं। तुम्हारा चित्त भी सारी तरंगों को पकड़ता रहता है--अनजाने। तुम प्रतिपल तरंगों के प्रभाव में हो। तुम उठो-बैठो, चलो-फिरो, लेकिन तुम तरंगों के सागर हो। जैसे मछली पानी में, ऐसे तुम तरंगों के सागर में हो। और तुम इतने बलशाली नहीं हो अभी। तुम अपने मालिक नहीं हो अभी, कि तुम जिस तरंग को लेना चाहो लो और जिस तरंग को न लेना चाहो न लो। वैसी मालकियत तो साक्षी की होती है--सिर्फ साक्षी की! तुम तो जल्दी से कुछ भी पकड़ लेते हो। कुछ भी कूड़ा-करकट तैरता हुआ हवा में आ जाता है और सिर तुम्हारा पकड़ लेता है। और न केवल तुम पकड़ लेते हो--तुम कहने लगते हो: यह मेरा विचार! न केवल इतना कहते हो--तुम लड़ने-झगड़ने को राजी, मारने-मरने को राजी: यह मेरा विचार, कि तुमने मेरे विचार का खंडन कर दिया!

विचार किसी के नहीं होते। विचार तो सामूहिक हैं। विचार तो भीड़ के हैं। कोई विचार मौलिक नहीं होता। भूलकर भी मत सोचना कि कोई विचार तुम्हारा है। तुम तो निर्विचार हो।

'जिस क्षण यह मन अस्त या विलीन हो जाता है, उस क्षण सारे बंधन टूट जाते हैं।' बस इतनी सी ही बात है। यह मन ही तुम्हें बांधे है। यह मन गया कि बंधन गए। यह मन ही तुम्हारी जंजीरें हैं। इस मन में ही तुम्हारा कारागृह है। यह मन ही है दीवाल, जिसके भीतर तुम बंद हो। इस मन के हटते ही खुला आकाश तुम्हारा है, सारा अस्तित्व तुम्हारा है।

और जब न कोई विचार रह जाए तो स्वभावतः समरस सहज अवस्था पैदा होती है। एक ही रस बहता रहता है--न सुख न दुख। एक ही स्वाद, एक ही सुगंध। कहो उसे परमात्मा की सुगंध या सत्य की सुगंध या निर्वाण की, पर एक ही। समरस! जरा भी विषम नहीं। एक ही स्वर गूंजता रहता है--ओंकार का नाद! फिर न कोई ब्राह्मण है न कोई शूद्र। फिर सारे भेद गिर गए। क्योंकि वे भी विचार के ही भेद हैं। तुम्हें बता दिया कि तुम ब्राह्मण हो, तो तुम ब्राह्मण हो गए। तुम्हें कोई बता देता बचपन से ही कि तुम शूद्र हो तो तुम शूद्र हो जाते। बताई गई बात है। लेकिन बताई गई बातों पर कितने उपद्रव चलते हैं!

यह बीसवीं सदी चल रही है और इस देश का दुर्भाग्य कि अभी भी यहां शूद्र जलाए जा रहे हैं--जिंदा जलाये जा रहे हैं! आदमियों को जिंदा जला रहे हो, सिर्फ एक

लेबिल लगा दिया शूद्र का! आदमियों को कुओं पर पानी नहीं मिल रहा है, क्योंकि वे कुएं ब्राह्मणों के हैं! और ये देश अपने को धार्मिक देश कहता है। यह कैसा धार्मिक देश है? यह कैसा लोकतंत्र है? यह कैसी नपुंसक सरकार है? जिंदा आदमी जलाये जा रहे हैं और जूं नहीं रेंगती सरकार के ऊपर! यह बड़ी अमानवीय दशा है और मजा यह है कि मामला ही इतना-सा है कि सिर्फ लेबिल लगा दिया एक आदमी पर।

तुम देखते हो न, कोई आदमी आए और चंदन-मंदन लगाये, तुम जल्दी से झुककर पैर छू लेते हो, चाहे वह शूद्र हो! और अगर ब्राह्मण भी आकर कह दे कि मैं चमार हूं, तुम जरा सरक कर खड़े हो जाते हो। तुम्हें ब्राह्मण से और चमार से थोड़े ही मतलब है। तुम्हें मतलब सिर्फ शब्द से है। लेबिल पर्याप्त है। चीजों पर लेबिल लगाना हो तो ठीक है, क्योंकि चीजों पर लेबिल न हों तो बड़ी मुश्किल हो जाए। अब दुकान पर दवाइयां बेचने वाले को लेबिल तो लगाने ही पड़ेंगे। तो चीजों पर तो ठीक है।

मुल्ला नसरुद्दीन एक दिन अपने चौके में ढूंढ रहा है। उसकी पत्नी चिल्लाई कि तुम्हें आधा घंटा हो गया ढूंढते, तुम्हें अभी तक शक्कर का डब्बा नहीं मिला! उसने कहा कि मैं सारे डब्बे देख रहा हूं।

उसने कहा कि जिस डब्बे पर मिर्ची लिखी है वह शक्कर का डिब्बा है। अब जब मिर्ची लिखी हो तो बेचारा लेबिल से चल रहा है। मिर्ची लिखी है, इसलिए उसमें देख ही नहीं रहा है। डब्बों पर तो ठीक है, मिर्ची हो तो मिर्ची लिखना चाहिए और शक्कर हो तो शक्कर लिखनी चाहिए; मगर आदमियों पर तो एक ही परमात्मा है--न तो कोई शूद्र है न कोई ब्राह्मण। आदमियों पर लेबल मत लगाओ। आदमी कोई वस्तु नहीं है। आदमी कोई बाजार में बिकने वाला सामान नहीं है। लेबिल मत लगाओ। आदमी से लेबल हटा लो। यह समस्त समाधिस्थ पुरुषों ने कहा है, फिर भी तुम सुनते नहीं। और लेबल लगा कर कितना उपद्रव मचाते हो!

मैं फकत इन्सान हूं, हिंदू-मुसलमां कुछ नहीं।
मेरे दिल के दर्द में तफरीके-ईमां कुछ नहीं।।

जो थोड़ा-सा भी जागेगा वह कहेगा कि न तो मैं मुसलमान हूं न हिंदू--मैं फकत इंसान हूं। इतना काफी है कि मैं मनुष्य हूं। मेरे दिल के दर्द में तफरीके-ईमां कुछ नहीं। मेरे मन में न कोई भेद-भाव हैं, न कोई पक्षपात हैं। और जो अभी इंसान भी नहीं है, वह धार्मिक कैसे हो सकेगा? और जो अभी इंसान भी नहीं है, वह तो परमात्मा की तरफ आंखें कैसे उठा सकेगा? लोगों को तुमने चीजें बना दिया है!

न हिंदू, न गबरू मुसलमां बनो।
अगर आदमी हो तो इंसा बनो।।
नहीं तो हलाकत में ढल जाओगे।
खुद अपने जहन्नुम में जल जाओगे।।

'न हिंदू, न गबरू मुसलमां बनो।' न तो अग्नि-पूजक बनो, न मुसलमान न हिंदू। अगर आदमी हो तो इंसा बनो। एक ही बात बनने जैसी है: आदमी हो तो आदमी ही बन जाओ। आदमी ही नहीं बन पा रहे हो और तुम्हारे हिंदू-मुसलमान होने के भेद तुम्हें आदमी नहीं बनने दे रहे हैं। नहीं तो हलाकत में ढल जाओगे। बड़ा पतन होगा। खुद अपने जहन्नुम में जल जाओगे। जल ही रहे हो। अपने ही पैदा किए जहन्नुम में आदमी जल रहा है।

यह जमीन सबकी है। यहां कोई झगड़े की जरूरत नहीं है। यह आकाश सबका है। यहां झगड़े की कोई जरूरत नहीं है। यहां सीमाएं बनाने की कोई जरूरत नहीं है। राष्ट्रों की कोई जरूरत नहीं है, मजहबों की कोई जरूरत नहीं है। और मजहबों और राष्ट्रों के विदा होते ही इस पृथ्वी पर गरीबी विदा हो जाए और इस पृथ्वी पर हिंसा विदा हो जाए और इस पृथ्वी से व्यर्थ के युद्ध विदा हो जाएं। मगर वे भेद हमारी जान लिए ले रहे हैं।

सत्तर प्रतिशत मनुष्य का श्रम युद्धों की तैयारी में लग जाता है। आदमी भूखा है और सत्तर प्रतिशत श्रम, सत्तर प्रतिशत दौलत आदमी जो पैदा करता है वह मृत्यु की सेवा में लग जाती है। तीस प्रतिशत जीवन की सेवा में और सत्तर प्रतिशत मृत्यु की सेवा में। इस आदमी को पागल न कहोगे तो और क्या कहोगे! सौ प्रतिशत जीवन की सेवा में लगनी चाहिए, तो यह पृथ्वी आज स्वर्ग हो जाए।

नहीं तो हलाकत में ढल जाओगे।
खुद अपने जहन्नुम में जल जाओगे।।

और यह जहन्नुम बन गया है। जमीन पर जहन्नुम बड़ा होता जा रहा है। इतने बम, अब तो इकट्ठे हैं, और एटमबम, हाइड्रोजन बम कि अब यह जल्दी ही जलने की तैयारी है, अब ज्यादा देर न लगेगी। अब तो समय है कि हम सारे भेद छोड़ दें। इस सारी पृथ्वी को हम एक घर घोषित कर दें। घर यह हो ही गया है। टेक्नालाजी के हिसाब से पृथ्वी इतनी छोटी हो गई है कि अब तुम्हारी पुरानी बकवासें बंद करो।

अब तो हालत ऐसी है कि न्यूयार्क में नाश्ता करो, लंदन में भोजन लो और पूना में बदहजमी झेलो...इतना सब करीब हो गया है। अब इस बड़ी दुनिया को बड़ा मत

कहो, बहुत छोटी हो गई है। इस छोटी दुनिया में, इस छोटे से घर में अब स्वर्ग उतर सकता है। मगर आदमी की पुरानी आदतें हैं, पुरानी मूढ़ताएं पीछा कर रही हैं। और बजाय स्वर्ग बनने के पृथ्वी नरक बनती जा रही है।

चीअ थिर करि धरहु रे नाइ। आन उपाये पार ण जाइ।

नौवा ही नौका टानअ गुणे। मेलि मेलि सहजे जाउण आणे।।

'हे नाविक! चित्त को स्थिर कर सहज के किनारे अपनी नौका लिए चल। रस्सी से खींचता चल और कोई दूसरा उपाय नहीं है।'

हे नाविक!...प्रत्येक व्यक्ति नाविक है अनंत का। प्रत्येक व्यक्ति माझी है अनंत का और प्रत्येक जीवन नौका है। हे नाविक! चित्त को थिर कर! बस करना इतना है कि चित्त की जो अथिरता है, यह जो चित्त में विचारों का जंजाल है, ये जो चित्त में विचारों की तरंगें हैं--ये विदा हो जाएं। जैसे ही चित्त में विचारों की तरंगें न रहीं, चित्त न रहा। मन में तरंगें न रहीं, मन न रहा। शांत मन जैसी कोई चीज नहीं होती, समझ लेना। शांत मन का अर्थ ही होता है: अमन। शांत मन का अर्थ ऐसा नहीं होता कि अब भी मन है और शांत है; जहां शांति आई वहां मन गया। मन अर्थात अशांति।

इसलिए जो व्यक्ति चित्त को थिर कर लेता है वह अचानक हैरान होकर पाता है कि चित्त के थिर होते ही चित्त गया। चित्त तो अथिरता का ही दूसरा नाम था। वह तो शोरगुल था। वह तो विचारों का ऊहापोह था। वह तो चित्त में चलते हुए विचारों की सतत धारा थी। सब ठहर गई।

'हे नाविक, चित्त को थिर कर सहज के किनारे!' बड़ा प्यारा वचन है। सहज के किनारे अपनी नौका लिए चल। और असहज मत बनना, यह सरहपा का मूलक स्वर है, मूल संदेश है, असहज मत बनना। तुम्हारे जीवन की सहजता मत खो देना।

अब एक आदमी सिर के बल खड़ा है, यह असहजता है। यह कोई साधना नहीं है, यह सिर्फ मूढ़ता है। अब सिर के बल खड़ा होना कृत्रिम है, असहज है। परमात्मा ने चाहा होता कि तुम्हें सिर के बल खड़ा करे तो उसने सिर के बल ही तुम्हें खड़ा किया होता। अब कोई आदमी उलटे-सीधे आसन कर रहा है, शरीर को इरछा-तिरछा कर रहा है; जैसे कि शरीर को इरछा-तिरछा करने से कोई समरसता उपलब्ध हो जाएगी! तुमने जिंदगी को कोई सर्कस समझा है? ठीक है, सर्कस में भरती होना हो तो शरीर को इरछा-तिरछा करना सीखो, उलटा-सीधा करना सीखो। मगर इससे कोई समरसता पैदा नहीं होगी। हां, शरीर चाहे स्वस्थ भी हो जाए, शरीर शायद बलिष्ठ भी हो जाए,

शायद थोड़े वर्ष ज्यादा भी जिंदा रह जाओ, मगर जिंदा रहने से ही क्या होने वाला है? असली सवाल तो भीतर के शाश्वत को जानना है, ज्यादा दिन और कम दिन जिंदा रहने की बात नहीं है। जिंदगी शाश्वत है, इसको पहचानना है। सदा है; देह के भीतर भी है और देह के बाहर हो जाती है, तब भी है--इसे पहचानना है। इसके पहचानने के लिए केवल शरीर को उलटा-सीधा करोगे!

मगर इस तरह के कामों में लोग लगे हैं। अजीब-अजीब काम लोगों ने किए हैं! किसी ने कान फाड़ लिए हैं। कनफटे साधु! खूब मजा है! कोई नंगा खड़ा है; जैसे कि नग्न होने से कोई परमात्मा मिल जाएगा। कोई बाल लोंच रहा है, कि बाल लोंचने से कोई परमात्मा मिल जाएगा! कोई भूखा मर रहा है, भूखा मार रहा है। किसको तुम भूखा मार रहे हो? तुम परमात्मा को ही भूखा मार रहे हो, क्योंकि वही तुम्हारे भीतर है। कोई अपने को कोड़े मार रहा है। ईसाइयों में एक संप्रदाय है फकीरों का, जो रोज सुबह उठ कर अपने को कोड़े मारते हैं और जो जितने ज्यादा कोड़े मारता है वह उतना बड़ा संत समझा जाता है। कई फकीरों ने आंखें फोड़ ली हैं क्योंकि आंख के कारण रूप दिखाई पड़ता है, तो आंख फोड़ लो। ये सब उलटे धंधे हैं।

सरहपा कहते हैं: सहज के किनारे...। जीवन को सहज प्राकृतिक रखना, जरा भी उलटा-सीधा मत करना। उलटा-सीधा किया कि चूक जाओगे। परमात्मा तो सहज ही मिल जाएगा।

'सहज के किनारे अपनी नौका को लिए चल। रस्सी से खींचता चल।'

यह अनुवाद एक अर्थ में ठीक है, एक अर्थ में ठीक नहीं भी है।

नौवा ही नौका टानअ गुणे।

गुण के दो अर्थ होते हैं: या तो रस्सी या सदगुण। यहां रस्सी अर्थ नहीं हो सकता। सदगुण ही अर्थ होगा। रस्सी का कहां संबंध? यह सहज का किनारा, इस सहज के किनारे पर चित्त की, स्थिर चित्त की नाव, तो इसमें सदगुण की रस्सी।

सदगुण का क्या अर्थ होता है? सदगुण का अर्थ होता है: जो तुम्हारे सत्य से आविर्भूत हो। झूठ मत जीना, पाखंड मत जीना। कुछ भीतर कुछ बाहर, ऐसे मत जीना। जैसे भीतर वैसे बाहर। जो व्यक्ति जैसा भीतर है वैसा बाहर है, ऐसा जीता है--वह सदगुणी है। फिर जैसे भी हो भीतर, फिकर मत करना, वैसा ही बाहर जीना। तो यही एक रस्सी है जिससे तुम बांध सकते हो चित्त की नौका को। और दूसरा कोई उपाय नहीं है। और इतना तुम कर लो तो सब हो जाए।

इतना बुलन्द कर नज़रे-जलवा-ख्वाह को।

जलवे खुद आएं ढूंढने तेरी निगाह को।।

अपनी आंख को इतना ऊंचा करो कि उस परमात्मा का सौंदर्य खुद तुम्हें खोजता हुआ जाए। इतना बुलंद कर नज़रे-जलवा-खवाह को! जलवा देखने वाली नजर को बड़ा करो। चित्त को थिर करो। जलवे खुद आएं ढूंढने तेरी निगाह को। आते हैं! मैं गवाही हूं! आते हैं। जलवे खुद खोजते चले आते हैं। परमात्मा खुद खोजता चला आता है। तुम पात्र तो हो जाओ, परमात्मा बरस उठता है, हजार-हजार फूलों में तुम्हारे ऊपर।

मोक्ख कि लब्भइ ज्झाण पविट्ठो।

किन्तह दीवें किन्तह णिवेज्जं।।

किन्तह किज्जइ मन्तह सेब्वं।।

किन्तह तित्थ तपोवण जाइ।

मोक्ख कि लब्भइ पाणी न्हाइ।।

'भला ध्यान करने से कहीं मुक्ति होती?' कीमती वचन है। ध्यान करने से मुक्ति नहीं होती, क्योंकि ध्यान करना नहीं है। ध्यान कृत्य नहीं है, ध्यान तो साक्षीभाव है। ध्यान में हुआ जाता है, ध्यान किया नहीं जाता। ध्यान तो एक समझ है, ध्यान कोई कर्म नहीं है। ध्यान तो एक बोध है। तुम ध्यान थोड़े ही कर सकते हो। हां, ध्यान में हो सकते हो। ध्यान एक अंतर-अवस्था है, जहां चित्त थिर हो गया।

चीअ थिर करि धरहु रे नाइ।

'हे नाविक! चित्त को थिर करो और सहज के किनारे अपनी नौका को लिए चलो।' सदगुण की रस्सी में बांधकर। ऐसी अवस्था में ध्यान अपने आप फलित होता है। ध्यान कोई कृत्य नहीं है। लोग सोचते हैं ध्यान कृत्य है। उससे भ्रांति हो जाती है। तो लोग कहते हैं कि अब ध्यान करने बैठे हैं। कोई अपनी माला लिए है; माला भी फेरता जा रहा है, बीच में देखता भी जा रहा है कि दुकान पर कोई ग्राहक तो नहीं आ गया; कुत्ता भी भगाता जा रहा है, कि कुत्ता आ गया तो उसको भगाता है; बच्चों को भी इशारे करता जा रहा है कि स्कूल जाओ--और माला भी फेर रहा है! लोग दुकान पर ही बैठे रहते हैं और अपनी थैली में माला रखे रहते हैं और थैली में माला चलती रहती है। यह कृत्य हो गया कि कोई राम-राम, राम-राम, राम-राम जप रहा है। कुछ

लोग ऐसे जप रहे हैं कि और भी काम करते जाते हैं और राम-राम भी जपते जाते हैं। उनके ओंठ चलते ही रहते हैं यंत्रवत। ये सब कृत्य हैं।

ध्यान कृत्य नहीं है। ध्यान बोध है। ध्यान जाग्रत अवस्था है।

तो ध्यान का अर्थ साक्षी समझना। तब तक तो ठीक। अगर तुमने कृत्य समझा तो कृत्य ही तो हमें उलझाए है। फिर ध्यान का कृत्य उलझाएगा।

'भला ध्यान करने से कहीं मुक्ति होती है?' खयाल रखना, 'करने' पर जोर है। 'दीपक दिखाने और नेवैद्य चढ़ाने और मंत्र-पाठ करने से क्या मुक्ति मिल सकती है?'

अब तुम इसी को ध्यान समझ रहे हो, कोई दीया दिखा रहा है भगवान को। अरे पागलो, भगवान का दीया तुम देखो! तुम भगवान को दीया दिखला रहे हो! कोई नेवैद्य चढ़ा रहा है, कोई मंत्रपाठ कर रहा है। चुप होओ! मौन होओ! मौन ही मंत्र है। और नेवैद्य तो तुम पर बरसेगा। फूल ही फूल गिरेंगे।

'तीर्थ-सेवन और तपोवन में जाने से और पानी में नहाने से कहीं मोक्ष लाभ होता है?'

तुमने मोक्ष को इतना सस्ता समझा है कि चले गंगा नहा आए, कि हज हो आए! ऐसे कहीं मोक्ष होता है? तुम्हारे कुछ भी करने से बंधन होता है। पुण्य भी बंधन बन जाते हैं, पाप तो बनते ही हैं बंधन। क्योंकि कृत्य मात्र बंधन है। कृत्य से जागो। और यह तुम करते रहे हो जिंदगी भर, फिर भी तुम्हें होश नहीं आता।

जल के भी अंधे पतंगों को न कुछ अक्ल आई।
आज भी शमअ की है गर्मिए-बाजार वही।।

कितने पतंगे जल गए, मगर पतंगों को कुछ अक्ल आती नहीं और शमा का बाजार है कि अभी भी गर्म है, चल रहा है! अभी भी शमा जल रही है और पतंगे जल रहे हैं!

जल के भी अंधे पतंगों को न कुछ अक्ल आई।
आज भी शमअ की है गर्मिए-बाजार वही।।

कितने लोग आए और चले गए, पूजा-पाठ करते-करते सड़ गए, सिवाय व्यर्थता के कुछ भी न जाना; लेकिन फिर भी मंदिर-मस्जिद जिंदा हैं। आज भी शमअ की है गर्मिए-बाजार वही! फिर भी पंडित-पुजारी चल रहे हैं। फिर भी तीर्थ भर रहे हैं। फिर भी कुंभ मेला और चले करोड़ों लोग। जिनके पास खाने को नहीं है, पीने को नहीं है, वे भी किसी तरह जोड़-तोड़ कर कुंभ मेला चले। जिंदगी भर इकट्ठा करके गरीब

मुसलमान चला हज करने। कितने लोग हज करके लौट आए और कितने लोग तीर्थ नहा आए और कितने गंगा में स्नान कर चुके, हुआ क्या? नहीं, कोई पूछता ही नहीं कि हुआ क्या। अंधों की एक जमात है।

परऊ आर ण कीअऊ अत्थि ण दीअऊ दाण।
एहु संसारे कवण फलु वरूच्छडुहु अप्पाण।।

'यदि परोपकार नहीं किया और न दान दिया, तो इस संसार में आने का फल ही क्या? इससे तो अपने आपका उत्सर्ग कर देना ही अच्छा है।'

सरहपा कहते हैं कि बजाय तीर्थों में व्यर्थ समय गंवाने के, कुछ बांट लो, कुछ कर सको दूसरों के लिए तो कर लो। बजाय गंगा में स्नान करने के, दान में स्नान करो-- वही गंगा है। थोड़ा तुमसे कुछ हो सके औरों के लिए, तो करो। वही एकमात्र पुण्य है, क्योंकि तुम जो दूसरों के लिए करते हो वही परमात्मा तुम्हारे लिए करेगा। अगर तुमने दूसरों के रास्ते पर कांटे बिछाये तो तुम अपने रास्तों पर हजार गुने कांटे पाओगे। और तुमने अगर दूसरों के रास्ते पर फूल बिछाये तो तुम्हारे रास्ते फूलों से भर जाएंगे। तुम्हें वही मिलेगा जो तुम देते हो।

मकामे-इश्क को हर आदमी सीमाब क्या समझे?
यह है एक मर्तबा जो मावराए-आदमियत है।।

थोड़ा प्रेम जगाओ। प्रेम जग जाए तो तुम आदमी से ऊपर उठने लगे, क्योंकि प्रेम आदमियत से भी ऊपर है। थोड़ा प्रेम में जीओ।

बिखेरता है जो औरों की राह में कांटे
वह हाथ जख्म-रसीदा जरूर होता है

जो दूसरों के रास्तों पर कांटे बिखेरता है, वह हाथ भी जख्मी हो जाता है, खयाल रखना। और जो दूसरे के रास्तों पर फूल बिखेरता है उसके हाथों में भी फूलों की गंध आ जाती है। तुम वही हो जाते हो, तुम जो दूसरों के लिए करते हो। तुम्हारा दूसरों के लिए किया गया ही तुम्हारे जीवन का सार बन जाता है।

मगर खयाल रखना, पहले सरहपा ने कहा: चित्त शांत हो। सहज की नाव, सदगुण की रस्सी से बांधो। और फिर, भीतर उठेगा प्रेम। बांटना उसे। उस प्रेम के बांटने का नाम परोपकार है। नहीं तो परोपकार भी झूठा होगा, अगर सहज के किनारे न चले।

दयारे-इश्क है यह, जर्फे-दिल की जांच होती है।
यहां पोशाक से अन्दाज़ए-इंसा नहीं होता।।

मोहब्बत तो बजाए खुद इक ईमां है अरे मुल्ला!
मोहब्बत करने वाले का कोई ईमां नहीं होता।।

जो प्रेम जान लेता है फिर उसे और कोई धर्म की जरूरत न रही। मुहब्बत उसका धर्म है।

मोहब्बत तो बजाए खुद इक ईमां है अरे मुल्ला!
मोहब्बत करने वाले का कोई ईमां नहीं होता।।

प्रेम को पहचाना तो सब पहचाना।

इश्क-ही-इश्क है जहां देखो।
सारे आलम में फिर रहा है इश्क।।
इश्क माशूक़ इश्क आशिक है।
यानी अपना ही मुब्तला है इश्क।।
कौन मकसद को इश्क बिन पहुंचा?
आरजू इश्क, मुद्दआ है इश्क।।
इश्क है तर्जे-तूर इश्क के तईं।
कहीं बंदा कहीं खुदा है इश्क।

वही है! प्रेम ही परमात्मा है और प्रेम ही उसका प्रेमी है।

इश्क है तर्जे-तूर इश्क के तईं।
कहीं बंदा कहीं खुदा है इश्क।।

ध्यान से प्रेम की ज्योति प्रकट होती है। बुद्ध ने कहा है: जहां समाधि फली वहां प्रज्ञा का प्रकाश फैलता है, करुणा झरती है। तो पहले सहज को अनुभव करो, शून्य को अनुभव करो और फिर जो तुम्हारे पास है बांट दो। पूरी आत्मा को लुटाये चलो। जितना लुटाओगे उतनी आत्मा बढ़ती जाती है।

शमअ इक मोम के पैकर के सिवा कुछ भी न थी।
आग जब तन में लगाई है तो जान आई है।।

शमा है ही क्या, सिर्फ मोम है।

शमअ इक मोम के पैकर के सिवा कुछ भी न थी।
आग जब तन में लगाई है तो जान आई है।।

प्रेम की अग्नि जिसे पकड़ लेती है उसकी शमा जल जाती है। फिर तुम मोम ही नहीं हो, फिर तुम मिट्टी ही नहीं हो, फिर तुम मृण्मय ही नहीं हो--तुम्हारे भीतर चिन्मय की

ज्योति जगी! फिर तुम जमीन ही नहीं हो, आकाश उतर आया! फिर तुम सीमा ही नहीं हो, असीम से तुम्हारा गठबंधन हुआ! असीम से तुम्हारी भांवर पड़ी!

परमात्मा को खोजने निकलो। उसे बिना खोजे सब खोज, और सब खोज व्यर्थ है।

सुने हुए गीतों से मनहर मधुर अनसुना गीत,
आंखों-देखे से सुंदर अनदेखा मन का मीत!
जिसको मन में जितना कम अनदेखे का अनुराग,
उसके प्राणों में उतनी ही क्षीण हो चुकी आग!
तन से मन की शक्ति अधिक है, प्रबल देह से प्राण;
पृथ्वी से आकाश बड़ा है, जाने से अनजान!
जिसके प्राणों में जितना कम अनजाना आकाश,
उसका उतना ही कम सार्थक पृथ्वी पर आवास!
अगम कंदरा-क्रोड़, जल रहा जहां दीप निर्धूम;
सार्थक हैं वे नयन, सकें जो दीप-शिखा को चूम!
हैं प्रकाश के प्रति जो लोचन जितने स्नेह-विहीन,
हैं उतने ही दीन-हीन वह खंडित मुकुर मलीन!
वह पंचतल्ला पोत सदा धारावाहिक अविराम;
अगम शिखर से अगम सिन्धु तक बहना इसका काम!
तिरता जाता पोत, प्राण का पाल बना आकाश;
दृग से जितना दूर नियामक, मन से उतना पास!

आज इतना ही।

७

जीवन के मूल प्रश्न

प्रश्न–सार

- परमात्मा कहां है, खोजें तो कहां खोजें?
- विरह का, प्रभु–विरह का कष्ट सहा नहीं जाता है।
- हम भारतीय क्यों दार्शनिक प्रश्न ही पूछते हैं, जब कि पश्चिमी संन्यासी अपने जीवन से संबंधित प्रश्न पूछते हैं?
- 'श्री रामकृष्ण ने जीव के चार प्रकार कहे हैं--बद्ध, मुमुक्षु, मुक्त और नित्य। इसे समझाने की कृपा करें।'

पहला प्रश्न:

ओशो, परमात्मा कहां है, खोजें तो कहां खोजें?

खोजा कि चूके! खोजने में ही पहली भूल हो जाती है। खोजने का अर्थ है: यह मान ही लिया कि परमात्मा खो गया है। परमात्मा कहीं खो सकता है? जो खो जाए वह परमात्मा होगा? खोजने चले कि चूक की शुरुआत हुई। जितना खोजोगे उतना खो जाएगा। खोजने से कभी किसी ने परमात्मा पाया नहीं है। यही तो उदघोषणा है सरहपा के सहज–योग की।

देखा तुमने, सरहपा ने परमात्मा का नाम भी उल्लेख नहीं किया! नाम उल्लेख करने तक में भूल हो जाती है, क्योंकि नाम उल्लेख किया कि लोग चले खोजने। परमात्मा वह

है जो सब खोज छूट जाने पर मिलता है, खोज मात्र छूट जाए तो मिलता है। क्योंकि खोज का अर्थ हुआ: चित्त तना हुआ है। खोज का अर्थ है: वासना। खोज का अर्थ है: इच्छा। खोज का अर्थ है: अभी नहीं है, कभी होगा। खोज में समय आ गया। मैं यहां हूं और परमात्मा कहीं और है--खोज में फासला आ गया, अंतराल आ गया।

परमात्मा वहीं है जहां तुम हो। जहां परमात्मा है वहीं तुम हो। हम परमात्मा के सागर की मछलियां हैं। मछली सागर को खोजने निकलेगी तो बड़ी मुश्किल में पड़ जाएगी। कैसे खोज पायेगी?

खोजना नहीं है परमात्मा को--जीना है। और यही सहज-योग की अदभुत क्रांति है। परमात्मा है ही--पियो! परमात्मा है ही नाचो! परमात्मा में ही तुम हो, तुम्हारी श्वास-श्वास में रमा है--और तुम पूछते हो कि परमात्मा कहां है? कहां नहीं है? ऐसा कोई स्थान खोज सकते हो जहां परमात्मा न हो? जो सर्वव्यापक है उसका ही नाम परमात्मा है। दोहराते हो तोतों की तरह कि परमात्मा सर्वव्यापक है और फिर भी पूछते हो कि परमात्मा कहां है!

सर्वव्यापक का अर्थ हुआ: वही बाहर, वही भीतर। सर्वव्यापक का अर्थ हुआ: वही बोलने वाले में, वही सुनने वाले में। सर्वव्यापक का अर्थ हुआ: जागो तो वही, सोओ तो वही। सर्वव्यापक का अर्थ हुआ: सत्य भी वही, सपना भी वही। ब्रह्म भी वही, माया भी वही। भटको तो भी उसी में भटक रहे हो। उससे बाहर नहीं भटक सकते, उससे बाहर कोई स्थान नहीं है। उससे बाहर जाना भी चाहो तो कोई उपाय नहीं है।

जब तुम भ्रांतियों में पड़े हो तब भी तुम उसी में हो, क्योंकि भ्रांतियां भी उसी के सागर में उठी तरंगें हैं। इस बात को जो समझ ले वह सहज हो जाता है। उसकी सब खोज गई। अब कोई तीर्थयात्रा नहीं करनी है। अब तो जहां हैं वही तीर्थ है; जैसा है वैसे ही तीर्थ है। और फिर तुम्हें दिखाई पड़ना शुरू होगा। आंखें जब वासना से रहित होंगी, खोज से शून्य होंगी, फिर तुम्हें दिखाई पड़ना शुरू होगा। फिर वृक्षों में, चांद-तारों में और चांद में ही नहीं झील में बनते चांद के प्रतिबिंब में भी वही, क्योंकि और किसका प्रतिबिंब बनेगा?

जाग्रत पुरुष सदा से कहते रहे कि ब्रह्म और माया एक ही हैं। माया उसीकी ही ऊर्जा है, उसीकी ही शक्ति है, उसीकी छाया है। जो माया के विपरीत है उसे ब्रह्म का कोई पता नहीं है। जो माया का शत्रु है उसे ब्रह्म का कभी पता लगेगा भी नहीं। क्योंकि माया में वही रमा है, राम ही रमा है।

जिस दिन तुम्हें स्वप्न में भी सत्य की ही झलक, छांह दिखाई पड़ने लगेगी, उसी दिन क्रांति घट जाएगी। मगर तुम हो खोजी। खोजी का अर्थ होता है; चित्त। और जहां चित्त है वहां अड़चन है। खोज से चित्त निर्मित होता है--यह पाऊं वह पाऊं, धन पाऊं पद पाऊं।

तुम सोचते हो धन और पद को पाने की आकांक्षा अधार्मिक है और परमात्मा को पाने की आकांक्षा धार्मिक हैं? तो तुम भ्रांति में हो, बड़ी भ्रांति में हो। पाने की आकांक्षा मात्र ही चित्त की जन्मदात्री है। क्या तुम पाना चाहते हो, इससे जरा भी भेद नहीं पड़ता। तुम पत्थर पाना चाहते हो कि हीरा, कोई भेद नहीं पड़ता। तुम पृथ्वी पाना चाहते हो कि आकाश, कुछ भेद नहीं पड़ता। तुम काशी जाना चाहते हो कि काबा, कुछ भेद नहीं पड़ता। तुम्हें कुछ पाना है, कहीं जाना है, तो तुम्हारे भीतर उद्विग्नता होगी, तनाव होगा और तुम्हें भविष्य खींचेगा, भविष्य जो कि झूठ है; भविष्य जो कि नहीं है। जो है वह तो अभी है। तुम कहते हो: कल, वहां। और जो है वह है यहां और है अभी।

चित्त तनाव है यहां और वहां के बीच। अभी और कभी के बीच जो तनाव है, उसका नाम चित्त है। जिस क्षण तुम्हारे मन में कुछ पाने का खयाल नहीं उठता उसी क्षण मन भी गया। फिर आता है विश्राम, फिर आती है शांति। उसी शांति में दिखाई पड़ता है। था तो तब भी जब दिखाई नहीं पड़ता था। था तब भी, लेकिन अब दिखाई पड़ता है, क्योंकि आंख अब धुएं से भरी नहीं है।

नाव है या छांह शशि की, वह जलधि के नीर पर?
कब लगेगी ज्योति की वह नाव तम के तीर पर?
वह अछूती छांह शशि की मचलती हिल्लोलिनी?
ज्योति का अति क्षणिक चुंबन तृषित अधर अधीर पर?

स्वप्न या आदर्श या संकल्प, तुम कुछ भी कहो--
आभरण है किरण का वह फूल, तिमिर-शरीर पर!
मृत्तिका की पहुंच के उस पार क्या सब झूठ है?
टिके सीमा के न दृग क्या क्षितिज की जंजीर पर?

नयन साक्षर कहां पढ़ पाए, जिसे मन गुन रहा;--
सुरभि ने था लिख दिया जो छंद मंद समीर पर!

जो अगम है, हो सुगम वह; यह अतल की कामना;
मुखर हो लिख दी गई जो उदधि–उर गंभीर पर!

वह अलख का गीत क्या है, जिसे शशि लिखता रहा?
असीमा का प्यार, सीमा की असीमित पीर पर!
दिशाएं पखबाज, स्वर आकाश, गाता काल है,
चंद्र–रवि की वेणु–वीणा नखत के मंजीर पर!

नाव है या छांह शशि की वह जलधि के नीर पर?
कब लगेगी ज्योति की वह नाव तम के तीर पर?

देखी तुमने छांव चांद की झील पंर, झील के नीर पर! वह भी उतनी ही सत्य है। छांव ही है, लेकिन समझ में आ जाए तो नाव जितनी सत्य है और तुम्हें पार ले जा सकती है। और पार जाने का अर्थ कहीं दूर जाना नहीं है। पार जाने का अर्थ पास आना है। और जरा तुम्हें विराम मिले तो दिखाई पड़ना शुरू हो जाए।

वह अलख का गीत क्या है, जिसे शशि लिखता रहा?
असीमा का प्यार, सीमा की असीमित पीर पर!
दिशाएं पखबाज...

तब सारी दिशाएं वाद्य हो जाती हैं।

दिशाएं पखबाज, स्वर आकाश, गाता काल है,
चंद्र–रवि की वेणु–वीणा नखत के मंजीर पर!

सारा जगत एक आह्लाद, एक उत्सव से भर जाता है, एक नाद से भर जाता है। सुनने को कान चाहिए--और जगत संगीत है। देखने को आंख चाहिए--और जगत सौंदर्य है। गुनने को शांत हृदय चाहिए--और सभी तरफ परमात्मा है। परमात्मा ही परमात्मा है। इस क्षण भी तुम परमात्मा से रत्ती भर दूर नहीं हो। लेकिन अगर पूछा कि खोजने निकलेंगे, तो चूक शुरू हो गई। फिसले। अब बहुत मुश्किल हो जाएगी, कहां खोजोगे? कैसे खोजोगे?

खोजने वाला चित्त पाने वाला चित्त नहीं है। खोजने वाला चित्त खोता चला जाता है। कुछ चीजें ऐसी हैं जो बिना खोजे पाई जाती हैं; जिन्हें खोजा कि खोने का उपाय

हो जाता है। जैसे नींद, रात नींद न आती हो, क्या करोगे? जो कुछ भी करोगे उससे नींद में बाधा पड़ेगी। अगर कुछ न किया तो नींद आ जाएगी। अगर पड़े ही रहे, प्रतीक्षा करते रहे, कि आए जब आए, तो जरूर आ जाएगी। लेकिन अगर उठे, व्यायाम किया तंत्र-मंत्र पढ़े, दौड़-धूप की, कुछ किया कि फिर नींद मुश्किल हो जाएगी, क्योंकि कृत्य तो बाधा बन जाएगा। नींद तो विश्रांति है।

परमात्मा ऐसे ही आता है जैसे नींद आती है। तुम नहीं खोजते परमात्मा को। तुम तो जरा शांत बैठ जाओ तो परमात्मा आ जाए; जैसे आ ही रहा है, मगर तुम्हारी अशांति की पर्त बीच में है और मिलन नहीं हो पाता! उसकी नाव तो तुम्हारे अंधेरे के किनारे लगने को तत्पर है।

नाव है या छांह शशि की वह जलधि के नीर पर?
कब लगेगी ज्योति की वह नाव तम के तीर पर?

वह लगने को ही है, लगना ही चाहती है। तुम्हारे अंधेरे तट पर उसकी नाव लगी ही है, मगर तुम्हारी आंखें दूर, बहुत दूर क्षितिज पर उलझी हैं। तुम उसे परलोक में खोज रहे हो; वह इसी लोक में मौजूद है। तुम उसे मृत्यु के बाद खोज रहे हो; वह जीवन है। और तुम उसे किसी अशरीरी आत्मा में खोज रहे हो; वह पदार्थ भी है और चेतना भी। सभी कुछ वही है।

सहज-योग की यह मूलभूत आधारशिला है कि परमात्मा खोजना नहीं है; खो जाने की कला सीखनी है और वह मिल जाता है। और विश्राम में तुम खो जाओगे। तनाव में ही तुम होते हो, इसलिए आदमी तना रहता है। एक तनाव छूटे तो दूसरा पकड़ लेता है। धन की दौड़ छूटे तो पद की, पद की दौड़ छूटे तो धर्म की; मगर कोई न कोई दौड़ जारी रहती है। दौड़ जारी रहे तो मन जीता है।

मन ऐसा ही है जैसे साइकिल पर पैडल मारना; जब तक पैडल चलाते रहोगे साइकिल चलती रहेगी, पैडल रुका कि गाड़ी रुकी! मन खोजता ही रहता है। वह कहता है कि कुछ खोजो, कुछ करो, क्या बैठो हो! और जो बैठ गया उसने पा लिया। जरा बैठना सीखो। खोज तो काफी रहे हो जन्मों-जन्मों से और खतरा यही है कि तुम अगर खोजोगे तो तुम्हें मार्गदर्शन देने वाले लोग भी मिल जाएंगे। इस जगत में यह अनिवार्य है।

अर्थ-शास्त्र का नियम है कि जिस बात की मांग होती है उसकी पूर्ति करने वाले लोग पैदा हो जाते हैं। तुम मांगो भर, कोई न कोई फैक्ट्री खोल देगा। तुम मांगो भर, कोई न कोई उत्पादक सामान बना कर तैयार कर देगा।

जिस बात की मांग होगी उसकी पूर्ति करने वाले मिल जाएंगे; उसका बाजार होगा तो बेचने वाले मिल जाएंगे। तुमने पूछा ईश्वर को कहां खोजें और तुम्हें मिल जाएंगे मार्ग-दर्शक। उन्हें पता हो या न हो, इससे क्या अंतर पड़ता है?

मैंने सुना है, अमरीका में एक दुकान पर ऐसे हेयर-पिन बिकते थे जो अदृश्य...। स्त्रियां तो दीवानी थीं। अदृश्य हेयर-पिन दिखाई भी न पड़े किसी को और लगा भी है बालों में! कौन स्त्री न चाहेगी अदृश्य हेयर-पिन! भीड़ थी दुकान पर। एक स्त्री ने खरीदा। डब्बी खोली। अब दिखाई तो पड़ते नहीं थे। उसने पूछा कि हैं भी न? उस दुकानदार ने कहा कि अब आप से क्या छिपाना! (परिचित ही महिला थी।) तीन सप्ताह से नहीं हैं, मगर बिक्री जारी है।

अदृश्य चीजों की बिक्री बड़ी आसान होती और परमात्मा से ज्यादा अदृश्य क्या? इसलिए सदियों से बिक्री चल रही है। दुकानें हैं, दुकानदार हैं, पंडित-पुरोहित हैं, वे बेच रहे हैं अदृश्य परमात्मा। और चूंकि अदृश्य सामान है, किसी को दिखाई तो पड़ता नहीं, इसलिए कोई झंझट खड़ी कर सकता नहीं। और फिर उसको देने के ढंग भी इस तरह से बनाए गए हैं कि मिलेगा मरने के बाद। अब मरने के बाद कोई लौटता नहीं। इसलिए किसी को मिलता है कि नहीं मिलता, इसका भी कुछ पता चलता नहीं। और फिर आदमी को इतना घबड़ा दिया है कि वह सोचता है कि इंतजाम कुछ कर ही लेना चाहिए।। थोड़ा पुण्य कर लो, थोड़ा दान कर लो। और दान उसीको करना है, उसी पुजारी को, उसी पंडित को, उसी ब्राह्मण को--जो आश्वासन दे रहा है।

पंडित-पुरोहित आश्वासनों पर जीते हैं--उसी तरह जैसे राजनीतिज्ञ आश्वासनों पर जीते हैं। अब तुम देखते हो मजा, हर पांच साल में चुनाव होते हैं। राजनेता आकर आश्वासन देता है और तुम फिर मान लेते हो कि इस बार पूरे होंगे। कभी पूरे नहीं होते। कहीं आश्वासन पूरे करने को दिए जाते हैं? आश्वासन देने वाले को आश्वासन पूरे करने से कोई प्रयोजन नहीं है; उसे वोट चाहिए। तुम बिना आश्वासन के वोट नहीं देते, तो तुम जैसा आश्वासन चाहो वैसा आश्वासन देने को वह राजी होता है। एक बार वोट तो दो, फिर पांच साल के लिए मामला टला। पांच साल बीतते-बीतते तुम भूल ही जाओगे। जिंदगी की समस्याएं ही इतनी हैं कि कौन आश्वासनों को याद रखता है! पांच साल बाद वह फिर आकर खड़ा हो जाएगा। तुम अपनी मांगों में इस तरह ग्रसित हो कि तुम यह भी नहीं देख पाते कि तुम्हें झूठे आश्वासन दिए जा रहे हैं और कभी पूरे नहीं होते, फिर भी तुम जागते नहीं।

मैंने सुना है, एक आदिवासी इलाके में राजनेता चुनाव का प्रचार करने आया था। आदिवासी सीधे-सादे लोग, नंग-धड़ंग, लंगोटी लगाये, मुश्किल से बैठे। मगर इकट्ठे कर लिया था गांव के सरपंच ने सबको तो राजनेता का व्याख्यान सुन रहे थे। राजनेता ने कहा कि भाइयो एवं बहनो! अगर मुझे तुमने वोट दिए तो तुम्हारे गांव में स्कूल खुलवा दूंगा। खूब ताली पिटी। आदिवासियों ने कहा: होया-होया! राजनेता बहुत प्रभावित हुआ। ऐसे तो उसने बहुत जिंदाबाद-मुर्दाबाद की आवाजें सुनी थीं, मगर 'होया-होया'...यह बिलकुल नया ही मामला था! और इस भाव से आदिवासियों ने कहा था, ऐसी प्रसन्नता से कि वह समझा कि उसकी बड़ी स्तुति की जा रही है। जोश बढ़ गया राजनेता का, तो उसने कहा कि इतना ही नहीं कि स्कूल खुलवा दूंगा, अस्पताल भी खुलवा दूंगा। तब तो बिलकुल धूम-धड़ाक मच गई। होया-होया! और जोर से। जोश राजनेता का बहुत बढ़ गया। उसने कहा कि ट्रेन भी चलवा दूंगा। फिर तो आदिवासी खड़े होकर ताली बजाकर नाचने लगे--होया-होया!

राजनेता की प्रसन्नता का कोई अंत नहीं। जोश इतना आ गया उसे कि उसने मुखिया से कहा गांव के कि जरा मुझे गांव में भ्रमण भी करवा दो, ये बड़े भले लोग हैं और इनकी सब मांगें पूरी कर दी जाएंगी। जो-जो आश्वासन मैंने दिए, पांच साल में तुम देखना, सब पूरे हो जाएंगे। जरा मैं गांव का एक चक्कर लगा लूं।

मुखिया उसे लेकर चला। छोटी पगडंडियां, रास्ते तो थे नहीं गांव में, जंगली गांव। पगडंडियों के पास ही लोग मल-मूत्र करते हैं तो मल-मूत्र के ढेर लगे हैं। मुखिया ने कहा कि नेताजी, जरा सम्हल कर चलना, कहीं होया-होया में पैर न पड़ जाए! तब राजनेता को अकल आई कि होया-होया का मतलब क्या है।

आदिवासी सीधे-सादे लोग! उनको तुम धोखा न दे सकोगे। वे समझ रहे हैं कि यह स्कूल होया-होया...; अस्पताल और होया-होया; ट्रेन, बिलकुल ही होया-होया। कुछ होने वाला नहीं है। जब मुखिया ने कहा कि जरा बच कर चलना, नेता जी कहीं होया-होया में पैर न पड़ जाए, तब उसे अकल आई। लेकिन तब तक बहुत देर हो चुकी थी।

राजनेता झूठे आश्वासनों पर जी रहा है। पंडित-पुरोहित सदियों से झूठे आश्वासन पर जी रहे हैं--स्वर्ग मिलेगा, बैकुंठ मिलेगा, बहिश्त मिलेगी। फिर तुम्हें जो चाहिए हो बैकुंठ में बहिश्त में, सबका तुम्हें इंतजाम कर देता है। जो चाहिए हर चीज मिल जाएगी। मगर मौत के बाद मिलेगा यह सब। तुम भी उससे राजी रहते हो, क्योंकि तुम

भी परमात्मा की झंझट अभी नहीं लेना चाहते। तुम भी कहते हो कि अभी तो जो कर रहे हैं, यह पूरा कर लें, मौत के बाद परमात्मा भी मिल जाएगा।

यह संसार भी एक हाथ से सम्हाल लें, दूसरा भी दूसरे हाथ से सम्हाल लें।

तुम भी यही चाहते हो कि परमात्मा अभी न मिल जाए, क्योंकि अभी मिल जाए तो तुम्हारी जिंदगी बदलेगी। तुम्हें जिंदगी बदलनी ही पड़ेगी।

जरा सोचो कि परमात्मा आज मिल जाए तो कैसी अड़चन न आ जाएगी! तुम्हारी सारी योजनाएं अस्त-व्यस्त हो जाएंगी। तुमने अब तक जो सब पुल बांध रखे थे सपनों के, धूल-धूसरित हो जाएंगे। तुम्हारे ताश के महल सब गिर जाएंगे। तुम्हारी कागज की नावें डूब जाएंगी। अगर परमात्मा आज मिल जाए तो तुम सोचते हो, कैसी मुसीबत न हो जाएगी! मैं तुमसे पूछता हूं कि अगर परमात्मा आज मिले, अभी मिलता हो, तो तुम ईमानदारी से हृदय पर हाथ रखकर कह सकोगे कि आज और अभी तुम उससे मिलने को राजी हो? तुम कहोगे कि इतने जल्दी नहीं। अभी दुकान भी चलानी है। अभी एक चुनाव भी लड़ना है। अभी बच्चे स्कूल में पढ़ रहे हैं। और अभी-अभी तो मेरी शादी हुई है। आप सिर्फ तरकीब बता दें परमात्मा के मिलने की कि कहां मिलेगा, कब मिलेगा, जब मुझे सुविधा होगी तब मैं खोज लूंगा।

इसलिए तुम पूछते हो: परमात्मा कहां है? परमात्मा यहां है! और तुम पूछते हो कहां है! और तुम पूछते हो कि परमात्मा कैसे मिलेगा? परमात्मा मिला हुआ है! तुम कैसे उसे नहीं देख रहे हो, यही आश्चर्य है। तुम कैसे उसकी तरफ पीठ किए खड़े हो, यही आश्चर्य है। मगर तुम्हें भी राहत इसी में है कि फिर कभी मिले तो अच्छा। यह बिबूचन आज ही न आ जाए। और पंडित भी इससे प्रसन्न हैं कि तुम अभी नहीं चाहते, तुम कल चाहते हो। कल तक की सुविधा उसको देते हो, इस बीच वह तुम्हारा शोषण कर लेता है। पंडित का काम भी चलता रहता है, तुम्हारी धार्मिकता भी चलती रहती है और जगत जैसा है वैसा का वैसा बना रहता है, उसमें रत्ती भर, रंच-मात्र भेद नहीं करना पड़ता। यह बड़ी सुविधापूर्ण व्यवस्था है। पंडित पूजा करता रहता है, मंदिर-मस्जिदों में अजान और घंटनाद होता रहता है, आरती उतारी जाती रहती है और तुम अपने संसार की आपाधापी में लगे रहते हो, सब वैसा ही चलता चला जाता है। और एक मजा और मन में रख लेते हो भीतर ही भीतर कि मरने के बाद परमात्मा मिलेगा, कि इतना पुण्य किया कि इतना दान किया, कि इतने उपवास किए, व्रत किए, कि इतना मंत्र-जाप किया, कि इतनी माला फेरी। परमात्मा भी तय हो गया। न तो कुछ छोड़ना

पड़ा, न कुछ परिवर्तित होना पड़ा, न किसी आग से गुजरना पड़ा। और पंडित ने तुम्हें सुविधा जुटा दी, उसने तुम्हें कल का आश्वासन दे दिया कि जरूर मिलेगा, कि तुम देखो जनेऊ पहनते हो न, जरूर मिलेगा; चुटइया बढ़ा रखी है न, जरूर मिलेगा; तिलक लगाते हो न, जरूर मिलेगा। उसने सस्ते आश्वासन दे दिए और तुम सस्ते आश्वासन से राजी हो गए। न तुम पाना चाहते हो न उसकी देने की क्षमता है।

परमात्मा को कोई दे सकता है? और जिसे पाना हो उसे क्षण भर रुकने की आवश्यकता है? अभी आंख खोलो, इसी क्षण शांत हो जाओ--और फिर वही है।

दिशाएं पखवाज, स्वर आकाश, गाता काल है,
चंद्र-रवि की वेणु-वीणा नखत के मंजीर पर!

फिर ओंकार का नाद तुम्हें इसी क्षण सुनाई पड़ने लगे। सहज होओ। खोजने वाला सहज नहीं होता। वासना करने वाला सहज नहीं होता। छोड़ो सब वासना, साधारण हो जाओ। धार्मिक होने की भी अस्मिता मत बनाओ, वह भी अहंकार है। साधारण हो जाओ। इसलिए सरहपा ने नहीं प्रयोग किया परमात्मा शब्द का--सहज हो जाने को कहा है।

साधारण होकर जी लो, जैसे पशु जीते हैं, पक्षी जीते हैं, पौधे जीते हैं, चांद-तारे जीते हैं--ऐसे साधारण होकर जीओ। इतना जरूर भेद रहेगा तुममें पक्षी और पौधे में, कि तुम्हारी सहजता में एक चैतन्य रहेगा, एक बोध रहेगा, एक जागृति रहेगी। वही जागृति और तुम्हारी सहजता का मिलन हो जाए तो परमात्मा घट गया।

तुम परमात्मा हो! और तुम पूछते हो परमात्मा कहां खोजें! खोजने वाले में छिपा है वह, जिसे तुम खोजना चाहते हो।

दूसरा प्रश्न:

ओशो, विरह का, प्रभु-विरह का कष्ट सहा नहीं जाता है।

फिर कुछ और होगा वह, प्रभु-विरह का कष्ट न होगा। क्योंकि प्रभु-विरह का कष्ट तो एक सौभाग्य है। वह कष्ट है ही नहीं। वह वरदान है, अभिशाप नहीं। वह तो केवल सौभाग्यशालियों को मिलता है, धन्यभागियों को मिलता है। वह तो बड़ी मीठी पीड़ा है, बड़ी मधुर!

जिन्होंने उसे जाना है वे ऐसा नहीं कहेंगे कि प्रभु-विरह का कष्ट नहीं सहा जाता। वे तो नाचेंगे। वे तो कहेंगे: यही क्या कम है कि हमारे भीतर उसकी विरह की अग्नि जली।

अनंत हैं अभागे जिनके भीतर उसका भाव ही नहीं गूंजा। अनंत हैं अभागे, जिनके कानों में उसके स्वर का एक कण भी नहीं पड़ा, जिनकी आंखों में उसका रूप जरा भी दिखाई नहीं पड़ा, जो बिलकुल अपरिचित जी रहे हैं--ऐसे अपरिचित कि उन्हें पता ही नहीं है कि परमात्मा भी है!

तुम धन्यभागी हो, अगर तुम्हारे भीतर खलबली मची है, अगर तुम्हारे भीतर प्यास उठी है। इसको तुम कष्ट न कहो। इसे कष्ट कहने में भूल हो जाएगी।

किसको होती हैं अ़ता इस शान की बरबादियां।
आशियां हम क्या बनाते, बिजलियां देखा किये।।

इतनी शानदार बरबादियां बहुत कम लोगों को उपलब्ध होती हैं। जो परमात्मा का दीवाना हो गया, यह एक शानदार बरबादी है। यह तो मृत्यु में नवजीवन का संचार है। यह तो कांटे में छिपा फूल है...।

उस ज़ुल्म पै कुर्बां लाख करम, उस लुत्फ़ पै सदके लाख सितम।
उस दर्द के काबिल हम ठहरे, जिस दर्द के काबिल कोई नहीं।।

धन्यभागी है वह, जिसके मन में पीड़ा उठी है; जिसके मन में ललक उठी है; जिसको बोध हुआ है इस बात का कि परमात्मा है; जिसके भीतर परमात्मा में डूब जाने की उमंग समाई है।

लेकिन अगर तुमने परमात्मा को भी कोई वस्तु समझा हुआ है और तुम उसे पाने के लिए आतुर हो रहे हो वस्तु समझकर, तो कष्ट होगा। तब तो वैसा ही कष्ट होगा जैसे किसी को मकान बनाना है और नहीं बना पा रहा है, तो अहंकार को चोट लगती है; कि किसी को कार खरीदनी है, नहीं खरीद पा रहा, अहंकार को चोट लगती है; कि किसी को कुछ और करना है और नहीं कर पा रहा है तो लगता है मैं भी नाकुछ, दो कौड़ी का आदमी हूं, इतना भी नहीं कर पा रहा!

अगर परमात्मा को भी तुमने कोई वस्तु समझा है, कोई अहंकार का आभूषण समझा है, तो कष्ट होगा। लेकिन परमात्मा कोई वस्तु नहीं है और न अहंकार का कोई आभूषण। परमात्मा तो एक मस्ती है। और निश्चित ही यह मस्ती ऐसी है कि शुरू तो होती है, अंत नहीं होती। तो परमात्मा के प्यारे तो सदा ही विरह की पीड़ा में जीते हैं, सदा ही क्योंकि मिल-मिल कर लगता है, और मिलने को है। विरह का अंत नहीं होता। ऐसा थोड़े ही है कि एक दिन पता चलता है कि मिल गया पूरा। परमात्मा के मिलने की शुरुआत होती है, पूरा तो परमात्मा कभी नहीं मिलता। हमारे हाथ बड़े छोटे

हैं। हमारा हृदय बड़ा छोटा है। उतने बड़े आकाश को हम समा भी कैसे पाएंगे? हमारी गागर में सागर बनेगा कैसे? गागर भर भी जाएगी तो भी विराट सागर बाहर मौजूद रहेगा।

परमात्मा की प्यास ऐसी प्यास है कि जितना तुम पीओगे उतनी ही प्यास प्रज्वलित होती जाएगी। मगर यह कोई दुर्भाग्य नहीं, यह कोई पीड़ा नहीं यह मधुर पीड़ा है।

देख वफाए-इश्क का एक यही उसूल है।

लमहे करम के याद रख, साल जफा के भूल जा।।

वह जो क्षण भर को रस बह जाता हो वह याद रख और वर्षों तक भी रस न आता हो और रेगिस्तान ही रेगिस्तान मालूम होता हो, उन वर्षों को भूल जाओ।

देख वफाए-इश्क का एक यही उसूल है।

लमहे करम के याद रख, साल जफा के भूल जा।।

यह तो भक्त की प्राथमिक साधना है कि वे छोटे-छोटे से क्षण भी जो आ जाते हैं--उसके आनंद के, उसकी लहर, उसकी बाढ़ के, उसकी रोशनी के--उन्हें ही भर याद रखता है। वे जो लंबी-लंबी रातें हैं, जो बिना उसके बीत जाती हैं और उसकी झलक नहीं मिलती, उन्हें तो वह याद ही नहीं रखता। उनका कोई मूल्य ही नहीं है।

बहा करे दिले-खूं-गुस्ता अश्क बन-बन कर

हमें भी जिद है कि हम मुस्कुराए जाएंगे

भक्त तो मुस्कुराए जाता है; यही क्या कम है कि उसे पाने की, उसमें लीन हो जाने की पीड़ा उठी है!

बहा करे दिले-खूं-गुस्ता अश्क बन-बन कर

हमें भी जिद है कि हम मुस्कुराए जाएंगे

भक्त को तो कांटे गिनने आते ही नहीं, फूल ही गिनना आता है। उसे कांटे धीरे-धीरे दिखाई ही नहीं पड़ते, फूल ही फूल दिखाई पड़ते हैं। फिर एक दिन तो कांटों में भी फूल दिखाई पड़ते हैं।

जब दिल पर छा रही हो घटाएं मलाल की।

उस वक्त अपने दिल की तरफ मुस्कुरा के देख।।

उदासी के क्षण आते हैं, बदलियां घिर जाती हैं, लेकिन तब भी मुस्कुरा कर देखने की कला भूल मत जाना। मुस्कुरा कर देखते ही बदलियां छट जाती हैं, सूरज निकल आता है।

हमने भी की थीं कोशिशें, हम न तुम्हें भुला सके।
कोई कमी हमीं में थी, याद तुम्हें न आ सके।।
जीस्त की राहतों में भी गम न तेरा भुला सके।
लब से हंसे हज़ार बार, दिल से मुस्कुरा न सके।।
कुफ्ल–सा ज़बां पै था आंखों में कुछ नमी–सी थी।
होश नहीं कि दिल का भेद कह गए या छुपा सके।।
अपने ही शौक की ख़ता, अपनी ही आंख का कुसूर।
वह तो उठा चुका नकाब, हम न नजर उठा सके।।

परमात्मा तो सामने ही खड़ा है; अगर भूल हो रही है तो अपने से हो रही है।

अपने ही शौक की ख़ता, अपनी ही आंख का कुसूर।
वह तो उठा चुका नकाब, हम न नज़र उठा सके।

बस हम ही अपनी नजरें झुकाये खड़े हैं, जमीन में गड़ाये खड़े हैं। वह सामने खड़ा है और उसने अपना घूंघट भी उठा लिया है। सच तो यह है, उसके ऊपर घूंघट कभी रहा नहीं। हमारी आंख पर ही परदा है। हमारी आंख ही धुंधली है। परमात्मा तो प्रतिपल आने को आतुर है, हम ही लेने को तैयार नहीं हैं।

हमने भी की थीं कोशिशें, हम न तुम्हें भुला सके।
कोई कमी हमीं में थी, याद तुम्हें न आ सके।।

खयाल रखना, कोई न कोई अपनी ही कमी, कोई न कोई अपनी ही बाधा दीवाल बनी है, लेकिन अक्सर ऐसा हो जाता है कि अगर भक्त को समझ न हो और भक्ति अगर उधार हो तो वह शिकायतें करने लगता है। वह कहता है अब सहा नहीं जाता। अब विरह की बहुत पीड़ा हो गई। अब मिलना ही चाहिए।

उसकी फल पाने की आकांक्षा इतनी गहन है कि देख ही नहीं पाता कि मेरे प्रयास में कोई भूल होगी, कि मेरी प्यास में कोई भूल होगी, कि मेरा पात्र ही उल्टा रखा होगा।

अपने ही शौक की ख़ता, अपनी ही आंख का कुसूर।
वह तो उठा चुका नकाब, हम न नज़र उठा सके।।

जरा पहचानो, अपनी ही नजर की भूल पहचानो। कहीं चूक हो रही है। या तो तुम परमात्मा को किसी शक्ल में देखना चाहते हो तो चूक हो गई, फिर तुम न देख पाओगे। कोई चाहता है कि धनुषबाण लिए हुए रामचंद्र जी दिखाई पड़ें, बस फिर तुम्हें

कभी मिलना न हो पाएगा। और अगर कभी मिलना हो जाए तो समझ लेना कि तुम्हारी कल्पना का ही जाल है। कोई चाहता है कि बांसुरी बजाते हुए कृष्ण मिलें। तुमने अपेक्षा आरोपित कर दी। तुम परमात्मा को वैसा न आने दोगे जैसा वह आना चाहता है। तुम उसे उसकी नग्नता में न आने दोगे; उसकी सत्यता में न आने दोगे; वह तुम्हारा लिबास ओढ़ कर आए, वह तुम्हारा रंग-ढंग लेकर आए, वह तुम्हारी अपेक्षा पूरी करे, तो फिर विरह की रात्रि चलती रहेगी। फिर उसका कोई अंत नहीं है। फिर कोई सुबह नहीं होने वाली है। तुम्हारी धारणाएं बाधा डाल रही हैं। तुम परमात्मा की कोई धारणा न रखो मन में। अपनी सब धारणाएं छोड़ दो। उससे कहो: जैसा तू है वैसा आ। नहीं हिंदू की तरह, नहीं ईसाई की तरह--तू जैसा है वैसा आ! मेरी कोई मांग नहीं है! मेरी कोई अपेक्षा नहीं है। तू जिस ढंग में आएगा, अंगीकार है। तू जिस रंग में आएगा, स्वीकार है। तेरा स्वागत है, तू आ। मैं तुझे हर रंग में और हर ढंग में पहचानने को राजी हूं। मैंने आंखें खोल कर रखी हैं। तू आ!

लेकिन कोई हिंदू है, कोई ईसाई है, कोई मुसलमान है--और यहीं अड़चन है: धार्मिक तो कोई भी नहीं। तुमने बड़ा जाल खड़ा कर रखा है। तुम जरा देखो, तुमने अगर सोचा है कि पीतांबर पहने हुए कृष्ण आएं और अगर वे सफेद कपड़ों में खड़े हुए तो तुम्हें संदेह होने लगेगा: 'अरे, कृष्ण महाराज और सफेद कपड़ा। पीतांबर?' तुम्हारी धारणा अनुकूल नहीं पड़ रही। तुमने मान रखा है धनुषबाण लिए आएं। आज धनुषबाण पिट गया, अब धनुषबाण का कोई मूल्य है? कभी-कभी छब्बीस जनवरी को दिल्ली में आदिवासी लेकर पहुंच जाते हैं, और तो कहीं कोई दिखाई नहीं पड़ता धनुषबाण लिए हुए। उनके भी किसी काम का नहीं है अब। वे भी रखे रहते हैं छब्बीस जनवरी के लिए। छब्बीस जनवरी को रंग-रोगन करके पहुंच जाते हैं दिल्ली धनुषबाण लेकर। अब धनुषबाण का क्या अर्थ रहा? अब क्या मूल्य है? और अगर अभी भी तुम्हारा परमात्मा धनुषबाण लिए होगा तो थक गया होगा, बुरी तरह थक गया होगा। उसके कंधे भी दुखने लगे होंगे। तुम क्षमा करो उसे। उसे छुट्टी दो। उससे कहो कि अब तुम छोड़ो यह धनुषबाण। मगर झगड़ा हो जाए, अगर परमात्मा धनुषबाण छोड़ दे।

एक नगर में मैं मेहमान था, वहां एक दंगा हो गया, क्योंकि उस कॉलेज के लड़कों ने एक नाटक किया। आधुनिक रामलीला! झगड़ा हो गया इस पर, क्योंकि गांव के पंडित-पुरोहित बहुत नाराज हो गए। दकियानूसी बहुत नाराज हो गए। क्योंकि रामचंद्र जी और लक्ष्मण जी और सीता मैया सब आधुनिक वेशभूषा में! सीता मैया ऊंची एड़ी

का जूता पहने! झगड़ा हो गया। वह तो मजाक था उनका बस, मगर मूढ़ों की तो कोई गिनती नहीं; इस देश में तो एक गिनो और हजार मिल जाएं। झगड़ा हो गया, वहीं झगड़ा हो गया कि अपमान हो गया। धार्मिक भावनाओं को चोट पहुंच गई। व्यंग्य भी समझना लोग भूल गए हैं। थोड़ा सा हंसी-मजाक समझना भी भूल गए हैं। वहीं मार-पीट हो गई। कुर्सियां तोड़ डाली गईं, मंच के पर्दे फाड़ डाले गए और लड़कों की पिटाई कर दी--कि सीता मैया को और ऊंची एड़ी का जूता! लेकिन व्यंग्य प्यारा था, अर्थपूर्ण था।

सब बदला जा रहा है, तो तुम सोचते हो परमात्मा नित-नूतन, नया नहीं हो रहा होगा? फिर राम या कृष्ण या बुद्ध केवल परमात्मा की अनुभूतियां हैं। इन व्यक्तियों ने परमात्मा को जाना। ये खिड़कियां हैं, जिनसे परमात्मा देखा गया। लेकिन खिड़की की चौखट की पूजा करने मत बैठ जाना, नहीं तो आकाश तो भूल ही जाएगा, चौखट पकड़ में रह जाएगी। आकाश को देखो! खिड़की आकाश नहीं है; खिड़की से सिर्फ आकाश दिखा। राम से आकाश दिखा, कृष्ण से आकाश दिखा। अब खिड़की की पूजा करने से क्या होगा? आकाश देखो! वह जो राम में था विराट, वही विराट आएगा--राम नहीं आएंगे। वह जो कृष्ण में था विराट, वही विराट आएगा--कृष्ण नहीं आएंगे। लेकिन विराट को झेलने की क्षमता नहीं है।

अर्जुन चाहता था कि कृष्ण अपना विराट रूप दिखाएं और कथा है कि कृष्ण ने अपना विराट रूप दिखाया। और जब उसने विराट रूप देखा तो वह कंपने लगा। उसके हाथ से गांडीव छूट गया, थरथरा गया, पसीना आ गया। उसने कहा कि नहीं-नहीं, आप अपने वापस उसी रूप में आइए, मेरे सखा के रूप में।

यह कथा प्रीतिकर है। तुम चाहते हो परमात्मा उस तरह से आए तो तुम्हें रुचिकर हो। मगर परमात्मा तो उसी तरह से आ सकता है जैसा है। अगर तुम्हें देर हो रही है उसे पाने में तो उसका कुल कारण इतना ही होगा कि तुमने बहुत सी शर्तें लगा रखी हैं कि ये-ये शर्तें पूरी करो। और परमात्मा किसी की शर्त पूरी करने को बंधा नहीं है। परमात्मा और शर्त पूरी करेगा! तुम बेशर्त हो जाओ।

अपने ही शौक की ख़ता, अपनी ही आंख का कुसूर।
वह तो उठा चुका नकाब, हम न नज़र उठा सके।।

हिंदू की नजर नहीं उठ सकती और मुसलमान की नजर नहीं उठ सकती। नजर तो उसकी उठेगी जो न हिंदू है न मुसलमान है। हिंदू होना नजर पर पत्थर है, जैसे पलकों

से पत्थर बंधा हो। नजर तो वह उठेगी जिस पर कोई पत्थर नहीं है, जिस पर कोई बोझ नहीं है; जो निर्भार है; जो बच्चे की तरह सरल और निर्दोष है। और जब वैसी नजर उठती है तो हैरान होकर पाया जाता है कि जिसे हम खोजना चाहते थे, जिसे हम पाना चाहते थे, वह सदा से मौजूद था; हम कभी भी पा लेते। इतने दिन न पाया तो अपनी ही नजर का कसूर था।

और फिर, उसकी पीड़ा जो झेलेगा उसे यह सत्य भी जल्दी ही दिखाई पड़ जाएगा--

फितरत यही अज़ल से है बर्के-जमाल की।
उसने जिसे तबाह किया तूर कर दिया।।

जिसे भी वह मिटाता है उसके ऊपर अमृत होकर बरस जाता है। जिसे वह मृत्यु देता है उसे परम जीवन देता है। फितरत यही अजल से है बर्के-जमाल की! उस परमात्मा के गौरव की, गरिमा की, उसके उत्सव की, उसके महोत्सव की। यह सदा से प्रथम से ही सचाई रही है।

फितरत यही अज़ल से है बर्के-जमाल की।
उसने जिसे तबाह किया तूर कर दिया।।

उसके हाथों मिट जाने से बड़ा कोई सौभाग्य नहीं। उसके हाथों मौत हो जाए, इससे बड़ा कोई धन्यभाग नहीं। क्योंकि जिसे वह मिटाएगा उसे वह बनाएगा। मिटने में बनना है। जैसे बीज टूट जाता है, मिट जाता है, तो वृक्ष हो जाता है। ऐसे ही तुम मिटो।

लेकिन तुम्हारी आकांक्षा यह है कि मैं भी रहूं और परमात्मा भी मिले। बस वहीं चूक हो रही है। मैं भी रहूं और परमात्मा भी मिले, ये दोनों बातें एक साथ नहीं हो सकतीं। या तो तुम या परमात्मा; दो में से एक चुन लो। अगर तुम्हें अपने को बचाना है तो परमात्मा से तुम्हारा कभी संपर्क न हो पाएगा और अगर अपने को खोना है तो अभी संपर्क हो सकता है। जिन्होंने उसे चाहा, जिन्होंने थोड़ा समझा, जिन्होंने थोड़ा रस लिया है उसकी शराब का, जिन्होंने थोड़ा उसे चखा है, वे तो कुछ और कहते हैं। वे तो कहते हैं: उसका इंतजार भी इतना मधुर है, कि कौन फिकर करता है मिलन की। प्रतीक्षा इतनी प्यारी है, कौन फिकर करता है मिलन की! मिलन हो या न हो, किसे फिकर पड़ी है! उसकी प्रतीक्षा इतनी प्यारी है!

कहीं वोह आके मिटा दें न इंतजार का लुत्फ।
कहीं कुबूल न हो जाए इल्तज़ा मेरी।।

और कभी-कभी तो भक्त डरने लगता है कि कहीं ऐसा न हो कि मैं रोज-रोज प्रार्थना करता हूं कि आओ आओ आओ, कहीं वे आ ही न जाएं! नहीं तो फिर जो मजा मैं ले रहा हूं इंतजार का, जो गदगद होकर राह देख रहा हूं, वह जो आंखें टिका रखी हैं प्रतीक्षा में, वह जो हृदय धक-धक होकर सुन रहा है पैरों की आहट--यह जो इतना सुख बरस रहा है, इसका क्या होगा!

कहीं वोह आके मिटा दें न इंतजार का लुत्फ।

कहीं कुबूल न हो जाए इल्तज़ा मेरी।।

कहीं मेरी प्रार्थना स्वीकार न हो जाए, कभी-कभी यह डर आने लगता है। तो तुम कहते हो: विरह का, प्रभु-विरह का कष्ट सहा नहीं जाता। नहीं, तुम समझे ही नहीं अभी। नहीं तो मस्त हो जाते। सहने न सहने की बात नहीं है: यह तो बड़ा लुत्फ है। यह प्रतीक्षा तो बड़ी आनंदपूर्ण है। उसके पैरों की आहट सुनना कि अब आया, अब आया, कि द्वार पर हवा का धक्का लगा और लगा कि आ गया...कि सूखे पत्ते हवा ने उड़ाये और राह पर आवाज हुई और तुम दौड़े कि आ गया...कि चांद की छाया बनी झील में कि लगा उसकी नाव तिरी, कि वह आया। कि मेरे तम के किनारे पर उसकी नाव लगी, अब लगी!

ऐसी प्रतीक्षा गदगद भाव से की गई हो तो क्या तुम कह सकोगे कि सहा नहीं जाता? तुम तो कहोगे कि प्रभु और भी दे यह पीड़ा, क्योंकि यह पीड़ा मधुर है।

और यह पीड़ा निखारनेवाली है। इसी पीड़ा की अग्नि से जलकर तुम, इसी अग्नि से निकलकर तुम कुंदन बनोगे, शुद्ध स्वर्ण बनोगे। भक्त की भाषा सीखो। भक्त का सलीका सीखो। भक्त की शैली सीखो।

तीसरा प्रश्नः

ओशो, हम भारतीय क्यों दार्शनिक प्रश्न ही पूछते हैं, जब कि पश्चिमी संन्यासी अपने जीवन से संबंधित प्रश्न पूछते हैं?

मुकेश भारती! दार्शनिक प्रश्न अक्सर झूठे प्रश्न होते हैं। दार्शनिक प्रश्न अक्सर जीवन के वास्तविक प्रश्नों को छिपाने का आयोजन होते हैं। दार्शनिक प्रश्न धोखे का आयोजन है।

तुम असली प्रश्न पूछने से डरते हो। और असली प्रश्न अहंकार का आभूषण नहीं बनते, नकली प्रश्न अहंकार का आभूषण बनते हैं।

कोई आया और उसने पूछा कि परमात्मा को कैसे पाऊं? अब इस प्रश्न में ही यह बात छुपी है कि मैं परमात्मा का खोजी हूं, कि मैं कोई छोटा-मोटा आदमी नहीं हूं, कि मेरी तो परम खोज है, आत्यंतिक खोज। मैं तो ऊंची बातें करता हूं! मैं जिज्ञासु नहीं हूं, मुमुक्षु हूं! मोक्ष की ही मेरी अभीप्सा है, छोटी-मोटी क्षुद्र बातों में मैं नहीं पड़ता। मैं कोई छोटा ओछा आदमी नहीं हूं। मेरा प्रश्न देखो, मेरा प्रश्न बता रहा है कि मैं कौन हूं!

और असलियत अगर गौर से देखी जाए तो इसकी जिंदगी के प्रश्न अभी हल नहीं हुए। अभी कामवासना से यह कैसे मुक्त हो, हल नहीं हुआ है। मगर राम की बात उठा दी। अभी काम से मुक्त नहीं हुआ है, राम की बात उठा दी। राम की बात उठाने में ही मजा है, क्योंकि राम की बात से ही अहंकार को तृप्ति मिलती है। अब कोई आकर पूछे कि कामवासना से कैसे मुक्त होऊं, तो स्वभावतः अहंकार को चोट लगती है। जो चार लोग बैठे हैं वे सुनेंगे कि अरे हम तो समझते थे आप ब्रह्मचारी हैं और आप कहते हैं कामवासना से कैसे मुक्ति हो!

एक जैन मुनि मुझसे मिलना चाहते थे, तो मैंने कहा: ठीक है। लेकिन उन्होंने कहा: एकांत में मिलना है। मैंने कहा: एकांत की क्या चिंता? अच्छा ही होगा आपके भक्त भी सुन लेंगे कि क्या बात होती है।

मगर वे न माने। जब मैं उन्हें मिलने गया तो उन्होंने कहा कि अब बाकी लोग जाएं। कोई तीस-चालीस आदमी इकट्ठे हो गए थे, फिर द्वार उनके एक भक्त ने अटका दिया। मैंने पूछा कि इनको हटाने की जरूरत क्या? उन्होंने कहा: आप समझे नहीं। मैं ऐसे प्रश्न पूछना चाहता हूं जो इनके सामने नहीं पूछ सकूंगा। इनके सामने तो आत्मा-परमात्मा और मोक्ष इत्यादि की ही बातें कर सकता हूं। सच तो यह है कि प्रश्न भी नहीं पूछ सकता इनके सामने, उत्तर दे सकता हूं, क्योंकि इनको मैं सिर्फ समझाता हूं, उपदेश देता हूं। ये तो बहुत मुश्किल में पड़ जाएंगे अगर मैं पूछूं कि कामवासना से कैसे मुक्त हुआ जाए, क्योंकि ये तो मानते हैं कि मैं मुक्त हो गया हूं। आप मेरी तकलीफ समझो।

वे आदमी ईमानदार थे। हिम्मत नहीं थी इतनी कि सबके सामने पूछते, मगर फिर भी ईमानदार थे। उन्होंने कहा कि मेरी तकलीफ...मुझे आत्मा परमात्मा से कुछ लेना-देना नहीं, चालीस साल मेरे खराब गए हैं। यह कामवासना मुझे खाए जा रही है। मुझे इससे छुटकारा दिलाएं।

मैंने उनसे पूछा कि आप अपने संप्रदाय के आचार्य को ही क्यों नहीं पूछते हैं? वे आचार्य तुलसी के मुनि थे। तो मैंने कहा: आपके तो बड़े आचार्य हैं आचार्य तुलसी,

उन्हीं से क्यों नहीं पूछते? उन्होंने कहा: कामवासना के संबंध में आपके सिवाय मैं किसी से पूछ नहीं सकता, क्योंकि कोई भी यह समझ नहीं पाएगा और कोई भी यह मानने को राजी नहीं होगा कि मैं अभी कामवासना से ग्रस्त हूं। और फिर, जो मेरी दशा है वही मेरे संप्रदाय के अन्य साधुओं की दशा है। उत्तर उनके पास भी नहीं है। वे भी इसी मुसीबत में हैं। एक चुप्पी साधी हुई है। बात ही मत करो इसकी।

पश्चिमी संन्यासी थोथा नहीं है; उसके जीवन के वास्तविक प्रश्न हैं। वह ईश्वर इत्यादि की बात नहीं पूछता कि ईश्वर को कैसे खोजें। वह नहीं पूछता कि मोक्ष कैसे मिले। वह नहीं पूछता कि कितने नरक हैं और कितने स्वर्ग हैं। इन सब बातों में उसका रस नहीं है। वह जीवन के वास्तविक प्रश्न पूछता है। वह कहता है कि मैं क्रोध से उद्विग्न हो उठता हूं, क्रोध से मेरा कैसे छुटकारा हो? और मजा यह है कि क्रोध से छुटकारा हो जाए तो स्वर्ग उपलब्ध होता है और काम से छुटकारा हो जाए तो राम उपलब्ध हो जाता है। राम को पूछना नहीं होता।

मगर भारतीय मन की तो बड़ी बेचैनी हो गई। हजारों साल का अहंकार है भारत के चित्त पर, कि हम दार्शनिक, धार्मिक देश, यह पुण्यभूमि! जैसे कि और भूमियां अपुण्य भूमियां है। जैसे कई भूमियां हैं! भूमि तो एक ही है, इकट्ठी है। कहां भारत खत्म होता है? पहले पाकिस्तान भी पुण्यभूमि थी, अब नहीं है। नक्शे पर लकीर खिंच जाती है, पुण्यभूमि खत्म हो गई। पहले बंगलादेश भी पुण्यभूमि थी, अब नहीं है। यह बड़ा मजा है! तो राजनेताओं के हाथ में है मामला कि क्या पुण्यभूमि होगी और क्या पुण्यभूमि नहीं होगी। कौन इसका निर्णायक है? नक्शे पर बदलाहट हो गई कि भूमि बदल गई। मगर यह अहंकार हमारे भीतर बड़ा गहरा है, हजारों सालों से हमने पाला है।

हमारे पास कुछ और है भी नहीं। धन नहीं है, समृद्धि नहीं है, शिक्षा नहीं है, स्वास्थ्य नहीं है, सब खो गया है। बस हमारे पास अब एक यह थोथी अकड़ रह गई है, इसलिए इसको हम छोड़ना भी नहीं चाहते, वही हमारे अहंकार का एकमात्र सहारा है। और तो हमारा सब खो ही गया है। अब एक ही बात बची है कि हम धार्मिक हैं। वह भी सिर्फ बात ही बात है; धार्मिक हम हैं नहीं। लेकिन इसको कैसे छोड़ें? जिसके पास सब-कुछ खो गया हो, एक छोटा सा आसरा बचा हो, वह उसी को उछालता है।

तो तुम पूछते हो कि 'हम भारतीय दार्शनिक प्रश्न ही क्यों पूछते हैं?'

तुम उछालते रहते हो बताने के लिए कि हम धार्मिक हैं। हम क्षुद्र बातें नहीं पूछते। मेरे पास भारतीय आकर यह भी कह देते हैं कि आपके पश्चिमी संन्यासी व्यर्थ

की बातें क्यों पूछते हैं। वे उन्हें व्यर्थ की बातें मालूम हो रही हैं। एक पश्चिमी संन्यासी पूछता है कि मेरे मन में बहुत अहंकार है, क्या करूं? यह व्यर्थ की बात मालूम हो रही है, क्योंकि हम तो माने ही बैठे हैं कि अहंकार! अहंकार तो हम में है ही नहीं! यह प्रश्न हम कैसे पूछें? हम तो ऊंची बात पूछते हैं। हम तो हवाई बात पूछते हैं। हम तो आकाशी बात पूछते हैं।

लोग मेरे पास आकर पूछते हैं पश्चिमी कि यह विचार की शृंखला नहीं टूटती, यह सतत बह रही है, कोई उपाय है? भारतीय आकर पूछता है: सविकल्प समाधि क्या, निर्विकल्प समाधि क्या? निर्बीज समाधि क्या? सबीज समाधि क्या? अब मजा यह है कि मैं तुम्हें व्याख्या भी कर दूं कि निर्बीज समाधि क्या, वह तो निर्बीज शब्द में ही साफ है और निर्विकल्प समाधि क्या, वह भी निर्विकल्प शब्द में साफ है। वे शब्द पर्याप्त हैं, और परिभाषा की कोई जरूरत नहीं है। और कितने तो शास्त्र हैं तुम्हारे पास! सवाल यह नहीं है कि निर्विकल्प समाधि क्या है; सवाल यह है कि तुम विकल्पों से घिरे हो, इन विकल्पों के पार कैसे जाया जाए? असली सवाल निर्विकल्प समाधि की व्याख्या नहीं है, परिभाषा नहीं है। असली सवाल विकल्पों से घिरे चित्त को विकल्पों के पार ले जाने की सीढ़ी क्या है, साधन क्या है?

मगर यह स्वीकार करना कि मेरे चित्त में रोग हैं, काम है, क्रोध है, लोभ है, मोह है--भारतीय मन को अंगीकार नहीं होता है। ये तो शत्रु हैं, ये मैं कैसे मानूं कि मेरे भीतर हैं!

तो कभी-कभी तो ऐसा हो जाता है कि दूसरे के संबंध में लोग पूछते हैं। एक आदमी आया! उसने कहा कि मेरे मित्र एक बड़ी अड़चन में पड़े हैं, आप कुछ सहायता करें! मेरे मित्र नपुंसक हो गए हैं। वे बड़े परेशान हैं।

मैंने इन सज्जन को कहा कि जरा मेरी तरफ देखो। उन्होंने देखा। मैं थोड़ी देर उनकी तरफ देखता रहा। तो वे थोड़ा घबड़ाये, थोड़ा परेशान हुए, थोड़े बेचैन हुए, इधर-उधर देखने लगे। मैंने कहा कि देखो, तुम अपने मित्र को क्यों नहीं भेज दिए? तुम्हारा मित्र आ जाता और कहता कि एक मेरे मित्र हैं जो नपुंसक हो गए हैं। मैंने कहा: तुम यह भी कहने की हिम्मत नहीं कर सकते हो, इतने नपुंसक हो गए हो क्या, कि यह तुम्हारी बीमारी है! यह तुम्हारे चेहरे पर लिखी है।

वे तो बहुत घबड़ा गए। नाराज ही हो गए कि आप कैसी बात करते हैं! यह मेरा सवाल नहीं है।

तो मैंने कहा: तुम अपने मित्र को लेकर आना और इतना पक्का है कि मैं यह हल कर दूंगा। यह सवाल हल हो जाएगा, क्योंकि सौ में से निन्यानबे प्रतिशत जो लोग नपुंसक होते हैं, सिर्फ मनोवैज्ञानिक रूप से होते हैं, शारीरिक रूप से नहीं होते, सिर्फ मानसिक रूप से हो जाते हैं। और अक्सर ऐसा हो जाता है, जो पुरुष अपनी पत्नी के साथ नपुंसक होता है, वही वेश्या के साथ नपुंसक नहीं होता। असल में पत्नी से ऊब गया होता है, उस ऊब के कारण नपुंसकता आ गई होती है। तो मैंने कहा कि हल हो जाएगा मामला, लेकिन ईमानदारी से। या तो अपने मित्र को ले आओ...वह कौन मित्र है, मैं उसको देखना चाहता हूं, बिना उसे देखे कुछ हो नहीं सकता। या सच-सच कह दो।

इधर-उधर देखा। कहा: अब आपसे क्या छिपाना? तकलीफ तो मेरी ही है। इतना भी साहस हम खो दिए हैं! अपनी तकलीफ भी नहीं बता सकते। सैद्धांतिक प्रश्न पूछते हैं। सोचते हैं: सैद्धांतिक प्रश्न पूछने से बात हल हो जाएगी। निर्विकल्प समाधि क्या है, यह समझने में शायद तुम्हें पकड़ में आ जाएगा सूत्र कि अपने विकल्पों से कैसे मुक्त हुआ जाए। नहीं, ऐसे पकड़ में नहीं आएगा। क्योंकि जब तुम निर्विकल्प समाधि की व्याख्या पूछते हो तो मैं निर्विकल्प समाधि की व्याख्या करूंगा। उस व्याख्या से कुछ नहीं होने वाला। वह व्याख्या तो पतंजलि ने कर रखी है। उसमें अब कुछ जोड़ा नहीं जा सकता। परम व्याख्या हो चुकी। अब उसमें कुछ सुधार करने की जरूरत नहीं है। आखिरी बात कही जा चुकी है। अब तो सवाल यह है कि उस तक पहुंचा कैसे जाए, वह व्याख्या मेरा अनुभव कैसे बने?

लेकिन तब तुम्हें जीवन के प्रश्न पूछने होंगे। यथार्थ, जो तुम्हारी वास्तविक अड़चन है, वही पूछनी होगी। वास्तविक अड़चन तुम नहीं पूछते हो, क्योंकि वास्तविक अड़चन पूछने से लगता है कि मैं भी कैसा गया-बीता आदमी हूं। मगर छिपाने से क्या होगा? तुम जो हो हो। और मेरी दृष्टि में, जो आदमी वास्तविक सवाल उठाता है वह गया-बीता आदमी नहीं है--वही आदमी है। जो झूठे सवाल उठाता है, व्यर्थ के शाब्दिक जाल उठाता है, जो कभी सीधा-सीधा सार्थक बात नहीं उठाता, यहां-वहां गोल-गोल घूमता है, पास-पास इर्द-गिर्द चक्कर मारता है, लेकिन केंद्र पर नहीं आता--वह आदमी व्यर्थ ही समय गंवा रहा है। मगर यही हालत है।

कामवासना तुम्हारी तकलीफ है और आकर पूछते हो कि ब्रह्मचर्य का क्या अर्थ? गोल-गोल घूम रहे हो। कामवासना तुम्हारी तकलीफ है तो कामवासना क्या है, और

कैसे इसके पार हुआ जाए, यही पूछो; ब्रह्मचर्य की बात मत उठाओ। मगर ब्रह्मचर्य शब्द बहुमूल्य है, कीमती है। उसकी बात ही उठाते से चारों तरफ प्रभाव छा जाता है कि यह देखो आदमी, ब्रह्मचर्य में इसका रस है! तुम छिपा रहे हो अपने घाव फूलों में। और फूलों में छिपाए घाव नासूर बन जाते हैं, याद रखना।

दार्शनिक लफ्फाजी मत करो। जीवन के तथ्यों को पकड़ो। और मैं तुम से यह नहीं कह रहा हूं कि दर्शन ने जो कहा है वह व्यर्थ है। जीवन के तथ्य पकड़ोगे तो एक दिन उस अनुभव तक भी पहुंच जाओगे, जरूर पहुंच जाओगे! मगर सीढ़ी चढ़नी पड़ेगी। अभी से आकाश की बात मत उठाओ। अभी तुम जमीन पर हो, तो जमीन की बात करो। जमीन का राज समझो। जो आदमी जमीन का राज समझ लेगा, जमीन का गुरुत्वाकर्षण समझ लेगा, वही आदमी गुरुत्वाकर्षण के पार हो सकता है। उसी समझ में से पार होने का रास्ता निकलता है। वह आदमी एक दिन आकाश में उठ जाएगा।

जिन लोगों ने पहली दफा हवाई जहाज बनाया, वे कुछ आकाश की बातें नहीं किए थे। जिन्होंने पहली दफा हवा में हवाई जहाज उठाया उन्होंने समझा जमीन का राज, कि जमीन का गुरुत्वाकर्षण कैसा है, कैसे चीजों को अपनी तरफ खींचता है, क्या उपाय हो सकता है इसके खिंचाव के पार जाने का। जो लोग चांद पर गए, उनके सामने सबसे बड़ा सवाल यही था कि पृथ्वी का गुरुत्वाकर्षण बिलकुल छूट जाए, इसके लिए क्या किया जाए? उसकी ही समझ पैदा हो गई कि चांद पर जाना आसान हो गया।

आकाश की बात करने से कोई आकाश नहीं जाता; जमीन को ठीक से समझ लेने से आकाश जाता है। आत्मा की बातें करने से कोई आत्मा को नहीं पाता; देह के राज को समझ लेने से, शरीर के रहस्यों को समझ लेने से आत्मा को जान पाता है।

तथ्यों को पहचानो, सत्य तक पहुंच जाओगे। मगर हम तथ्यों की बात ही नहीं करते। हम तो सीधे सत्यों की बात करते हैं। तब हमारी बातचीत कोरी बातचीत रह जाती है--दार्शनिक चर्चा, जो बिलकुल व्यर्थ होती है, जिसका कोई मूल्य नहीं होता, किताबी होती है। इसलिए अक्सर ऐसा हो जाता है कि जो एक के लिए बड़ा महत्वपूर्ण सवाल मालूम होता है, दूसरे के लिए बिलकुल महत्वपूर्ण नहीं मालूम होता है।

एक जैन आकर पूछता है, निगोद यानी क्या? अब किसी और को इसका अर्थ है...निगोद? कोई हिंदू नहीं पूछता निगोद क्या, कोई सिक्ख नहीं पूछता, कोई मुसलम ान नहीं पूछता, कोई ईसाई नहीं पूछता कि निगोद क्या। यह जैनों का शास्त्रीय शब्द है। निगोद है वह दशा, जहां आत्माएं संसार में प्रवेश करने के पहले इकट्ठी थीं। निगोद

अंधकार की दशा है। अति अंधकार की--जैसे बच्चा जन्मने के पहले मां के गर्भ में होता है, नौ महीने अंधकार में होता है। ऐसे ही सारी आत्माएं अनंतकाल तक अंधकार में रही हैं; वह निगोद सारी आत्माओं का गर्भ है।

अब यह जैनों का पारिभाषिक हिसाब है। कोई स्थान तो बताना होगा कि आत्म ाएं कहां से आईं। जैन मानते नहीं कि परमात्मा है। जैन मानते नहीं कि परमात्मा ने आत्माओं को बनाया है, क्योंकि वे कहते हैं कि अगर आत्मा बनाई गई तो पदार्थ हो गई। ठीक ही बात कहते हैं: जो चीज बनाई जाए वह चैतन्य कैसे हो सकती है? और जो चीज बनाई गई, वह किसी दिन मिटाई भी जा सकती है, तो फिर आत्मा की शाश्वतता खंडित हो गई। तो फिर आत्मा का कोई मतलब ही न रहा। फिर बेकार की परेशानी हो गई सब। इसलिए आत्मा बनाई तो नहीं गई, फिर आई कहां से? तो अब उनको कोई उपाय खोजना पड़ेगा, परमात्मा की जगह उन्हें कोई सिद्धांत रखना पड़ेगा--निगोद।

अब उनसे कोई पूछे कि निगोद में आत्माएं कहां से आईं? आखिर कहीं से तो आई होंगी निगोद में भी। गर्भ में भी आत्मा आखिर तो कहीं से आती है, तो निगोद में आत्मा कहां से गई? मगर सभी दर्शनशास्त्र एक जगह जाकर चुप हो जाते हैं, होना ही पड़ता है, क्योंकि सब लफ्फाजी है। अब उत्तर नहीं मिलता कि निगोद में कहां से गई। जैन मुनि नाराज हो जाएगा, अगर तुम पूछो कि निगोद में आत्मा कहां से आई? वह कहेगा यह अति प्रश्न है; जैसा कि याज्ञवल्क्य ने कहा था कि यह अति प्रश्न है, गार्गी। क्योंकि गार्गी ने पूछा था: ब्रह्म को किसने सम्हाला हुआ है? पृथ्वी को आकाश ने सम्हाला हुआ है, आकाश को ब्रह्म ने सम्हाला हुआ है। गार्गी ने पूछा: हे याज्ञवल्क्य! ब्रह्म को किसने सम्हाला हुआ है? बस याज्ञवल्क्य नाराज हो गए। और उसने कहा: तेरा सिर गिर जाएगा! यह अति प्रश्न है!

अति प्रश्न का मतलब सिर्फ इतना ही होता है कि जिसका उत्तर तुम्हारे पास नहीं है। और सिर गिराने की धमकी देना, यह तो कोई अच्छा लक्षण नहीं हुआ। यह कोई चर्चा न हुई। यह तो सत्संग न हुआ, लट्ठ उठ गए, कि बस अब आगे पूछोगे तो सिर खोल देंगे।

हर दर्शनशास्त्र एक जगह जाकर रुक जाता है, क्योंकि दर्शनशास्त्र के सब उत्तर कृत्रिम हैं। कृत्रिम उत्तर आत्यंतिक तृप्ति नहीं दे सकते, तो थोड़ी दूर तक खींचो--इसको उसने सम्हाला, उसको उसने सम्हाला, लेकिन आखिर में थक ही जाओगे। फिर कहोगे: बस भाई अब चुप करो। अब यहां रुक जाओ। इसके आगे मत पूछो,

क्योंकि यह तो पूछते ही रहोगे तो फिर बात का अंत ही नहीं हो पाएगा। बात का अंत तो करना ही होगा, नहीं तो शास्त्र शुरू तो हो जाएंगे, इति कैसे होंगे? उनका अंत कैसे होगा, समाप्ति कैसे होगी?

तो जैन कहता है निगोद। मगर निगोद में आत्माएं कहां से आईं, यह मत पूछो। यह पूछो तो झगड़ा हो जाए।

जब मैं विश्वविद्यालय में था तो जब भी कोई जैन मुनि आए तो मेरा काम यही था कि उससे ऐसे प्रश्न पूछ लेना है जिनके उत्तर न हों--जैन आए तो, हिंदू संन्यासी आए तो।

एक दफा तो ऐसा मजा हुआ कि एक हिंदू संन्यासी गांव में आए--बड़े प्रसिद्ध संन्यासी! जिन्होंने उनका आयोजन किया था वे मेरे पास आए प्रार्थना करने कि आप कृपा करके मत आना। मैंने कहा: क्यों? उन्होंने कहा कि बड़ा उपद्रव हो जाता है, सत्संग ही खराब हो जाता है। आप ऐसा प्रश्न उठाते हो कि जिसका उत्तर है नहीं। और वह हमारे साधु-संन्यासी नाराज हो जाते हैं। नाराज हो जाते हैं तो उनकी भद्द होती है, क्योंकि साधु-संन्यासियों को नाराज नहीं होना चाहिए।

मैंने कहा: प्रश्न वही पूछने योग्य हैं, जिनका उत्तर नहीं है। जिनका उत्तर है बंधा-बंधाया, तोतों की तरह रटा हुआ, उन प्रश्नों में क्या रखा है? वे तो सभी को मालूम हैं। क्या उनका सार है?

दार्शनिक प्रश्नों का कोई मूल्य नहीं है। या तो उनका उत्तर है, वह बंधा-बंधाया है; उनका कोई मूल्य नहीं है। या फिर उनका उत्तर ही नहीं है, तब भी कोई सार नहीं है।

पूछो जीवंत प्रश्न। पूछो जीवन की वास्तविकता से जुड़े प्रश्न। जीवन को सुलझाना है। आकाश की गुत्थियों में मत पड़ो। तुम्हारी छोटी सी जिंदगी की जो गुत्थी है, उसे सुलझा लो। उसके सुलझते ही सारा अस्तित्व सुलझ जाता है।

इसलिए मैं तो तुम्हें सलाह दूंगा, मुकेश, कि भारतीय आदत छोड़ो। अच्छा हो मनोवैज्ञानिक प्रश्न पूछो, दार्शनिक प्रश्नों की बजाय, क्योंकि मनोविज्ञान तुम्हारी दशा है। वहां तुम हो। वहीं उलझन है। वहीं तुम्हारा रोग है। और जहां रोग है वहीं इलाज किया जा सकता है।

बुद्ध ने इस पर बहुत जोर दिया, लेकिन बुद्ध को तो हमने टिकने न दिया इस देश में। बुद्ध को तो हमने उखाड़ फेंका इस देश से। बुद्ध अकेले भारतीय थे, जिन्होंने दर्शनशास्त्र को गरिमा और महिमा नहीं दी--अकेले भारतीय! भारतीय मनीषियों में

बुद्ध इसलिए महिमावान हैं कि उन्होंने दर्शनशास्त्र को दो कौड़ी का बताया। उनसे कोई दार्शनिक प्रश्न पूछता तो वे कहते थे कि ऐसा हुआ, एक बार एक आदमी को जंगल में तीर लग गया, किसी शिकारी का तीर लग गया। वह आदमी गिर पड़ा। गांव से वैद्य आया। वैद्य तीर निकालने लगा। वह आदमी दार्शनिक था, उसने कहा: रुको। पहले कुछ बातों के जवाब दो। पहले तो यह कि तीर सत्य है या माया? है भी कि सिर्फ भ्रांति है?

अब यह बड़ी झंझट की बात है कि तीर है भी या सिर्फ भ्रांति है! उस वैद्य ने कहा कि पहले तीर निकाल लेने दो, फिर तुम विवाद करना और विचार करना और दार्शनिकों से जाकर पूछ लेना। मैं वैद्य हूं, मैं कोई दार्शनिक नहीं हूं। तीर सच हो कि झूठ, एक बात पक्की है कि अगर तीर थोड़ी देर और रह गया तुम्हारे भीतर तो तुम मर जाओगे। इतना मैं कह सकता हूं कि तुम मरणशय्या पर पड़े हो। मैं तीर निकालना जानता हूं, मुझे यह पता नहीं तीर सच है कि झूठ। इतना पता है कि यह तीर थोड़ी देर और रह गया तुम्हारी देह में तो तुम मर जाओगे, तुम्हारा खून विषाक्त हो रहा है। मुझे तीर निकाल लेने दो।

उस आदमी ने कहा: विषाक्त! तो क्या तीर विषभरा है? इसका क्या प्रमाण?

उस वैद्य ने कहा ये प्रमाण इत्यादि बाद में खोज लेना, क्योंकि अभी समय नहीं है। मर गए तो फिर कोई प्रमाण खोजने की सुविधा भी न रहेगी।

यह तीर किसने मारा है? उसने पूछा।

वैद्य ने कहा कि यह मैं कैसे जानूं कि किसने मारा है? किसी ने मारा हो, तीर लगा है, इसे निकाल लेने दो।

यह मित्र ने मारा है या शत्रु ने? वह दार्शनिक पूछने लगा।

दार्शनिकता भी एक तरह की बीमारी है, अंत-अंत तक पीछा करती है। वैद्य ने देखा कि यह तो बहुत संक्रामक दार्शनिक है। यह रोग बड़ा पुराना है। उसने चार आदमियों से कहा कि पकड़ो इसको और मैं तीर निकालता हूं। इसकी बकवास में समय खोना ठीक नहीं है।

बुद्ध कहते थे: तुम जब मुझसे आकर इस तरह के प्रश्न पूछते हो कि आदमी मरने के बाद बचता है या नहीं, स्वर्ग सात हैं कि तीन, मोक्ष कहां है, लोक में कि लोकातीत--तब मुझे यह कहानी याद आती है कि तुम मरे जा रहे हो। जीवन का तीर तुम्हारी छाती में लगा है। और मैं वैद्य हूं, मैं यह तीर निकाल सकता हूं। मगर तुम व्यर्थ

की बकवास कर रहे हो। तुम कहते हो कि जीवन सत्य है कि माया? और जीवन का तीर लगा है और तुम मृत्यु के बाद की बातें कर रहे हो। और तुम कहते हो कि परमात्मा का रूप कितना है, परमात्मा की कितनी भुजाएं हैं, कितने सिर हैं, परमात्मा का कैसा रूप है? और मैं तुम्हारे तीर में उत्सुक हूं। तुम्हारा जीवन का तीर निकल आए, तुम्हारी उलझन कट जाए, तुम सुलझ जाओ, तुम्हारे भीतर समाधान हो, समाधि हो--फिर ये सारे उत्तर तुम खोज लेना खुद ही। और सच यह है कि जैसे ही समाधि मिलती है, कोई प्रश्न नहीं रह जाते, न कोई उत्तर की खोज रह जाती है। समाधि मोक्ष है। समाधि में जान लिया जाता है कि मृत्यु है ही नहीं--अमृत ही है।

समाधि अनुभव है परमात्मा का। फिर कोई पूछता नहीं कि कितने हाथ उसके। क्या बच्चों जैसी बात कर रहे हो! कितने सिर उसके? कहानियां गढ़ रहे हो! न उसके सिर हैं, न उसके हाथ हैं या सभी हाथ उसके हैं और सभी सिर उसके हैं। मगर समाधि फल जाए तो सारे उत्तर मिल जाते हैं। समाधि उत्तरों का उत्तर है।

मगर बुद्ध को तो उखाड़ फेंका इस देश ने। बुद्ध को तो जीने न दिया। बुद्ध की धारा को तो यहां बचने नहीं दिया। और कारण क्या था? कारण यही था कि इस देश की दार्शनिक परंपरा और बुद्ध ने तथ्यगत, व्यावहारिक, यथार्थगत उपदेश दिया। लोग तो बुद्ध के समय में जो पंडित थे, दार्शनिक थे, वह यही कहते थे कि बुद्ध को पता नहीं मोक्ष का, इसलिए वे कहते हैं यह प्रश्न ही बेकार है। पता ही नहीं है, इसलिए प्रश्न बेकार। पता नहीं है उन्हें कि मृत्यु के बाद क्या होगा, इसलिए उत्तर नहीं देते। और लोगों को यह बात जंची होगी कि ठीक है; पता होता तो उत्तर देते, पता है ही नहीं तो उत्तर कैसे देते?

और मैं तुमसे कहता हूं: बुद्ध उन थोड़े से लोगों में से थे जिन्हें पता है। और पता है, इसलिए उत्तर नहीं देते, क्योंकि तुम व्यर्थ के उत्तरों में समय खराब कर रहे हो। तुम्हें उत्तर नहीं, औषधि चाहिए। मगर औषधि में कोई उत्सुक नहीं है।

जो बुद्ध के साथ इस देश ने किया वही यह देश मेरे साथ कर रहा है। मैं तुम्हें औषधि देना चाहता हूं। तुम सुनना चाहते हो ब्रह्मचर्य की महिमा और मैं बताना चाहता हूं तुम्हें काम की जकड़ तुम्हारे ऊपर। बस अड़चन शुरू हो गई। तुम यह सुनना ही नहीं चाहते। तुम ब्रह्मचर्य की महिमा सुनना चाहते हो; जैसे कि तुमने महिमा काफी नहीं सुन ली है! हजारों साल से सुन रहे हो, हुआ क्या है? कामग्रस्त हो मगर कामग्रस्तता का विज्ञान नहीं समझना चाहते। क्योंकि उसे समझने में ही यह बात स्वीकार करनी

पड़ती है कि मैं और कामग्रस्त, कभी नहीं! मैं भारतीय हूं! पुण्यभूमि में पैदा हुआ हूं, मैं धार्मिक हूं!

कल जर्मनी से एक अखबार आया। बड़े सूझ-बूझ का संपादक होगा उस अखबार का। उसने खबर छाप दी है कि मैं जर्मनी आ रहा हूं और जर्मनी में मेरे लिए आश्रम की जगह खोजी जा रही है। और मैं जर्मनी इसलिए आ रहा हूं कि मोरारजी देसाई एंड कंपनी मुझे भारत में नहीं जीने देना चाहती।...बड़ा खोजी होगा! अभी मैंने कुछ सोचा भी नहीं है जर्मनी जाने का, न कोई बात...। लेकिन कही है उसने पते की बात!

इस देश की यह आदत है पुरानी। यह देश व्यर्थ की बातें सुनने में बड़ा उत्सुक होता है। सार्थक कोई भी बात सुनने में इस देश को बड़ी पीड़ा होती है, क्योंकि इसके अहंकार को चोट लगती है। और फिर सदियों-सदियों तक हम जिस तरह की बातें सुनते रहे हैं उन्हीं को हम समझते हैं कि धर्म-चर्चा है।

मेरे पास पत्र आते हैं कि आप काम-शास्त्र पर क्यों बोले? ऋषि-मुनि तो सदा ब्रह्मचर्य पर बोलते हैं। मैं उनको कहता हूं कि मैं न कोई ऋषि हूं, न कोई मुनि हूं, मैं एक वैज्ञानिक हूं! तुम छोड़ो तुम्हारे ऋषि-मुनि की बात। तुम्हारे ऋषि-मुनि जानें और तुम जानो। मैं न किसी का मुनि हूं, न किसी का ऋषि हूं। मैं एक वैज्ञानिक हूं। मैं एक चिकित्सक हूं। मैं औषधि देना चाहता हूं। मैं सच में ही इलाज करने को उत्सुक हूं। बीमारी का दार्शनिक विश्लेषण करने में जरा भी मेरा रस नहीं है; लेकिन बीमारी कैसे काटी जा सके, बीमारी के पार कैसे जाया जा सके...? मैं तुम्हारे प्राणों में पड़ गई मवाद को निकाल देना चाहता हूं, हालांकि जब मवाद निकलेगी तो पीड़ा होगी। तुम नाराज हो जाओ पीड़ा से, तो फिर मवाद नहीं निकल सकती। और मवाद निकलेगी तो बदबू भी फैलेगी। लेकिन तुम बदबू भी नहीं फैलने देना चहते। तुम कहते हो: इत्र छिड़क दो ऊपर से और रहने दो मवाद भीतर, बाहर मत निकालो। अब जो छिपा है उसे उघाड़ना क्यों?

मगर वह मवाद तुम्हारे भीतर बढ़ रही है, गहरी होती जा रही है। तुम सड़ते जा रहे हो।

यह देश बुरी तरह सड़ गया है। इस देश में अब जिंदा आदमी कम हैं, लाशें ही लाशें हैं। और दार्शनिक चर्चा चल रही है। मुर्दे इकट्ठे हैं और सत्संग कर रहे हैं। और सत्संग में ऐसी-ऐसी बातें होती हैं कि जिनका किसी से कोई संबंध नहीं, कोई लेना-देना नहीं।

मुकेश! यह पुरानी आदत है इस देश की और इस देश ने इस आदत के कारण बहुत गंवाया है। अब यह आदत छोड़ देनी चाहिए। अब हम पृथ्वी पर पैर गड़ा कर खड़े हों, हम जीवन के यथार्थ में अपनी जड़ें जमाएं, ताकि आकाश में हमारी शाखाएं उठ सकें। और जिस वृक्ष को आकाश में जितने ऊंचे जाना हो, उस वृक्ष को जमीन में उतनी ही गहरी जड़ें भेजनी पड़ती हैं। जो वृक्ष कहेगा कि मैं जमीन में जड़ें नहीं भेजना चाहता, मैं तो सिर्फ आकाश में उड़ूंगा, वह पागल है। वह वृक्ष बढ़ ही नहीं पाएगा। वह गिरेगा, बुरी तरह गिरेगा!

ऐसे ही हम गिरे हैं। हम धूल में पड़े हैं। हम चिल्लाए चले जाते हैं कि हम संसार का गौरव हैं; हालांकि कोई और नहीं कहता, हम ही कहते रहते हैं कि हम संसार का गौरव हैं। दूसरे लोग आकर देख कर हम पर दया करते हैं। हम संसार का गौरव नहीं मालूम होते उन्हें।

लेकिन यह बात जरूर सच है कि कुछ लोग हमारे बीच हुए थे, जो संसार का गौरव थे। लेकिन उन कुछ लोगों के कारण कोई सारा देश धार्मिक नहीं हो गया है। एक बुद्ध के होने के कारण कोई सारा देश धार्मिक नहीं होता, न एक महावीर के होने के कारण। ये तो इक्के-दुक्के लोग हैं। सच तो यह है कि बड़ा आश्चर्य यही है कि बुद्ध और महावीर जैसे लोग हम जैसे लोगों के बीच पैदा हो सके! अपवाद हैं वे। और अपवाद से सिर्फ नियम सिद्ध होता है, और कुछ भी नहीं। बुद्ध के होने से सिर्फ यही सिद्ध होता है कि बुद्धुओं की भीड़ है। उसमें एक आदमी कैसे बुद्ध हो गया, यही आश्चर्य है। और तुम्हारे भीतर जो महाबुद्धू है वह बुद्धुओं का ऋषि-मुनि हो जाता है। स्वभावतः, वह उनका अग्रणीय होता है, अग्रज। वह उनसे भी पहुंचा हुआ है।

इस देश को एक नई दिशा की जरूरत है, जो यथार्थवादी हो। मगर अगर यथार्थ की बात शुरू करो तो लोग गाली देते हैं। लोग मुझे गाली देते हैं। वे कहते हैं कि मैं नास्तिक हूं या कि मैं पदार्थवादी हूं, भौतिकवादी, चार्वाक हूं। अगर यथार्थ की बात करो तो तुम चार्वाक हो जाते हो। अब कौन चार्वाक होना चाहता है! इसलिए लोग यथार्थ की बात नहीं करते। लोग ब्रह्मचर्चा करते रहते हैं। ब्रह्मचर्चा करने से वे महाज्ञानी समझे जाते हैं।

मैं तुम्हें ब्रह्मचर्चा में नहीं डुबाना चाहता। मैं तुम्हें जीवन की वास्तविकता को सुलझाने के उपाय देना चाहता हूं। और वे सुलझ जाएं जीवन की समस्याएं तो एक दिन ब्रह्म को तुम जान लोगे। ब्रह्म चर्चा से नहीं जाना जाता; तुम्हारे भीतर समाधि की

अवस्था हो जाए, सब समाधान हो जाए, तो जाना जाता है। ब्रह्म जाना जा सकता है; उसका विचार-विमर्श नहीं करना होता है।

अब यह देखो भारतीय प्रश्न, प्रज्ञा ने पूछा है:

'श्री रामकृष्ण ने जीव के चार प्रकार कहे हैं--बद्ध, मुमुक्षु, मुक्त और नित्य। ओशो, इसे समझाने की कृपा करें।'

अब प्रज्ञा को क्या पड़ी है--बद्ध, मुमुक्षु, मुक्त और नित्य...क्या लेना-देना है? अभी प्रज्ञा को समझना चाहिए कि ईर्ष्या क्या है? अभी उसकी उम्र ईर्ष्या की है। अभी उसे समझना चाहिए कि वैमनस्य क्या है? अभी उसे समझना चाहिए कामवासना क्या है? अभी उसे समझना चाहिए क्रोध क्या है, लोभ क्या है? नहीं, उसको समझना है कि रामकृष्ण ने कहा कि बद्ध, मुमुक्षु, मुक्त और नित्य, ये जीव के चार प्रकार हैं--यह समझना है! इनको समझकर क्या होगा? इससे कुछ हल नहीं होगा। इससे तेरे जीवन की प्रज्ञा, कोई भी वास्तविक स्थिति खुलेगी नहीं, कोई गांठ खुलेगी नहीं। इससे गांठें और उलझ सकती हैं, और अड़चन हो सकती है।

और ये शब्द तो साफ हैं, इनमें समझने जैसा कुछ नहीं है। बद्ध का अर्थ: जो बंधे हैं। किसने बांधा है, यह समझो। बद्ध का अर्थ है: जिनके प्राणों पर जंजीरें हैं; जिनकी चेतना मूर्च्छित है; जो कारागृह में पड़े हैं। अब क्या कारण हैं हमारी मूर्च्छा के? कौन सी जंजीरें हमारे हाथों पर हैं? उन जंजीरें को हम कैसे तोड़ें? वे टूट जाएं तो मुक्त का अनुभव हो जाएगा।

और मुमुक्षु का अर्थ होता है: जो खोजे कि बंधनों की जड़, बंधनों का आधार कहां है: किस बात से मैं बंधा हूं, क्यों बंधा हूं, कैसे इस बंधन के पार जा सकता हूं--जो इसकी मुमुक्षा करे, खोज करे, अन्वेषण करे। और जो इस अन्वेषण को सिर्फ बौद्धिक रूप से करे वह मुमुक्षु; जो इसको अस्तित्वगत रूप से कर ले, वह मुक्त। जो इन बंधनों को तोड़-तोड़ कर जान ले कि एक निर्बंध दशा है--वह मुक्त।

शुरू-शुरू में जब अनुभव होता है मुक्ति का तो ऐसा लगता है: मैं मुक्त! मैं की थोड़ी सी रेखा शेष रह जाती है। उस थोड़ी सी रेखा के मिट जाने पर मोक्ष की दशा बनती है। मुक्त का अर्थ होता है जरा सी रेखा रह गई, आखिरी छाया कि मैं मुक्त हूं। अभी मैं का थोड़ा-सा भाव रह गया। जब वह भाव भी विदा हो जाता है, तो मोक्ष।

ये तो शब्द सीधे-साफ हैं, इनमें अड़चन नहीं है। मेरे लिए ज्यादा विचारणीय यह है कि प्रज्ञा को यह प्रश्न क्यों उठा? अब रामकृष्ण ने क्या कहा, कहने दो। प्रज्ञा को यह प्रश्न क्यों उठा?

और प्रज्ञा को मैं जान रहा हूं, देख रहा हूं; प्रज्ञा यहां आश्रमवासिनी है। उसकी समस्याएं मुझे पता हैं। उन समस्याओं का इस प्रश्न से कोई संबंध नहीं है। मगर इतना अच्छा प्रश्न पूछा तो प्रज्ञा खुश हो रही होगी कि देखा, कितना ऊंचा प्रश्न पूछा! प्रश्न पूछने के लिए पूछ लिया है। लेकिन प्रज्ञा, तेरी जिंदगी से इसका क्या संबंध? तेरे यथार्थ में झांक, वहां तो अभी सब उपद्रव खड़े हैं! स्वाभाविक, उन सारे उपद्रवों के पार जाना है। और उन उपद्रवों को समझना होगा। अभी क्रोध को समझ, काम को समझ, लोभ को समझ, ईर्ष्या को समझ, हिंसा को समझ, घृणा को समझ।

लेकिन लोग ये प्रश्न पूछते ही नहीं, लोग बड़ी ऊंची बातें पूछते हैं! और ऊंची बातें पूछने से ऐसी भ्रांति हो जाती है कि हम ऊंची बातों में उत्सुक हैं।

तुम्हारी श्वासों की मधुवास
नहीं अब आएगी फिर पास
मधुर मनुहारें स्वप्निल प्यार
फेन-शेष अब रीता ज्वार
फूल भी चुभते हैं बन शूल
हुए लोग सारे सपने धूल
अश्रु बहते हैं सारी रात
याद कर-कर के बीती बात
संजोया जो जीवन भर प्राण
हुआ अभिशाप वही वरदान
नाव-पतवार सभी प्रतिकूल
हुए लो सारे सपने धूल

जल्दी ही सब सपने धूल हो जाते हैं। जो पहले से सजग हो जाए और सपनों में न पड़े, या पड़े तो इतनी कुशलता से पड़े कि जब बाहर निकलना चाहे निकल आए, अन्यथा जिंदगी एक सपने से दूसरे और दूसरे से तीसरे में डोलती रहती है। और जब होश आता है तब तक बहुत देर हो चुकी होती है। चिड़ियां चुग गई खेत, फिर पछताए होत का...!

अक्सर ऐसा होता है कि लोग बुढ़ापे में जाकर, मरने के करीब पहुंच-पहुंच कर समझ पाते हैं कि जिंदगी के असली सवाल क्या थे--मगर अब हल कैसे करोगे, अब बहुत देर हो गई। अब तो बस राम-राम जपो! राम-राम जपने से कुछ हल होता है! क्रोध भीतर भरा है, तुम राम-राम जपो, कैसे हल होगा? इतना ही हो सकता है कि राम-राम क्रोध में जपने लगो, और क्या होगा?...कि राम-राम ऐसे बोलो जैसे पत्थर मार रहे कि छुरा भोंक रहे! तुमने देखा, राम-राम भी अलग-अलग ढंग से जपते हैं लोग।

मुल्ला नसरुद्दीन एक दिन सुबह घर से बाहर जाता था कि उसकी पत्नी ने कहा कि सुनो, जरा नौकरानी को दो-चार लताड़ देते जाओ। उसने कहा: लताड़? और तू तो कहती थी कि नौकरानी बड़ी प्यारी है और बड़े ढंग से काम कर रही है! लताड़ की क्या जरूरत है?

उसने कहा कि ढंग से काम कर रही है, बड़ी प्यारी है। अभी तक जितनी नौकरानियां आईं उनमें यह श्रेष्ठतम है। मगर आज जरा लताड़ देते जाओ, क्योंकि अगर वह क्रोध में रहती है, तो जिस दिन गलीचे और दरियां साफ करनी होती हैं अगर वह थोड़े क्रोध में होती है, तो अच्छी पिटाई करती है दरियों की और सफाई ठीक होती है। जरा लताड़ देते जाओ। आज दरियां साफ करनी हैं।

अब आदमी क्रोध में हो और दरी साफ करने का मौका मिले, तो तुम समझ सकते हो...कि फिर छोड़ेगा नहीं। आदमी शांत हो और दरी साफ करे, तो और बात होगी।

तुम्हारे कृत्य में तुम्हारी भाव-दशा समाविष्ट हो जाती है। जो आदमी क्रुद्ध है वह राम-राम भी क्रोध से जपेगा। तुम देख सकते हो, जो आदमी शांत है वह राम-राम भी शांति से जपेगा। तो राम-राम जपने से कुछ नहीं होता। जो आदमी कामवासना से भरा है वह एक सुंदर स्त्री को देख कर जोर-जोर से राम-राम जपने लगेगा। मगर समझ लेना कि वह दरी पीट रहा है! वह जोर-जोर से राम-राम कह रहा है, भीतर उफान आ रहा है। अब वह जोर-जोर से राम-राम कह रहा है; वह किसी तरह अपने को समझा रहा है। वह राम-राम कह कर अपने काम को दबा रहा है।

राम-राम से कुछ हल नहीं होने वाला है। हां, जिंदगी में समस्याएं हल हो जाएं तो राम का आविर्भाव हो, अवतरण हो। यह तुम्हें उलटी बात लगेगी, क्योंकि तुम को यही कहा गया है कि बस राम-राम जप लो सब ठीक हो जाएगा। मैं तुमसे कहता हूं: अगर ऐसा होता तो यह देश कभी का ठीक हो गया होता; राम-राम यहां सारे लोग जप

रहे हैं। इतना सस्ता कहीं है जीवन, इतना आसान कहीं है जीवन कि राम-राम जपने से सब ठीक हो जाएगा! सब ठीक हो जाए, तो राम का अनुभव होता है। मैं तुम से दूसरी ही बात कहता हूं, बिलकुल विपरीत बात कहता हूं। इसलिए मेरी प्रक्रिया भिन्न होगी।

यहां कोई तीस थेरेपी का आयोजन किया है। लेकिन किसी भारतीय को उन थेरेपी-ग्रुपों में नहीं भेज पाता। क्योंकि कोई भारतीय प्रश्न ही नहीं पूछता कि उसे भेजा जा सके। उन थेरेपी ग्रुपों में सिर्फ पश्चिमात्य लोगों को मुझे भेजना पड़ता है। चाहता हूं भारतीयों को भी भेजूं। मगर अब प्रज्ञा है, इसको वहां भेजने से क्या फायदा होगा, क्योंकि थेरेपी ग्रुप में न तो चर्चा होगी बद्ध जीव की, न मुमुक्षु जीव की, न मुक्त जीव की, न मोक्ष की। प्रज्ञा को लगेगा क्या फिजूल की बातें यहां हो रही हैं! वहां क्रोध को उभारा जाएगा। वहां तुम्हारी आग की लपटों को पूरी तरह भड़काया जाएगा, ताकि तुम अपने क्रोध को पूरी नग्न दशा में देख लो।

प्रज्ञा वहां घबड़ा जाएगी। वह कहेगी यह क्या हो रहा है, यह तो अधर्म हो रहा है! क्योंकि वहां क्रुद्ध हो जाते हैं लोग इतने, तो थेरेपी के कमरों की दीवालों पर गद्दियां लगवानी पड़ी हैं। क्योंकि वे जब क्रुद्ध हो जाते हैं तो दीवालों को पीटने लगते हैं, दीवालों से सिर मारने लगते हैं। तो कहीं सिर फूट न जाए...तो गद्दियां दीवाल पर लगवानी पड़ी हैं। और कभी-कभी क्रोध की ऐसी दशा हो जाती है कि एक-दूसरे से जूझ जाते हैं। मगर यह क्रोध को पूरा का पूरा सतह पर लाने का प्रयोग है। यह सतह पर क्रोध आ जाए, तुम इसे ठीक-ठीक देख लो कि कितनी क्रोध की आग तुम में भरी पड़ी है; उसी देखने में, उसी अनुभव में तुम्हारे भीतर एक क्रांति घट जाएगी--तुम साक्षी हो जाओगे। और साक्षी होने में रूपांतरण है।

मगर भारतीय कैसे समझें? उनको लगता है कि ये तो बड़े उपद्रव हो रहे हैं। यह मार-पीट, हिंसा...। उनको लगता है कि अहिंसा सिखानी चाहिए, मैं तो हिंसा सिखा रहा हूं। मैं हिंसा नहीं सिखा रहा हूं; अहिंसा के आने का रास्ता बना रहा हूं। लेकिन अहिंसा के आने का रास्ता बनता ही तब है जब तुम्हारी हिंसा का धुआं पूरा का पूरा निकल जाए।

तंत्र के प्रयोग यहां चल रहे हैं। उन प्रयोगों में तुम्हारी कामवासना को पूरा का पूरा सतह पर ले आने की चेष्टा है, ताकि कुछ दबा न रह जाए, कुछ कुंठित न रह जाए। सब ऊपर उभर आए। उभर आए तो निकास हो जाए। चिकित्सा का एक अनिवार्य अंग है: उभार। उसी चीज से मुक्ति होती है जिसका उभार हो जाए। जैसे कि तुम्हारे भीतर कोई बीमारी उबल रही है और अगर तुम्हें वमन हो जाए तो तुम एकदम हल्के हो जाते हो।

क्यों हलके हो जाते हो? वह जो कूड़ा-करकट पेट में पड़ गया था, वह जो जहर पेट में पड़ गया था, तुम्हारे शरीर ने उसे बाहर फेंक दिया, निर्भार हो गया। ठीक वैसा ही वमन कामवासना का भी होता है, क्रोध का भी होता है, लोभ का भी होता है।

लेकिन इस तरह की थेरेपी के चित्र कुछ लोगों ने चोरी से निकाल लिए हैं। वे अखबारों में छपते हैं और लोग सोचते हैं कि बड़ा उपद्रव हो रहा है! यह तो महाअधर्म हो रहा है! क्योंकि उन थेरेपी में कभी-कभी लोग वस्त्र फेंक देंगे, नग्न हो जाएंगे। उन थेरेपी में किसी तरह की सीमा नहीं रखनी पड़ती, ताकि कुछ भी दमन का मौका न रहे, सब उभर कर आ जाए। और यह बड़े आश्चर्य की बात है कि जब सब उभर कर ऊपर आ जाता है, तो एकदम हलकापन आ जाता है। फिर ध्यान सुगम हो जाता है।

मैं भारतीयों को भी भेजना चाहता हूं उन चिकित्साओं में। लेकिन भारतीय तो प्रश्न ही नहीं पूछते। वे तो आकर कहते ही नहीं कि मुझे क्रोध सता रहा है। वे तो कहते हैं: मोक्ष क्या है? वे तो यह कहते ही नहीं कि मैं कामवासना से पीड़ित हूं। वे तो कहते हैं कि मैंने ब्रह्मचर्य का व्रत ले लिया है। और उन्हें अगर मैं भेज दूं तो वे समझ ही न पाएंगे कि क्या हो रहा है। और जाकर सारे देश में प्रचार करेंगे कि बड़ा अनर्थ हो रहा है!

मैं सच में ही कुछ करना चाहता हूं यहां। सिर्फ बातचीत नहीं, कोई क्रांति करना चाहता हूं। तुम्हारा जीवन आमूल रूप से बदल देना चाहता हूं। तुम्हें एक नये तरह का अनुभव और एक नई तरह की चेतना, एक नया निखार देना चाहता हूं। मगर तब तुम्हें प्रामाणिक होना पड़ेगा। दार्शनिक होने से न चलेगा, वैज्ञानिक होना पड़ेगा।

अब मैं भारतीयों को इन चिकित्साओं में नहीं भेजता हूं, तो कुछ भारतीय यह समझते हैं कि हमें इनकी जरूरत ही नहीं है, इसलिए हमें नहीं भेजा जा रहा है, कि हम तो शुद्ध-बुद्ध हैं ही। यह तो पाश्चिमात्य लोगों को जरूरत है। ये हैं भ्रष्ट, इनकी शुद्धि की जरूरत है। हम तो नहाये बैठे हैं। इसलिए हमें नहीं भेजा जा रहा है।

क्षमा करना, यह कारण नहीं है। तुम्हें नहीं भेजा जा रहा है, क्योंकि तुम्हारी अभी वैज्ञानिक उत्सुकता भी नहीं है जीवन को रूपांतरित करने में। तुम लफ्फाजी में पड़े हो, तुम शाब्दिक जाल में पड़े हो। तुम होशियारी की बातें करते हो, तुम चालबाजी की बातें करते हो। तुम्हारे भीतर बड़ा गहरा पाखंड बैठा हुआ है। इसलिए तुम्हें नहीं भेजा जा रहा है। जैसे ही तुम पाखंड छोड़ने लगोगे वैसे ही तुम्हें भी मैं भेजने लगूंगा। जैसे-जैसे तुम्हारी क्षमता बढ़ेगी और तुम साहसी होओगे, तुम्हें भी भेजने लगूंगा। तुम तो अभी बहुत डर जाओगे। अगर किसी को मैं भेज दूं थेरेपी में, तो उसकी पत्नी आ जाएगी कि नहीं, पता नहीं थेरेपी में वह क्या करें!

एक मित्र को सिर में दर्द था सदा से, वर्षों से। उनको मैंने कहा कि तुम शिआत्सु नाम की जापानी मसाज यहां होती है, वह जाकर ले लो। वे लेने गए, उनकी पत्नी भी पहुंच गई। जो लोग मसाज करते हैं उन्होंने मुझे खबर दी कि उनकी पत्नी की वजह से बड़ी झंझट है, वह वहां खड़ी ही रहती है छाती पर! उसकी पत्नी से पुछवाया। पत्नी ने कहा कि मुझे डर है, क्योंकि मसाज करने वाली स्त्रियां हैं, तो मैं तो वहां मौजूद रहूंगी। मुझे अपने पति पर भरोसा नहीं है।

मसाज करने वालों ने मुझे खबर दी कि जब पत्नी नहीं होती तो पति शिथिल होता है, हलका होता है। नब्बे प्रतिशत सिर दर्द तो पत्नी की गैर-मौजूदगी में ऐसे ही चला जाता है। दस ही प्रतिशत बचता है, बचता है वह मसाज से चला जाता है। पत्नी क्या आ जाती है कि तन जाता है पति, एकदम अकड़ जाता।

अब सचाई यह है कि नब्बे प्रतिशत वह पत्नी ही कारण है सिरदर्द का। फिर भी परिणाम हुआ, एक सात दिन की मसाज से, शिआत्सु से जन्म भर का सिरदर्द चला गया।

अब पत्नी उत्सुक है करवाने को, लेकिन पति राजी नहीं है। क्योंकि मेरी व्यवस्था यह है कि स्त्रियों की मसाज पुरुष करें। पति राजी था, स्त्रियां उसकी मसाज कर रही थीं, उसने कोई इनकार नहीं किया था। लेकिन अब उसकी पत्नी की मसाज कोई पुरुष करे, इससे वह परेशान है। वह यह नहीं चाहता। अब पत्नी आतुर है, उत्सुक है, मगर पति...और पति तो परमात्मा है! पत्नी ज्यादा से ज्यादा खड़ी रही छाती पर और कुछ न कर पाई; मसाज तो हो ही गई, लेकिन पति आज्ञा नहीं दे रहा है।

अब स्त्री और पुरुष के शरीर की ऊर्जाओं के भेद हैं। जब पुरुष स्त्री-शरीर की मसाज करता है, तो ऊर्जा गहरी प्रवेश करती है। क्योंकि पुरुष-ऊर्जा और स्त्री-ऊर्जा का मेल हो जाता है, एक संगीतबद्धता पैदा हो जाती है। अगर स्त्री ही स्त्री की मसाज करे तो उनकी ऊर्जा एक-दूसरे को विकर्षित करती है।

जैसे कि तुम चुंबक को देखते हो, ऋण-चुंबक को ऋण चुंबक के पास ले आओ, तो दोनों दूर हट जाते हैं। ऋण चुंबक के पास धन चुंबक को ले आओ तो दोनों पास आकर जुड़ जाते हैं। ऐसे स्त्री और पुरुष के ऋण और धन विद्युत हैं। उनका ऋण और धन चुंबक है। अगर स्त्री की मसाज पुरुष करे तो ही मसाज गहरी जा सकती है, नहीं तो गहरी नहीं जा सकती। और पुरुष की मसाज स्त्री करे तो ही मसाज गहरी जा सकती है, नहीं तो गहरी नहीं जा सकती। और मसाज इतनी गहरी जा सकती है कि तुम्हारे भीतर के गहरे से गहरे तल में भी जो तनाव हैं उनको मुक्त कर दे।

उन्हीं तनावों के कारण सिरदर्द था, वह सिरदर्द समाप्त हो गया। अब पति को अनुभव भी हो गया है कि मेरी तकलीफ दूर हो गई। अब पत्नी की कुछ तकलीफें हैं, वे भी दूर हो सकती हैं। मगर पति राजी नहीं है। ऐसी हमारी भारतीय बुद्धि है!

तुम्हें समझ में नहीं आ सकता है कि मैं कैसी विपरीत परिस्थितियों में काम कर रहा हूं। सारी स्थिति विपरीत है। तुम्हारी सारी परंपरा रोग की पक्षपाती है। और तुमने रोग पर इतने रंग चढ़ा दिए हैं कि तुम रोग की पूजा कर रहे हो! और अगर आज उन रोगों को तोड़ा जाए, तो तुम्हारी धारणाएं टूटेंगी, तुम्हारी पुरानी चिंताएं टूटेंगी, तुम्हारी पुरानी परंपराएं टूटेंगी। और वह टूटना थोड़े से ही साहसी लोग सह सकते हैं। और जो उतनी हिम्मत नहीं रखता, उसके जीवन में कोई सूरज ऊगने वाला नहीं है।

यह जीवन खो जाएगा। यह जीवन सदा खो जाता है। खो जाने के पहले इसे सुलझा लो।

मुझको दुखी किए जाती है!
सब आशाएं सूख चुकी हैं,
उजड़ चुका संसार प्रणय का,
चिता जल चुकी, राख उड़ चुकी,
मातम तक हो चुका हृदय का,
फिर भी एक उमंग न जाने,
क्यों कम्बख्त जीए जाती है!
मुझको दुखी किए जाती है!

मरते-मरते तक तुम किसी एक गहरी वासना में भरे ही रहते हो, वह छूट ही नहीं पाती। और वही वासना तुम्हारे जीवन का सबसे बड़ा उपद्रव है। उसी वासना का नाम कामवासना है। फिर सारी वासनाएं उसी से पैदा होती हैं--शेष वासनाएं--लोभ, क्रोध, सब कामवासना के ही रूप हैं।

लेकिन कामवासना मरते दम तक भरी रहती है। क्योंकि उसे हल करने का तुम्हें कोई मौका ही नहीं मिला। दबाने के तो सब संस्कार मिले हैं। दबाने के लिए तो सब शिक्षा मिली है। बहुत मिले उसकी निंदा करने वाले, लेकिन उसे समझाने वाला कोई न मिला। दबा-दबा कर बैठे रहे उसकी छाती पर...मगर वह वैसा ही है जैसे कोई ज्वालामुखी के ऊपर बैठा हो। वह बैठा होना बिलकुल झूठा है। मौत तुम्हें बड़ा उदास करेगी। तुम जिंदगी को बिना जाने गुजर गए।

फैल गई बालों पर सफेदी, चौंक जरा करवट तो बदल
शाम से गाफिल सोने वाले देख तो कितनी रात हुई!

रात ही रात में बीत रहा है सब। रात ही रात में बाल पक जाते हैं। रात ही रात में बुढ़ापा आ जाता है, रात ही रात में मौत आ जाती है। और तुम जिंदगी के सवाल पूछते ही नहीं। तुम रात में मीठी-मीठी कहानियां सुनना चाहते हो। तुम ऐसी कहानियां सुनना चाहते हो जो तुमको सांत्वना दें।

मैं चाहता हूं कि तुम्हें सत्य मिले, सांत्वना नहीं, संतोष नहीं--सत्य।

अपनी इच्छा के प्रलाप में, हाय, हृदय ने समझ लिया था
प्रेम सत्य है, अविनाशी है, इसको काल नहीं छू सकता!
हाय, अभागा समझ न पाया
यह है आनी-जानी छाया;
आशा छाया, जीवन छाया;
प्यार, दुलार, जवानी छाया;
जो कुछ हमें मिला है वह सब सपना-सा खो जाने को है!
आंखें, हाय, भूल जाने को, पागल दिल सो जाने को है!!

सब मिट जाएगा। इसके पहले कि सब मिट जाए, तुम्हारे भीतर साक्षी का जन्म हो जाना चाहिए। और साक्षी का जन्म जिस भांति हो, उन सारे प्रयोगों से गुजरने की हिम्मत होनी चाहिए। साक्षी जन्म जाए प्रज्ञा, तो तू समझ लेगी बद्धता क्या है, मुमुक्षा क्या है, मुक्ति क्या है, मोक्ष क्या है? बस एक साक्षी के जग जाने से सब समझ में आ जाएगा।

और साक्षी को जगाना हो, तो जीवन के यथार्थ के प्रति जागो। झूठे आकाशीय सपनों, सिद्धांतों में मत उलझे रहो। शास्त्रीय जिज्ञासाएं मत उठाओ, जीवंत जिज्ञासाएं उठाओ। अपनी वास्तविक समस्याएं मेरे सामने रखो। उन्हें सुंदर-सुंदर सिद्धांतों में मत छिपाओ।

मैं तुम्हारे घाव भर सकता हूं, लेकिन तुम फूलों में छिपाओगे उन्हें तो वे कैसे भरेंगे? वे नासूर बन जाएंगे। वे कैंसर भी बन सकते हैं।

आज इतना ही।

८

जीवन का शीर्षक: प्रेम

प्रश्न–सार

- आपका असहाय बालक रोता है।
  आज अंतरीये करूं हूं आह्वान, नथी पूजा आयोजन
  केवल आ मम तन–मन, तव दर्शन दान।
- मनुष्य या तो काम–भोग की अति में चला जाता है या फिर उसके विपरीत काम–दमन की कुंठा में। इस विषय में सहज–योग की दृष्टि क्या है?
- कौन आया मेरे मन के द्वारे पायल की झनकार लिए!
  आंख न जाने दिल पहचाने मूरतिया कुछ ऐसी
  याद करूं तो याद न आए सूरतिया ये कैसी
  पागल मनवा सोच में डूबा एक अनोखा प्यार लिए! फ
- काम, क्रोध, लोभ, मोह जैसे मनोविकारों एवं अहंकार, मूर्च्छा जैसी अवस्थाओं के ऊपर उठने के लिए बुद्ध, महावीर और सारे भारतीय संतों ने ध्यान–जागरण, भजन–कीर्तन, सत्संग जैसे उपाय ही कहे हैं। पर आप क्यों, क्या जान कर भारतीय मित्रों के लिए अन्य उपायों के साथ थेरेपी–ग्रुप (समूह–मनोचिकित्सा)जैसे नये उपाय भी जोड़ रहे हैं?
- क्या प्रेम जीवन की सर्वाधिक महत्वपूर्ण घटना है?

पहला प्रश्न:

ओशो, आपका असहाय बालक रोता है।

आज अंतरीये करूं हूं आह्वान, नथी पूजा आयोजन

केवल आ मम तन-मन, तव दर्शन दान।

तरु! उतना काफी है। रो सके कोई, बस प्रार्थना पूरी हो जाती है। आंसुओं पर प्रारंभ है, आंसुओं पर ही अंत। शेष सब फूल पराए हैं, आंसुओं के फूल ही अपने हैं। शेष सब, जो भी आयोजन मनुष्य करता है, स्थूल हैं। स्थूल आयोजन की कोई आवश्यकता नहीं है। सूक्ष्म में भाव उठे, सूक्ष्म में तरंग जगे--आंसुओं में बहे कि गीतों में, नृत्य बने कि संगीत--पर मौलिक बात है अंतर्तम में उठे भाव। भाव उठा कि भक्ति हो गई।

शायद किसी को सुनाई भी न पड़े, जरूरी भी नहीं है कि आंख से आंसू प्रकट ही हों; आंख गीली हो जाए, उतना काफी है। आंख तक आंसू आएं, यह भी जरूरी नहीं है; हृदय गीला हो जाए, उतना काफी है।

हृदय की आद्रता प्रार्थना है।

हरम-ओ-दैर के कत्बे वोह देखे, जिसको फुर्सत है।

यहां हद्दे-नजर तक सिर्फ उनवाने-मुहब्बत है।।

मंदिर-मस्जिदों के शिलालेख वे लोग पढ़ें जिनके पास फिजूल समय है।

हरम-ओ-दैर के कत्बे वोह देखे, जिसको फुर्सत है।

यहां हद्दे-नजर तक सिर्फ उनवाने-मुहब्बत है।।

यहां तो जहां तक दिखाई पड़ता है वहां तक बस प्रेम ही प्रेम है। बस प्रेम ही जीवन का शीर्षक है। सिर्फ उनवाने-मुहब्बत है: ऐसी भावदशा का नाम प्रार्थना है। फिर न कोई आयोजन करना होता है, न कोई अर्चना करनी होती, न पूजा के थाल सजाने होते हैं।

ये वृक्ष खड़े हैं चुपचाप; यह इनकी प्रार्थना है। पक्षी गाते हैं; वह उनकी प्रार्थना है। आकाश में बादल भटकते हैं; वह उनकी प्रार्थना है। सागर की तरफ दौड़ती हुई नदियां प्रार्थनारत हैं। यह सारा अस्तित्व प्रार्थना में लीन है। आयोजन तो कहीं भी प्रार्थना का नहीं हो रहा; आयोजन तो सिर्फ आदमी करता है और आदमी की भर प्रार्थना झूठी हो जाती है। आदमी मंदिर बनाता है, मूर्ति बनाता है, थाल सजाता है, मंत्र-पाठ करता

है; ये सब झूठे हैं। प्रार्थना तो चल ही रही है--इन वृक्षों के सन्नाटे में, इन बूंदों की टपटप में। सारा अस्तित्व प्रार्थना में लीन है। एक आदमी को ही प्रार्थना का आयोजन करना होता है। सारा अस्तित्व प्रार्थना में डूबा ही हुआ है--अहर्निश, दिन और रात, प्रतिपल प्रार्थना चल रही है। परमात्मा में हैं हम, तो प्रार्थना के बाहर कैसे हो सकते हैं?

जो तुम्हें कुछ कहने का भाव आ जाए, कह देना; लेकिन कहने से प्रार्थना का कोई संबंध नहीं है, अनकही भी पूरी हो जाती है। हां, कहने का भाव आ जाए तो दबाना मत, रोकना मत; पीछे चाहे क्षमा मांग लेना परमात्मा से।

बक गया हूं जुनूं में क्या-क्या कुछ
कुछ न समझे खुदा करे कोई

प्रार्थना तो एक मस्ती है, एक जुनून है; लेकिन लोग तो प्रार्थना का कितना क्रियाकांड बना लिए हैं, कितना गणित बिठा लिए हैं! कितनी माला फेरनी, कितने नाम जपने हैं, कितने मंत्र-पाठ करने हैं, किस तरह पानी चढ़ाना--लोगों ने तो इतना हिसाब बना लिया है। हमारे पास एक शब्द है: कुशल। तुम जान कर हैरान होओगे, 'कुशल' शब्द प्रार्थना के तथाकथित शास्त्र से आया है। कुशल उस आदमी को कहते थे जो जंगल से जाकर प्रार्थना के लिए सुंदरतम कुश खोज लाये; जो श्रेष्ठतम कुश खोज लाये, क्योंकि कुशों से फिर पानी ढालेंगे। यह बात इतनी महत्वपूर्ण हो गई इस देश में कि कुश खोज लेने वाले जो व्यक्ति थे, जो कुशल कहलाता था...कुश लाना तो अब रहा नहीं, लेकिन कुशल शब्द शेष रह गया। अब किसी भी काम में जो होशियार है, उसको हम कुशल कहते हैं। किसी भी काम में जो होशियार है, उसको कुशल कहते हैं! लेकिन पैदा हुआ था वह, प्रार्थना का गणित बिठाने में जो कुशल था। उससे उस शब्द की यात्रा शुरू हुई थी।

अब प्रार्थना का कुशलता से कोई भी संबंध नहीं--प्रार्थना का संबंध है निर्दोषता से। कुशल तो कभी प्रार्थना न कर पाएगा, कुशल तो चालबाज है। गणित और परमात्मा का कोई संबंध नहीं जुड़ता। जहां गणित आया, संबंध टूट जाता है। गणित तो लेन-देन की दुनिया की बात है, हिसाब-किताब की दुनिया की बात है।

प्रेम का गणित से क्या लेना-देना है? प्रेम के रास्ते अनूठे हैं।

उनके तसव्वुरात का अल्लाह रे करम।
तनहा न एक लमहे को रहने दिया मुझे।।

उस परमात्मा के प्रेम में जो डुबकी मार लेता है उसका ध्यान सतत भीतर बहता ही रहता है। धुन बंध जाती है। सोओ तो भी धुन बंधी रहती है, टूटती नहीं। जैसे श्वास चलती रहती है ऐसी उसकी धुन चलती रहती है। जस पनिहार धरै सिर गागर! जैसे पनिहारिन सिर पर गागर लेकर चलती है तो हाथ का सहारा भी नहीं देती, सहेलियों से बात करती है, गीत गाती है, गपशप करती है, राह में आ गए लोगों से हंसी-ठिठोली कर लेती है--और चलती जाती है, मगर ध्यान उसका लगा रहता है गागर में! ध्यानपूर्वक सम्हाले रहती है। जैसे मां सोती है, आकाश में बादलों का गर्जन होता रहे, बिजलियां कौंधें, उसे सुनाई नहीं पड़ता, लेकिन उसका बच्चा जरा कुनमुना दे और उसे सुनाई पड़ जाता है। कैसे? ध्यान जुड़ा है! ध्यान का पतला सा धागा बंधा है। प्रीति का धागा बड़ा सूक्ष्म है, लेकिन उतना काफी है।

उनके तसव्वुरात का अल्लाह रे करम।

प्रभु के ध्यान की धारा बहती ही रहती है, यह भी उसकी अनुकंपा है। तनहा न एक लमहे को रहने दिया मुझे! एक क्षण को भी परमात्मा मुझे अकेला नहीं रहने देता; उसका ध्यान बंधा ही रहता है। और फिर ध्यान बंध जाए तो नरक भी स्वर्ग है। फिर तुम्हें कोई नरक नहीं भेज सकता। फिर तो नरक में भी उसका ध्यान बंधा रहेगा। फिर तो विरह की रात्रि भी मिलन की रात्रि है, सुहागरात है। फिर तुम्हें उससे कोई दूर कर ही नहीं सकता, कोई उपाय ही नहीं है। मौत भी विदा न करेगी, क्योंकि मौत में भी ध्यान बंधा ही रहेगा।

शबे-हिजरां की सख्ती हो तो हो, लेकिन यह क्या कम है।
कि लब पै रात भर रह-रह के तेरा नाम आएगा।।

फिर कितनी ही विरह की रात्रि लंबी हो, क्या फर्क पड़ता है? शबे-हिजरां की सख्ती हो तो हो! फिर विरह की कितनी ही चोट पड़ती रहे, क्या फिकर? लेकिन यह क्या कम है कि लब पै रात भर रह-रह के तेरा नाम आएगा! हो जाए लंबी रात विरह की, चिंता नहीं और हो जाए कठोर विरह की चोट, चिंता नहीं। जितनी होगी रात लंबी उतनी ही तेरी याद गहन होती जाएगी।

इंसान मुसीबत में हिम्मत न अगर हारे।
आसां से वो आसां है, मुश्किल से जो मुश्किल है।।
दुनिया की तरक्की है इस राज से बाबस्ता।
इंसान के कब्जे में सब-कुछ है अगर दिल है।।

बस एक ही बात कर लेने की है कि तुम्हारा दिल उसके साथ धड़कने लगे, फिर नहीं कोई जरूरत है फिर किसी व्यवस्था-आयोजन की। इंसान मुसीबत में हिम्मत न अगर हारे। और यही मुसीबत का क्षण है, जब कि हम संबंध जोड़ नहीं पाते, जब कि हृदय उसके साथ धड़क नहीं पाता, जब कि हम दूर-दूर पड़ जाते हैं।

इंसान मुसीबत में हिम्मत न अगर हारे।

आसां से वो आसां है, मुश्किल से जो मुश्किल है।।

मुश्किल से मुश्किल बात जो है इस जगत में, वह परमात्मा से संबंध जोड़ना है। लेकिन वही सबसे आसान से आसान बात हो जाती है। बस एक ही बात कर लेनी है: तुम्हारी धड़कनों में बस जाए वह।

कोई मुझे झंझोड़ रहा है!
उड़ने को प्राणों का पंछी
पिंजरे में सिर फोड़ रहा है!!

पिछली रात, फुहार, चांदनी,
हवा स्वप्न-से घोल रही है;
दूर कहीं अनुरागमयी--
अध-जगी फाख्ता बोल रही है,

घायल पंछी-सा कुछ मेरी
छाती में दम तोड़ रहा है!
कोई मुझे झंझोड़ रहा है!!

झंझोड़ने लगे उसकी याद तुम्हें, जैसे घायल पंछी फड़फड़ाने लगे पर--उड़ने को आतुर हो जाए पिंजड़े के बाहर!

कोई मुझे झंझोड़ रहा है!!
उड़ने को प्राणों का पंछी
पिंजरे में सिर फोड़ रहा है!!

बस प्रार्थना हो गई! यह भाव जगा कि मुक्त हो जाऊं, कि सारे बंधन तोड़ दूं--कि टूटना शुरू हो गए!

पिछली रात, फुहार, चांदनी,
हवा स्वप्न से घोल रही है;
दूर कहीं अनुरागमयी--
अध-जगी फाख्ता बोल रही है,

घायल पंछी-सा कुछ मेरी
छाती में दम तोड़ रहा है!
कोई मुझे झंझोड़ रहा है!!

उड़ने को प्राणों का पंछी
पिंजरे में सिर फोड़ रहा है!!

न तो मंदिर जाओ, न मस्जिद, न गुरुद्वारा। जहां बैठ जाओ वहीं मंदिर बन जाए, वही मस्जिद हो जाए, वही गुरुद्वारा। बस हृदय में याद को जगाओ।

गाता हूं नित सांझ सकारे!
तुम्हें देखने को अधीर जब
मैं निर्वासित हो जाता हूं,
संगीहीन अंधेरे के आकुल
क्रंदन में खो जाता हूं;
अपने प्यासे गीतों के तब
गीले अंचल फैलाता हूं,
इस आशा में, हाय, कि छू लूं
इन से ही प्रिय चरण तुम्हारे!
गाता हूं नित सांझ सकारे!!

गाओ! गुनगुनाओ! रोओ! नाचो!

गाता हूं नित सांझ सकारे!!
तुम्हें देखने को अधीर जब

मैं निर्वासित हो जाता हूं,
संगीहीन अंधेरे के आकुल
क्रंदन में खो जाता हूं;
अपने प्यासे गीतों के तब
गीले अंचल फैलाता हूं!

बस इतना पर्याप्त है। तुम्हारी प्यास से गीला आंचल हो, तुम्हारे आंसुओं की अंजली तुम्हारे आंचल में हो--बस पर्याप्त है। सब हो गया--सारी पूजा, सारी अर्चना सध गई। फिर न हो मंत्र, चलेगा; न हो शास्त्र, चलेगा; न हो मूर्ति, चलेगा। फिर कोई और आरती नहीं सजानी; हृदय का दीया जल जाए।

और फिर तुम्हें दोहरा दूं: यह सारा अस्तित्व प्रार्थनामय है, सिर्फ मनुष्य को छोड़ कर। सिर्फ मनुष्य ही है जो पूछता है: प्रार्थना कैसे करें? सारा अस्तित्व प्रार्थना कर रहा है। तुम जरा आंख खोल कर तो देखो! पहाड़ प्रार्थना में लीन हैं। आकाश प्रार्थना से भरा है। सागर प्रार्थना की ही गुंजार कर रहे हैं। सिर्फ आदमी पूछता है: कैसे प्रार्थना करें? और 'कैसे' में ही चूक हो जाती है। 'कैसे' की कोई बात नहीं है।

कलियों में मुस्का-मुस्का कर
अलबेली सुकुमार मालती,
निज सौरभ के प्रेम-संदेसे
भेज भ्रमर से प्रीति पालती!

गेहविहीना कोकिल का रव
देख विजन कानन में रोता,
आम्रमंजरी सिहर-सिहर कर
देती आतुर प्रेम संदेसा!

रजनी अंचल में मुख ढक कर
स्वप्न विधुर प्रणयातुर अंबर,
अश्रुकणों में बिखरा जाता
प्रेम-संदेसे अवनि-वक्ष पर,

खद्योतों के छिन्न हार में
प्रेम-संदेसे गूंथ-गूंथ कर,
चक्रवाक का क्रंदन ले निशि--
ऊषा का अंचल देती भर!

आम्रमंजरी सिहर-सिहर कर
देती आतुर प्रेम संदेसा।
गेहविहीना कोकिल का रव
देख विजन कानन में रोता।

चारों तरफ चाहे कोकिल का क्रंदन हो और चाहे आम्रमंजरी से उठती हुई सुवास हो, यह सभी प्रभु-चरणों में समर्पित है। यह सभी उस प्यारे को पुकारा जा रहा है।

कलियों में मुस्का-मुस्का कर
अलबेली सुकुमार मालती,
निज सौरभ के प्रेम-संदेसे
भेज भ्रमर से प्रीति पालती!

यह जो मालती और भ्रमर के बीच घटना घट रही है, यह भक्त और भगवान के बीच घटी घटना का ही एक रूप है।

गेहविहीना कोकिल का रव
देख विजन कानन में रोता,
आम्रमंजरी सिहर-सिहर कर
देती आतुर प्रेम संदेसा!

ये सब प्रीति की ही अलग-अलग भाव-भंगिमाएं हैं। लेकिन मनुष्य को एक गलत बात सिखाई गई है कि प्रेम और प्रार्थना विपरीत हैं। इससे ही अड़चन हो गई है। इससे तुम पूछते हो: प्रार्थना कैसे करें? और तुम सब जानते हो कि प्रेम कैसे करें। मगर पंडितों ने समझाया है कि 'प्रार्थना अलग ही बात है; अलग ही नहीं, उलटी बात है। प्रेम छोड़ोगे तो प्रार्थना होगी।' बस यहीं चूक हो गई। यहीं से मनुष्य का भटकाव शुरू हुआ। अब मनुष्य लाख उपाय करे, समझ में नहीं आता कि प्रार्थना कैसे करूं।

प्रार्थना प्रेम का ही निखार है। प्रार्थना प्रेम पर ही रखी गई धार है। प्रार्थना...अगर प्रेम फूल है तो प्रार्थना सुवास है। और अगर प्रेम दीया है तो प्रार्थना ज्योति है।

एक बात तुम्हारे मन में साफ हो जाए कि प्रेम ही प्रार्थना है, फिर अड़चन न रह जाएगी। तुमने अपनी पत्नी को चाहा, वह भी प्रार्थना का एक ढंग है। और तुमने अपने बेटे को चाहा, वह भी प्रार्थना का एक ढंग है। और तुमने अपनी मां को चाहा, वह भी प्रार्थना का एक ढंग है। और तुमने अपने मित्र को चाहा, वह भी प्रार्थना का एक ढंग है। यद्यपि बहुत दूर उठना है प्रार्थना को अभी; जैसे बीज से सुगंध दूर है, ऐसे ही तुम्हारे प्रेम से प्रार्थना दूर है। मगर बीज में ही छिपी है। अभी बीज टूटे, अंकुर बने, वृक्ष हो, वर्षों लगेंगे, फिर फूल खिलेंगे, फिर सुवास उठेगी--मगर बीज में सुवास छिपी थी!

कीचड़ में कमल छिपा है। और जिन्होंने कीचड़ का इनकार कर दिया, वे कमल से वंचित रह जाएंगे। कीचड़ का त्याग कर दिया, फिर वे पूछेंगे: कमल कहां से लाएं? और फिर कमल उन्हें मिलेगा नहीं। फिर वे झूठे कमल बनाएंगे। फिर वे कमल की तस्वीरों की पूजा करेंगे।

परमात्मा के नाम पर तस्वीरों और मूर्तियों की पूजा हो रही है और परमात्मा चारों तरफ मौजूद है--कहीं तुम्हारे बेटे की शकल में, कहीं तुम्हारे पति की शकल में, कहीं तुम्हारे भाई की शकल में, कहीं तुम्हारे मित्र, पड़ोसी की शकल में! परमात्मा सब तरफ मौजूद है। तुम अपने प्रेम को सब दिशाओं से प्रार्थना में रूपांतरित करो। प्रेम की सब धाराएं प्रार्थना के सागर में गिरने दो। फिर अड़चन नहीं रह जाती।

तरु! कुछ और आवश्यक नहीं है। तूने पूछा: 'आपका असहाय बालक रोता है।'

बस पर्याप्त है। असहाय होने का भाव और असहाय अवस्था से उठा रुदन: प्रार्थना पूरी हो गई। इसके पार और कोई प्रार्थना न है, न आवश्यक है।

दूसरा प्रश्न:

ओशो, मनुष्य या तो काम-भोग की अति में चला जाता है या फिर उसके विपरीत काम-दमन की कुंठा में। इस विषय में सहज-योग की दृष्टि क्या है--इसे हमें समझाने की कृपा करें।

योग चिन्मय! मनुष्य के संबंध में क्यों पूछते हो? मनुष्य यानी कौन? मनुष्य को कहां खोजोगे? मनुष्य तो केवल एक हवाई शब्द है। कहीं राम मिलेगा, कहीं रहीम मिलेगा, मनुष्य कहीं भी न मिलेगा। कहीं अ, कहीं ब, कहीं स; मनुष्य कहीं भी नहीं मिलेगा। मनुष्य तो एक कल्पित शब्द है। और जब भी हम कल्पित शब्दों के संबंध में प्रश्न पूछने लगते हैं तब यथार्थ से दूर हो जाते हैं।

मनुष्य के संबंध में न पूछो, स्वयं के संबंध में पूछो। क्यों पूछते हो मनुष्य या तो काम-भोग की अति में चला जाता है या फिर इसके विपरीत काम-दमन की कुंठा में? जैसे कि यह तुम्हारा प्रश्न नहीं है! पूछ रहे हो किसी मनुष्य के संबंध में; इससे तुम्हारा कोई लेना-देना नहीं है! पूछने के लिए पूछ लिया है। तो अगर पूछने के लिए पूछ लिया है--व्यर्थ है; और या फिर तुम्हारा प्रश्न है। तो सीधा पूछना चाहिए कि क्यों मैं काम-भोग की अति में चला जाता हूं या फिर इसके विपरीत काम-दमन की कुंठा में?

प्रश्न तुम्हारा होना चाहिए, तो ही तो तुम्हें उत्तर दे सकूं; नहीं तो मिलेगा जब यह मनुष्य मुझे तब इसे उत्तर दे दूंगा। यह तुम्हारा प्रश्न तो है नहीं।

खयाल रखो: प्रश्नों को जितना यथार्थ बना सको उतना अच्छा है। और प्रश्न तुम्हारे होने चाहिए। तुम्हें क्या चिंता मनुष्य की? मनुष्य से तुम्हें लेना-देना क्या है? पड़ने दो मनुष्य को काम-दमन में या काम-भोग में, तुम्हारा क्या प्रयोजन है? तुम तो बाहर हो! तुम तो इस झंझट में नहीं हो! यह तुम्हारी पीड़ा तो नहीं है। तुम चिकित्सक के पास यह तो जाकर नहीं पूछते: मनुष्य को टी.बी. क्यों हो जाती है, कि मनुष्य को ऐसा क्यों हो जाता है वैसा क्यों हो जाता है? कि क्या करें कि मनुष्य को टी.बी. न हो? चिकित्सक भी थोड़ा हैरान होगा। पूछेगा: मनुष्य कहां है? किस मनुष्य की बात कर रहे हो? तुम्हें कोई तकलीफ हो तो उसका उपचार हो सके, तो निदान हो सके, चिकित्सा हो सके, विश्लेषण हो सके। मगर मनुष्य...मनुष्य कहीं भी नहीं है।

मनुष्य तो एक तरकीब है आदमी की। जो बात हम सहज अपने संबंध में नहीं पूछना चाहते, वह हम मनुष्य के संबंध में पूछते हैं। जिन बातों को हम टालना चाहते हैं...।

मेरे पास लोग आते हैं। वे कहते हैं: 'हमें मनुष्यता से बहुत प्रेम है।' मनुष्यता से! मनुष्यता को कैसे आलिंगन करोगे? मनुष्यता का हाथ में हाथ कैसे पकड़ोगे? मनुष्यता से प्रेम बड़ी होशियार तरकीब है, बड़ी चालबाज बात हो गई यह। मनुष्य जो तुम्हारे पड़ोस में रहता है, उससे नहीं है; मनुष्य जो तुम्हारे घर में रहते हैं, उनसे नहीं है--मनुष्यता! मनुष्यता से प्रेम के नाम पर तुम चाहो तो जितने मनुष्यों की हत्या करना चाहो कर सकते हो। यही हुआ है सदियों में।

लोग धर्म के नाम पर आदमी को मार रहे हैं। मनुष्यता के नाम पर आदमी को मार रहे हैं। शांति के नाम पर, स्वतंत्रता के नाम पर, लोकतंत्र के नाम पर, साम्यवाद के नाम

पर। नामों के बहाने हैं। और नाम इतने ऊंचे हैं कि लगता है कि अगर लाख-दो लाख आदमी मर भी गए इतनी ऊंची बात में, तो हर्ज क्या है?

अडोल्फ हिटलर आसानी से तो नहीं मार सका लाखों लोगों को, मगर एक बड़ा शब्द, सिद्धांत, उसके नाम पर मार सका। स्टेलिन लाखों लोगों की हत्या कर सकता था। एक आदमी की हत्या भी बिना कारण करोगे तो तुम्हें पीड़ा होगी। लेकिन मजे से कर सका...साम्यवाद!

दुनिया के धर्मों ने इतनी हत्या की है जमीन पर कि सारी जमीन लाशों से भर दी है, लहू-लुहान सारा मनुष्य का इतिहास कर दिया है। धर्मों ने, जिनसे शांति की अपेक्षा होती है...मगर ऊंचे शब्द! ऊंचे शब्दों में यथार्थ छिप जाते हैं। शब्द परदे बन जाते हैं।

चिन्मय, यह तुम्हारा प्रश्न है। पूछना चाहिए सीधा-सीधा, ईमानदारी से कि 'मैं काम-भोग की अति में चला जाता हूं या फिर इसके विपरीत काम-दमन की कुंठा में।' तब कुछ आसान बात हो जाएगी। तब कहीं से शुरू किया जा सके। तब कुछ उपचार हो सके। और इस सब की जड़ में काम-दमन है। इन दोनों की जड़ों में--काम की अति और काम-दमन की कुंठा दोनों की जड़ों में--काम-दमन है।

पशु-पक्षी कोई भी अति काम में नहीं जाते। यह होता ही नहीं। क्यों? क्योंकि मौलिक दुर्घटना अभी नहीं घटी। किसी ने उन्हें काम के विपरीत नहीं समझाया है इसलिए काम को दबाया नहीं है। काम को दबाओ कि काम की ऊर्जा इकट्ठी होती है। जिस चीज को भी दबाओगे उस की ऊर्जा इकट्ठी होती चली जाती है। जैसे कि केतली को चढ़ा दिया तुमने चूल्हे पर और चाय होने लगी गरम और अब केतली में भाप इकट्ठी होने लगी, और उसके ढक्कन को दबाये चले जाओ, कहीं से भी भाप निकलने न दो तो दुर्घटना होगी, विस्फोट होगा। किसी की हत्या भी हो सकती है। घर में आग भी लग सकती है। जो आसपास हैं, खतरनाक है वह केतली उनके लिए, उनका जीवन भी ले सकती है।

रोज तुम जीवन-ऊर्जा पैदा कर रहे हो। फिर उस जीवन-ऊर्जा को दबाने का आयोजन चल रहा है। भाप केतली में पैदा हो रही है और भाप को दबाने की कोशिश चल रही है। कब तक दबाओगे? एक सीमा आ जाएगी कि दबा न सकोगे। जब दबा न सकोगे, पेन्डुलम घूम जाएगा दूसरी अति पर। फिर एकदम से तुम पागल की तरह काम-भोग में लग जाओगे। फिर जब काम-भोग में पागल की तरह लगोगे तो जल्दी ही टूट जाओगे, जल्दी ही विषादग्रस्त हो जाओगे। चित्त खिन्न हो जाएगा। उदासी छा

जाएगी। लगेगा सब असार है। चित्त में इतनी असारता मालूम होगी, इतनी व्यर्थता मालूम होगी काम की, कि फिर तुम दमन में लग जाओगे कि चलो वापस। बस अब सिलसिला जारी रहेगा। यह तुम्हारे जीवन-भर जारी रहेगा। लेकिन शुरुआत दमन से होती है। अगर दमन का भाव चला जाए तो अति अपने आप विदा हो जाती है।

कामवासना का दमन नहीं करना है, कामवासना को ऊर्ध्वरेतस बनाना है। ऊर्जा तो है; अगर तुमने दबाया तो विस्फोट होगा। इसलिए ऊर्जा का कोई सृजनात्मक उपयोग करना जरूरी है। और दबाने वाले सृजनात्मक उपयोग नहीं करते। तुम जान कर चकित होओगे कि अगर तुम संगीत में डूब जाओ, अगर तुम एक दो घंटे वीणा बजा लो हृदयपूर्वक, तो तुम्हारे मन में दिनों तक कामवासना पैदा नहीं होगी। क्योंकि जो ऊर्जा कामवासना में पैदा होती थी वह संगीत बन कर प्रकट हो गई। अगर तुम चित्र बनाओ या मूर्ति गढ़ो, अगर तुम किसी भी ऐसे कार्य में अपने को पूरा संलग्न कर दो कि उसको करते समय भूलना हो जाए अहंकार का, बिलकुल भूलना हो जाए...।

यह सूत्र समझना। कामवासना में भी जो रस मिलता है थोड़े से क्षण भर को, वह अहंकार को भूलने के कारण मिलता है। सूत्र है: अहंकार का भूलना। अहंकार बोझ है। अहंकार झूठ है--बड़े से बड़ा झूठ। उसको खींचने में बड़ी तकलीफ हो रही है। उसको बनाए रखने में पीड़ा हो रही है। उसे भुलाना चाहता है आदमी कभी-कभी, तो कभी शराब पीकर भुलाता है, कभी कामवासना में उतर कर भुलाता है। कोई रास्ते खोजता है कि किसी तरह यह भूल जाए। मगर यह भुलाव क्षण भर को होता है, फिर याद आएगी।

जो व्यक्ति जीवन को सृजनात्मक बना लेता है...फिर सृजन किस बात का, इससे भेद नहीं पड़ता--तुम चाहे भोजन ही पकाओ, लेकिन भोजन पकाना सिर्फ काम न हो, सृजनात्मक हो। तुम उसमें अपने को पूरा डुबा दो। तुम अपने को विस्मृत कर दो। कोई भी ऐसा काम तुम्हारे जीवन में चाहिए, जिसमें तुम अपने को विस्मरण कर पाओ। और जैसे-जैसे यह काम की गहराई बढ़ती जाएगी, वैसे-वैसे कामवासना अपने आप क्षीण होती जाएगी और तुम्हारे भीतर ऊर्ध्वगमन शुरू हो जाएगा।

अगर कोई व्यक्ति गीत गा सके, नाच सके, सितार बजा सके, कि बांसुरी बजा सके कि कोई भी कार्य कर सके ऐसा कि जिसमें घंटों बीत जाएं और अपना होश न आए, अहंकार निर्मित न हो, तो महीनों तक के लिए कामवासना विदा हो जाएगी। और एक बार तुम्हें यह सूत्र हाथ में लग जाए तो तुम चकित हो जाओगे कि कामवासना कोई पाप नहीं है--तुम्हारे भीतर ऊर्जा है, महत ऊर्जा है, जिससे बहुत कुछ पैदा हो

सकता है। इस जगत में जो भी सुंदर हुआ है पैदा, फिर चाहे वह ताजमहल हो, चाहे खजुराहो के मंदिर हों, चाहे अजंता-एलोरा की गुफाएं हों...!

तुम्हें पता है कि अजंता-एलोरा की गुफाएं बौद्ध भिक्षुओं ने बनाई हैं! तल्लीन हो गए होंगे। खजुराहो, कोणार्क, पुरी, भुवनेश्वर के मंदिर तंत्र-साधकों ने बनाए हैं, सहज-यानियों ने बनाए। डूब गए होंगे। वर्षों लगे होंगे। जीवन पर जीवन लग गए होंगे। एक पीढ़ी में भी नहीं बना पाए होंगे, अनेक पीढ़ियां लग गई होंगी तांत्रिकों की। मगर डूबे रहे, रसलीन! और उसी रसलीनता में कामवासना से मुक्त हो गए।

ताजमहल सूफी फकीरों की कल्पना है। बनवाया तो एक सम्राट ने, मगर जिन्होंने योजना दी, वे सूफी फकीर हैं। जिन्होंने निर्माण किया, वे भी सूफी फकीर हैं। इसलिए ताजमहल को अगर तुम पूर्णिमा की रात घड़ी दो घड़ी शांत बैठ कर देखते रहो तो अपूर्व ध्यान लग जाएगा। सूफियों के हस्ताक्षर हैं उस पर। आकृति ऐसी है कि डुबा दे ध्यान में।

लाखों बुद्ध की प्रतिमाएं बनीं, किसने बनाईं? यह दुकानदारों का काम नहीं है। यह तकनीशियनों का काम भी नहीं है। ऐसी प्रतिमाएं बुद्ध की बनीं कि जिनके पास बैठ जाओ...पत्थर हैं, मगर पत्थर में इतना भर दिया, पत्थर में ऐसी आकृति दी, ऐसा रंग दिया, ऐसा रूप दिया, ऐसा भाव दिया, कि पत्थर के पास भी बैठ जाओ तो तुम्हारे भीतर कुछ थिर हो जाए।

चीन में एक मंदिर है--दस हजार बुद्धों का मंदिर। उसमें दस हजार बुद्ध की प्रतिमाएं हैं। सदियों में बना। भिक्षु बनाते ही रहे, बनाते ही रहे, बनाते ही रहे। यह काम-ऊर्जा का ऊर्ध्वगमन है।

लेकिन इस देश में एक भ्रांति फैल गई कि संन्यासी को कुछ करना नहीं चाहिए, उसे कुछ निर्माण भी नहीं करना चाहिए। संन्यासी का तो कुल काम इतना है कि वह सेवा ले, लोगों से सेवा ले, खुद कुछ भी न करे। लोग उसके पैर दबाएं बस इतनी ही उसकी कृपा बहुत है। ये संन्यासी कामवासना को न दबाएंगे तो क्या करेंगे? और जब कामवासना दबाएंगे तो आज नहीं कल फूटेगी, पीछे के दरवाजों से निकलेगी।

योग चिन्मय के मन में इस पुराने संन्यास से छुटकारा नहीं होता। यहां भी वह काम में लगे हैं, मगर डूबते नहीं हैं। घड़ी देख कर काम करते हैं। यहां जो डूबे हैं उनको घड़ी की कोई चिंता नहीं रह गई है।...काम ऐसा करते हैं कि करना पड़ रहा है, मजबूरी है। आश्रम के हिस्से हैं तो कुछ काम करना पड़ेगा; लेकिन ऐसा नहीं है कि डूब जाएं, कि

न दिन देखें न रात, कि काम का रस हो, कि काम एक सृजनात्मकता, कि जो भी करने को दिया गया है वह तुम्हारी साधना है। इस तरह नहीं। साधना की तरह नहीं कर पा रहे हैं। वह पुराना जो भारतीय मानस है कि संन्यासी को तो बस ध्यान इत्यादि कर लिया बहुत, कि थोड़ा योगासन इत्यादि कर लिए बहुत, बस पर्याप्त हो गया।

फिर ऊर्जा इकट्ठी होगी। फिर इस ऊर्जा का क्या करोगे? फिर अड़चन आएगी। अगर कामवासना में डूबोगे तो अति हो जाएगी। अति होती ही तब है जब किसी चीज का दमन हो गया हो। जैसे किसी ने कुछ दिन उपवास किया हो, फिर भोजन शुरू करेगा तो अति होगी। वह ज्यादा भोजन करेगा। लेकिन जो आदमी रोज सम्यक भोजन करता रहा है, वह अति नहीं करेगा। अति की कोई जरूरत नहीं है।

वैज्ञानिक कहते हैं कि छोटे बच्चे भी, अगर उनको शक हो कि मां समय पर भोजन देगी कि नहीं देगी, तो अति कर देते हैं, ज्यादा दूध पी जाते हैं, ज्यादा खाना खा लेते हैं। लेकिन अगर पक्का भरोसा होता है बच्चे को कि समय पर भोजन मिलेगा, जब जरूरत होगी तब मिलेगा, तो ज्यादा खाना तो दूर, वह खाने की फिकर ही छोड़ देता है, कि जब जरूरत होगी तब। मां उसके पीछे फिरती है कि थोड़ा खाना खा ले, मगर उसे कोई फिकर नहीं, क्योंकि आश्वस्त है।

तुम जान कर चकित होओगे कि समृद्ध घरों के बच्चों के पेट बड़े नहीं पाओगे, लेकिन गरीब घर के बच्चों के पेट बड़े पाओगे। क्यों? गरीब घर के बच्चों के पेट तो बिलकुल सिकुड़े होने चाहिए, बड़े नहीं होने चाहिए। लेकिन गरीब घर के बच्चे ज्यादा खाना खा जाते हैं। वह गरीबी का लक्षण है--वह जो बड़ा पेट है। वह बता रहा है कि पता नहीं कल भोजन मिले कि नहीं; सांझ भोजन मिले कि नहीं; अभी जब मिला है तो जितना करना है कर लो। वह अति कर रहा है। वह भूख का लक्षण है।

अति हो जाती है दमन से। तो एक दफा अगर तुमने कामवासना को दबाया... और दबाओगे नहीं तो क्या करोगे, क्योंकि कहीं सृजनात्मक किसी कृत्य में उसे लगाना नहीं है, सृजनात्मक होना नहीं है। तो इकट्ठी होती जाएगी। फिर एकदम से अति होगी। विक्षिप्त ढंग से अति होगी। और जब अति होगी तो थकोगे। अति होगी तो ऊर्जा अकारण बहेगी। अति होगी तो पीछे तुम खाली रह जाओगे, रिक्त, थोथे, चली हुई कारतूस जैसे। फिर मन में विषाद पकड़ेगा। फिर वे पुरानी भारतीय धारणाएं फिर जोर मारेंगी कि देखो ऋषि-मुनि कह गए हैं कि कामवासना से बचना; नहीं बचे, अब

भोगो। अब बिलकुल हो गए खाली, अब रिक्त; अब जीवन बिलकुल बेस्वाद मालूम पड़ता है। ऋषि-मुनि ठीक कहते थे।

फिर इकट्ठी करोगे। और जब ऊर्जा बहुत बढ़ जाएगी तब मन कहेगा कि यह तुम क्या कर रहे हो? अब यह केतली फूटने के करीब आ रही है। अब फ्रायड और जुंग और एडलर ठीक कहते हैं कि कामवासना का निष्कासन होना चाहिए, निकास होना चाहिए। तो अब करो निकास। जब कामवासना दबा लोगे तो जुंग, फ्रायड और एडलर याद आएंगे और जब कामवासना अतिशय से बह जाएगी तब सब ऋषि-मुनि तुम्हें याद आएंगे। अब तुम फंस गए एक द्वंद्व में। अब इस द्वंद्व से तुम्हारा बाहर होना मुश्किल हो जाएगा।

इस आश्रम के जो अंतःनिवासी हैं उनके लिए मैं फिकर कर रहा हूं यही कि उनका सारा जीवन एक सृजनात्मक जीवन बन जाए। संन्यासी बहुत दिन जी लिया असृजनात्मक ढंग से। उसकी आदत खराब हो गई है। वह काहिल, सुस्त, अपाहिज हो गया है। कुछ करना ही भूल गया वह। खाली बैठे रहना और व्यर्थ की बातें करते रहना--ब्रह्मचर्चा इत्यादि--वही उसका काम हो गया है। उस कारण वह अड़चन में पड़ा है।

मगर चिन्मय को समझ नहीं आ रही। इतने दिन यहां रहकर भी जो थोड़े से लोग काम में पूरी तरह नहीं डूबे हैं, उनमें से वह अग्रणीय हैं।

फिर ये उलझाव खड़े होते रहेंगे और सीधा पूछोगे नहीं; पूछोगे कि मनुष्य...अब मनुष्य को क्या उत्तर दिया जाए? कौन है मनुष्य? उसके बाबत जानकारी होनी चाहिए, तभी उत्तर दिया जा सकता है। मैं जो भी उत्तर दे रहा हूं वे उत्तर तभी सार्थक होंगे जब उन उत्तरों को किसको दिया गया है तुम्हें याद हो, नहीं तो अड़चन होगी। ये उत्तर हवा में नहीं दिए जा रहे हैं। ये कोरे थोथे उत्तर नहीं हैं। इनका संदर्भ है।

और तुमने पूछा कि इस विषय में सहज-योग की दृष्टि क्या है? जहां दृष्टि होगी वहां असहज हो जाती है बात। सहज-योग की कोई दृष्टि नहीं है। दृष्टि का मतलब ही है: असहज। सहज-योग तो कहता है: जैसे हो ठीक हो। प्राकृतिक हो, बिल्कुल ठीक हो। नैसर्गिक हो, बिल्कुल ठीक हो। जब भूख लगे भोजन कर लेना और जब नींद आए तो सो जाना।

सहज-योग की कोई दृष्टि नहीं है, यही तो उसकी सहजता है। जब दृष्टि आती है, अड़चन शुरू हो जाती है। अभी भी तुम दृष्टि पूछ रहे हो। तुम पूछ रहे हो कि बता दें दृष्टि--'दबाएं कि भोगें? सहज-योग की क्या दृष्टि है?' अब दो ही दृष्टियां हो सकती

हैं--या तो दबाओ या भोगो। सहज-योग की कोई दृष्टि नहीं है। इसलिए न दबाने का सवाल है न भोगने का सवाल है। जो सहज तुम्हारे भीतर उठे उसे जीओ, स्वीकार करो, अंगीकार करो। जो भी उठे बेशर्त अंगीकार करो। दृष्टि को लाने का मतलब ही यह होता है कि तुमने स्वभाव के ऊपर सिद्धांत लादना शुरू कर दिया।

कोई पशु-पक्षी नहीं पूछता कि दृष्टि क्या है। मगर तुम देखते हो पशु-पक्षियों को, कितने सुंदर हैं, कितने सम्यक हैं, कितने स्वाभाविक हैं!

एक महाकवि वाल्ट व्हिटमैन ने जंगल में पशु-पक्षियों को देख कर एक कविता लिखी। उस कविता में लिखा कि इन पशु-पक्षियों को देख कर मैं ईर्ष्या से भर गया हूं--इतने सहज, इतने सुंदर, इतने समतुल, इतने संगीतपूर्ण! जरा भी अति नहीं! इतनी सहजता!

अब तुम थोड़ा सोचो कि यह कैसी मनुष्य की दयनीय अवस्था है! मनुष्य के पास चेतना है, इस जगत में सर्वाधिक बोध है--और पशु-पक्षियों से ईर्ष्या करने की हालत आ गई है, कि मन होता है कि पशु-पक्षी ही होते तो अच्छा था! यह हालत कैसे पैदा हो गई? यह किसने पैदा करवा दी? ये कौन हैं लोग जिन्होंने आदमी के मन में जहर घोल दिया?

और मैं तुम्हें याद दिलाऊं कि ये तुम्हारे तथाकथित धर्मगुरु तुम्हारे मन में जहर घोलने का कारण हैं। मगर तुम तो उनकी बातों को अमृत मान कर बैठे हो। तुम तो पंडित-पुरोहितों के पीछे अंधे की तरह चले जा रहे हो--अंधों के पीछे अंधे!

सहज-योग की कोई दृष्टि नहीं है। यही तो सहज का अर्थ होता है: कोई दृष्टि नहीं! जो स्वाभाविक है, सुंदर है, स्वीकार है, स्वागत-योग्य है। जब जो तुम्हारे भीतर उठता हो उसे चुपचाप अंगीकार करना; दृष्टि लाये तो अड़चन आएगी। दृष्टि कहेगी: यह ठीक नहीं है, मत करो। यह ठीक है, इसे जरा ज्यादा करो। यह गलत है, इससे बचो।

सहज-योग कहता है: जो है जैसा है--परमात्मा का दान है, परमात्मा की देन है, परमात्मा की भेंट है। तुम उसे अंगीकार करो।

तुम बहुत डरोगे। तुम्हारा डर आएगा--तुम्हारी दमन की धारणाओं के कारण--कि इसमें तो खतरा है, इसमें कहीं अति न हो जाए! अति से बचने का यही उपाय है: होगी अति कुछ दिन, शुरू-शुरू में अति होगी, मगर उसका जिम्मा सहज-योग का नहीं है, उसका जुम्मा तुम्हारे दमन करवाने वाले लोगों का है। शुरू-शुरू में अति होगी। कुछ दिन तक अति होने देना, ठीक है।

किसी शाखा को पकड़ कर अगर वृक्ष की तुम नीचे झुका लो और फिर छोड़ो तो शाखा थोड़ी देर तक कंपेगी, कंपती रहेगी; मगर हर कंपन के साथ कंपन छोटा होता जाएगा। पहले बहुत बड़े-बड़े झोले लेगी, हिचकोले लेगी; फिर छोटे झोले लेगी; फिर और छोटे; फिर और छोटे; फिर और छोटे। धीरे-धीरे धीरे-धीरे एक घड़ी आएगी, तुम पाओगे: शाखा अपनी सम अवस्था में आ गई है।

ऐसी ही चित्त की दशा है। तुम्हारा चित्त खूब खींचा-ताना गया है, इधर खींचो उधर खींचो। तुम्हारे भीतर बड़े कंपन पैदा हो गए हैं। तो जब छोड़ दोगे सब खींचना, तो थोड़ी देर तक तो कंपन जारी रहेंगे, क्योंकि अनंत-अनंत जन्मों से तुम्हारे चित्त पर गलत संस्कार हैं।

सभी संस्कार गलत होते हैं। संस्कार मात्र गलत होते हैं। सभी दृष्टियां गलत होती हैं। दृष्टि-शून्यता सच होती है। दृष्टि-शून्यता ठीक होती है। दृष्टियों से मुक्त हो जाने पर दर्शन उपलब्ध होता है। दृष्टि का मतलब होता है: एक खास पक्षपात है। दृष्टि-मुक्ति का अर्थ होता है: अब कोई पक्षपात नहीं है। जो है वैसा है। न हमें बदलने की कोई इच्छा है, न अन्यथा करने की कोई इच्छा है।

जरा सोचो, जरा ध्यान करो! काश तुम ऐसा अपने को छोड़ पाओ तो थोड़े दिन कंपन होंगे, उनसे घबड़ाना मत, क्योंकि वह स्वाभाविक है। इतने दिन तक शाखा को खींचा गया है, दबाया गया है, अब एकदम से छोड़ी गई है तो कंपेगी। लेकिन वह कंपन हितकर है। शाखा क्यों कंपती है छोड़ने पर? जानते हो, उसका वैज्ञानिक अर्थ क्या है? तुमने शाखा को पकड़ कर जो दमन किया था शाखा की ऊर्जा का, वह ऊर्जा शाखा फेंक रही है कंपकर। हिल-हिल कर शाखा उस ऊर्जा को निष्कासित कर रही है। जब सारी ऊर्जा फिंक जाएगी, शाखा ठहर जाएगी। तुमने एक पत्थर हाथ में लिया और फेंका आकाश की तरफ। कितने दूर जाएगा? उतने ही दूर जाएगा, जितनी ऊर्जा तुमने पत्थर में ठोंस दी। तुमने जो ऊर्जा पत्थर में डाल दी, उसके कारण जाएगा। हो सकता है पचास फीट जाए। इसका अर्थ हुआ कि तुमने पचास फीट तक फेंकने लायक ऊर्जा अपनी उस पत्थर में डाल दी थी; वह विजातीय थी। वह पत्थर की अपनी नहीं थी, उसका स्वभाव नहीं थी। पचास फीट जाकर उसने उस ऊर्जा से छुटकारा पा लिया। जैसे ही ऊर्जा से छुटकारा हो गया, पत्थर गिर जाएगा वापस अपने स्वभाव में।

ऐसे ही तुम्हारे चित्त को बड़ी धारणाओं, दृष्टियों, पक्षपातों से लाद दिया गया है। मेरा सारा श्रम यही है तुम्हारे साथ कि किसी तरह तुम अपने स्वभाव में आ जाओ।

और स्वभाव में आने के लिए सबसे पहली बात है सहज-योग की: जो है जैसा है उसे स्वीकार कर लो। ठीक है, वैसा ही ठीक है। अन्यथा करने की जरा आकांक्षा न रहे।

और दूसरी बात: कंपन होंगे। अति भी होगी। जागरूक रह कर उस अति को झेल लेना। वह अति तुम्हारे विपक्ष में नहीं है। उस तरह दबाई गई ऊर्जा अपना निष्कासन कर लेगी। इतना ही खयाल रखना, फिर दमन करने में मत लग जाना। नहीं तो सिलसिला जारी रहेगा। फिर द्वंद्व के बाहर कभी न हो पाओगे।

और जो भी ऊर्जा तुम्हारी रोज निर्मित होती है--भोजन से निर्मित होती है, चलने-फिरने से निर्मित होती है, श्वास से निर्मित होती है--उस ऊर्जा का सृजनात्मक उपयोग करो। कुछ करो, जिसमें तुम अपने को पूरा डुबा दो!

अब यहां दोनों तरह के लोग हैं मेरे आश्रम में। जिन्होंने अपने को पूरी तरह डुबा दिया है, उनके फूल खिले जा रहे हैं और जो अपने को नहीं डुबा रहे हैं, चालबाजी कर रहे हैं, उनके फूल नहीं खिलेंगे और वे धीरे-धीरे अपने आप पीछे पड़ते जाएंगे। वे धीरे-धीरे दूर पड़ते जाएंगे।

मेरे पास होने का एक ही उपाय है कि तुम बेशर्त भाव से डुबकी मार जाओ। यह जो झील मैं यहां बना रहा हूं ऊर्जा की, इसमें तुम पूरी तरह डुबकी मार जाओ। बचाने को है भी क्या? चालबाजियां अगर जारी रखीं, अगर चित्त का गणित चला कर रखा, तो ठीक है, चलाए रखना; मगर उससे सिर्फ तुम खुद ही धोखा खा रहे हो, कोई और धोखा नहीं खा रहा है। मेरी कोई हानि नहीं है, न यहां और लोगों की कोई हानि है तुम्हारे उस तरह रहने और जीने से। तुम्हीं चूकोगे। फिर तुम पछताओगे। बुरी तरह पछताओगे! क्योंकि ऐसे अवसर मुश्किल से आते हैं। तुम्हें दमन करवाने वाले पंडित-पुरोहित तो लाखों मिल जाएंगे; तुम्हारे जीवन को सृजनात्मक क्रांति देने वाला कभी-कभार मिलेगा।

तीसरा प्रश्न: ओशो,

कौन आया मेरे मन के द्वारे पायल की झनकार लिए!
आंख न जाने दिल पहचाने मूरतिया कुछ ऐसी
याद करूं तो याद न आए सूरतिया ये कैसी
पागल मनवा सोच में डूबा एक अनोखा प्यार लिए!
कौन आया मेरे मन के द्वारे पायल की झनकार लिए!

वीणा! एक ही है आने को। वही आता है। रूप हों अनेक, रंग हों अनेक--वही आता है! वही आता है मधुमास की तरह, वही आता है पतझड़ की तरह। वही आता है मरुस्थल की तरह, वही आता है बसंत की तरह। वही एक कभी सन्नाटे की तरह, कभी आंधियों की तरह। कभी आकाश से बरसती धूप में और कभी घिरी हुई बदलियों की बूंदाबांदी में। मगर आता एक ही है। कोई और है ही नहीं आने को। वही आने वाला है और वही उसका स्वागत करने वाला है। वही अतिथि है, वही आतिथेय है। उस एक का ही नाम परमात्मा है। और जब समझ में आनी शुरू हो जाती है बात तो बड़ा आश्चर्य होता है कि इतने दिन हम कैसे जी लिए बिना परमात्मा के, जब कि वही था! जिससे भी मिले थे उसी से मिले थे। जिससे भी बोले थे उसी से बोले थे। जो भी आया था उसमें वही आया था और द्वार दस्तक दे गया था। हम पहचाने क्यों न?

बे तुम्हारे मैं जी गई अब तक।
तुमको क्या खुद मुझे यकीन नहीं।।

फिर यकीन भी नहीं आता कि तुम्हारे बिना कैसे जी गई, जीवन कैसे संभव हुआ! और एक दिन ऐसा हो जाता है कि परमात्मा वह है, ऐसा भी नहीं कह सकते; परमात्मा यह! ऐसा भी नहीं कह सकते कि तू, बल्कि मैं! मैं और तू का फासला भी गिर जाता है।

यह कैसी बेखुदी है लिख गया हूं।
मैं अपने नाम के बदले तेरा नाम।।

तब...तब जीवन में आनंद की, अमृत की वर्षा होती है।

दैरो-काबे की जियारत तो फकत हीला है
जुस्तजू तेरी लिए फिरती है घर-घर मुझको

और उसी की खोज चल रही है, फिर चाहे तुम काबा जाओ और चाहे काशी।

दैरो-काबे की जियारत तो फकत हीला है।

ये तो सब बहाने हैं। फकत हीला!

जुस्तजू तेरी लिए फिरती है घर-घर मुझको।

कहीं भी जाओ, खोज उसी की चल रही है। जब तुम धन खोजते हो तो भी उसी को खोजते हो, क्योंकि वही परमधन है और जब तक वह न मिलेगा, धन न मिलेगा। कितना ही धन मिल जाए, धन न मिलेगा; तुम निर्धन के निर्धन रहोगे।

और जब तुम पद खोजते हो तब तुम उसी को खोज रहे हो, क्योंकि वही परमपद है। और जब तक वह न मिल जाए तब तक तुम किसी भी पद पर पहुंच जाओ, तुम दो

कौड़ी के हो, दो कौड़ी के रहोगे। कुर्सी पर कितनी ही ऊंची रख दो दो कौड़ियां, इससे क्या होता है? राष्ट्रपति की कुर्सी पर दो कौड़ियां रख दो, कौड़ी-कौड़ी है; कोई मूल्य में फर्क नहीं पड़ जाएगा। इससे कुछ भेद पड़ने वाला नहीं है। तुम कौवे को बिठाल दो सोने के पिंजड़े में, मगर जब आवाज उठेगी तो वही कांव-कांव--कुछ भेद न पड़ेगा। कोयल न हो जाएगा कौवा सोने का पिंजड़ा कुछ भी न कर पाएगा। पद पर पहुंच कर भी तुम वही के वही रहोगे जो तुम थे, क्योंकि जब तक परमपद न मिल जाए तब तक कोई पद मिलता नहीं।

दैरो-काबे की जियारत तो फकत हीला है
जुस्तजू तेरी लिए फिरती है घर-घर मुझको
और जो यह समझ लिया, वह तो कहेगा--
मुझे तमाम जमाने की आरजू क्यों हो?
बहुत है मेरे लिए एक आरजू तेरी

एक तेरी अभीप्सा काफी है; सारी अभीप्साओं को उंडेल देता है फिर एक ही अभीप्सा में।

तुम जो याद आए तो सारी कायनात।
एक भूली-सी कहानी हो गई।।

फिर तो सारा जगत एक कहानी जो कहीं पढ़ी हो और भूल-भाल गई हो, ऐसा हो जाता है। जैसे कोई फिल्म में देखा हो या कोई सपने में पढ़ी हुई, सपने में सुनी हुई बात हो।

तुम जो याद आए तो सारी कायनात।
एक भूली-सी कहानी हो गई।।

परमात्मा याद आना शुरू हो तो शेष सब अपने आप असार होने लगता है। तुम्हें बार-बार कहा गया है परमात्मा खोजो। और तुम्हें बार-बार यह भी कहा गया है कि संसार छोड़ो। मैं तुमसे कहता हूं: संसार मत छोड़ो, परमात्मा ही खोजो। परमात्मा को खोज लोगे, संसार छूट जाता है। उतना काफी है। दीया जला लो, अंधेरा समाप्त हो जाता है। दो बातें जो कहता है...जो तुमसे कहे कि भाई दीया जलाओ और अंधेरे को धक्के लगा कर बाहर निकालो, समझ लेना कि वह पागल है, उसे कुछ पता नहीं है। न उसका दीया जला है और न उसका अंधेरा कटा है, नहीं तो ऐसी बात कह सकता था कि भाई दीया जलाओ और अंधेरे को धका कर बाहर निकालो, कि भाई

दीया जलाओ और अंधेरे को देख-देख कर पहचान-पहचान कर कोने-कोने से घर के बाहर निकल दो! जो ऐसा कहे, समझ लेना कि अंधा है। जिसने भी तुमसे कहा है परमात्मा को खोजो और संसार को त्यागो, वह अंधा है, उसे कुछ पता नहीं। परमात्मा को पाते ही संसार अपने आप तिरोहित हो जाता है। पता ही नहीं चलता, एक भूली सी कहानी हो जाती है।

यह चर्ख, यह खुर्शीद, ये अंजुम, यह कमर
यह कौसे-कुजह, यह दश्त, यह सब्जए-तर
यह सरो, यह साहिल, ये शगूफे, यह शफक
तुम होते तो काहे को भटकती यह नजर

इतनी भटकती रही चांद-तारे, फूल, सौंदर्य...न मालूम कहां-कहां भटकती रही। तुम होते तो काहे को भटकती यह नजर! आकाश, सूर्य, नक्षत्र, चंद्रमा, इंद्रधनुष, मार्ग, हरियाली, सुंदर पेड़, नदी-तट, फूल -पत्ते, ऊषा संध्याकालीन सौंदर्य, कल्पनाओं में, वार्तालापों में, चित्ताकर्षक ढंगों में, न मालूम कहां-कहां न्यौछावर होते रहे! प्रेम-भरी गुप्त बातों में।

यह चर्ख, यह खुर्शीद, ये अंजुम, यह कमर
यह कौसे-कुजह, यह दश्त, यह सब्जए-तर
यह सरो, यह साहिल, यह शगूफे, यह शफक
तुम होते तो काहे को भटकती यह नजर

तखैयुल में जगमगा रहे हो
छुप-छुप के यूं जला रहे हो
आओ-आओ मेरे मुकाबिल
पीछे खड़े मुस्कुरा रहे हो

यह फूल-सा लहजा, यह रसीली आवाज
यह तेरे तकल्लुम का दिल-आवेज अंदाज
यह लोच, यह नर्मी, यह घुलावट, यह कशिश
सद्के तेरे इक लफ्ज पै सौ राजो-नियाज

एक बार उसकी भनक भर पड़ जाए कि सब न्यौछावर हो जाता है। सदूके तेरे इक लफ्ज पै सौ राजो-नियाज! उसकी एक झलक मिल जाए कि संसार अपने आप व्यर्थ हो जाता है। तुम होते तो काहे को भटकती यह नजर! उसकी पहचान, उसकी प्रत्यभिज्ञा पर्याप्त है। जरा प्रेम जगाओ।

हजारों बार दुहराया गया है लफ्ज उल्फत का
मैं तेरे सामने इस लफ्ज को दुहरा नहीं सकता

और तब तुम बड़ी मुश्किल में पड़ोगे। प्रेम से ही परमात्मा मिलता है, लेकिन परमात्मा से तुम यह न कह सकोगे कि तू मुझे प्रेम से मिला। क्योंकि प्रेम शब्द का तो तुमने इतना दुरुपयोग किया है। कहां-कहां नहीं कहते फिरे, किस-किस से नहीं कहते फिरे। ऐसे लोग हैं जो कहते हैं कि मुझे मेरे मकान से बहुत प्रेम है। ऐसे लोग हैं जो कहते हैं मुझे आइसक्रीम से बहुत प्रेम है। प्रेम जैसा शब्द तुम कहां-कहां नहीं जोड़े फिरे!

हजारों बार दुहराया गया है लफ्ज उल्फत का
मैं तेरे सामने इस लफ्ज को दुहरा नहीं सकता
मुझे वहशी बना देती हैं जब यादें मुहब्बत की
मेरे दिल को तेरे सिवा कोई बहला नहीं सकता
तेरी हमदर्द नजरों से मिला ऐसा सकूं मुझको
कि मैं ऐसा सकूं मरकर भी शायद पा नहीं सकता
मगर मैं जिंदगी भर दोस्त तेरे गीत गाऊंगा
और ऐसे गीत जो दुनिया में कोई गा नहीं सकता।

जब परमात्मा की झलक मिलेगी तो तुम्हारे भीतर गीतों के फव्वारे उठेंगे। पूछा वीणा तूने--

'कौन आया मेरे मन के द्वारे पायल की झनकार लिए!
आंख न जाने दिल पहचाने मूरतिया कुछ ऐसी
याद करूं तो याद न आए सूरतिया ये कैसी
पागल मनवा सोच में डूबा एक अनोखा प्यार लिए!
कौन आया मेरे मन के द्वारे पायल की झनकार लिए!'

वही आया है! पहचानो, जागो! उसके अतिरिक्त और आने को कोई है ही नहीं।

चौथा प्रश्न:

ओशो, काम, क्रोध, लोभ, मोह जैसे मनोविकारों एवं अहंकार, मूर्च्छा जैसी अवस्थाओं के ऊपर उठने के लिए बुद्ध, महावीर और सारे भारतीय संतों ने ध्यान–जागरण, भजन–कीर्तन, सत्संग जैसे उपाय ही कहे हैं। पर आप क्यों, क्या जान कर भारतीय मित्रों के लिए अन्य उपायों के साथ थेरेपी–ग्रुप (समूह–मनोचिकित्सा) जैसे नये उपाय भी जोड़ रहे हैं––कृपा करके समझाएं।

नरेन्द्र! समय बुद्ध पर चुक नहीं गया है। परमात्मा की यात्रा जारी है। परमात्मा किसी तीर्थंकर, किसी पैगंबर पर समाप्त नहीं हो गया है। फूल खिलते रहेंगे, नई सुगंध बिखरती रहेगी।

लेकिन तुम्हारे मन लकीर के फकीर हो जाते हैं। तुम तो बस पकड़ कर बैठ जाते हो। और तुम्हारी इस पकड़ के कारण नया प्रभात जब होता है तो तुम देख ही नहीं पाते; नया बुद्ध जब आता है तो तुम पहचान ही नहीं पाते। तुम तो पुराने बुद्ध की प्रतिमा से ऐसे भरे होते हो कि नये बुद्ध की प्रतिमा तुम्हारी समझ में नहीं आती। तुम तो पुराने ही बुद्ध को बार–बार देखना चाहते हो। तुम ऐसे दकियानूस हो कि तुम चाहोगे कि बस बुद्ध उसी की तरह जैसे आएं वही के वही आते रहें।

जरा सोचो तो, यह दुनिया, कितनी ऊब से न भर गई होती, अगर यहां बस एक ही तरह के बुद्धपुरुष आते रहते! बस समझ लो कि बुद्ध ही, गौतम बुद्ध बार–बार आते रहते, यह दुनिया कितनी ऊब से न भर गई होती! यह दुनिया बड़ी सुंदर है। कभी कृष्ण आते हैं, तो बुद्ध से कृष्ण का क्या लेना–देना? कभी कृष्ण को किसी वृक्ष के नीचे ध्यान करते देखा है? कोई प्रतिमा है कृष्ण की कि वृक्ष के नीचे सिद्धासन में बैठे हों। हां नाचते जरूर देखा है। पूरे चांद की रात, वृक्षों के तले, बांसुरी बजाते जरूर देखा है। और फिर महावीर हैं, उनका ढंग और, उनका रंग और। और फिर क्राइस्ट हैं और फिर मोहम्मद हैं, फिर मंसूर हैं, मूसा हैं, जरथुस्त्र हैं, लाओत्सु हैं, च्वांगत्सु हैं, कबीर हैं, नानक हैं, सरहपा हैं। ये अलग–अलग ढंग...मगर तुम्हारी जिद कि तुम चाहते हो कि बस एक टकसाल में आने चाहिए बुद्ध। तो जरा हेर–फेर हुआ कि बस तुम अड़चन में पड़े।

तुम जरा गौर से तो देखो, दुबारा कभी भी कोई बुद्धपुरुष दोहराया नहीं गया है। गौतम बुद्ध दो बार नहीं होते, बस एक बार। और न जीसस दो बार होते हैं, बस एक बार। और न महावीर दो बार होते हैं, बस एक बार। इससे तुम्हें कुछ बात समझ में आती है कि नहीं, कि परमात्मा रोज नये रूप लेता है, रोज नये आविर्भाव होते हैं?

सागर में लहरें उठती हैं, एक सी दो लहर कभी उठती देखीं? सागर रोज-रोज नई-नई लहरें उठाता है, नये-नये गीत गाता है। तुम एक जैसे दो कंकड़ ही सारी पृथ्वी पर खोजकर नहीं पा सकते हो, दो जुड़वां भाई भी बिलकुल एक जैसे नहीं होते, तो दो बुद्धपुरुष तो कैसे एक जैसे होंगे?

कुछ मैं ही अनूठी बात नहीं कह रहा हूं। जिन्होंने कृष्ण को पूजा था और जब बुद्ध आए होंगे तो उन्होंने भी पूछा होगा कि कृष्ण तो बांसुरी बजाते थे, बांसुरी कहां है? और जिन्होंने महावीर को पूजा उन्होंने जरूर बुद्ध से पूछा है; इसके तो प्रमाण हैं, क्योंकि दोनों समसामयिक थे। जो महावीर को पूजते थे उन्होंने बुद्ध से पूछा है कि आपने वस्त्र क्यों नहीं त्यागे?

इसलिए जैन बुद्ध को उस ऊंचाई पर नहीं मानते जिस ऊंचाई पर महावीर को मानते हैं। महावीर तीर्थंकर हैं। महावीर भगवान हैं। बुद्ध--महात्मा! अभी पहुंचते-पहुंचते हैं, थोड़ा फासला है। पहुंच जाएंगे। महात्मा हैं, भगवान नहीं! क्यों? बस वह एक चादर महात्मा को भगवान बनने से रोक रही है। बुद्ध एक चादर ओढ़े हुए हैं। चादर! अड़चन आ रही है नहीं तो वे भी भगवान हो जाएं। भगवान तो दिगंबर होते हैं!

और यह सदा होता रहा। यह तो एक देश के उदाहरण ले रहा हूं; अगर दूसरे देशों के उदाहरण लो तो और मुश्किल हो जाए। जीसस से क्या मेल है बुद्ध का? जरा भी मेल नहीं है। दोनों की प्रक्रिया अलग, जीवन का कोण अलग, जीवन को दिया गया संदेश अलग।

जीसस के पास खबर आई कि लजारस मर गया, तो जीसस भागे गए, उसकी कब्र से लजारस को उठा लिया और जिंदा कर दिया। तुम सोच सकते हो बुद्ध को ऐसा करते? बुद्ध के पास भी ऐसी घटना घटी। एक स्त्री का बेटा मर गया। एक ही बच्चा था उसका। पति मर चुका था। वही उसकी आंख का तारा था। वह रोती घूमने लगी। लोगों ने कहा: हम तो क्या करेंगे, लेकिन बुद्ध गांव में हैं, तू उनके पास क्यों नहीं जाती? शायद महा करुणावान हैं, कुछ दया करें।

वह स्त्री उस बच्चे को लेकर गई, बुद्ध के चरणों में रख दिया। अब जरा सोचो, जीसस के चरणों में रखा होता तो जीसस ने जैसे लजारस को कहा था, लजारस उठ और लजारस उठ गया था--ऐसा ही वे इससे भी कहते कि उठ और बात खत्म हो गई होती। लेकिन बुद्ध ने क्या किया? बुद्ध ने उस स्त्री से कहा कि ठीक, तेरा बेटा जाग जाएगा, उठ आएगा; मगर एक काम तू पहले कर। थोड़े से बीज मुझे चाहिए सरसों के।

उसने कहा कि सरसों के बीज! आपको पता है, यह गांव सरसों की ही खेती करता है। यह सारे गांव के खेत-खलिहान सरसों से ही भरे हैं। कितने चाहिए? अभी ले आती हूं।

बुद्ध ने कहा कि बस एक मुट्ठी भर बीज, काफी हो जाएंगे। लेकिन एक बात खयाल रखना: उस घर से मांग कर लाना, जिस घर में कभी कोई मरा न हो।

वह स्त्री तो इतनी खुशी में थी कि उसका बेटा जी जाएगा, कि उसे होश ही कहां था! वह भागी। इस घर गई उस घर गई, गांव भर में सारे घर-द्वार खटका डाले, लेकिन सभी ने कहा कि तुम्हें जितना सरसों चाहिए, बोरों से भरवा दें, गाड़ी लदवा दें, गाड़ियों के ढेर लगवा दें; मगर हमारे सरसों के बीज काम न आएंगे, हमारे घर में तो बहुत लोग मर चुके हैं। बुद्ध ने शर्त ऐसी लगाई है कि हम मानते नहीं कि तुझे कोई ऐसा घर मिल सकेगा जहां कोई मरा न हो।

सांझ होते-होते उस स्त्री को होश आया कि यह तो बुद्ध ने खूब मजाक किया। कहां ये बीज मिलेंगे? सभी घरों में कोई न कोई मर चुका है। मरा ही है, पिता मरा है, नहीं तो पिता का पिता मरा है, मां मरी है, नहीं तो मां की मां मरी है, कोई न कोई मरा ही है। असल तो बात यह है कि घर में जिंदा जितने लोग हैं, उससे कई गुना लोग मर चुके हैं।

तुम जरा सोचो तो, तुम हो, तुम्हारी पत्नी है, बच्चा है, तीन जन हो; लेकिन तुम जिस धारा से आए हो तुम्हारे पिता, उनके पिता, उनके पिता, उनके पिता...बाबा आदम तक लौटो; फिर तुम्हारी मां और उनकी मां और उनकी मां और उनकी मां... और मैया हव्वा तक लौटो। कितने लोग मर चुके हैं! और तुम तीन बचे हो कुल। मृत्यु की कितनी लंबी शृंखला है! अनंत लोग मर चुके हैं, तब कहीं तुम तीन हो। और तुम तीन भी अभी गए तभी गए। कोई ज्यादा देर टिकोगे नहीं।

सांझ होते-होते उसे गणित समझ में आ गया। उसे हंसी भी आई कि मैं भी कैसी पागल हूं! जब सभी को मर जाना है तो कोई मेरा बेटा बच थोड़े ही जाएगा। सभी को

मरना है तो फिर अभी मरे कि कब मरे, क्या फर्क पड़ता है! आज मरा कि कल मरा, क्या फर्क पड़ता है! फिर अच्छा ही हुआ कि मेरा बेटा मेरे सामने मर गया। दुख मुझे उठाना पड़ा। अगर मैं मरती तो मेरे बेटे को दुख उठाना पड़ता। कोई न कोई तो मरता। अच्छा ही हुआ कि मैंने दुख उठाया, मेरा बेटा तो शांति से मर गया।

लौटी, बुद्ध के चरणों में गिर पड़ी। बुद्ध ने कहा: कहां हैं वे बीज? उसने कहा: आप छोड़ें वह बात। आपने भी खूब मजाक किया। यह भी कोई वक्त था मजाक करने का? मेरा बेटा मर गया...!

मगर अब वह हंस रही थी और उसने कहा कि मुझे दीक्षा दें, क्योंकि मुझे यह बात समझ में आ गई, यहां तो मृत्यु ही मृत्यु है। इस मृत्यु के सागर में हम कैसे अमृत का अनुभव कर लें, इसका उपदेश दें।

उसने बेटे की लाश की तरफ देखा भी नहीं। बुद्ध ने उसे दीक्षा दे दी। वह संन्यासिनी हो गई।

अब जरा तुम सोचो फर्क। अगर कोई ईसाई मौजूद हो तो बुद्ध से कहेगा: यह क्या कर रहे हैं आप? जीसस ने तो लजारस को जिंदा किया था! तो आप फिर असली बुद्ध नहीं हैं, नहीं तो जिंदा करके दिखलाएं। और अगर कोई बौद्ध जीसस के सामने मौजूद होता और जीसस को देखता लजारस को उठाते तो कहता: रुको! बुद्ध ने कहा था सरसों के बीज। यह तुम क्या कर रहे हो? ये कोई बुद्धों के लक्षण हैं? अब मुर्दों को जिलाने से फायदा भी क्या है? फिर मरेगा। एक बार मर कर झंझट मिट गई, अब तुम दुबारा मरवाओगे। और भ्रांति पैदा करोगे लोगों में। बजाय लजारस के परिवार को संदेश दो, कि यहां तो मृत्यु सभी की घटनी है, इसलिए जल्दी से जल्दी अपने भीतर जो छुपा है उसको पहचान लो, कहीं मौत उसके पहले न आ जाए।

तुम दोनों में कोई तालमेल देखते हो? तुमने कभी दो बुद्धपुरुषों में तालमेल देखा है? लेकिन तुम्हारी मांग सदा यही रही है। और तुम्हारी मांग के कारण दुनिया में बहुत नकलची पैदा हो गए हैं। तुम्हारी मांग के कारण महावीर जैसे दिखाई पड़ने वाले न मालूम कितने मुनि हैं, जो नंगे खड़े हैं; जो सिर्फ इसलिए नंगे खड़े हैं कि जब तक वे नंगे न खड़े हो जाएं तुम मानोगे नहीं कि वे ज्ञानी हैं। और कुछ नहीं है उनके पास, सिर्फ नंगापन है। सिर्फ नंगे खड़े हैं, क्योंकि इसी से तुम्हारा समादर मिलता है; इसी से तुम्हारा सम्मान मिलता है; इसी से तुम उनके चरणों में झुकते हो।

मेरी कोई आकांक्षा तुम्हारे सम्मान पाने की नहीं है, न तुम्हारा समादर पाने की

है। मैं किसी बुद्धपुरुष को पुनरुक्त करने को नहीं हूं। मैं अपने ढंग से जीऊंगा। मैं अपनी बात कहूंगा। इसलिए ये तो तुम अपेक्षाएं छोड़ ही दो, यह बार-बार नाम मेरे सामने मत उठाया करो कि बुद्ध-महावीर और ऋषि-मुनि। तुम मुझे उबाये दे रहे हो बार-बार बुद्धपुरुष और ऋषि-मुनियों के नाम उठा-उठा कर। उनका वे जानें। कहीं तुम्हारा उनसे मिलना हो जाए तो उनसे पूछ लेना कि आप सामूहिक-मनोचिकित्सा क्यों नहीं करते?

मैं अपने ढंग से जीऊंगा। मैं अपनी कोटि स्वयं हूं। मैं किसी की पुनरुक्ति नहीं हूं और न मुझे रस है।

फिर, समय बदल रहा है। रोज समय बदलता है। जो उस दिन की जरूरत थी वह बुद्ध ने किया होगा। जो आज की जरूरत है, वह मैं करूंगा। उस दिन की यह जरूरत न थी। लोग सरल थे। लोग सीधे-सादे थे। लोग ग्राम्य थे।

अब तुम थोड़ा समझो। अगर एक लकड़हारा, जो जंगल में रोज लकड़ी काटता है, यहां आए, तो मैं उसे सक्रिय ध्यान करने को नहीं कहूंगा, क्योंकि वह दिन भर सक्रिय ध्यान करता है। वह काटता है लकड़ी। तुमने देखा, अगर तुमको क्रोध आए जरा जाकर थोड़ी लकड़ियां काटना, बड़ा हलकापन लगेगा उसके बाद। एकदम शांति छा जाएगी; जैसे कि सब दुश्मन काट डाले! वह लकड़ी काटने में उसकी सारी हिंसा निकली जा रही है; उसके सारे भीतर का रोष निकला जा रहा है, क्रोध निकला जा रहा है। अगर लकड़हारा यहां आए तो उसे मैं सक्रिय ध्यान करने को नहीं कहूंगा। मैं तो उसे कहूंगा: विपस्सना करो, शांत बैठो, मौन बैठो।

एक डॉक्टर के पास एक आदमी आया। डॉक्टर ने उसकी नब्ज देखी, थर्मामीटर लगा कर उसका तापमान लिया। सिक्खड़ ही होगा डॉक्टर। इस तापमान से भी कुछ समझ में नहीं आया और नब्ज देखने से भी कुछ समझ में नहीं आया। अभी नया-नया होगा। उस आदमी ने कहा कि और सब तो ठीक है, लेकिन तुम रोज कम से कम मील भर पैदल चलने लगो, तो स्वास्थ्य ठीक हो जाएगा। मील भर पैदल चलना जरूरी है।

वह आदमी हंसने लगा। डॉक्टर ने पूछा: तुम हंसते क्यों हो? उसने कहा: मैं पोस्टमैन हूं। आप यह सलाह किसी और को देना। सुबह से शाम तक पैदल ही चल रहा हूं, अब और एक मील चलवाओगे? मुझे कुछ विश्राम की तरकीब बतलाओ। मैं थका-मांदा हूं।

अब जो तरकीब औरों पर काम कर गई होगी एक मील चलो, वह इस पर काम नहीं करेगी, पोस्टमैन पर कैसे काम करेगी?

मैंने सुना है, मुल्ला नसरुद्दीन एक दिन डॉक्टर के घर गया। डॉक्टर ने कहा कि देखो नसरुद्दीन, तुम्हें अपनी जीवनचर्या बदलनी होगी। भोजन में ये-ये चीजें छोड़ दो। और शराब एक बार से ज्यादा सप्ताह में नहीं पीना और सिगरेट...बस दो सिगरेट रोज, इससे ज्यादा नहीं।

नसरुद्दीन तीन सप्ताह के बाद आया, जैसा कि डॉक्टर ने कहा था आना। उसकी हालत और भी खराब थी। पहले तो खुद ही चलता हुआ आया था, अब उसको दोनों बेटे उसको हाथ का सहारा देकर लाए। डॉक्टर ने कहा कि नसरुद्दीन तुम्हारी हालत तो और भी खराब हो गई, मालूम होता है तुमने मेरी सलाह नहीं मानी। उसने कहा तुम्हारी सलाह मानने का परिणाम है। शराब तो ठीक, किसी तरह मैं पी गया, मगर वे दो सिगरेटें रोज मेरी जान लिए ले रही हैं। मैंने कभी जिंदगी में सिगरेट पी नहीं। अब जो आदमी सिगरेट पी रहा हो एक पैकेट, उससे कहो कि दो पीना, ठीक है। मगर जिसने कभी पी ही न हो...। नसरुद्दीन समझा कि यह इलाज है, दो पीना ही पड़ेंगी।...'वे दो सिगरेट तो मेरी जान लिए ले रही हैं। डॉक्टर साहब, कुछ और इलाज बताएं। शराब तो किसी तरह पी गया, ठीक है; मगर ये दो सिगरेट... खांस-खांस कर मर जाता हूं।'

इलाज अलग होंगे। व्यक्तियों पर निर्भर करेगा। बुद्ध जिन लोगों से बात कर रहे थे वे और थे। खेत में काम करनेवाले किसान थे, लकड़हारे थे, मजदूर थे, बड़ी संख्या भोले-भाले लोगों की थी। उन भोले-भाले लोगों के पास रेचन करने को कुछ था भी नहीं। रेचन की जरूरत तो तब पड़ती है जब कुछ दबाया हो।

मनोचिकित्सा की जरूरत तो आज के आदमी को है, क्योंकि आज का आदमी इतना दबाए बैठा है, इतना सुसंस्कृत हो गया है कि उसकी संस्कृति इतनी उसकी छाती पर पत्थर की तरह पड़ गई है, कि उसको हटाना जरूरी है। रेचन की आवश्यकता है। ज्यादा आदमी ने भोजन कर लिया है; उसका भोजन उसके शरीर से बाहर फेंक देने की जरूरत है, क्योंकि ज्यादा भोजन जहर बना जा रहा है। मनुष्य जितना सुसंस्कृत हो गया है उतनी मुश्किल हो गई है।

अब तुम समझ लो जरा थोड़ा। तुम्हारा शरीर बना था कि दिन में कम से कम पंद्रह-बीस मील चल सको, कि दस-पचास वृक्ष काटना कठिन न हो, कि पत्थर तोड़ सको। क्योंकि जंगल में आदमी को बड़ी कठिनाई में जीना पड़ा था।...कि जंगली जानवरों से लड़ सको, कि सिंह से मुकाबला हो जाए तो न तो उस वक्त बंदूकें थीं और न तलवारें थीं, कि हाथ, नंगे हाथ से तुम सिंह से भी जूझ सको। तुम्हारे शरीर का पूरा

रसायन-शास्त्र तो इतना सब करने के लिए बना है। लेकिन आज स्थिति बिलकुल बदल गई है। न तो जंगली जानवरों से लड़ते हो तुम। एकाध किसी मोहम्मद अली की बात छोड़ दो, लेकिन बाकी सब न जंगली जानवर से लड़ते हो, न पत्थर तोड़ते हो, न लकड़ी काटते हो। एक दफ्तर में बैठे दिन भर टेबल पर काम कर रहे हो, कि टिकटें बेच रहे हो, कि दफ्तर के सामने बैठे मक्खियां मार रहे हो, कि फाइल यहां से वहां रख रहे हो। और तुम्हारा पूरा रसायन शरीर का उतनी ऊर्जा पैदा करता है, उतना श्रम करने की क्षमता पैदा करता है। वह सारी क्षमता तुम्हारे भीतर चक्कर काटने लगती है। वह सारी क्षमता तुम्हारे भीतर रोग बन जाती है, विष बन जाती है। उसके निष्कासन की जरूरत है। मनोचिकित्सा में उसका निष्कासन होता है।

फिर तुम इतने सुसंस्कृत हो गए हो कि न तो तुम्हारी हंसी असली है और न तुम्हारा रोना असली है। कहीं कोई मर जाता है तो तुम झूठे आंसू भी गिरा देते हो और कहीं हंसना पड़े तो तुम झूठी हंसी भी हंस देते हो।

मुल्ला नसरुद्दीन फ्रांस गया। वहां एक फ्रेंच मित्र के घर में कोई चुटकुले सुनाने लगा। सारे फ्रांसीसी जो भोजन पर आए थे, लोट-पोट होने लगे, खूब हंसने लगे। मुल्ला उनसे भी ज्यादा लोट-पोट होने लगा। गृहपति ने कहा कि नसरुद्दीन, हमें यह पता ही नहीं था कि तुम फ्रेंच भाषा भी समझते हो! उसने कहा: 'फ्रेंच भाषा नहीं समझता, लेकिन मुझे आप लोगों पर विश्वास है कि जब आप सब हंस रहे हो तो जरूर हंसी की कोई बात होगी। मगर उन्होंने कहा: तुम हम सबको भी मात किए दे रहे हो; हम तो हंस ही रहे हैं, तुम तो लोट-पोट कर रहे हो। उसने कहा: जब हंस ही रहे हैं तो फिर कंजूसी क्या करनी! और भरोसा मुझे पक्का है कि जरूर कोई बात ऐसी हो ही रही होगी।

मगर यह हंसना तो झूठा होगा। भरोसे से हंस रहे हो कि जरूर व्यंग्य की कोई बात कही गई होगी! तुम्हारी हंसी झूठ, तुम्हारा रोना झूठ।

मनोचिकित्सा में तुम्हारे सत्य उभारे जाते हैं; तुम्हारी प्रामाणिकता को तुम्हारे धरातल पर लाया जाता है। और तुम्हारे चित्त में इतने तनाव हैं कि तुम्हारा चित्त एक गुत्थी हो गया है। ऐसे तनाव बुद्ध जिन लोगों से बात कर रहे थे उनके चित्तों में नहीं थे। मैं बीसवीं सदी के आदमी के साथ बात कर रहा हूं। मुझे बीसवीं सदी के ढंग की बात करनी होगी। नहीं तो मैं तिथि-बाह्य मालूम होऊंगा, मेरा कोई अर्थ नहीं होगा।

इसलिए तुम्हारे पंडित-पुरोहित बिलकुल ही व्यर्थ हैं क्योंकि वे बात दोहरा रहे हैं, अभी भी बैठे हैं कृष्ण की गीता लिए। मैं भी गीता पर बोलता हूं, लेकिन तुम ध्यान

रखना: बोलता वही हूं मैं जो मुझे बोलना है; कृष्ण तो बस बहाना हैं। अब सरहपा पर बोल रहा हूं। अगर तुम्हारा कहीं सरहपा से मिलना हो जाए तो सरहपा कहेंगे: यह मैंने कहा ही नहीं। सरहपा यह कह भी कैसे सकते हैं? यह मैं कह रहा हूं! सरहपा तो केवल एक बहाना हैं, एक निमित्त। प्यारे लोग हैं! इन प्यारे लोगों के नामों को मैं फिर दोहरा देना चाहता हूं, ताकि भूल न जाएं। ये बड़े प्यारे चरण-चिह्न हैं, ये मिट न जाएं, पुंछ न जाएं। कोई इनकी याद दिलाता रहे।

मगर जो मैं कह रहा हूं वह तो मैं ही कह रहा हूं। सरहपा के कंधे पर बंदूक रख कर, लेकिन बंदूक मैं ही चला रहा हूं। तुम यह मत सोचना कि मैं सरहपा की कोई व्याख्या कर रहा हूं। उस तरह का कचरा काम करने में मुझे कोई रस नहीं है। मैं तो सरहपा के द्वारा अपनी व्याख्या करवा रहा हूं, अगर तुम ईमानदारी की बात पूछो। सरहपा के शब्द प्यारे हैं, उनका उपयोग किए ले रहा हूं; मगर उन पर रंग मैं अपना डालता हूं। और मुझे ज्यादा फिकर इस बात की नहीं है कि सरहपा के शब्दों का ठीक वही अर्थ रहे जो सरहपा ने किया था। मुझे ज्यादा फिकर इस बात की है कि वैसा अर्थ हो जैसा तुम्हारे काम आ जाए। मुझे तुम्हारी फिकर है, सरहपा की बहुत फिकर नहीं है। इसलिए पंडित मुझसे नाराज भी हैं।

कबीर-पंथ के जो प्रथम सबसे बड़े महंत हैं, उनका कुछ दिन पहले पत्र मुझे मिला कि आप कबीर पर बोले, यह बात तो अच्छी है, मगर आपने ऐसी बातें कहीं हैं जो कि हम सोच ही नहीं सकते कि कबीर ने कहीं हों। आपको कम से कम किसी कबीरपंथी से पूछ तो लेना था।

मैं कबीरपंथी से पूछूं! मुझे कबीर मिल जाएं, उनसे न पूछूं। मुझे जो कहना है वही कहूं। कबीरपंथी से मुझे क्या लेना-देना? मैं कबीर को बीसवीं सदी के वस्त्र पहनाऊंगा। वो कहते हैं कि झीनी-झीनी बीनी रे चदरिया! खूब बीनी तुमने! अब पोलिएस्टर पहनो! अब चदरिया वगैरह बीनने की जरूरत नहीं है; वह तो मिल में बीनी जा रही है। और अगर तुम अपनी चदरिया को, साधारण हाथ से कती चदरिया को ज्यों का त्यों रख गए तो पोलिएस्टर को ज्यों का त्यों रख जाना और भी आसान होगा।

मैं कबीर पर जब बोल रहा हूं तो मैं कबीर को बीसवीं सदी में बुलवा रहा हूं। इस भेद को ठीक से समझ लेना। और तुम जब यह कहने लगते हो कि बुद्ध ने ऐसा किया महावीर ने वैसा किया, तो तुम नाहक बुद्ध-महावीर को बीच में उलझाते हो। किया होगा। उनकी वे जानें। मैं वही करूंगा जो मुझे सम्यक मालूम हो रहा है। मैं अपने ही

ढंग से जीऊंगा, किसी और के ढंग से नहीं जी सकता। यह किसी का अनुकरण नहीं है। इसलिए तुम ऋषि-मुनियों को बार-बार बीच में मत लाया करो। वे प्यारे थे, जब थे, मगर आज के संदर्भ में उनका बहुत अर्थ नहीं रह गया है और अगर आज भी तुम उनको खींचे जाओगे तो दुर्घटनाएं होंगी।

यहां ऐसा रोज अनुभव में आता है। अभी कुछ दिन पहले एक व्यक्ति आया थाइलैंड से। वह तीन साल तक वहां थाइलैंड में, बौद्ध साधना करता रहा और उसने मुझे आकर कहा कि मैं तो ऊब गया, थक गया, बुरी तरह थक गया। और वह तो सब दमन ही दमन है। यहां आपकी बातें सुनीं तो मुझे समझ में आया कि मैंने तीन साल गंवाए। मैंने कहा कि इतनी जल्दी निर्णय मत लो, तुमने जो सीखा है वह काम पड़ेगा। गंवाये नहीं। सिर्फ उसके पहले कुछ और करना जरूरी था, वह उन्होंने नहीं करवाया, क्योंकि वे करवा नहीं सकते थे। वे तो सिर्फ लकीर के फकीर हैं। वे तो बुद्ध ने जो करवाया था उतना ही करवा रहे हैं।

अब किसी पाश्चिमात्य को...यह व्यक्ति हालैंड से था...किसी पाश्चिमात्य को सीधा बिठाल दो सिद्धासन पर तो छह महीने तो उसको सिद्धासन पर बैठने में लग जाते हैं सीखने में। पैरों में दर्द होता है, क्योंकि कभी जमीन पर बैठा नहीं। अब लकीर के फकीर यह तो मान ही नहीं सकते कि कुर्सी पर बैठ कर भी ध्यान हो सकता है। यह पागलपन की बात है। कुर्सी पर बैठ कर ध्यान हो सकता है। कोई अड़चन नहीं है। मगर छह महीने उसके पैर ही की मालिश करवाते रहे, उसके पैर मुड़वाते रहे। जब तक पद्मासन न लग जाए, पूर्ण पद्मासन...एक पैर ही चढ़े उतने से तो अर्ध पद्मासन होता है; जब दोनों पैर एक-दूसरे के ऊपर चढ़ जाएं...। अब वह किसी हालैंड के आदमी के दोनों पैर ऊपर चढ़वाना एक-दूसरे के, कठिन काम तो है। वह बेचारा लेकिन सच्चा खोजी था। उसने कहा कि ठीक है जो होगा होगा, टांग ही टूटेंगी तो टूट जाएंगी, मगर...। छह महीने वह कहता है कि मुझे सिर्फ यह पद्मासन में ही लग गए। मैंने सोचा था पद्मासन क्या आ जाएगा सब मिल जाएगा। फिर बैठ गए पद्मासन में और कुछ न मिला। तो बड़ी हैरानी हुई कि छह महीने बिलकुल बेकार गए। फिर श्वास पर ध्यान रखवाना शुरू किया, वह भी मैंने किया। लेकिन भीतर उबाल भरा हुआ है, हजारों चीजें भरी पड़ी हैं और तुम श्वास पर ध्यान रखे हो। तो वे हजारों चीजें मिट नहीं जाएंगी, वे दब जाएंगी। फिर-फिर उभर कर आएंगी।

मैंने उससे कहा कि तू पहले कुछ मनोचिकित्साओं में से गुजर। पहले रेचन कर डाल। तेरे भीतर जो कचरा है, उसे निकाल बाहर फेंक दे। और तूने जो भी सीखा है, दोनों काम आ जाएंगे, फिकर मत कर। पद्मासन भी काम आ जाएगा और विपस्सना, श्वास पर ध्यान करना भी काम आ जाएगा। लेकिन उसके पहले कुछ जरूरी है जो करना आवश्यक है। दो हजार साल में बुद्ध के पीछे जो मनुष्य के चित्त पर न मालूम कितनी धूल जम गई, उसको तो साफ करो! फिर बुद्ध की प्रक्रिया काम आ सकती है।

और यही हुआ। जब आठ-दस मनोचिकित्सा के प्रयोगों से वह गुजर गया, उसने कहा: आपने ठीक कहा था। अब जब मैं पद्मासन में बैठता हूं तो जो हलकापन, जो शांति मुझे मिलती है, वह मैंने कभी सोची ही नहीं थी। थाइलैंड में तीन साल बैठ कर नहीं मिली और अब जब मैं श्वास को देखता हूं तो बात ही बदल गई है। अब कोई दमन नहीं है। अब श्वास को देखना बिलकुल निर्भार है, फूल जैसा हलका हो गया है।

महावीर ने जो साधा, बुद्ध ने जो साधा, उसे भी तुम साध सकोगे; मगर पहले तो इन पच्चीस सौ साल में जो कचरा तुम पर इकट्ठा हो गया है, उसकी सफाई हो जाना जरूरी है। मनोचिकित्सा एक तरह की सफाई है, एक तरह का स्नान है।

तुम पूछते हो: 'काम, क्रोध, लोभ, मोह जैसे मनोविकार एवं अहंकार, मूर्च्छा जैसी अवस्थाओं से ऊपर उठने के लिए बुद्ध, महावीर और सारे भारतीय संतों ने ध्यान-जागरण, भजन कीर्तन, सत्संग जैसे उपाय ही कहे हैं। पर आप क्या जान कर भारतीय मित्रों के लिए अन्य उपायों के साथ थेरेपी-ग्रुप (समूह-मनोचिकित्सा) जैसे नये उपाय भी जोड़ रहे हैं? कृपा करके समझाइए।'

पहली तो बात: मैं भारतीय नहीं हूं। मैं इस पृथ्वी का हूं। यह सारी पृथ्वी मेरा घर है। मैं उतना ही भारतीय हूं जितना मैं जापानी हूं, जितना मैं चीनी हूं। मैं इस पूरी पृथ्वी को एक मान कर चल रहा हूं। मेरी दृष्टि में राष्ट्र समाप्त हो गए हैं, राष्ट्रों की सीमाएं विलीन हो गई हैं। इसलिए तुम यह 'भारत' शब्द को बार-बार उठाने की चेष्टा छोड़ दो; मेरे लिए इसका कोई मूल्य नहीं है। यह सिर्फ एक औपचारिक बात है; नक्शे की बात है। लेकिन मैं भारतीय हूं नहीं--उस अर्थ में भारतीय नहीं हूं जिस अर्थ में विवेकानंद भारतीय हैं। उन्हें लगता है भारत कुछ खास, विशिष्ट धर्मभूमि, पुण्यभूमि।

मैं राष्ट्रवादी नहीं हूं। राष्ट्रवाद रोग है! और संसार काफी तड़फ लिया है इस रोग से। अब यह राष्ट्रवाद जाना चाहिए। मैं अंतर्राष्ट्रीय हूं। मेरे लिए गीता उतनी ही अपनी है जितनी बाइबिल और जितना कुरान। मैं न हिंदू हूं, न मुसलमान, न ईसाई। जीसस

से मुझे उतना ही प्रेम है जितना कृष्ण से। और लाओत्सु से मेरा उतना ही लगाव है जितना पतंजलि से। मैं सारे जगत की जो आध्यात्मिक संपदा है उसकी वसीयत की घोषणा करता हूं। सारे जगत की आध्यात्मिक संपदा की वसीयत मेरी है। इसलिए कोई मुसलमान मुझसे यह न कहे कि मैं कुरान पर क्यों बोला? कुरान मेरा है! कोई हिंदू मुझसे यह न कहे कि मैं गीता पर क्यों बोला? गीता पर बोलने के लिए मेरा हिंदू होना जरूरी नहीं है। जैसे हिमालय को और हिमालय के सौंदर्य की प्रशंसा करने के लिए मेरा भारतीय होना जरूरी नहीं है, और आल्प्स पर्वत के सौंदर्य की चर्चा करने के लिए मेरा फ्रांसीसी होना जरूरी नहीं है--उसी तरह गीता, कुरान, ताओ-तेह-किंग या धम्मपद, इनकी चर्चा करने के लिए मेरा किसी देश से आबद्ध होना आवश्यक नहीं है। सारे जगत की संस्कृति मेरी है। सारे जगत के जाग्रत पुरुष, वे दीये कहीं भी जले हों, किसी ढंग के रहे हों, उनकी ज्योति मेरी है। इस बात को तुम कभी भूलना मत।

मैं यहां एक अनूठा प्रयोग कर रहा हूं, जैसा कभी नहीं किया गया है। यह मनुष्य-जाति के इतिहास में पहली घटना है, जहां सारे धर्म एक साथ डूब रहे हैं, लीन हो रहे हैं। और बिना किसी प्रयास के! यहां बैठ कर हम दोहराते नहीं कि अल्लाह ईश्वर तेरा नाम, सबको सन्मति दे भगवान! यह हम दोहराते नहीं, मगर यह घटना घट रही है। यहां अल्लाह और ईश्वर एक के ही नाम हैं, इसे कहने की जरूरत नहीं है--हुए ही जा रहे हैं एक। यहां किसी को पता नहीं चलता कौन हिंदू है, कौन मुसलमान है, कौन ईसाई है, कौन यहूदी है, कौन सिक्ख है। यहां सब इकट्ठे हैं।

और सारे जगत की संपदा मेरी है। मैं आध्यात्मिक संपदा का अपने को हकदार घोषित करता हूं। उसमें मैं जरा भी कुछ छोड़ने को राजी नहीं हूं। क्यों उसे छोटा करूं? पूरा मनुष्य-जाति का अतीत इतिहास मेरा है। और यही मैं चाहता हूं कि तुम्हारा भी हो जाए। इसलिए तुम ये बातें ही छोड़ दो--भारतीय, गैर-भारतीय। तुम्हें यह फिकर ही मिट जानी चाहिए। ये चमड़ी के रंग और ढंग, इन पर तुम ध्यान न दो। ये आदतें गलत हैं। ये संस्कार ओछे हैं। इनको विदा करो।

मनुष्यता एक है और यह पृथ्वी एक हो जाए, तो शांति हो, तो सौमनस्य हो, तो एक भाईचारा हो, एक प्रेम जगे और इस जगत के न मालूम कितने कष्ट अपने आप समाप्त हो जाएं।

फिर यहां ध्यान, भजन-कीर्तन, सत्संग सब चल रहा है। लेकिन साथ कुछ और भी चल रहा है। कुछ मुझे भी जोड़ने दोगे मनुष्य की आध्यात्मिक संपदा में या नहीं?

कुछ मुझे भी उस संपदा को दान करने दोगे या नहीं? थोड़े से चित्र मुझे भी भरने दो! थोड़े रंग मुझे भी भरने दो! यह जो आध्यात्मिक जगत का गौरवशाली गीत है, उसमें एक कड़ी मेरी भी जुड़ जाने दो!

और तुमसे भी मैं यही आशा करता हूं कि कुछ जोड़ कर जाना। इस जगत को जैसा पाया था वैसा ही मत छोड़ देना। थोड़ा सुंदर कर जाना। थोड़ा प्रीति से भर जाना। थोड़ा प्रार्थनापूर्ण कर जाना। कुछ देकर जाना, तो ही तुम सार्थक हो। थोड़ी सुवास छोड़ जाना, तो ही तुम जीए, तो ही तुम ठीक अर्थों में जीए। अन्यथा तुम व्यर्थ जीए।

आखिरी प्रश्न:

ओशो, क्या प्रेम जीवन की सर्वाधिक महत्वपूर्ण घटना है?

प्रेम सर्वाधिक महत्वपूर्ण घटना है, मगर प्रेम कोई घटना नहीं है। प्रेम ही जीवन है, शेष सब मृत्यु है। जिसने प्रेम जाना उसने जीवन जाना। जिसने प्रेम नहीं जाना उसने सिर्फ मरना जाना। उसका जीवन सिर्फ एक लंबा आत्मघात है--आहिस्ता-आहिस्ता किया गया। वह रोज-रोज मरता है, और कुछ भी नहीं करता।

प्रेम कोई घटना नहीं है जो जीवन में घटती है--प्रेम जीवन का ही दूसरा नाम है। और जिस दिन तुम्हारे भीतर यह बोध आ जाता है कि प्रेम जीवन का दूसरा नाम है, तुम्हारे भीतर परमात्मा नाचने लगता है।

फजा पैदा नहीं करती, कहीं दीवाना बरसों से
नहीं उठता कोई पैगंबर वीराना बरसों से।

प्रेम खो गया है, इसलिए कोई पैगंबर पैदा नहीं हो सकता। प्रेम खो गया है, इसलिए कोई दीवाना ही पैदा नहीं होता। लोग बिना प्रेम के जी रहे हैं, इसलिए महावीर पैदा हों तो कैसे हों? लोग बिना प्रेम के जी रहे हैं, मंसूर पैदा हों तो कैसे हों?

तू इंतिजार में अपने यह मेरा हाल तो देख।
कि अपनी हद्दे-नजर तक तड़प रहा हूं मैं।
जलाले-मश्रबे-मंसूर, ऐ मआज़अल्ला।
किसी ने फिर न कहा आज तक खुदा हूं मैं।

मंसूर क्या गया, दुनिया उदास हो गई! मंसूर क्या गया, दीवाने मर गए!

जलाले-मशरबे-मंसूर,...

उस मंसूर की महिमा जितनी कहो थोड़ी है, क्योंकि हे प्रभु! किसी ने फिर न कहा आज तक खुदा हूं मैं! कितना समय हो गया, किसी ने घोषणा की थी अनलहक की! कितनी सदियां बीत गईं तब लोगों ने कहा था, अहं ब्रह्मास्मि! आज इतनी सामर्थ्य नहीं रह गई। आज किसी में इतने जोर का जुनून नहीं, इतना दीवानापन नहीं।

क्यों ऐसा हुआ? प्रेम मर गया है। यह तो प्रेम की प्रज्वलित अग्नि ही कह सकती है--अनलहक! अहं ब्रह्मास्मि! यह तो वे ही कह सकते हैं जिनके भीतर अहं बिलकुल नहीं रहा। जिनके भीतर जरा भी अहं रह गया है, वे अहं ब्रह्मास्मि नहीं कह सकते; उनकी जबान लड़खड़ा जाएगी; उनके पैर थरथरा जाएंगे; उनकी आंखों में अपराध-भाव आ जाएगा।

प्रेम सर्वाधिक महत्वपूर्ण है। प्रेम से बहुमूल्य कुछ भी नहीं। प्रेम जीवन का निचोड़ है, सार है।

बता ऐ वुसअते-कौन मकां! इसको कहां रक्खे।
जरा सा दर्द लेकर आए हैं, हम उनकी महफिल से।।

प्रेम है परमात्मा की महफिल की प्रतीति, कि यह परमात्मा की मजलिस जमी है, कि उसकी महफिल है, कि यह परमात्मा का सत्संग चल रहा है। उस बैठक में से, जो दर्द पैदा हो जाता है, जो मीठी पीड़ा पैदा हो जाती है, प्रभु की प्रतीति से जो एक मीठा दर्द प्राणों में फैल जाता है, वह छोटा सा दर्द है--और बहुत बड़ा भी! वह इतना छोटा है कि तुम्हारे हृदय में समा जाता है और इतना बड़ा कि सारे अस्तित्व में भी समा नहीं सकता है।

इसलिए पूछा जा रहा है: बता ए वुसअते-कौन मकां! हे विस्तार, हे आकाश के विस्तार, मुझे कोई जगह बताओ, इसको कहां रक्खें? जरा सा दर्द लेकर आए हैं हम उनकी महफिल से! आकाश भी छोटा है उस दर्द को रखने के लिए। और हृदय भी काफी बड़ा है। ऐसा अदभुत वह दर्द है प्रेम का!

जो जौके-इश्क दुनिया में न हिम्मत आज़मा होता
यह सारा कारवाने-जिंदगी ग़ाफिल पड़ा होता।।

ये तो सिर्फ प्रेमी थे कि उन्होंने पुकार दे दी, नहीं तो सारी दुनिया सोई पड़ी होती। यहां जो थोड़ा सा जागरण दिखाई पड़ता है, वह कुछ पागल प्रेमियों के गीतों के कारण। कुछ पागलों ने हिम्मत की।

जो जौके-इश्क दुनिया में न हिम्मत आज़मा होता।

वह तो प्रेम है, जो कि हिम्मत आजमाता है, जो कि दुस्साहस करता है।

यह सारा कारवाने-जिंदगी गाफिल पड़ा होता।

यह जिंदगी का यात्री-दल, यह कारवां बिलकुल मूर्च्छित पड़ा होता।

तुम में जो थोड़ी सी जान है, तुम्हारी आंखों में जो थोड़ी सी चमक है, वह इस जगत में हुए थोड़े से प्रेमियों का दान है। उन थोड़े से प्रेमियों ने तुम्हारी आंख में चमक दे दी है, और तुम्हारे प्राणों में थोड़ी सी ज्योति जला दी है।

लफ्जों के परिस्तार खबर ही तुझे क्या है?
जब दिल से लगी हो तो खमोशी भी दुआ है।

और प्रेमी जानता है कि प्रेम कोई शब्दों की बात नहीं। फिर तो चुप्पी भी पर्याप्त है।

दीवाने की तहकीर से क्यों देख रहा है।
दीवाना मोहब्बत की खुदाई का खुदा है।।

वह जो प्रेम का जगत है, उस प्रेम के जगत में प्रेम का दीवाना ही परमात्मा है।

चलते हुए दो काबा, फिरते हुए दो मंदिर।
चमकी तेरे कदमों पर तकदीरे-जबींसाई।।

और जब भी कोई प्रेम से भर गया है, तो उसके दो पैर नहीं हैं...

चलते हुए दो काबा, फिरते हुए दो मंदिर।
चमकी तेरे कदमों पर तकदीरे-जबींसाई।।

आदमी कितना छोटा है और कितना बड़ा! आदमी बड़ा विरोधाभास है।

न फर्माओ, नहीं है आदमी में ताबे-नज़्ज़ारा
सम्हल जाओ अब उठती है निगाहे-नातवां मेरी।।

मत कहो कि आदमी में परमात्मा को देखने की क्षमता नहीं है।

न फर्माओ, नहीं है आदमी में ताबे-नज्जारा।

मत कहो कि आदमी में परमात्मा को देखने की क्षमता नहीं है।

सम्हल जाओ अब उठती है निगाहे-नातवां मेरी।

मेरी निर्बल आंख तुम्हें देखने को उठती है, अब सम्हल जाओ। यह बड़ा विरोधाभासी वक्तव्य है! आदमी की छोटी सी आंख है, मगर परमात्मा को समा लेती

है, इतनी बड़ी है। आदमी बिलकुल निर्बल है, मगर उसकी निर्बलता ही उसका बल है। निर्बल के बल राम!

सम्हल जाओ अब उठती है निगाहे-नातवां मेरी।

प्रेमी कहता है परमात्मा से कि सम्हल जाओ! अब मेरी कमजोर नजर उठती है। मैं दूर तक देख नहीं सकता, लेकिन अब मेरी नजर उठती है और मैं तुम्हें देख कर रहूंगा। यह मेरी छोटी है नजर। मेरे हाथ बड़े छोटे हैं, मगर तुम्हें छूकर रहूंगा। ये मेरे हाथ बड़े छोटे हैं, मगर तुम्हें आलिंगन में बांध कर रहूंगा।

दिल और तूफाने-गम, घबड़ाके मैं तो मर चुका होता।
मगर इक यह सहारा है कि तुम मौजूद हो दिल में।।

आदमी छोटा है आदमी की तरह; लेकिन दिल में जो परमात्मा मौजूद है उसकी पहचान आ जाए तो आदमी से बड़ा फिर क्या है! और प्रेमी जमीन पर जीता है, लेकिन आकाश को देखता है; जिंदगी जीता है, मगर जिंदगी के पार खोज उसकी जारी रहती है।

कौन जाने आस्मां से उनको क्या उम्मीद थी।
मरते-मरते भी जो सूए आस्मां देखा किये।

और प्रेमी तो...मरते-मरते भी आंख उसकी आकाश में अटकी रहती है। रहता जमीन पर है और जमीन छूता भी नहीं। आकाश से उसका लगाव है, विराट से उसके संबंध हैं। उसकी भांवर पड़ गई विराट से।

प्रेम से बड़ा कुछ भी नहीं है, क्योंकि प्रेम में न केवल प्रेमी समा जाता है, प्रीतम भी समा जाता है! प्रेम में परमात्मा समा जाता है। प्रेम से बड़ा कुछ भी नहीं है।

प्रेम को महिमा दो और प्रेम को जगाओ। बीज तुम्हारे भीतर है। बीज वृक्ष बन सकता है। थोड़ी हिम्मत करो, चुनौती स्वीकार करो।

न फर्माओ, नहीं है आदमी में ताबे-नज्जारा।
सम्हल जाओ अब उठती है निगाहे-नातवां मेरी।।

आज इतना ही।

९

फागुन पाहुन बन आया घर

प्रश्न-सार

- तालमुद का वचन है: 'जो तुझे आदिष्ट है, उससे परे भी, उससे ऊपर भी, तू पवित्र आचरण कर।' कृपा करके इस वचन का आशय हमें कहिए।
- कोरा कागज था यह मन मेरा, लिख लिया नाम जिस पे तेरा! चैन गंवाया मैंने, निंदिया गंवाई; सारी-सारी रात जागूं दूं मैं दुहाई!
- बस, एक प्रार्थना है कि आपके पास जो आग है, उसमें पूरी-पूरी जल जाऊं और खो जाऊं।
- सिद्ध सरहपा ने महासुख की बात कही। महासुख क्या है?
- विश्वास तो नहीं होता था कि कृष्ण के साथ लोग नाचे होंगे। आपके आश्रम को देख कर भरोसा आया है कि ऐसा भी कभी हुआ होगा।
हम खुदा के कभी कायल ही न थे,
तुम्हें देखा तो खुदा याद आया।

पहला प्रश्न:

ओशो, तालमुद का वचन है: 'जो तुझे आदिष्ट है, उससे परे भी, उससे ऊपर भी, तू पवित्र आचरण कर।' कृपा करके इस वचन का आशय हमें कहिये।

नरेन्द्र! आदिष्ट का अर्थ होता है: जो श्रेष्ठ पुरुषों ने तुमसे कहा है। लेकिन जो दूसरे ने तुमसे कहा है वह उधार होगा। तुम्हारे निज अनुभव में उसंकी कोई जड़ें न होंगी। वह आचरण तो बनेगा, अंतःकरण नहीं। तुम चल पड़ोगे।

बुद्ध कहते हैं तो ठीक ही कहते होंगे, कोई कारण नहीं है कि गलत कहें। बुद्ध के वक्तव्य पर बुद्ध की प्रामाणिकता की छाप है, उनके हस्ताक्षर हैं। जो बुद्ध के प्रेम में पड़ गया, जो उनकी आभा से परिचित हुआ, वह उनकी बात मान कर चलेगा। लेकिन फिर भी यह बात तो बाहर से आई है; भीतर से नहीं उमगी है। यह तुम्हारी आत्मा का फूल नहीं है। यह फूल तुम बाजार से खरीद लाये हो। इसकी तुमने माला बना ली है। इसे तुमने गले में डाल लिया है। लेकिन यह फूल तुम्हारी अपनी आत्मा की बगिया में नहीं खिला है।

इसलिए तालमुद कहता है...आदिष्ट ठीक है। आदिष्ट यानी जिसका आदेश दिया गया है, उसका अनुसरण करो, पर उतने पर ही जीवन की परिसमाप्ति न समझ लेना। उसके पार भी एक आचरण है। वही आचरण धर्माचरण है। आदिष्ट से बनती है नीति; अनुभव से बनता है धर्म। अनुकरण से बनती है नीति; आत्मसाक्षात से बनता है धर्म। शास्त्र कहते हैं, सदगुरु कहते हैं; तुम मानते हो और चलते हो। मगर मान्यता मान्यता है, विश्वास है, ऊपर-ऊपर है। जरा सी संदेह की किरण आ जाएगी और सब नष्ट हो जाएगा। जरा सा संदेह का कांटा चुभ जाएगा और गैल भटक जाएगी। तुम्हारी राह को चुका देने में अड़चन नहीं है, कोई भी चुका दे सकता है। कोई भी संदेह तुम्हारे भीतर डाल दे सकता है। क्योंकि श्रद्धा अभी तुम्हारा स्वयं का अनुभव नहीं है, तुम्हारी बुनियाद नहीं है कोई। तुमने मंदिर तो बना लिया, लेकिन बिना आधार के बना लिया है, अधर में बना लिया है। यह गिरेगा। न होने से अच्छा है; मगर यह वास्तविक मंदिर नहीं है।

फिर, नीति सामाजिक घटना है, इसलिए अलग-अलग समाजों में अलग-अलग नीति होती है। दुनिया में हजारों तरह के समाज हैं और हजारों तरह की नीतियां हैं। जो एक की नीति है, दूसरे के लिए अनीति हो सकती है। जो एक के लिए सदाचरण है, दूसरे के लिए असदाचरण हो सकता है। नीति की कोई आत्यंतिक मूल्यवत्ता नहीं है; सामाजिक उपयोगिता है। इसलिए नैतिक होने के लिए कोई आस्तिक होना भी आवश्यक नहीं है। नास्तिक की भी नीति होती है। आखिर रूस कोई अनैतिक देश नहीं है; सच तो यह है कि तथाकथित धार्मिक देशों से कहीं ज्यादा नैतिक है। नास्तिक भी

किन्हीं नीति के नियमों को मान कर चलेगा--चलना ही पड़ेगा। जहां एक से ज्यादा लोग हैं वहां कोई न कोई नियम जरूरी हो जाएंगे। नहीं तो जीना असंभव हो जाएगा।

नीति का उतना ही अर्थ है, जितना रास्ते पर नियम है बाएं चलो, उसका। अमरीका में लोग दाएं चलते हैं, भारत में लोग बाएं चलते हैं; कुछ भेद नहीं है। नियम विपरीत हैं, मगर कोई न कोई नियम मान कर चलना होगा। सब नियमों के भीतर एक नियम स्वीकृत है कि जहां एक से ज्यादा लोग हों वहां नियम की जरूरत है। नहीं तो अड़चन होगी। अगर कोई बाएं चले, कोई दाएं चले, कोई बीच में चले, तो रास्ते पर दुर्घटनाएं ही दुर्घटनाएं हो जाएंगी। लेकिन बाएं चलो, इसका कोई आत्यंतिक मूल्य नहीं है। ऐसा नहीं है कि तुम बाएं चले तो स्वर्ग जाओगे। बाएं चले तो जल्दी स्वर्ग न जाओगे, दुर्घटना से स्वर्ग न जाओगे, इतना ही तय है। एकदम स्वर्गीय न हो जाओगे। लेकिन बाएं चलने से कोई स्वर्ग पहुंच जाओगे, ऐसा मत समझ लेना कि मैं जिंदगी भर बाएं चला तो मैं हकदार हो गया स्वर्ग का। बाएं चले तो टांग नहीं टूटी। बाएं चले तो रिक्शे के नीचे नहीं आए। बाएं चले तो बस के नीचे नहीं पड़े। इतना ही लाभ है। स्वर्ग नहीं मिल जाएगा। और यह भी मत सोचना कि कभी कोई अगर दाएं चल गया तो नरक चला जाएगा। न तो दाएं चलने से कोई नरक जाता है न बाएं चलने से कोई स्वर्ग जाता है, लेकिन जीवन की सुविधा हो जाती है।

सुविधा के लिए नीति है। धर्म सुविधा के लिए नहीं है, सत्य के लिए है। इसलिए नैतिक व्यक्ति का जरूरी नहीं है धार्मिक होना। धार्मिक व्यक्ति जरूर नैतिक होगा, लेकिन नैतिक व्यक्ति आवश्यक रूप से धार्मिक नहीं होता। कोई आवश्यकता नहीं है। नैतिक व्यक्ति न माने ईश्वर को, न माने आत्मा को, तो भी नीति को मान कर चलेगा।

धार्मिक व्यक्ति कौन है फिर? वह--जिसके आदेश बाहर से नहीं आते; जिसके आदेश उसकी अंतरात्मा से उठते हैं; जिसकी अंतरवाणी जाग गई है; जिसकी भीतर की हृदय-तंत्री बज उठी है; जिसके भीतर का नाद जग गया है और अब जो उस नाद के अनुसार जीता है।

यह तालमुद का वचन प्यारा है: 'जो तुझे आदिष्ट है उससे परे भी, उससे ऊपर भी तू पवित्राचरण कर!' आचरण तभी पवित्र होता है जब आदिष्ट से परे उठ जाओ; जब नीति-नियम से परे उठ जाओ; जब नियम तुम्हारे लिए कर्तव्य ही न हों, बल्कि जीवन की सहजता हो जाए। उसी को सरहपा सहज-योग कह रहे हैं। एक तो होता है कि ऐसा चलने से लाभ होगा, ऐसा करने से समाज में प्रतिष्ठा मिलेगी। जीवन सुविधापूर्ण रहेगा।

अड़चन कम पैदा होगी। ज्यादा सुरक्षा होगी, सम्मान मिलेगा, सत्कार मिलेगा। एक तो ऐसा आचरण होता है; वही नीति का आचरण है।

मां-बाप अपने बच्चों को समझाते हैं कि नीति से चलो, ताकि समाज में प्रतिष्ठा रहे। मगर प्रतिष्ठा क्या है? अहंकार का आभूषण है। शिक्षक स्कूल में समझाते हैं: 'ज्ञान अर्जित करो, क्योंकि धनी का धन छिन जाए, मगर ज्ञानी का ज्ञान नहीं छिनता।' मगर यह तो लोभ ही हुआ। छिनने के डर से ज्ञान अर्जित करो! 'ज्ञानी की प्रतिष्ठा वहां भी है'--शिक्षक स्कूलों में समझाते हैं--'जहां सम्राटों की भी प्रतिष्ठा न हो। सम्राट भी विद्वान की प्रतिष्ठा करते हैं।' मगर यह सब तो अहंकार को फुसलाना है; यह तो बच्चे के अहंकार को गुदगुदाना है। यह तो उसे अहंकारी बनाने का उपाय है।

सारी नीति अहंकार पर खड़ी होती है; और धर्म, निर-अहंकार पर। इसलिए धर्म और नीति एक अर्थ में विपरीत हैं। तुम चौंकोगे यह जान कर कि धर्म और नीति विपरीत हैं--इस अर्थ में विपरीत हैं कि धर्म अहंकार पर खड़ा नहीं होता। धर्म यह नहीं कहता कि करुणा करो, क्योंकि इससे स्वर्ग मिलेगा। धर्म कहता है: करुणा करो, क्योंकि करुणा करना आनंदपूर्ण है। मिलेगा की बात ही नहीं है, भविष्य की बात ही नहीं है, फल की बात ही नहीं है। करुणा में ही रस है।

जो ध्यान में उतरा है, करुणा करेगा ही। इसलिए नहीं कि करुणा करने से कुछ मिलेगा, बल्कि इसलिए कि कुछ मिल चुका है जो करुणा में बहेगा। उसके भीतर ध्यान में आनंद को जन्माया है। अब आनंद बांटने की आकांक्षा पैदा होती है--वैसे ही जैसे फूल खिलता है तो सुवास लुटती है। कोई फूल सुवास को लुटाता नहीं। फूल खिला कि सुवास लुटी। ऐसे ही ध्यान हुआ कि करुणा बंटी। भीतर चित्त शांत हुआ कि तुम्हारे आसपास शांति की सुगंध फैलने लगेगी। भीतर ध्यान की बदली सघन हुई कि प्रेम की बूंदाबांदी शुरू हो जाएगी।

यह अपने से होगा। इसे साधना नहीं पड़ता। इसलिए यह सहज है। नीति साधनी पड़ती है; धर्म सहज है। नीति को पकड़-पकड़ कर आरोपित करना होता है; जबरदस्ती थोपना होता है; आग्रहपूर्वक अपने को अनुशासनबद्ध करना होता है। क्योंकि नीति में लाभ है; नीति के विपरीत जाने में हानि है। नीति में सम्मान है; अनीति में अपमान है। ऐसा सोच-विचारकर गणित बिठाकर चालबाज आदमी नीति को आयोजित कर लेता है।

इसलिए अक्सर एक चकित कर देने वाली बात अनुभव में आती है कि जिनको तुम अपराधी कहते हो वे तुम्हारे तथाकथित सम्मानित व्यक्तियों से ज्यादा सीधे-सरल लोग होते हैं। तुम उनकी आंखों में झांको तो तुम पाओगे कि तुम्हारे तथाकथित साधु-महात्माओं से उनकी आंखें ज्यादा निर्मल हैं। क्यों? उनकी आंखों में वैसी ही निर्मलता है जैसी पशुओं की आंखों में है। उन्होंने जबर्दस्ती कुछ नहीं थोपा है; जो हुआ है होने दिया है। उनके भीतर बुराई की सहजता है। इसे समझना। वे पशु के तल पर जी रहे हैं। वहां बुराई सहज है। फिर एक बुद्धों का तल है, वहां अच्छाई सहज है। और पशुओं और बुद्धों के बीच में मनुष्य का तल है; वहां बुराई भी असहज है, भलाई भी असहज है।

मनुष्य के तल पर बड़ा तनाव है। एक हिस्सा पीछे खींचता है कि बुराई की सहजता पा लो। शराब पीने में एक तरह की सहजता है; विस्मरण हो गया चिंताओं का सब, छूट गए झंझट मन के, घड़ी-भर को मस्ती छा गई। तुम देखते हो, शराब पीने वाले लोग अक्सर मिलनसार होंगे। जो शराब नहीं पीते हैं, तुम उन्हें उतना मिलनसार न पाओगे। उनमें कोई बुराई ही नहीं है तो उसकी वजह से अकड़ होगी।

मुल्ला नसरुद्दीन डॉक्टर के पास गया और कहा कि मेरे सिर में बड़ा दर्द रहता है, जैसे कोई चीज मुझे जोर से सिर को बांधे हुए है, कोई अदृश्य लोहे का घेरा मेरे सिर को जकड़े हुए है! यह दर्द मिटता ही नहीं। यह जिंदगी भर से मैं तड़प रहा हूं। कोई उपाय बताएं।

डॉक्टर ने परीक्षा की और पूछा: शराब पीते हो? मुल्ला ने कहा: नहीं, कभी नहीं।

'सिगरेट पीते हो?'

मुल्ला ने कहा: 'नहीं।'

'पान खाते हो?'

'नहीं।'

'सुंघनी सूंघते हो?'

'नहीं।'

'पराई स्त्रियों के पीछे चक्कर काटते हो?'

मुल्ला ने कहा: क्या बातें कर रहे हो फिजूल की? मैं धार्मिक आदमी हूं!

डॉक्टर ने कहा: तब मैं समझ गया, यह तुम्हारी धार्मिकता का ही अदृश्य गोल लोहे का घेरा तुम्हारे सिर को कसे हुए है। यही तुम्हारे दर्द का कारण है। तुम्हारा अहंकार

का आभामंडल बहुत चुस्त है। थोड़ी-बहुत भूल-चूकें करो तो थोड़े हलके हो जाओ।

यह डॉक्टर ने बात पते की कही। जो आदमी थोड़ी भूल-चूकें करता है, वह दूसरे को भी भूल-चूकें करते पाता है तो क्षमा कर सकता है। जो आदमी भूल-चूक करता ही नहीं, वह किसी को क्षमा भी नहीं कर सकता। इसलिए तुम्हारे साधु-संत कठोर हो जाते हैं, अति कठोर हो जाते हैं। करुणा की बात, लेकिन व्यक्तित्व कठोर हो जाता है। अपने को क्षमा नहीं करते, दूसरे को कैसे करेंगे? अपने पर इतने कठोर हैं तो तुम पर तो और भी ज्यादा कठोर हो जाएंगे। जब अपने को ही सता रहे हैं तो वे किसको छोड़ेंगे? उनका चित्त दूसरे को दंडित करने के लिए बड़ा आतुर और लालायित रहता है। मौका भर मिल जाए उन्हें तुम्हारी कुछ भूल पकड़ लेने का--छोटी-छोटी भूलें, मानवीय भूलें--कि किसी ने पान खा लिया है, कि बस पर्याप्त हो गया नरक जाने के लिए! पागल हो गए हो, कहीं पान खाने से कोई नरक गया है! कि किसी ने धूम्रपान कर लिया तो वह नरक चला गया है!

लेकिन एक बात तुम्हें समझ में आ जाएगी कि जो लोग नीति को मान कर चलते हैं उनके चित्त अकड़ जाते हैं, अस्मिता और अहंकार से भर जाते हैं। साधारणतया जिसको तुम अपराधी कहते हो, कभी जेल-घर में जाकर देखो, तो तुम पाओगे सरल लोग, सीधे लोग। शायद इसलिए भूल कर बैठे। बुराई की एक सहजता पाओगे। या फिर बुद्धों में तुम्हें सहजता मिलेगी--भलाई की सहजता। मध्य में दोनों के आदमी है--अटका हुआ, त्रिशंकु की भांति लटका हुआ। एक हिस्सा पीछे खींचता है कि लौट आओ पशु के जगत में, क्योंकि वहां सरलता थी; एक हिस्सा आगे खींचता है कि चलो बढ़ो बुद्धों के जगत में, क्योंकि वहां सरलता है। मगर जहां मनुष्य है वहां खिंचाव ही खिंचाव है। जो नीति को मान कर चलेगा, खिंचावों से कभी मुक्त नहीं होगा, तनावों से मुक्त नहीं होता; नीति उसके चित्त को और तनती चली जाती है।

मैं तुमसे यह नहीं कह रहा हूं कि नीचे गिर जाओ, पशु के तल पर चले जाओ। क्योंकि वस्तुतः गिरने के कितने ही उपाय करो गिर न पाओगे, लौट-लौट आना पड़ेगा। जीवन का एक परम नियम है: जो जान लिया गया जान लिया गया, उससे लौटने का अब कोई उपाय नहीं है। जो जान लिया उसे अनजाना नहीं किया जा सकता। आदमी आदमी हो गया है, पशु को पीछे छोड़ आया है। चेष्टा करके कभी क्षण दो क्षण को पशु हो जाए, मगर फिर वापस लौट आएगा। अब मनुष्य से पीछे जाने की कोई सुविधा नहीं है। अब तो सहजता पानी हो तो पशुओं में नहीं पाई जा सकती, अब तो

परमात्मा में ही पाई जा सकती है। उस सहजता को ही कहा है तालमुद ने, आदिष्ट के ऊपर उठ जाना।

बुद्ध किसी उपनिषद को मान कर थोड़े ही चलते हैं, कि किसी वेद को मान कर चलते हैं। बुद्ध का तो अपना वेद है; अपने ही भीतर उपनिषद जगा है, उसी के अनुसार चलते हैं। इसलिए तनाव नहीं होता, द्वंद्व नहीं होता। जब तुम किसी और की मान कर चलते हो तो दो हो जाते हैं व्यक्ति: एक तो तुम जो चलना नहीं चाहते, जबरदस्ती चलाते हो अपने को; और एक, जो तुम्हें चला रहा है। तुम्हारे भीतर द्वंद्व स्वाभाविक है।

हम छोटे बच्चों को ही द्वंद्व देना शुरू कर देते हैं। छोटा बच्चा अभी खेलना चाहता है, लेकिन पिता ने कहा मत खेलो, शांत बैठो; तो शांत बैठा है। तुमने कभी किसी छोटे बच्चे को शांत बिठा कर देखा? बैठा रहेगा शांत, हाथ-पैर हिलाएगा, सिर अकड़ाएगा, मुंह बनाएगा, करवट बदलेगा। तुमने कहा है शांत, तो बैठा है शांत; मगर उसके प्राण आतुर हैं दौड़ने को, भागने को, नाचने को। अभी ऊर्जा अतिशय है। अभी बाढ़ है ऊर्जा की। अभी वह कैसे बूढ़ों की तरह शांत बैठ जाए? उसके भीतर तुमने द्वंद्व पैदा कर दिया। वह भीतर तो नाचना चाहता है, कूदना चाहता है, दौड़ना चाहता है, तितलियां पकड़ने को निकल जाना चाहता है, वृक्षों पर चढ़ना चाहता है, छप्पर पर खड़े होकर आकाश के तारे तोड़ लेना चाहता है। और तुमने कहा शांत बैठो, तो बैठा है शांत; भीतर-भीतर कुढ़ रहा है; भीतर-भीतर विपरीत हुए जा रहा है तुम्हारे; भीतर-भीतर सोच रहा है कि कैसे छुटकारा हो यहां से। तुमने उसके भीतर दो व्यक्ति पैदा कर दिए: एक, जो बाहर से शांत बन कर बैठा है, परिधि पर; और एक केंद्र पर, जो अभी उछलना-कूदना चाहता है। बस तुमने आदमी के भीतर तनाव का सूत्र डाल दिया। अब जिंदगी भर यही होगा। उसे करना कुछ है; लोग कहते हैं कुछ करो। वही करेगा, जो लोग कहते हैं। पत्नी कहती है ऐसा करो तो वैसा करेगा। दफ्तर में कोई कहता है ऐसा करो, तो वैसा करेगा। राजनेता कहता है ऐसा करो तो वैसा करेगा। अब यह जिंदगी भर थपेड़े ही खाएगा। यह आदिष्ट को मान कर चलेगा। यह बड़ा आज्ञाकारी रहेगा। और इसको, जितनी आज्ञाकारिता दिखलाएगा उतना सम्मान मिलेगा। वह सम्मान खुशामद है आज्ञा की। वह सम्मान इसको फुसलाना है।

जो तुम्हारी आज्ञा मानता है, तुम उसको बड़ा समादृत करते हो। तुम कहते हो: अहा, मनुष्य हो तो ऐसा हो। तुम आज्ञाकारी को सम्मान देकर, उसकी स्तुति करके रिश्वत दे रहे हो। और आज्ञाकारी तुम्हारी रिश्वत के जहर से भरता जा रहा है। यह

पर्याप्त नहीं है। इससे वह आदमी तो भला रहेगा, किसी की बुराई उससे होगी नहीं, लेकिन उसकी आत्मा कुढ़ती रहेगी, जलती रहेगी--नरकाग्नि में। उसके जीवन में कभी तुम फूल खिलते न देखोगे, उसके जीवन में बसंत न आएगा।

इसलिए तुम्हारे तथाकथित धार्मिक आदमी, जो धार्मिक नहीं हैं मात्र नैतिक हैं, सदा उदास और गंभीर और लंबे चेहरों वाले मालूम पड़ते हैं। उनके लंबे चेहरे, उनकी उदासी, उनकी गंभीरता ऊपर से थोपी गई है। वे कभी हंसे नहीं हैं। वे कभी नाचे नहीं हैं। वे कभी हंसेंगे भी नहीं। वे कभी नाचेंगे भी नहीं। वे जगत पर एक बोझ हैं। यद्यपि उनसे कभी कोई बुराई न होगी। वे किसी की चोरी न करेंगे। वे किसी की हत्या न करेंगे। मगर किसी की चोरी न करना और किसी की हत्या न करना नकारात्मक हैं।

तालमुद में जहां यह वचन है कि जो तुझे आदिष्ट है उससे परे भी, उससे ऊपर भी तू पवित्राचरण कर, यह वचन उन दस आज्ञाओं के संबंध में है जो यहूदियों के नियम हैं--टेन कमांडमेंट्स। उन दस आज्ञाओं में यही बताया गया है ऐसा न करो, ऐसा न करो, ऐसा न करो। वे नकारात्मक हैं। आज्ञाएं सदा नकारात्मक होती हैं। आज्ञाएं कभी विधायक नहीं हो सकतीं। सब नियम नकारात्मक होते हैं: ऐसा न करो...। तो ऐसा न करोगे तो तुमसे कुछ बुराई तो न होगी, यह तो सच है; लेकिन क्या इतना ही जीवन काफी है कि तुमसे कोई बुराई न हो? तो फिर मरने में और जीने में फर्क क्या हुआ? मरे हुए आदमी से भी बुराई नहीं होती। जो मर गया, वह सदा के लिए भला है। अब उससे कभी बुरा न होगा।

तुमने मुर्दों को कभी बुराई करते देखा? मुर्दों को कभी धूम्रपान करते देखा? मुर्दों को कभी तुमने किसी की जेब काटते देखा? मुर्दे तो सदा के लिए भले हो गए।

इसलिए तुमने एक मजे की बात देखी होगी: जैसे ही कोई आदमी मर जाता है, लोग उसकी प्रशंसा करने लगते हैं। मुर्दों की लोग प्रशंसा करते हैं! आदमी मर जाए, बस तत्क्षण प्रशंसा शुरू हो जाती है।

फ्रांस के बड़े विचारक रूसो का एक दुश्मन था, जिससे जिंदगी भर उसका विवाद चलता रहा और दोनों ने एक-दूसरे को खूब खंडन-मंडन किया। जानी दुश्मन थे। एक-दूसरे का चेहरा नहीं देखते थे। और रास्ते पर अगर मिल जाते थे तो मुंह बचा कर निकल जाते थे या बगल की गली में सरक जाते थे, ताकि आमना-सामना न हो। दुश्मन के मरने की खबर आई। किसी ने आकर खबर दी कि रूसो, पता है तुम्हें, तुम्हारा दुश्मन मर गया है? तो रूसो ने कहा: अगर यह खबर सच है तो मैं यह कह

सकता हूं कि वह आदमी महान था। अगर यह खबर सच है। प्रोवाइडेड इट इज़ ट्रू। तो मैं कह सकता हूं कि, ही वाज़ ए ग्रेट मैन। कि बड़ा आदमी था वह। मगर एक बात पक्की हो जाए कि मर गया हो। अगर न मरा हो तो फिर मैं यह नहीं कह सकता।

मरे आदमी की हम प्रशंसा करने लगते हैं। एक गांव में एक आदमी मरा-- राजनेता था गांव का। गांव-भर उससे परेशान था, जैसा नेताओं से लोग परेशान हैं। मरा, तो गांव का नियम था कि जब कोई मर जाए तो उसकी प्रशंसा में कुछ व्याख्यान दिया जाए मरघट पर। कोई व्याख्यान देने को राजी नहीं, क्योंकि बहुत लोगों ने सिर मारा कि कोई एकाध बात तो खोज लें उसकी जिंदगी में जिसकी प्रशंसा हो सके। कोई बात ही न मिले, बात हो तो मिले! गांव-भर उसकी नस-नस से परिचित था। गांव-भर प्रसन्न था कि वे विदा हो गए। यह बड़ा ही अच्छा हुआ। यद्यपि लोग उदासी का ढोंग रचे बैठे थे, मगर अंदर प्रसन्न हो रहे थे। कोई प्रशंसा में बोलने को खड़ा न हो। गांव का नियम यह था कि जब तक प्रशंसा में बोला न जाए, तब तक अरथी में आग नहीं लगाई जा सकती।

आखिर गांव का एक पंडित खड़ा हुआ। उसने कहा: 'भाइयो! नेताजी तो मर गए, मगर अपने पांच भाई छोड़ गए हैं। वह उन पांच भाइयों का स्मरण करो। उन पांच भाइयों के मुकाबले नेता जी देवता पुरुष थे।' इस तरह उसने प्रशंसा की। सीधी तो प्रशंसा का कोई उपाय नहीं था। उन पांच भाइयों के मुकाबले! क्योंकि वे उनसे भी पहुंचे हुए उपद्रवी हैं। उन पांच के मुकाबले नेताजी देवता पुरुष थे! प्रशंसा हो गई, लोग जल्दी से झपट कर आग लगाए। छुटकारा हो!

मरते ही सभी लोग स्वर्गीय हो जाते हैं, चाहे वे दिल्ली में ही मरें, तो भी स्वर्गीय हो जाते हैं! फिर नरक कौन जाता होगा? फिर तो नरक खाली पड़ा होगा, अगर दिल्ली में मरने वाले लोग स्वर्ग चले जाते हैं। नहीं, लेकिन जो मर गया उसकी हम प्रशंसा करते हैं। यह शिष्टाचार है। अब किसी को, कोई मर गया है, उसको नारकीय तो नहीं कहता। सभी मरने वालों को हम स्वर्गीय कहते हैं। यह शिष्टाचार है, लेकिन शिष्टाचार के पीछे एक बहुत महत्वपूर्ण बात छिपी है: मुर्दा आदमी अब बुरा नहीं कर सकता। अब किसी का बुरा नहीं कर सकता, इसलिए बेचारे की अब क्या बुराई करो? अब तो बुराई करने के पार हो गया।

जिनको तुम तथाकथित धार्मिक कहते हो, वे मुर्दा लोग हैं, उनसे किसी की बुराई नहीं होती, यह तो सच है; मगर उनके जीवन में उत्सव नहीं है, तो उनका जीवन नकारात्मक है।

ऐसा ही समझो कि कोई किसी गुलाब की झाड़ी की प्रशंसा में कहे कि इस झाड़ी में एक भी कांटा नहीं है। क्या तुम समझोगे यह पर्याप्त है? गुलाबों की झाड़ी की प्रशंसा कि इस झाड़ी में एक भी कांटा नहीं? प्रशंसा तो तब होगी जब कोई कहे इस झाड़ी में कैसे प्यारे फूल खिले हैं! नैतिक व्यक्ति ऐसा होता है, जिसकी झाड़ी में कांटा नहीं है और धार्मिक व्यक्ति ऐसा होता है जिसकी झाड़ी में फूल खिले हैं। इस भेद को स्पष्ट समझ लो। धार्मिक व्यक्ति नाचता है, आनंद-मग्न होता है। धार्मिक व्यक्ति मस्त होता है, मदमस्त होता है! धार्मिक व्यक्ति वह है जिसके जीवन में बसंत आ गया; जिसके जीवन में सुरभि उठी; जिसके जीवन में ज्योति जली। इतना ही काफी नहीं है कि कांटे नहीं हैं; जब तक फूल न हों तब तक तृप्त मत हो जाना।

तालमुद का यही अर्थ है: जो तुझे आदिष्ट है वह तो करो, लेकिन उतने से ही तृप्त मत हो जाना। उतने से मंजिल नहीं आ जाती। उससे परे भी, उससे ऊपर भी तू पवित्र आचरण कर। उसके परे क्या है? क्योंकि आदिष्ट में तो सारे शास्त्र आ गए, सब बाइबिलें, सब वेद, सब धम्मपद, सब कुरान आ गए। आदिष्ट का मतलब है: जो-जो आदेश दिए गए हैं आज तक, वे सब आ गए। उससे परे क्या है? उससे परे तुम्हारी अंतरात्मा है। उससे परे तुम्हारा ध्यान का जगत है। उससे परे तुम्हारे जीवन का केंद्र है।

आदिष्ट तो परिधि को छूता है। जैसे किसी के चेहरे पर हमने रंग रंग दिया; आदिष्ट तो बस मुखौटा बनाता है, लेकिन भीतर तुम्हारी आत्मा को तो कोई नहीं रंग सकता। जब तक कि तुम्हारी आत्मा ही अपने रंग बिखेरने न लगे, जब तक कि तुम्हारी आत्मा में ही इंद्रधनुष न जन्मे--तब तक कोई बाहर से तो नहीं रंग सकता। तुम्हारी आत्मा तक किसी के हाथ नहीं पहुंच सकते, कोई तूलिका नहीं पहुंच सकती, तुम्हीं पहुंच सकते हो, बस केवल तुम्हीं पहुंच सकते हो!

दूर-वीक्षण-यंत्र से तुम व्योम को ही देखते हो?
एक ग्रह यह भूमि भी तो है।
कभी देखो इसे भी यंत्र के बल से।

न समझो यह कि धरती तो
हमारी सेज है, उत्संग है, पथ है,
उसे क्या चीर कर पढ़ना?
यहां के पेड़-पौधे, फूल, नर-नारी
सभी हर रोज मिलते हैं।

अरे, ये पेड़-पौधे, फूल-फल, नर-नारी
किसी प्रच्छन्न लौ के आवरण हैं।
जानते हो, बीज है वह कौन
ये जिसकी त्वचाएं हैं?
ज्ञात है वह अर्थ जो इन अक्षरों के पार भूला है?

दूर पर बैठे ग्रहों की नाप, यह भी शक्ति ही है।
किंतु, नापोगे नहीं गहराइयां
जो छिपी हैं पेड़-पौधे में, मनुज में फूल में?

ला सको तो ज्योतिषी! लाओ मुकुर कोई।
नहीं वह यंत्र केवल क्षेत्रफल, आकार या घन नापने वाला।
किंतु वह लोचन सुरभि से, रंग से नीचे उतर कर
पुष्प के अव्यक्त उर में झांकने वाला।

तुम भी एक फूल हो। तुम्हारे फूल के ठीक अंतर-हृदय में कोई सुवास छिपी है। उसमें झांको, उसको परखो। वहां पहुंचो। उस अंतर्यात्रा पर निकलो। तब वह पवित्र आचरण प्रकट होगा, जो समस्त आदेशों से ऊपर है। तब तुम स्वयं शास्त्र बनोगे। तब तुम स्वयं सत्य की एक अभिव्यक्ति होओगे।

मैं अपने संन्यासियों को निश्चित ही तालमुद के इस वचन की याद दिला देना चाहता हूं। यह वचन महत्वपूर्ण है। मैं चाहता हूं कि जो तुम मुझे सुन रहे हो, जो तुम मेरे साथ चल रहे हो, मेरी ही सुनकर, मेरी ही मान कर मत चलते रहना। मेरी तो इतनी मानो जितने से तुम अपनी जान सको, बस। मेरी इतनी मानो जिससे तुम अपनी अंतरात्मा में प्रवेश कर सको, बस। मेरी अंगुलियों के इशारों को समझो और अपने भीतर डुबकी मारो। वहां तो तुम्हीं को जाना पड़ेगा। वहां तुम्हीं जा सकते हो, कोई और नहीं जा सकता। और उस अनुभव के बाद तुम्हारे जीवन में एक प्रकाश होगा, एक आभा होगी, एक आनंद होगा, एक पवित्रता होगी, एक निर्दोषता होगी। वही धर्म है। और वैसा व्यक्ति ही परमात्मा को जान पाता है।

नैतिक सुविधा से जीता है; सत्य का उसे कभी कोई पता नहीं चलता। धार्मिक को बड़ी असुविधाएं झेलनी पड़ती हैं, लेकिन उसे सत्य का अनुभव होता है। और सत्य के अनुभव के लिए सारी असुविधाएं झेल लेने जैसी हैं। क्यों धार्मिक को असुविधा झेलनी पड़ती है? क्योंकि बहुत बार ऐसा होगा कि तुम्हारी अंतरात्मा का जो उदघोष है वह आदिष्ट के विपरीत पड़ जाएगा, तब अड़चन शुरू होगी। उस समय अपनी ही सुनना। फिर सारे शास्त्र व्यर्थ हैं। फिर सारी मान्यताएं व्यर्थ हैं। फिर तुम्हें जो भी कीमत चुकानी पड़े, चुकाना। अपनी ही सुनना। जब तुम्हारी भीतर की अंतरात्मा आवाज देने लगे, और जब अंतरात्मा की आवाज पैदा होती है तो तत्क्षण पहचान ली जाती है, कि परमात्मा तुम्हारे भीतर बोलने लगा। इतनी प्रामाणिक होती है, इतनी स्वसंवेद्य होती है, इतनी स्व-आलोकित होती है कि तुम भूल में कभी न पड़ोगे। ऐसी भूल कभी नहीं होती कि पता नहीं यह मेरे मन की ही बात हो, मेरी आत्मा की न हो! नहीं, ऐसी भूल कभी नहीं होती। तुम्हें मन की बातों का पता है। जब आत्मा की आवाज गूंजती है तो तुम्हें ऐसी मालूम ही नहीं होती कि मेरी आवाज है; तुम्हें मालूम होती है कि सारा अस्तित्व मेरे भीतर बोला। वह ध्वनि आलोकित होती है, आंदोलित कर जाती है, रोएं-रोएं को कंपा जाती है। जिस दिन वैसी आवाज गूंजती है--इल्हाम कहो उसे, जैसा मोहम्मद ने कहा, या प्रेरणा कहो, या जो भी शब्द तुम देना पसंद करो--जब तुम्हारे भीतर से अनंत बोलता है तब स्वभावतः तुम बहुत से सामाजिक नियमों के विपरीत पड़ जाओगे। क्योंकि सामाजिक नियम तो सामाजिक सुविधा-असुविधा को सोच कर बनाए गए हैं और अंधों ने ही बनाए हैं। तुम्हारे पास जब अपनी आंखें आ जाएंगी तब थोड़ी मुश्किल होगी। आवश्यक नहीं है कि तुम अंधों से टकराओ। जहां तक बन सके, मत टकराना, क्योंकि उनका कोई कसूर भी नहीं है। लेकिन अगर टकराहट मजबूरी ही हो जाए तो अंतरात्मा की आवाज को झुठलाना भी मत। क्योंकि उसे कोई भी कीमत पर छोड़ना नहीं है; फिर चाहे सब खोना पड़े तो सब दांव पर लगा देना।

काढ़ लो दोनों नयन मेरे,
तुम्हारी ओर अपलक देखना तब भी न छोडूंगा।
तुम्हारे पांव की आहट इसी सुख से सुनूंगा,
श्रवण के द्वार चाहे बंद कर दो।

चरण भी छीन लो यदि,
तुम्हारी ओर यों ही रात-दिन चलता रहूंगा।
कथा अपनी तुम्हारी सामने कहना न छोड़ूंगा,
भले ही काट लो तुम जीभ, मुझको मूक कर दो।

भुजाएं तोड़ कर मेरी भले निर्भुज बना दो,
तुम्हें आलिंगनों के पाश में बांधे रहूंगा।
हृदय यदि छीन लोगे,
उठेंगी धड़कनें कुछ और होकर तीव्र मानस में।

जला कर आग यदि मस्तिष्क को भी क्षार कर दोगे,
रुधिर की वीचियों पर मैं तुम्हें ढोता फिरूंगा।

जिसने भीतर की आवाज सुनी है, उसके हाथ भी कट जाएं तो उसके आलिंगन में बाधा नहीं पड़ती। उसके पैर भी कट जाएं तो भी उसकी यात्रा अवरुद्ध नहीं होती। उसकी जीभ भी काट लो तो भी परमात्मा की प्रार्थना जारी रहती है--उसके मौन में, उसके शून्य में। जिसके भीतर अंतरात्मा जगी उसके भीतर अब सारे आदेशों का आदेश आ गया--अपना आदेश आ गया! फिर सब दांव पर लगाने का साहस चाहिए। जिनमें इतना साहस होता है वे ही धार्मिक हो पाते हैं।

दूसरा प्रश्न: ओशो,

कोरा कागज था यह मन मेरा
लिख लिया नाम जिस पे तेरा
चैन गंवाया मैंने, निंदिया गंवाई
सारी-सारी रात जागूं दूं मैं दुहाई
नैना कजरारे मतवाले, ये न जानें
खाली दर्पण था यह मन मेरा
देख लिया मुख जिसमें तेरा
कोरा कागज था यह मन मेरा।

वीणा! कागज कोरा हो तो इससे बड़ी और कोई बात नहीं, क्योंकि कोरे कागज पर ही वेद उतरते हैं। सिर्फ कोरे कागज पर उपनिषदों का जन्म होता है, कुरानें अवतरित होती हैं सिर्फ कोरे-कागजों पर। जिसने चित्त को कोरा कागज बना लिया, बस उसने सब पा लिया। वहीं तो अड़चन है। वहीं कठिनाई है। तुम्हारे चित्त के कागज इतने गुदे पड़े हैं, इतनी लिखावटें, इतने हाथों से लिख दी गई हैं कि अब उन पर कुछ परमात्मा लिखना भी चाहे तो अंकित न हो सकेगा; अंकित हो भी जाए तो समझ में न आ सकेगा कि क्या लिखा गया है।

मन को कोरा बनाना पहला कदम है परमात्मा की यात्रा में। वही तीर्थ है। जिसने मन को कोरा बना लिया, तीर्थ पहुंच गया। उसका काबा आ गया। अब कहीं जाना नहीं है। अब तो इसी कोरे मन में परमात्मा उतरेगा।

लेकिन मन को कोरा करने में बड़ी अड़चन है। कोई मन हिंदू है तो कोरा नहीं है। कोई मन मुसलमान है तो कोरा नहीं है। कोई मन जैन है तो कोरा नहीं है। कोई मन कम्यूनिस्ट है तो कोरा नहीं है। मन का कोई भी पक्षपात हुआ, कोई भी धारणा हुई, कोई भी दृष्टि हुई, कोई भी दर्शनशास्त्र हुआ--कि मन कोरा नहीं है। फिर मन गुदा है, न मालूम कितने शब्दों से भरा है। और सब शब्द उधार, सब बासे, सब पराए, दूसरों से लिए हुए, अपना अनुभव कोई भी नहीं। अपना अनुभव तो कोरे मन में जगता है।

तुम्हारे चित्त में इतना शोरगुल है कि अगर परमात्मा अपना इकतारा बजाए भी तो सुनाई पड़ेगा? नक्कारखाने में तूती की आवाज होगी। कहां सुनाई पड़ेगा? जैसे भरे बाजार में एक कोयल बोलने लगे, किसको सुनाई पड़ेगा? लोगों के चित्त इतने उपद्रव से भरे हैं कि परमात्मा बहुत बार आता है तुम्हारे द्वार तक, दस्तक देकर लौट जाता है, तुम उसकी दस्तक सुनते नहीं। बहुत बार तुम्हें झंझोड़ देता है, मगर तुम सोए हो गहरी तंद्रा में; तुम जागते नहीं, तुम और करवट लेकर दुबारा नया सपना देखने लगते हो।

तुम जरा कोरे हो जाओ तो उसका बादल घिरे, बरसे जिस अमृत की तलाश तुम कर रहे हो, वह अमृत बरसने को आतुर है। तुम्हीं तलाश नहीं कर रहे हो, अमृत भी तुम्हारी तलाश कर रहा है। प्यासा ही सरोवर नहीं खोज रहा है, सरोवर भी प्यासे की राह देख रहा है, क्योंकि जब प्यासे की प्यास बुझती है तो प्यासे की ही प्यास नहीं बुझती, सरोवर भी सार्थक होता है। यह बात खूब मन में संजोकर रख लेना।

तुम्हीं नहीं खोज रहे परमात्मा को, परमात्मा भी तुम्हें खोज रहा है। जिस दिन मिलन होगा, तुम्हीं आनंदित नहीं होओगे, परमात्मा भी नाच उठेगा। इसलिए कथाएं

हैं कि जब बुद्ध को ज्ञान हुआ तो बेमौसम फूल खिल गए। ये तो प्रतीक हैं, काव्य-प्रतीक। ये इतना ही बताते हैं कि सारा अस्तित्व आनंदमग्न हो गया--बेमौसम फूल खिल गए, कि सूखे वृक्षों में हरे पत्ते आ गए, कि देवताओं ने आकाश में दुंदुभी बजाई, कि आकाश से फूल झरे, झरते ही चले गए।

नहीं, कोई फूल दिखाई पड़ने वाले झरे हैं, नहीं कोई सूखे वृक्षों पर पत्ते आए हैं, नहीं बेमौसम कोई फूल खिले हैं--इनको तुम ऐतिहासिक तथ्य मत समझ लेना, अन्यथा भूल-चूक हो जाएगी। और जो इस तरह की बातों को इतिहास समझ लेता है वह बुद्ध को भी झुठला देता है। उसके जीवन में धीरे-धीरे बुद्ध भी एक कहानी और कथा हो जाते हैं--परिकथा, एक मिथ, एक पुराण। उनका यथार्थ खो जाता है।

ये काव्य-प्रतीक हैं। प्यारे प्रतीक हैं, लेकिन कविताएं इतिहास नहीं हैं। कविताएं कुछ कहती हैं, जरूर कुछ कहती हैं--कुछ अलौकिक कहती हैं। मगर कविताएं लौकिक यथार्थ के संबंध में कोई प्रमाण नहीं हैं। अदृश्य के संबंध में संकेत हैं, लेकिन उनको निचोड़कर तुम अगर इतिहास बनाने लगोगे तो मुश्किल हो जाएगी। इतना ही अर्थ है, इतना ही अभिप्राय है कि बुद्ध को जब ज्ञान उत्पन्न हुआ तो सारा अस्तित्व आनंद-मग्न हो गया। इसको कैसे कहें?...देवताओं ने दुंदुभियां बजाईं, कि फूल आकाश से झरे, झरते ही गए, कि बेमौसम फूल आ गए, कि सूखे वृक्ष हरे हो गए। यह कहने का एक ढंग है, एक लहजा--और सुंदर और प्यारा।

मन जब कोरा हो गया बुद्ध का तो आकाश बरसा। जब तक बुद्ध विचारों से भरे रहे, तब तक यह घटना न घटी; जब निर्विचार हो गए, तब।

इसलिए समस्त धर्मों का मौलिक संदेश एक ही है: निर्विचार हो जाओ। मगर कैसे तुम निर्विचार होओ? तुम तो उन्हीं शास्त्रों को अपने सिर में भरे बैठे हो जो कहते हैं कि निर्विचार हो जाओ।

एक पंडित कुछ वर्ष हुए मुझे मिलने आए। मैं काशी विश्वविद्यालय में मेहमान था। बड़े पंडित हैं। पतंजलि के योग-सूत्रों पर उन्होंने बड़ी भारी व्याख्या लिखी है। मैंने उनसे पूछा: निर्विचार साधा? वे थोड़े चौंके। ऐसा उनसे किसी ने पूछा न होगा। लोगों ने पूछा होगा उनसे कि पतंजलि की निर्विकल्प समाधि का क्या अर्थ है और वह उन्होंने समझाया होगा। मैंने उनसे पूछा: आपको निर्विकल्प का अनुभव हुआ? इधर-उधर देखने लगे। कहा कि नहीं। आपसे कैसे झूठ बोलूं? निर्विकल्प का मुझे अनुभव नहीं हुआ है।

और मैंने कहा: पतंजलि पर जिंदगी हो गई व्याख्या करते आपको, आपको पतंजलि से इतना भी संकेत नहीं मिला कि निर्विचार होना है, निर्विकल्प होना है? वही तो सार है।

कहा: वह तो सार है, मगर मैंने इस तरह कभी नहीं सोचा। मैं तो नये-नये अर्थ निकालता रहा, नई-नई व्याख्याएं करता रहा, पतंजलि के लिए नये-नये सम र्थन खोजता रहा। पाश्चात्य मनोविज्ञान से, विज्ञान से, सबसे मैंने समर्थन खोज कर व्याख्याएं लिखीं।

लेकिन मैंने कहा: निर्विचार कब होओगे? यह तो उलटी ही बात हो गई। अब पतंजलि ही तुम्हारे लिए विचार बन गए। अब यही पतंजलि के शब्द तुम्हारे चित्त में घूमते रहते हैं दिन-रात, तुम इन्हीं पर नई-नई व्याख्याएं, नई-नई सूझ की कलमें लगाते रहते हो। मगर निर्विचार कब होओगे? पतंजलि से कब छुटकारा पाओगे?

बुद्ध का बहुत अदभुत वचन है: अगर मैं तुम्हें राह में मिल जाऊं तो तलवार उठा कर मेरे दो टुकड़े कर देना।

सदगुरु यही कहते रहे हैं कि हम इशारा कर रहे हैं निर्विचार का, कहीं ऐसा न हो कि तुम हमारे ही विचार पकड़ लो!

मन कोरा हो जाए...कोरे मन का अर्थ है: न हिंदू न मुसलमान न ईसाई न जैन न बौद्ध। कोरे मन का अर्थ है: न अब वेद है मन में, न कुरान है, न बाइबिल है। कोरे मन का अर्थ है: अब कोई पक्षपात नहीं, कोई बदली नहीं। खाली आकाश! निर्विचार, निर्विकल्प! बस क्रांति की घड़ी आ गई। मंदिर के द्वार खुलने का क्षण आ गया। अब घिरेंगे मेघ--तुम्हारे विचार के नहीं। परमात्मा सघन होगा तुम्हारे ऊपर।

बुद्ध ने इस अवस्था को धर्म-मेघ-समाधि कहा है। धर्म का बादल तुम्हारे ऊपर घिरेगा और अमृत की वर्षा होगी। बस वीणा! मन कोरा कागज हो, तो वर्षा हो जाए।

धरा की भींगती चूनर खनकते रिमझिमी पायल,
लहर जाता क्षितिज के छोर तक हर प्राण कर घायल!

विरह सावन उमड़ आया मचलती स्नेह की बदली
सजल आकाश के दृग में चमकती रूप की बिजली,
भटकती वायु बन बोझिल पिलाकर मोह की मदिरा
मचल गाता हृदय में नित प्रणय का सिंधु-मधु-लहरा;

मलय का मधुमयी झोंका, विहग कुल का मधुर कलरव,
सिहर जाता विपिन के छोर तक हर प्राणकर पागल।

पपीहा स्वाति की निर्मम बदलियां निरख सकुचाता
सजल संगीत पल पल श्वास से सौ बार दुहराता,
कुसुम दल का उनींदापन मुखर अलि का थिरक चुंबन
पिघलती सांझ की अमराइयों में गंध-मधु-नर्तन,
भटकती कुंज में कोकिल, मयूरी थिरकती बन-बन,
फहर सुधि द्वार तक जाता सुभग सौगात का आंचल।

खिले विश्वास के सरसिज, विहंसते धूलकण में तृण
धरा से झांकते अंकुर, स्वरों में मूल आकर्षण
उमड़ती भाव की गंगा, लहराती साध की यमुना,
बहक जाती तरी निःश्वास की लख सावनी सपना;
बिखरता रूप-रंग-सौरभ, बहारों का खिला शतदल,
बरस जाता निमिष में खोल पलकें बावरा बादल।

एक क्षण में वर्षा हो जाती है। बरस जाता निमिष में खोल पलकें बावरा बादल! जैसे बाहर बादल बरसते हैं, ऐसे ही भीतर भी बादल बरसते हैं। जितना बड़ा आकाश बाहर है इतना ही बड़ा आकाश भीतर है। पर कोरे हो जाओ तो उसका मुख दिखाई पड़ जाए।

तूने कहा वीणा: देख लिया मुख जिसमें तेरा, कोरा कागज था यह मन मेरा।

कोरे हो जाओ तो चारों तरफ मौजूद है। कोरे हो गए कि तुम दर्पण हो गए। फिर उसे खोजने कहीं जाना नहीं पड़ता। वह आया ही हुआ है। अतिथि आया ही हुआ है, लेकिन आतिथेय बेहोश है, मूर्च्छित है। बादल बरसने को तत्पर हैं, लेकिन तुम्हारा पात्र उल्टा रखा है। बरसे भी तो व्यर्थ जाए।

तुम अपने अहंकार से इतने भरे हो कि तुम्हारे भीतर खाली जगह ही नहीं है। परमात्मा प्रवेश भी पाना चाहे तो कहां स्थान है तुम्हारे भीतर? तुम तो स्वयं ही सिंहासन पर बैठे हो। तुमने तो अपने अहंकार को ही सिंहासन पर बिठा दिया है। खाली करो सिंहासन! रिक्त करो सिंहासन! कोरा करो कागज!

तीसरा प्रश्नः

ओशो, बस, एक प्रार्थना है कि आपके पास जो आग है, उसमें पूरी-पूरी जल जाऊं और खो जाऊं।

समाधि! जलना शुरू हो गया है, खोना शुरू हो गया है। खोना शुरू हो गया है, इसलिए तो और खोने की आकांक्षा जगी है। जलना शुरू हो गया है, जलने का रस आना शुरू हो गया है। इसलिए तो पूरे-पूरे जल जाने की अभीप्सा जगी है।

जो इस आग को पहचान लेंगे--स्वाद से; दूर से देखेंगे तो घबड़ा जाएंगे। और अनेक लोग हैं जो दूर से ही इस आग को देख रहे हैं। शायद दूर से स्वयं भी नहीं देख रहे हैं; दूसरों ने दूर से देखा है, उनकी बातें सुन-सुन कर देख रहे हैं।

जो इस आग को अनुभव से देखेंगे, पास आकर देखेंगे, थोड़े निकट, वे निश्चित ही जल जाने को आतुर होंगे, क्योंकि यह जलना ऐसा है जैसे नया जीवन उपलब्ध होता है। और मिटे बिना तो पाया नहीं जा सकता।

धन्यभागी वही हैं जो स्वयं को गंवा देंगे, क्योंकि वही स्वयं को पा लेने का उपाय है।

जब कोई तामीर बेतखरीब हो सकती नहीं।
खुद मुझे अपने लिए बरबाद होना चाहिए।।

इस जगत में बिना मिटाए कुछ भी नहीं बनता।

जब कोई तामीर बेतखरीब हो सकती नहीं।

जब कोई चीज बन ही नहीं सकती बिना मिटाए, बिना विध्वंस के सृजन होता ही नहीं है...।

खुद मुझे अपने लिए बरबाद होना चाहिए।

तो फिर एक सूत्र समझ लो: मिटना होगा तुम्हें, अगर स्वयं को पाना है। जलना होगा तुम्हें, अगर ज्योतिर्मय हो जाना है।

बीज मिटता है तो वृक्ष होता है और नदी मिटती है तो सागर हो जाती है। जिस घड़ी तुम मिटने को राजी हो गए, उसी घड़ी तुम्हारे भीतर परम का आविर्भाव हो जाता है। वह फिर कभी नहीं मिटता।

तुम तो क्षणभंगुर हो, पानी के बबूले हो; बचे भी तो कितनी देर बचोगे?

ज्यादा देर बच न सकोगे। यहां बचने का कोई उपाय नहीं है। मौत तो आ ही जाएगी। मौत तो मिटा ही जाएगी। और जब मौत मिटा ही देती है तो फिर अपने ही हाथ से छलांग क्यों न लगा लेनी। जो स्वयं मर जाता है वही ध्यान को उपलब्ध हो जाता है। समाधि आत्ममरण है।

और खयाल रखना, मरने से कोई शारीरिक मरने की बात नहीं है। शरीर तो बहुत बार मरा है और फिर-फिर तुम वापस आ गए। इस बार अहंकार को मर जाने दो कि फिर वापस आना न होगा। फिर तुम सुगत हो जाओगे। जो ठीक-ठीक चला गया, फिर वापस नहीं आता।

सुगत बुद्ध का एक नाम है, उसका अर्थ होता है: जो ठीक-ठीक चला गया। इतने ठीक-ठीक चला गया कि फिर वापस नहीं आता है।

यहां जीवन में कुछ पकड़ने जैसा है भी तो नहीं। कैसे लोग पकड़ लेते हैं इंद्रधनुषों को, यह भी आश्चर्य की बात है! कैसे मृग-मरीचिकाओं में भटकते रहते हैं, यह भरोसा नहीं आता कि कैसे यह चमत्कार घटता है!

पल छिन में धूप कहीं छांव!
खिड़की से दीख रहा खुला आसमान
मेघों के छितराए तिरते जलयान,
गलियों का कोलाहल करता संकेत
सागर को नाप रहा लहरों का पांव।
पल छिन में धूप कहीं छांव।।

फूलों पर बैठ अलि ऊंघ रहा आज
सपन गीत गाता ले भावों का साज,
पल में उड़ जाता फुर फहराके पंख
गंध-हीन फूल बना सपनों के गांव।
पल छिन में धूप कहीं छांव।।

प्राणों की गागर से सांसों की गंध।
रीत गई बिन पूछे तब का संबंध,
अंतर्मन पूछ रहा उनका घर-द्वार
बिन पूछे उनको बह जाए किस ठांव।
पल छिन में धूप कहीं छांव।।

क्षण-क्षण में सब बदलता है यहां। अभी सुबह, अभी सांझ। अभी जन्म, अभी मौत। अभी बसंत था, आ गया पतझड़। अभी बाढ़ थी नदी में, अब सब सूख गई धार। अभी जवानी, अभी बुढ़ापा। अभी सुख, अभी दुख। अभी सफलता, अभी असफलता।

पल छिन में धूप कहीं छांव!
सागर को नाप रहा लहरों का पांव।
पल छिन में धूप कहीं छांव।

इस जगत में पकड़ने योग्य कुछ है भी तो नहीं। सागर की लहरों पर देखी है झाग, सुबह के सूरज में चमकती झाग, ऐसी लगती है जैसे हीरे-मोती हों! हाथ में लोगे, पानी रह जाएगा। इससे ज्यादा इस जगत में कुछ है भी नहीं। यहां जो जीने की आकांक्षा रखते हैं वे सिर्फ मरते हैं।

समाधि, यह शुभ है कि तुझे जलने का भाव उठ रहा है कि पूरे जल जाएं। यहां जो मर जाते हैं--स्वेच्छा से, वे ही शाश्वत जीवन को जान पाते हैं।

जीसस ने कहा है: अपने को बचाना मत, अन्यथा खो दोगे। जीसस ने कहा है: धन्यभागी हैं वे जो अपने को खो देते हैं, क्योंकि फिर वे कभी भी खो न सकेंगे; वे अमृत को उपलब्ध हो जाते हैं।

यहां एक ही चीज थिर है; उसको एक तरफ से देखो तो उसका नाम ध्यान है, दूसरी तरफ से देखो तो उसका नाम प्रेम है। शेष सब अथिर है। इस जगत में एक ही चीज थिर है। अगर भक्तों की नजर से देखो तो उसका नाम प्रेम है; अगर ज्ञानियों की नजर से देखो तो उसका नाम ध्यान, साक्षी है। मगर वह एक ही घटना है। क्योंकि जहां ध्यान घटता है वहां प्रेम की धारा बह जाती है और जहां प्रेम की धारा बहती है वहां ध्यान घट जाता है। वे दोनों साथ-साथ आते हैं, एक ही सिक्के के दो पहलू हैं।

मैं नहीं चिर हूं
न तुम हो
प्राण का अस्तित्व शिव से सत्य है
प्रस्फुटित आनंद मन का
सुभग सुंदर है
फूल नश्वर है!

हंसी पागल पंखुड़ियों की
सरस मधु-गंध कलियों की
तरल चिर है
किन्तु
फूल नश्वर है।
दीप की अभिव्यक्ति लौ से दूर है,
शलभ देता प्राण का उत्सर्ग
गाता प्रणय का संगीत
लौकिक देह-बल्ली को
जलाता ज्योति में
स्नेह-क्रीड़ा में निरत
वह सिसकनों में भर रहा स्वर है!
स्नेह ही चिर है!

वह जो पतंगा जल जाता है दीपक पर, उसकी देह तो जल जाती है। देह तो निश्चित जल जाती है। देह तो जल्दी ही पड़ी रह जाएगी राख होकर, मगर जिस प्रेम ने उसे जलाया वह प्रेम शाश्वत है। वह प्रेम बच जाता है।

संन्यास प्रेम की यात्रा है या कहो ध्यान की यात्रा है। वही संन्यासी है जो मेरी आग में मर जाने को पतंगा होकर आ गया है।

तुम जानते हो, गैरिक वस्त्र अग्नि के प्रतीक हैं! तुम उनमें मर जाओ, पूरी तरह, जैसे हो वैसे--तो तुम्हें जैसे होना चाहिए वैसे स्वरूप का आविर्भाव हो।

तूने पूछा: एक ही प्रार्थना है कि आपके पास जो आग है, उसमें पूरी-पूरी जल जाऊं और खो जाऊं। यह होना शुरू हो गया है। नहीं तो यह प्रश्न ही नहीं उठता। प्रश्न भी समय पर उठते हैं। प्रश्नों का भी अपना क्षण होता है। तुझे रस लग गया मिटने का तो फिर अब ज्यादा देर नहीं है। जिसे मिटने में रस आने लगा, उसे कौन रोक सकता है? उसे इस जगत की कोई शक्ति नहीं रोक सकती। जिसे अपने अहंकार को गला देने में रस आने लगा, उसे अब कोई नहीं रोक सकता। तुम्हारे अहंकार की पूर्ति में तो हजार लोग बाधाएं डाल सकते हैं, लेकिन तुम्हारे निर-अहंकार की पूर्ति में कोई बाधा नहीं डाल सकता। यह बड़े मजे की बात है!

संसार में कुछ पाना हो तो लोग बाधा डाल सकते हैं, लेकिन परमात्मा में कुछ पाना हो तो कोई बाधा नहीं डाल सकता, कोई की सामर्थ्य नहीं है बाधा डालने की। परमात्मा के साथ तुम्हारा सीधा संबंध है। तुम्हारे और परमात्मा के बीच में कोई खड़ा नहीं रह सकता--कोई पर्वत, कोई पहाड़। हां, संसार में कुछ पाना हो तो हजार अड़चनें हैं। धन कमाना हो तो हजारों लोग धन कमाने निकले हैं। उन सबसे प्रतियोगिता होगी। जरूरी नहीं कि तुम जीतो। बहुत संभावना तो हारने की है। बड़ा पद पाना है।

अब यह साठ करोड़ का देश है। किसी को राष्ट्रपति होना है, तो एक ही व्यक्ति राष्ट्रपति हो सकता है और साठ करोड़ प्रतियोगी हैं। होना तो सभी को है। एक हो पाएगा। बड़ी बाधाएं होंगी। बड़ा उपद्रव होगा। बड़ी छीन-झपट, गलाघोंट प्रतियोगिता होगी। बहुत इसमें मरेंगे, बहुत इसमें टूटेंगे, बहुत इसमें उखड़ेंगे, बहुत विषादग्रस्त हो जाएंगे, बहुत हताश हो जाएंगे, तब कोई एकाध पहुंच पाएगा। लेकिन पहुंचते-पहुंचते वह भी इतना कुट-पिट चुका होगा, इतनी पिटाई हो चुकी होगी उसकी कि पहुंचकर भी किसी मतलब का नहीं होगा--मुर्दे की भांति पहुंच पाएगा।

पहुंचते-पहुंचते लोग मर ही जाते हैं। प्रधानमंत्री होते-होते कोई साठ साल का हो जाता है, कोई सत्तर साल का, कोई अस्सी साल का। होते-होते जिंदगी हाथ से निकल गई होती है और इतना संघर्ष कि उस संघर्ष में प्राणों में जो भी गरिमापूर्ण है, सब मर जाता है। और इतनी वीभत्स प्रतियोगिता, इतनी घृणित प्रतियोगिता, कि जो भी मानवीय है उसकी तो सांसें कभी की घुट गई होती हैं। पहुंचते-पहुंचते आदमी आदमी नहीं रह जाता।

इस जगत में सफल होना विफल होना है, क्योंकि सफलता के लिए जो आत्मा देनी पड़ती है वही तुम्हारी विफलता है। मुफ्त तो कुछ मिलता नहीं; आत्मा बेचो और ठीकरे इकट्ठे कर लो। लेकिन परमात्मा के जगत में बात बिलकुल भिन्न है। वहां कोई प्रतियोगी ही नहीं है। वहां कोई प्रतिस्पर्धा नहीं है। वहां तुम अकेले हो। वहां तुम नितांत अकेले हो। वह यात्रा अकेले की है। कोई बाधा नहीं है। सिर्फ एक बाधा रहती है: वह तुम्हारी ही है।

और समाधि, वह बाधा तेरी टूट गई है। तुम डरो मरने से, बस उतनी बाधा है। तुम भयभीत रहो, उतनी बाधा है। वह भय चला गया है। अब भय की जगह तेरे मन में मिटने की प्रार्थना उठ रही है। और सभी प्रार्थनाएं, सच्ची प्रार्थनाएं मिटने की ही प्रार्थनाएं हो सकती हैं। बस, प्रार्थना उठी तो पूर्ति होने में देर नहीं है।

चौथा प्रश्न:

ओशो, सिद्ध सरहपा ने महासुख की बात कही। महासुख क्या है?

पहले तो समझें कि सुख क्या है? सुख तुम्हें कभी-कभी मिला है, इसलिए सुख को समझना आसान भी होगा। फिर समझें कि दुख क्या है। क्योंकि दुख तो तुम्हें बहुत मिला है। सुख-दुख दोनों समझ में आ जाएं तो महासुख की समझ आ सकती है।

सुख क्या है? एक क्षण भर को अहंकार का मिट जाना सुख है। तुम चौंकोगे: अहंकार का मिट जाना सुख! हां, जब भी तुमने सुख जाना है, सोचना अब, विचारना अब, ध्यान करना उन क्षणों का। जब भी तुमने सुख जाना है, अहंकार मिट गया है; वह पक्की कसौटी है। सांझ सूरज को डूबते देखा, पहाड़ों पर सूरज की लालिमा छा गई, बादलों पर रंगीन रंग फैल गए, पक्षी अपने नीड़ों को लौटने लगे, सांझ का सौंदर्य, उतरती रात की गरिमा! किसी पहाड़ी एकांत में तुमने सांझ के सूरज को डूबते देखा, तुम चकित भाव-विभोर हो उठे। सुख की एक पुलक आई और गई। एक लहर आई और तुम नहा गए।

यह कैसे हुआ? सूरज का सौंदर्य इतना प्यारा था, आकाश के रंग ऐसे अनूठे थे, पहाड़ों की शांति इतनी गहरी थी, पक्षियों का नीड़ों को लौटना, उनकी चहचहाहट, सब तुम्हारे हृदय को इस भांति से तरंगित कर दिए कि तुम एक छंद में बंध गए। तुम उस पर्वतीय एकांत में डूबते हुए सांझ के सूरज के साथ, आकाश के साथ एक हो गए। लीन हो गए। एक क्षण को अहंकार विस्मृत हो गया। एक क्षण को तुम भूल गए कि मैं हूं। सूरज इतना था कि तुम एक क्षण को भूल गए कि मैं हूं। बादलों में रंग ऐसे थे कि एक क्षण तुम्हें याद न रही कि मैं हूं। लौटते पक्षी, सांझ का सन्नाटा, पहाड़ का एकांत...तुम भूल गए एक क्षण को, इस शराब में डूब गए एक क्षण को! तुम्हें याद ही न रही कि मैं हूं। बस उसी घड़ी एक लहर उठी। इसी लहर का नाम सुख है।

फिर जल्दी ही तुम वापस लौट आते हो, क्योंकि सूरज कितनी देर तक सुंदर रहेगा! यहां तो सब पल-छिन का मामला है। अभी था अभी गया। अभी डूब गया। रात गहरी होने लगी। तुम चौंककर उठ आए। लौट पड़ने का समय आ गया। रात अंधेरा हो रहा है, सांप हो, बिच्छू हो, जंगली जानवर हों! पहाड़ का मौका। तुम वापस लौट आए। अहंकार फिर अपनी जगह खड़ा हो गया...शंकित, भयभीत। सुख की जो क्षण भर को झलक मिली थी, खो गई।

ऐसे ही सुख मिलता है। कभी संगीत को सुनते समय...किसी ने वीणा बजाई और तुम तल्लीन हो गए और तुमने कहा: बड़ा सुख मिला! या अपनी प्रेयसी से मिलना हुआ, उसका हाथ हाथ में लेकर बैठे, सांझ के उगते पहले तारे को देखते रहे और तुमने कहा: बड़ा सुख मिला! लेकिन सुख का कोई संबंध न तो सूरज से है न सांझ के तारे से है, न प्रेयसी के हाथ से है, न संगीत से है! अगर तुम समझोगे तो इन सब के बीच तुम एक ही बात पाओगे कि बहाना कोई भी हो, बात एक ही घटती है तुम्हारे भीतर: अहंकार भूल जाता है। और यह तुम्हें समझ में आ जाए तो फिर महासुख को समझने में ज्यादा देर न लगेगी।

महासुख का अर्थ हुआ: अहंकार सदा को भूल जाए; भूला सो भूला, फिर लौटे ही न। दुख का अर्थ होता है: अहंकार। जितना ज्यादा अहंकार होता है उतना ज्यादा दुख। अहंकार की मात्रा से दुख की मात्रा नापी जाती है। इसलिए तुम अहंकारी को बहुत दुखी पाओगे; निर-अहंकारी को उतना दुखी नहीं पाओगे।

तुम खुद ही सोचो। जब भी तुम्हारा अहंकार बहुत सघन होकर तुम्हें पकड़ लेता है कि मैं हूं, कि मैं कुछ खास हूं, तो फिर छोटी-छोटी बातें दुख देने लगती हैं। कोई आदमी जो तुम्हें रोज नमस्कार करता था आज उसने नमस्कार नहीं की; यही छाती में छुरे की तरह चुभ जाती है बात कि अच्छा, तो यह अपने को क्या समझने लगा! इसको मजा चखाकर रहूंगा! इसे बता कर रहूंगा कि मैं कौन हूं!

तुम जहां भी, जब भी अहंकार से भर जाते हो, अड़चन होती है। तुम कभी परदेस गए? तुम कभी विदेश-यात्रा को गए? तुम कभी ऐसी जगह गए, जहां तुम्हें कोई भी न जानता हो? वही यात्रा का सुख है। यात्रा का सुख यात्रा में नहीं है। यात्रा का सुख कश्मीर में नहीं है और नेपाल में नहीं है। यात्रा का सुख इस बात में है कि वहां तुम्हें कोई जानता नहीं है। इसलिए अकड़ने का कोई कारण नहीं है। अकड़ने से सार भी क्या है? वहां कोई नमस्कार भी नहीं करता, कोई कारण नहीं है दुख मानने का। वहां तुम कुछ भी नहीं हो। वहां तुम ना-कुछ हो। इसलिए तुम्हें थोड़ा सुख मिलता है। यात्रा का यही सुख है: थोड़ी देर के लिए तुम ना-कुछ हो जाते हो। जो समझ लेते हैं, वे अपनी ही जगह ना-कुछ हो जाते हैं। इतनी दूर जाने की क्या जरूरत? वे घर में बैठे-बैठे ही ना-कुछ हो जाते हैं।

शून्य में मिलता है सुख। अहं में मिलता है दुख। अहंकार कांटा है। अहंकार पीड़ा है। शून्य संगीतपूर्ण है। लेकिन तुम कभी सोचते ही नहीं इस बात को। तुम्हारा सुख,

तुम्हारे सुख के बहुत से अनुभव, उन सबका निचोड़ निकालो, उन सबका मूल बिंदु खोजो।

सुख क्या है? बतला सकते हो?
पंडुक की सुकुमार पांख या लाल चोंच मैना की?
चरवाहे की बंसी का स्वर?
याकि गूंज उस निर्झर की जिसके दोनों तट
हरे, सुगंधित देवदारुओं से सेवित हैं?
सुख कोई सुकुमार हाथ है,
जिसे हाथ में लेकर हम कंटकित और पुलकित होते हैं?

अथवा है वह आंख
बोलती जो रहस्य से भरी प्रेम की भाषा में?
या सुख है वह चीज स्पर्श से जिसके मन में
कंपन-सा होता, आंखों से
मूक अश्रु ढल कर कपोल पर रुक जाते हैं?

सुख कहां पर वास करता है?
सुख? अरे, यह ज्योतिरिंगन तो नहीं है
जो द्रुमों की पत्तियों की छांह में दिन भर छिपा रहता?

याकि सौरभ पुष्प के उर का?
कि कोई चीज ऐसी जो
हवा में नाचती है रात को नूपुर पहन कर?

सुख! तुम्हारा नाम केवल जानता हूं।
मैं हृदय का अंध हूं;
मैंने कभी देखा नहीं तुमको।
इसलिए प्यारे! तुम्हें अब तक नहीं पहचानता हूं।

पर,कहो, तुम, सत्य ही, सुंदर बहुत हो?
पुष्प से, जल से, सुरभि से
और मेरी वेदना से भी मधुर हो?

तुमने जान कर भी सुख जाना नहीं है। अंधे की तरह कभी सोचा कि सांझ का डूबता सूरज सुख दे रहा है। कभी सोचा कि प्रेयसी से मिलन हुआ, सुख मिल रहा है। कभी सोचा मित्र घर आया है इसलिए सुख मिल रहा है। कभी सोचा सुस्वादु भोजन से। कभी सोचा इससे, कभी सोचा उससे। मगर तुमने कभी मूल बात न पकड़ी।

जब भी सुख मिला हो, किसी घड़ी में, तब एक बात अनिवार्य रूपेण घटती है: अहंकार मिट जाता है। तो फिर अहंकार का मिट जाना ही सुख है; न तो सुख है सूरज का डूबना न उगना।

सुख क्या है? बतला सकते हो?
पंडुक की सुकुमार पांख या लाल चोंच मैना की?
चरवाहे की बंसी का स्वर?
या कि गूंज उस निर्झर की जिसके दोनों तट
हरे, सुगंधित देवदारुओं से सेवित हैं?

नहीं! सुख तो वह घड़ी है जब तुम नहीं हो। मैं सुखी हूं, ऐसा वाक्य भाषा की दृष्टि से सही है, अनुभव की दृष्टि से सही नहीं है, क्योंकि जहां सुख होता है वहां मैं नहीं होता। सुख होता है तो मैं नहीं होता। मैं होता है तो सुख नहीं होता। इसकी क्षणभर को झलक मिलती है तो उसका नाम सुख है और फिर झलक खो जाती है। महीनों-बरसों के लिए, उस अंधेरे का नाम दुख है। और जब यह झलक थिर हो जाती है, यह तुम्हारा स्वभाव बन जाती है--उस घड़ी का नाम महासुख है।

सरहपा ने महासुख शब्द का ऐसा ही प्रयोग किया है, जैसे उपनिषद आनंद का करते हैं। लेकिन क्यों सरहपा ने आनंद शब्द का प्रयोग न किया, महासुख का क्यों किया? उसके पीछे भी कारण है। जब आनंद शब्द का हम उपयोग करते हैं तो ऐसा लगता है कि हमारे सुख का और आनंद का कोई संबंध नहीं है। उससे एक भ्रांति पैदा होती है, जैसे हमारा सुख और आनंद दो अलग ही लोक हैं, इनके बीच कोई सेतु नहीं है। उस सेतु को निर्मित करने के लिए सरहपा ने आनंद शब्द का उपयोग नहीं किया, महासुख का उपयोग किया, ताकि तुम्हें यह याद रहे कि तुम दूर कितने ही होओ, लेकिन जुड़े हो।

तुम्हारा सुख कितना ही क्षणभंगुर क्यों न हो, उसी महासुख की एक तरंग है। और यह बात महत्वपूर्ण है, क्योंकि अगर तुमसे कोई भी संबंध नहीं है उस महासुख का तो तुम उसे पाओगे कैसे? किस धागे को पकड़ कर चलोगे उसकी तरफ? और यही सहज-योग का दान है।

सहज-योग कहता है: मनुष्य अभी जहां है वहीं से परमात्मा से जुड़ा है; जरा पहचानने की बात है; जरा गैल पकड़ लेने की बात है। रास्ता है; एक अदृश्य सेतु हमें जोड़े हुए है। हम सुख को तो जानते हैं, तो फिर महासुख हमसे बहुत दूर नहीं है, विजातीय नहीं है। हम सुख जानते हैं तो महासुख भी जान सकते हैं। हमने बूंद जानी है तो सागर को भी जान लेंगे, क्योंकि सागर बूंदों का जोड़ है, और क्या है? ऐसे ही महासुख सुखों का जोड़ है, और क्या है? सुख होगी बूंद, महासुख होगा सागर। जो भेद है सहज-योग की दृष्टि से, वह मात्रा का है, गुण का नहीं है।

बस यही सहज-योग का क्रांतिकारी उदघोष है।

शरीर-सुख में और आत्म-सुख में भी जो भेद है वह मात्रा का है--सहज-योग के अनुसार--गुण का नहीं है। बाहर के सुख में और भीतर के सुख में भी जो संबंध है, जो भेद है, वह मात्रा का है। भीतर का महासुख है, बाहर का बिलकुल छोटा सा सुख है; मगर दोनों जुड़े हैं एक से।

मनुष्य की गरिमा की घोषणा है यह। और मनुष्य कितना ही नीचे गिरा हो, इस बात की खबर है कि तुम जहां हो वहीं से सीढ़ी लगी है।

तुम, हो सकता है, बिलकुल नीचे के पायदान पर हो सीढ़ी के; मगर यह उसी सीढ़ी का पायदान है, जिस सीढ़ी के आखिरी पायदान पर परमात्मा है। यही तंत्र की घोषणा है। सहज-योग तांत्रिक है।

जब मैंने कहा कि संभोग और समाधि दोनों जुड़े हैं, तो वह तंत्र की धारणा को ही प्रस्तावना देनी थी। तंत्र यही कहता है कि संभोग में जो सुख जाना जाता है, वह एक बूंद है और समाधि में जो सुख जाना जाता है, वह एक सागर है, अनंत सागर! मगर दोनों में जोड़ है। दोनों जुड़े हैं।

क्षुद्रतम में भी वही विराट मौजूद है। अणु में भी वही विराट मौजूद है। तुमने अपना द्वार खोला, तुम्हारे छोटे से द्वार से जो आकाश दिखाई पड़ता है, वह विराट आकाश ही है। उन दोनों में कोई मौलिक भेद नहीं है।

सुख को थोड़ा समझो। सुख को थोड़ा जीयो। सुख को थोड़ा पहचानो। जहां सुख मिलता हो उन घड़ियों में अपने को ले जाओ।

यौवन पकता है निमग्न अपने ही रस में।
कला सिद्ध होती जब सुषमा की समाधि में
विपुल काल तक कलाकार खोया रहता है।
वह सब होगा पूर्ण; एक दिन तुम चमकोगे
जैसे ये नक्षत्र चमकते हैं अंबर पर।

बनो संत-से चारु कि जैसे यूनानी थे
जो अदृश्य हैं देव उन्हें पूजा सन्मन से।
और मर्त्य मनुजों से भी मत आंख चुराओ।

परिभाषा मत पढ़ो; न दो उपदेश किसी को;
गुरु से मिले न ज्ञान, भ्रांतियां और सघन हों,
तब जा पूछो बात कहीं एकांत प्रकृति से।

अगर शास्त्र उलझन में डाल देते हों, अगर गुरुओं की बातें सुन कर कुछ समझ में न आता हो और समझ उलझ जाती हो, तो अच्छा हो चले जाओ प्रकृति में। पूछो झरनों से। पूछो वृक्षों की हरियाली से। पूछो केतकी, जुही, बेला के फूलों से। पूछो बदलियों से, चांद-तारों से। चले जाओ एकांत में। परिभाषा मत गढ़ो बैठ कर मत सोचने लगो। बैठ कर कुछ नहीं होगा। सोचने से कुछ नहीं होगा। जानने चलो, परिभाषा मत गढ़ो, न दो उपदेश किसी को।

अक्सर ऐसा हो जाता है, खुद पता न हो तो आदमी दूसरे को समझाने लगता है। दूसरे को समझाने से ऐसी भ्रांति होती है कि मुझे पता होगा और जब दूसरे समझने लगते हैं और मानने लगते हैं कि हां तुम जानते हो, तो आदमी खुद भी मानने लगता है, कि जब इतने लोग मानते हैं कि मैं जानता हूं तो इतने लोग गलत कैसे हो सकते हैं? एक बड़ा धोखा पैदा होता है। तुम लोगों को समझाकर, अपने को समझा लेते हो कि मैं जानता हूं। न तो परिभाषा गढ़ो। अपनी मनगढ़न्त परिभाषा का कोई अर्थ नहीं है। अनुभव से आने दो परिभाषा। और न दूसरों को समझाने बैठ जाओ।

परिभाषा मत गढ़ो; न दो उपदेश किसी को;

गुरु से मिले न ज्ञान...

अगर न मिल सके गुरु से ज्ञान...। पहली तो बात गुरु मिल सके गुरु न मिल सके, शायद, मिल भी जाए गुरु तो शायद तुम समझ न पाओ वह क्या कह रहा है। शायद उतनी सामर्थ्य तुममें न हो कि किसी मनुष्य के सामने झुक जाओ, क्योंकि मनुष्य के सामने झुकने में अहंकार बड़ी बाधा लाता है। अपने ही जैसे मनुष्य के सामने झुकना अहंकार को बड़ा कष्टपूर्ण हो जाता है। तो चले जाओ एकांत में, किसी वृक्ष के पास झुक जाना; उसमें तो उतनी अड़चन नहीं होगी! किसी झरने के पास झुक जाना। चले जाओ एकांत में। घुटने टेक देना पृथ्वी पर। सिर लगा देना पृथ्वी पर। अगर मंदिरों की चौखट पर सिर पटकने में संकोच लगता है कि तुम जैसा बुद्धिमान आदमी और मंदिरों की चौखट पर सिर पटके, तो चले जाओ एकांत में। पृथ्वी पर सिर रख देना। आकाश के तारों से बातें कर लेना। शायद तुम्हें सुख की पुलक मिलने लगे।

गुरु से मिले न ज्ञान, भ्रांतियां और सघन हों,

तब जा पूछो बात कहीं एकांत प्रकृति से।

प्रकृति परमात्मा का प्रकट रूप है। प्रकृति से जो मिलता है, वह सुख है। परमात्मा के प्रकट रूप से जो मिलता है, वह सुख है। और, परमात्मा के अप्रकट रूप से जो मिलेगा, वह महासुख। प्रकृति से क्षण भर को मिलता है; परमात्मा से शाश्वत मिलता है। पर दोनों एक ही धागे में जुड़े हैं।

इसलिए ठीक ही किया सरहपा ने कि सुख और महासुख शब्द का प्रयोग किया, आनंद का प्रयोग नहीं किया। शब्दों के प्रयोग में भी बड़े अर्थ होते हैं।

पांचवां प्रश्न:

ओशो, विश्वास तो नहीं होता था कि कृष्ण के साथ लोग नाचे होंगे। आपके आश्रम को देख कर भरोसा आया है कि ऐसा भी कभी हुआ होगा।

हम खुदा के कभी कायल ही न थे,

तुम्हें देखा तो खुदा याद आया।

सीताराम! धर्म जब भी जीवित होता है तब नाचता हुआ होता है; जब मर जाता है तब गुरु-गंभीर हो जाता है। धर्म जब जीवित होता है तो हंसता हुआ होता है। धर्म जब जीवित होता है तो आंखों में आंसू भी आनंद के ही आंसू होते हैं।

धर्म जब जीवित होता है तो पैरों में घूंघरु बंधते हैं, बांसुरी पर टेर उठती है, एकतारा बजता है। क्योंकि धर्म के जीवित होने का एक ही अर्थ हो सकता है: उत्सव। धर्म के जीवित होने का एक ही अर्थ हो सकता है: यौवन।

धर्म जब युवा होता है तो कृष्ण जैसे लोग पैदा होते हैं; धर्म जब सड़ जाता है, मर जाता है, तो फिर पंडित-पुरोहित लाश के पास बैठ कर लाश की दुर्गंध को ढांकने के लिए चंदन इत्यादि का लेप करते रहते हैं। फिर लाश को कैसे सुंदर बनाया जाए, लाश को कैसे सड़ने न दिया जाए, लाश को कैसे सुरक्षित रखा जाए--यही उनकी चिंतना हो जाती है।

और, जीवित तो धर्म कभी-कभी होता है, क्योंकि कृष्ण जैसा व्यक्ति ही कभी-कभी होता है। मुर्दा धर्म की लंबी परंपराएं होती हैं; कृष्ण तो कभी-कभी घटते हैं। मनुष्य अधिकतर तो मुर्दा धर्मों के साथ रहता है। इसलिए अक्सर ऐसा हो जाता है, जब भी कृष्ण घटित होंगे तभी सारा मुर्दा धर्म और उसकी परंपरा उनके विपरीत खड़ी हो जाएगी। कृष्ण जीवित कभी स्वीकार नहीं हो सकते, क्योंकि तुम करीब-करीब मुर्दा जी रहे हो। तुम से मुर्दा धर्म का तो संबंध हो जाता है, जीवित धर्म के साथ तुम नहीं नाच पाते।

तुम नाचना ही भूल गए हो। तुम प्रेम भूल गए हो। तुम प्रेम की भाषा भूल गए हो। इसलिए तुम्हारे चर्च हैं, गुरुद्वारे हैं, गिरजे हैं, मंदिर हैं--सब बाहरी आयोजन तो वहां हो रहा है, भीतर की आत्मा नहीं है। सुंदर पिंजड़े हैं, पक्षी कभी का उड़ गया है, या कि मर गया है। अब पूजा चल रही है। और लोग बड़ी गुरु-गंभीरता से पूजा कर रहे हैं।

यहां तुम्हें देख कर कठिनाई होगी। अगर समझोगे तो ही समझ पाओगे। अगर थोड़ी संवेदनशीलता होगी तो ही समझ पाओगे। नहीं तो तुम हैरान होकर लौटोगे।

मेरे पास लोग आ जाते हैं। वे कहते हैं: आश्रम ऐसा नहीं होना चाहिए, कि जहां लोग नाच रहे हैं, कि गले मिल रहे हैं, कि प्रसन्न हैं, कि हंस रहे हैं। आश्रम तो गुरु-गंभीर होना चाहिए, कि लोग झाड़ों के नीचे झोपड़े बनाकर बैठे हैं, उदास, माला फेर रहे हैं, कि उनके चेहरों पर मुर्दगी है, कि जीवन में उनके निषेध है, नकार है।

इंग्लैंड से कुछ दिन पहले एक टेलीविजन कंपनी ने आश्रम की फिल्म बनाई है। पता नहीं सरकार को पता नहीं चला या क्या हुआ, वह फिल्म बन भी गई, वह फिल्म इंग्लैंड में प्रदर्शित भी हुई। अब न मालूम कितने पत्र वहां से आए हैं! उन सारे पत्रों में एक बात जरूर स्मरण की गई है और वह यह--'कि आश्रम हंसता हुआ भी हो सकता

है! लोग नाचते हुए भी हो सकते हैं, खिलखिलाते हुए भी हो सकते हैं! यह हमारे खयाल में ही नहीं था।' न मालूम कितने लोगों ने लिखा है कि हम उत्सुक हैं आने को। पृथ्वी पर कोई एक जगह तो है, जहां लोग हंसते हैं; जहां परमात्मा जीवन-विरोधी नहीं है; जहां परमात्मा जीवन का ही नाम है।

शायद मोरारजी देसाई इसीलिए परेशान हैं कि इस आश्रम की फिल्में न बनें, देश के बाहर प्रदर्शित न हों, क्योंकि जो तुम नहीं समझ सकते हो वह सारी दुनिया समझ लेगी। क्योंकि तुम तो बहुत जड़ हो गए हो, परंपरा का बोझ इतना है तुम्हारे ऊपर...।

लेकिन पश्चिम से परंपरा का बोझ हट गया है। पश्चिम में धर्म की परंपरा खंडित ही हो गई है। पश्चिम में तो ईश्वर से लोग छुटकारा ही पा लिए हैं। और ईश्वर से छुटकारा हुआ तो उसके साथ ही साथ उसके पंडित-पुरोहितों से छुटकारा हो गया है, उसके चर्च-मंदिरों से छुटकारा हो गया है। पश्चिम नास्तिक है। नास्तिक का मतलब यह है कि अब परंपरा का, धार्मिक परंपरा का कोई कूड़ा-करकट नहीं है।

यह कोई आश्चर्य की बात नहीं है कि मुझमें पश्चिम से आने वाले लोग बड़ी संख्या में उत्सुक हो रहे हैं, जब कि भारतीय कभी आते भी हैं तो दर्शक की भांति। लेकिन पश्चिम से कोई आता है तो तत्क्षण डुबकी मार लेता है। कारण क्या होगा? उसके पास परंपरा का पक्षपात नहीं है। वह कोई अपेक्षा लेकर नहीं आता। वह यह मान कर नहीं आता कि झोपड़ों में बैठे हुए होने चाहिए लोग, तो ही आश्रम सच्चा है। वह यह मान कर नहीं आता कि लोग उदास होने चाहिए, सूखे होने चाहिए, उपवास करते हुए होने चाहिए। वह यह मान कर नहीं आता, इसलिए उसे कोई अड़चन नहीं होती। वह तत्क्षण जुड़ जाता है। जब कोई भारतीय आता है तो वह हिसाब पहले से रख कर आया है; उसके पास सब मापदंड तय हैं; उसने निर्णय ही ले लिया है कि धर्म कैसा होना चाहिए। धर्म का उसे कुछ पता नहीं है और निर्णय ले लिया है। और जिस धर्म का उसे पता है, वह सिर्फ सड़ी हुई लाश है। पांच हजार साल पहले कृष्ण को उसने देखा होता तो शायद समझता।

अब तो हालत बड़ी अड़चन की है, जो धार्मिक है वह भी नहीं समझता कृष्ण को। और जो नास्तिक है भारत में, वह तो समझेगा ही कैसे?

कल मैं सरिता में एक लेख पढ़ रहा था। सरिता में लेख है कृष्ण के खिलाफ, कि वे हजारों स्त्रियों के प्रेम में पड़े। और यह तो ठीक है, मगर वे कुब्जा नाम की तीन जगह से तिरछी, आड़ी-टेढ़ी स्त्री के प्रेम में भी पड़ गए। खिलाफ और भद्दा लेख है।

कोशिश यह बताने की की गई है कि यह सब लम्पटता है। उस पर मुकदमा चल रहा है अदालत में। जिन पंडितों ने अदालत में, विपरीत में वक्तव्य दिए हैं; उनकी बातें और मूढ़तापूर्ण हैं। वे लीपा-पोती करने की कोशिश करते हैं। वे समझाने की बात करते हैं कि नहीं ऐसा इसका मतलब नहीं है, ऐसा इसका अर्थ नहीं है। मगर दोनों की चेष्टा एक ही है मेरे देखे। दोनों में से कोई, जैसे कृष्ण हैं, वैसा स्वीकार करने को राजी नहीं है। क्यों अड़चन है? कृष्ण भोजन करते हैं तो तुम्हें अड़चन नहीं है, स्नान करते हैं तो अड़चन नहीं है; अगर किसी स्त्री से प्रेम हो गया है तो तुम्हें अड़चन है? कृष्ण का न होगा तो किसका होगा?

लेकिन हम डर गए हैं, हम कंप गए हैं। हम तो मानते हैं प्रेम सांसारिक है, प्रेम तो बात ही गलत है। प्रेम और परमात्मा, ये तो विपरीत मामले हैं।

तो कृष्ण के विपरीत जो हैं, जैसे सरिता का लेखक और सरिता का संपादक, उनका तर्क भी वही है कि यह कैसा भगवान! और जो पक्ष में हैं वे केवल सुरक्षा कर रहे हैं। उनको भी भीतर तो शक है कि ऐसा भगवान नहीं हो सकता। इसलिए यह व्याख्या ठीक नहीं है। इसलिए व्याख्या को तोड़-मोड़ करो, यहां-वहां से जमाओ। और संस्कृत भाषा में सुविधा है, एक शब्द के बहुत अर्थ होते हैं, उसको इरछा-तिरछा किया जा सकता है, चालबाजी की जा सकती है। हालांकि कहानी बिलकुल साफ है और कहानी में कोई न तो एतराज होने की जरूरत है न छिपाने की कोई जरूरत है। कृष्ण का प्रेम है। अनेकों से हुआ, अड़चन क्या है? परमात्मा प्रकृति के प्रेम में है, इतना ही तो अर्थ हुआ! अगर परमात्मा प्रकृति के प्रेम में नहीं है तो प्रकृति हो ही न। परमात्मा अनंत रूपों को प्रेम कर रहा है, इसलिए तो अनंत रूप प्रकट हो रहे हैं, नहीं तो अनंत रूप प्रकट न हों। परमात्मा आह्लादित है। कृष्ण उस आह्लाद के एक प्रतीक हैं। इसलिए जब हिंदू हिम्मतवर थे तो उन्होंने कृष्ण को पूर्णावतार कहा।

यह जान कर तुम हैरान होओगे कि हिंदू पुराण एक अदभुत बात कहते हैं। वे कहते हैं कि यह कुब्जा नाम की जो दासी थी कंस की, यह पहले जन्म में जब कृष्ण राम की तरह पैदा हुए थे क्योंकि वे भी विष्णु का ही अवतार हैं, तब भी मौजूद थी। बड़ी सुंदरी थी! और राम से उसकी अनुरक्ति हो गई थी। किस की न हो जाए! राम जैसा व्यक्ति दिखाई पड़े तो कौन मोहित न हो जाए! सिर्फ अंधे शायद मोहित न हों! इसमें कुछ आश्चर्य की तो बात नहीं कि कोई सुंदरी स्त्री राम पर मोहित हो गई थी। मोहित होने में कोई पाप तो नहीं। वह इतनी दीवानी हो गई कि एक रात पहुंच ही गई राम के महल।

राम और सीता सो रहे हैं। उसने जाकर राम को आहिस्ते से हिलाया। राम ने आंख खोली। उन्होंने कहा कि तू क्षमाकर और वापस जा, कहीं सीता न जग जाए! वही पुरानी कथा, पति-पत्नी का उपद्रव, कहीं सीता न जग जाए! राम भी डरे हुए हैं कि कहीं सीता न जग जाए! मगर उसने कहा कि मैं निवेदन करने आई हूं कि मुझे आपसे बहुत लगाव हो गया है, मैं क्या करूं?

तो राम ने कहा कि अगले जन्म में जब मैं कृष्ण होऊंगा...अभी तो मैं मर्यादा पुरुषोत्तम हूं, अभी तो एक पत्नी-व्रत को मानता हूं, अभी तो आदिष्ट के हिसाब से चल रहा हूं, जब अगले जन्म में कृष्ण होऊंगा, तब तू कुब्जा के नाम से पैदा होगी और जब मैं आऊंगा द्वारिका, तू मेरे मामा कंस के घर दासी होगी, तब तेरा आमंत्रण स्वीकार कर सकूंगा।

सीता तो जग गई। सुन ही रही होगी पड़ी-पड़ी, यह सब हो रहा था जो। और नाराज भी हुई, क्योंकि यह कोई बात हुई! यह तो ऐसे ही हुआ कि आज एकादशी है, आज हम शराब न पीएंगे, कल पीएंगे। यह कोई बात हुई! यह तो बात साफ जाहिर हो गई कि राम कह रहे हैं कि अगले जन्म में, अभी इस जन्म में तो फंस गए हैं, यह एकादशी है, एक पत्नी-व्रत ले लिया, मर्यादा पुरुषोत्तम राम हैं! अभी बाई तू जा! अगले जन्म में जब मैं कृष्ण के रूप में पैदा होऊंगा...।

सीता इतनी नाराज हो गई। उन्होंने कहा कुब्जा को कि तू सुंदरी तो होगी क्योंकि राम ने तुझे आशीष दिया, लेकिन मैं तुझे अभिशाप देती हूं कि तू तीन जगह से तिरछी होगी। इसलिए वह कुब्जा हुई। इसलिए वह तीन जगह से आड़ी-टेढ़ी हुई।

मगर एक बात मजे की है इस कथा में, कि राम को मर्यादा अनुभव होती है, कि राम को सीमा का बोध है, कि राम सीमित हैं। जिन्होंने यह कहानी लिखी होगी.... ऐसा हुआ या नहीं हुआ, यह सवाल नहीं है...जिन्होंने पुराण में यह कथा जोड़ी वे बड़े हिम्मतवर लोग रहे होंगे, एक बात तो जाहिर वे कह रहे हैं कि राम की सीमा है, कृष्ण की सीमा नहीं है! राम तक को कहना पड़ा कि जब मैं कृष्ण की तरह आऊंगा, जब मैं पूर्णावतार होऊंगा, जब मैं परमात्मा का पूरा उल्लास लेकर प्रगट होऊंगा, सब रंगों में! अभी तो मैं एक रंग का हूं, जब मैं सातों रंगों का होऊंगा, तब।

बड़े हिम्मत के लोग रहे होंगे तब! जीवित धर्म था तो कृष्ण को उन्होंने पूर्णावतार कहा। राम को अंशावतार कहा। अगर कमजोर लोग होते तो राम को पूर्णावतार कहते, और कृष्ण को तो अवतार भी नहीं कहते, अंशावतार की भी बात कहने की जरूरत नहीं है। लेकिन कृष्ण को पूर्णावतार कह सके जो लोग, उस समय देश जिंदा रहा होगा।

परंपरा की बहुत पकड़ न रही होगी। लोगों के शास्त्र सिर पर ज्यादा नहीं बैठ गए होंगे। अभी मुर्दा धर्म का बहुत बोझ नहीं हुआ होगा। अभी जिंदगी ताजी थी, लोग युवा थे। कृष्ण को भी स्वीकार कर सके!

अब एक मुर्दा देश है। उसमें कोई विपक्ष में लिखता है, उसकी भी नजर वही है कि अगर कृष्ण के जीवन में ऐसा उल्लेख हुआ है, अगर यह सच है तो कृष्ण का जीवन फिर धार्मिक जीवन नहीं है। क्यों? प्रेम का धर्म के जीवन से कोई संबंध नहीं? तुम प्रेम को धार्मिक न होने दोगे? तुम धर्म को प्रेमपूर्ण न होने दोगे? तुम धर्म और प्रेम को दुश्मन की तरह ही मान कर चलते रहोगे?

और जो पक्ष में हैं उनमें भी कुछ भेद नहीं। वे कोशिश करते हैं लीपा-पोती करने की। वे कहते हैं कि नहीं इसका ऐसा अर्थ नहीं, इसका वैसा अर्थ नहीं, यह ठीक नहीं, आलोचना करनी ठीक नहीं, वह तो भगवान हैं, उनके लिए सब ठीक है। इसके बड़े गहरे अर्थ हैं, वे कहते हैं, इसके साधारण अर्थ नहीं। हालांकि कुछ गहरे अर्थ बता नहीं पाते हैं कि क्या गहरे अर्थ हैं। मगर दोनों की बात एक संबंध में एक ही है कि कृष्ण को ऐसा नहीं होना चाहिए।

मैं इसलिए उल्लेख कर रहा हूं किं आज देश इतना मर गया है कि यहां आस्तिक और नास्तिक दोनों मुर्दा हैं। जीवन का उल्लास धर्म का सबूत है। और धर्म जब भी होता है तब वह अपूर्व प्रेम की वर्षा अपने साथ लेकर आता है।

मधुमय कंपन ले तन-मन में
फागुन पाहुन बन आया घर।
जीवन की असीम मुसकानें
संचय कर निस्पंद हृदय में,
इंद्रधनुष का बिखराने रंग
लाया फागुन घोल मलय में;
श्रांत पथिक की आशाओं का--
स्वप्न संजो फागुन आया घर!
दुर्गमतम निःश्वासों का फल
निर्वासित होकर हृत्तल से,
सरल हास का सौरभ बिखरा
पोत रहा रोली करतल से

परिमालय अनुराग दृष्टि में--
सृष्टि मधुर फागुन लाया घर!
स्नेहमयी चंदन-सी शीतल
जीवन की लघु परिभाषा यह,
क्षितिजपार के निर्मित नभ से
प्रतिध्वनि आती है अब रह रह,
विश्वासों के अधर-पात्र में
सप्तरंग फागुन लाया भर!

जब भी आता है धर्म, जीवंत, सतरंगा होता है, पूरा इंद्रधनुष होता है। एक स्वर नहीं होता, पूरे सातों स्वर होते हैं। लेकिन आदमी की छाती छोटी पड़ गई है। आदमी बहुत सिकुड़ गया है, विस्तार भूल गया है। खासकर इस देश में हम इतने सिकुड़ गए हैं कि हम अपने ही हाथों अपनी फांसी लगा लिए हैं। हमारी श्वासें रुंधी जा रही हैं। हमारा जीवन कठिन हुआ जा रहा है। मगर फिर भी हम जिद किए जाते हैं कि हम ऐसे ही जीएंगे। फांसी ही हमारे जीने की शैली हो गई है।

सीताराम! तुम सौभाग्यशाली हो कि तुम इस आश्रम को, इस आश्रम के नृत्य को, इस आश्रम के गीत-हंसी को, मुस्कुराहट को देख कर भी विचलित नहीं हो गए, भाग नहीं गए, दुश्मन नहीं हो गए। नहीं तो मैं एक दोस्त पैदा करता हूं और हजार दुश्मन पैदा होते हैं। तुम भाग्यशाली हो। तुम्हारे पास थोड़ा हृदय है--थोड़ा विस्तीर्ण हृदय है। इसलिए तुम आंख खोल कर देख पाए। जो तुमने देखा है, जो तुम देखने के लिए राजी हो सके हो, वह तुम्हारे जीवन को बदलने वाला भी सिद्ध होगा।

जो बसंत को पहचान ले वह बसंत के रंग में रंग जाता है। यहां बंसत आया है। डूबो इसमें! रंग जाओ इसमें! ऐसी घड़ी इतिहास में कभी-कभी होती है। मुर्दा धर्म तो सदा उपलब्ध होते हैं, जीवंत धर्म कभी-कभी उपलब्ध होता है--जब राख नहीं होती, अंगार होते हैं। लेकिन अंगार तो कुछ थोड़े से साहसी लोगों को ही आकर्षित कर पाते हैं। नहीं तो ऐसा उल्टा खेल चलता रहता है।

मोरारजी देसाई की कल मैंने एक किताब देखी, गीता पर किताब लिखी है। मोरारजी देसाई कृष्ण को समझ कैसे सकते हैं? गीता पर क्या खाक किताब लिखेंगे! मैंने गीता पर बहुत किताबें देखी हैं। इस देश में जिसको भी लिखना आता है वही गीता पर किताब लिख देता है। तृतीय श्रेणी की इतनी टीकाएं गीता पर हैं, मगर मोरारजी

देसाई ने उन सबको मात कर दिया! वह तृतीय श्रेणी में भी नहीं आती। एकदम कचरा है। गीता का नाम उसके साथ जोड़ना अपमानजनक है। कृष्ण की पहचान मोरारजी देसाई को क्या हो सकती है? और अगर मोरारजी देसाई को कृष्ण की पहचान हो जाए, तो फिर सभी मुर्दों को हो जाएगी।

कृष्ण एक जीवंत धर्म हैं। धर्म--अपनी समग्रता में, अपने सब रंगों में! कृष्ण के साथ धर्म कोई नैतिकता नहीं है। कृष्ण के साथ धर्म अस्तित्व है, संपूर्ण अस्तित्व है। समग्र स्वीकार है। वही मेरी दृष्टि भी है--समग्र स्वीकार की।

निश्चित ही हम एक छोटा सा विश्व बनाने जा रहे हैं--गैरिक संन्यासियों का--जो नाचेगा, जो आह्लादित होगा, जो उत्सव मनाएगा। नाच ही जिसकी पूजा होगी, उल्लास ही जिसकी अर्चना होगी। मस्ती के फूल परमात्मा के चरणों पर चढ़ाने का आयोजन हो रहा है।

तुम समझ सके, तुम नाराज न हो गए; तुम्हारे पास अभी जिंदा आत्मा है--तुम सौभाग्यशाली हो!--ठीक ही तुमने कहा: 'हम खुदा के कभी कायल ही न थे, तुम्हें देखा तो खुदा याद आया!' अब डूबो! अब सब होश-हवास छोड़ कर डूबो। अब हिसाब-किताब छोड़ कर डूबो। नाचो तुम भी! बहुत दिन हो गए, नहीं नाचे। रास फिर हो! फिर बांसुरी बजे! फिर हम परमात्मा को पुकार सकें पृथ्वी पर।

परमात्मा को खोजना एक बात है; वह व्यक्तिगत खोज है। परमात्मा को पुकारना पृथ्वी पर दूसरी बात है; वह सांधिक खोज है। इसीलिए संन्यासियों का यह समुदाय पैदा किया जा रहा है। व्यक्तिगत खोज से आदमी परमात्मा तक पहुंच जाता है, लेकिन जब तक अनंत आत्माएं नाच कर उसे पुकारें न तब तक परमात्मा पृथ्वी पर नहीं आ पाता। दोहरे काम करने हैं। प्रत्येक संन्यासी को परमात्मा को खोजना है--व्यक्तिगत रूप से; और समूहगत रूप से एक इतनी बड़ी चुंबकीय शक्ति पैदा करनी है कि इस पृथ्वी से जहां से परमात्मा का संबंध करीब-करीब विच्छिन्न हो गया है, उसे हम फिर उतार लाएं। फिर जगत धर्ममय हो। हो सकता है। अथक चेष्टा और प्रयास चाहिए। और मेरे पास धीरे-धीरे लोग इकट्ठे हुए जा रहे हैं; साहसी, जो वैसी चेष्टा करने को तैयार हैं, जो वैसे अभियान पर जाने को तैयार हैं।

निजामे-मैकदा साकी! बदलने की जरूरत है।
हजारों हैं सफें जिनमें न मै आई न जाम आया।।

इस जगत का जो ढंग है, सलीका है, बदलने की जरूरत है। निजामे मैकदा साकी! मधुशाला के नियम बदलने की जरूरत है।

निजामे-मैकदा साकी! बदलने की जरूरत है।
हजारों हैं सफें जिनमें न मै आई न जाम आया।।

यहां कितने लोग हैं, जिनकी प्याली खाली की खाली पड़ी है, जिनमें न कभी कोई शराब आई है न कोई उत्सव उतरा!

निजामे-मैकदा साकी! बदलने की जरूरत है।
हजारों हैं सफें जिनमें न मै आई न जाम आया।।
बहार आते ही खूं रेजी हुई वोह सहने गुलशन में।
खिजल कांटे थे यूं फूलों को जोशे इंतकाम आया।।
न जाने कितनी शमाएं गुल हुई कितने बुझे तारे।
तब इक खुरशीद इतराता हुआ बालाए-बाम आया।।

बहुत से तारों को बुझना पड़ेगा और बहुत सी शमों को गुल होना पड़ेगा, तब चांद उगेगा। तैयारी करो!

न जाने कितनी शमाएं गुल हुईं कितने बुझे तारे।
तब इक खुरशीद इतराता हुआ बालाए-बाम आया।।

बुलाना है परमात्मा को--उसके सूरज को, उसके चांद को, उसकी रोशनी को! इसके लिए बहुत से लोगों को अपनी आहुति दे देनी पड़ेगी। बहुत से लोग मिटें परमात्मा की राह पर, तो परमात्मा की वर्षा इस पृथ्वी पर हो सकती है। और ऐसी वर्षा बहुत जरूरी हो गई है, अन्यथा आदमी बचेगा नहीं।

आने वाले पच्चीस वर्ष मनुष्य के इतिहास में सर्वाधिक महत्वपूर्ण होने वाले हैं: या तो परमात्मा उतरेगा और आदमी बचेगा; अगर परमात्मा नहीं उतर सकता, अगर हम नहीं उसे अपनी आत्माओं में समा सकते, तो आदमी के भी बचने की अब कोई उम्मीद नहीं है। फांसी बहुत कस गई है। आदमी आत्मघात करने को तत्पर है। या तो परमात्मा को पुकारो, या बचने का कोई उपाय नहीं।

आज इतना ही।

१०

तरी खोल गाता चल माझी

प्रश्न–सार

- आपने इस प्रवचनमाला का शीर्षक दिया है––सहज–योग। क्या सहज और योग परस्पर–विरोधी नहीं लगते?
- भक्त प्रभु–विरह में कभी रोता है कभी हंसता है, यह विरोधाभास कैसा?
- जाति–बिरादरी वालों ने मुझे छोड़ दिया है। यहां तक कि पंचायत बिठाई और चार व्यक्तियों ने मिल कर मुझे पीटा भी। संन्यास, बाल, दाढ़ी और गैरिक का त्याग करो––ऐसा कह कर मुझे पीटा गया––तथाकथित ब्राह्मणों और पंडितों द्वारा। न तो मैं उन्हें समझ सका, न वे मुझे समझ सके। ऐसा क्यों हुआ? अपने ही पराए क्यों हो गए हैं?
- क्या यह अच्छा नहीं होगा कि पृथ्वी पर एक ही धर्म हो? इससे भाईचारे में बढ़ोतरी होगी और हिंसा, वैमनस्य और विवाद बंद होंगे।
- क्या कभी मेरी पूजा–प्रार्थना भी स्वीकार होगी? मैं अति दीन और दुर्बल हूं, कामी, लोभी, अहंकारी...सब पाप मुझमें हैं।

पहला प्रश्नः

ओशो, आपने इस प्रवचनमाला का शीर्षक दिया है––सहज–योग। क्या सहज और योग परस्पर–विरोधी नहीं लगते?

आनंद मैत्रेय! विरोधी लगते ही नहीं, विरोधी हैं। लेकिन जीवन का कोई भी परम सत्य बिना विरोधाभास के प्रकट हो ही नहीं सकता। जीवन बना है विरोधों से--अंधेरा और प्रकाश, दिन और रात, स्त्री और पुरुष, ऋण विद्युत-धन विद्युत, जन्म-मृत्यु।

जीवन की संरचना विरोधों से है। इसलिए विरोधी विरोधी ही नहीं हैं, एक-दूसरे के परिपूरक भी हैं। दिन भर श्रम किया खूब तो गहरी नींद सो सकोगे। श्रम और विश्राम विरोधी हैं, पर जिसने श्रम किया है वही गहरा विश्राम कर सकेगा। और जिसने श्रम नहीं किया वह गहरा विश्राम भी न कर सकेगा। तो विरोधी विरोधी ही नहीं हैं, एक-दूसरे के परिपूरक भी हैं। और जिसने रात्रि गहरा विश्राम किया है वही सुबह जाग कर फिर श्रम में संलग्न हो सकेगा। जो रात भर विश्राम नहीं कर सका वह सुबह श्रम में भी न लग सकेगा।

जीवन को गौर से देखो। सभी तरफ तुम विरोध पाओगे। वृक्ष को ऊपर जाना है तो जड़ों को नीचे जाना पड़ता है। जितना वृक्ष ऊपर जाएगा उतनी ही जड़ें पाताल की तरफ नीचे जाएंगी। अगर वृक्ष सिर्फ ऊपर ही ऊपर जाना चाहे, सोचे कि जड़ों को नीचे भेजना तो बड़ी विरोधी बात है, मुझे ऊपर जाना है तो जड़ों को नीचे क्यों भेजूं, जड़ों को भी ऊपर ले चलूं--तो फिर वृक्ष कभी भी ऊपर न जा सकेगा। नीचे जानेवाली जड़ों में ही ऊपर उठी हुई शाखाओं के प्राण हैं।

जब जीवन के विरोधाभास परिपूरक दिखाई पड़ने लगें तब समझना कि तुम्हारे पास तीसरी आंख का जन्म हुआ। यह तीसरी आंख समस्त विरोधों को जोड़ देती है, दो आंखों को एक कर देती है।

सहज-योग जीवन के इसी विरोधाभास को संयुक्त कर लेने का नाम है। सहज का अर्थ है: अक्रिया, अकर्म, विश्राम। योग का अर्थ है: श्रम, क्रिया, यत्न, प्रयास। लेकिन दोनों मिल जाने चाहिए, दोनों संयुक्त हो जाने चाहिए। और जहां भी शब्द और शून्य का मिलन होता है वहीं महासंगीत है। जहां योग का और सहज का मिलन हो जाता है वहां जीवन में परम का अवतरण हो जाता है।

लाओत्सु ने इसी को वू-वे कहा है। वू-वे का अर्थ होता है: अकर्म के द्वारा कर्म, या कर्म के द्वारा अकर्म।

बुद्ध ने छह वर्ष तक अथक योग साधा, फिर वे सहज को उपलब्ध हुए। फिर एक दिन थक गए, साध-साधकर थक गए, खूब सोचा खूब विचारा, जो-जो विधियां संभव थीं कीं। जिसने जो बताया वही किया। सब मार्गों पर चले। मगर मंजिल न मिली

सो न मिली। एक दिन थक गए, हताश, सब व्यर्थ हो गया। ऐसी प्रतीति साफ हो गई। उस क्षण योग छूट गया, प्रयास छूट गया। उसी रात निर्वाण घटा। उसी रात समाधि फली।

अब सवाल है कि क्या यह रात्रि बिना छह वर्ष के श्रम के आ सकती थी? तब तो तुम भी आज की रात निर्वाण को उपलब्ध हो जाओ। यह रात्रि विशिष्ट थी। इस रात्रि की विशिष्टता क्या थी? यह छह वर्ष के श्रम के बाद आई थी। यद्यपि यह भी सच है कि इस रात्रि को तुम छह वर्षों का निष्कर्ष नहीं कह सकते हो। यह छह वर्षों के कारण नहीं आई थी, क्योंकि छह वर्षों के कारण आती होती तो श्रम तो बहुत किया था, श्रम के दिनों में ही आ जाती। श्रम के दिनों में नहीं आई--आई विश्राम में। मगर विश्राम बिना श्रम के संभव नहीं है। तो श्रम भूमिका बनती है विश्राम की।

बुद्ध थक गए। उस थकान में चिंतन भी गया, विचार भी गया, योग भी गया, सब समाप्त हो गया। उस रात्रि बिलकुल सहज हो गए, जैसे पशु सहज होते हैं--सिर्फ एक भेद के साथ कि पशुओं को कोई बोध नहीं है, बुद्ध को पूरा बोध है, होश है। उसी रात परम घटना घट गई।

बुद्ध ने सहज को जाना, लेकिन सहज तक पहुंचना एक लंबी यात्रा थी। श्रम से अश्रम में पहुंचे। इसलिए बुद्ध की प्रक्रिया को सहज-योग कहा जा सकता है। सरहपा बुद्ध की परंपरा का ही हिस्सा है। सरहपा भी एक बुद्ध है।

जो लोग तर्क से जीते हैं उन्हें बड़ी कठिनाई हो जाती है। वे कहते हैं: या तो योग या सहज, दोनों कैसे साथ? तर्क एकांगी होता है--और वही तर्क की भ्रांति है, वही तर्क की व्यर्थता है। तर्क एकांगी होता है। तर्क कहता है: या यह या वह। तर्क के सोचने का ढंग ही यही है: एक को चुन लो। लेकिन तर्क से अस्तित्व नहीं चलता।

यह बिजली जल रही है; इस बिजली में ऋण और धन दोनों जुड़े हैं। तर्क कहेगा ऋण ही ऋण से जमा लो या धन ही धन से जमा लो, ऋण-धन दोनों को क्यों जमाना? ये तो विपरीत हैं। मगर बिजली तर्क की नहीं सुनती। बिजली द्वंद्वात्मक है; द्वंद्व से ही जन्मती है। द्वंद्व में ही घर्षण है। जैसे दो चकमक के पत्थर कोई टकराए और आग पैदा हो जाए। तुमसे कोई कहे एक ही चकमक पत्थर से क्यों नहीं पैदा कर लेते हो?

स्त्री और पुरुष के मिलन से जीवन का प्रवाह होता है, बच्चे का जन्म होता है। पुरुष ही पुरुष निपटा लें, कि स्त्रियां ही स्त्रियां निपटा लें, नहीं यह हो सकेगा। और पुरुष और स्त्री विपरीत हैं।

ऐसा ही योग पुरुष है, सहज स्त्री है। योग है श्रम; सहज है विश्राम। योग है आक्रमक, सहज है स्वीकार। योग जाता बाहर की तरफ; सहज जाता भीतर की तरफ। योग सक्रियता है; सहज निष्क्रियता है। जो सिर्फ योग ही योग साधेगा विक्षिप्त हो जाएगा; क्योंकि उसे विश्राम न मिल सकेगा। उसे सहज की छाया न मिल सकेगी; वह धूप ही धूप में जिएगा, जल मरेगा। और जो सहज ही सहज साधेगा वह सुस्त हो जाएगा, आलसी हो जाएगा, अकर्मण्य हो जाएगा, निस्तेज हो जाएगा। छाया ही छाया में रहेगा, धूप न मिलेगी, तो जीवन कैसे विकसित होगा? धूप भी चाहिए और छाया भी चाहिए। दोनों चाहिए, दोनों का दान है जीवन को।

ऐसा हुआ, एक किसान बहुत परेशान हो गया। हर वर्ष कुछ गड़बड़ कभी कुछ... कभी बाढ़ आ जाए, कभी आंधी तूफान आ जाएं, कभी पाला पड़ जाए, कभी ओले गिर जाएं, कभी वर्षा कम कभी वर्षा ज्यादा। किसान थक गया। एक दिन उसने परमात्मा से कहा कि तुम्हें किसानी नहीं आती। तुमने कभी किसानी की है? तुमने कभी कृषि-शास्त्र को समझा? इधर मेरी जिंदगी बीत गई और तुम्हारी भूल-चूकें देखते-देखते थक गया हूं। एक वर्ष मुझे मौका दे दो, मैं तुम्हें दिखाऊं कि खेती कैसी होती है!

पुराने दिन की कहानी है। परमात्मा उन दिनों बहुत करीब हुआ करता था। इतने फासले न थे, सीधी-सीधी बात हो जाती थी। फासले आदमी ने खड़े कर लिए, अब सीधी बात करनी मुश्किल है। सीधी बात श्रद्धा में हो सकती है। उस किसान ने बड़ी श्रद्धा से आकाश की तरफ मुंह उठा कर कहा था कि एक दफा मुझे, इस साल मुझे मौका दे दो। जिंदगी भर मैंने तुम्हें मौका दिया और तुम हमेशा जो भी किए, उसमें कोई तुक नहीं है कोई तर्क नहीं है। खेत लहलहा रहा है, खड़ा है कि पाला पड़ गया, कि ओले गिर गए, कि ज्यादा वर्षा हो गई कि कम वर्षा हो गई। कोई नाप-तौल होना चाहिए।

परमात्मा ने कहा: ठीक है, आने वाले वर्ष तू सम्हाल। और आने वाले वर्ष किसान ने सम्हाला और तर्क से सम्हाला। न तो ज्यादा वर्षा हुई, न ओले पड़े, न तूफान, न आंधी, न झंझावात उठे। सब बड़ा शांति से चला। और खेत भी ऐसे बढ़े कि किसान की छाती न फूली समाए। इतने बड़े पौधे कभी हुए न थे। दुगने, आदमी छिप जाए उनमें, इतने बड़े पौधे! कोई बाधा ही न आई थी। किसान ने कहा: अब दिखाऊंगा परमात्मा को! इसको कहते हैं फसल! और बालें बड़ी-बड़ी! और किसान को लगता

था कि गेहूं के दाने भी होंगे तो दुगने-तिगने बड़े होंगे। दिखाऊंगा परमात्मा को कि तुम जिंदगी हो गई, यही उपद्रव करते। पूछ लेते उनसे जो जानते हैं।

फिर फसल कटी और किसान छाती पीटकर रोने लगा। बालें तो बड़ी थीं, मगर उनमें दाने न पड़े थे। और उसने परमात्मा से पूछा कि यह माजरा क्या है? परमात्मा ने कहा: तूने शीतलता दी, शांति दी, पर तूफान न दिए। बिना तूफानों के दाने कैसे पड़ सकते हैं? बिना पीड़ा के प्रसव कैसे? तूने सब सुविधा दे दी, मगर सुविधा-सुविधा में जीवन का जन्म ही न हुआ। तूने एक ही चकमक से आग पैदा करने की कोशिश की। इससे पौधे बड़े हो गए, मगर व्यर्थ। तूफान भी चाहिए और आंधी भी चाहिए और पाला भी और कभी ओले भी और कभी ज्यादा वर्षा भी और कभी ज्यादा धूप भी--ताकि चुनौती रहे। ये बालें लड़ ही न पाईं। इनका संघर्ष ही न हुआ। इनके जीवन में द्वंद्व ही न आया।

तुम देखते हो न, धनपतियों के बेटे अक्सर बहुत बुद्धिमान नहीं हो पाते! और कारण इतना ही होता है कि न तूफान, न आंधी, न पाला। सब सुविधा, सब सुरक्षा, तो चैतन्य को जगने का अवसर नहीं मिलता। चैतन्य जगता है, जैसे चकमक से आग पैदा होती है। द्वंद्व चाहिए। द्वंद्व का स्वीकार चाहिए।

इसलिए मैंने इसे सहज-योग कहा है। योग जोड़ना ही होगा। श्रम तो तुम्हें करना ही होगा। इतना ही ध्यान रहे कि श्रम मंजिल नहीं है, मार्ग है। मंजिल तो सहज है। मंजिल तो स्वभाव है। पहुंचना तो विश्राम में है। इसलिए जो भी तुम कर सको उस विश्राम को पाने के लिए करना और यह भी ध्यान रखना कि तुम्हारे करने से सीधा-सीधा वह मिलेगा नहीं; लेकिन तुम्हारे करने से ही वह अवसर निर्मित होता है जिसमें विश्राम के फूल खिलते हैं।

उदाहरण के लिए, तुम ध्यान के लिए कितना ही श्रम करो ध्यान नहीं होगा; लेकिन तुम्हारा किया हुआ श्रम रास्ता बनाएगा जिसमें से ध्यान एक दिन उतर आएगा। अक्सर ऐसा होता है कि जब तुम ध्यान करने बैठते हो तब ध्यान नहीं होता; लेकिन बैठते रहो, बैठते रहो, बैठते रहो एक दिन अचानक तुम पाओगे, तुम ध्यान करने बैठे भी नहीं थे और ध्यान घटा! हो सकता है, तुम बगीचे में काम करते थे कि सुबह घूमने निकले थे, कि अकेले बैठे थे, कुछ भी न कर रहे थे, घर में कोई भी न था, सन्नाटा था--और अचानक एक ज्योतिपुंज ने तुम्हें घेर लिया। और अचानक तुम्हारे भीतर ऊर्जा छलांगें लेने लगी। और अचानक अतिथि आ गया द्वार पर। अचानक तुमने उसकी दस्तक

सुन ली। पहली दफे उसकी पगध्वनि सुनाई पड़ी, नाद पैदा हुआ। और तुम चौंकोगे, क्योंकि अभी तुम ध्यान करने बैठे ही न थे। लेकिन तुम जो ध्यान करने बैठे हो बहुत बार, उसके बिना यह घटना नहीं घटने वाली थी। और बहुत बार बैठे और नहीं घटी।

ऐसा समझो कि राह पर तुम्हें एक आदमी दिखाई पड़ा और तुम्हें लगा कि चेहरा तो पहचाना मालूम पड़ता है, नाम भी जबान पर रखा मालूम पड़ता है, मगर नहीं आता, नहीं आता याद। बहुत तुमने चेष्टा की। बहुत सिर मारा। पहचाना पक्का मालूम होता है। एक-एक रेखा चेहरे की परिचित है, एक-एक झुर्री परिचित है। उसकी चाल पहचानी हुई है। उसकी आवाज पहचानी हुई है। उसका नाम जबान पर रखा है। मगर नहीं आता। तुमने बहुत हाथ-पैर मारे और नहीं आया, नहीं आया। फिर तुमने कहा, जाने भी दो, क्या करोगे? कोई उपाय नहीं है। उस दुविधा का तुम खयाल करो, जब कभी ऐसा हो जाता है कोई चीज जबान पर रखी मालूम पड़ती है और नहीं आती, तब कैसी तुम संकट की अवस्था में हो जाते हो! मालूम है कि मालूम है और फिर भी नहीं मालूम। फिर तुम थक जाते हो। उस दशा में ज्यादा देर नहीं रह सकते। वह दशा बड़ी बेचैनी की है। तुम छोड़-छोड़ कर अखबार पढ़ने लगे कि अपना हुक्का उठा लिया, कि निकल गए बाहर, कि बगीचे में चले आए, कि फूलों को देखने लगे और अचानक इधर हुक्का गुड़गुड़ाया कि उधर एकदम से नाम याद आया! लेकिन जब तुम याद कर रहे थे तब न आया और अब आया। तो क्या तुम सोचते हो तुमने कभी याद ही न किया होता तो भी आता? फिर तो कैसे आता?

इस विरोधाभास को ठीक से समझ लो: जिसने याद किया है, खूब मेहनत की है याद करने की और नहीं याद आ सका, क्योंकि जितना उसने श्रम किया उतना चित्त तनता गया, तनावग्रस्त हो गया। तनावग्रस्त चित्त संकीर्ण हो जाता है। संकीर्ण चित्त में से कुछ भी उठ नहीं सकता, जगह नहीं रह जाती। फिर उसी स्थिति को उसने विश्राम दे दिया। चला गया बगीचे में, अपना हुक्का गुड़गुड़ाने लगा कि अखबार पढ़ने लगा, कि बच्चे के साथ खेलने लगा। चित्त का विश्राम आया, तनाव गया, चित्त की संकीर्णता मिटी, चित्त जरा विराट हुआ--और तत्क्षण अचेतन से उठी लहर और चेतन नहा गया उस लहर में! याद आ गई।

मैडम क्यूरी ने तीन वर्ष तक गणित के सवाल को हल करने की कोशिश की और न कर पाई। वही हुआ जो बुद्ध के साथ हुआ था। वही हुआ जो सभी के साथ सदा हुआ है। उस पर सब दारमदार था। वह सवाल हल हो जाए तो एक बड़ी वैज्ञानिक उपलब्धि

होगी। उसी सवाल के हल होने पर मैडम क्यूरी को नोबल पुरस्कार मिला। मगर तीन साल सारी बुद्धिमता लगा दी, कुछ हल न हुआ और एक सांझ...।

ये कहानियां बिलकुल एक जैसी मालूम होती हैं और इनके पीछे एक ही सूत्र है। एक सांझ थक गई। उसने उस सवाल को छोड़ ही दिया उस सांझ कि अब नहीं। बहुत हो गया, तीन साल खराब हो गए, यह नहीं होना है मालूम होता है। ऐसा सोचकर उस रात वह सोयी और बीच रात सपने में उठी। नींद में ही, सपने में ही सवाल का उत्तर आ गया था। गई टेबल पर नींद में और टेबल पर जाकर सवाल का जवाब लिख कर वापस बिस्तर पर सो गई। सुबह जब उठी और अपनी टेबल साफ करती थी तो चकित हुई: उत्तर मौजूद था! यह आया कहां से, उसे तो याद भी नहीं रही थी! कमरे में कोई दूसरा व्यक्ति था भी नहीं और होता भी तो मैडम क्यूरी जिसको तीन साल में हल नहीं कर पाई उसको दूसरा व्यक्ति कौन हल कर लेता! कमरे में कोई था भी नहीं। ताला भीतर से बंद था, रात जब वह सोई थी। ताला अभी भी बंद था। कमरे में कोई आ नहीं सकता। फिर उसने गौर से देखा, हस्ताक्षर थोड़े अस्त-व्यस्त थे लेकिन उसी के हैं। तब उसने याद करने की कोशिश की आंख बंद करके, तो उसे याद आया कि उसने एक सपना देखा था रात कि सपने में वह उठी है और कुछ लिख रही है। तब उसे पूरी बात याद आ गई। यह उत्तर उसी के भीतर से आया है। तीन साल तक सतत श्रम करने से नहीं आया है। आज की रात क्यों? तीन साल योग सधा, आज की रात सहज फला। मगर उस योग की खाद है, उस खाद से ही सहज फूल खिलता है।

इसलिए मैंने सहज-योग कहा। विरोधाभासी है। है ही नहीं, दिखाई ही नहीं पड़ता--वस्तुतः है। आभास ही नहीं है, विरोध ही है। सहज और योग में विरोध है। सहज विश्राम है, योग श्रम है; मगर श्रम से ही विश्राम पर पहुंचा जाता है। जैसे जीवन मृत्यु में ले जाता है ऐसे ही श्रम विश्राम में ले जाता है।

श्रम करना, पर ध्यान रखना विश्राम का। बस उतनी स्मृति बनी रहे। श्रम को ही सब न समझ लेना, नहीं तो योग में ही अटक जाओगे, और सहज को ही सब मत समझ लेना, नहीं तो यात्रा शुरू ही नहीं होगी, आलस्य में ही पड़े रह जाओगे। ये दोनों पंख चाहिए ताकि तुम उड़ सको। ये दोनों पैर चाहिए, ताकि तुम चल सको।

इसलिए तुम्हें समस्त विश्व के संतों के वचनों में विरोधाभासी वक्तव्य मिलेंगे। जीसस ने कहा है: जो बचाएगा मिट जाएगा। जो मिट जाएगा, वही बच रहता है। और जीसस ने कहा है: जो अंतिम है वह प्रथम हो जाएगा और जो प्रथम है वह अंतिम पड़

जाएगा। और जीसस ने कहा है: धन्यभागी हैं वे जो दीन हैं, दुर्बल हैं, क्योंकि परमात्मा का राज्य उन्हीं का है। इस देश में भी हमने कहा है: दुर्बल के बल राम! निर्बल के बल राम!

जानते हैं लोग कि ऐसे भी क्षण होते हैं जीवन में जब हार जीत हो जाती है। उसी को हम प्रेम का क्षण कहते हैं। वही प्रेम का जादू है: जहां हार जीत हो जाती है।

हार ही अब तो हृदय की,
जीत होती जा रही है!

वे अधूरे स्वप्न ही जो,
हो नहीं साकार पाए।
एक प्रिय वरदान ले फिर,
इन दृगों में आ समाए।
साधना ही अब हृदय की,
मीत होती जा रही है!
हार ही अब तो हृदय की,
जीत होती जा रही है!
खो दिया अस्तित्व मैंने,
अब किसी का पा सहारा।
हार कर भी कह रहा मन,
मैं न हारा, मैं न हारा।
आज जीवन से मुझे कुछ,
प्रीत होती जा रही है!
हार ही अब तो हृदय की,
जीत होती जा रही है!

बंधनों में बंध गया है,
स्वयं ही उन्मुक्त जीवन।
मुक्ति से प्यारा मुझे है,

कल्पना का मधुर बंधन।
वेदना उर की अमर,
संगीत होती जा रही है!
हार ही अब तो हृदय की,
जीत होती जा रही है!

हार जीत हो जाती है, ऐसा प्रेम का जादू है। और योग सहज हो जाता है, ऐसी समझ की कीमिया है।

दूसरा प्रश्नः

ओशो, भक्त प्रभु-विरह में कभी रोता है कभी हंसता है, यह विरोधाभास कैसा?

वैसा ही जैसा मैंने अभी तुम्हें सहज-योग के लिए कहा। रोने और हंसने में विरोध दिखाई पड़ता है, है भी, पर गहरे में जोड़ भी है। यहां गहरे में सब विरोध जुड़े हैं, संयुक्त हैं। जो दो शाखाएं आकर वृक्ष की अलग हो गई हैं, वे ही नीचे इकट्ठी हैं। किसी अतल गहराई में आंसुओं में और मुस्कुराहटों में तादात्म्य है।

और भक्त की दशा सभी भंगिमाओं से गुजरती है। कभी रोता है जरूर, कभी हंसता है। कभी आकाश बादलों से घिरा होता है और बड़ी उदासी होती है और सूरज के कहीं दर्शन नहीं होते; और कभी आकाश से सूरज का सोना बरसता है, बदलियों का कोई पता नहीं होता, निरभ्र आकाश होता है, आनंद की मस्ती होती है। कभी भक्त डूब जाता है विरह की पीड़ा में और कभी मिलन के आनंद में नाच उठता है। कभी रोता है, कभी हंसता है।

भक्ति के बहुत पहलू हैं और भक्त सभी पहलुओं से गुजरता है--कभी उदास, कभी उत्फुल्ल; कभी हारा-थका, कभी बड़ा उत्साहित, बड़े उन्माद में; कभी बिलकुल टूटा, जैसे अब जी ही न सकेगा; और कभी ऐसे जैसे अमृत जीवन मिल गया है! ये सारी भाव-भंगिमाएं हैं। ये सब परमात्मा की प्रार्थनाओं के अलग-अलग ढंग हैं। लेकिन भक्त एक तरकीब जानता है कि सभी उसी को समर्पित कर देता है। उदासी भी तो उसी की और उत्साह भी तो उसी का, जीवन भी उसी का, मृत्यु भी उसी की। तो भक्त सभी

कुछ उसी पर समर्पित करता जाता है। आती तो बड़ी अदभुत अनुभूतियां हैं। और ऐसा ही नहीं कि बाहर से...जैसा तुमने बाहर से पूछा है कि भक्त विरह में रोता है कभी हंसता है, यह विरोधाभास कैसा? ऐसा ही नहीं कि तुम्हें विरोधाभास मालूम होता है; भक्त को भी भीतर से यह लगता है कि मामला क्या है, मैं पागल तो नहीं हो गया हूं! और कभी-कभी तो ऐसा होता है, आंखों से आंसू झरते हैं और ओंठों पर मुस्कुराहट होती है। कभी ऐसा होता है कि रोता है और नाचता भी है। कभी दोनों साथ-साथ ही घटते हैं। तब तो भक्त बिलकुल ही पागल मालूम होता है। इसलिए भक्तों को लोगों ने दीवाना समझा है।

ज़िंदगी अपनी जब इस शक्ल से गुज़री या रब!
हम भी क्या याद रखेंगे कि खुदा रखते थे।।

कभी तो बड़े उदास, बड़े दुख और विषाद के दिन होते हैं।

ज़िंदगी अपनी जब इस शक्ल से गुज़री या रब!
हम भी क्या याद रखेंगे कि खुदा रखते थे।।

एक-एक क्षण बिताना मुश्किल हो जाता है। एक-एक क्षण महासंकट हो जाता है। बीतेगा कैसे यह क्षण, यह समझ में नहीं आता है--इतना दुख का बोझ होता है, इतनी विरह की प्रज्वलित अग्नि होती है! भक्त तड़फा जाता है, जैसे मछली तड़फ जाए कोई सागर के बाहर फेंक दे उसे तट पर, तो लेकिन बस ये घड़ियां आती हैं, चली जाती हैं।

यह वहम हो कि हकीकत, सुकूं इसी से है दिल को।
समझ रहा हूं कि तू बेकरार मेरे लिए है।।

भगवान दिखाई भी नहीं पड़ता भक्त को। ऐसे क्षण होते हैं जब बड़ी अंधेरी अमावस की रात होती है। मगर इतने से ही बड़ा सुकूं होता है, बड़ी शांति होती है, बड़ी तसल्ली होती है।

यह वहम हो कि हकीकत,...

और फिर लोग कुछ भी कहें। लोग कहते हैं कि यह सब वहम है, कि भ्रम है, कि तेरे मानसिक प्रक्षेपण हैं।

यह वहम हो कि हकीकत, सुकूं इसी से है दिल को।
समझ रहा हूं कि तू बेकरार मेरे लिए है।।

दिखाई नहीं पड़ता परमात्मा कहीं, लेकिन भक्त को ऐसी प्रतीति होती है कि

परमात्मा उसके लिए बेकरार है, जैसे वह परमात्मा के लिए बेकरार है। और तब उसे बड़ी शांति भी मिलती है। तब उदास से उदास रात भी अचानक सुबह हो जाती है। तब अमावस से अमावस एकदम से पूर्णिमा हो जाती है। फिर भक्त इसकी भी फिकर नहीं करता कि यह वहम है कि हकीकत है।

उनकी बेजा भी सुनूं, आप बजा भी न कहूं।

आखिर इन्सान हूं मैं भी, कोई दीवार नहीं।।

फिर कभी जूझ भी बैठता है परमात्मा से। और भक्त ही जूझ सकता है, क्योंकि प्रेमी ही लड़ सकता है। औरों की तो सामर्थ्य क्या?

उनकी बेजा भी सुनूं, आप बजा भी न कहूं।

आख़िर इन्सान हूं मैं भी, कोई दीवार नहीं।।

तो नाराजगी में कभी पूजा भी नहीं करता, द्वार-दरवाजे बंद कर देता है परमात्मा के। कभी प्रार्थना भी नहीं करता और हजार तरह की शिकायतें भी उठती हैं।

न शाख में यह कहीं सूख जाएं फूल मेरे।

जो तोड़ना हो तो अब तोड़ इंतिज़ार न कर।।

आखिर सीमा होती है एक!

या यही कह दे कि राहत तेरी किस्मत में नहीं।

मुझको देना है तो दे आज, कयामत में नहीं।।

आखिर प्रतीक्षा भी कब तक? और फिर जानता भी है, समझता भी है--

उनसे शिकवा फजूल है सीमाप

काबले इल्तिफाक तू ही नहीं

शिकायत क्या करूं, यह भी जानता है। मेरी पात्रता क्या है! अभी मैं उनकी करुणा के योग्य भी कहां हूं!

आज़ुरदा इस कदर हूं सराबे-ख़याल से।

जी चाहता है तुम भी न आओ ख़याल में।।

तंग आके तोड़ता हूं, ख़याले तिलस्म को।

या मुतमइन करो कि तुम्हीं हो ख़याल में।।

कभी ऐसा परेशान हो जाता है याद करते-करते, याद करते-करते, रोते-रोते जार-जार हो जाता है, कि कहता है: इतना थक गया हूं, इतना व्यथित हो गया हूं...'आजुरदा इस कदर हूं सराबे-ख़याल से'...तुम्हारे खयाल में, तुम्हारे ध्यान में,

तुम्हारी स्मृति में इस तरह व्यथित हो गया हूं कि अब तो जी चाहता है तुम भी न आओ खयाल में। मगर बस यह क्षण भर को बात टिकती है और दूसरे ही क्षण कहता है--

तंग आके तोड़ता हूं, ख़याले-तिलस्म को।
या मुतमइन करो कि तुम्हीं हो ख़याल में।।

मुझे विश्वास दिला दो कि यह तुम्हीं हो जो मेरे खयाल में आए। और नहीं तो तोड़ दूंगा ये सारे विचारों के तिलिस्म को। अगर तुम नहीं हो तो कुछ भी नहीं है।

क्या कहीं भूल गया मुझको बनाने वाला
कि मेरी बात बिगड़ती ही चली जाती है।
क्या कभी मौत के तेवर नहीं इसने देखे।
ज़िंदगी है कि अकड़ती ही चली जाती है।।

हजार रंग हैं भक्ति के। हजार ढंग हैं भक्ति के। सारी ऋतुएं हैं भक्ति की। कभी बसंत है और कभी पतझड़। और कभी वर्षा है और कभी धूप। और कभी सर्दी है और कभी गर्मी।

हज़ार ऐश की सुबहें निसार हैं जिस पर।
मेरी हयात में ऐसी भी इक शबे-ग़म है।।

और भक्त यह भी कहता है गौरव से, कि तेरी याद में जो रात बीती, तेरे विरह में जो रात बीती, वह कुछ ऐसी है कि हजार ऐश की सुबहें निसार हैं जिस पर--कि सुख की, सफलता की, विलास की, वैभव की, हजार सुबहें उस एक रात पर निसार हैं, जो तेरी याद में बीती। क्योंकि तेरी याद पीड़ा तो देती है, मगर पीड़ा बड़ी मधुर है। तेरी याद तिक्त भी बहुत है, मादक भी बहुत है। शराब है न, तिक्त! स्वाद तो कुछ शराब के ढंग का नहीं होता। अनुभव कुछ और होता है, स्वाद कुछ और होता है।

मुल्ला नसरुद्दीन की पत्नी बहुत परेशान थी उसकी शराब पीने की आदत से। सब उपाय कर चुकी। कोई और उपाय न सूझा तो उसने आखिरी उपाय किया। मुल्ला गया है शराब-घर, वह भी पहुंच गई। बुर्के में रहने वाली स्त्री। उसने सोचा कि यह आखिरी चोट होगी, शराब-घर में पहुंच जाए। उसने बुर्का उलट दिया और जाकर मुल्ला की टेबिल के पास की कुर्सी लेकर बैठ गई। मुल्ला तो थरथरा गया, लोग क्या कहेंगे, यह तो हद हो गई! स्त्रियां शराब-घर में! पर्दानशीं स्त्रियां शराब-घर में! मगर मुल्ला कुछ यह कह भी नहीं सकता कि तू यहां कैसे आई, क्योंकि यही तो उसकी पत्नी उससे जिंदगी भर से कह रही है वहां मत जाओ। और पत्नी ने कहा कि आज मैं भी पीऊंगी। और

इसके पहले कि मुल्ला उसे रोके या रोक सके उसने तो ली और बोतल उंडेल दी गिलास में और लेकर पहला घूंट चखा। चखते ही गिलास रख दिया और मुंह में जो शराब गई थी, थूक दी और कहा कि अरे, इतनी तिक्त, इतनी कड़वी! मुल्ला ने कहा: और तू सदा यही समझती थी कि हम मजा कर रहे हैं! अब समझी?

स्वाद तो तिक्त है। विरह का स्वाद तो तिक्त है। शराब जैसा ही है विरह, लेकिन अनुभव बड़ा मादक है, बड़ा आह्लादकारी है।

भला मेरी यह हिम्मत थी कि तुमसे अर्ज़े-दिल करता।
जबीने बेसिकन देखी तो कुछ कहने की ताब आई।।
मुझे धोखा न देती हों कहीं तरसी हुई नज़रें।
तुम्हीं हो सामने या फिर वही तस्वीरे-ख्वाब आई।।

भक्त के अनुभव भक्त ही समझ सकते हैं। दूसरों को तो सब सपने की बातें हैं, कि मानसिक खेल है। भला मेरी यह हिम्मत थी कि तुमसे अर्ज़े-दिल करता...कि अपने हृदय की बात तुमसे कहता कि अपनी शिकायत कि अपनी प्रार्थना कि अपनी मांग तुम्हारे सामने रखता।

भला मेरी यह हिम्मत थी कि तुमसे अर्ज़े-दिल करता।
जबीने बेसिकन देखी तो कुछ कहने की ताब आई।।

तुम्हारा मस्तक देखा और चिंता-रहित देखा और तुम प्रसन्न मालूम हुए और तुम ऐसे लगे कि यह घड़ी है कि अभी कह दूं। मुझे धोखा न देती हों कहीं तरसी हुई नजरें। यही कहना है मुझे कि मेरी आंखें इतनी तरस गई हैं तुम्हें देखने के लिए कि कहीं ऐसा न हो कि तरसी नजरें मुझे धोखा दे रही हों।

मुझे धोखा न देती हों कहीं तरसी हुई नज़रें।
तुम्हीं हो सामने या फिर वही तस्वीरे-ख्वाब आई।।

कहीं फिर मैं कोई सपना तो नहीं देख रहा हूं...। क्योंकि भक्त बहुत बार सपना भी देख लेता है। जिसकी तुम निरंतर याद करते हो वह सपने में भी प्रकट हो जाता है। जिसकी तुम बहुत-बहुत याद करते हो, वह दिन में भी खुली आंखों से भी मौजूद हो जाता है; लेकिन होता सपना ही है।

भक्त सपनों में से गुजरता है। सपनों से गुजर-गुजर कर, सपनों की पर्त उघाड़-उघाड़ कर एक दिन सत्य का आविर्भाव होता है। और बड़ी मुश्किल में होता है भक्त, क्योंकि परमात्मा इतने करीब मालूम होता है उसे। वे तो कैसे समझेंगे जो जानते ही

नहीं कि परमात्मा है? वे भी कैसे समझेंगे जो मानते हैं कि परमात्मा है लेकिन बहुत दूर है, अभी घटने वाला नहीं है, जन्मों-जन्मों में कभी घटेगा, मृत्यु के बाद कभी घटेगा, परलोक में कभी घटेगा!

खूब पर्दा है कि चिलमन से लगे बैठे हैं।
साफ छुपते भी नहीं, सामने आते भी नहीं।।

और चिलमन से लगे बैठे हैं, ऐसा भक्त को दिखाई पड़ता है। दिखाई भी पड़ रहे हैं--झीने पर्दे में से, चिलमन में से झलक भी मालूम हो रही है।

खूब पर्दा है कि चिलमन से लगे बैठे हैं।
साफ़ छुपते भी नहीं, सामने आते भी नहीं।।

तो भक्त की पीड़ा है, भक्त का आनंद भी है।

नज़र का इक इशारा चाहिए अहले-मुहब्बत को।
जब़ीने-शौक झुक जाए जिधर कहिए, जहां कहिए।।

बस राह देखता है कि तुम्हारा इशारा हो जाए, कि गर्दन उतारनी हो तो गर्दन उतार दूं। रोता है, लेकिन जानता है कि मेरे रोने की भी क्या समार्थ्य!

ऐ ग़मे-इश्क तेरे ज़र्फ में कुछ आग भी है?

अपने से ही पूछता है--

ऐ ग़मे-इश्क तेरे जर्फ में कुछ आग भी है?
आंसुओं से तो इलाजे-तपिशे-दिल न हुआ।।

दग्ध हृदय की चिकित्सा आंसुओं से तो हो नहीं सकी, रो तो मैं खूब लिया, रो तो मैं खूब चुका। अब अपने से ही पूछता है कि मेरे हृदय-पात्र! तुझमें कुछ आग भी है? आग हो तो अब जल।

ऐ ग़मे-इश्क तेरे जर्फ में कुछ आग भी है?
आंसुओं से तो इलाजे-तपिशे-दिल न हुआ।।

बहुत रो लिया, मगर आग खोजता है अपने हृदय में। और मिल जाती है एक दिन आग। विरह ही तो धीरे-धीरे सघन होकर आग बन जाता है, प्रगाढ़ होते-होते प्रज्वलित हो उठता है। उसी प्रज्वलित अग्नि में भक्त समाहित हो जाता है, जैसे पतंगा जल जाए शमा पर। और पतंगे की मृत्यु ही उसकी मुक्ति है। भक्त का मर जाना ही उसका मोक्ष है। भक्त जब मर जाता है, फिर न आंसू हैं न हंसी है, न नाच है न गीत है, न दुख है न सुख है। भक्त जब मर जाता है तब महासुख है, शाश्वत सुख है। जहां

अहंकार गया वहां परमात्मा ही बचता है; भक्त नहीं बचता, भगवान ही बचता है। उस घड़ी के आने के पहले तो सभी भाव-भंगिमाओं से भक्त को गुजरना पड़ता है।

भक्त का जगत बड़ा रंगीन है। ज्ञानी का जगत बहुत रंगीन नहीं है; उसमें एक ही रंग है, ज्ञानी का जगत इकतारा है; उसमें एक ही स्वर उठता है, एक ही तार है। भक्त के वाद्य पर सब तार हैं। भक्त के पास सभी तरह के वाद्य हैं। भक्त तो समस्त वाद्यों के बीच उठने वाला समवेत स्वर है। भक्त तो सातों रंग लिए हैं--इंद्रधनुष है।

भक्ति की वैविध्यता को समझो। ज्ञानी के पास बहुत रंग नहीं होते। इसलिए ज्ञानी इस जगत को कोई सुंदर काव्य नहीं दे सके। ध्यानी इस जगत को कोई सुंदर संगीत नहीं दे सके। भक्तों ने दिए संगीत। भक्तों ने दिए गीत। भक्तों ने दी मूर्तियां और पत्थरों को सजीव कर दिया! पत्थरों में प्राण डाल दिए। पत्थरों से गीत उठने लगे।

भक्तों ने इस जगत को बहुत सौंदर्य दिया है, क्योंकि भक्त के पास वैविध्य है। और विविधता में ही रस की धारा बह सकती है। ज्ञानी तो होता है मरुस्थल जैसा; भक्त होता है बगीचे जैसा, जिसमें सब तरह के फूल खिलते हैं, सब गंधें उठती हैं।

गुम कितने कारवां हुए ईमां के नूर में।
अच्छे रहे जो सायाए-उल्फ़त में आ गए।।
वोह दिल फिर उसके बाद न तारीक हो सका।
जिसमें दीये वोह अपनी नजर से जला गए।।

गुम कितने कारवां हुए ईमां के नूर में! बड़ा अदभुत वचन है। धर्मांधता के तथाकथित प्रकाश में कितने यात्रीदल भटक नहीं गए हैं। तथाकथित प्रकाश में अनेक यात्रीदल भटक गए हैं। गुम कितने कारवां हुए ईमां के नूर में! कोई हिंदू के प्रकाश में, कोई मुसलमान के प्रकाश में, कोई ईसाई के प्रकाश में। कहने को प्रकाश हैं और यात्रीदल भटक गए हैं। प्रकाश में भटक गए हैं। भरे-दिन भरी-दुपहरी में भटक गए हैं।

गुम कितने कारवां हुए ईमां के नूर में।
अच्छे रहे जो सायाए-उल्फत में आ गए।।

लेकिन धन्यभागी हैं वे जो अंधेरे में आ गए प्रेम के! अगर ये प्रकाश हैं, ये मंदिर-मस्जिदों में जलने वाले दीये अगर दीये हैं, तो प्रेमी का फिर इन दीयों से कुछ लेना-देना नहीं। प्रेमी तो कहता है; फिर हम भले, हमारे प्रेम के अंधेरे में भले। हमारे प्रेम का अंधेरा तुम्हारे प्रकाश से बेहतर है, क्योंकि तुम्हारे प्रकाश में हमने यात्रियों को भटकते देखा है और हमारे अंधेरे में हमने यात्रियों को पहुंचते देखा है।

गुम कितने कारवां हुए इमां के नूर में।

अच्छे रहे जो सायए-उल्फत में आ गए।।

वो दिल फिर उसके बाद न तारीक हो सका।

जिस दिल में परमात्मा के प्रेम का दीया जला है, वहां फिर कभी अंधेरा नहीं हुआ है; बाकी तो सब जो बाहर से उधार दीये लेकर चल रहे हैं, भटके हैं--और भटकेंगे और लोगों को भी भटकाएंगे।

वोह दिल फिर उसके बाद न तारीक हो सका।

जिसमें दीये वोह अपनी नज़र से जला गए।।

भक्त तो उसकी आंख को ही दीया मानता है। जब तक उसकी आंख से आंख न मिल जाए तब तक मानता है अंधेरा ही अंधेरा है। और भक्त प्रेम के इस अंधेरे को पसंद करता है बजाए शास्त्रों के उजेले के, क्योंकि शास्त्रों में सिर्फ लोग भटक गए हैं, शास्त्रों के वनों में भटक गए हैं, शब्दों के जाल में भटक गए हैं।

प्रेम एकमात्र उपाय है। अगर जाना हो परमात्मा तक, अगर पहुंचना हो परमप्रिय तक, तो प्रेम का दीवानापन स्वीकार करो। प्रेम का अंधेरा स्वीकार करो, क्योंकि प्रेम की अमावस भी एक दिन पूर्णिमा बनने में समर्थ है। और तथाकथित शास्त्रों की रोशनी सिर्फ तुम्हें उलझाए रखती है, रोशनी का धोखा देती रहती है। भक्त तो दीवाने होते हैं। उनके तो अपने ही ढंग हैं, अपनी ही शैली है।

संगे-दर सर पै है, दर पर नहीं अब सर मेरा।

अहले-काबा मेरे सिज्दों का सलीका देखें।।

वे जो जानकार हैं मंदिर-मस्जिदों के, जरा मेरा ढंग भी देखें, मेरा सलीका भी देखें! हमने परमात्मा के पत्थर पर, उसकी चौखट के पत्थर पर सिर नहीं रखा है--उसके चौखट के पत्थर को ही सिर पर रख लिया है! हम क्या सिर कहीं पटकें, हम तो उसको सिर पर लिए चल रहे हैं!

संगे-दर सर पै है, दर पर नहीं अब सर मेरा।

अहले-काबा मेरे सिज्दों का सलीका देखें।।

और वे जो जानकार हैं, काबे के मंदिरों के, मस्जिदों के, शास्त्रों के, वे जरा प्रेमियों की शैली भी देखें, प्रेमियों की भाव-भंगिमाएं भी देखें, प्रेमियों के तौर-तरीके भी देखें! प्रेमियों का अदभुत दीवाना शिष्टाचार भी देखें! प्रेमी के रहने के ढंग और, जीने के ढंग और। दीवानगी उसके जीने का सार है। मगर दीवाने ही हैं, जो अतियों को जोड़

पाएं। और दीवाने ही हैं जो विरोधों को जोड़ पाएं। और दीवाने ही हैं जो आंसुओं में और मुस्कुराहटों में सेतु बना लें। दीवाने ही हैं, जो जीवन और मृत्यु को एक जान पाएं। तार्किक वंचित रह जाते हैं; प्रेमी जान लेता है। प्रेम तर्क नहीं है। और जो तर्क से भरे हैं वे प्रेम से वंचित रह जाते हैं। वे अभागे हैं। धन्य है वह, जो प्रेम के जगत में पागल हो सकता है, क्योंकि परमात्मा उसी का है।

तीसरा प्रश्न:

> **ओशो, जाति-बिरादरी वालों ने मुझे छोड़ दिया है। यहां तक कि पंचायत बिठाई और चार व्यक्तियों ने मिल कर मुझे पीटा भी। संन्यास, बाल, दाढ़ी और गैरिक का त्याग करो--ऐसा कह कर मुझे पीटा गया--तथाकथित ब्राह्मणों और पंडितों द्वारा। न तो मैं उन्हें समझ सका, न वे मुझे समझ सके।**
>
> **ओशो, ऐसा क्यों हुआ? अपने ही पराए क्यों हो गए हैं?**

कृष्णानंद, ऐसा ही होना था, ऐसा ही होता है। इसमें कुछ आश्चर्यजनक नहीं हुआ है। जब भी कोई व्यक्ति भीड़ से भिन्न होने लगे तो भीड़ नाराज हो जाती है, क्योंकि तुम्हारी भिन्नता भीड़ के जीवन पर प्रश्नचिह्न खड़ा कर देती है। अगर तुम सही हो तो वे गलत हैं। अगर वे सही हैं तो तुम्हें गलत होना ही चाहिए। भीड़ बरदाश्त नहीं करती उस व्यक्ति को जो अपनी निजता की घोषणा करे। भीड़ तो भेड़ों को चाहती है, सिंहों को नहीं। और संन्यास तो सिंह-गर्जना है, सिंहनाद है।

संन्यास का तो अर्थ ही यह है कि अब मैंने छोड़ दिए रास्ते पिटे-पिटाए; लकीर का फकीर अब मैं नहीं हूं। अब चलूंगा अपनी मौज से, अपनी मर्जी से! अब खोजूंगा परमात्मा को अपने ढंग से, अपनी शैली से। सम्हालो तुम अपनी परंपराएं, मेरी अब कोई परंपरा नहीं। मैं अपनी पगडंडी खुद चलूंगा और बनाऊंगा।

संन्यास का अर्थ है कि मैं सत्य की खोज में व्यक्ति की तरह चल पड़ा; किसी भीड़ का अंग नहीं। हिंदू नहीं अब मैं, मुसलमान नहीं अब मैं, ईसाई नहीं अब मैं, जैन नहीं अब मैं। अब सारे धर्म मेरे हैं और कोई धर्म मेरा नहीं।

और तब सारे, जिनको तुम अपने समझते थे, तत्क्षण पराए हो जाएंगे। सबसे पहले वे ही पराए हो जाएंगे, क्योंकि सबसे पहले उन्हीं के साथ तुम्हारा संघर्ष शुरू हो गया।

ऐसा नहीं कि तुम उनसे लड़ने चले हो, मगर तुम्हारी यह भाव-भंगिमा, तुम्हारी यह निजता की घोषणा, उनकी आंखों में अपराध हो जाएगी।

कृष्णानंद! उन्होंने वही किया, जिसकी अपेक्षा थी। तुम्हें अपेक्षा नहीं थी इसकी--इसलिए तुम चौंके, इसलिए तुम आश्चर्यचकित हुए। भीड़ सदा से यही करती रही है। और जिनको तुम जाति-बिरादरी वाले कहते हो, उनसे तुम्हारा नाता क्या था? सांयोगिक नाता था। नदी-नाव संयोग। संयोग की बात थी कि तुम एक घर में पैदा हुए, वह घर एक जाति का था, एक बिरादरी का था। मान्यता की बात थी। और सबसे पहले वे ही नाराज होंगे, क्योंकि उन्होंने यह न सोचा था कि तुम और इतनी कूवत, तुम और इतनी जुर्रत कर सकोगे। यह बगावत है। यह विद्रोह है।

अपनी कूवत आज़माकर अपने बाजू तोलकर।
अर्शि-ए-हस्ती में उड़ना है तो उड़ पर खोलकर।।

आकाश में जो उड़ने चला है अपने पंख खोलकर, उसने घोषणा कर दी--अपनी कूवत की, अपनी बाजू की, अपने बाजुओं की।

अपनी कूवत आज़माकर अपने बाजू तोलकर।
अर्शि-ए-हस्ती में उड़ना है तो उड़ पर खोलकर।।

जीवन के आकाश में तो वे ही उड़ सकते हैं, अन्यथा तो लोग सरकते रहते हैं जमीन पर। भीड़ तो उन्हीं की है। और भीड़ तुम्हें बरदाश्त न करेगी। और जब भीड़ तुम्हें चोट पहुंचाए तो परेशान न होना। स्वीकार कर लेना इसे। यह स्वाभाविक है। यह तुम्हारे साथ ही हुआ है, ऐसा नहीं है; यह सभी के साथ हुआ है। यह तो उनके साथ भी हुआ है...जीसस जैसे पुरुषों के साथ भी हुआ है।

जीसस अपने गांव में गए और उनके गांव ने उन्हें पहाड़ पर ले जाकर, धक्का देकर मार डालने का आयोजन किया। उनके ही गांव ने, उनके ही लोगों ने...। उसी दिन जीसस का प्रसिद्ध वचन प्रकट हुआ। जीसस ने कहा: 'पैगंबर अपने ही गांव में अपने ही लोगों द्वारा नहीं पूजे जाते।' फिर जीसस दुबारा अपने गांव नहीं गए। कोई सार भी न था।

एक बार एक पटेल ने तीर्थयात्रा करने का फैसला किया। उसने यह भी फैसला किया कि सारी यात्रा पैदल ही करूंगा। जिस समय वह घर से चलने को हुआ, उसने देखा कि जहां उसके साथी-संगाती और रिश्ते-नाती उसे विदा दे रहे हैं, वहीं उसका पालतू कुत्ता भी विह्वल होकर उसकी ओर देख रहा है। उसने सोचा, जब पदयात्रा ही

करनी है तो क्यों न इस कुत्ते को भी साथ ले लिया जाए। और सबकी राय लेकर उसने अपनी यात्रा में कुत्ते को भी साथी बना लिया। एक से दो भले!

तीर्थयात्रा के दौरान पटेल जहां-जहां ठहरता, वहां-वहां गांव वाले उसका सत्कार करते, उसे मालाएं पहनाते तथा अच्छी आवभगत करते। इस आवभगत का कुछ अंश कुत्ते को भी मिलता। कहीं-कहीं लोग उसे भी मालाएं पहना देते और खाने को पकवान देते। यात्रा कई महीनों चलती रही और एक दिन धूमधाम से उसका समापन हो गया।

पटेल ने यात्रा का समापन-समारोह किया। लोगों ने पटेल के चरण छुए और उसके साथ-साथ कुत्ते को भी आदर दिया। समारोह की समाप्ति के बाद उस कुत्ते से उसी की गली के दूसरे कुत्तों ने यात्रा के समाचार पूछे। खास सवाल यह कि यात्रा के दौरान मालिक ने तो उसे कोई कष्ट नहीं दिया?

यात्री कुत्ते ने आंखों में आंसू भरकर कहा: भैया! मालिक ने तो मेरी बहुत सेवा की। सारे रास्ते उसने ध्यान रखा कि कहीं मैं भूखा न रह जाऊं, कहीं बिछड़ न जाऊं। मेरी जरूरतों को वह अपनी जान पर भी खेलकर पूरी करता रहा। कष्ट मुझे मालिक से नहीं हुआ, अपनी ही बिरादरी वालों से हुआ। जहां-जहां जिस-जिस गांव से मैं गुजरता वहां-वहां उस-उस गांव के कुत्ते मुझ पर टूट पड़ते और मेरी जान के प्यासे हो जाते। अगर मालिक साथ न होता तो ये बिरादरी वाले मुझे न तो जिंदा छोड़ते न तीर्थयात्रा का पुण्य लेने देते।

सब कुत्तों ने बिरादरी की निंदा के अपराध में उस कुत्ते को जाति से बाहर कर दिया...। क्योंकि बिरादरी की निंदा तो कोई सुन सकता नहीं।

पंडित-पुरोहित, तुम्हारे प्रियजनों ने तुम्हें मारा-पीटा, उन्होंने तुम्हारा त्याग कर दिया है, तुम सौभाग्यशाली हो। इससे उन्होंने स्वीकृति दी है कि तुम्हारा संन्यास सच्चा है।

लाओत्सु का प्रसिद्ध वचन है: ज्ञानी बोले और अज्ञानी नाराज न हों तो समझना कि ज्ञानी ने कुछ कहा ही नहीं। ज्ञानी बोले, अज्ञानी हंसें न, तो समझना ज्ञानी ने जो कहा वह सत्य नहीं है। ज्ञान की बात कही जाए, अज्ञानी तो उसे मूढ़ता की बात सम झेगा ही। उन्होंने तुम्हें मारा-पीटा, उन्होंने एक बात स्वीकार कर ली, तुम्हारी विशिष्टता स्वीकार कर ली। उन्होंने मान लिया कि कुछ तुम्हारे जीवन में हुआ है। वे तुम्हारे जीवन से उसे पोंछ देने का आतुर हो गए। तुम्हारे जीवन ने उनको अपने जीवन के संबंध में सोचने को विवश कर दिया। और सोचना कोई भी नहीं चाहता। सोचना बड़ा कष्टपूर्ण

मालूम होता है। कौन झंझट में पड़े सोचने की! सब चुपचाप चलता था, सब ठीक-ठाक चलता था, आप आ गए संन्यास लेकर! जिंदगी चली जाती थी, एक रौ में बही जाती थी। आप गैरिक वस्त्र पहनकर खड़े हो गए। उन सारे लोगों को चौंका दिया। यह तो अब उनकी आत्मरक्षा का सवाल है। उन्होंने तुम पर हमला नहीं किया है। तुम्हारी मौजूदगी ने उनको इतना दहला दिया कि आत्मरक्षा में उन्होंने हमला किया है। यह आक्रमण नहीं है, यह सिर्फ आत्मरक्षा है। वे यह कह रहे हैं कि हम तुम्हें पाठ सिखाएंगे, हम तुम्हें रास्ते पर लाएंगे। तुम रास्ते पर आ जाओगे तो वे बड़े खुश होंगे! उनके रास्ते पर! तो उनके आनंद का अंत न होगा। वे शायद तुम्हारा स्वागत-समारोह भी करें, भोज इत्यादि का भी आयोजन करें। जिन्होंने पीटा है वे ही शायद भोज इत्यादि भी दें।

लेकिन, अगर तुम अपनी राह पर चलते रहे तो उनका विरोध बढ़ता ही जाएगा। क्योंकि तुम्हारी मौजूदगी चिंता का कारण है। कहीं तुम ठीक ही तो नहीं हो, यही चिंता है। हो सकता है तुम ठीक हो और वे गलत हैं, ऐसा संदेह उनके मन में जगा है। उस संदेह को छिपाने के लिए वे मार-पीट कर रहे हैं, शोरगुल मचाएंगे। हंसना, आनंद से उसे स्वीकार कर लेना, ताकि उनका संदेह और गहरा हो। अगर तुम आनंद से उनके विरोध को स्वीकार कर लोगे तो तुम उनके भीतर से और भी संदेहों को जगा दोगे कि जब जो व्यक्ति हमारे मारने-पीटने पर भी इतना प्रसन्न है और जरा भी परेशान नहीं है, तो जरूर उसे कुछ हुआ है--कुछ, जो मूल्यवान है!

यही रास्ता है उनको चुनौती देने का। तुम अपना ध्यान करना। तुम अपनी मस्ती में मस्त रहना! जल्दी ही...एक सीमा तक विरोध जाएगा, लेकिन हर चीज की सीमा है और उस सीमा के बाद विरोध ही तुम्हारे प्रति सन्मान में भी बदल सकता है। सब-कुछ तुम पर निर्भर है कि क्या तुम धैर्य रख सकोगे। और संन्यासी को धैर्य तो सीखना ही होगा, क्योंकि संन्यासी को जीना होगा समाज में।

मेरा संन्यासी भगोड़ा नहीं है, नहीं तो आसानी थी। तुम भाग जाते हिमालय, उनको भी तकलीफ न होती, तुमको भी तकलीफ न होती। लेकिन तुम वहीं रहोगे, यही तकलीफ है। दुकान पर बैठोगे, बाजार में काम करोगे, तुम्हारी पत्नी होगी, बच्चे होंगे, तुम्हारा घर-द्वार होगा! यही तकलीफ है। वे तुमसे यही कह रहे हैं कि अगर संन्यास लेना है तो हिमालय चले जाओ, सब छोड़-छाड़ दो। फिर सब ठीक है; तुमने उनकी परंपरा का अनुसरण किया।

मैंने जान कर अपने संन्यासी को कहा है कि तुम छोड़ना मत, क्योंकि छोड़ना अब पिटी-पिटाई बात हो गई, अब उसका कोई मूल्य नहीं, वह दो कौड़ी की बात हो गई, जब पहले-पहल लोगों ने छोड़ा था तो उसमें मूल्य था, क्योंकि तब छोड़ने वाले पीटे गए थे।

तुम समझना मेरी बात को। एक दिन, जब पहली दफा छोड़ा था संन्यासियों ने घरों को, परिवारों को, तो वे पीटे गए थे। अब तो वह स्वीकृत हो गई बात। अब उसमें कोई सार नहीं है। इसलिए मैंने तुमने कहा: छोड़ना मत, बाजार में ही रहना, वहीं ध्यान करना, वहीं जीवन को जीना। अब फिर अड़चन मैंने पैदा कर दी परंपरा को। लक्ष्य वही है। छोड़ने वाला भी लीक को छोड़ कर जा रहा था, लेकिन अब छोड़ने वाले की लीक बन गई। अब हम छोड़ने वाले की लीक को भी तोड़ रहे हैं। छोड़ने वाले को एक सुविधा थी। हट ही गया समाज से। फिर कभी-कभार आता दो-चार दस साल में तो समाज को उससे ज्यादा अड़चन नहीं होती थी। दिन-दो-चार दिन रुकेगा...तीन दिन से ज्यादा एक जगह रुकने का संन्यासी को आयोजन भी नहीं था...दिन-दो-दिन रुकेगा, चला जाएगा। उससे कुछ जीवन में व्यवधान नहीं पड़ता था।

अब मेरा संन्यासी वहीं पैर जमाकर खड़ा रहेगा। वह जीवन में व्यवधान डालेगा। वह जो उनका चलता हुआ ढर्रा है उसमें हर जगह अड़चन खड़ी हो जाएगी। इसलिए वे नाराज होंगे, यह स्वाभाविक है। चिंता न करो। इस नाराजगी को, उनके विरोध को साधना का अंग समझो। इसे चुनौती मानो। और इसमें अपनी शांति को थिर रखो। अब जब वे तुम्हें मारें-पीटें तो शांत बैठ जाना। और उनकी मार-पीट सह लेना। ऐसे शांत बैठे रहना, जैसे परमात्मा फूल बरसा रहा है। उनको अनुभव करने देना तुम्हारी शांति का, तुम्हारे खिले हुए आनंद का और तुम्हारे अनुग्रह के भाव में जरा भी भेद न पड़े। तुम उन्हें धन्यवाद ही देना। जल्दी ही रूपांतरण होगा। उनमें से कुछ की आंखें खुलनी शुरू हो जाएंगी। उनमें से कुछ रात के अंधेरे में, एकांत में, तुमसे मिलने भी आने लगेंगे। वे ही जो तुम्हें मार रहे हैं, जिज्ञासु भी हो सकते हैं। आखिर मारने के द्वारा उन्होंने एक बात तो जाहिर कर दी कि तुम्हारी उपेक्षा नहीं की जा सकती। बस यही महत्वपूर्ण बात है। जो उपेक्षा नहीं कर सकता उसे या तो घृणा करनी होगी या प्रेम करना होगा। और घृणा से किसी को भी रस नहीं मिलता। इसलिए कोई कितनी देर तक घृणा कर सकता है। तुम अगर धीरज रखो तो घृणा अपने आप प्रेम में रूपांतरित हो जाती है।

यह सारी मनुष्य-जाति के बगावतियों का अनुभव है कि घृणा प्रेम में रूपांतरित हो जाती है, तुम बस धीरज रखो। तुम्हारे अभी अपने जो थे पराए हो गए हैं, क्योंकि वे अपने थे ही नहीं, सिर्फ दिखावा था। अब पहली दफे तुम्हें अपने मिलेंगे। अब तुम धीरज रखो। अब पराए भी अपने हो जाएंगे। थोड़े ही लोग मिलेंगे, लेकिन उन थोड़े लोगों के साथ एक मैत्री होगी, एक रस बहेगा, एक मस्ती होगी, एक सत्संग जमेगा।

रुकना नहीं है, चाहे कुछ भी हो, रुकना नहीं है। यात्रा जारी रखनी है।

तरी खोल गाता चल माझी
अभी किनारा दूर है!

निर्मम निःश्वासों के पल का
चंचल पंख न फैलाओ,
परिचयहीन व्यथा-सांसों का
हीरक-कण मत बिखराओ,
विस्मृत सपनों के क्षण तो
रह रह आते-जाते रहते
विस्मय-क्रीड़ा के विनिमय-पल
नयनों में है मधु भरते!
सुरभि घोल सांसों में माझी
गा, तट अभी सुदूर है।

तरी खोल गाता चल माझी
अभी किनारा दूर है!

मगर गीत ही गाकर यात्रा पूरी करनी है। कोई तुम्हारे संन्यास में बाधा नहीं डाल सकता है। न तो मारने से संन्यास मारा जा सकता है, न काटने से काटा जा सकता है। और जो मारने से मर जाए और काटने से कट जाए, वह संन्यास ही नहीं; समझना वह दो कौड़ी की बात थी। उसका कोई मूल्य नहीं था। वे तुम्हें कसौटी दे रहे हैं, परीक्षा दे रहे हैं।

नयन के अश्रु रुक जाते,
अधर की आह रुक जाती!
न रोके से मगर आकुल,
हृदय का गान रुकता है!
विकट उत्तुंग शिखरों से,
जलद की राह रुक जाती!
न जीवन दान देने का,
मगर अरमान रुकता है!

युगों से तृषित चातक
प्यास अपनी रोकता आया!
जलद को देख पर उसका,
नहीं आह्वान रुकता है!

मिलन की चाह रुक जाती,
न अंतर्दाह रुक पाती!
किसी के रोकने से कब,
शलभ-बलिदान रुकता है!

लहरियां सिंधु की हिय--
ज्वाल को बरबस छिपा लेती।
न उनके रोकने पर,
विकल तूफान रुकता है!

नयन के अश्रु रुक जाते,
अधर की आह रुक जाती!
न रोके से मगर आकुल,
हृदय का गान रुकता है!

यह संन्यास तो हृदय का गीत है। यह रुकेगा नहीं!

नयन के अश्रु रुक जाते,
अधर की आह रुक जाती!
न रोके से मगर आकुल,
हृदय का गान रुकता है!

यह संन्यास तो परवाने का प्रेम है शमा से। यह रुक नहीं सकता।

मिलन की चाह रुक जाती,
न अंतर्दाह रुक पाती!
किसी के रोकने से कब,
शलभ-बलिदान रुकता है!

पतंगा कभी रुका है? लाख रोको, चल पड़ा ज्योति की तरफ, तो चल पड़ा। संन्यास तो ज्योतिर्मय की खोज है। तमसो मा ज्योतिर्गमय! यह तो परवानों की यात्रा है। अब इसके रुकने का कोई उपाय नहीं है। और इसलिए धन्यवाद करना उनका जो रोकते हैं, क्योंकि उनके रोकने से ही तुम्हारे भीतर कोई चीज संगठित होगी, मजबूत होगी।

याद करो उस किसान को, जिसकी मैंने अभी तुमसे कहानी कही। आएं आंधी, आएं तूफान, वर्षा हो ज्यादा कि धूप पड़े गहन, कि ओले बरसें, कि बिजलियां कड़कें--उन सबसे ही गेहूं का दाना पनपता है, जन्मता है। जिसके जीवन में बिजलियां न चमकीं, बादल न गरजे, उसके जीवन में कभी भी आत्मा का प्रारंभ नहीं होता। उसकी आत्मा सोई ही रह जाती है।

चौथा प्रश्न:

ओशो, क्या यह अच्छा नहीं होगा कि पृथ्वी पर एक ही धर्म हो? इससे भाईचारे में बढ़ोतरी होगी और हिंसा, वैमनस्य और विवाद बंद होंगे।

यह कैसे हो? इतने ढंग के लोग हैं, इतने रंग के लोग हैं! यह कैसे हो सकता है कि एक धर्म हो? कोई ध्यान करेगा--बुद्ध की भांति, और कोई नाचेगा कृष्ण की भांति।

धर्म तो भिन्न-भिन्न होंगे, क्योंकि लोग भिन्न-भिन्न हैं। इतने प्रकार के लोग हैं। परमात्मा ने इतना वैविध्य रचा है! तुम तो ऐसी बात कर रहे हो जैसे एक ही किस्म का फूल हो दुनिया में: बस गुलाब ही गुलाब हों, न जुही, न चमेली, न केतकी। दुनिया

बड़ी उदास हो जाएगी--गुलाब ही गुलाब! और गुलाब बड़ा प्यारा है, लेकिन गुलाबा का प्यारापन तभी है जब केतकी भी है और केवड़ा भी है और जुही भी है और चमेली भी है और मधुमालती भी है और रजनीगंधा भी है। गुलाब के फूल का रस और आनंद तभी है जब इतने वैविध्य की पृष्ठभूमि है। जरा सोचो एक जगह जिसमें गुलाब ही गुलाब हैं, कौन देखेगा गुलाब को? गुलाब का सारा मजा ही चला जाएगा। घास-पात हो जाएगा। गऊएं चरेंगी, भैंसें चरेंगी। और क्या करोगे?

आखिर कोहिनूर हीरे का मूल्य क्या है? यही न कि वह विशिष्ट, अपने ढंग का अलग है। सारे जगत में कोहिनूर ही कोहिनूर हों, रास्तों के किनारे पड़े हों, कंकड़-पत्थरों की तरह, तो क्या मूल्य होगा? फिर क्या तुम सोचते हो, इंग्लैंड की महारानी कोहिनूर को अपने ताज में लगाएगी? कोई मूल्य ही न रह जाएगा, कंकड़-पत्थर हो गया। कोहिनूर की इतनी कीमत क्यों है, क्योंकि अकेला है, अद्वितीय है, विशिष्ट है।

मुल्ला नसरुद्दीन ने अपनी शीघ्र ही विवाहित होनेवाली पत्नी को हीरे की अंगूठी भेंट की। स्त्री बड़ी खुश हुई। उसने अंगूठी पहनी और कहा कि मुल्ला, हीरा असली है न? मुल्ला ने कहा: अगर असली नहीं है तो मेरे तीन रुपये बेकार गए।

तीन रुपये में कहीं असली हीरे मिलते हैं? तीन रुपये में तो आजकल नकली हीरे भी नहीं मिलते। यह तो नकल की भी नकल होगा। मगर मुल्ला सोच रहा है कि तीन रुपये खर्च किये...तो कह रहा है कि तीन रुपये बेकार गए अगर असली न हो! असली हीरे इतने सस्ते नहीं मिलते। और जितनी विशिष्ट होती है कोई चीज उतनी मूल्यवान होती है।

फिर, वैविध्य में मूल्य होता है। इस जगत में अगर एक ही एक स्वर हो तो बड़ी ऊब पैदा हो जाए। मुल्ला नसरुद्दीन सीखता था सितार बजाना, मगर बस वह एक ही रें रें...रें रें...करता रहता। बस एक ही तार को घिसता ही रहता, घिसता ही रहता, घिसता ही रहता। उसके पड़ोस के लोग परेशान हो गए, पत्नी परेशान हो गई, बच्चे परेशान हो गए। एक दिन सारे मोहल्ले के लोग इकट्ठे हुए। उन्होंने कहा कि नसरुद्दीन, हमने बहुत बजाने वाले देखे हैं, मगर तुम अदभुत हो...बस यह रें रें रें रें एक ही स्वर! एक ही तार को घिसते-घिसते तुम थक नहीं जाते? हम सब थक गए हैं। और तार भी बजाओ, कुछ और स्वर भी उठाओ! हमने बहुत बजानेवाले देखे, वे तो काफी हाथ बदलते हैं।

मुल्ला ने कहा कि वे खोज रहे हैं अपना स्वर, मुझे मिल गया है! उनकी अभी तलाश चल रही है, मैंने पा लिया है, अब क्यों खोजूं?

जगत को तुम गौर से देखो, यहां सभी चीजें विविध हैं। यहां हर चीज अनूठी है। यहां अनंत धर्म होने ही चाहिए, क्योंकि यहां अनंत ढंग के लोग हैं। लेकिन अनंत धर्म होने का अर्थ यह नहीं है कि वे लड़ें ही। आखिर जुही को प्रेम करने वाला गुलाब को प्रेम करने वाले का सिर तो नहीं काट देता। और गुलाब को प्रेम करने वाला यह तो नहीं कहता कि जब तक तुम गुलाब को प्रेम न करोगे तब तक तुम्हारा स्वर्ग नहीं हो सकता। गुलाब को प्रेम करने वाला अगर यह कह देता है कि मुझे जुही नापसंद है, तो जुही को मानने वाले लट्ठ लेकर खड़ा नहीं हो जाता कि हमारी धार्मिक भावना को चोट पहुंच गई, धार्मिक जजबात को चोट पहुंच गई। यह मर्जी-मर्जी की बात है। किसी को गुलाब रुचा है, किसी को कमल रुचा है, किसी को कुछ और रुचा है। इसमें किसी की क्या भावना को चोट पहुंचनी चाहिए? तो तुम्हारी भावना ही गलत है, जिसको चोट पहुंच जाती है।

भावना निजी बात है। तुम्हारी भावना का तुम्हारे भीतर सम्मान है, ठीक है। किसी को किसी और चीज का रस है, वह भी ठीक है।

लोग आनंदित हों, लोग प्रभु-समर्पित हों--किस बहाने होते हैं, किस निमित्त होते हैं, इससे क्या भेद पड़ता है? कोई गीता को पढ़ कर मस्त हो गया, बस मस्ती की बात है। कोई कुरान को गुनगुनाते-गुनगुनाते रस में डूब गया, बस रस में डूब जाना बात है।

लेकिन तुम कहते हो: क्या यह अच्छा नहीं होगा कि पृथ्वी पर एक ही धर्म हो? नहीं, यह अच्छा बिलकुल नहीं होगा। जगत बहुत दरिद्र हो जाएगा। जरा सोचो, बस कुरान ही कुरान जगत में, न कोई गीता, न कोई धम्मपद, न ताओ-तेह-किंग, न वेद, न उपनिषद। जरा सोचो, बस बाइबिल ही बाइबिल...हरेक आदमी बाइबिल लिए चला जा रहा है। बड़ी उदास हो जाएगी दुनिया, बड़ी बेरौनक हो जाएगी। धर्म तब एक जीवंत घटना न रह जाएगी--मुर्दा हो जाएगा धर्म। मंदिर भी चाहिए गांव में, मस्जिद भी चाहिए, गुरुद्वारा भी चाहिए, गिरजा भी चाहिए। इन सबसे जिंदगी में रस आता है। इनसे जीवन में अनेक रंग आते हैं। ये सब सुंदर हैं। और तुम्हारे मन में यह खयाल है कि इससे भाईचारे में बढ़ौतरी होगी, अगर एक धर्म होगा और हिंसा-वैमनस्य और वाद-विवाद बंद होंगे--तो तुम गलती में हो।

आदमी जब तक लड़ना चाहता है, नये-नये बहाने खोज लेगा। लड़ने वाले को बहाने चाहिए। लड़ाई असली चीज है।

तुम्हें पता है, भारत उन्नीस सौ सैंतालीस के पहले एक था! हिंदू-मुसलमान लड़ते थे। बड़ा दंगा-फसाद था। सोचा कि चलो दोनों अलग हो जाएं, पाकिस्तान हिंदुस्तान बन जाए, दंगा-फसाद कम हो जाएगा। तब तक कभी हिंदू हिंदू से न लड़े थे और मुसलमान मुसलमान से न लड़े थे, क्योंकि हिंदू मुसलमान से लड़े रहे थे तो लड़ाई का मजा तो आ ही रहा था। हिंदू हिंदू से क्यों लड़ें? जैसे ही हिंदुस्तान-पाकिस्तान का बंटवारा हो गया, बड़े आश्चर्य की घटनाएं घटनी शुरू हो गईं। गुजराती-मराठी में विरोध हो गया। उत्तर-भारतीय दक्षिण-भारतीय में विरोध हो गया। हिंदी भाषा गैर-हिंदी भाषी में छुरेबाजी होने लगी। नये बहाने हैं। कोई भी बहाना काफी है। बंबई गुजरात में रहे कि महाराष्ट्र में...करो छुरेबाजी। बंबई वहीं की वहीं है, मगर आदमी छुरेबाजी करने लगे। एक जिला कर्नाटक में रहे कि महाराष्ट्र में...करो छुरे बाजी।

पाकिस्तान में भी वही हुआ। बंगाली मुसलमान पंजाबी मुसलमान से लड़ने लगा। पाकिस्तान दो हिस्सों में टूट गया। अभी भी पंजाब में पंजाबी मुसलमान और सिंधी मुसलमान में झगड़ा है। यह कभी किसी ने सोचा ही नहीं था कि पंजाबी मुसलमान और सिंधी मुसलमान में झगड़ा होगा, पंजाबी मुसलमान और बंगाली मुसलमान में झगड़ा होगा! दोनों कुरान को मानते, दोनों एक ही मस्जिद में जाते, दोनों का एक पैगंबर है--मगर एक बंगाली बोलता है और एक पंजाबी बोलता है और झगड़ा हो गया। और देखा बंगला देश में कितना भयंकर रक्तपात हुआ! मुसलमानों ने मुसलमानों को भून डाला। तुम सोचते थे कि मुसलमान हिंदू का ही झगड़ा होता है, तो तुम गलती में हो। और जैसा पाकिस्तान में हुआ कि बंगला देश अलग हुआ तो मुसलमानों ने मुसलमानों को भून डाला, कभी तुम्हारे देश में होगा तो तुम भी देख लेना, हिंदू हिंदू को भून डालेंगे। जरा दक्षिण उत्तर भारत से अलग होने की कोशिश तो करे, फिर तुम देखना किस तरह हिंदू हिंदुओं को भून डालते हैं! फिर तुम इसकी बिलकुल फिकर न करोगे कि ये उसी मंदिर में जाते हैं, उसी गीता को मानते हैं। फिर कौन फिकर करता है!

झगड़े के लिए तो आदमी बहाने खोज लेगा। राजनैतिक विचारधाराओं के झगड़े शुरू हो जाएंगे। आखिर फासिस्ट और कम्युनिस्ट और सोशलिस्ट, ये भी लड़ते हैं और काटते हैं। इससे कुछ हल न होगा। समझ आनी चाहिए। धर्म एक हो जाएं तो दूसरे बहानों से झगड़ा होगा। आदमी किसी भी बात से लड़ सकता है। तुम चकित होओगे जान कर कि ऐसी छोटी बातों पर आदमी लड़ते हैं...समझ लो कि एक गांव में दो फुटबाल की टीम हैं, उसमें भी झगड़ा हो जाता है। एक फुटबॉल की टीम को मानने

वाले दूसरी फुटबॉल की टीम को मानने वालों को छुरे भोंक देते हैं। और भेद क्या है उनमें...कि एक हरी ड्रेस वाली टीम को मानता है, एक नीली ड्रेसवाली टीम को मानता है। और जब दोनों की प्रतियोगिता होती है टीमों की, तो दोनों के भक्त इकट्ठे हो जाते हैं: फिर मार-पीट होनी है, झगड़ा होना है।

कैसी क्षुद्र बातों पर झगड़े होते हैं! जरा गौर से देखो तो तुम एक बात समझ जाओगे कि आदमी झगड़ना चाहता है, वह असली बात है। बहाने कोई भी हो सकते हैं। कोई धर्म से झगड़ा नहीं हो रहा है; आदमी के भीतर झगड़े की वृत्ति है, धर्म निमित्त बन जाता है।

तो धर्म एक हो जाए, इससे झगड़ा नहीं मिट जाएगा। फिर झगड़े मिटाने के लिए धर्म एक करना हो तो पहले तो बहुत झगड़ा करना पड़ेगा, तब एक हो पाएगा, यह भी सोच लो। पहले तो बड़ी मार-धाड़ होगी। वही तो हो रही है। मुसलमान भी तो कोशिश यही कर रहे हैं कि एक ही धर्म हो जाए और यही ईसाई कोशिश कर रहे हैं कि एक ही धर्म हो जाए और यही कोशिश बौद्धों की है कि एक ही धर्म...। सभी यही तो कोशिश कर रहे हैं, जो तुमने पूछा। कोशिश अलग नहीं है, उनकी कोशिश एक ही है; हालांकि सबके मन्तव्य अलग हैं। मुसलमान चाहता है कि सारी दुनिया में एक धर्म रह जाए--इस्लाम, बस; एक ईश्वर, एक पैगंबर, एक ही उसका धर्म, दुनिया में सब शांति हो जाएगी। मगर तुम गलती में हो। शिया सुन्नी से लड़ते हैं, छुरेबाजी होती है। हत्याएं होती हैं, आगजनी होती है।

और पहली तो बात है यह कि एक धर्म हो कैसे जाए, कोई पांच हजार साल से यही तो कोशिश चल रही है कि एक धर्म हो जाए। उस एक धर्म की कोशिश में कितनी हत्या हुई है! कौन करेगा एक? और एक करने पर अगर तुम्हें एक भी आदमी ऐसा मिल गया जिसने कहा कि मैं सम्मिलित नहीं होता इसमें, फिर तुम उसका क्या करोगे? इतनी बड़ी दुनिया, चार अरब आदमी हैं, एक आदमी ने कह दिया कि मैं सम्मिलित नहीं होता इसमें, फिर उसका क्या करोगे?...मारो उसको! काटो उसको!

फिर, सारे लोग धार्मिक हैं भी नहीं। अब जैसे रूस है, चीन है; ये तो अब नास्तिक देश हैं। ये तो कहते हैं कि धर्म होना ही नहीं चाहिए, तभी एकता हो पाएगी। एक धर्म नहीं, धर्म होना ही नहीं चाहिए। उनका भी एक खयाल है। वे कहते हैं: धर्म की वजह से झंझट होती है, झंझट ही छोड़ दो। सब धर्मों को विदा कर दो। मगर मजा यह है कि चीन में माओ की किताब की वैसी ही पूजा होती है जैसे कि मुसलमान कुरान की करते

हैं और हिंदू गीता की करते हैं। तुम जान कर हैरान होओगे कि माओ की लाल किताब बाइबिल के बाद दुनिया में सर्वाधिक छपी किताब है! और रूस में मार्क्स की किताब का उसी तरह सम्मान है, दास कैपिटल का, जैसे हिंदुस्तान में गीता का और अरब में कुरान का। वही सम्मान!

और खयाल रखना, न तो सम्मान के लिए कोई कुरान को पढ़ता है, न सम्मान के लिए कोई वेद को पढ़ता है और न कोई दास कैपिटल को पढ़ता है। मैं बहुत कम्युनिस्टों को जानता हूं, जिन्होंने दास कैपिटल कभी पढ़ी ही नहीं; मगर वैसे ही जैसे कोई हिंदू वेद को पढ़ता है? चतुर्वेदी भी कहां चार वेंद को जानते हैं? बस चतुर्वेदी नाम के हैं। दास कैपिटल, नाम भर याद है उन्हें। दास कैपिटल में क्या लिखा है, इसका उन्हें कुछ भी पता नहीं है। न हिंदुओं को पता है कि वेद में क्या लिखा है। चौंक जाओगे तुम अगर तुम्हें बताया जाए कि वेद में क्या लिखा है, जैसे कम्युनिस्ट चौंक जाएगा कि दास कैपिटल में क्या लिखा है। ये किताबें अब पूजा की हो गई हैं। अब इन पर झगड़े शुरू होंगे। क्रेमलिन उसी तरह पूजा का स्थान बन गया है जैसे काबा और जैसे काशी और जैसे गिरनार और जैसे जेरूसलम। कोई फर्क नहीं है।

फिर कौन करेगा एक? कैसे करेगा कोई एक? किसको यह हक है एक कर देने का? नहीं, इसकी कोई आवश्यकता भी नहीं है। भाईचारा अनेकता में होना चाहिए, तभी भाईचारा है! विविधता में होना चाहिए, तभी भाईचारा है। सारे धर्म जिएं और सारे धर्म मजे से जिएं और सारे धर्म एक-दूसरे को जीने में सहायता दें, तभी भाईचारा है। भाईचारा बड़ी और बात है। भाईचारा मन से लड़ाई की वृत्ति का विदा हो जाना है। बाहर की कोई रूपरेखा बदलने से भाईचारा नहीं पैदा होगा--अंतरात्मा बदलनी चाहिए।

और फिर मेरी नजर में तो, जितना वैविध्य हो उतना अच्छा। मैं तो चाहता हूं: और धर्म हों। मैं तो असल में ऐसा चाहता हूं कि प्रत्येक व्यक्ति का अपना धर्म हो। चार अरब आदमी हैं तो चार अरब धर्म होने ही चाहिए। इससे कम से काम नहीं चलेगा। और तब दुनिया में बड़ी सुगंध होगी।

वुसअते-बज़्मे जहां में हम न मानेंगे कभी।
एक ही साकी रहे, और एक पैमाना रहे।।

इतने बड़े विस्तृत जगत में यह बात बेहूदी है कि एक ही साकी रहे, एक ही पैमाना रहे। नहीं, यह हम न मानेंगे।

वुसअते-बज़्मे जहां में हम न मानेंगे कभी।
एक ही साकी रहे, और एक पैमाना रहे।।

इतने विस्तार, इतने बड़े आकाश में, इतने अनंत अस्तित्व में एक ही साकी और एक ही मयखाना और एक ही पैमाना...तो जिंदगी बड़ी ओछी हो जाएगी।

सब की अपनी-अपनी राहें
सब राहों से मिल कर बनता
राजमार्ग वह
जिस पर युग के चरण बढ़ रहे!
बढ़ते चरणों को मत रोको
जीवन का सागर असीम है।
जीवन-सत्य नहीं सीमित है
एक व्यक्ति में।

बढ़ते चरणों को मत रोको
जीवन का सागर अगाध है,
जीवन-सत्य नहीं सीमित है
एक दृष्टि में!

रंग-बिरंगे फूल यहां खिलने दो,
रंग-बिरंगे फूलों से
सजती वह थाली,
जो करती जीवन का अर्चन
जो महान है!
जीवन-सत्य नहीं सीमित है
एक रंग में!

सबको अपना सृजन-गीत
मुक्त गाने दो!

सब गीतों से मिल कर बनता
महाराग जो
वंदन करता है जीवन का
जो विशाल है!
जीवन-सत्य नहीं सीमित है
एक गीत में!

जीवन-सत्य को कभी भी सीमित मत करो--न एक गीत में, न एक गीता में! न एक रंग में, न एक ढंग में, न एक शैली में। यह मनुष्य की हिंसात्मक वृत्ति है, जो चाहती है कि दूसरे भी मेरे ढंग से चलें; जो चाहती है, जैसे मैं जगत को देखूं वैसे ही दूसरे भी देखें। यह कोई अच्छे आदमी का लक्षण नहीं है। यह कोई सदपुरुष का लक्षण नहीं है कि मैं जैसा मैं देखता हूं वैसा ही सब देखें; और अगर न देखें तो आंखें फोड़ दो उनकी।

एक मुसलमान खलीफा ने अलग्जेंड्रिया पर हमला किया। अलग्जेंड्रिया में उस समय दुनिया का सबसे बड़ा पुस्तकालय था। उस पुस्तकालय में इतनी किताबें थीं कि कहते हैं कि उस पुस्तकालय के नष्ट होने से जितनी जगत की हानि हुई है और किसी चीज से नहीं हुई है। उस पुस्तकालय में इतने हस्तलिखित ग्रंथ थे कि आग लगा दी खलीफा ने तो छह महीने तक आग जली, तब बुझी। उस पुस्तकालय में उन सभ्यताओं का सारा उल्लेख था जो खो गई हैं। अतलांतिस नाम के महाद्वीप का उल्लेख था, जो सागर में डूब गया। उस पुस्तकालय में अतीत के सारे रहस्यों का संग्रह था, जो सदियों-सदियों में खोजे गए हैं और फिर आदमी भूल जाता है। वह मनुष्य की बड़ी अपार संपदा थी, लेकिन जिस खलीफा ने उसको आग लगाई, वह तुम्हारे जैसा रहा होगा। उसने एक हाथ में मशाल ली और एक हाथ में कुरान लिया और पुस्तकालयाध्यक्ष के पास जाकर कहा कि मैं तुमसे यह पूछता हूं कि तुम्हारे इस पुस्तकालय में जो है, क्या वह वही है जो कुरान में है? अगर तुम्हारा उत्तर हो कि हां वही है जो कुरान में है, तो फिर इस पुस्तकालय की कोई जरूरत नहीं, कुरान काफी है। और मैं इसे आग लगा दूंगा। और अगर तुम कहो कि इस पुस्तकालय में वह भी है जो कुरान में नहीं है, तब तो इस पुस्तकालय की बिलकुल ही जरूरत नहीं है, क्योंकि जो कुरान में नहीं है वह तो निश्चित ही गलत होगा; अगर वह सही होता तो कुरान में होता ही। तब भी मैं इस पुस्तकालय को आग लगा दूंगा। बोलो तुम क्या कहते हो?

जरा सोचो, वह अध्यक्ष क्या कहे? दो ही उत्तर संभव थे--एक कि जो कुरान में है वही पुस्तकालय में है। खलीफा कहता है: तो आग लगा दूंगा। या दूसरा कि जो कुरान में है उससे बहुत कुछ भिन्न इस पुस्तकालय में है। तब भी खलीफा कहता है कि तब तो और भी जल्दी आग लगा दूंगा। कोई उत्तर नहीं था। अध्यक्ष की आंख से आंसू गिरते रहे। और क्या उत्तर दे सकता था? इस तरह के मूढ़ व्यक्तियों को क्या उत्तर दिए जा सकते हैं? आग लगा दी गई। छह महीने में आग बुझी और मनुष्य-जाति की अपार संपदा नष्ट हो गई।

नहीं, यह धार्मिक व्यक्ति का लक्षण नहीं है। धार्मिक व्यक्ति तो आह्लादित होगा कि कोई कुरान में मस्त होता है कोई गीता में कोई बाइबिल में। मस्ती दुनिया में बनी रहे! किस बोतल से तुम पीते हो...पीने वाले बने रहें। किस प्याली में तुम पीते हो, इससे क्या लेना-देना है, पीने वाले बने रहें। यह मधुशाला चलती रहे। यहां से लोग परमात्मा के निकट पहुंचते रहें। कोई पूरब से, कोई पश्चिम से, कोई पैदल चल कर, कोई बैलगाड़ी पर, कोई आकाश से उड़कर--कैसे तुम आते हो तुम जानो, तुम्हारी मौज, अपना वाहन तुम तय करो; मगर लोग परमात्मा तक आते रहें, बस इतना ही जरूरी है। न तो एक दृष्टि में सब समाता है, न एक गीत में सब समाता है, न एक रंग में। अस्तित्व विराट है। इस विराट को छोटा न करो।

अलग-अलग हों दीप
मगर है सबका एक उजाला
सबके सब मिल काट रहे हैं
अंधकार का जाला
किसी एक के भी अंतर का
स्नेह न चुकने पाये
तम के आगे ज्योतिपुंज का
शीश न झुकने पाये।

बस इतना ही खयाल रहे। इतना सदभाव पैदा हो। एक धर्म से कुछ भी न होगा--सदभाव पैदा हो। आज धर्म का झगड़ा है, कल संगीत का झगड़ा ले लोगे कि हम तो शास्त्रीय संगीत में मानते हैं, आधुनिक संगीत में नहीं। फिर कहोगे: एक ही संगीत

हो। फिर कल भाषा का झगड़ा होगा और कहोगे: एक ही भाषा हो। और कल झगड़ा होगा कि लोगों की लंबाइयां किसी की कम किसी की ज्यादा हैं, एक ही लंबाई हो। और फिर झगड़ा होगा कि किसी की नाक लंबी, किसी की चपटी, किसी के बाल ऐसे, किसी के वैसे, किसी के सफेद बाल, किसी के काले बाल और किसी के और रंग के, इन सबको एक करना होगा। तुम करोगे क्या? ऐसे तो तुम आदमी को मिटा डालोगे।

नहीं, स्वीकार करो मनुष्य को उसकी अद्वितीयता में। और प्रत्येक व्यक्ति का सम्मान करो--रंग उसका काला हो कि गोरा, मस्जिद जाता हो कि मंदिर, जरा भी भेद न करो। और इससे कभी बाधा न डालो कि तुम्हारा अपना पक्षपात क्या है। तुम्हारा पक्षपात तुम्हारी निजी बात है। तुम्हारा लगाव क्या है। तुम्हारा लगाव तुम्हारी बात है। इसे दूसरे पर थोपो मत और न कभी इतने झुको कि दूसरा तुम पर अपना लगाव थोप दे। एक-एक व्यक्ति की निजता का सम्मान बढ़ना चाहिए तो भाईचारा होगा। तो धर्म भी बने रहेंगे, भाषाएं भी बनी रहेंगी, गीत भी अलग-अलग होते रहेंगे--और फिर भी एक महागान पैदा होगा! अलग-अलग पगडंडियां, और सब मिल कर एक राजपथ निर्मित हो सकता है।

आखिरी प्रश्न:

ओशो, क्या कभी मेरी पूजा-प्रार्थना भी स्वीकार होगी? मैं अति दीन और दुर्बल हूं, कामी, लोभी, अहंकारी...सब पाप मुझमें हैं।

इस बात का स्वीकार कि सब पाप मुझमें हैं, धर्म की शुरुआत है। यह पहला कदम है। यह पहली सीढ़ी है। यह शुभ है स्वीकार कर लेना कि मैं पापी हूं। इस स्वीकार से ही परमात्मा से संबंध जुड़ जाता है।

तुम्हारे पाप कितने होंगे? उसकी करुणा बहुत बड़ी है! तुम्हारे पाप भी छोटे-छोटे हैं। उसकी करुणा के सागर के सामने तुम्हारे पापों का क्या मूल्य है? बह जाएंगे तिनकों की तरह। लेकिन स्वीकार हो तो बह जाएंगे, छिपाया तो बच जाएंगे। जिसने अपने पापों को छिपाया उसके पाप बचेंगे और बढ़ेंगे।

यह तो ऐसा ही है कि जैसे तुम चिकित्सक के पास जाओ और अपने घावों को छिपाओ, तो छिपाए घाव और बढ़ जाएंगे, नासूर बन जाएंगे उनमें मवाद पड़ जाएगी, सड़ जाएंगे। चिकित्सक को तो सब उघाड़ कर बता देना होता है।

ऐसे ही परमात्मा परम चिकित्सक है। तुम उसके सामने उघाड़ दो--तुम्हारा काम, तुम्हारा लोभ, तुम्हारा अहंकार। उसे सब पता ही है। छिपाने का कोई प्रयोजन भी नहीं है। तुम कह दो कि मैं ऐसा हूं और जैसा भी हूं मुझे अंगीकार करो। बुरा-भला जैसा हूं, तुम्हारी चरण-रज मुझे भी ले लेने दो।

और, तुम पूछते हो कि क्या कभी मेरी पूजा-अर्चना भी स्वीकार होगी?

स्वीकार से तुम्हारा क्या अर्थ है? क्या तुम चाहते हो तुम्हारी पूजा-अर्चना का कुछ प्रतिफल मिले? कोई पुरस्कार मिले? कोई प्रमाण मिले? तो तुम गलती में हो। तो तुमने पूजा-प्रार्थना अभी जानी नहीं। पूजा-प्रार्थना का फल पूजा-प्रार्थना में ही है। प्रार्थना में ही पूजा का फल है। प्रार्थना में ही पुरस्कार है। बाहर नहीं। फलाकांक्षा छोड़ो।

तुम अगर कुछ मांग रहे हो तो बड़ी भूल से भरे हो। मांगना नहीं परमात्मा से। दे तो धन्यवाद देना और मांगना मत। और तब बहुत बरसेगा। और मांगा तो संबंध टूट गया, क्योंकि जब भी कोई परमात्मा से कुछ मांगता है तो वह यह कह ही रहा है कि मुझे तुमसे कुछ लेना-देना नहीं है, मुझे मेरी मांग से प्रयोजन है, मैं तुम्हारा उपयोग करना चाहता हूं, तुम्हारा शोषण करना चाहता हूं। चूंकि तुम्हारे बिना नहीं मिलेगा, इसलिए तुमसे मांग रहा हूं। तुम्हारे बिना मिल सकता तो सीधा ही ले लेता।

परमात्मा का अपमान है, जब भी तुम कुछ मांगते हो। और खयाल रखो, धर्म की अत्यंत महत्वपूर्ण बुनियादी बात यह है कि धर्म किसी फल की दौड़ नहीं है, फल के पीछे दौड़ नहीं है। धर्म किसी मंजिल की तलाश नहीं है। धर्म है यात्रा को मंजिल बना लेना; प्रार्थना को ही पुरस्कार बना लेना।

ऐ चश्मे-इंतज़ार! यह आलम है, दीदनी
सदियों का फासिला मेरी शामो-सहर में है
लाखों तसल्लियां हैं, मगर सूरते-सुकूं
मेरी नज़र में है, न दिले-चारागर में है
ऐ दोस्त! मेरी सुस्तरवी का गिला न कर,
मेरे लिए तो खुद मेरी मंजिल सफर में है

जिस दिन तुम्हारी मंजिल सफर में हो जाती है; जिस दिन यात्रा ही तुम्हारा गंतव्य हो जाती है; जिस दिन तुमने पूजा की वही तुम्हारा आनंद था--और उसके पार तुम्हारी

कोई मांग नहीं और तुम धन्यवाद देते हो परमात्मा को कि तूने आज पूजा का अवसर दिया उसके लिए अनुगृहीत हूं, क्योंकि न मालूम कितने अभागे लोग हैं जिन्होंने आज पूजा नहीं की होगी; जिन्हें होश ही नहीं पूजा का; या जिन्हें होश भी है तो अभी कल पर टालते जाते हैं। अनेक हैं जिन्हें समय नहीं या समय भी है तो व्यर्थ के कामों में उलझाये रखते हैं। अनेक हैं जिन्होंने सोचा कि यह जिंदगी ऊपर-ऊपर की बस सब-कुछ है, जिन्हें भीतर की कोई तलाश नहीं, कोई प्यास नहीं। मैं धन्यभागी हूं कि तूने मुझे आज पूजा का अवसर दिया; मैं धन्यभागी हूं कि तूने मुझे अवसर दिया कि मेरी आंखें मैं आकाश के तारों की तरफ उठा सकूं।

मांगो मत, मांगने से सब अड़चन हो जाती है। मांगने वाला धार्मिक है ही नहीं। मांगने वाले में और संसारी में कोई भेद नहीं है। संसारी भी मांग रहा है और फिर संन्यासी भी मांगे तो फिर भेद न रह जाएगा। संन्यासी तो जो मिला है उसका धन्यवाद देता है और संसारी वह है जो मिला है उसकी तो बात ही नहीं करता; जो मिलना चाहिए उसकी आकांक्षा करता है। संसारी आकांक्षा में जीता है; संन्यासी आभार में।

एक कोताह-नज़र, एक जरा दूर-अन्देश।
फर्क कुछ ज़ाहिदो-मैनोश की नीयत में नहीं।।

वह जो शराबखाने में शराब पी रहा है उसमें और वह जो जाकर मंदिर-मस्जिद में प्रार्थना कर रहा है कि हे प्रभु बहिश्त में जहां शराब के चश्मे बहते हैं, मुझे बुला, जल्दी बुला--इन दोनों में क्या फर्क है? एक यहां शराब मांग रहा है, एक वहां शराब मांग रहा है। एक कोताह-नजर...एक की दृष्टि जरा ओछी है, एक जरा दूर-अंदेश...दूसरा जरा दूर तक देख रहा है, परलोक तक देख रहा है। भेद क्या है? एक का लोभ जरा छोटा है, एक का लोभ जरा बड़ा है। एक कहता है यहीं कुल्हड़-भर मिल जाए, चलेगा; दूसरा कहता है, इतने से हमारा दिल राजी नहीं होगा, हमें तो झरने के झरने चाहिए।

एक कोताह-नज़र, एक जरा दूर-अन्देश।
फर्क कुछ ज़ाहिदो-मैनोश की नीयत में नहीं।।

वह तुम्हारे तथाकथित तपस्वी और तुम्हारे तथाकथित भोगी की दृष्टि में कोई फर्क नहीं है। जिसने मांगा वह भोगी--और जिसने धन्यवाद दिया, वह त्यागी! जो मिला है, इतना है, उसके लिए धन्यवाद दो। कितना मिला है! यह स्वर्णिम अस्तित्व! यह मधुमय अस्तित्व! एक-एक श्वास इतनी बहुमूल्य है! यह जीवन, यह वर्षा, ये हरे वृक्ष, यह बूंदाबांदी का संगीत! ये वृक्षों से बहती हुई हवाओं का नृत्य! यह क्षण! एक-एक क्षण इतना मूल्यवान है, इसके लिए धन्यवाद कब दोगे?

प्रार्थना धन्यवाद होनी चाहिए। प्रार्थना तभी होती है, जब मात्र धन्यवाद की सुवास उसमें होती है।

जल रहा दीपक किसी के, प्यार का आधार पाकर!
शलभ के अनुराग ने ही,
दीप को जलना सिखाया।
वर्त्तिका का त्याग ही तो,
तिमिर में आलोक लाया।
ज्योति उज्ज्वल जागरित है,
नेह का उपहार पाकर।
जल रहा दीपक किसी के, प्यार का आधार पाकर।
एक प्रिय सुधि को संभाले,
एक आशा के सहारे।
फिर रही सरिता दसों-दिशि,
निज तृषित आंचल पसारे।
खो कहीं अस्तित्व देंगे,
प्राण पारावार पाकर।
जल रहा दीपक किसी के, प्यार का आधार पाकर।
अश्रु ही प्यारे उन्हें,
जिनको न विधि मुसकान देता।
शाप ही लेते संजो,
जिनको न विधि वरदान देता।
मन नहीं फूला समाता,
स्नेह की मनुहार पाकर।
जल रहा दीपक किसी के, प्यार का आधार पाकर।
हो भले ही या न हो,
पूजन कभी स्वीकार मेरा।
छीन सकता कौन है पर,
अर्चना-अधिकार मेरा।

साध कुछ बाकी नहीं है,

यह अमर अधिकार पाकर।

जल रहा दीपक किसी के, प्यार का आधार पाकर।

प्रार्थना की तुम्हें सूझ आई, अब और क्या चाहिए? मिल गए सब पुरस्कार! बरस गया स्वर्ग!

हो भले ही या न हो,

पूजन कभी स्वीकार मेरा।

कौन चिंता करता है अब पूजन को स्वीकार करने की!

हो भले ही या न हो,

पूजन कभी स्वीकार मेरा।

छीन सकता कौन है पर,

अर्चना-अधिकार मेरा।

वही बात बड़ी है--अर्चना का अधिकार; अर्चना का अवसर; अर्चना का बोध।

छीन सकता कौन है पर,

अर्चना अधिकार मेरा।

साध कुछ बाकी नहीं है,

यह अमर अधिकार पाकर।

जो समझते हैं वे प्रार्थना से कुछ मांगते नहीं; उनकी प्रार्थना में मांग नहीं होती। वे प्रार्थना में प्रार्थी नहीं बनते। वे प्रार्थना में सिर्फ आनंदमग्न होते हैं, उत्सव मनाते हैं जीवन का। जल रहा दीपक किसी के, प्यार का आधार पाकर!

उसने पुरस्कार दे ही दिए हैं; तुम उसके बिना एक क्षण नहीं हो सकते। वह बरसा ही रहा है तुम पर जीवन। वह तुम्हारी जीवन-वर्तिका को जला रहा है। वही तो जल रहा है तुम में। वही तो चल रहा है तुम में। वही तो बोल रहा है तुम में। वही तो सुन रहा है तुममें। उसके अतिरिक्त कोई यहां है नहीं। और तब फिर आंसू भी प्यारे हो जाते हैं।

अश्रु ही प्यारे उन्हें,

जिनको न विधि मुसकान देता।

फिर कौन फिकर करता है मुसकान की! आंसू भी मुस्कुराने लगते हैं, जब धन्यवाद की यह समझ आ जाती है।

शाप ही लेते संजो,

जिनको न विधि वरदान देता।

वे अभिशाप को भी सजा लेते हैं, छाती से लगा लेते हैं। वे अभिशाप को भी सिर-माथे रख लेते हैं।

शाप ही लेते संजो,
जिनको न विधि वरदान देता।
मन नहीं फूला समाता,
स्नेह की मनुहार पाकर।
जल रहा दीपक किसी के, प्यार का आधार पाकर।

उसी के प्यार का आधार तो तुम्हारे दीपक को जला रहा है। अब और न मांगो। अब यह मत कहो कि क्या कभी मेरी पूजा-प्रार्थना भी स्वीकार होगी! स्वीकार हो ही गई। स्वीकार पहले हो गई, तब तो तुम पूजा कर सके, तब तो तुम प्रार्थना कर सके। उसने तुम्हें पहले ही पुकार लिया, तभी तो तुम पुकार सके। उसने तुम्हें पहले ही चुन लिया, तब तो तुम झुक सके; अन्यथा तुम्हारी सामर्थ्य कहां थी?

और मत समझो अपने को दीन और दुर्बल। इतना बड़ा अधिकार तुम्हारा है। प्रार्थना का, और क्या चाहिए? और कैसा बल चाहिए? इसी अधिकार में तो सारा मोक्ष छिपा है। यही अधिकार का बीज तो एक दिन मोक्ष बन जाएगा। मत चिंता करो दुर्बलता की और मत चिंता करो काम की, लोभ की, अहंकार की। तुम प्रार्थना में डूबो--अहंकार भी जाएगा, काम भी जाएगा, लोभ भी जाएगा। उलटी बातें मत करो। तुम यह मत कहो कि पहले लोभ जाए, काम जाए, अहंकार जाए, तो मैं प्रार्थना करूंगा। तब तो प्रार्थना कभी न हो सकेगी।

मैं तुम्हें कुछ और ही कहता हूं। मैं उलटी ही बात कहता हूं। मैं कहता हूं: प्रार्थना करो, अहंकार भी जाएगा, लोभ भी जाएगा, मोह भी जाएगा; ये शर्तें नहीं हैं, जो प्रार्थना करने के लिए पहले पूरी करनी हों। यह तो वैसा ही पागलपन हो जाएगा कि कोई कहे कि पहले अंधेरा हटाओ, फिर दीया जलेगा।

नहीं-नहीं पहले दीया जलाओ, अंधेरा तो दीये के जलते ही मिट जाता है।

आज इतना ही।

❖❖❖

ओशो--एक परिचय

हम कौन हैं, इसे समझने की दिशा में ओशो ने जो अद्वितीय योगदान दिया है उसे किसी श्रेणी में नहीं बांधा। वे एक रहस्यवादी, अंतर-जगत के वैज्ञानिक और विद्रोही चेतना हैं। उनकी संपूर्ण रुचि इस बात में है कि मानवता को तत्काल एक नई जीवन-शैली खोज निकालने की आवश्यकता के प्रति कैसे सजग किया जाए। अतीत का अनुसरण किए जाना इस अद्वितीय और अति सुंदर ग्रह के अस्तित्व को ही संकट में डाल देने के लिए आमंत्रण देना है।

ओशो की बातों का सार-निचोड़ यह है कि केवल स्वयं को बदलने, एक-एक व्यक्ति के बदलने, के परिणामस्वरूप हमारा संपूर्ण ''स्व''--हमारा समाज, हमारी संस्कृति, हमारे विश्वास, हमारा संसार--सभी कुछ बदल जाता है। और इस बदलाव का द्वार है--ध्यान।

ओशो ने एक वैज्ञानिक की तरह अतीत के सारे दृष्टिकोणों पर समीक्षा और प्रयोग किए हैं और आधुनिक मनुष्य पर उनके प्रभाव का परीक्षण किया है, तथा उनकी कमियों को दूर करते हुए इक्कीसवीं सदी के अतिक्रियाशील मन के लिए एक नवीन प्रारंभ बिंदु: 'ओशो सक्रिय ध्यानों' का आविष्कार किया है।

एक बार जब आधुनिक जीवन की आपाधापी थमना शुरू हुई, तो ''सक्रियता'' ''निष्क्रियता'' में परिवर्तित होने लगती है, यही वास्तविक ध्यान की शुरुआत का प्रारंभ बिंदु है। इसे सहयोग देने के लिए, अगले कदम के रूप में ओशो ने प्राचीन 'सुनने की कला' को सूक्ष्म समकालीन विधि के रूप में रूपांतरित किया है, वही हैं 'OSHO Talks।' यहां शब्द संगीत हो जाते हैं, और श्रोता खोज पाता है उसे जो सुन रहा है, और व्यक्ति का ध्यान जो सुना जा रहा है उसके साथ-साथ सुनने वाले पर भी बना रहता है। जैसे-जैसे मौन उतरता है, वैसे-वैसे जो भी सुनने योग्य है वह जैसे किसी जादुई ढंग से सीधे-सीधे समझ लिया जाता है, मन के बिना किसी अवरोध के जो कि इस सूक्ष्म प्रक्रिया में केवल हस्तक्षेप और बाधा भर डाल सकता है।

ये हजारों OSHO Talks अर्थवत्ता की व्यक्तिगत तलाश से लेकर आज समाज के समक्ष उपस्थित सर्वाधिक ज्वलंत सामाजिक व राजनैतिक समस्याओं तक सब-कुछ पर प्रकाश डालते हैं। ओशो की पुस्तकें लिखी नहीं गई हैं, अपितु अंतर्राष्ट्रीय श्रोताओं के समक्ष तत्क्षण दी गई ध्वनिमुद्रित ऑडियो/वीडियो OSHO Talks के संकलन हैं। जैसा कि वे कहते हैं: "तो याद रहे, मैं जो भी कह रहा हूं वह केवल तुम्हारे लिए ही नहीं... मैं भविष्य की पीढ़ियों के लिए भी बोल रहा हूं।"

ओशो को लंदन के 'दॅ संडे टाइम्स' ने "बीसवीं सदी के १००० निर्माताओं" में से एक कह कर वर्णित किया है। सुप्रसिद्ध अमरीकी लेखक टॉम राबिन्स ने लिखा है कि ओशो "जीसस क्राइस्ट के बाद सर्वाधिक खतरनाक व्यक्ति हैं।" भारत के संडे मिड-डे ने ओशो को गांधी, नेहरू और बुद्ध के साथ उन दस लोगों में चुना है जिन्होंने भारत का भाग्य बदल दिया।

अपने कार्य के बारे में ओशो ने कहा है कि वे एक नये मनुष्य के जन्म के लिए परिस्थितियां तैयार कर रहे हैं। इस नये मनुष्य को वे 'ज़ोरबा दि बुद्धा' कहते हैं--जो 'ज़ोरबा दि ग्रीक' की तरह पृथ्वी के समस्त सुखों को भोगने की क्षमता रखता हो और गौतम बुद्ध की तरह मौन स्थिरता में जीता हो।

ओशो के हर आयाम में एक धारा की तरह बहता हुआ वह जीवन-दर्शन है जो पूरब की समयातीत प्रज्ञा और पश्चिम के विज्ञान और तकनीकी की सर्वोच्च संभावनाओं को एक साथ समाहित करता है।

ओशो आंतरिक रूपांतरण के विज्ञान में अपने क्रांतिकारी योगदान के लिए जाने जाते हैं और ध्यान की उन विधियों के प्रस्तोता हैं जो आज के गतिशील जीवन को ध्यान में रख कर रची गई हैं। उनके अनूठे ओशो सक्रिय ध्यान इस तरह रचे गए हैं कि पहले शरीर और मन में एकत्रित तनावों का रेचन हो सके, जिससे रोजमर्रा के जीवन में सहज स्थिरता फलित हो व विचार-रहित विश्रांति अनुभव की जा सके।

ओशो की दो आत्मकथात्मक कृतियां:

ऑटोबायोग्राफी ऑफ ए स्प्रिचुअली इनकरेक्ट मिस्टिक, (सेंट मार्टिंस प्रेस, यू एस ए)

ग्लिम्प्सेस ऑफ ए गोल्डन चाइल्डहुड, (हिंदी पुस्तक : स्वर्णिम बचपन) (ओशो मीडिया इंटरनेशनल, पुणे, भारत)

ओशो इंटरनेशनल मेडिटेशन रिजॉर्ट

हर वर्ष मेडिटेशन रिज़ॉर्ट १०० से भी अधिक देशों से आने वाले हजारों मित्रों का स्वागत करता है। रिज़ॉर्ट का अनूठा परिसर अधिक होशपूर्ण, विश्रांत, उत्सवमय व सृजनात्मक जीवन जीने के एक नये ढंग का प्रत्यक्ष अनुभव करने के लिए अवसर प्रदान करता है। चौबीसों घंटे और पूरे वर्ष चलने वाले कार्यक्रमों का भव्य, विविधतापूर्ण चुनाव उपलब्ध है --कुछ भी न करना व केवल विश्राम उनमें से एक है!

यहां के सभी कार्यक्रम ओशो की 'ज़ोरबा दि बुद्धा' की अंतर्दृष्टि पर आधारित हैं। ज़ोरबा एक गुणात्मक रूप से नये ढंग का मनुष्य जो दैनंदिन जीवन को सृजनात्मक ढंग से जीने के साथ ही मौन और ध्यान में ठहर जाने की क्षमता रखता है।

स्थान

मुंबई से सौ मील दक्षिणपूर्व में फलते-फूलते आधुनिक शहर पुणे में स्थित ओशो इंटरनेशनल मेडिटेशन रिज़ॉर्ट छुट्टियां बिताने का एक ऐसा स्थल है जो औरों से सर्वथा भिन्न है। वृक्षों की कतारों से घिरे आवासीय क्षेत्र में मेडिटेशन रिज़ॉर्ट २८ एकड़ के दर्शनीय बगीचों में फैला हुआ है।

ओशो ध्यान

हर तरह के व्यक्ति के अनुरूप दिन भर चलने वाले ध्यान-कार्यक्रमों में सक्रिय और निष्क्रिय, परंपरागत और क्रांतिकारी, तथा खासकर ओशो डाइनैमिक मेडिटेशन जैसी ध्यान-विधियां उपलब्ध हैं। ये सभी ध्यान-विधियां विश्व के संभवतः सर्वाधिक भव्य व विशाल ध्यान-सभागार 'ओशो ऑडिटोरियम' में होती हैं।

ओशो मल्टीवर्सिटी

यहां होने वाले विभिन्न व्यक्तिगत सेशन, कोर्स और वर्कशॉप अपने आप में सृजनात्मक कला से लेकर समग्र स्वास्थ्य तक, व्यक्तिगत रूपांतरण, मानवीय रिश्ते

एवं जीवन-परिवर्तन, कार्य-ध्यान, गुह्य-विज्ञान, तथा खेलों व मनोरंजन में ''झेन'' ढंग तक सब-कुछ समाहित करते हैं। मल्टीवर्सिटी की सफलता का राज इस तथ्य में है कि इसके समस्त कार्यक्रम ध्यान से जुड़े होते हैं, जो इस समझ को बढ़ावा देता है कि मनुष्य केवल अंगों का जोड़ मात्र नहीं है, वरन उससे बढ़ कर बहुत कुछ है।

ओशो बाशो स्पा

वैभवमय बाशो स्पा में उपलब्ध है हरे-भरे पेड़ों व हरियाली भरे वातावरण के बीच खुली हवा में तैरने का आनंद विशालकाय स्विमिंग-पूल में। अनूठे ढंग से बनी विशाल ज़कूजी, सौना, जिम, टेनिस कोर्ट... मनमोहक सुंदर पृष्ठभूमि में उभर-उभर आते हैं।

भोजन

अलग-अलग ढंग के विभिन्न भोजन-स्थलों पर परोसे जाने वाले सुस्वादु व शाकाहारी पाश्चात्य, एशियायी व भारतीय भोजन में मेडिटेशन रिज़ॉर्ट के लिए विशेष रूप से उगाई गई ऑर्गनिक सब्जियों का ही उपयोग होता है। ब्रेड और केक इत्यादि रिज़ॉर्ट की अपनी बेकरी में ही तैयार किए जाते हैं।

सांध्य गतिविधियां

चुनने के लिए सांध्य-गतिविधियों की लिस्ट लंबी है जिसमें नृत्य करना सबसे ऊपर है। अन्य गतिविधियों में तारों की छांव में फुलमून-ध्यान, वैरायटी शो, संगीत-कार्यक्रम तथा दैनिक जीवन के लिए ध्यान शामिल हैं।

सुविधाएं

आप प्रतिदिन उपयोग में आने वाली बुनियादी चीजें मेडिटेशन रिज़ॉर्ट के गैलेरिया से खरीद सकते हैं। मल्टीमीडिया गैलरी में ओशो की सभी मीडिया सामग्री उपलब्ध है। बैंक, ट्रैवल एजेंसी तथा साइबर कैफे की सुविधाएं भी परिसर के भीतर ही उपलब्ध हैं। खरीददारी के शौकीन मित्रों के लिए पुणे में सभी चुनाव उपलब्ध हैं--परंपरागत भारतीय वस्तुओं से लेकर अंतर्राष्ट्रीय ब्रैंड्स के स्टोर्स तक।

आवास

आप ओशो गेस्टहाउस के सुरुचिपूर्ण कमरों में ठहरने का चुनाव कर सकते हैं। अगर आप लंबे समय तक रुकना चाहते हैं तो 'लिविंग-इन' कार्यक्रम के पैकेज भी चुन सकते हैं। इसके अतिरिक्त नजदीक ही बहुत प्रकार के होटल व सर्विस अपार्टमेंट भी उपलब्ध हैं।

www.osho.com/meditationresort

www.osho.com/guesthouse, www.osho.com/livingin

ओशो का हिंदी साहित्य

उपनिषद
सर्वसार उपनिषद
कैवल्य उपनिषद
अध्यात्म उपनिषद
कठोपनिषद
ईशावास्य उपनिषद
निर्वाण उपनिषद
आत्म-पूजा उपनिषद
केनोपनिषद

कृष्ण
गीता-दर्शन (आठ भागों में अठारह अध्याय)
कृष्ण-स्मृति

महावीर
महावीर-वाणी (दो भागों में)
जिन-सूत्र (चार भागों में)
महावीर या महाविनाश
महावीरः मेरी दृष्टि में
ज्यों की त्यों धरि दीन्हीं चदरिया

मीरा
मैंने राम रतन धन पायो
झुक आई बदरिया सावन की

पलटू
अजहूं चेत गंवार
सपना यह संसार
काहे होत अधीर

बुद्ध
एस धम्मो सनंतनो (बारह भागों में)

अष्टावक्र
अष्टावक्र महागीता (नौ भागों में)

लाओत्से
ताओ उपनिषद (छह भागों में)

च्वांगत्सु
संसार और मार्ग
सत्य असत्य

जगजीवन
नाम सुमिर मन बावरे
अरी, मैं तो नाम के रंग छकी

दादू
सबै सयाने एक मत
पिव पिव लागी प्यास

दरिया

कानों सुनी सो झूठ सब

अमी झरत बिगसत कंवल

शांडिल्य

अथातो भक्ति जिज्ञासा (दो भागों में)

सुंदरदास

हरि बोलौ हरि बोल

ज्योति से ज्योति जले

धरमदास

जस पनिहार धरे सिर गागर

का सोवै दिन रैन

मलूकदास

कन थोरे कांकर घने

रामदुवारे जो मरे

कबीर

सुनो भई साधो

कस्तूरी कुंडल बसै

कहै कबीर दीवाना

मेरा मुझमें कुछ नहीं

गूंगे केरी सरकरा

कहै कबीर मैं पूरा पाया

होनी होय सो होय

बाउल संत

प्रेम योग

आनंद योग

अन्य रहस्यदर्शी

भक्ति-सूत्र (नारद)

शिव-सूत्र (शिव)

भजगोविन्दम् मूढ़मते (आदिशंकराचार्य)

एक ओंकार सतनाम (नानक)

जगत तरैया भोर की (दयाबाई)

बिन घन परत फुहार (सहजोबाई)

नहीं सांझ नहीं भोर (चरणदास)

संतो, मगन भया मन मेरा (रज्जब)

कहै वाजिद पुकार (वाजिद)

मरौ हे जोगी मरौ (गोरख)

सहज-योग (सरहपा-तिलोपा)

बिरहिनी मंदिर दियना बार (यारी)

प्रेम-रंग-रस ओढ़ चदरिया (दूलन)

दरिया कहै सब्द निरबाना (दरियादास बिहारवाले)

हंसा तो मोती चुगैं (लाल)

गुरु-परताप साध की संगति (भीखा)

मन ही पूजा मन ही धूप (रैदास)

झरत दसहुं दिस मोती (गुलाल)

अकथ कहानी प्रेम की (फरीद)

योग

पतंजलि: योग-सूत्र (पांच भागों में)

योग: नये आयाम

तंत्र

संभोग से समाधि की ओर

- संभोग से समाधि की ओर
- युवक और यौन
- क्रांति-सूत्र

तंत्र-सूत्र (पांच भागों में)

विचार-पत्र

क्रांति-बीज

पथ के प्रदीप

पत्र-संकलन

बोध–कथा

ध्यान, साधना

साधना–शिविर

झेन, सूफी और उपनिषद की कहानियां

राष्ट्रीय और सामाजिक समस्याएं

नये समाज की खोज
नये भारत की खोज
नये भारत का जन्म
भारत का भविष्य
फिर अमरित की बूंद पड़ी
एक एक कदम
देख कबीरा रोया
    देख कबीरा रोया
    अस्वीकृति में उठा हाथ
भारत के जलते प्रश्न
    भारत के जलते प्रश्न
    समाजवाद से सावधान
    समाजवाद अर्थात आत्मघात
    स्वर्ण पाखी था जो कभी

अंतरंग वार्ताएं

संबोधि के क्षण
प्रेम नदी के तीरा
सहज मिले अविनाशी
उपासना के क्षण
अनंत की पुकार

प्रश्नोत्तर

नहिं राम बिन ठांव
प्रेम-पंथ ऐसो कठिन
उत्सव आमार जाति, आनंद आमार गोत्र
मृत्योर्मा अमृतं गमय
प्रीतम छवि नैनन बसी
रहिमन धागा प्रेम का
उड़ियो पंख पसार
सुमिरन मेरा हरि करैं
पिय को खोजन मैं चली
साहेब मिल साहेब भये
जो बोलैं तो हरिकथा
बहुरि न ऐसा दांव
ज्यूं था त्यूं ठहराया
ज्यूं मछली बिन नीर
दीपक बारा नाम का
अनहद में बिसराम
लगन महूरत झूठ सब
सहज आसिकी नाहिं
पीवत रामरस लगी खुमारी
रामनाम जान्यो नहीं
सांच सांच सो सांच
आपुई गई हिराय
बहुतेरे हैं घाट
कोंपलें फिर फूट आईं
क्या सोवै तू बावरी
कहा कहूं उस देस की
पंथ प्रेम को अटपटो
फिर पत्तों की पांजेब बजी
मैं धार्मिकता सिखाता हूं, धर्म नहीं
ओशो उपनिषद
एक नई मनुष्यता का जन्म
भविष्य की आधारशिलाएं

विविध

अमृत-कण
अमृत वाणी
कुछ ज्योर्तिमय क्षण
नये संकेत
चेति सकै तो चेति
हसिबा, खेलिबा, धरिबा ध्यानम्
धर्म साधना के सूत्र
मैं कहता आंखन देखी
जीवन क्रांति के सूत्र

जीवन रहस्य
करुणा और क्रांति
विज्ञान, धर्म और कला
प्रभु मंदिर के द्वार पर
तमसो मा ज्योतिर्गमय
प्रेम है द्वार प्रभु का
अंतर की खोज
अमृत वर्षा
अमृत द्वार
एक नया द्वार
प्रेम गंगा
समुंद समाना बुंद में
सत्य की प्यास
शून्य समाधि
व्यस्त जीवन में ईश्वर की खोज
अज्ञात की ओर
धर्म और आनंद
जीवन-दर्शन
जीवन की खोज
क्या ईश्वर मर गया है?
क्या मनुष्य एक यंत्र है?
नानक दुखिया सब संसार
नये मनुष्य का धर्म
धर्म की यात्रा
स्वयं की सत्ता
सुख और शांति
नारी और क्रांति
सम्यक शिक्षा
शिक्षा में क्रांति
गहरे पानी पैठ
ज्योतिष विज्ञान
नव संन्यास क्या
सत्य का अन्वेषण
सत्य का दर्शन
घाट भुलाना बाट बिनु
पथ की खोज
जीवन आलोक
जीवन की कला
जीवन क्रांति की दिशा
जीवन गीत
मन का दर्पण
आंखों देखी सांच
आनंद की खोज
स्वर्णिम बचपन
मेरी प्रिय पुस्तकें
बुद्धत्व का मनोविज्ञान
शून्य की किताब

ओशो के साहित्य के संबंध में समस्त जानकारी एवं ऑर्डर हेतु संपर्क सूत्र:

ओशो मीडिया इंटरनेशनल, १७ कोरेगांव पार्क, पुणे-४११००१, महाराष्ट्र, इंडिया

Tel: +91 (20) 6601 9981, email: distribution@osho.net

OSHO Talks के ऑडियो-वीडियो के संबंध में समस्त जानकारी एवं ऑर्डर हेतु संपर्क सूत्र:

ओशो मल्टीमीडिया एंड रिजॉर्ट्स प्रा. लि., ९ कोरेगांव रोड, पुणे-४११००१, महाराष्ट्र, इंडिया

Tel: +91 (20) 6601 9981, email: distribution@osho.net

ओशो की पुस्तकें उनके द्वारा श्रोताओं के समक्ष दी गईं तात्कालिक OSHO Talks से अभिलिखित हैं। सभी OSHO Talks संपूर्ण रूप से पुस्तकों में प्रकाशित हुई हैं और ऑडियो रिकॉर्डिंग के रूप में भी उपलब्ध हैं। ऑडियो रिकॉर्डिंग व संपूर्ण लिखित संग्रह के बारे में जानकारी www.OSHO.com/library से प्राप्त की जा सकती है।

अधिक जानकारी के लिए

ओशो की अद्वितीय वाणी को अब आप विभिन्न भाषाओं व प्रारूपों में निम्नलिखित ऑनलाइन वेबसाइटों पर पा सकते हैं: www.OSHO.com/allaboutosho

ओशो इंटरनेशनल की आधिकारिक और संपूर्ण वेबसाइट: OSHO.com

ओशो की अन्य अद्वितीय सामग्री विभिन्न भाषाओं और प्रारूपों में पाने के लिए देखें:

- ओशो सक्रिय ध्यान विधियां: OSHO.com/meditate

- iOSHO, ओशो के ढेरों डिजिटल अनुभवों जिनमें ओशो झेन टैरो, टीवी, लाइब्रेरी, होरोस्कोप, ई-ग्रीटिंग और रेडियो। कृपया एक क्षण के लिए ठहरिए, एकबारगी पंजीकरण के लिए--जो आपको सदैव के लिए लॉगिन सुविधा प्रदान करती है। पंजीकरण फ्री है और वैलिड ई-मेल आईडी के साथ हर किसी के लिए उपलब्ध: OSHO.com/iosho
- ओशो ऑनलाइन शॉप: OSHO.com/shop
- ओशो इंटरनेशनल मेडिटेशन रिज़ॉर्ट आने की योजना बनाएं: OSHO.com/visit
- ओशो ट्रांसलेशन प्रोजेक्ट के द्वारा योगदान दें: oshotalks.com
- ओशो न्यूजलेटर पढ़ें: OSHO.com/NewsLetter
- यू-ट्यूब पर ओशो को देखें: youtube.com/user/OSHOInternational
- फेसबुक पर ओशो को देखें: facebook.com/osho.international.meditation.resort and Twitter: twitter.com/OSHO

यह ओशो पुस्तक खरीदने के लिए धन्यवाद।

www.ingramcontent.com/pod-product-compliance
Lightning Source LLC
LaVergne TN
LVHW100034181026
850499LV00001B/1
* 9 7 8 9 3 5 4 8 6 9 2 2 8 *